KB113754

아메리카의 민주주의
제1권 (1835)

대우고전총서
Daewoo Classical Library
043

아메리카의 민주주의
제1권 (1835)

De la Démocratie en Amérique

··

알렉시 드 토크빌 | 이용재 옮김

아카넷

차례

서문

제2부 민주주의가 아메리카인들의 감정에 미치는 영향

제4부 민주주의의 관념과 감정이 정치사회에 미치는 영향에 대해

■ 서론

아메리카에 머무는 동안 나의 관심을 끈 생소한 것들 중에서 조건
들의 평등(égalité des conditions)만큼 나의 눈길을 잡아끈 것은 달
리 아무것도 없었다. 이 으뜸가는 사실이 사회의 추세에 작용하는
엄청난 영향력을 나는 별 어려움 없이 찾아냈다. 그것은 여론에
일정한 방향을 제시하며 법제에 일정한 모양새를 부여하고 있다.
그것은 또한 통치자들에게는 새로운 준칙을, 피치자들에게는 특
정한 습관을 부여해준다.

바로 이 사실이 정치적 습속과 법제를 넘어서까지 그 영향력을
널리 확대한다는 것을, 그리고 정부뿐만 아니라 시민사회에도 마
찬가지로 영향을 미친다는 것을 나는 곧 알아차렸다. 그것은 여론
을 조성하고 감정을 낳으며 관행을 제시하고 그것이 만들어내지
않는 것이라도 무엇이든 바꾸어버린다.

따라서 아메리카 사회를 연구하면 할수록 나는 이 조건들의 평등

이 다른 개별적인 사실들의 원천이 되는 기본적인 사실이라는 것을 깨달았다. 또한 나는 그것이, 나의 모든 관찰이 결국 도달하게 되는 핵심 사안이라는 것을 연거푸 알게 되었다.

그러고 나서 나는 우리 유럽 세계에 대해 생각해보았다. 나는 신세계에서 보았던 광경과 유사한 그 무엇을 거기서도 찾아볼 수 있다고 생각했다. 조건들의 평등이 비록 합중국에서만큼 극단적인 지점에까지 다다르지는 못했지만 하루가 달리 그 수준에 접근하고 있다는 것을 알아차렸다. 내가 보기에 아메리카 사회들에서 군림하는 이 민주주의가 유럽에서도 신속하게 권좌를 향해 나아가고 있는 듯하다.

지금 여기에 내놓는 이 책을 쓰려는 생각을 품게 된 것은 바로 이때였다. 하나의 거대한 민주주의 혁명이 우리들 앞에 펼쳐지고 있다. 누구나 그것을 보고 있지만 모두가 그것을 같은 방식으로 판단하지는 않는다. 어떤 이들은 그것을 아주 낯선 일로 받아들이고 일종의 우발 사항으로 여기며 아직은 그것을 멈출 수 있기를 바라는 반면에, 다른 이들은 그것이 역사에서 찾아볼 수 있는 가장 꾸준하고 가장 오래되고 가장 항구적인 사항이라는 점에서 불가항력적인 것이라고 판단한다.

잠시 700년 전의 프랑스 상황을 더듬어보자. 당시 프랑스는 소수의 가문들이 나누어 통치하고 있었는데, 이들 가문은 땅을 차지하고 주민들을 다스렸다. 통치권은 세대에서 세대로 대물림되었다. 인간이 인간에게 행사할 수 있는 유일한 수단은 바로 힘이었으며, 토지 재산은 권력의 유일한 원천이었다.

하지만 어느새 성직자의 정치권력이 확립되고 곧 확장되었다. 성직자는 빈자든 부자든, 평민이든 영주든 모두에게 성직을 개방했다. 교회에 의해서 평등이 통치권 안에 침투해 들어가기 시작했으며, 영원한 예종 속에서 농노처럼 살았어야 할 사람이 귀족들 한가운데서 사제처럼 자리를 차지하고 더러는 왕들의 머리 위에 올라서는 일도 있었다.

시간이 흘러 사회가 더 개화되고 더 안정됨에 따라 사람들 사이의 여러 관계들은 더욱 복잡해지고 잡다해졌다. 민법의 필요성이 절실해지자 법률가들이 생겼다. 이들은 재판소의 어두운 실내와 공증 사무소의 먼지 낀 골방에서 벗어나 궁정에 자리를 마련했으며, 담비 가죽을 두르고 쇠미늘 갑옷을 입은 봉건 제후들 곁에 섰다.

왕들은 거대한 사업을 꾀하다 스스로 파멸하고 귀족들은 사사로운 다툼으로 몰락하는 동안, 평민들은 장사를 해서 밑천을 쌓았다. 국가 사무 전반에서 돈의 영향력이 느껴지기 시작했다. 상거래는 권력으로 나아가는 새로운 길을 열어주었으며 금융업자는 경멸과 아첨을 동시에 받는 일종의 정치권력이 되었다.

지식이 점차 확산되었으며 문학과 예술에 대한 취향이 싹텄다. 지성은 성공의 요인이 되었으며, 학문은 통치 수단이 되고 지력은 사회적 힘이 되었고, 문필가들이 국가 업무에 참여했다.

하지만 이렇게 권력에 이르는 새로운 길이 발견됨에 따라서 출생이 가지는 가치는 그만큼 하락했다. 11세기에 귀족 신분은 값을 매기기 힘들었으나 13세기에는 돈으로 살 수 있었다. 1270년에 처음으로 매매에 의한 귀족 작위가 탄생했는데, 이로써 귀족들 스스로가 통치에 평등을 도입한 셈이었다.

지난 700년 동안 국왕의 세력에 맞서기 위해서, 아니면 경쟁자들의 세력을 줄이기 위해서 귀족들은 때로 인민들에게 정치권력을 부여하곤 했다. 귀족의 힘을 제압할 목적으로 국왕이 국가의 하층계급들을 통치에 참여시키는 일은 더욱 흔했다.

프랑스에서 국왕들은 이러한 균등화 시책의 가장 활동적이고 가장 끈질긴 추진자였던 셈이다. 야심에 차고 막강할 때 그들은 인민을 귀족의 수준으로 끌어올리려 애썼으며, 절제할 줄 알고 약할 때 그들은 인민이 그들 머리 위에 올라서는 것마저 방치했다. 어떤 왕들은 그들의 재능으로, 어떤 왕들은 그들의 실정으로 민주주의를 도왔다. 루이 11세와 루이 14세가 모든 사람을 왕관 아래에 평등화하려 애썼다면, 마침내 루이 15세는 자신은 물론 궁정 전체를 하찮은 처지로 끌어내렸다.

시민들이 봉건적 점유가 아닌 다른 방식으로 토지를 소유하기 시작함에 따라, 동산(動産)이 더 높이 평가되고 영향력과 권력을 낳을 수 있게 됨에 따라, 예술이 발전할 때마다, 교역과 산업이 진전될 때마다, 그만큼씩 사람들 사이에 평등의 새로운 요소들이 생겨났다. 이때부터 모든 새로 고안된 방법, 모든 새로 생긴 필요, 만족시켜야 할 모든 욕구가 이러한 전반적인 평등화로 나아가는 단계들이 되었다. 사치 취향, 전쟁 애호, 유행 풍조 등, 인간 심성의 가장 심오한 열정에서 가장 피상적인 열정에 이르기까지 모든 것이 힘을 합쳐서 부유한 자는 가난하게 만들고, 가난한 자는 부유하게 만드는 데 이바지한 듯했다.

지성의 작업이 힘과 부의 원천이 된 이후로, 사람들은 과학이 발전할 때마다, 새로운 지식과 새로운 사상이 나타날 때마다, 그것들을 인민의 손이 미칠 수 있는 권력의 원천으로 여겼다. 창작력, 웅변술, 기억력, 온화한 정신, 불같은 상상력, 심오한 사상 등 하늘이 자연 그대로 뿌려놓은 이 모든 재능은 민주주의에 유리하게 작용했다. 그리고 이러한 재능들은 심지어 민주주의의 적들의 수중에 들어 있을 때조차도, 인간의 타고난 위대성을 부각시킴으로써 민주주의를 위해 봉사했다. 문명과 지식의 영역이 확장됨에 따라 그만큼 민주주의의 영역도 확장되었다. 그리고 문학은 약한 자와 가난한 자가 매일같이 무기를 찾을 수 있는, 누구에게나 개방된 병기창이었다.

우리 역사의 지난 장면들을 훑어보면, 지난 700년 동안 일어난 거대한 사건들 중 평등을 증진시키는 데 이바지하지 않은 사건이 하나도 없다는 사실을 알게 될 것이다.

십자군 원정과 영국인과 벌인 몇 차례 전쟁은 귀족들을 파멸시키고 이들의 토지를 조각냈다. 자치도시 제도는 봉건 왕정의 한복판에 민주주의적 자유를 들여왔다. 총기의 발명은 전쟁터에서 평민과 귀족을 평준화했다. 인쇄술은 귀족과 평민 모두에게 동등한 자원을 부여했다. 우편제도는 궁성의 입구와 가난한 자의 움막집 문턱을 가리지 않고 지식을 배달해주었다. 개신교는 모든 인간이 천상으로 오르는 길을 찾는 데에서 평등하다고 가르쳤다. 아메리카의 발견은 출세할 수 있는 수많은 새로운 길을 열어주었으며 이름도 모를 모험가들에게 재산과 권력을 가져다주었다.

만일 당신이 프랑스에서 11세기부터 50년씩 지날 때마다 어떤 일이 일어났는가를 검토해본다면, 사회 상태에서 일종의 이중의 혁명이 일어났다는 사실을 어김없이 알아차릴 것이다. 귀족은 사회의 사다리에서 한 걸음씩 하강하고 평민은 상승했다. 전자는 내려가고, 후자는 올라갔다. 양자는 반세기씩 지날 때마다 가까워져서 마침내 서로 만나게 될 것이었다.

이러한 일이 프랑스에서만 일어난 것은 아니다. 어디를 둘러보든 우리는 기독교 세계 전체에서 동일한 혁명이 진행되고 있다는 것을 알게 된다.

어디에서나 생활에서 일어나는 다양한 여러 사건들이 민주주의를 이롭게 하는 방향으로 움직이고 있다. 모든 사람이 나름대로 민주주의를 돕는다. 민주주의의 성공에 의욕적으로 힘을 보태는 사람이든, 민주주의를 위해 봉사할 생각이 전혀 없는 사람이든, 민주주의를 위해 투쟁한 사람이든, 심지어 스스로 민주주의의 적이라고 공언한 사람이든, 모든 사람이 같은 방향으로 내몰려 왔으며 함께 애써왔다. 어떤 이는 자신의 뜻과 다르게, 그리고 어떤 이는 자신도 모르는 사이에, 모두가 신의 손 안에 있는 맹목적인 도구였다.

따라서 조건들의 평등이 점차 확대되는 것은 하나의 섭리적인 사실이다. 그것은 보편적이고 항구적이며 인간의 능력을 벗어나 있다는 점에서 섭리적인 사실로서의 주요 특징들을 보여준다. 모든 사건과 모든 인간이 평등의 진전에 이바지하는 것이다.

아주 먼 옛날에서 비롯된 사회의 움직임을 한 세대의 노력으로 정지시킬 수 있다고 생각하는 것이 현명할까? 봉건제를 타도하고 왕들을 굴복시킨 민주주의가 부르주아들과 부자들 앞에서 뒤로 물러서리라고 생각할 수 있을까? 민주주의가 이렇게 강해지고 그 적들이 이렇게 허약해진 오늘날, 민주주의가 발길을 멈출까?

그러면 우리는 어디로 가고 있는가? 아무도 무어라 말할 수 없다. 그도 그럴 것이 우리에게는 비교해볼 기준들이 없으니 말이다. 오늘날 기독교인들의 상태는 옛날 그 어느 시대보다, 그리고 세계의 그 어느 나라에서보다 훨씬 더 평등하다. 사정이 이러하니, 이미 이루어진 일의 무게감으로 인해 앞으로 이루어질 수 있는 일을 가늠하기가 어렵지 않겠는가.

여기 독자들에게 내놓는 이 책은 일종의 종교적 경외감의 영향에서 쓰인 것이다. 지난 수 세기 동안 모든 장애물을 뚫고 전진해 왔으며 지금도 자신이 직접 만들어낸 폐허 더미 속에서 앞으로 나아가는 저 거역할 수 없는 혁명을 눈앞에서 보고 생긴 바로 그 경외감 말이다.

우리가 신의 의지의 확실한 징표들을 발견할 수 있도록 하기 위해 신께서 직접 말해줄 필요는 없으리라. 자연의 일상적인 진로와 사건들의 지속적인 경향이 어떠한가를 알아보는 것만으로 충분할 것이다. 창조주의 특별한 계시가 없더라도 나는 유성들이 하늘에서 창조주가 가리키는 궤도를 따라 돈다는 사실을 알고 있다.

오랜 관찰과 진지한 성찰 끝에 오늘날 사람들이 평등의 단계적이고 점차적인 진전이 인간 역사의 과거인 동시에 미래라는 사실을 알게 된다면, 바로 이 발견만으로도 이러한 진전에 전능한 신의 의지의 신성한 품격을 부여하게 될 것이다. 이제 민주주의를 저지하려 하는 일은 신 자체에 맞서는 일로 보일 것이며, 국민들은 신의 의지가 그들에게 부여해준 사회 상태에 순응하는 것 외에 다른 방안을 찾지 못할 것이다.

내가 보기에 오늘날 기독교인들은 놀라운 장면을 제공하는 듯하다. 그들을 휩쓸어가는 움직임은 이미 너무 강하기 때문에 누구도 그것을 멈출 수 없지만, 아직은 인도하기를 포기할 정도로 급속하지는 않다. 기독교인들의 운명은 그들 자신의 손에 달려 있다. 하지만 조만간 그들은 통제력을 잃을 것이다.

민주주의를 교화하고 가능한 한 민주주의에 대한 믿음을 되살리는 것, 민주주의의 습속을 정화하고 그 움직임을 규제하는 것, 민주주의의 경험 부족을 업무에 대한 지식으로, 민주주의의 맹목적 본능을 그 진정한 이익에 대한 인식으로 조금씩 바꾸는 것, 민주주의의 통치를 시대와 장소에 맞게 적응시키는 것, 상황과 인간에 맞추어 민주주의를 질정하는 것, 바로 이것이 우리 시대에 사회를 인도하는 모든 이에게 부여된 첫 번째 임무이다.

완전히 새로운 세상에는 새로운 정치학이 필요하다.

하지만 우리는 이에 대해 생각해볼 엄두도 못내는 듯하다. 격류 한가운데 빠져서 우리는 물결이 우리를 휩쓸어 나락을 향해 뒤로 잡아끄는데도, 강둑에 멀리 보이는 몇 안 되는 유적들에서 눈을 떼지 못하고 있다.

지금 내가 묘사한 이 거대한 사회혁명은 유럽의 여느 국민들이 아닌 바로 우리들에게서 가장 급속한 진전을 보여주고 있다. 하지만 프랑스에서 그것은 늘 아무렇게나 진행되어왔다.

국가 지도자들은 이러한 혁명에 대해 미리 아무것도 준비하지 않았으며, 혁명은 이들의 의지에도 불구하고 또는 이들이 눈치채지 못하는 사이에 진행되었다. 프랑스 국민 중 가장 막강하고 가장 현명하며 가장 도덕적인 계급들도 이 혁명을 잘 인도하기 위해 그것을 차지하려 하지 않았다. 따라서 민주주의는 그 야만적인 본능에 내맡겨졌으며, 부모의 보호를 받지 못한 채 길거리에서 자기들끼리 지내면서 사회의 악습과 폐단에만 익숙한 그런 아이들처럼 자라났다. 민주주의가 불현듯 권력을 장악했을 때도 사람들은 여전히 그 존재를 알아차리지 못한 듯했다. 그때부터 사람들은 민주주의의 아주 사소한 욕구에도 비굴하게 굴복했다. 민주주의는 마치 힘의 이미지 그 자체처럼 떠받들어졌다. 이후에 민주주의가 자체의 방종으로 허약해졌을 때, 입법자들은 민주주의를 교화하고 질정하려 하기는커녕 경솔하게도 민주주의를 파괴하려는 계획을 세웠다. 민주주의에 통치술을 전수하려 하기는커녕 민주주의를 통치권 밖으로 쫓아내려고만 했다.

그 결과로 민주주의 혁명은 그것이 유익한 쓰임새를 갖게 해주는 변화를 법제, 사상, 습관, 습속 따위에서 이끌어내지 못한 채 사회의 물질적 토대 안에서 진행되었다. 따라서 우리는 민주주의를 가지고 있지만, 그것은 그 폐단을 줄이고 그 천부적 장점을 이끌어내야 할 그러한 민주주의이다. 그런데 우리는 민주주의가 가져오는 나쁜 점은 이미 잘 알지만, 그것이 줄 수 있는 좋은 점에 대해서는 아직 잘 모른다.

왕권이 귀족층의 지원을 받아 유럽에서 인민들을 평화롭게 다스릴 때, 사회는 열악한 처지이기는 했지만 그래도 오늘날에는 머릿속에 그려보기도 생각하기도 어려운 정도의 몇 가지 행복을 누리고 있었다.

일부 신민들의 세력은 군주의 폭정에 맞서 넘을 수 없는 장벽을 세웠으며, 대중의 눈앞에 거의 신적인 품격을 지니고 있다고 여긴 왕들은 권력 행사의 정당성을 자신들이 불러일으킨 바로 그 존경심에서 끌어냈다.

귀족들은 인민들로부터 멀리 떨어져 있었음에도 불구하고, 인민의 운명에 대해 양치기가 양 떼들에게 보내는 바로 그러한 온화하고 평온한 관심을 기울였다. 귀족들은 가난한 자들을 자신들과 대등하게 여기지는 않았지만 마치 하느님이 자신들 손에 맡긴 위탁물을 돌보듯 이들을 돌봤다.

인민은 자신들의 사회 상태와는 다른 사회 상태가 있을 수 있다고는 전혀 생각지 못하고 자신들을 다스리는 자들과 맞먹을 수 있다고는 전혀 상상조차 하지 않았으며, 이들이 주는 혜택을 받아들이고 이들이 지닌 권리에 전혀 이의를 제기하지 않았다. 인민은 이들이 관대하고 정당할 때에는 이들을 공경했으며, 마치 신이 내린 불가피한 재앙에 대해 순종하듯이 아무런 고통도 굴종도 느끼지 않고 이들의 가혹한 처사에 순종했다. 더욱이 관행과 습속이 폭정에 대해 일정한 한계를 설정했으며 무력의 한복판에 일종의 법치를 확립해놓았다.

귀족은 스스로 정당하다고 믿는 특권을 누군가가 빼앗아가려

한다고는 생각조차 하지 않았으며, 농노는 자신의 열등한 처지를 불변의 자연적 질서의 결과로 여겼기 때문에, 이토록 서로 다른 운명을 지닌 이 두 계급 사이에 서로에 대한 일종의 교감 같은 것이 있었을 것으로 보인다. 따라서 당시 사회에는 불평등과 빈곤이 만연했으나 영혼은 타락하지 않았었다.

권력의 행사나 복종의 습관이 인간을 타락시키는 것이 아니다. 인간을 타락시키는 것은 부당하다고 여기는 권력의 행사이며 찬탈당한 압제적인 권력에의 복종이다.

한편에는 재산, 무력, 여가가 있었고 여기에 사치의 추구, 취향의 고상함, 정신의 향락, 기예의 장려 등이 뒤따랐으며, 다른 한편에는 노고, 투박함, 무지함이 있었다.

하지만 이 무지하고 거친 군중 한가운데에서 활기찬 열정, 관대한 심성, 깊은 신앙심 그리고 소박한 덕성을 찾아볼 수 있었다.

이렇게 짜여진 사회체는 안정성, 힘 그리고 무엇보다도 영광을 가질 수 있었다.

그러나 이제 상황이 변했다. 계층은 뒤섞이고 사람들을 갈라놓았던 장벽은 낮아졌다. 영지는 쪼개지고 권력은 분산되었으며 지식은 확산되고 지성은 평준화되었다. 사회 상태는 민주화되고 마침내 민주주의의 지배력은 제도와 습속들에 평온하게 자리를 잡았다.

이러한 조건에서라면 나는, 사람들 누구나 자신이 법의 입안자라고 여기면서 그 법을 존중하고 기꺼이 따르는 사회, 정부의 권위가 신적인 것으로서가 아니라 필요한 것으로서 존중받는 사회,

국가 지도자에 대한 개인의 충성심이 맹목적 격정이 아니라 합리적이고 평온한 감정인 사회를 생각해볼 수 있다. 누구나 자신의 권리를 지니며 그 권리의 보존을 확신할 수 있다면, 모든 계급 사이에 건강한 신뢰가, 자만이나 비굴과는 거리가 먼 일종의 상호 존중이 생길 것이다.

자신의 진정한 이해관계를 잘 알게 된 인민은 사회가 주는 혜택을 얻으려면 그 부담도 떠맡아야 한다는 것을 이해하게 될 것이다. 그러면 시민들의 자유 결사가 귀족들의 개별적 힘을 대체할 수 있을 것이며, 국가는 폭정과 방종으로부터 보호될 것이다.

이런 식으로 만들어진 민주주의 국가체제에서라면 사회는 들떠 있고 부산스럽게 움직일 것이라고 나는 생각한다. 하지만 사회체의 이러한 움직임은 조절될 수 있으며 순차적일 수 있다. 민주정치에서는 귀족정치 아래서보다는 장대함이 덜하지만 그만큼 비참함도 덜할 것이다. 쾌락은 더 줄어들지만 행복은 더 늘어날 것이며, 학문은 덜 완벽해지지만 무지는 더 줄어들 것이다. 감정은 덜 활기찰 것이지만 습관은 더 부드러워질 것이며, 악덕은 늘어나지만 범죄는 줄어들 것이다.

열광과 광신이 사라진 상태에서도 시민들은 때로 자신들의 지식과 경험을 통해 위대한 희생을 감내할 것이다. 개개인은 누구나 허약하다고 느끼기 때문에 마찬가지로 동료들의 도움을 필요로 할 것이다. 동료들에게 도움을 주어야만 자신도 동료들로부터 도움을 얻을 수 있다는 것을 알기 때문에, 자신의 개별 이익이 전체 이익과 부합된다는 사실을 누구나 쉽사리 깨닫게 될 것이다.

국민은, 하나의 집합체로서는 이전보다 위용도 덜하고 영예도 덜하며 아마 위세도 덜할 것이다. 하지만 여기서 시민 다수는 더 나아진 운명을 누릴 것이며, 인민은 그들이 더 잘살기를 단념해서가 아니라 잘살고 있다는 사실을 알기 때문에 평온한 삶을 누릴 것이다.

이와 같은 상태에서 모든 것이 다 훌륭하고 유용하지는 않았을 것이지만, 아무튼 사회는 적어도 훌륭하고 유용한 모든 것을 제몫으로 가졌을 것이다. 요컨대 사람들은 귀족정치가 제공할 수 있는 사회적 이점들을 영원히 포기함으로써 민주정치가 제공할 수 있는 모든 혜택을 민주주의에서 끄집어낼 수 있었을 것이다.

그러나 우리는, 우리 조상들의 사회 상태를 벗어던지고 그들의 제도, 사상, 습속들을 뒷전에 내팽개친 후에 그 자리에 무엇을 가져다 놓았는가?

왕권의 권위는 무너졌지만 법률의 존엄성이 그 자리를 메우지는 않았다. 오늘날 인민은 권위를 경멸하지만 여전히 그것을 두려워한다. 예전에 존경과 애정이 가져다준 것보다 더 많은 것을 이제 공포심이 인민에게서 빼앗아가는 것이다.

폭정에 맞서 개별적으로 싸울 수 있었던 모든 세력을 우리가 파괴해버렸다는 것을 나는 깨닫고 있다. 정부만이 가문, 단체, 개인들에게서 가져온 모든 특권을 독차지하고 있지 않은가. 때로는 억압적이고 흔히 보수적이었던 소수 시민들의 세력이 사라지자 이제 모두가 허약해진 것이다.

재산의 분할은 부유한 자와 가난한 자를 갈라놓던 간극을 좁혔다. 하지만 서로 가까워질수록 이들은 서로 미워할 새로운 이유를 찾아낸 듯 보였으며 서로에게 증오와 질시로 가득 찬 눈빛을 던지면서 서로를 권력에서 몰아내고자 했다. 양쪽 편 어디에서도 법치의 개념을 찾아볼 수 없었으며 무력만이 현재의 유일한 이유이자 미래의 유일한 담보로 보였다.

가난한 사람들은 조상들의 믿음은 두고 대다수 편견만을, 미덕은 두고 무지만을 물려받았다. 이들은 이해관계의 원칙을 그 이치도 알지 못하면서 행동의 준칙으로 택했다. 이들의 이기심은 예전에 이들의 이타심이 그러했던 것만큼이나 합리적 사고와는 거리가 멀었다.

사회가 잠잠하다면 그것은 사회가 자신의 힘과 자신의 복리를 누리고 있기 때문이 아니라, 오히려 사회가 자신이 허약하고 불안정하다고 느끼기 때문이다. 무언가 도모하다가는 더 망해버리지 않을까 두려워하는 것이다. 누구나 폐단을 알지만 아무도 더 나은 것을 찾는 데 필요한 용기나 정열을 갖고 있지 않다. 사람들은 희구, 유감, 번민, 기쁨 등을 나타내지만 여기서 눈에 띄고 지속적인 그 무엇도 찾아볼 수 없다. 결국 무기력에 이르고 마는 노인네들의 열정처럼 말이다.

이렇게 우리는 옛 상태가 줄 수 있었던 훌륭한 것은 다 팽개쳐버리고 현 상태가 줄 수 있는 유용한 것은 얻지 못했다. 우리는 귀족 사회를 파괴했으나, 낡은 건물의 잔해 한가운데 멈추어 서서 영원히 거기에 머물고자 하는 듯이 보인다.

지식 세계에서 일어나는 일도 개탄스럽기는 매한가지이다.

프랑스의 민주주의는 그 진로를 방해받거나 아무 도움 없이 자신의 무질서한 열정들에 내맡겨질 때면, 앞을 가로막는 모든 것을 뒤집어엎었으며 파괴하지 않고 남긴 것은 모두 뒤흔들어놓았다. 평온하게 자신의 지배를 확립하기 위해 한 걸음씩 사회를 장악한 것이 아니라 무질서와 투쟁의 소요 한가운데서 끊임없이 전진한 것이다. 투쟁의 열기에 들떠서 정적들의 주의 주장과 과도한 행동에 밀려 자기 본래 주장의 한계를 훌쩍 넘어서면서, 누구나 원래 추구하던 목표 자체를 잃어버렸으며 자신의 진정한 감정이나 내밀한 본성과는 걸맞지 않은 언어를 구사하는 것이다.

바로 여기에서 우리가 눈앞에서 볼 수밖에 없는 기묘한 혼란이 생기는 것이다.

지금 우리 눈앞에 일어나는 일보다 더 고통스럽고 딱한 일을 나는 기억 속에서 찾을 수가 없다. 오늘날 의견을 취향에, 행동을 신념에 묶어주는 자연적인 유대가 다 끊어진 듯하다. 지난 세월 동안 인간의 감정과 인간의 사상 사이에 늘 유지되어온 조화가 파괴된 듯하고, 도덕적 유비(類比)의 법칙들은 사라져버렸다고 할 수 있을 것이다.

아직도 우리 주변에는 이웃의 진실한 삶에서 영혼의 양식을 얻고자 하는, 열성으로 충만한 기독교인들이 많다. 이들은 물론 모든 도덕적 위대성의 원천인 인간의 자유를 위해 몸을 불사른다. 모든 인간은 하느님 앞에서 평등하다고 선언한 기독교는, 모든 시민은 법 앞에서 평등하다는 것을 인정하지 않을 수 없었다. 그러나 우연한 사건들이 중첩되면서, 종교는 일순간 민주주의에 의해 전복되는 세력들 편에 가담하게 되었다. 종교가 지금껏 존중하던 평등을 거부한다거나, 자유와 손을 마주잡고 자유의 열정을 기리는 대신 마치 적을 대하듯 자유에 대해 저주를 퍼붓는 일이 흔했다.

이들 종교인 옆에, 하늘보다는 지상에 눈을 돌리고 있는 사람들을 찾아볼 수 있다. 이들은 가장 숭고한 미덕을 자유에서 찾는다는 점에서, 그리고 특히 자유를 가장 커다란 재산의 원천으로 본다는 점에서 자유의 주창자들이다. 이들은 진심으로 자유의 영역을 확장하고자 하며 사람들에게 자유의 혜택을 맛보게 해주려 한다. 이들이 서둘러 종교의 도움을 구하는 것은 이해할 만하다. 그도 그럴 것이 이들은 습속의 지배 없이는 자유의 지배를 확립할 수 없고 신앙 없이는 습속을 확립할 수 없다는 사실을 잘 알기 때문이다. 그러나 종교가 적의 편에 서 있다는 것을 알게 된다면, 이들의 입장은 확고하다. 어떤 이들은 종교를 공격할 것이고, 또 다른 이들은 감히 종교를 두둔하려 하지 않을 것이다.

지난 수백 년 동안 미천하고 천박한 영혼을 가진 사람들은 노예제를 옹호한 반면, 독자적인 정신과 관대한 심성의 소유자들은 인간의 자유를 구하기 위해 가망 없는 싸움을 벌였다. 그러나 오늘날 천성적으로 고상하고 자부심이 강한 사람들, 하지만 자신의 견해가 자신의 취향과는 완전히 어긋날 뿐만 아니라 여태껏 자신이 알지 못하던 비속함과 저열함을 마구 내보이는 사람들이 있다. 이와는 반대로, 마치 자유에서 무언가 신성하고 위대한 것을 느낄 수 있다는 듯이 자유에 대해 말하는 사람들, 하지만 자신이 늘 무시해오던 권리들을 인류에게 주어야 한다고 시끌벅적하게 외쳐대는 사람들이 있다.

자신들의 순수한 품성과 평온한 습성 덕에, 자신들의 부와 재능 덕에 주변 사람들보다 높은 곳에 위치한 덕망 높고 온화한 사람들이 존재한다. 이들은 조국에 대한 진솔한 애정으로 충만해서 커다란 희생도 감내할 채비가 되어 있다. 그럼에도 불구하고 이들은 종종 문명의 적이 되곤 한다. 이들은 악폐와 혜택을 혼동하고 나쁜 것과 새로운 것을 구별하지 못하는 것이다.

이들의 곁에, 진보의 이름으로 인간성을 물신화하려 하고 정의로운 것보다는 유익한 것을, 신앙이 없는 지식을, 미덕과는 동떨어진 복리를 찾는 사람들이 있다. 근대 문명의 주창자임을 자처하는 바로 이 사람들은 다른 이들이 내팽개친 자리를 그에 걸맞은 자질도 갖추지 못한 채 턱하니 차지하고서는 근대 문명의 선두에 고고하게 홀로 서 있다.

그러면 우리는 어디에 와 있는가?

종교인들은 자유에 맞서 싸우고, 자유의 벗들은 종교를 공격한다. 고귀하고 관대한 정신의 소유자들은 노예제를 옹호하고, 미천하고 천박한 영혼의 소유자들은 독립심을 찬양한다. 정직하고 계명된 시민들은 모든 진보의 적이며, 애국심도 품성도 모자란 사람들은 문명과 지식의 사도임을 자부한다!

지난 모든 시대가 우리 시대와 같았는가? 옛날에 사람들은 오늘날처럼 아무런 연관이 없는 무의미한 세계에 살았는가? 덕성에는 천재성이 따르지 않고, 천재성에는 영예가 따르지 않는 세계에, 질서에 대한 애호가 폭군에 대한 취향과 혼동되고 자유에 대한 신성한 숭배가 법률에 대한 경멸과 혼동되는 세계에, 양심이 인간의 행동에 의혹의 빛만을 던지는 세계에, 금지나 허용도 영예나 치욕도 진실이나 거짓도 없어 보이는 세계에 살았는가?

창조주께서 인간을 만드신 것은 바로 우리를 둘러싸고 있는 이 지적인 빈곤의 한복판에서 인간이 끝없이 자신과 싸우도록 내버려두기 위해서였다고 믿어야 하는가? 나는 그렇게 생각하지 않는다. 하느님은 유럽의 사회들에 더 확고하고 더 평온한 미래를 예정하고 계시다. 나는 그분의 의도하신 바를 알 수 없지만 그분의 뜻을 헤아릴 수 없으므로 그분을 믿을 것이다. 그분의 정의로우심을 의심하기보다는 차라리 나 자신의 능력을 의심할 것이다.

내가 지금 말하는 이 거대한 사회혁명이 그 자연적 한계점에까지 거의 도달한 듯 보이는 나라가 이 세상에 한군데 있다. 여기서 혁명은 아주 간단하고 순탄하게 수행되었다. 이 나라는 혁명 자체를 겪지 않은 채 지금 우리들 사이에서 진행 중인 민주주의 혁명의 결과들을 누리고 있다고 말하는 편이 차라리 더 나을 듯하다.

17세기 초에 아메리카로 옮겨온 이주민들은 민주주의 원리를 유럽의 낡은 사회들 속에서 그것이 맞싸웠던 다른 원리들로부터 용케도 떼어냈으며, 민주주의 원리만을 신세계에 옮겨 심었다. 거기에서 민주주의는 자유롭게 자라날 수 있었으며 사회의 습속에 스며들었고 평온하게 법제 속에 자리 잡았다.

내가 보기에 머지않아 우리도 아메리카인들처럼 조건들의 거의 완전한 평등에 도달할 것임은 의심할 나위가 없다. 하지만 그렇다고 해서 나는 우리도 언젠가 이 엇비슷한 사회 상태에서 아메리카인들이 얻어낸 것과 똑같은 정치적 결과를 반드시 끄집어내게 될 것이라고 결론지을 수 없다. 나는 아메리카인들이 찾아낸 것이 민주주의가 가질 수 있는 유일한 정부 형태라고는 결코 믿지 않는다. 하지만 법제와 습속을 만들어낸 원인이 두 나라에서 똑같다는 점은 민주주의가 이 두 나라에서 만들어낸 것이 무엇인가를 알아보는 데 큰 관심을 갖도록 우리를 이끈다.

내가 아메리카를 연구한 것은 단지 저으기 정당해 보이는 지적 호기심을 만족시키기 위해서만은 아니었다. 나는 거기서 우리가 도움을 받을 수 있는 교훈을 찾아내고자 했다. 내가 찬사를 쓰고자 했다고 생각하는 사람은 착각하고 있는 것이다. 이 책을 읽는 사람들은 누구든 그것이 결코 나의 의도가 아님을 알게 될 것이다. 또한 특정한 정부 형태를 추천하려는 것도 나의 의도와는 거리가 멀다. 그도 그럴 것이 나는 어떤 법체계에서도 절대적으로 올바름만을 발견할 수는 없다고 믿는 사람이니 말이다. 내게는 불가항력으로 보이는 행진을 계속하는 이 사회혁명이 인류에게 이로울 것이냐 해로울 것이냐를 판단할 의사도 없다. 나는 이 혁명을 이미 이루어진 것으로 또는 막 이루어질 태세를 갖춘 것으로 받아들인다. 그리고 나는 이 혁명의 자연스러운 결과들을 명쾌하게 식별해내고 가능하면 그것이 인류에게 유익하게 쓰일 수 있는 수단들을 찾아내기 위해서, 이 혁명을 겪은 나라들 중에서 그것이 가장 완벽하고 가장 평온한 발전을 이룩해낸 나라를 살펴보았다. 나는 아메리카에서 아메리카 이상의 것을 보았다고 시인한다. 나는 아메리카에서 민주주의 그 자체의 이미지, 즉 민주주의의 경향, 성격,

편견, 열정 따위를 찾아보았다. 비록 민주주의에서 얻어내야 할 것 또는 우려해야 할 것을 알기 위한 목적이기는 했지만, 아무튼 나는 민주주의와 친숙해지고자 애썼다.

이 책의 제1부에서 나는 아메리카에서 원래의 성향을 드러내고 거의 아무런 제재 없이 원래의 본능에 내맡겨진 민주주의가 자연스럽게 법률들에 부여하는 방향성, 정부에 부과하는 움직임, 그리고 전반적으로 국정에 대해 가지는 영향력 따위를 보여주고자 애썼다. 나는 민주주의가 가져오는 혜택이 무엇이며 폐단이 무엇인지를 밝혀내려 했다. 나는 민주주의를 인도하기 위해 아메리카인들이 어떤 보호 장치들을 사용하며 또 사용하지 않는지를 살펴보았으며, 민주주의로 하여금 사회를 통치하도록 해주는 요인들을 찾아보고자 했다.

애초에 나는 아메리카에서 조건들의 평등과 민주주의의 통치가 시민사회, 습성, 관념, 습속 따위에 어떤 영향을 미쳤는가를 이 책의 제2부에서 기술하려 했다. 하지만 이러한 구상을 실현하려는 열의가 식기 시작했다. 내가 설정한 그 과업을 채 완수하기도 전에 나의 노고는 무의미해질 것이기 때문이다.[1] 머지않아 다른 작가가

1) 내가 이 책 초판을 출판했을 무렵에, 나와 함께 아메리카를 여행했던 친구 귀스타브 드 보몽(Gustave de Beaumont)은 나중에 출판될 그의 책 『마리, 또는 합중국의 노예제(*Marie ou l'Esclavage aux Etats-Unis*)』를 집필 중이었다. 보몽 씨의 주요 목적은 앵글로아메리카 사회 한가운데에서의 흑인들의 처지를 부각시키고 알리는 것이었다. 그의 책은 연합 공화국들의 핵심 문제인 노예제 문제에 대해 새롭고 생생한 빛을 던지게 될 것이다. 내가 아는 한, 보몽 씨의 책은 그 책에서 풍부한 감성적 요소와 묘사적 표현을 찾아보려는 독자들에게 큰 관심을 끌었을 뿐만

아메리카인의 주요 특성들을 독자들에게 보여줄 것이며, 둔중한 그림을 산뜻한 포장지로 감싸면서 나로서는 도저히 흉내 내기 힘든 매력적인 내용으로 진실의 폭을 넓혀줄 것이다.

내가 아메리카에서 본 것을 알리는 데 성공했는지 여부를 나로서는 알지 못한다. 하지만 나는 제대로 알리고자 하는 진지한 바람을 가졌으며, 무의식에서라면 모를까 알면서는 관념을 사실에 꿰맞추는 대신 사실을 관념에 꿰맞추는 따위의 일은 결코 하지 않았다고 확언한다.

문서의 도움으로 어떤 관점을 세울 경우에, 나는 원본을, 그것도 가장 신뢰할 만하고 가장 평판 있는 작품들을 참조했다.[2] 내가 사용한 사료들을 주해에 적어놓았으니 누구나 그것의 진위를 따져볼 수 있을 것이다. 의견, 정치적 관행, 관찰, 습속 따위에 관한 내용에 대해서는 나는 가장 훌륭한 식견을 지닌 사람들을 찾아 나섰다. 만일 어떤 사안이 중요하거나 의심스러울 경우, 한 사람의 증언으로 만족하지 않고 여러 사람의 증언을 구한 다음에 판단을 내렸다.

아니라 무엇보다도 참된 통찰력과 깊은 진실성을 원하던 독자들에게서 가장 견고하고 지속적인 성공을 거두었다.

2) 나는 입법과 행정에 관련된 문서들을 두루 검토할 수 있는 호의를 누렸는데, 이에 대해 늘 감사의 마음을 지니고 있다. 나의 연구를 도와준 아메리카 공무원들 중에서 나는 특히 당시 국무장관이던 (지금은 파리 전권대사) 에드워드 리빙스턴(Edward Livingston) 씨를 들고 싶다. 내가 하원을 방문한 동안, 리빙스턴 씨는 연방 정부에 대해 지금 내가 가지고 있는 대다수 문서를 제공해주었다. 리빙스턴 씨는 그가 쓴 글을 읽게 되면 좋아지는 그런 부류의 사람, 말하자면 만나기도 전에 존중하고 경탄하게 되며 기꺼이 감사의 마음을 빚지게 되는 아주 드문 사람들 중 하나이다.

이 점에서 독자는 나의 말을 믿어야 할 것이다. 나는 나의 주장을 입증하기 위해 독자에게 알려진 인물이나 적어도 그럴 만한 가치가 있는 이름들을 두루 인용할 수도 있었을 것이다. 하지만 나는 그러기를 삼갔다. 길손은 주인 집 벽난로 곁에서 주인이 아마도 허물없이 털어놓는 중요한 사실을 듣게 되곤 한다. 주인은 마지못해 침묵을 지키는 길손에게 적이 안심할 것이며 길손이 곧 떠날 것이기 때문에 자신의 경솔을 겁내지도 않을 것이다. 나는 이런 종류의 모든 내밀한 대화를 듣자마자 곧 적어두었다. 하지만 이 대화록은 결코 내 주머니 밖으로 새어 나가지 않을 것이다. 자신이 받은 너그러운 환대에 대한 대가로 근심과 난처함을 돌려주는 그런 길손들의 명단에 이름을 올리느니 나는 차라리 나의 책이 가져다줄 성공을 포기하겠다.

노력을 다하기는 했지만 누구라도 마음만 먹으면 이 책을 비판하기가 그 무엇보다 쉬우리라는 것을 나는 안다.

이 책을 면밀하게 읽어보는 독자라면, 생각건대 책의 여러 부분을 관통하는 하나의 기본 사상을 발견할 수 있을 것이다. 그러나 내가 다루어야만 했던 대상들이 아주 많고 다양하기 때문에, 개별적인 한 가지 사실을 내가 인용한 사실들 전체와 대립시키거나 별개의 한 가지 사상을 사상들 전체와 대립시키는 것은 그리 어려운 일이 아닐 것이다. 따라서 나로서는 이 책이 나의 작업을 이끌어준 바로 그 정신에 따라 읽히기를 바랄 따름이다. 또한 내가 어느 한 가지 추론에 의해서가 아니라 추론들을 종합하여 입론을 세웠듯이, 이 책도 그것이 남기는 전반적인 인상에 의해 판단되기를 바랄 따름이다.

이해도를 높이려는 의도에서 저자로서는 자기의 생각 하나하나를 그 모든 이론적 결론 속에서 탐색하고 때로는 허구적이고 비실제적인 것의 경계선까지 밀고 나가지 않을 수 없었다는 사실을 잊어서는 안 된다. 왜냐하면 행동에서는 이따금 논리의 규칙에서 벗어나는 것이 필요하기도 하지만 논설에서는 그렇지 않기 때문이다. 그리고 인간은 자신의 행동에서 일관성을 지키기 어려운 만큼이나 자신의 말에서 일관성을 지키지 않기도 어려운 법이다.

많은 독자들이 아마도 이 책의 주요 결함으로 여기게 될 사항을 나 스스로 지적하면서 이 책을 끝맺도록 하자. 이 책은 특정인의 견해를 두둔하려고 쓴 것이 아니다. 나는 어떤 정파들에 봉사하려고, 아니면 맞서려고 이 책을 쓰지 않았다. 나는 이들과 다르게 보고자 한 것이 아니라 이들보다 더 멀리 보고자 했다. 그리고 이들이 단지 내일을 염두에 둔 반면, 나는 먼 미래를 생각하고자 했다.

제1부

제1장
북아메리카의 외형

북아메리카는 그 외부 지형에서 첫눈에 쉽사리 알아볼 수 있는 일반적인 특징들을 드러낸다.

땅과 물, 산과 계곡이 일종의 규칙적인 질서에 따라 나누어진 듯이 보인다. 어지러운 풍물들과 각양각색의 광경들 사이에서도 간단하지만 장엄한 배열이 나타난다.

북아메리카는 거의 대등하게 거대한 두 지역으로 나뉜다.

한 지역은 북쪽으로 북극까지 뻗어 있으며 동쪽과 서쪽에 거대한 두 개의 대양을 마주하고 있다. 이 지역은 남쪽으로 뻗어 내려가면서 삼각형을 형성하고, 이 삼각형의 불규칙하게 그어진 변들은 마침내 캐나다의 거대한 호수들 위쪽에서 만난다.

두 번째 지역은 첫 번째 지역이 끝나는 곳에서 시작해서 대륙의 나머지 모든 곳으로 펼쳐진다.

첫 번째 지역이 북극으로 가볍게 기울었다면, 두 번째 지역은 적도로 기울어 있다.

첫 번째 지역에 포함된 땅들은 아주 완만한 경사를 이루며 북쪽으로 기울어진 관계로, 사람들은 이 지역을 거의 고원이라고 부를 정도이다. 이 거대한 평지 안에는 높은 산도 깊은 계곡도 없다.

물은 되는 대로 굽이쳐 흐른다. 강들은 여기서 서로 뒤엉키고 합쳐지며 갈라서고 다시 만나며, 수많은 늪지대로 퍼지고 후덥지근한 미로 한가운데에서 매 순간 사라졌다가 이윽고 헤아릴 수 없는 굽이를 돈 다음에 북극해로 흘러들어 간다. 이 첫 번째 지역을 마무리하는 거대한 호수들은 구대륙에 있는 대부분의 호수들처럼 언덕과 바위로 둘러싸여 있지 않다. 연안은 평탄하고 수면으로부터 몇 피트 정도밖에 올라와 있지 않다. 따라서 호수들은 물이 가득 찬 거대한 접시 모양이다. 지각에 조금이라도 변동이 생기면 호수의 물결은 북극 쪽으로, 아니면 열대 바다를 향해 넘쳐흐를 것처럼 보인다.

두 번째 지역은 더 기복이 심하고 사람이 살기에 더 적합하다. 두 개의 거대한 산맥이 이 지역을 길게 나눈다. 앨러게니(Alleghenies)라는 이름의 한 산맥은 대서양 연안을 따라 내려오고, 다른 한 산맥은 태평양(South Seas)과 나란히 달린다.

이 두 산맥 사이에 놓인 공간은 22만 8,343평방 리으(lieues)에 달한다.[1] 따라서 그 면적은 프랑스 면적의 약 여섯 배 크기이다.[2]

---

[1] 134만 1,649평방 마일에 해당한다. W. Darby, *View of the United States*, p. 499 참조.

이 광활한 영토는 단 하나의 계곡을 이루고 있다. 계곡의 한쪽 편 앨러게니산맥의 펑퍼짐한 꼭대기에서부터 내림세가 시작되고 다른 한쪽 편에서는 어떤 장애물도 만나지 않고 로키산맥까지 오름세가 이어진다.

계곡의 아래쪽에는 거대한 강이 흐른다. 산맥들로부터 내려온 물줄기들이 모든 방향에서부터 이 강으로 모여드는 것이 보인다.

옛날에 프랑스인들은 먼 조국을 기리는 뜻에서 이 강을 생루이(Saint-Louis)강이라 불렀다. 인디언들은 그들의 과장된 어투로 '강들의 아버지', 즉 미시시피(Mississippi)라고 불렀다.

미시시피강은 내가 앞에서 말한 두 개의 거대한 지역이 맞닿는 곳, 두 지역을 나누는 고원의 꼭대기에서 발원한다.

이 부근에서 또 다른 강[3]이 발원하는데, 이 강은 북극해로 흘러들어 간다. 미시시피강은 시작 무렵에는 물줄기 방향이 불확실해 보인다. 몇 차례나 굽이쳐 돌아가다가 호수와 늪지대를 만나 흐름이 더뎌진 다음에야 이윽고 방향을 잡아 서서히 남쪽으로 흘러내린다.

때로는 자연이 마련해준 점토질 강바닥을 따라 고요히 흐르면서, 때로는 홍수로 범람하면서, 미시시피는 1,000리으 이상의 길을 흐른다.[4]

---

2) 프랑스 면적은 3만 5,181평방 리으이다.
3) 레드 리버(Red River).
4) 2,500마일, 즉 1,032리으이다. Warden, *Description des Etats-Unis*, vol. I, p. 166 참조.

하구에서 600리으 떨어진 곳[5]의 강 수심은 이미 평균 15피트에 달하고, 300톤급 선박들이 거의 200리으에 이르는 거리를 거슬러 올라간다.

57개에 달하는 항해 가능한 큰 강들이 미시시피에 물을 공급한다. 미시시피의 지류 중에는 1,300리으 길이의 강,[6] 900리으 길이의 강,[7] 600리으 길이의 강,[8] 500리으 길이의 강[9]이 각각 한 개씩, 그리고 200리으 길이의 강[10]이 네 개 있다. 그리고 헤아릴 수 없이 많은 작은 샛강들이 사방에서 흘러든다.

미시시피강이 물을 대는 계곡은 마치 미시시피강만을 위해 생겨난 듯하다. 미시시피는 이 계곡에 마치 옛날 신이 그랬듯이 선과 악을 마음껏 베푸는 것이다. 자연은 강 주변에 무진장한 풍요를 펼쳐놓는다. 강어귀에서 멀어질수록 식물들은 고갈되고 토양은 척박해지며 만물이 시들고 죽어간다. 지구의 격변이 미시시피 계곡만큼 뚜렷한 흔적을 남긴 곳은 달리 없을 것이다. 이곳의 전경은 물의 영향이 얼마나 큰가를 잘 보여준다. 불모와 풍요 모두 물의 소산이다. 태초에 대양의 파도는 오랫동안 편평하게 다듬은 거대한 충적토 단층을 계곡 깊숙이 쌓아놓았다. 강 오른쪽 둑으로

---

5) 1,364마일, 즉 563리으, 같은 책, 169쪽을 보라.
6) 미주리강, 같은 책, 132쪽(1,278리으).
7) 아칸소강, 같은 책, 188쪽(877리으).
8) 레드 리버, 같은 책, 190쪽 (598리으).
9) 오하이오강, 같은 책, 192쪽 (490리으).
10) 일리노이강, 세인트피에르강, 세인트프랜시스강, 모인고나강.

는 마치 농사꾼이 굴림대를 굴리고 지나간 듯이 평탄하고 거대한 평야들이 펼쳐진다. 반면에 산맥 쪽으로 다가갈수록 토양은 점점 거칠고 척박해진다. 땅은 말하자면 수많은 곳에 움푹 구멍처럼 파여 있으며, 여기저기 솟은 험준한 바위들은 시간이 흘러 살과 힘줄이 다 빠져버린 해골처럼 보인다. 땅 표면은 화강암 모래, 울퉁불퉁한 돌 더미들로 덮여 있고, 얼마 안 되는 초목들이 이런 장애를 뚫고 억세게 싹을 내미는데, 이는 마치 거대한 저택의 잔해들로 뒤덮인 초원을 연상시킨다. 이 돌 더미와 모래를 분석해보면, 그것들이 로키산맥 꼭대기의 메마르고 부서진 지질들과 정말 비슷하다는 것을 쉽게 알 수 있다. 홍수가 일어나 흙더미가 계곡 속으로 빨려 들어간 후에 틀림없이 일부 바위들도 휩쓸려 들어갔을 것이다. 산꼭대기에서 나온 바위들이 홍수로 인해 벼랑 위에서 밀려 떨어지고 서로 부딪쳐 깨진 후에 결국은 산맥의 바닥 곳곳을 장식하게 된 것이다. (A)

전체적으로 보아, 미시시피 계곡은 신이 여태껏 인간을 위해 마련해준 가장 훌륭한 거주지이다. 하지만 지금은 거대한 사막에 지나지 않는다고 말할 수 있다.

앨러게니산맥의 동쪽 사면으로, 이 산맥의 아래와 대서양 사이에 마치 바다가 물러가면서 뒤에 남겨놓은 듯한 바위와 모래로 이루어진 기다란 지대가 펼쳐진다. 이 지대의 평균 폭은 48리으[11]에 지나지 않지만 길이는 390리으[12]에 달한다. 아메리카 대륙의 이 부

---

11) 100마일.

분에서 토양은 경작에 별로 적합하지 않다. 작물은 성글고 다양하지 못하다.

인간의 노고가 우선 집중된 곳은 살기에 그리 적합하지 않은 바로 이 연안이었다. 혀처럼 길게 뻗은 이 척박한 땅 위에 훗날 미합중국이 될 영국 식민지들이 세워졌다. 비록 대륙의 미래를 좌우할 위대한 인민의 핵심 요소들이 거의 눈에 띄지 않게 그 너머로 몰려들고 있기는 하지만, 오늘날에도 힘의 원천은 바로 이곳이다.

유럽인들이 앤틸리스 해안에, 뒤이어 남아메리카 연안에 상륙했을 때, 그들은 한때 시인들이 노래하던 동화의 나라에 온 것으로 여겼다. 바다는 열대의 열기로 반짝였으며, 엄청나게 투명한 바닷물은 처음으로 뱃사람들의 눈앞에 바닷속 깊은 곳까지 펼쳐놓았다.[13] 여기저기 눈에 띄는 향기로 가득 찬 작은 섬들은 마치 적막한 바다 위에 떠 있는 꽃바구니와도 같았다. 이 매혹적인 장소에서 눈에 띄는 모든 것은 인간의 욕구를 만족시키고 인간에게 즐거움을 주기 위해 마련된 듯 보였다. 나무마다 먹음직한 열매들이 주렁주렁 달렸으며, 먹을 수 없는 열매들도 그 찬란한 빛깔과 광채로 사람들을 유혹했다. 향내 나는 레몬나무, 야생 무화과나무,

---

12) 약 900마일.

13) 앤틸리스 바다는 너무도 투명해서 수심 60길에 있는 조개와 물고기들이 보일 정도이다. 돛단배는 하늘을 나는 것처럼 보인다. 수정같이 맑은 물빛 아래로, 조개류와 금빛 물고기들이 산호초와 바닷말 사이를 노니는 바닷속 정원을 응시하는 여행객은 금방 현기증을 느낄 것이다. Malte-Brun, *Carnets de Voyages*, vol. III, p. 726.

둥근 잎을 가진 도금양(桃金嬢), 아카시아, 협죽도(夾竹桃) 따위가 꽃무늬처럼 뒤엉킨 숲속에서 유럽에서는 볼 수 없는 수많은 새들이 자주색과 남색 깃털을 뽐내면서 생명력과 약동감으로 가득 찬 자연과 화음을 이루며 우짖고 있었다. (B)

이 찬란한 외양 아래 쇠락이 감추어져 있었다. 하지만 당시에 사람들은 이 사실을 알지 못했다. 이러한 기후의 대기 속에는 무어라 말하기는 힘들지만 사람을 무기력하게 만드는 어떤 영향력이, 사람들을 현재에 집착하게 만들고 미래에는 무관심하게 만드는 어떤 힘 같은 것이 깃들여 있었다.

북아메리카는 아주 다른 양상을 나타냈다. 여기에서는 모든 것이 심각하고 진지하고 장중했다. 남아메리카가 감각의 영역으로 만들어졌다면 북아메리카는 지성의 영역으로 만들어졌다고 말할 수 있을 것이다.

파도가 출렁이고 안개가 자욱한 대양이 북아메리카의 연안을 적셨다. 화강암 바위와 모래톱이 마치 띠처럼 둘러쳐 있었다. 강들을 덮고 있는 숲은 어둡고 음산한 잎새들로 가득했다. 소나무, 낙엽송, 털가시나무, 야생 올리브나무, 월계수 따위만이 여기서 자라고 있었다.

이 둥근 외곽 지대를 뚫고 지나가면 울창한 중앙 삼림지대가 나타난다. 여기에는 남반구와 북반구 어디서든 자라나는 가장 거대한 나무들이 뒤엉켜 있다. 플라타너스, 개오동나무, 사탕 단풍나무, 버지니아 포플러가 떡갈나무, 너도밤나무, 참나무와 뒤섞여 자란다.

인간의 지배 영역 아래 있는 모든 숲에서와 마찬가지로, 여기서도 쇠락은 끊임없이 모든 것을 엄습했다. 썩고 으스러진 잔해들을 걷어낼 일손이 전혀 없었다. 식물의 잔해들은 그 자리에서 다른 식물들이 자라날 만큼 썩기도 전에 겹겹이 쌓여만 갔다. 하지만 바로 이 잔해들 속에서 무언가 소생하는 기운이 줄곧 생겨났다. 덩굴식물과 온갖 종류의 잡초들이 뒤덮은 잔해를 헤치고 솟아올랐다. 이것들은 죽은 나무의 줄기를 타고 뻗어 오르고, 그 부스러기 속에 스며들어 양분을 얻었으며, 나무에 간신히 매달려 있는 시든 껍데기들을 밀어 올리거나 부수고, 마침내 새싹을 피울 길을 냈다. 이렇게 여기서는 쇠락이 어떤 의미에서 생명을 낳았다. 쇠락과 생명은 서로 마주 보았으며 기꺼이 서로 힘을 뒤섞는 듯 보였다.

이 숲들 깊숙한 곳은 아직도 잘 알려져 있지 않다. 인간의 힘이 미치지 않는 수많은 작은 강들은 영겁의 습기를 머금고 있다. 여기서는 그저 몇몇 꽃들과 야생 과수, 새들을 볼 뿐이다.

나무들이 늙어 쓰러지는 소리, 폭포수 쏟아지는 소리, 물소의 울부짖는 소리, 윙윙대는 바람 소리만이 자연의 정적을 깨트릴 따름이다.

거대한 강의 동쪽에는 숲이 거의 사라지고 그 대신 끝없는 초원이 펼쳐진다. 변화무쌍한 자연이 이 비옥한 평야 지대에 나무의 씨앗을 거부했던 것인가, 아니면 한때 이 평야를 덮었던 삼림이 인간의 손에 파괴된 것인가? 전해오는 이야기도 과학적인 연구도 아직 이 문제를 밝혀내지 못하고 있다.

그러나 이 방대한 황야 지대에 사람들이 전혀 살지 않았던 것은 아니다. 수백 년 전부터 몇몇 부족들이 숲 깊숙한 곳이나 초원의 방목지 주변에 흩어져 살았다. 세인트로렌스강 어귀에서부터 미시시피강 삼각주까지, 대서양에서부터 태평양까지 이 야만인들은 그들이 공통 기원을 갖고 있음을 나타내주는 몇 가지 유사한 점들을 가지고 있었다. 그러나 그들은 지금까지 알려진 어떤 인종들과도 달랐다.[14] 그들은 유럽인들처럼 희지도, 대다수 아시아인들처럼 노랗지도, 흑인들처럼 검지도 않았다. 피부는 적갈색이며 머리는 길고 반들거리며, 입술은 가늘고 광대뼈는 튀어나왔다. 아메리카의 야만 부족들이 사용하던 언어들은 서로 어휘가 달랐으나 동일한 문법 규칙을 따랐다. 이 규칙들은 지금까지 인간이 구사한 언어들의 생성을 규제해온 것으로 보이는 규칙들과 몇 가지 점에서 달랐다.

아메리카인들의 관용구는 새로운 언어 배열의 산물인 듯하다. 이 관용구들은 그것을 창안해낸 자들에게서 오늘날의 인디언들로서는 감당하기 어려운 듯 보이는 어떤 지적 노력을 엿볼 수 있게 해준다. (C)

---

14) 발견이 진척됨에 따라 인체 구조, 언어, 습관 등에서 북아메리카 인디언들과 퉁구스족, 만주족, 몽골족, 타타르족 등 아시아의 여러 유목 부족들 사이에 몇 가지 비슷한 점들이 있는 것으로 드러났다. 이들 아시아 부족들은 베링 해협 주변에 몰려 살았는데, 이 사실은 이들이 아득한 옛날에 황량한 아메리카 대륙으로 건너왔을 것이라는 추측을 가능하게 한다. 하지만 과학은 아직 이 점을 확실하게 입증하지 못하고 있다. Malte-Brun, vol. V; Humboldt의 저작들; Fischer, *Conjectures sur l'origines des Américains*; Adair, *History of the American Indians*.

이 부족들의 사회 상태 또한 몇 가지 측면에서 구세계의 사회 상태와 달랐다. 이들은 자신들보다 더 개화된 족속들과 전혀 접촉하지 않은 채 황야 한가운데서 자유롭게 번성한 듯하다. 따라서 이들에게서는 선과 악이라는 모호하고 앞뒤가 안 맞는 개념들이 전혀 나타나지 않았으며, 한때 문명인이었다가 다시 야만 상태로 되돌아가버린 민족들에게 나타나는 바와 같은 무지와 조야한 습속이 뒤섞여 있는 심각한 타락상을 찾아볼 수 없었다. 인디언들은 자신들 말고는 아무에게도 빚을 지지 않았다. 이들의 미덕, 악행, 편견 따위는 모두 이들 자신의 소산이었다. 이들은 아무 구속도 받지 않는 그대로 야생 속에서 자랐던 것이다.

개화된 나라의 하층민들이 거칠다면, 그것은 그들이 무지하고 가난하기 때문만이 아니라 그러한 조건에서 그들이 교육받고 부유한 사람들과 매일같이 접촉하기 때문이다.

자신들의 불행과 나약함이 매일같이 이웃 사람들의 행복과 위세에 견주어진다면 그들의 마음속은 분노와 동시에 공포로 들끓게 된다. 자신들이 열등하고 종속되어 있다는 감정이 그들을 괴롭히고 굴욕감을 느끼게 만든다. 이러한 영혼의 열등성은 습속뿐만 아니라 언어에서도 나타난다. 그들은 거만해지는 동시에 비굴해진다.

이러한 사실은 관찰을 통해 쉽사리 입증된다. 인민은 그 어느 곳보다 귀족정치 국가에서 더 거칠고 농촌보다 부유한 도시에서 더 거칠다.

강한 자와 부유한 자들이 모여 사는 곳에서 약한 자와 가난한 자들은 자신들의 비열함에 짓눌려 지내는 듯하다. 평등을 되찾을 가망이 전혀 없다고 느끼면서 이들은 완전히 절망에 빠진 나머지 인간의 존엄성 아래로 떨어져버리는 것이다.

이러한 상태의 양극화가 가져오는 좋지 않은 효과는 야만인의 생활 속에서는 찾아볼 수 없다. 인디언들은 모두 무지하고 가난한 동시에 평등하고 자유로운 것이다.

유럽인들이 도착했을 때, 북아메리카 인디언들은 아직 재산의 가치를 몰랐으며 문명인들이 돈으로 사들이는 행복에 대해 무관심했다. 하지만 이들에게는 그 어떤 거친 태도도 찾아볼 수 없었다. 오히려 이들의 행동에는 습관화된 자제심과 일종의 귀족적인 정중함이 나타났다.

인디언들은 평화 시에는 부드럽고 친절하지만 전쟁 때에는 인간 잔혹성의 알려진 한계를 넘어설 정도로 잔인하다. 인디언들은 저녁 때 자기 움막을 찾아와 도움을 청하는 길손을 대접하려고 굶어죽는 것도 마다하지 않지만, 자기가 잡은 포로의 버둥대는 팔다리를 제 손으로 갈기갈기 찢기도 한다. 고대의 어떤 유명한 공화국도 신세계의 야만적인 삼림 속에 감추어져 있던 것만큼의 불굴의 용기, 담대한 영혼, 독립을 향한 완고한 열정을 보여주지 못했다.[15] 유럽인들은 북아메리카 연안에 상륙했을 때 아무런 감흥도

---

15) 이로코이족이 우세한 병력의 공격을 받았을 때, 늙은이들은 도망가려 하지도 고향이 파괴된 뒤 살아남으려 하지도 않았으며, 로마 시가 골족에게 약탈당할 때의 고대 로마인들처럼 죽음을 두려워하지 않았다고 제퍼슨(Jefferson) 대통령은 말한다(*Notes sur la Virginie*, p. 148). 더 나아가 제퍼슨은 다음과 같이

불러일으키지 못했다. 유럽인을 보고 인디언들은 부러움도 두려움도 느끼지 않았다. 이러한 부류에게 유럽인들이 어떤 영향을 미칠 수 있었겠는가? 인디언은 욕구 없이 살 수 있었고, 불평 없이 참을 수 있었으며, 노래를 부르며 죽을 수 있었다.[16] 인류의 다른 모든 족속과 마찬가지로, 이 야만인들도 더 나은 세계의 존재를 믿었으며 여러 가지 이름으로 만물의 창조자 하느님을 섬겼다. 원대한 지적인 진실들에 대한 이들의 관념은 일반적으로 단순하고 사변적이었다. (D)

여기서 우리가 묘사하고 있는 종족이 비록 원시적으로 보이기는 하지만, 이들보다 더 개화되고 모든 면에서 앞선 다른 종족이 이 지역에서 먼저 살았다는 사실은 의심할 나위가 없다.

희미하지만 대서양 연안의 대다수 인디언 부족들 사이에 널리 퍼져 있는 전설은 바로 이 종족들이 옛날에는 미시시피강 서쪽에 모여 살았다는 것을 우리에게 알려준다. 오하이오강 기슭을 따라서, 그리고 계곡 중앙부에서 인간의 손으로 만들어진 구릉들이 지금도 매일같이 발견된다. 이 흙무덤을 가운데까지 파고 들어가면,

---

말한다(p. 150). "적에게 사로잡혀 목숨을 구걸하는 인디언은 한 명도 없었다. 오히려 사로잡힌 자들은 승리자들에게 온갖 방법으로 모욕을 주거나 도발함으로써 죽음을 당하는 편을 택했다."

16) 다음을 보라. Lepage-Dupratz, *Histoire de la Louisiane*; Charle-Voix, *Histoire de la Nouvelle France*; R. Heckewelder, *Transactions of the American philosophical Society*, Vol. I; Jefferson, *Notes sur la Virginie*, p. 135-190. 작가의 개인적 자질, 특수한 지위, 그리고 작품을 쓴 명확한 시기 등으로 볼 때, 제퍼슨의 저술이 특히 신뢰할 만하다.

인간의 뼈, 이상한 장신구들, 무기 그리고 오늘날의 종족들에게는 잊힌 풍습을 상기시켜주는 온갖 종류의 금속제 용기들을 찾아낼 수 있다.

오늘날의 인디언들은 이 미지의 종족의 역사에 관해 어떤 정보도 제공할 수 없다. 아메리카가 발견된 때인 300년 전에 살았던 종족들도 가설을 세워볼 수 있을 만큼의 어떤 정보도 남기지 않았다. 전설들, 즉 사라지기도 하지만 줄곧 되살아나는 원시 세계의 유물들도 아무런 해명을 제시하지 못한다. 하지만 수많은 우리 동료 인간들이 여기서 살았다. 아무도 이 사실을 의심할 수 없다. 이들은 언제 여기에 왔으며, 이들의 기원과 운명과 역사는 과연 어떠했는가? 이들은 언제 그리고 어떻게 사라졌는가? 아무도 알 수 없다.

얼마나 기묘한 일인가! 이 땅에서 완전히 사라져서 마침내 그 기억마저 지워져버린 종족들이 있었다니 말이다. 이들의 언어는 잊히고 이들의 영광은 메아리 없는 소리처럼 사라졌다. 하지만 한때 살았었다는 것을 일깨워주는 무덤 하나마저 남기지 않고 사라져버리는 사람은 없을 것이다. 그러니 인간이 만들어낸 작품들 중에 가장 지속적으로 남는 것은 바로 자신의 허망함과 비참함을 가장 잘 일깨우는 작품인 셈이다!

지금까지 묘사한 방대한 지역이 한때 수많은 토착 부족들로 가득 찼었다고 할지라도, 유럽인들이 첫발을 디뎠을 당시에는 황야에 지나지 않았다고 말해야 타당할 것이다. 인디언들이 이 지역을 점거했으나 소유하지는 않았다. 인간이 땅을 소유하게 되는 것은 농경에 의해서이며, 북아메리카의 첫 거주자들은 수렵으로 살아갔다.

그들의 집요한 편견, 그들의 길들일 수 없는 격정, 그들의 악행 그리고 아마도 그들의 야생의 미덕이 그들을 피할 길 없는 파멸로 몰고 갔다. 이들 종족의 파멸은 유럽인들이 연안에 상륙한 바로 그날부터 시작되어 그 후 줄곧 계속되었으며 마침내 오늘날 완결되고 있다. 하느님은 인디언들을 신세계의 풍요 한복판에서 그저 잠시 누리도록 허용해주신 듯하다. 그들은 말하자면 '올 사람들을 기다리면서' 거기에 있었을 따름이다. 상업과 공업에 아주 적합한 저 해안들, 저 넓고 깊은 강줄기들, 무진장한 미시시피 계곡, 말하자면 이 대륙 전체가 한 위대한 민족(nation)을 위해 아직 비어 있는 요람처럼 보였다.

개화된 인간이 새로운 토대 위에서 사회를 건설하고자 한 것은 바로 여기에서이다. 바로 여기에서 유사 이래 처음으로 지금까지 알려지지 않았거나 혹은 실현 불가능하다고 여겨진 이론들을 적용하면서, 과거의 역사에서 전혀 찾아볼 수 없는 광경을 이 세상에 연출하고 있는 것이다.

영국계 아메리카인들의 기원에 대해, 그리고 그 기원이 그들의 미래에 끼친 영향에 대해

한 인간이 태어난다. 어린 시절의 만족과 놀이 속에 그의 유년은 무심코 지나간다. 그가 자라서 성년이 되면 마침내 세상의 문이 열려서 그를 받아들인다. 그는 이웃들과 접촉하게 된다. 사람들은 이제 처음으로 그를 관찰하며, 성년기의 덕성과 악행의 씨앗이 그에게서 자라나는 것을 보았다고 생각한다.

내가 틀리지 않았다면, 이것은 아주 잘못된 생각이다.

뒤로 거슬러 올라가서, 어머니의 품에 안긴 아이를 살펴보자. 아이의 아직은 희미한 지성의 거울에 처음으로 비친 외부 세계의 모습을 보자. 아이의 눈에 들어온 첫인상들을 자세히 들여다보자. 아이에게 잠들어 있는 사고력을 깨워주는 아이의 첫 번째 말을 들어보자. 그리고 아이가 감당해야만 하는 첫 다툼들을 지켜보자. 바로 이때에만 당신은 아이의 일생을 지배하게 될 편견, 습관, 격정 따위가 어디에서 나오는지를 이해하게 될 것이다. 요컨대 한 인간의 생애 전체의 모습은 이미 그의 요람 속 배냇저고리에 담겨 있는 것이다.

민족들(nations)도 어느 정도 이와 엇비슷한 양상을 나타낸다. 어느 족속이든 항상 그 기원의 흔적을 지니기 마련이다. 그들의 탄생을 지배했고 그들의 성장에 기여했던 당시의 상황들이 앞으로 펼쳐질 그들의 경력에 영향을 미친다.

만일 사회의 원초적인 요소들로까지 거슬러 올라가서 역사의 첫 유적들을 살펴본다면, 우리는 거기서 편견, 습관, 지배적 열정 등 말하자면 오늘날 민족적 특성이라 불리는 것의 모든 양상의 자취를 발견할 수 있으리라는 것을 나는 믿어 의심치 않는다. 오늘날 지배적인 습속과 어긋나 보이는 관습들, 공인된 원칙과 정반대인 법률들, 아무것도 매달지 않은 채 낡은 건물 천장에 걸려 있는 끊어진 쇠사슬 조각처럼 사회의 여기저기에 널려 있는 일관성 없는 의견들 따위에 대한 해명도 거기에서 찾을 수 있을 것이다. 자신들도 모르는 목표를 향해 어떤 미지의 힘에 의해 끌려가는 듯 보이는 몇몇 족속들의 운명도 거기에서 밝혀질 수 있을 것이다. 하지만 지금까지 이러한 사실들을 다룬 연구가 거의 없었다. 민족들은 한창 성숙한 다음에야 연구 대상이 되었다. 이윽고 민족들이 자신의 기원을 성찰해보려 하면, 세월이 이미 그 기원을 어둠으로 덮어버리거나 무지와 자만이 진실성 없는 우화로 그 기원을 둘러싸 버린다.

아메리카는 한 사회의 자연스럽고 평탄한 발전을 관찰할 수 있는 유일한 나라, 한 국가의 출발점이 그 국가의 미래에 미치는 영향력을 고찰해볼 수 있는 유일한 나라이다.

유럽인들이 신세계 연안에 상륙했을 무렵에 이들의 민족적 특질은 이미 형성되어 있었다. 이들 각자는 뚜렷한 용모를 지니고 있었으며, 이미 자기 자신에 대한 성찰을 가능케 하는 정도의 문명 단계에 도달해 있었기 때문에, 자신들의 견해, 습속, 법제 등에 대한 충실한 묘사를 우리에게 전달해주었다. 15세기의 사람들은 우리의 동시대인들만큼 우리에게 잘 알려져 있다. 따라서 아메리카는 초창기의 무지와 야만 탓에 우리가 알 수 없었던 것들을 백일하에 드러내준다.

우리는 아메리카 사회들의 면모를 속속들이 알 수 있을 만큼 그 사회들이 탄생한 초창기에 시간적으로 가까이 있으며, 초창기에서 연유하는 것들을 판단할 수 있을 만큼 시간적으로 멀리 있다. 그러니 우리 시대의 사람들은 조상들보다 인간사에 대해 더 많은 것을 보게 되는 운명인 듯하다. 하느님은 우리 조상들이 갖지 못한 횃불을 우리 손에 쥐어주셨으며, 우리가 우리 조상들은 알아낼 수 없었던 주요 요인들을 민족들의 운명 속에서 식별할 수 있게 해주신 것이다.

아메리카의 역사를 주의 깊게 연구한 후 아메리카의 정치적·사회적 상태를 자세히 검토해본다면, 다음과 같은 확고한 진리, 즉 어떤 의견도, 습관도, 법제도, 심지어 사건도 아메리카의 출발점에서 비롯되지 않은 것이 없다는 사실을 확신하지 않을 수 없을 것이다. 따라서 이 책을 읽는 독자들은 이 책의 제1장에서 다음에 이어질 내용의 뿌리와 전체 줄거리의 핵심을 발견하게 될 것이다.

오늘날 아메리카연합(Union américaine)에 해당하는 영토를 차지하려고 여러 차례에 걸쳐 몰려든 이주민들은 여러 점에서 서로 달랐다. 그들은 목표를 서로 달리했으며 서로 다른 원칙에 따라 스스로 다스렸다.

하지만 이 사람들은 서로 공통점을 갖고 있었으며 모두 비슷한 처지에 놓여 있었다.

언어의 유대는 아마 인간들을 묶을 수 있는 가장 강하고 가장 지속적인 유대일 것이다. 모든 이주민은 같은 언어를 썼으며 같은 조상의 자손이었다. 수백 년 동안 당파 투쟁에 시달린 끝에 당파들이 차례로 법치 제도를 받아들이지 않을 수 없었던 나라에서 태어난 이들 이주민은 이런 거친 현장에서 정치교육을 받았었다. 따라서 이들은 유럽의 다른 민족들보다 권리의 개념들과 진정한 자유의 원칙들에 대해 더 많이 알고 있었다. 이민이 시작될 당시에 자유 제도들의 비옥한 토양이라 할 지역 자치(gouvernement communal)가 이미 영국인들의 습관 속에 깊이 뿌리내려 있었다. 이와 더불어 인민주권의 원리가 튜더 왕조의 치세에서도 도입되어 있었다.

당시 기독교 세계를 뒤흔든 종교 분쟁이 한창이었다. 영국은 격렬하게 이 새로운 역정에 빨려들어 갔다. 언제나 진지하고 사색적이었던 영국인의 성격은 근엄해지고 논쟁적으로 변했다. 이 정신적 투쟁 속에서 지식은 한층 성장했으며, 사람들은 더 많은 교양을 얻었다. 누구나 종교에 대해 말하는 가운데, 습속은 더욱 순수해졌다. 영국인의 이 모든 일반적 특성은 대서양의 반대편으로 새로운 미래를 찾아 건너온 그들의 자손들에게서 어느 정도 그대로 찾아볼 수 있었다.

뒤에 다시 살펴보겠지만 다음과 같은 지적은 영국인뿐만 아니라 프랑스인, 에스파냐인 그리고 신세계 연안에 정착하기 위해 차례로 몰려온 유럽인 모두에게 적용된다. 즉 유럽인의 모든 새로운 식민지들은 민주주의의 성숙한 모습까지는 아니더라도 적어도 그 맹아적 형태를 배태하고 있었다는 사실이다. 두 가지 원인이 이러한 결과를 낳았다. 일반적으로 이주민들은 모국을 떠날 때 서로에 대해 어떠한 우월 의식도 갖고 있지 않았다고 말할 수 있다. 유복한 자와 힘센 자들은 망명을 떠나지 않는다. 그리고 가난과 불행이야말로 인간이 알고 있는 평등의 가장 완벽한 보증자이다. 물론 대영주들이 종교적이거나 정치적인 분쟁 끝에 아메리카로 건너온 경우가 몇 차례 있었다. 이들은 아메리카에서 신분 서열을 확립하는 법률을 만들기도 했다. 하지만 아메리카의 토양은 토지 귀족제에 알맞지 않다는 사실이 곧 드러났다. 이 거친 땅을 경작하기 위해서는 토지 소유자가 몸소 자기 이익을 위해 쉬지 않고 일해야만 했다. 토지가 경작되더라도 그 생산량이 지주와 소작인 모두를 먹여 살릴 만큼 충분하지 않았다. 따라서 토지는 그 소유자가 몸소 경작할 수 있을 만큼의 작은 경지들로 자연스럽게 분할되었다. 그런데 토지는 귀족제의 토대이다. 귀족제는 토지에 매달리고 토지에 의존하는 것이다. 귀족제를 확립하고 유지해주는 것은 결코 특권이나 혈통이 아니라 세습적으로 물려받은 토지 재산이다. 어떤 한 민족은 엄청난 재산과 끔찍한 가난을 동시에 드러낼 수 있다. 하지만 이 재산이 토지에 기반을 둔 것이 아니라면 여기에서 진정한 의미에서의 귀족제를 찾아볼 수 없으며 단지 가난한 자와 부유한 자가 있을 뿐이다.

따라서 설립될 무렵에 영국의 모든 식민지는 마치 한 가족처럼 비슷해 보였다. 이 식민지들은 애초부터 자유의 신장에, 그러나 모국에서 가져온 귀족적 자유가 아니라 세계사에 아직껏 완벽한 형태를 선보이지 않은 부르주아적이고 민주주의적인 자유의 신장에 이바지할 운명을 지닌 듯했다.

그러나 이러한 전반적인 색조 속에서 몇 가지 뚜렷한 명암의 차이가 나타난다. 이것을 살펴보도록 하자.

거대한 앵글로아메리카 집단 가운데 지금까지 거의 뒤섞이지 않고 성장해온 두 가지 주류를 구분할 수 있다. 하나는 남부 식민지들이며, 다른 하나는 북부 식민지들이다.

버지니아는 처음으로 세워진 영국 식민지이다. 이주민들은 1607년에 도착했다. 이 시기에 유럽은 이상스럽게도 금광과 은광이 국부의 원천이라는 관념에 사로잡혀 있었다. 전쟁과 온갖 학정보다 더 유럽 민족들을 궁핍하게 만들고 아메리카 원주민들의 목숨을 더 앗아간 것이 바로 불길한 관념이었다. 따라서 버지니아에 온 사람들은 재산도 품위도 없는 황금 채굴꾼들이었는데,[1] 이들의 격정적이고 소란스런 처신은 초기 식민지들을 어지럽혔으며[2] 그

---

1) 1609년에 영국 왕실이 발행한 특허장은 특히 식민 개척자들이 금은 광산 생산량의 5분의 1을 국왕에게 바쳐야 한다고 규정하고 있다. Marshall, *Vie de Washington*, vol. I, p. 18-66.
2) 스티스(Stith)의 『버지니아의 역사(*History of Virginia*)』에 따르면, 새로 온 식민

발전을 어렵게 만들었다. 그 다음에 일꾼과 농사꾼들이 왔다. 이들은 좀 더 자제력 있고 점잖은 부류이기는 했지만 어느 면에서도 영국 하층계급의 수준을 넘어서지 못했다.[3] 새로운 정착지들이 건설되는 데에 어떤 숭고한 사상도 어떤 정신적인 계기도 개입하지 않았다. 식민지들이 건설되자마자 노예제가 도입되었다.[4] 남부 식민지들의 성격, 제도 그리고 미래 전반에 엄청난 영향력을 행사하게 될 중요한 사실이 바로 이것이다.

뒤에 다시 설명하겠지만, 노예제는 노동의 가치를 훼손하고 사회 속에 게으름을 퍼트리며, 이와 함께 무지, 오만, 가난, 사치를 퍼트린다. 노예제는 지성의 힘을 고갈시키고 인간의 활동을 잠재운다. 영국적 특성과 결합된 노예제의 영향은 남부의 습속과 사회 상태를 설명해준다.

바로 이 남부적인 토대 위에 북부에서는 전혀 다른 모양새가 나타났다. 여기서 자세히 살펴보도록 하자.

개척자들의 대다수는 불순한 가문 출신으로 수치스러운 운명에서 벗어나도록 양친에 의해 신대륙으로 보내진 젊은이들이었다. 그리고 나머지는 하인 출신들, 은행 사기꾼들, 방탕한 자들 등등 새 정착지를 발전시키기보다 약탈하고 파괴하는 데 더 익숙한 무리들이었다. 선동 주모자들은 이들을 온갖 종류의 약탈 모험에 쉽사리 동원해냈다. 버지니아의 역사에 대해서는 다음을 참조하라.

Smith, *History of Virginia from the first Settlements to the year 1624*; William Stith, *History of Virginia*; Beverley, *History of Virginia from the earliest period*(불역판, 1807).

3) 상당수의 부유한 영국 지주들이 식민지에 정착하러 온 것은 훨씬 훗날이었다.
4) 노예제는 1620년 무렵에 제임스강 연안에 20여 명의 흑인을 상륙시킨 네덜란드 선박에 의해 도입되었다. 샬머(Chalmer)의 책을 보라.

오늘날 합중국의 사회 이론의 토대를 형성하는 두세 가지 주요 이념들이 합쳐진 것은 바로 뉴잉글랜드연합주[5]라는 이름으로 더 잘 알려진 북부의 영국 식민지들에서이다.

뉴잉글랜드의 원칙들은 우선 인접 주들로 퍼졌고 다음에 아주 먼 주들에까지 조금씩 전파되었으며 마침내, 굳이 말하자면 어디에든 '침투'했다. 이제 이 이념들은 뉴잉글랜드의 경계를 넘어서 아메리카 대륙 전체에 영향력을 행사 중이다. 뉴잉글랜드의 문명은 언덕 위에 밝혀진 횃불과도 같았다. 이제 그 횃불이 주변에 열기를 퍼트린 후에 지평선 저 멀리까지 밝게 물들이고 있는 것이다.

뉴잉글랜드의 건설은 새로운 광경을 제공했다. 여기에서 모든 것이 다 특색 있고 독창적이었다.

거의 모든 식민지에서 그 첫 이주민들은 가난과 비행 탓에 고향에서 밀려난 교육받지 못하고 재산도 없는 사람들이거나, 아니면 탐욕에 물든 투기꾼들과 청부업자들이었다. 그리고 이 정도의 기원도 갖지 못한 식민지들도 있었다. 예컨대 산토도밍고는 해적들이 세운 식민지였으며, 오늘날에도 영국 법원들은 오스트레일리아에 인구를 보내고 있다.

뉴잉글랜드 연안에 정착하러 온 이민자들은 모두 그들 모국에서 유복한 계급에 속했다. 이들이 아메리카 땅에 모이자 애초부터

---

5) 뉴잉글랜드연합주(New England states)는 허드슨강 동쪽에 위치한 주들이다. 코네티컷, 로드아일랜드, 매사추세츠, 버몬트, 뉴햄프셔, 메인 등 여섯 주를 말한다.

대영주도 인민도 없는, 달리 말하자면 가난한 자도 부유한 자도 없는 한 사회의 특이한 현상이 나타났다. 이들은 비율로 볼 때 오늘날 유럽의 여느 민족의 경우보다도 더 많은 지식을 과시했다. 이들 모두는 거의 예외 없이 높은 수준의 교육을 받았으며, 이들 중에는 재능과 학식으로 유럽에서 잘 알려진 사람들도 있었다. 다른 식민지들은 가족이 딸리지 않은 모험가들에 의해 세워진 반면, 뉴잉글랜드의 이주민들은 질서와 도덕성이라는 놀라운 자질을 가지고 왔다. 이들은 아내와 아이들을 데리고 황야로 온 것이다. 하지만 이들을 여느 식민지 이주자들과 가장 확실하게 구별해주는 것은 바로 이들의 이주 목적이다. 이들은 달리 어쩌지 못해서 모국을 떠나온 것이 아니었다. 이들은 모국에 남부럽지 않은 사회적 지위와 보장된 수입을 남겨두고 왔다. 이들은 자신의 처지를 개선하거나 재산을 늘리려고 새로운 세계에 발을 디딘 것이 결코 아니었다. 이들은 모국에서의 편안함을 박차고 순전히 지적인 욕구에 끌려 이곳에 왔다. 망명의 고단함을 무릅쓰면서도 이들은 '한 가지 이념'을 성취하고자 했다.

이주민들, 즉 그들끼리의 호칭에 따르자면 '순례자들(pilgrims)'은 영국의 한 교파에 속했는데, 이 교파는 엄격한 교리 덕에 청교도(puritan)라 불렸다. 청교도주의는 하나의 종교 교의일 뿐만 아니라, 여러 가지 면에서 가장 완벽한 민주적이고 공화적인 이론들과 일치했다. 청교도주의가 가장 위험한 적들을 불러 모은 것도 이 때문이다. 모국 정부에 의해 박해를 받고 자신들의 엄격한 교리를 배척하는 사회의 관행에 의해 상처를 입은 이들 청교도는 자신들 방식대로 살면서 자유롭게 하느님을 경배할 수 있는, 세상에서 버려진 이 야만적인 땅을 찾아온 것이다.

내가 직접 덧붙이기보다는 몇 가지 인용문을 들어보는 것이 이들 경건한 모험가들의 심리를 파악하는 데 더 유용할 것이다.

뉴잉글랜드 초창기 역사가인 너새니얼 모턴(Nathaniel Morton)은 다음과 같이 말한다.[6]

"이 식민지를 건설하면서 우리 조상들이 신의 은총의 이루 헤아릴 수 없고 영원히 기억에 남을 보증을 받아왔으니, 이를 글로 남기는 것이야말로 우리의 신성한 의무라고 나는 늘 생각해왔다. 우리가 본 것, 우리가 조상들에게서 들은 것을 우리는 아이들에게 알려야 할 의무가 있다. 이는 다음 세대가 주님을 경배하도록 하기 위함이요, 주님의 종, 아브라함의 자손, 그가 택하신 야곱의 자손이 주님께서 이루신 놀라운 일을 늘 기억하도록 하기 위함이다(『시편』 105편, 5, 6). 다음 세대는 주님이 어떻게 황야에 포도나무 한 그루를 가져오셨는지, 어떻게 이교도들을 몰아내고 그것을 심으셨는지, 어떻게 땅을 고르시고 그 나무의 뿌리를 내리게 하시고 온 땅을 채우게 하셨는지(『시편』 80편, 13, 15)를 알아야 한다. 그리고 이뿐만 아니라 어떻게 주님이 이 백성을 주님의 거룩한 처소로 인도하여 주시고 주님 소유의 산에 심으셨는지(『출애굽기』 15장, 13)를 알아야 한다. 이러한 사실들은 널리 알려야 한다. 이는 하느님

---

6) *New England's Memorial*, Boston, 1826, p. 14. *Histoire de Hutchinson*, vol. II, p. 440도 참조.

께서 그에 마땅한 영광을 누리시도록 하기 위함이며, 하느님이 도구로 쓰시는 성인들의 거룩한 이름 위에 은총의 빛이 내리도록 하기 위함이다."

이 책의 첫머리를 읽으면서 독자들은 자신도 모르는 사이에 어떤 종교적이고 경건한 감흥에 빠지지 않을 수 없을 것이다. 마치 태고의 분위기를 호흡하는 듯하고 일종의 성서적인 분위기를 느끼는 듯하다.

저자의 신념은 표현을 한층 고양시킨다. 저자뿐만 아니라 독자가 보기에도 이들은 더 이상 일확천금을 노리고 바다를 건너온 모험가 무리가 아니다. 이들은 하느님께서 몸소 약속된 땅에 심으신 위대한 족속의 씨앗이다.

저자는 계속해서 초기 이민자들의 모습을 다음과 같이 묘사한다.[7]

"이제 그들은 한때 그들의 안식처였던 도시(델프할레프트[Delft-Haleft])를 떠났다. 하지만 그들은 평온했다. 그들은 자신들이 이 땅에서 순례자요 이방인임을 알고 있었다. 그들은 세속의 일들에 얽매이지 않았으며 그들의 눈은 하늘로, 즉 하느님께서 신성한 도시를 마련해두신 그들의 사랑하는 조국으로 향했다. 이윽고 그들은 배가 기다리는 항구에 도착했다. 그들과 함께 떠날 수 없는 수많은 친지들이 그래도 끝까지 그들을 따라나서려 했다. 간밤은 뜬눈으로 새웠다. 사랑의 고백, 경건한 연설, 참된 기독교 심성으로

---

7) *New England's Memorial*, p. 22.

가득 찬 표현들이 밤새도록 오갔다. 다음날 그들이 배에 오르자 친지들은 배웅하러 따라 올라왔다. 깊은 탄식이 들리고, 눈에는 눈물이 흘렀으며, 구경꾼들도 감동해 마지않을 뜨거운 포옹과 열렬한 기도가 이어졌다. 뱃고동이 울리자 그들은 무릎을 꿇었으며 인솔하는 목사님은 눈물로 가득 찬 눈을 하늘로 향하면서 주님의 자비를 빌었다. 마침내 그들은 서로 손을 놓고 그들 대다수에게 마지막이 될 작별의 인사를 나누었다."

이주민은 남자, 여자, 어린아이 모두 합해서 150명 정도였다. 이들의 목적은 허드슨강 주변에 식민지를 건설하는 것이었다. 하지만 오랫동안 대서양을 표류한 끝에 그들은 마침내 뉴잉글랜드의 건조한 해안에 도달했는데, 여기가 바로 오늘날 플리머스(Plymouth)가 건설된 곳이다. 순례자들이 내려섰던 바위를 지금도 볼 수 있다.[8]

다시 앞에서 인용한 저자의 말을 들어보자.[9] "하지만 더 나아가기에 앞서 잠시 이 가련한 사람들의 당시 처지를 살펴보고 이들을 구원하신 하느님의 은총을 찬미하자. 이들은 대서양 망망대해를

---

8) 이 바위는 합중국에서 숭배의 대상이 되었다. 나는 연방의 여러 도시들에 정성들여 보존되어 있는 바위 조각들을 본 적이 있다. 이것은 인간의 힘과 위대함이란 온전히 그 자신의 영혼 속에서 발견된다는 사실을 아주 잘 보여주지 않는가? 난파한 자들이 발로 잠시 건드린 돌이 바로 이것이다. 이 돌은 곧 유명해졌다. 이 돌은 한 위대한 국민의 시선을 잡아끈다. 돌조각들은 숭배되었으며, 부스러기들은 멀리까지 보내지고 널리 나누어 가졌다. 그 많은 궁전들의 문지방은 어떻게 되었는가? 누가 관심이라도 가지겠는가?

9) *New England's Memorial*, p. 35.

지나왔다. 목적지에 도달했지만 맞아줄 친구도 없었으며 안식을 제공할 거주지도 없었다. 때는 한겨울이었다. 이곳 기후를 겪어본 사람은 겨울이 얼마나 혹독한지, 연안에 얼마나 폭풍우가 몰아닥치는지를 잘 안다. 이 계절에는 낯선 연안에 정착한다는 것은 말할 나위도 없고 잘 알려진 장소도 찾아가기 힘들 정도이다. 이들 주변에는 얼마나 많은지, 얼마나 무서운지조차 알 수 없는 짐승과 야만인들로 가득 찬 끔찍하고 메마른 황야만이 보였다. 땅은 얼어붙었고 토양은 숲과 가시덤불로 덮여 있었다. 어디나 야만적인 풍경이 가득했다. 등 뒤로는 문명 세계로부터 자신들을 갈라놓은 망망대해만이 보였다. 조금이라도 평온과 희망을 되찾기 위해서 이들은 그저 하늘을 올려다볼 따름이었다."

청교도들의 신앙심이 그저 사변적이라거나 세속의 일들과는 무관하다고 생각해서는 안 된다. 앞에서 설명한 대로, 청교도주의는 종교 교의이자 거의 정치 이론이기도 하다. 너새니얼 모턴이 묘사하듯이, 이들 이주민이 황량한 해안에 도착하자마자 맨 먼저 한 일은 사회를 조직하는 일이었다. 이들은 곧 다음과 같은 언약을 맺었다.[10]

"아래에 이름이 열거되어 있는 우리는, 하느님의 영광과 기독교 신앙의 발전과 우리 조국의 명예를 위해 이 외딴 기슭에 첫 식민

---

10) 1638년에 로드아일랜드주를 세운 이민자들, 1637년에 뉴헤이븐에 정착한 이민자들, 1639년에 코네티컷을 세운 초기 주민들, 1640년에 프로비던스를 세운 이민자들도 마찬가지로 이해 당사자 모두의 동의를 얻어 사회계약을 작성하기 시작했다. *Pitkin's History*, p. 42, 47.

지를 건설하고자 한다. 질서를 확립하고 우리의 뜻을 이루기 위해 우리는 이 서약서에서 하느님 앞에 엄숙한 상호 동의에 의해 정치 사회를 결성하기로 합의한다. 이 계약에 의해 우리는 법률, 법령, 규약을 제정할 것이며 필요할 경우 우리 모두 마땅히 복종하고 존중해야 할 행정 관직을 임명할 것임을 합의한다."

이것은 1620년에 있었던 일이다. 이때부터 이민이 끊이지 않았다. 찰스 1세 치세 동안 대영제국을 휩쓴 정치적·종교적 격동은 매년 아메리카 연안에 급진 분파 무리를 새로 실어 날랐다. 영국에서 청교도주의는 줄곧 중간계급들에 토대를 두고 있었다. 이주민의 대다수는 중간계급들 출신이었다. 뉴잉글랜드의 인구는 급속히 증가했다. 모국에서는 신분 서열이 무차별적으로 사람들을 갈라놓은 반면, 식민지에서는 모든 측면에서 동질적인 사회라는 새로운 광경이 점점 더 늘어났다. 고대사회조차 감히 꿈꾸어보지 못한 민주주의가 낡은 봉건사회 한복판에서 굳건하게 솟아오른 셈이었다.

소요의 불씨와 돌발하는 혁명의 요소들을 제거하는 데 만족한 영국 정부는 이 이민의 물결을 별 불만 없이 바라보았다. 오히려 온갖 짓을 동원해 이민을 장려하였으며, 본국의 가혹한 통치를 피해 안식처를 찾아 아메리카 땅에 온 사람들의 운명에 대해 별 관심이 없는 듯했다. 영국 정부가 볼 때 뉴잉글랜드는 몽상가들의 꿈에 내맡겨둔 지역, 서툰 개혁가들에게 마음대로 하도록 내버려둔 지역 정도였다고 말할 수 있을 것이다.

영국 식민지들은 언제나 다른 나라의 식민지들보다 더 많은 내부적인 자유와 정치적인 독립을 누렸다. 이것이 바로 영국 식민지들이 번영한 주요 이유들 중 하나였다. 하지만 이 자유의 원칙이 뉴잉글랜드의 연합주들보다 더 완벽하게 적용된 곳은 그 어디에도 없었다.

신세계의 땅들은 그것을 제일 먼저 발견한 유럽 국가가 소유한다는 것이 당시 일반적으로 받아들여진 생각이었다.

북아메리카의 거의 모든 해안이 이런 식으로 16세기 말에 영국의 소유가 되었다. 이 새로운 영유지를 식민하기 위해 영국 정부가 사용한 방법은 여러 가지였다. 어떤 경우 국왕은 자신이 임명한 총독에게 신세계의 일부를 맡겼으며 총독은 국왕의 이름으로 국왕의 칙령을 받아 다스렸다.[11] 이것은 다른 유럽 국가들에서도 채택한 식민 제도였다. 또 다른 경우 국왕은 한 개인이나 회사에 일정 부분의 소유권을 양도했으며, 따라서 모든 민사적·정치적 권한이 한두 사람의 수중에 집중되었다.[12] 이들은 국왕의 감시와 통제 아래 토지를 팔고 주민을 다스렸다. 마지막으로 세 번째 방식은 일정 수의 이민자들에게 모국의 후견 아래 정치사회를 형성할 권리를 주고 모국의 법률에 저촉되지 않는 한 자치할 수 있는 권리를 주는 것이었다.

자유에 유익한 이러한 방식의 식민화는 뉴잉글랜드에서만 시행되었다.[13]

---

11) 뉴욕주의 경우이다.
12) 메릴랜드, 캐롤라이나, 펜실베이니아, 뉴저지의 경우이다.

1628년부터[14] 찰스 1세는 매사추세츠 식민지를 건설하러 떠난 이민자들에게 이러한 성격의 특허장을 주었다.

그러나 일반적으로 뉴잉글랜드의 식민지들이 특허장을 얻는 것은 그 식민지들이 기정사실화되고 한참 후에야 가능했다. 플리머스, 프로비던스, 뉴헤이븐, 코네티컷주와 로드아일랜드주는 모국의 도움 없이, 그리고 어떤 의미에서는 모국도 모르는 사이에 건설되었다.[15] 이들 지역의 새로운 정착민들은 모국의 우월권을 부정하지는 않았지만 권력의 기반을 모국에서 찾으려 하지도 않았다. 이들은 스스로 정치사회를 구성했으며, 국왕의 특허장이 이 식민지들을 합법화한 것은 30~40년이 지난 후 찰스 2세 치하에서였다.

따라서 뉴잉글랜드 초기의 역사 기록이나 입법 문서에서 이들 이주민과 그들의 모국을 연결시켜주는 끈을 찾아내기란 쉬운 일

---

13) *Historical collection of state papers and other authentic documents intended as materials for an history of the United States of America*, edited by Ebeneser Hasard, printed in Philadelphia 1792. 이 사료집에는 식민지 초창기에 관하여 내용이나 출처로 볼 때 매우 귀중한 엄청난 분량의 문서들, 특히 영국 국왕이 수여한 특허장들과 최초의 통치 법령들이 들어 있다. 그리고 합중국 대법원 판사인 스토리(Story) 씨가 『합중국 헌법 논평(*Commentaire sur la Constitution des Etats-Unis*)』의 서문에서 선보인 이들 특허장에 대한 분석도 참조하라. 이 문헌들을 살펴보면, 대의제 정부의 원칙들과 정치적 자유의 외부적 형태들이 식민지들이 탄생한 초창기부터 도입되었다는 것을 알 수 있다. 이 원칙들은 남부보다는 북부에서 더 널리 발전했지만 어디에서나 존재했다.

14) *Pitkin's History*, vol. I, p. 35 ; Hutchinson, *The History of the colony of Massachusetts*, vol. I, p. 9.

15) *Pitkin's History*, p. 42-47.

이 아니다. 우리는 이주민들이 정규적으로 국가주권을 행사했음을 알 수 있다. 이들은 행정관을 임명하고, 전쟁과 평화를 선포하며, 치안 규정을 마련하고, 마치 그들이 신에게만 책임진다는 듯이 법률을 제정했다.[16]

이 시기의 입법만큼 특이한 동시에 교훈적인 것도 달리 없을 것이다. 오늘날 합중국이 세계에 내놓은 거대한 사회적 수수께끼에 대한 해답이 바로 여기에 있다.

당시 법률들 중 가장 특징적인 사례로 우리는 특히 작은 주 코네티컷이 1650년에 내놓은 법령을 들 수 있다.[17]

코네티컷의 입법자들[18]은 우선 형법 제정에 전념했다. 형법을 만들면서 그들은 복음서에서 전거를 구하는 기묘한 발상을 했다. 형법은 "주 하느님이 아닌 다른 신을 섬기는 자는 사형에 처한다"라는 구절로 시작된다.

그 다음에 「신명기」, 「출애굽기」, 「레위기」에서 고스란히 빌려온 비슷한 조항 열 개 또는 열두 개가 뒤따른다.

신성모독, 주술, 간통,[19] 강간은 사형에 처한다. 아들이 부모에

---

16) 매사추세츠의 주민들은 재판소를 설립하고 민사법과 형사법의 소송절차를 만들 때 당시 영국에서 통용되는 관행을 따르지 않았다. 이들은 1650년에도 사법 위임장의 첫머리에 국왕의 이름을 넣지 않았다. Hutchinson, vol. I, p. 452.

17) *Code of 1650*, p. 28 (Hartford, 1830).

18) 매사추세츠 식민지가 1648년에 채택한 형법전에 대한 분석도 참조하라. 이 형법전은 코네티컷의 형법전과 유사한 원칙들에 근거해 작성된 것이다. Hutchinson, *The History of the Colony of Massachusetts*, vol. I, p. 435-456.

19) 매사추세츠 법도 강간죄는 사형으로 다스렸다. 허친슨에 따르면 실제로 사형

게 저지른 패륜 행위도 같은 형벌을 받는다. 이렇게 거칠고 어중간하게 문명의 세례를 받은 한 족속의 법률 체계가 계명된 정신과 온화한 습속을 지닌 한 사회 안에 이식된 것이다. 그 결과 사형은 아주 흔하게 법률로 공포된 반면, 사형 집행을 받는 죄수들은 찾아보기 힘들었다.

이 형법 체계에서 입법자들의 주요 관심사는 사회 내에 도덕적 질서와 선한 습속을 유지하는 것이었다. 따라서 그들은 줄곧 양심의 영역을 파고들었으며, 사법관의 검열을 피할 수 있는 범법 행위가 거의 없었다. 독자는 이 법률들이 간통과 강간을 얼마나 엄하게 처벌했는가를 잘 알고 있다. 결혼하지 않은 남녀들 사이의 성적 관계는 엄한 처벌의 대상이 되었다. 이 경우 판사는 범법자들에게 벌금형, 태형, 혼인 명령 등 세 가지 중 하나를 언도할 수 있었다.[20] 옛날 뉴헤이븐 재판소의 법정 기록문을 믿는다면, 이런 종류의 판결이 드물지 않았다. 1660년 5월 1일자 판결은 상스러운 말을 내뱉고 더욱이 남자에게 입맞춤을 허용한 죄로 기소된 한 처녀

___

이 집행되었다(Hutchinson, Vol. I, p. 441). 허친슨은 1663년에 발생한 기이한 사례를 소개한다. 유부녀와 젊은 남자가 서로 사랑하는 사이였다. 과부가 된 유부녀는 그 남자와 결혼했다. 몇 년 지난 후 사람들은 옛날에 두 남녀 사이에 있었던 내연 관계를 의심하기 시작했다. 이들은 형사재판을 받고 감옥에 갇혔으며, 가까스로 사형을 면했다.

20) *Code of 1650*, p. 48. 판사가 중복 처벌을 언도하는 경우도 있었다. 1643년 판결문(p. 114, *New Haven Antiquities*)은 풍기문란 행위로 기소된 마거릿 베드퍼드(Margaret Bedford)에게 태형을 언도한 동시에 내연남 니콜러스 제밍스(Nicolas Jemmings)와 결혼할 것을 언도했다.

에게 벌금형과 계고장을 부과했다.[21] 예비 단속 조치들로 가득 찬 1650년 법령은 나태와 과음을 엄하게 처벌했다.[22] 여관 주인은 손님에게 일정량 이상의 술을 팔 수 없었다. 단순한 거짓말이라도 남에게 해를 끼칠 경우 벌금형이나 태형 처분을 받았다.[23] 입법자들은 예전에 유럽에서 그들이 요구했던 종교적 자유의 위대한 원칙들을 까마득히 잊은 채, 예배 참석을 의무화했으며, 이를 지키지 않을 경우 벌금형에 처했다.[24] 또한 자신들과 다른 형식으로 하느님을 경배하고자 하는 기독교인들에게 가혹한 형벌을,[25] 때로는 사형을 언도하기까지 했다.[26] 때로 입법자들은 단속하려는 열의가 지나쳐서 자신들의 지위나 품위에 어울리지 않는 하찮은 일에도

---

21) *New Haven Antiquities*, p. 104. 이에 못지않은 진기한 판결들은 허친슨의 책에서도 찾아볼 수 있다. Hutchinson, *The History*, vol. I, p. 435.

22) *Code of 1650*, p. 50, 57.

23) *Code of 1650*, p. 64.

24) *Code of 1650*, p. 44.

25) 이러한 판결이 코네티컷에만 국한된 것은 아니었다. 1644년 9월 13일자의 매사추세츠 법령은 재세례파를 추방했다. *Historical collection of state papers*, vol. I, p. 538. 1656년 10월 14일자 법령은 퀘이커 교도를 추방했다. 법령은 "퀘이커라 불리는 저주받은 이단 종파가 창궐하는 점을 고려하여 …"라고 시작한다. 그리고 퀘이커 교도들을 배에 태워 이 나라에 데려오는 선장은 높은 벌금형에 처한다는 조항이 뒤따른다. 이 지역에 들어오는 퀘이커 교도는 태형에 처해지고 노역장에 수감된다. 계속 자기 신념을 고집하는 퀘이커 교도는 우선 벌금형에, 다음에 징역형에 처해지고 결국은 추방된다. *Historical Collection*, vol. I, p. 630.

26) 매사추세츠 형법에 따르면, 매사추세츠에서 추방된 후 다시 그곳에 돌아오는 가톨릭 신부는 사형 언도를 받는다.

간섭하곤 했다. 이 법령에는 흡연을 금지하는 법안도 들어 있었던 것이다.[27] 하지만 이 엉뚱하고 억압적인 법률들이 위에서 강요된 것이 아니라는 점을 염두에 두어야 한다. 법률들은 당사자 모두의 자유로운 합의에 의해 투표로 결정된 것이었으며, 당시의 사회적 습속은 법제보다 더 엄격했으며 더 청교도적이었다. 1649년에 장발 유행에 따른 사치 풍조를 단속하는 공식 단체가 보스턴에서 생겨나기도 했다.[28] (E)

이와 같은 지나친 조치들은 말할 나위 없이 인간의 정신을 모욕하는 것이기도 하다. 이 조치들은 우리 인간의 천성, 즉 진실과 정의를 단호하게 포착할 능력을 상실한 채 대개의 경우 양극단 사이에서의 어중간한 선택으로 만족하고 마는 인간성의 열등성을 입증해준다.

이 형법들에는 협소한 분파적 사고방식, 그리고 지난날 당한 박해 덕에 한껏 고양되어 지금도 영혼 속에 타오르고 있는 모든 종교적 열정들의 흔적이 가득 남아 있다. 반면에 이 형법들과 어느 정도 연관을 맺으면서 일련의 정치 법률들이 제정되었는데, 이 법률들은 200년 전에 만들어졌음에도 불구하고 여전히 우리 시대의 자유의 정신보다 훨씬 앞선 듯이 보인다.

현대 헌정의 기초가 되는 주요 원칙들, 즉 17세기에 대다수 유럽인들이 거의 이해하지 못했고 당시 영국에서만 불완전하게 승리

---

27) *Code of 1650*, p. 96.
28) *New England's Memorial*, p. 316.

한 원칙들이 뉴잉글랜드의 법제에 의해서 완전히 인정받고 제자리를 잡았다. 공공 업무에 대한 인민의 관여, 과세에 대한 자유투표, 권력기관의 책임 행정, 개인적 자유, 배심원 재판 등이 여기서 논란 없이 실행되었다.

이러한 기본 원칙들의 정착과 발전은 유럽의 어느 나라도 감히 넘보지 못할 정도로 뉴잉글랜드에서 시행되고 발전해 나갔다.

코네티컷에서 선거인단은 애초부터 시민 전체로 구성되었는데, 이유인즉슨 단순했다.[29] 갓 자리 잡은 이 지역에서 주민들 사이에 재산 소유는 물론이거니와 심지어 지성도 거의 완벽할 정도로 평등했던 것이다.[30]

이 당시 코네티컷에서 주지사까지 포함해서 모든 행정관리는 선거로 뽑혔다.[31]

16세 이상의 시민은 군 복무의 의무를 지고 있었다. 이들은 민병대를 결성했는데, 민병대는 장교단을 직접 임명하고 언제든 향토를 지키기 위해 나아갈 채비를 갖추어야 했다.[32]

뉴잉글랜드의 모든 법률에서와 마찬가지로 코네티컷의 법률에서도 독자적인 타운이 탄생해서 발전하는 것을 볼 수 있다. 이

---

29) 「1638년 헌법」, p. 17.

30) 1641년부터 로드아일랜드 총회는 주 정부가 민주적으로 구성될 것이며 권력은 자유로운 시민 전체에 속하고 시민들만이 법을 만들고 그 집행을 감독할 권리가 있다고 만장일치로 선언했다. *Code of 1650*, p. 70.

31) *Pitkin's History*, p. 47.

32) 「1638년 헌법」, p. 12.

타운이야말로 오늘날까지도 아메리카 자유의 원칙이자 생명이라고 할 수 있다.

대다수 유럽 국가들에서 정치적 실존이라는 것은 사회의 상층부에서 시작되어 조금씩, 그리고 항상 불완전한 형태로 사회 몸통의 여러 부분들로 전이된다.

이와는 달리 아메리카에서는 타운(commune; town)이 카운티(comté; county)보다 먼저, 카운티가 주(Etat)보다 먼저, 주가 연방(Union)보다 먼저 형성되었다고 말할 수 있다.

뉴잉글랜드에서는 이미 1650년부터 타운이 완벽하고 확고하게 형성되었다. 이해관계, 열정, 의무와 권리들이 개개 타운을 중심으로 결집했다. 타운에서는 실질적이고, 활동적이며, 민주적인 동시에 공화적인 정치 활동이 이루어졌다. 식민지들은 여전히 모국의 우월권을 인정한다. 따라서 주의 통치 기반은 왕정이지만, 타운 안에서는 이미 공화정이 숨쉬고 있었던 셈이다.

타운은 자체의 모든 행정관을 임명하고 세금을 책정하며 스스로에게 세금을 할당하고 징수한다.[33] 뉴잉글랜드의 타운들에서는 대의제 형식의 통치가 허용되지 않았다. 모두의 이해관계에 관련된 사항들은 아테네에서처럼 공공장소에서 시민들 모두가 참석한 총회에서 처리되었다.

아메리카의 공화정치 기구들이 초창기에 공포한 법률들을 주의 깊게 연구해보면 입법자들의 통치 지식과 선진적 이론에 놀라

---

33) *Code of 1650*, p. 80.

게 된다.

뉴잉글랜드의 입법자들이 사회 구성원에 대한 사회의 의무라는 것에 대해 당시 유럽의 입법자들보다 훨씬 고매하고 완벽한 개념을 가지고 있었다는 것, 뉴잉글랜드의 입법자들이 오늘날에도 사회가 회피하는 의무들을 당시 사회에 부과했다는 것은 의심할 나위가 없다. 뉴잉글랜드연합주들에서는 초창기부터 가난한 사람들에 대한 생활 보조가 이루어졌다.[34] 도로 정비를 위해 단호한 조치가 취해지고 도로 담당 감찰관이 임명되었다.[35] 타운들은 총회의 논의 결과, 시민들의 출생, 결혼, 사망 등을 낱낱이 기록한 공공 기록부를 보유했다.[36] 이 기록부의 관리를 맡은 서기관들이 임명되었으며,[37] 상속인 없는 유산을 관리하는 일을 맡은 관리가 있는가 하면, 상속 토지의 경계를 설정하는 일을 맡은 관리도 있었다. 대다수 관리들이 타운 내의 치안을 유지하는 주요 업무를 맡았다.[38]

프랑스에서는 오늘날까지도 그저 막연한 생각만을 갖고 있을 뿐인 이 많은 사회적 요구들을 예측하고 충족시킬 수 있도록 이곳의 법률은 아주 자세한 부분까지 정비되어 있었던 것이다.

하지만 아메리카 문명의 독창적 성격을 애당초부터 백일하에

---

34) *Code of 1650*, p. 78.
35) *Code of 1650*, p. 49.
36) Hutchinson, *The History*, vol. I, p. 455.
37) *Code of 1650*, p. 86.
38) *Code of 1650*, p. 40.

드러내주는 것은 바로 공공 교육에 관련된 규정들이다.

"인간의 적인 사탄은 인간의 무지 속에서 가장 강력한 무기를 발견한다는 점, 우리 선조들이 가져다준 지식을 무덤 속에 묻어두어서는 안 된다는 점, 아동의 교육은 주님의 베푸심 아래 국가가 떠맡아야 할 주요 관심사들 중 하나라는 점을 고려하여 …"[39]라고 법령은 시작된다. 이어서 타운마다 학교를 세우고 주민들에게 학교를 유지할 의무를 지우며 이행하지 못할 경우 벌금형에 처한다고 규정한 조문들이 뒤따른다. 인구가 밀집된 지역에서는 마찬가지 방식으로 상급 학교들이 세워졌다. 시 당국은 부모들이 아이를 학교에 잘 보내고 있는가를 감독해야 했으며, 이를 어기는 부모에게 벌금형을 부과할 권리가 있었다. 부모가 계속 저항할 경우, 사회는 가족의 역할을 대신해서 아이를 떠맡고 아이의 부친에게서 그가 잘못 사용한 자연법적 권리를 박탈했다.[40]

독자들은 이 법령의 전문을 본다면 다음과 같은 사실을 알아채게 될 것이다. 즉 아메리카에서는 종교가 지식에 이르는 길이고 신의 계율을 지키는 것은 인간을 자유의 길로 인도하는 길인 것이다.

1650년 무렵의 아메리카 사회를 잠시 살펴본 후 같은 시기의 유럽, 특히 대륙 유럽의 상태를 검토해보면, 우리는 매우 놀라지 않을 수 없을 것이다. 17세기 초에 유럽 대륙의 거의 전역에서 절대 군주정이 중세의 과두제적이고 봉건적인 자유의 잔해들 위에서

---

39) *Code of 1650*, p. 90.
40) *Code of 1650*, p. 83.

승리를 구가했다. 문예를 꽃피운 이 찬란한 유럽의 한복판에서 이때만큼 권리의 관념이 완전히 무시된 적도 아마 없을 것이다. 이때만큼 인민이 정치적 삶을 누리지 못한 때도 없었을 것이며, 이때만큼 진정한 자유의 개념이 사람들에게 널리 유포되지 못한 때도 없었을 것이다. 유럽 민족들에게 알려지지 않았으며 심지어 경멸당하기조차 한 바로 이 원칙들이 신세계의 황무지에서 선포되고 한 위대한 국민의 앞날의 상징으로 받아들여진 것은 바로 이 무렵이었다. 인간 정신의 가장 대담한 이론들, 따라서 당시로는 어떤 정치인도 감히 주장하기 힘들었던 이론들이 겉보기에 아주 보잘것없는 이 사회에서 실행에 옮겨졌다. 독창성을 한껏 발휘할 수 있는 공간에서 인간의 상상력이 유례를 찾아볼 수 없는 입법을 만들어낸 것이다. 아직 장군도 철학자도 위대한 작가도 낳지 못한 이 궁벽한 민주주의 사회 안에서, 어떤 한 사람이 자유로운 인민의 면전에서 모두의 갈채를 받으며 자유에 대한 다음과 같은 멋진 정의를 내릴 수 있었다.

"우리가 누리고 있는 독자성(indépendance)이라는 것에 대해 우리는 행여 오해해서는 안 될 것입니다. 사실상 일종의 타락한 자유가 있는데, 이것은 자기가 하고 싶은 대로 할 수 있는 자유로서 인간과 마찬가지로 동물에게서도 찾아볼 수 있습니다. 이러한 자유는 모든 권위의 적입니다. 이 자유는 일체의 규범을 귀찮아하는데, 이러한 자유를 탐닉할 경우 우리는 우리 자신보다 열등한 존재로 추락합니다. 이 자유는 진리와 평화의 적입니다. 이 자유에 분연히 맞서야 할 의무가 있다고 하느님은 믿으십니다! 하지만 다른 한편으로 시민적이고 도덕적인 자유가 있습니다. 이 자유는 연합에서 힘을 얻는데, 이 자유를 보호하는 것이야말로 권력의 사명입니다. 이것은 아무 거리낌 없이 정당하고 옳은 모든 것을 행할 자유입니다. 이 신성한 자유, 우리는 온갖 위험을 무릅쓰고 이 자유를 지켜야 할 것이며 필요하다면 목숨까지 내놓아야 합니다."[41]

나는 앞에서 영국계 아메리카 문명의 특성에 대해 많은 설명을 했다. 영국계 아메리카 문명은 뚜렷이 구별되는 두 요소의 결합물이다(이 점을 늘 염두에 두도록 하자). 이 두 요소는 다른 곳에서는 서로 자주 충돌했지만 아메리카에서는 말하자면 하나가 다른 하나 속에 뒤섞여서 훌륭하게 결합되었다. 이 두 요소란 바로 '종교정신'과 '자유정신'이다.

뉴잉글랜드의 창건자들은 열광적인 분파 교도인 동시에 열렬한 개혁자들이었다. 이들은 비록 몇몇 종교 교리의 아주 편협한 틀에 얽매여 있기는 했지만 정치적 편견으로부터는 아주 자유로웠다.

여기에서 다르기는 하지만 서로 반대되지는 않는 두 가지 경향이 생겨났다. 이 두 가지 경향의 흔적은 습속에서든 법제에서든 쉽게 찾아볼 수 있다.

어떤 사람들은 종교적 신념을 위해 친구와 가족과 조국을 기꺼이 희생한다. 이렇게도 비싼 대가를 치른 만큼 이들이 이 정신적

---

41) *Mather's magnalia Christi americana*, vol. II, p. 13. 이 연설을 한 이는 윈스럽(Winthrop)이다. 그는 사법관으로 재임할 때 독단적인 판결을 내렸다고 비난받았다. 하지만 내가 지금 일부 인용한 이 연설을 한 후, 그는 박수갈채를 받았으며 그 후 줄곧 주지사에 재선되었다. Marshall, vol. I, p. 166.

선행의 추구에 완전히 몰입해 있다고 우리는 믿을 수 있다. 하지만 우리는 이들이 물질적 부와 도덕적 만족 두 가지를 거의 대등한 열의를 가지고 추구하고 있음을 볼 수 있다. 내세에서의 하늘과 현세에서의 안락과 자유가 함께하는 것이다.

이들의 손 안에서 정치적 원칙들, 법률들, 인간의 제도들은 마음대로 주무르고 결합시킬 수 있는 녹록한 대상으로 보인다.

이들이 태어난 사회를 가두어놓았던 장벽들이 이들 앞에서 무너진다. 수백 년 동안 세상을 지배해온 낡은 견해들이 사라진다. 무한히 열린 기회, 지평선 없는 벌판이 이들 앞에 펼쳐진다. 인간 정신은 서슴없이 앞으로 내달리고 모든 방향으로 나아간다. 하지만 정치 세계의 경계에 도달하면 인간 정신은 저절로 멈추어 선다. 두려움에 떨며 자신의 탁월한 능력을 발휘할 생각마저 접는다. 회의에 빠지고 혁신의 필요를 포기한다. 인간 정신은 성역에 드리워진 장막을 거두는 일마저 삼가고 아무 이의 없이 받아들인 진실 앞에서 머리 숙여 존경을 표시한다.

이렇게 도덕 세계에서는 모든 것이 분류되고 정돈되며 예견되고 미리 결정된다. 반면에 정치 세계에서는 모든 것이 동요하고 논박의 대상이 되며 불확실하다. 전자에 자발적이기는 하지만 소극적인 복종이 있다면, 후자에는 경험에 대한 경멸과 권위에 대한 도전이 있다.

이 두 가지 경향은 겉으로는 서로 맞서는 듯 보이지만 상충되기는커녕 함께 전진하고 서로를 보완한다.

종교는 시민적 자유가 인간의 자질을 숭고하게 펼쳐준다는 사실을 알고 있으며, 정치 세계가 지성의 수련을 위해 창조주께서 마련해주신 분야라는 것을 알고 있다. 자기 고유의 영역에서 자유롭고 강력하며 자신에게 마련된 자리에 만족하는 종교는 자기 고유의 힘으로만 통치하고 아무 도움 없이 사람들의 마음을 지배할 때 비로소 자신의 왕국이 더 확고해진다는 사실을 잘 알고 있다.

자유는 종교가 자신이 펼치는 투쟁과 승리의 동반자이며, 자신의 유년기의 요람이고, 자신의 권리의 신성한 원천이라고 여긴다. 자유는 종교를 습속의 보호자로 여기며, 습속을 법제의 보증인이자 자기 자신의 존속을 위한 담보로 간주한다. (F)

영국계 아메리카인들의 법제와 관습에 드러나는 몇몇 특성들의 기원

지금까지 서술한 내용에서 독자들은 너무 일반적이고 확정적인 결론을 끌어내서는 안 된다. 물론 초기 이민자들의 사회적 조건, 종교와 습속은 그들의 새로운 향토의 미래에 엄청난 영향을 미쳤다. 하지만 그 출발점부터 자신들이 원하는 방식에 따라서만 사회를 구성한다는 것은 애초에 이들의 역량을 벗어나는 일이었다. 과거의 전통에서 완전히 벗어날 수 있는 사람은 아무도 없다. 이주민들은 원하든 원하지 않든 자신이 받은 교육과 자기 나라의 민족 전통에서 가져온 관습과 사상들을 오직 자신들만 지니고 있던 관습과 사상들과 뒤섞게 되었다.

따라서 오늘날 영국계 아메리카인들에 대해 제대로 판단하려면 그들에게서 청교도적인 것과 영국적인 것을 조심스럽게 준별해야 한다.

합중국에서 우리는 흔히 합중국을 둘러싸고 있는 환경과는 대조되는 법제나 관습을 접하게 된다. 이 법제는 아메리카의 입법의 지배적인 기조와 배치되는 기조에서 만들어진 듯하다. 이 습속은 아메리카 사회의 전반적인 분위기와 어울리지 않는 듯하다. 만일 영국 식민지들이 아주 옛날에 세워졌다거나, 그 식민지들의 초창기 모습이 세월의 어둠 속에 묻혀버렸다면, 이 문제는 풀 수 없었을 것이다.

나의 주장을 설명해주는 한 가지 사례만 들어보기로 하자.

아메리카인들의 민사 법제와 형사 법제에는 수감과 보석, 두 가지 조치밖에 없다. 소송의 첫 번째 절차는 피고인으로부터 보석금을 얻어내는 것이며, 만일 거부할 경우 그는 구속된다. 기소의 근거와 혐의의 중대성은 그 다음에야 논의된다.

이러한 법제가 가난한 자에게 불리하고 부자에게만 유리하다는 것은 두말할 나위가 없다.

가난한 자는 민사소송에서마저 항상 보석금을 마련하고 있는 것은 아니다. 그리고 그가 감옥에서 재판을 기다려야만 한다면, 일을 할 수 없게 된 그는 곧 빈곤에 빠질 것이다.

반면에 부자는 민사소송에서 언제든 수감을 피하곤 한다. 더욱이 범죄를 저질렀다고 해도 그는 어렵지 않게 처벌을 피할 수 있다. 보석금을 낸 후 그는 사라지면 그만이다. 따라서 부자들의 경우 법률이 부과하는 처벌은 벌금형에 지나지 않는다고 말할 수 있다.[42]

이러한 법제보다 더 귀족적인 것이 어디 있겠는가?

하지만 아메리카에서 법률을 만드는 것은 가난한 자들이며, 가난한 자들은 관행적으로 사회의 가장 큰 혜택을 자신들을 위해 남겨둔다.

이러한 현상에 대한 설명은 영국에서 찾아야 한다. 내가 말한 법률들은 영국에 그 기원을 둔 법률들이다.[43] 아메리카인들은 이 법률들이 자신들의 전반적인 법체계와 자신들의 이념에 어긋나더라도 받아들였다.

습속 다음으로 사람들이 잘 바꾸려 하지 않는 것이 바로 민법이다. 민법에 친숙한 사람들은 법률가들뿐인데, 이들은 자신들이 이미 익숙해져 있다는 단순한 이유로 좋은 법이든 나쁜 법이든 그대로 유지하는 데 직접적인 이해관계를 가진 사람들이다. 대다수 국민은 민법을 잘 모른다. 국민들은 특정 사안을 통해서만 민법의 운용을 알게 되고, 그 전반적인 함의를 알아내는 데 힘들어 하며, 별 생각 없이 그것에 복종한다.

나는 여기서 한 가지 사례만 언급했지만, 다른 많은 사례도 찾아볼 수 있을 것이다.

아메리카 사회가 제시하는 전경은 굳이 표현하자면 민주주의의 덮개로 덮여 있으나, 그 밑에서 이따금 귀족주의의 낡은 색채가 돌아 나온다.

---

42) 물론 보석금을 허용하지 않는 범죄도 있었지만, 그 숫자는 그리 많지 않았다.
43) Blackstone & Delolme, 제1권, 제10장을 보라.

제3장

영국계 아메리카인들의
사회 상태

사회 상태(état social)란 일반적으로 사실의 산물이고 때로는 법제의 산물이기도 하지만, 대개의 경우 이 두 가지 요소가 합쳐진 결과이다. 하지만 일단 사회 상태가 성립하기만 하면, 그 사회 상태 자체가 국민들의 행동을 규율하는 대다수 법률, 관습 및 이념들의 첫째 원인으로 간주되어야 마땅할 것이다. 사회 상태는 무언가 스스로 만들어내지는 못하지만 무엇이든 바꾸어버린다.

따라서 한 국민의 입법과 습속을 이해하려면 우선 그 사회 상태에 대한 고찰부터 시작해야 할 것이다.

영국계 아메리카인들의 사회 상태는
민주주의를 바탕으로 한다

영국계 아메리카인들의 사회 상태에 대해 몇 가지 중요한 언급을 덧붙일 수 있을 것이다. 하지만 다른 모든 것을 압도하는 가장 중요한 사실이 한 가지 있다.

아메리카인들의 사회 상태는 현저하게 민주적이다. 식민지 설립 당시에 그러했으며, 지금도 여전히 그러하다.

나는 앞 장에서 뉴잉글랜드에 정착한 이주민들 사이에는 아주 뚜렷하게 평등이 존재했다고 말했다. 합중국의 이 지역에서는 귀족제가 뿌리조차 내리지 못했다. 여기에서는 단지 지성의 힘만이 발휘될 수 있었다. 사람들은 몇몇 이름들을 지성과 덕망의 상징으로 존경하는 데 익숙해 있었다. 이렇게 동료 시민들 가운데 몇몇은 일종의 권력을 얻었는데, 그것은 만일 아버지에서 자식에게로 전수되는 것이 가능하기만 했다면 마땅히 귀족적이라고 불렸을 그런 권력이었다.

이것이 허드슨강 동쪽의 사정이었다. 허드슨강의 남서쪽에서 플로리다 연안에까지 이르는 지역에서는 사정이 달랐다.

허드슨강 남서쪽에 위치한 대다수 주들에는 영국의 대지주들이 정착했다. 이들은 귀족제의 원칙, 영국의 상속법 따위를 이곳에 가져왔다. 나는 지금까지 아메리카에서 강력한 귀족제가 성립할 수 없는 이유에 대해 설명했다. 이 이유들은 물론 허드슨강의 남서쪽에서도 찾아볼 수는 있지만 동쪽에서만큼 큰 영향력을 발휘하지 못했다. 남쪽에서는 단 한 사람이 노예들의 도움을 받아 거대한 영지를 경작할 수 있었다. 따라서 대륙의 이쪽 부분에서는 아주 부유한 지주들을 볼 수 있었다. 하지만 이 대지주들이 어떤 특권도 지니지 않았으며 노예 노동력을 부리는 만큼 임차인을 둘 필요가 없었으며, 따라서 거느릴 종자들도 없었다는 점에서, 이들의 영향력은 유럽에서 통용되는 의미대로 엄밀하게 귀족제에 입각해 있지 않았다. 그래도 허드슨강 남쪽에서 이 대지주들은 상류계급을 형성했으며, 자기들만의 사상과 취향을 지니고, 일반적으로 자기 부류들 안에서 정치 활동을 펼쳤다. 이것은 말하자면 인민대중과 그리 멀리 떨어져 있지 않은 귀족제, 인민대중의 열정과 이해관계에 기꺼이 영합하는 귀족제였다. 요컨대 그것은 애정도 증오도 불러일으키지 못할 만큼 허약하고 활력 잃은 귀족제였다. 남쪽에서 봉기의 선두에 선 자들이 바로 이 계급이었다. 아메리카 혁명의 위대한 인물들이 여기서 나왔다.

이 시기에 식민지 사회는 널리 동요하고 있었다. 인민, 많은 사람들이 피를 흘리며 외쳤던 바로 그 이름 인민은 무시하기 힘든 세력이 되었으며 스스로 행동하겠다는 의지를 다졌다. 민주주의의 본능이 잠에서 깨어났다. 모국의 속박에서 벗어나 독립하고자 하는 온갖 열망을 다 드러냈다. 개개인의 영향력은 조금씩 사라지고, 그 대신 습관과 법제가 나란히 같은 목표를 향해 나아가기 시작했다.

그러나 평등이 마지막으로 넘어야 할 상대는 바로 상속법이었다. 상속법[1]이 인간 만사에서 발휘하는 영향력에 대해 고금의 법학

---

1) 나는 소유주가 사망한 이후 재산의 향배를 결정하는 것을 주요 목표로 하는 모든 법률을 상속법으로 이해한다. 한사상속(限嗣相續, substitutions)에 관한 법도 이런 유의 법률이다. 물론 한사상속의 결과 중 하나는 소유주가 자신이 죽기 이전에 자신의 재산을 처분하지 못하게 막는 것이다. 하지만 이 법이 당사자의 처분권을

자들 중 누구도 거의 주의를 기울이지 않았다는 사실에 나는 놀랄 따름이다. 이 법률은 물론 민사 문제와 관련된 것이지만, 모든 정치제도의 최상단에 놓여야 마땅하다. 왜냐하면 정치에 관한 법들은 그저 사회 상태의 겉모습에 지나지 않는데, 국민들의 사회 상태에 엄청난 영향력을 발휘하는 것이 바로 상속법이기 때문이다. 더욱이 상속법은 사회에 대해 작용하는 확실하고 일정한 형태를 가지고 있다. 어떤 의미에서 상속법은 모든 세대를 아직 태어나기도 전에 장악한다. 상속법에 의해서 인간은 자기 동료들의 미래에 대해 거의 신적인 권력을 얻게 된다. 입법자가 일단 시민들 사이에 상속법을 정해놓으면, 그는 더 이상 다른 수고를 할 필요가 없을 것이다. 만들어놓은 기구들이 가동되면, 그는 더 이상 손을 대지 않아도 된다. 기구들은 자체 동력으로 작동해서 미리 정해놓은 목표를 향해 저절로 나아간다. 어느 특정한 방향으로 틀어질 경우, 상속법은 소수의 손에 재산과, 곧이어 권력을 모아주고, 집중시킨다. 말하자면 토지에서 귀족제가 탄생하는 것이다. 하지만 다른 원칙들에 따라, 그리고 다른 방향으로 접어들 경우, 상속법은 더 민첩하게 움직여서 재산과 권력을 분배하고 분산시킨다. 상속법의 엄청나게 빠른 영향력은 사람들을 놀라게 한다. 그 진전을 멈추게 할 수 없자 사람들은 적어도 그 앞에 난관과 장애물을 갖다

제한하는 것은 오로지 상속자에게 재산을 온전히 보존해주자는 취지에서이다. 그러므로 한사상속법의 주요 목적은 소유자가 사망한 이후 재산의 상속을 규제하려는 것이라고 할 수 있다. 나머지 조항들은 이 목적을 달성하는 데 사용되는 수단들일 따름이다.

놓으려 한다. 저항력을 이용해서 상속법의 영향을 상쇄하려는 것이다. 헛된 일이다! 상속법은 앞길에 놓인 모든 장애물을 부수고 가루로 만든다. 상속법이 줄기차게 토지 위에 망치 작용을 되풀이한 끝에 마침내 손으로 만질 수 없고 휘날리는 흙먼지만 남는다. 바로 이 위에 민주주의가 들어앉는다.

상속법이 부친의 재산을 자녀 모두에게 균등하게 분배하는 것을 허용하고, 하물며 규정했을 때, 두 가지 효과가 나타난다. 이 두 효과는 비록 같은 목표를 지향한다고 할지라도 세심하게 구별해서 이해하는 것이 바람직하다.

상속법 덕에, 소유자가 죽을 때마다 재산에서 일종의 혁명이 일어난다. 재산의 주인이 바뀔 뿐만 아니라 말하자면 재산 자체의 성격이 바뀌는 것이다. 재산이 점점 작은 몫으로 끝없이 쪼개지기 때문이다.

이것이 상속법의 직접적이고 어떤 의미에서 실질적인 효과이다. 균등 분배가 입법화된 나라에서는 재산, 특히 토지 재산이 점점 작게 쪼개지는 항구적인 경향이 있는 것이다. 하지만 이런 법률이 그 자체의 동력에만 내맡겨진다면, 그 효과는 한참 지난 후에야 감지될 것이다. 왜냐하면 한 가정에 아이가 둘 정도만 있다고 한다면(프랑스처럼 인구가 밀집한 나라에서는 가족 수 평균이 3명을 넘지 않는다고 한다), 아이들은 양친 모두의 재산을 물려받을 것이며, 따라서 양친 중 어느 한 사람보다 더 가난해지지는 않을 것이기 때문이다.

그러나 균등 분배 상속법은 재산의 운명에만 영향을 미치는 것이 아니다. 그것은 소유자의 영혼에까지 영향을 미치며 그들의 열정을 부추긴다. 이것이 대규모 재산, 특히 거대한 영지를 신속하게 해체시키는 상속법의 간접적 효과이다.

상속법이 장자상속권에 기초하는 나라들에서는 토지 재산이 대개의 경우 분할되지 않은 채 세대에서 세대로 넘어간다. 그 결과 가문의 기풍이 어느 정도 토지 속에 구현된다. 가족이 토지를 대표하고 토지가 가족을 대표하는 것이다. 가족의 이름, 그 기원, 그 영광, 그 위세, 그 덕성이 항상 토지에 따라다닌다. 토지는 과거의 사라지지 않는 증인이며 미래의 귀중한 담보인 것이다.

상속법이 균등 분배에 기초를 두는 경우, 가문의 기풍과 토지의 보존 사이에 존재하던 내밀한 관계는 파괴된다. 토지는 더 이상 가족을 대표하지 않는다. 그도 그럴 것이 한두 세대 후 토지는 분할될 수밖에 없으므로 계속 작아지고 마침내는 완전히 사라져 버릴 것임에 틀림없으니 말이다. 대토지 소유자의 아들들은 그들이 소수이거나 아니면 운이 따른다면 자기 부친만큼 부유해지려는 희망을 품을 수는 있겠지만 자기 아버지만큼의 재산을 소유하려는 희망을 품기는 힘들다. 아들들의 재산은 마땅히 아버지의 재산과는 다른 요소들로 채워질 것이다.

그런데 감흥, 추억, 자부심, 야망 등 토지 소유가 가져다주는 온갖 관심거리들이 희미해지는 순간, 이들 대토지 소유자는 조만간 토지를 팔아버릴 것임에 틀림이 없다. 왜냐하면 유동자본이 무엇보다 많은 이익을 낳고 시대의 열정을 더 잘 만족시켜주는 만큼 이들은 토지를 팔아버릴 강력한 금전적 동기를 갖기 때문이다.

일단 분할된 대토지 자산은 다시 합쳐지지 않는다. 왜냐하면 소토지 소유자는 대토지 소유자가 얻는 소득보다 비율적으로 더 많은 소득을 자기 땅에서 얻기 때문이다.[2] 따라서 소토지 소유자는 토지를 사려는 사람들에게 대토지 소유자가 내놓은 것보다 더 비싼 값을 요구하기 마련이다. 이렇게 부자들이 자신의 방대한 토지들을 팔아 치우는 데 작용했던 바로 그 경제적 셈법에 따라, 이번에는 더 말할 나위도 없이 부자들은 대영지를 재건할 요량으로 작은 땅들을 사들이는 일 따위는 하지 않게 된다.

가문의 기풍이라 불리는 것은 대개 개인적 이기심이라는 환상에 입각해 있다. 사람들은 말하자면 자자손손을 통해 자기 자신을 영속화하고 불멸의 존재로 만들고자 한다. 가문의 기풍이 한계에 이르게 되면, 개인적 이기심이 발돋움한다. 가문이라는 것이 그저 막연하고 불확실한 어떤 것으로 사람들의 뇌리에 인식되기 때문에, 누구나 현재의 편익에 안주하려 한다. 다음 세대를 생각하기는 하나, 그것으로 그친다.

따라서 사람들은 자기 가문을 영속화하려는 생각을 그만두거나, 아니면 적어도 토지 재산이 아닌 다른 방법으로 가문을 영속화할 길을 찾는다.

이리하여 상속법은 대대로 물려받은 토지 재산을 가문들이 온전히 보존하는 것을 어렵게 만들 뿐만 아니라, 보존하려는 욕구마저

---

2) 그렇다고 소토지 소유자가 더 잘 경작한다고 말하려는 것은 아니다. 하지만 소토지 소유자는 더 열과 성을 가지고 경작을 하며 부족한 기술을 노동으로 보충한다.

가문들에게서 빼앗아버린다. 달리 말하자면 가문들은 상속법에 이끌려 자기 자신의 몰락을 재촉하는 방향으로 상속법과 힘을 합해 나아가게 되는 것이다.

균등 분배 상속법은 두 가지 방향으로 진행된다. 즉 그것은 사물에 작용함으로써 사람들에게 영향을 미치고, 사람에 작용함으로써 사물에 영향을 미친다.

이 두 가지 방법으로 상속법은 토지 재산을 뿌리째 뽑아버리게 되며, 재산과 가문을 신속하게 없애버린다.[3]

우리들, 즉 상속법이 몰고 온 정치적·사회적 격변을 일상적으로 체험한 19세기 프랑스인들은 상속법의 엄청난 힘에 대해 감히 의문을 제기하지 않을 것이다. 매일같이 우리는 상속법이 우리 땅을 지나가면서 저택의 담장을 허물고 경지의 표지를 부수는 것을 보고 있다. 하지만 상속법이 물론 우리나라에서 많은 것을 바꾸어놓았지만, 아직도 해야 할 일을 많이 남겨놓았다. 우리의 전통, 견해,

---

3) 토지는 가장 안정성 있는 재산이기 때문에, 때때로 부유한 사람들은 토지를 얻기 위해 막대한 희생을 감수하고자 하며 여분의 토지라도 얻기 위해 수입의 상당 부분을 기꺼이 지출한다. 하지만 이러한 일들은 우연적일 따름이다. 부동산에 대한 애착은 가난한 사람들 말고는 더 이상 다른 데서 일상적으로 드러나지 않는다. 대토지 소유자보다 식견, 상상력, 열정에서 뒤지는 소토지 소유자들은 일반적으로 자기 땅을 늘리려는 욕망에 사로잡혀 있다. 이들은 흔히 상속, 결혼 혹은 운 좋은 장사를 통해서 조금씩 땅을 사들일 재력을 마련한다. 따라서 사람들이 토지를 분할하게 만드는 경향과 토지를 집적하게 만드는 경향이 나란히 존재한다. 하지만 이러한 경향은 토지 재산이 무한히 나누어지는 것을 막는 데는 충분할지 모르지만 대규모 토지 재산을 창출할 정도로, 특히 같은 가족 구성원 내에 토지를 집중시킬 정도로 강력하지는 않다.

습관 따위가 여전히 상속법에 강한 장애물이 되는 것이다.

합중국에서는 상속법의 파괴 작업이 거의 완료된 듯하다. 상속법의 주요 결과를 잘 연구할 수 있는 곳이 바로 여기이다.

재산 이전에 대한 영국의 법률은 합중국의 혁명 당시에 거의 모든 주에서 폐기되었다.

한사상속(substitutions)에 관한 법은 재산의 자유로운 순환을 실질적으로 막지 못할 수준으로까지 수정되었다. (G)

첫 세대가 지나가자 토지는 분할되기 시작했다. 시간이 흐름에 따라 그 속도는 점점 빨라졌다. 60여 년이 겨우 지난 오늘날 사회의 양상은 몰라볼 정도로 달라졌다. 대토지 소유자 가문은 거의 완전히 일반 대중과 뒤섞였다. 이전에 상당수의 가문이 살고 있었던 뉴욕주에서도 이제 겨우 두 가문만이 그들을 삼킬 듯 기다리고 있는 심연 위에서 버티고 있다. 이 유복한 시민들의 아들들은 오늘날 상인, 변호사, 의사가 됐다. 대다수는 어둠 저편으로 사라져버렸다. 신분과 세습적 차별의 마지막 흔적들이 파괴되었다. 상속법은 모든 것을 하나의 수준으로 평준화시켰다.

그렇다고 합중국에 부자들이 없었던 것은 아니다. 이 나라 사람들만큼 돈에 대한 열정이 마음속에 가득한 사람들도 없을 것이며, 재산의 항구적 평등이라는 이론에 대해 가장 깊은 경멸을 표시하는 사람들도 달리 없을 것이다. 하지만 이 나라에서 재산은 엄청나게 빨리 순환하며, 두 세대에 걸쳐 재부를 누리는 경우가 거의 없다는 것을 경험은 알려준다.

이러한 개관은, 비록 다소 윤색된 듯 보이기는 하지만, 서쪽과 남서쪽에 위치한 새 주들에서 일어나는 현상들을 설명하는 데에 다소 불충분할 것이다.

지난 세기 말에 대담한 모험가들이 미시시피 계곡으로 침투해 들어오기 시작했다. 마치 아메리카 대륙이 다시 발견된 듯한 양상이었다. 곧 이주민 집단이 이곳에 들이닥치고 낯선 지역사회들이 돌연 황무지에서 나타났다. 몇 년 전까지만 해도 이름도 듣지 못하던 주들이 아메리카 합중국 안에 자리를 같이했다. 이 서쪽 지역의 정착촌들에서는 민주주의가 그 궁극적인 한계에까지 이르렀음을 볼 수 있다. 말하자면 우연찮게 급조된 이들 주에서는 주민들이 자신이 차지한 땅에 바로 어제 도착했다. 이들은 서로 잘 알지 못했을 뿐만 아니라 가장 가까운 이웃끼리도 서로의 내력을 알지 못했다. 따라서 아메리카 대륙의 이 지역에서 주민들은 위대한 명성과 거대한 재산의 영향력에서, 그리고 지식과 덕망에서 나오는 자연적인 귀족제에서도 벗어났다. 모두가 보는 앞에서 평생 선행을 행하며 살아가는 삶을 기릴 때 사람들이 응당 부여하는 존중심도 여기서는 통할 수 없었다. 서쪽에 자리 잡은 새로운 주들에는 이미 주민들이 들어와 살고 있지만, 아직 사회가 존재하지 않았다.

하지만 아메리카에서 평등한 것은 단지 재산만이 아니다. 평등은 어떤 면에서 지성 자체에까지 확대된다.

인구 비례로 볼 때 아메리카만큼 무식한 사람도 거의 없으며 유식한 사람도 별로 없는 나라는 아마도 없을 것이라고 나는 생각한다.

아메리카에서 초등교육은 누구나 받을 수 있는 반면, 고등교육은 거의 누구도 받지 못한다.

이러한 사실은 별 어려움 없이 납득할 수 있는데, 어떤 의미에서 이것은 우리가 앞에서 설명한 내용의 필연적 결과라고 할 수 있다.

아메리카인은 거의 모두 여유롭게 산다. 따라서 이들은 인간 지식의 기초적인 요소들을 쉽사리 획득할 수 있다.

아메리카에는 부자가 거의 없다. 아메리카인은 거의 모두 직업을 가져야 한다. 그런데 모든 직업은 도제 수업을 요구한다. 따라서 아메리카인들은 초년 시절에만 일반적인 교양 교육을 받을 수 있을 뿐이다. 이들은 대개 15세 무렵에 직업을 갖는다. 따라서 이들의 교육은 대개의 경우 우리의 교육이 시작되는 시점에서 끝난다. 그 나이가 지나도록 계속 교육을 받는다면, 그것은 어떤 전문적이고 돈벌이가 잘 되는 분야로 진출하고자 할 때뿐이다. 이들은 마치 직업을 갖듯이 과학을 배운다. 이들은 즉각적인 실용성을 인정받는 응용과학 분야만을 택한다.

아메리카에서 부자의 대부분이 옛날에는 가난했다. 여유 있는 사람들 거의 대다수는 젊은 시절 한창 일했던 사람들이다. 그 결과 다음과 같은 일이 생긴다. 즉 공부할 의욕을 가졌던 때에는 공부할 시간이 없었고, 공부에 전념할 시간적 여유가 생겼을 때는 더 이상 공부할 마음이 내키지 않는 것이다.

따라서 아메리카에는 조상 전래로 물려받은 재산과 여유를 즐기면서 동시에 지적인 만족을 추구하는 계급, 지성의 작품에 경의를 표하는 계급은 존재하지 않는다.

이러한 작업에 매진하려는 의지가 부족할 뿐만 아니라 해낼 수 있는 역량도 부족한 것이다.

아메리카에서 인간의 지성에는 어떤 중간적인 수준이 정해져 있다. 모든 사람들은 서로 가까워진다. 어떤 사람은 올라서고, 어떤 사람은 내려가는 것이다.

따라서 종교, 역사, 과학, 정치 경제학, 법제, 통치 따위의 문제에 대해 거의 같은 이해 수준을 가진 수많은 개개인을 만나게 된다.

지성은 하느님이 직접 나누어주시는 것이므로 인간은 그것이 불평등하게 배분되는 것을 막을 수는 없다.

하지만 우리가 앞에서 말한 것에서 적어도 다음과 같이 결론을 내릴 수 있을 것이다. 창조주께서 마련하신 대로 지성은 불평등하지만, 지성이 마음대로 활용할 수 있는 수단들은 평등한 것이다.

따라서 아메리카에서는 귀족제적 요소가 애초부터 늘 미약했으며 오늘날 완전히 상실되지는 않았지만 적어도 무기력해졌다고 말할 수 있다. 따라서 사태의 진전에 무언가 영향력을 발휘하기를 기대하기는 힘들 것이다.

반면에 아메리카에서 시간, 사건 그리고 법률의 추이는 민주주의적 요소를 압도적일 뿐만 아니라 말하자면 거의 일방적인 요소로 만들었다. 여기서 가문이나 단체의 영향력은 거의 느낄 수 없다. 일개인의 영향력이 지속되는 경우도 찾아보기 힘들다.

따라서 아메리카의 사회 상태는 아주 특이한 현상을 보여준다. 사람들은 재산과 지성에서 훨씬 평등하다. 달리 말하자면 사람들은 다른 어떤 나라에서보다, 그리고 역사가 기억하는 어떤 시기에서보다 훨씬 균등하게 강하다.

영국계 아메리카인들의
사회 상태의 정치적 결과

이러한 사회 상태의 정치적 결과는 어렵지 않게 드러난다.

다른 모든 곳에 침투한 평등이 궁극적으로 정치 세계에는 침투하지 못할 것이라고 생각할 수는 없는 일이다. 다른 모든 점에서 평등한 인간들이 어느 한 가지 점에서는 영원히 불평등하리라고 여길 수는 없는 노릇이다. 따라서 인간은 때가 되면 모든 점에서 평등해질 것이다.

그런데 정치 세계에 평등이 확립되는 데에는 두 가지 방식이 있을 뿐이다. 시민 모두에게 권리를 부여하거나, 아니면 아무에게도 부여하지 않는 것이다.

영국계 아메리카인들처럼 동일한 사회 상태에 놓여 있는 국민들의 경우, 시민 모두의 주권과 한 사람의 절대 권력 사이에 어떤 중간치를 구상한다는 것은 아주 어려운 일이다. 내가 지금까지 묘사한 사회 상태가 이 두 가지 결과 중 어느 한쪽으로든 쉽사리 기울 수 있다는 것을 부정해서는 안 될 것이다.

사실상 평등을 위한 씩씩하고 정당한 열정이 있는바, 이는 사람들을 강하고 존중받는 인물이 되고자 애쓰도록 이끈다. 이 열정은 약자들을 강자들의 대오로 이끌어 올려주는 경향이 있다. 하지만 마찬가지로 인간의 마음속에는 평등을 위한 타락한 취향이 있는 바, 이는 약자들로 하여금 강자들을 자기 수준으로 끌어내리려 애쓰도록 이끌 뿐만 아니라, 사람들이 자유 속에서의 불평등보다는 노예 상태 속에서의 평등을 택하도록 이끈다. 그렇다고 민주주의적인 사회 상태 속에서 사는 사람들이 당연히 자유를 깔본다고 말하는 것은 아니다. 오히려 사람들은 자유에 대한 본능적인 취향을 지니고 있다. 하지만 자유가 이들이 원하는 기본적이고 항구적인 대상은 아니다. 사람들이 변함없는 사랑으로 찬미하는 것은 바로 평등이다. 사람들은 신속하게, 그리고 갑작스러운 노력으로 자유를 향해 달려 나가지만, 목표를 얻지 못할 경우 곧 체념 상태에 빠져버린다. 그러나 평등이 없다면 그 무엇으로도 사람들을 만족시키지 못할 것이며, 사람들은 평등을 잃어버리느니 차라리 죽음을 택할 것이다.

다른 한편, 시민들 모두가 거의 평등한 경우, 그들이 권력의 압제에 맞서 독립을 지킨다는 것은 그리 쉬운 일이 아니다. 이들 중 누구도 혼자 맞서 싸울 만큼 강하지 않으므로 자유를 지키려면 모두의 힘을 합치는 수밖에 없다. 그런데 이러한 연합이란 늘 이루어질 수 있는 것이 아니다.

따라서 동일한 사회 상태에서 두 가지 커다란 정치적 결과를 끌어낼 수 있다. 서로 전혀 다른 이 두 가지 결과는 동일한 사실에서 나오는 것이다.

영국계 아메리카인들은 여기서 내가 묘사한 이 엄청난 양자택일의 기로에 처음으로 서 있었으면서도, 다행스럽게도 절대 권력을 피할 수 있었다. 이들이 처한 환경과 기원, 이들의 지혜와 특히 습속이 이들로 하여금 인민주권을 건설하고 유지하도록 허용해주 었던 것이다.

제4장

아메리카에서의
인민주권의 원칙

합중국의 정치 법제에 대해 논의하고자 한다면, 응당 인민주권 이론에서부터 시작해야 할 것이다.

거의 모든 인간 제도들의 근저에서 언제든 찾아볼 수 있는 인민주권의 원칙은 아메리카에서는 일반적으로 눈에 잘 드러나지 않는 듯하다. 이 원칙은 알아채지 못하면서 어느새 준수되고, 이따금 어느 순간 그 모습을 드러내더라도 곧 어두운 성역으로 다시 들어가 버린다.

국민의 의지란 시대를 막론하고 음모가들과 독재자들이 가장 널리 들먹거리는 단어 중 하나이다. 어떤 이들은 몇몇 권력 추종자들의 매수된 표심에서, 어떤 이들은 이해관계에 민감하거나 아니면 겁에 질린 소수자의 표심에서 인민주권이라는 표현을 보았다. 심지어 어떤 이들은 인민이 복종한다는 '사실'에서 이들을 다스릴 '권리'가 나온다고 여기고는 인민의 침묵에서 완벽한 형태의 인민주권을 보기도 한다.

아메리카에서는 인민주권의 원칙이 몇몇 다른 나라들에서처럼 감추어져 있지도 무익하지도 않다. 이 원칙은 습속에 의해 인정되고, 법률에 의해 선언되며, 자유의 원칙과 함께 확장되고, 어떤 장애에도 부딪히지 않고 궁극적인 결과에까지 도달한다.

인민주권 이론을 정당하게 평가해볼 수 있고, 사회의 여러 사안들에 적용되는 모습을 연구해볼 수 있으며, 그 장단점을 평가해볼 수 있는 나라가 이 세상에 있다면, 그것은 바로 아메리카이다.

인민주권의 원칙이 애초부터 아메리카의 대다수 영국 식민지들의 근본 원칙이었다고 나는 앞에서 말했다.

하지만 인민주권의 원칙이 오늘날 그러한 것처럼 그 당시에도 사회에 대한 통치를 전적으로 규정한 것은 아니었다.

외부적인 장애와 내부적인 장애 두 가지가 이 원칙의 압도적인 진전을 가로막았다.

인민주권 원칙은 노골적으로 법률들에 반영될 수는 없었다. 식민지들이 여전히 모국에 복종해야 했기 때문이다. 따라서 지방의 회들이나 특히 타운에 눈에 띄지 않게 스며들어 있을 수밖에 없었다. 바로 여기에서 인민주권 원칙은 은연중에 유포되었다.

당시 아메리카 사회는 인민주권 원칙이 가져올 모든 결과를 받아들일 태세가 되어 있지 않았다. 내가 앞 장에서 이미 밝혔듯이, 뉴잉글랜드의 지성과 허드슨강 이남의 재부는 사회 권력의 행사를 소수의 손안에 몰아넣어 주는 경향이 있는, 일종의 귀족제적 영향력을 행사했다. 공직자가 모두 선거로 뽑혔던 것은 아니며 시민 모두가 유권자인 것도 아니었다. 선거권은 어디서나 일정한 제한을 받았으며, 토지 재산 소유 여부에 종속되었다. 이 토지 재산 자격은 북부에서는 아주 낮았으나, 남부에서는 상당히 높았다.

아메리카 혁명이 발생했다. 인민주권의 원칙은 타운을 빠져나와 통치 자체를 석권했다. 모든 계급이 이 원칙을 위해 몸을 내맡겼으며, 누구나 이 원칙을 내걸고 싸우고 승리했다. 이것은 법 중의 법이 되어버린 것이다.

이와 마찬가지로 신속한 변화가 사회 안에서도 일어났다. 상속법이 마침내 지역적 영향력을 완전히 부숴버린 것이다.

상속법의 효과와 혁명의 결과가 누구에게나 명백해지기 시작했을 때, 민주주의의 승리는 이제 되돌릴 수 없는 것으로 선포되었다. 상층계급들은 싸워보지도 못한 채 아무 불평도 없이 이 필요악에 복종했다. 일반적으로 몰락한 권력에 발생하는 일들이 이들에게도 일어난 것이다. 이들 개개인은 자기 이익에만 몰두했다. 인민의 손에서 권력을 빼앗아낼 수도 없었기 때문에, 그리고 기를 쓰고 맞설 만큼 다수 대중을 혐오한 것도 아니었기 때문에, 이들은 어떤 대가를 치르더라도 인민의 호의를 얻어내려는 생각에만 몰두했다. 따라서 가장 민주적인 법률들이 그로 인해 가장 불이익을 받게 될 바로 그 사람들에 의해 가결되었다. 이런 식으로 상층계급들은 자기들에 대항해 인민의 격정이 촉발되지 않도록 했으며 자기들 나름대로 새로운 질서의 승리를 앞당겼다. 이리하여 기묘한 일이 벌어졌다! 귀족제가 가장 깊숙이 뿌리내린 주들에서 민주주의의 도약이 더욱 확실하게 나타난 것이다.

대영주들이 건설한 메릴랜드주가 가장 먼저 보통선거제를 선포했으며[1] 통치 전반에 걸쳐 가장 민주적인 형태들을 도입했다.

어떤 국민이 유권자의 재산 자격 제한을 건드리기 시작할 경우, 얼마 지나지 않아 그 자격 제한이 완전히 철폐되리라는 것을 쉽사리 예상할 수 있다. 사회를 규율하는 불변의 규칙들 중 하나가 바로 이것이다. 선거권 제한을 완화하면 할수록, 그것을 완화해야 할 필요성은 더욱 커진다. 양보할 때마다 민주주의의 힘은 증대되고 힘이 증대됨에 따라 민주주의의 요구 사항은 더 증가하기 때문이다. 자격 제한 아래에 위치해 있는 사람들의 야망은 그 위에 위치해 있는 사람들의 숫자에 비례해서 커진다. 마침내 예외가 규칙이 되고, 양보에 양보가 뒤따른다. 그리고 보통선거에 이르기까지 멈추지 않고 나아가는 것이다.

오늘날 인민주권의 원칙은 합중국에서 우리가 머릿속으로 상상해낼 수 있는 모든 실질적인 발전을 다 이루었다. 이 원칙은 다른 곳에서라면 조심스럽게 뒤집어썼을 온갖 허황된 누명에서 벗어났다. 이 원칙은 상황의 필요에 따라 계속해서 온갖 형태로 나타난다. 때로는 인민 전체가 고대 아테네에서처럼 법률을 만들고, 때로는 보통선거로 뽑힌 대표자들이 인민을 대표하며 인민의 거의 직접적인 감시를 받으면서 인민의 이름으로 활동한다.

어떤 의미에서 사회 구성원의 외부에 존재하는 권력이 그 사회에 영향력을 행사하며 사회로 하여금 일정한 방향으로 나아가게

---

1) 메릴랜드주의 헌법에 붙은 1801년 수정 조항과 1809년 수정 조항.

끔 강제하는 나라들이 있다.

반면에 권력이 사회 내부와 외부에 동시에 나누어진 나라들이 있다. 하지만 이 어떠한 경우들도 합중국에서는 찾아볼 수 없다. 합중국에서는 사회가 스스로의 힘에 의해서 스스로를 다스린다. 권력은 사회 안에서만 존재하며, 사회가 아닌 다른 곳에서 권력을 구할 생각을 품거나 심지어 그런 생각을 드러내는 사람은 찾아볼 수 없다. 인민은 입법자를 선출함으로써 법률의 제정에 참여하고, 행정관리들을 선출함으로써 그 법률의 적용에 참여한다. 행정부에 내맡겨진 몫이 그리 크지 않고 제한적이라는 점에서, 그리고 행정부가 자신의 권력이 인민에게서 나온다는 것을 인식하고 있으며 인민의 힘에 복종한다는 점에서, 인민은 스스로 통치한다고 말할 수 있을 것이다. 마치 하느님이 우주를 다스리듯이, 인민은 아메리카의 정치 세계를 다스리고 있다. 인민은 모든 것의 시작이요 끝이다. 모든 것이 인민에게서 나오고 인민에게로 들어간다. (H)

제5장

합중국 정부에 앞서 개별 주들을 먼저 살펴보아야 할 필요성

다음 장에서는 아메리카에서 인민주권의 원칙에 토대를 둔 통치 형태는 어떠한지를, 그리고 그러한 통치가 활용하는 수단과 그것을 가로막는 장애 요소는 무엇인지, 그리고 그 장점과 단점은 무엇인지 검토해보기로 하자.

첫 번째 난관은 합중국이 복잡한 정치체제를 지니고 있다는 점에 있다. 합중국에서 서로 연결된, 굳이 말하자면 하나가 다른 하나에 포섭되어 있는 두 개의 뚜렷이 다른 사회를 볼 수 있다. 합중국에는 서로 완전히 분리되고 거의 독립된 두 개의 정부가 있는 셈이다. 하나는 통상적이고 여러 영역에 걸친 것으로, 사회의 일상적인 필요에 부응한다. 다른 하나는 예외적이고 정해진 영역에 한정된 것으로, 몇 가지 전반적인 사항에만 관여한다. 요컨대 주권을 가진 24개의 작은 국가(nation)가 있고, 이들이 하나로 합쳐서 연방(Union)이라는 거대한 몸체를 구성하는 것이다.

주를 연구하기에 앞서 연방을 검토하는 것은 난관으로 가득 찬 길로 들어서는 것이다. 연방 정부는 합중국에 가장 뒤늦게 나타난 정부 형태이다. 연방 정부는 공화정 체제의 수정판, 요컨대 연방 정부가 존재하기 이전부터 연방 정부와는 별도로 사회 전반에 확산된 정치 원칙들 요약판에 지나지 않는다. 연방 정부란, 방금 내가 말했듯이, 하나의 예외에 지나지 않는다. 반면에 주 정부는 공통 규약이다. 사정이 이러하므로, 세부 사항을 설명하기에 앞서 큰 그림을 먼저 그리려 하는 작가는 틀림없이 혼돈에 빠져 중언부언을 일삼게 될 것이다. 오늘날 아메리카를 다스리는 거대한 정치 원리들은 모두 '주'에서 탄생하고 발전했다. 이는 의심할 나위가 없다. 따라서 나머지 모든 사실에 대한 실마리를 풀려면, 우선 주에 대해 알아야만 한다.

오늘날 아메리카 사회를 구성하는 주들은 겉으로 드러나는 제도의 측면에서 볼 때 너나없이 같은 모양새를 내보인다. 주에서의 정치와 행정은 세 가지 발상지에 모여 있는데, 이 발상지들은 인체를 움직이는 여러 신경중추에 비교할 만하다.

첫 번째 단계에 타운(commune; town)이 있고, 두 번째 단계에 카운티(comté; county)가 있으며, 마지막 단계에 주(état; state)가 있다.

아메리카의 타운 제도

타운부터 고찰하는 것에 대해 굳이 설명이 필요하겠는가.

타운은 인간이 모여 사는 곳이면 어디든 마을이 저절로 형성되는 데서 알 수 있듯이 자연적으로 생겨나는 유일한 결사체이다.

따라서 타운이라는 마을 공동체는 관습이나 법제에 상관없이 모든 나라, 모든 민족에 존재한다. 왕정이나 공화정은 사람이 만들지만, 마을은 하느님의 손에서 직접 나오는 것처럼 보인다. 인간이 존재한 이후 마을도 늘 존재해왔지만, 그렇다고 마을의 자유가 늘 존재했던 것도 항상 왕성했던 것도 아니다. 어느 민족이든 항상 위대한 정치기구들을 설립할 수 있다. 왜냐하면 업무 경험의 부족을 어느 정도까지 지식으로 메울 수 있는 일정 수의 사람들이 언제나 그 민족에게 있기 마련이기 때문이다. 하지만 마을은 흔히 입법자의 건설 작업에 잘 들어맞지 않는 조야한 요소들로 구성되어 있다. 마을의 자치를 확립하는 어려움은 국민들이 계명됨에 따라 줄어들기는커녕, 오히려 더 늘어난다. 문명사회는 마을 자치의 실험을 그저 마지못해 받아들일 뿐이다. 문명사회는 자치 실험에 따르는 수많은 시행착오를 참아내려 하지 않으며 실험의 최종 결과를 보기도 전에 성공에 대한 희망을 접어버린다.

온갖 종류의 자유들 중에서, 특히 마을의 자유는 확립되기가 무척 어려울 뿐만 아니라, 권력의 침해에 가장 잘 노출되어 있기도 하다. 맨몸으로 버텨야 하는 까닭에, 마을 제도들은 도발적이고 강력한 정부에 맞서 싸울 힘이 없다. 성공적으로 버텨내려면 마을 제도들은 충분히 더 성숙해야 하며 국민 전체의 이념과 습관 속에 합체되어야 한다. 따라서 마을의 자유는 습속 속에 뿌리내리지 못할 경우 쉽사리 파괴되고 만다. 그런데 마을의 자유는 우선 오랫동안 법제 속에 녹아든 이후에야 비로소 습속 속에 뿌리내릴 수 있다.

따라서 마을의 자유란 말하자면 인간의 노력 여부와는 무관한 것이라고 말할 수 있다. 그것은 인위적으로 만들어지는 것이라기보다 저절로 생겨나는 것이다. 그것은 개화되지 않은 사회 안에서 거의 내밀하게 발전한다. 법제와 습속의 지속적인 작업에 의해서, 그리고 여러 상황을 거치고, 특히 오랜 시간이 지나야 비로소 마을의 자유는 공고화될 수 있었다. 유럽 대륙의 모든 국가 중에서 이 마을의 자유라는 것을 제대로 경험한 나라는 단 하나도 없다고 말할 수 있을 것이다.

그런데 자유로운 인민의 힘이 성장하는 곳은 바로 마을이다. 마을 제도들이 자유에 대해 갖는 관계는 초등학교들이 학문에 대해 갖는 관계와 같다. 마을 제도들은 자유를 인민의 손이 닿는 곳에 놓아주며, 자유를 평온하게 누리고 익숙하게 활용하는 방법을 가르쳐준다. 한 국민은 마을 제도들이 없어도 자유로운 정부를 가질 수 있겠지만, 자유의 정신은 가질 수 없다. 일시적인 열정, 일순간의 이해관계, 우연적인 상황 따위에 의해 겉보기에 독립이라는 형태를 얻을 수 있을지는 모르겠다. 하지만 사회 내부에 깊숙이 몸을 도사리고 있는 전제정치가 조만간 표면 위로 다시 나타날 것이다.

합중국의 타운과 카운티의 정치조직이 기초하고 있는 일반 원칙들을 독자에게 이해시키기 위해서는, 특히 어느 한 주를 사례로 택해서 거기서 일어나는 일들을 자세하게 검토한 다음 나머지 지역들에 대해 잠시 살펴보아야 할 것이라고 나는 생각한다.

뉴잉글랜드의 주들 중 한 주를 선택해서 살펴보자.

타운과 카운티는 합중국의 모든 지역에서 같은 방식으로 조직되어 있지는 않다. 하지만 합중국 전역에서 타운과 카운티가 형성되는 데 거의 같은 원칙이 작용했다는 것은 쉽사리 알 수 있다.

그런데 내가 보기에 이 원칙들은 다른 어느 곳보다 뉴잉글랜드에서 가장 널리 발전하였으며 가장 폭넓게 결실을 맺었다. 따라서 이 원칙들은 뉴잉글랜드에서 말하자면 가장 잘 부각되며 외부인의 관찰에 가장 잘 들어온다.

뉴잉글랜드의 타운 제도는 완벽하고 규정적인 전체를 형성하고 있다. 오랜 연륜을 지니고 있는 뉴잉글랜드의 타운은 법제에 의해 강해지고, 습속에 의해 더 강해졌으며, 사회 전체에 엄청난 영향력을 행사한다.

이 모든 점에서 뉴잉글랜드의 타운은 우리의 관심을 끌 만하다.

타운의 규모

뉴잉글랜드의 타운은 프랑스의 캉통(canton)과 코뮌(commune)의 중간 정도에 위치한다. 주민은 대개 2,000~3,000명 정도이다.[1] 따라서 한편으로는 너무 크지 않아서 주민들의 다양한 이해관계

---

1) 1830년에 매사추세츠주의 타운 수는 305개이고, 전체 주민 수는 61만 14명이다. 따라서 한 타운에 평균적으로 2,000명의 주민이 거주한 셈이다.

를 수렴해낼 수 있으며, 다른 한편으로 너무 작지 않아서 업무의 원활한 수행을 맡을 사람들을 언제든 그 안에서 찾을 수 있다.

뉴잉글랜드에서의 타운의 권력

다른 어느 곳에서와 마찬가지로 타운에서도 인민이 사회 권력의 원천이다. 하지만 인민이 자신의 권력을 더 즉각적으로 행사하는 곳은 여기 외에 달리 어디에도 없다. 아메리카에서 인민은 가능한 한까지 따라야만 하는 주인이다.

뉴잉글랜드에서 주의 공공 업무를 다루어야 할 때 다수는 대표자를 통해 행동한다. 그렇게 할 수밖에 없었다. 하지만 입법 업무와 행정 업무가 피치자들에게 더욱 가까이 다가서 있는 타운에서는 대의제도가 결코 채택되지 않는다. 시정 평의회 같은 것도 없다. 유권자 집단이 관리들을 임명한 후에 주의 법률을 단순하게 집행하는 분야를 제외한 모든 분야에서 이들 관리에게 지시를 내린다.[2]

이러한 상황은 우리들의 생각과는 아주 다르고 우리들의 관행과는 너무도 어긋나기 때문에, 독자의 이해를 돕기 위해서는 여기

---

2) 같은 규칙이 규모가 아주 큰 타운들에는 적용될 수 없다. 이들 큰 타운에는 일반적으로 자치단체장 1명과 두 분야로 나누어진 자치 의회 한 개가 있다. 하지만 이는 법률의 인가를 요구하는 예외 사항이다. 보스턴 시의 권력 규정에 관한 1822년 2월 22일 법령을 보라. *Laws of Massachusetts*, vol. II, p. 588. 이 법령은 대도시들에 적용된다. 작은 도시들 역시 특별한 행정에 속하는 경우가 흔하다. 1832년 뉴욕주에는 이런 식으로 행정이 이루어지는 타운이 104개에 이른다(*William's Register*).

서 몇 가지 사례를 들어보는 것이 좋을 듯하다.

잠시 뒤에 살펴보겠지만, 타운의 공공 업무는 아주 수가 많고 세분되어 있다. 하지만 행정권의 대부분은 선임관(selectmen)[3]이라 불리는, 매년 선출되는 몇몇 소수의 손에 집중되어 있다.

주의 일반 법령은 행정 위원에게 일정한 임무를 부과한다. 행정 위원은 이 임무를 수행하는 데 타운 주민의 허가를 받을 필요는 없으며, 임무를 이행하지 못할 경우 개인적으로 책임을 진다. 예컨대 주의 법령에 의해 행정 위원이 타운의 유권자 명부를 작성할 임무를 지녔다고 하자. 만일 그가 이 임무를 게을리할 경우 그는 직무 유기 처벌을 받을 것이다. 그러나 타운의 관할권에 맡겨진 모든 사항에서 행정 위원들은 인민의 의지를 집행한다. 마치 우리 프랑스에서 자치단체장이 시정 평의회의 결정 사항을 집행하듯이 말이다. 대개의 경우 이들은 자기 개인의 책임 아래 업무를 수행하고, 실질적으로 다수가 미리 규정해놓은 원칙들을 따르기만 하면 된다. 하지만 만일 이들이 기존 질서에 무언가 변화를 도입하려 하거나 무언가 새로운 사업을 도모해보려 한다면, 이들은 자신이 가진 권력의 원천으로까지 거슬러 올라가야만 한다. 예컨대 학교를

---

3) 가장 작은 타운에서는 3명, 아주 큰 타운에서는 9명을 선출한다. *The Town Officer*, p. 186. 행정 위원과 관련된 매사추세츠주의 주요 법령들 역시 참조할 수 있다. 1786년 2월 20일 법령, vol. I, p. 219; 1796년 2월 24일 법령, vol. I, p. 488; 1801년 3월 7일 법령, vol. II, p. 45; 1795년 6월 16일 법령, vol. I, p. 475; 1808년 3월 12일 법령, vol. II, p. 186; 1787년 2월 28일 법령, vol. I, p. 302; 1797년 6월 22일 법령, vol. I, p. 539.

세우려 한다고 가정해보자. 행정 위원들은 정해진 날짜에 미리 정해진 장소에서 유권자 전체를 소집한다. 이들은 학교 건립의 필요성, 사업을 이끌 방안, 소요 경비 조달 방법, 부지 선정 따위에 대해 조목조목 알린다. 모인 주민들은 이 모든 사항에 대해 보고를 받은 후, 원칙을 채택하고, 부지를 정하며, 세금을 투표하고, 선임관들에게 결정을 통고한다.

행정 위원들만이 마을 집회(타운 미팅)를 소집할 권리가 있지만, 주민들은 이들에게 소집하도록 촉구할 수 있다. 지주 10명이 새로운 사업 계획에 대해 타운의 동의를 얻고자 한다면, 그들은 주민 총회의 소집을 요구할 수 있다. 행정 위원들은 이 요구에 응해야만 하지만, 단지 집회를 주재할 권리를 지닐 뿐이다.[4]

이러한 정치적 습속, 이러한 사회적 관행은 물론 우리 프랑스인들과는 거리가 먼 것이다. 여기서 나의 의도는 이러한 습속과 관행에 대해 일정한 판단을 내리거나 그것들을 생성해내고 활성화시킨 내밀한 원인들을 밝혀내려는 것이 아니다. 나로서는 이러한 습속과 관행들을 제시하는 것으로 그치려 한다.

행정 위원들은 매년 5월 또는 6월에 선출된다. 이때 타운 집회는 다른 행정관리들도 동시에 뽑는다.[5] 이들에게 여러 중요한 세부 행정이 맡겨진다. 과세 사정관은 세율을 정한다. 징세관은 세금을 징수한다. '보안관(constable)'이라 불리는 관리는 치안을 담

---

4) *Laws of Massachusetts*, vol. I, p. 150. 1786년 3월 25일 법령.
5) *Laws of Massachusetts*, vol. I, p. 150.

당하고, 공공장소를 순찰하며, 실질적으로 법률을 집행한다. 타운의 서기관이라 불리는 이는 모든 회의록을 기록하고, 주민등록부를 작성한다. 출납관은 타운의 공금을 관리한다. 이들 관리와는 별도로, 일종의 구빈법을 집행하는 어려운 업무를 맡은 적빈자 관리관, 공공 교육을 관장하는 교육 위원, 크고 작은 도로들을 관리하고 보수하는 도로 감찰관 등이 있다. 이것이 타운 행정을 맡은 주요 관리들의 명단이다. 하지만 업무의 세분화는 여기에서 끝나지 않는다. 지자체 관리[6] 중에는 예배 경비를 관리하는 교구 위원이 있으며, 화재 발생 시 주민들의 소화 작업을 지시하는 일, 가을철 수확을 감독하는 일, 공유지의 사유화에 따른 분쟁을 임시적으로 해결하는 일, 삼림 측량을 감독하는 일, 도량형을 감독하는 일 등등을 맡은 관리들도 있다.

타운에는 모두 19개나 되는 주요 직책이 있다. 주민들은 돌아가며 이 여러 직책들을 맡아야 하며, 그렇지 못할 경우 벌금을 물어야 한다. 하지만 이 직책들 대다수는, 가난한 시민들도 손해 보지 않고 봉사할 수 있도록 하기 위해, 봉급을 받는다. 게다가 아메리카 체제에서는 공직자들이 정해진 보수를 받는 것이 아니다. 일반적으로 모든 공무 행위에는 일정한 값이 매겨져 있어서, 공직자는 자기가 한 일에 비례해서 봉급을 받는다.

---

6) 이들 모든 관리는 실제적으로 존재한다. 이들 타운 관직에 대해 자세히 알려면 아이작 굿윈(Issac Goodwin)이 쓴 『타운 관리(*Town Officer*)』(Worcester, 1827)라는 책과 매사추세츠의 일반 법령집 3권(Boston, 1823)을 참조하라.

타운의 생활상

나는 앞에서 인민주권의 원칙이 영국계 아메리카인들의 모든 정치제도를 지배한다고 말했다. 이 책의 각 페이지는 이 원칙이 새롭게 적용되는 사례들에 대해 언급할 것이다.

인민주권 원칙이 받아들여지는 나라에서는 개인이 누구나 대등하게 주권의 몫을 누리며 평등하게 국가의 통치에 참여한다.

따라서 각 개인은 누구나 이웃 동료들과 마찬가지로 학식과 덕망을 갖추었으며 힘도 세다고 간주된다. 그렇다면 그는 왜 사회에 복종하는 것이며, 이러한 복종의 자연적 한계는 무엇인가?

개인은 사회에 복종한다. 하지만 이것은 그가 사회를 다스리는 사람들보다 열등하거나 아니면 자기 자신을 다스릴 능력이 다른 이들보다 못하기 때문이 결코 아니다. 개인은 사회에 복종한다. 이것은 그가 보기에 이웃 동료와의 결합이 유익하기 때문이며, 이러한 결합은 어떤 규율 권력이 없이는 존재할 수 없다는 점을 그가 잘 알기 때문이다.

따라서 시민들 상호간의 의무에 관련되는 모든 일에서 그는 신민 (sujet)이 된다. 반면에 자기 자신에만 관련된 모든 일에서 그는 주인으로 남아 있다. 그는 자유로우며 자신의 행동에 대해 하느님에 게만 책임을 지는 것이다. 여기서 다음과 같은 금언이 생긴다. 즉 개인은 자신의 개별 이익에 관한 한 최선의 유일한 심판자이며, 개인의 행동이 사회의 이익을 침해하거나 사회가 개인의 협조를 요구할 필요가 있을 때가 아니면 사회는 개인의 행동을 규제할 권리가 없다는 것이다.

이러한 주장은 합중국에서는 일반적으로 받아들여진다. 이 학설이 시민들의 일상생활에 미치는 일반적인 영향력에 대해서는 나중에 살펴보도록 하자. 여기서는 타운에 대해서만 살펴보자.

타운은 하나의 전체로 취급해서 중앙정부와 관련해서 살펴본다면, 내가 방금 앞에서 설명한 이론이 적용되는 여느 한 개인에 지나지 않는다.

따라서 합중국에서 마을 자치는 인민주권의 원칙에서 나오는 아주 자연스러운 결과일 따름이다. 아메리카의 모든 공화제 정부들은 정도의 차이가 있기는 하지만 이러한 자주성을 인정한다. 하지만 뉴잉글랜드 주민들의 경우 상황은 특히 마을 자치의 발전에 유리했다.

뉴잉글랜드에서 정치 생활은 바로 타운 한가운데서 싹텄다. 개개 타운이 원래는 각각 독립된 국민이었다고까지 말할 수 있을 것이다. 그 후 영국 국왕들이 주권을 행사하려 나섰을 때, 그들은 주의 중앙 권력을 장악하는 것으로 그쳤다. 국왕들은 타운을 있던 그대로 내버려 두었다. 그때부터 뉴잉글랜드의 타운들은 주에 복속되어 있지만, 애초에는 전혀 그렇지 않았거나 어느 정도만 그러했을 뿐이다. 타운들은 자신의 권력을 주로부터 받은 것이 아니었다. 오히려 타운들이 자신이 누리던 자주권의 일부를 주에게 양도했던 것으로 보인다. 이것은 독자들이 염두에 두어야 할 아주 중요한 특징이다.

일반적으로 타운들은 내가 앞으로 '사회적'이라고 부를 그런 이익이 관련되는 경우에만, 달리 말해서 그 이익이 다른 타운들과도 관련되는 경우에만 주에 종속되었다.

타운들은 자기 자신에게만 관련된 모든 일에서 독자성을 유지한다. 뉴잉글랜드의 주민들 중에서 타운 고유의 이해에 관련된 사안에 주 정부가 개입할 권리를 인정하는 사람은 단 한 명도 없으리라고 나는 생각한다.

따라서 뉴잉글랜드의 타운들은 행정 당국이 반대하고 나설 것이라는 염려에 전혀 개의치 않고, 물건을 사고팔며 재판소 앞에서 소송을 벌이고 예산을 줄이고 늘린다.[7]

물론 타운들이 떠맡아야 할 사회적 의무들이 있다. 예컨대 주가 예산을 필요로 한다면, 타운은 마음대로 줄 수도 거부할 수도 없다.[8] 주가 도로 건설을 계획한다면, 타운은 그 도로가 타운에 들어오는 것을 막을 권한이 없다. 주가 치안 규칙을 정하면, 타운은 그것을 집행해야 한다. 주가 나라 전체에 통일된 교육제도를 수립하고자 한다면, 타운은 법령이 정한 대로 학교를 세워야 한다.[9] 앞으로 합중국의 행정제도를 다룰 때, 우리는 어떻게, 그리고 어떤 수단에 의해서 타운들이 이 여러 다양한 사례들에서 주의 권위에 복종하게 되는가를 살펴볼 것이다. 여기서는 단지 타운의 책무가 어떤 것인지만 잠시 언급하도록 하자.

---

7) *Laws of Massachusetts*, 1786년 3월 23일 법령, vol. I, p. 250.

8) *Laws of Massachusetts*, 1786년 2월 20일 법령, vol. I, p. 217.

9) 1789년 6월 25일 법령, 1827년 3월 8일 법령, vol. I, p. 367, vol. III, p. 179.

이 책무가 엄격하기는 해도, 주 정부는 타운에 책무를 부과할 때 원칙만을 포고하는 데 그친다. 그 책무를 이행할 때 타운은 일반적으로 개별적 권리를 다시 얻는다. 예컨대 세금은 주의 입법에 의해 결정되지만, 세금을 할당하고 징수하는 것은 타운의 몫이다. 학교의 설립은 주의 입법에 의해 결정되지만, 학교를 건설하고 비용을 지불하고 운용을 하는 것은 타운의 몫이다.

프랑스에서는 국가 징세관이 마을의 세금을 거둔다. 반면에 아메리카에서는 마을 징세관이 국가의 세금을 거둔다.

그러므로 프랑스에서는 중앙정부가 그 관리들을 마을에 파견하지만, 아메리카에서는 마을이 그 관리들을 정부에 파견하는 것이다. 이 사실만으로도 두 나라 사이의 차이가 얼마나 큰지 알 수 있을 것이다.

뉴잉글랜드의 타운 정신

아메리카에서는 타운 기구들이 존재할 뿐만 아니라, 그 기구들을 뒷받침하고 그것에 생기를 불어넣어 주는 이른바 타운 정신이 존재한다.

뉴잉글랜드의 타운은 어디에서든 사람들의 관심을 강렬하게 자극하는 두 가지 이점을 지니고 있다. 그것은 바로 자주성과 권력이다. 타운은 사실상 빠져나갈 수 없는 하나의 원 안에서 움직인다. 하지만 그 안에서 타운은 자유롭다. 타운은 비록 그 인구와 규모가 보잘것없다고 할지라도 자주성을 지닌다는 사실 한 가지만으로도 현실적인 중요성을 얻기에 충분하다.

인간의 애착이란 일반적으로 권력이 있는 곳으로 향하기 마련이라는 점을 염두에 두어야 한다. 정복당한 나라에서는 애국심도 오래 지속되지 않는다. 뉴잉글랜드의 주민이 자신의 타운에 관심을 갖는 것은 자신이 거기에서 태어났기 때문이 아니라 타운이 자신이 속한 자유롭고 강한 공동체, 힘들여 이끌어 나갈 만한 값어치가 있는 공동체이기 때문이다.

유럽에서는 집권자들이 이러한 마을 공동체 정신의 부재를 한탄하는 것을 종종 볼 수 있다. 그도 그럴 것이 누구나 알다시피 공동체 정신이야말로 공공질서와 안녕을 보장해주는 중요한 요인이기 때문이다. 하지만 집권자들은 어떻게 공동체 정신을 함양해야 하는지를 알지 못한다. 마을 공동체에 권력과 자주성을 부여할 경우 국가권력이 그만큼 허약해지고 무정부 상태가 초래되지 않을까 그들은 우려하는 것이다. 그렇다고 해서 마을 공동체에서 권력과 자주성을 박탈해버린다면, 주민은 단순한 피치자가 되고 여기서 진정한 시민은 찾아볼 수 없게 될 것이다.

또 하나의 중요한 사실에 주목하자. 즉 뉴잉글랜드의 타운은 인간의 활력과 애착을 끌어들일 수 있는 방식으로 구성되어 있으며, 이와 동시에 타운 너머에는 인간의 야욕을 부추길 만한 그 어떤 것도 없다는 사실이다.

카운티의 관리들은 선출직이 아니며 제한적인 권한을 가질 뿐이다. 주 역시 부차적인 중요성만을 가지며 미미하고 조용하게만 느껴진다. 그러니 주의 행정 업무를 맡기 위해서 안정된 생활을 해치면서까지 자기 고향을 떠나려는 사람들은 아마도 거의 없을 것이다.

연방 정부는 연방 정부를 이끄는 사람들에게 권력과 영예를 부여한다. 하지만 연방 정부의 미래에 영향을 미칠 만한 권력을 지닌 사람들은 아주 소수에 불과하다. 대통령이라는 최고 관직도 나이가 지긋한 때에야 오를 수 있는 지위이다. 다른 고위 연방 관리들도 어떤 점에서 보면 아주 행운아이거나 다른 분야에서 이미 뛰어난 재질을 입증한 사람들이다. 그러니 이런 지위가 야망 있는 사람들의 항구적인 목표일 수 없다. 출세하고자 하는 욕망, 실제적인 이해관계에서 오는 필요, 권력과 명성에 대한 욕구 따위가 집중되는 것은 바로 일상적인 생활이 오가는 중심지에서, 즉 타운에서이다. 흔히 사회를 혼란에 빠트리는 이러한 열정들은 가정의 난롯가에서, 말하자면 가족의 품 안에서 활로를 찾을 수 있다면 그 성격이 바뀐다.

아메리카의 타운에서 가능한 한 더 많은 사람들이 공공 업무에 관심을 갖게 하기 위해 얼마나 능란하게 권력을, 굳이 말하자면 '분산'시켰는가를 보라. 통치행위를 하도록 이따금 불려 나오는 유권자들과는 별도로 얼마나 다양한 직책들과 얼마나 많은 관리들이 있는가! 이들 모두는 저마다 자신들의 권한 범위 안에서 강력한 마을 공동체를 대표하는 것이다. 얼마나 많은 사람들이 이렇게 타운의 권력을 자신에게 도움이 되는 방향으로 이용하며 자신들을 위해서 공공 업무에 관심을 가지고 있는가!

아메리카의 체제는 타운 권력을 대다수 시민들 사이에 나누는 동시에 주저 없이 타운에서 시민들이 준수해야 할 업무들을 늘린다. 합중국에서 향토에 대한 사랑은 실생활로 지켜야 하는 일종의 종교라고 사람들은 응당 생각하는 것이다.

이런 식으로 타운의 생활은 매 순간 주민들에게 느껴진다. 타운의 생활은 업무의 이행이나 권리의 행사를 통해 매일매일 표출된다. 이러한 정치적 삶이 공동체에 지속적인 동시에 평온한 움직임을 전달하게 되며, 따라서 공동체는 혼란에 빠지는 일 없이 활력을 얻는다.

아메리카인들은 고산지대 주민들이 그들의 보금자리를 사랑하는 것과 마찬가지 이유에서 자신들의 지역사회에 애착을 갖는다. 아메리카인에게 고향 터전은 아주 뚜렷한 특징을 갖는다. 아메리카에서 고향 터전이라는 말은 다른 나라들에서보다 훨씬 뚜렷한 울림을 갖는 것이다.

뉴잉글랜드의 타운들은 일반적으로 행복한 삶을 영위한다. 그들의 정부는 그들의 취향에 맞으며 그들 자신이 선출한 것이다. 아메리카에 퍼져 있는 심원한 평화와 물질적 번영의 한가운데에서 마을 공동체의 생활이 흔들리는 경우는 그리 흔하지 않다. 타운의 이해관계를 관리하기는 그리 어렵지 않다. 더구나 주민들의 정치교육은 오래전부터 이루어졌다. 그들이 이 땅에 발을 내디뎠을 때 이미 완벽한 정치교육을 받은 셈이라고 말하는 편이 더 낫겠다. 뉴잉글랜드에서 신분 차별의 전통은 전혀 존재하지 않는다. 타운의 한 부류가 다른 부류를 탄압하는 일은 결코 벌어지지 않는다. 그리고 몇몇 외톨박이들에게만 가해지는 부당 행위는 전체를 지배하는 만족감 속에서 사라진다. 타운 정부는 배임을 저지를 수 있다. 사실 정부의 잘못을 들추어내기란 쉬운 일이지만, 주민들은 그런 것에 그리 개의치 않는다. 그도 그럴 것이 정부는 실제적으로 피치자에게서 나오는 것이며, 정부가 좋든 싫든 굳건히 앞으로 나아가기만 하면 일종의 아버지로서의 자부심이 정부를 감싸주기 때문이다. 게다가 주민들에게는 자신들의 정부와 비교해볼 수 있는 다른 대상이 전혀 없다. 영국은 옛날에 식민지 전체를 다스렸다. 하지만 언제나 인민이 마을 공동체의 업무를 떠맡았다. 따라서 타운에서의 인민주권은 오래된 일일 뿐만 아니라 태고부터의 일이기도 한 것이다.

뉴잉글랜드의 주민은 타운이 강하고 자주적이기 때문에 타운에 애착을 갖는다. 그는 함께 힘을 모아 타운을 이끌고 가기 때문에 타운에 관심을 갖는다. 그는 자신의 처지에 대해 타운에게 불평을 늘어놓아야 할 어떤 이유도 찾을 수 없기 때문에 타운을 사랑한다. 그는 자신의 야망과 미래를 타운 안에 놓는다. 그는 타운에서 일어나는 모든 일에 관여한다. 자신의 힘이 미치는 이 작은 공간에서 그는 사회를 통치하고자 하는 것이다. 그는 이러한 형식들에 익숙해지고(이러한 형식들이 없다면 자유는 혁명을 통해서만 얻어질 것이다), 이러한 형식들의 기본 정신을 이해한다. 그는 질서를 존중하는 취향을 얻고, 권력 균형에 대한 이해력을 지니게 되며 마침내 자신의 의무의 본질과 자신의 권리의 범위에 대해 명료하고 실질적인 개념을 얻게 된다.

뉴잉글랜드의 카운티

아메리카의 카운티는 프랑스의 아롱디스망(arrondissement)과 매우 유사하다. 아롱디스망과 마찬가지로 카운티도 자의적으로 그 경계가 그어졌다. 카운티는 그것을 구성하는 여러 지역들 사이에 필연적인 연관성이 없을뿐더러, 구성원들 사이에 정서적 연대감도 공통의 전통도 공동체 의식도 가지기 힘든 행정단위이다. 이것은 순전히 행정적 필요에 의해 만들어졌을 따름이다.

타운은 너무 작기 때문에 사법기관을 두기 힘들다. 따라서 카운티가 사법 활동의 첫 중심지가 된다. 각 카운티에는 법원,[10] 재판정의 판결을 집행하는 치안관 그리고 죄수를 수용하는 형무소가 있다.

한 카운티에 속한 모든 타운이 다 같이 느끼는 어떤 필요들이 있기 마련이다. 하나의 중앙 권위가 이러한 필요들을 충족시키는 일을 떠맡아야 하는 것은 당연하다. 매사추세츠에서는 이러한 권위가 일정 수의 관료들에게 집중되어 있는데, 이들은 참사회[11]의 자문[12]을 얻어 주지사가 임명한다.

카운티의 행정관들은 미리 정해진 몇몇 소수의 사례에만 적용되는 제한되고 예외적인 권력을 지니고 있을 뿐이다. 일상적인 업무

---

10) 1821년 2월 14일 법령, *Laws of Massachusetts*, vol. I, p. 551.
11) 주지사 참사회는 선출직이다.
12) 1819년 2월 20일 법령, *Laws of Massachusetts*, vol. II, p. 494.

를 처리하는 데에는 주와 타운으로 충분하다. 이들 행정관이 카운티의 예산을 책정하기는 하지만, 이 예산은 주 입법부의 표결을 거쳐야만 한다.[13] 직접적이든 간접적이든 카운티를 대표하는 회의체는 전혀 없다.

따라서 사실상 카운티는 정치적 존재감을 전혀 갖지 못한다.

대다수 아메리카의 법제들에는 입법자들이 행정권은 분할하는 반면 입법 권한은 집중시키는 이중의 경향이 나타난다. 뉴잉글랜드 타운의 활력은 타운 자체에서 나오는 것으로, 타운이야말로 아무도 앗아갈 수 없는 생존 원리이기도 하다. 그런데 카운티에서는 이러한 활력을 인위적으로 만들어내야만 하는데, 사실상 그럴 만한 필요성이 거의 느껴지지 않는다. 모든 타운은 다 함께 모여서 단 하나의 대표체를 형성하는데, 이것이 바로 모든 국민 권력의 중심인 주이다. 따라서 타운의 힘과 주의 힘 외에는 개인의 힘이 있을 뿐이라고 말할 수 있다.

뉴잉글랜드의 행정

합중국을 여행하는 유럽의 여행객에게 이른바 우리가 정부 또는 행정이라 부르는 것이 존재하지 않는다는 사실만큼 놀라운 것은 없다. 아메리카에도 성문법이 있으며, 그 법률이 매일매일 집행되는 것을 볼 수 있다. 모든 것이 당신 주변에서 움직이지만, 그것

---

13) 1791년 11월 2일 법령, *Laws of Massachusetts*, vol. I, p. 61.

을 움직이는 원동력은 어디서도 찾을 수 없다. 사회 기구를 이끄는 손은 항상 눈에 띄지 않는다.

하지만 어떤 사람이든 자기 생각을 나타내기 위해서는 인간 언어의 기초가 되는 문법 규칙을 알아야 하듯이, 어떤 사회든 존속하기 위해서는 일정 정도의 권위에 복종하여야 하는데, 그렇지 않으면 사회는 무정부 상태에 빠지고 말 것이다. 이러한 권위는 여러 갈래로 분산이 가능하지만 항상 어디서나 찾을 수 있도록 존재해야만 한다.

한 나라에서 권위의 힘을 줄이는 데에는 두 가지 방식이 있다.

첫 번째 방식은 특정한 경우에 사회가 자기 자신을 지켜낼 권리 또는 능력을 사회로부터 제거함으로써 권위의 근원 자체를 약화시키는 것이다. 이러한 방식으로 권위를 약화시키는 것은 일반적으로 유럽에서 자유의 토대를 건설한다고 말하는 바로 그것이다.

권위의 힘을 줄이는 두 번째 방식이 있다. 이 방식은 사회에서 그 권리들 중 일부를 빼앗는다거나 그 노력들을 마비시키는 것이 아니라, 사회의 힘을 여러 사람들에게 분산시키는 것이며 관리의 수를 늘려서 이들 각자에게 공무 집행에 필요한 만큼의 권력을 부여하는 것이다. 사회 권력의 이러한 분산이 무정부 상태를 가져올 수도 있는 나라가 있다. 하지만 권력 분산 자체가 무정부적인 것은 결코 아니다. 분할된 권위는 물론 그 힘이 덜 강해지고 덜 위협적이 되기는 하지만 그렇다고 파괴되어버리는 것은 아니다.

합중국에서 발생한 혁명은 자유를 위한 성숙하고 숙고된 취향에 의해 일어난 것이지 독립에 대한 막연하고 어설픈 갈망에 의해 일어난 것이 아니다. 혁명은 혼란을 부추기는 열정과는 거리가 멀었으며 오히려 질서나 준법정신과 나란히 행진했다.

따라서 합중국에서는 사람들이 자유로운 나라에서 누구나 자기가 원하는 무엇이든 할 권리를 지녀야 한다고 결코 주장하지 않았다. 오히려 다른 어느 곳에서보다 더 많은 사회적 책무들이 사람들에게 부과되어 있었다. 사람들은 사회의 권력을 원천적으로 공격한다거나 사회의 권리들에 이의를 제기하려는 생각을 가지지 않았다. 단지 그 권력의 행사를 분산시키는 것으로 그쳤다. 사회가 계속 잘 규제되면서도 자유를 유지할 수 있도록 할 요량으로 사람들은 사회의 권위는 여전히 강하게 놔두면서 그 권위를 행사하는 개개 관리의 힘은 약하게 만들고자 했던 것이다.

아메리카에서처럼 법률이 절대적인 언어를 구사하는 나라는 이 세상 어디에도 없다. 그런데 그 법률을 실행할 권리가 이토록 많은 사람들의 수중에 분산된 나라도 없을 것이다.

합중국의 행정권은 그 구성 면에서 전혀 중앙집권적이지도 위계적이지도 않다. 그렇기 때문에 사람들은 행정권이 집행되고 있다는 것을 잘 감지하지 못한다. 권력은 존재하지만, 그 권력의 대행자들이 어디에 있는지 보이지 않는 것이다.

우리는 앞에서 뉴잉글랜드의 타운들이 어떤 상위 권력의 간섭도 받지 않았다는 것을 살펴보았다. 코뮌들은 자기 고유의 이해관계들을 직접 떠맡았다.

더구나 대개의 경우 타운 관리들이 주의 일반 법률의 집행을 보조하거나 아니면 직접 주의 법률을 집행한다.[14]

일반 법률과는 별도로 주가 이따금 일반적인 치안 법규를 제정
하지만, 대개의 경우 타운과 타운 관리들이 치안판사들과 더불어
현지의 필요에 따라서 사회생활의 세부 사항을 규제하고 공공 위
생, 질서유지, 시민들의 풍기 등에 관련된 여러 조례를 포고한다.[15]

마지막으로 이들 타운 관리는 외부로부터 아무 간섭도 받지 않
고 자신들의 의사에 따라 사회에서 때때로 발생하는 예기치 못한
사태에 대처한다.[16]

지금까지 설명한 내용을 종합해보면, 매사추세츠에서 행정권은
거의 전적으로 타운 안에 집중되어 있다고 할 수 있다.[17] 하지만 행
정권이 여러 사람들에게 분산되어 있는 것이다.

---

14) 『타운 관리』에서 특히 선임관(Selectmen), 과세 사정관(Assessors), 징세관
(Collectors), 교육관(Schools), 도로 담당관(Surveyors of highways) 등등
의 단어를 보라. 수많은 사례들 중 다음을 보자. 주는 특별한 동기 없이 일요
일에 여행하는 것을 금지한다. 법률의 집행을 보조하기 위해 십호장(十戶長,
tythingmen)이라 불리는 타운 관리들이 임명된다. 1792년 3월 8일 법령, *Laws
of Massachussetts*, vol. I, p. 410. 선임관은 주지사 선거를 위해 유권자 명부
를 작성하며 투표 결과를 주의 주무장관에게 보고한다. 1796년 2월 24일 법령,
vol. I, p. 488.

15) 이를테면 선임관은 하수구의 축조를 허가하고, 도축장이 들어설 장소나 이웃에
게 피해를 줄 수도 있을 영업 행위가 허용되는 장소 등을 정한다. 1785년 6월
7일 법령, vol. I, p. 193.

16) 이를테면 선임관은 전염병이 돌 경우 공공 위생을 감독하며, 치안판사와 함께
필요한 조치를 취한다. 1797년 6월 22일 법령, vol. I, p. 539.

17) 나는 '거의'라고 덧붙였다. 왜냐하면 타운 생활에서 생기는 여러 사안들이 치안
판사들의 개별 판단에 의해, 아니면 카운티의 소재지에 있는 협의체에 소속된
모든 치안판사에 의해 처리되는 경우도 있기 때문이다. 이를테면 면허증을 발
급하는 것은 치안판사의 몫이다. 1787년 2월 28일 법령, vol. I, p. 297.

프랑스의 코뮌에는 사실상 자치단체장(maire)이라는 단 한 명의 행정관리가 있을 뿐이다.

반면에 앞에서 우리는 뉴잉글랜드의 타운에 적어도 19명의 관리가 있음을 살펴보았다.

이 19명의 관리들은 일반적으로 서로에게 의존하지 않는다. 법률은 이들 관리에게 각자의 행동 영역을 정해놓았다. 이 영역 안에서 그들은 전권을 가지고 자기 직분에 따르는 업무를 처리하며 타운의 다른 어떤 권위에도 종속되지 않는다.

타운 너머로 눈을 돌려보면, 일종의 행정적 위계제와 같은 것을 거의 찾아볼 수 없다. 이따금 카운티의 관리가 타운이나 타운 관리들이 취한 결정을 변경하는 일이 생기기도 한다.[18] 하지만 일반적으로 카운티의 행정관이 타운 행정관의 결정에 간여할 권리가 없다고 말할 수 있다.[19] 카운티 행정관은 카운티에 관련된 사항에서만 타운 행정관에게 지시를 내리는 것이다.

---

18) 이를테면 선임관이 발급한 품행 확인증을 제시하는 사람들에게만 허가장이 나오게 되어 있다. 그런데 만일 선임관이 이러한 확인증 발급을 거부한다면, 당사자는 회의에 소집된 치안판사들에게 청원할 수 있으며 치안판사들이 허가장을 내줄 수 있다. 1808년 3월 12일 법령, vol. II, p. 186. 타운은 조례(by-laws)를 제정할 권리를 지니며 위반할 경우 일정한 액수의 과태료를 부과해 조례의 준수를 강제할 권리가 있다. 하지만 이러한 조례들은 치안판사 회의의 승인을 거쳐야만 한다. 1786년 3월 23일 법령, vol. I, p. 254.

19) 매사추세츠에서 카운티의 행정관들은 타운 행정관들의 직무 행위를 평가하도록 자주 호출된다. 하지만 앞으로 살펴보겠지만, 이러한 감찰은 그들의 행정적 권위에서 나온다기보다 사법권에서 나오는 것이다.

타운과 카운티의 관리들은 사전에 정해진 아주 적은 몇몇 사안들에서만 자신들의 직무 행위를 중앙정부의 관리에게 보고하도록 되어 있다.[20] 그러나 중앙정부에는 일반 치안 규정이나 법 집행을 위한 행정명령을 공포하는 일, 타운과 카운티의 행정관들과 정기적으로 연락을 취하고 그들의 직무를 감찰하며 잘못을 견책하는 일 따위를 맡는 관리가 없다.

따라서 행정권이 수렴되는 구심점 역할을 하는 기관이 없는 것이다.

그렇다면 어떻게 일률적인 계획 아래 사회를 다스려 나갈 수 있겠는가? 어떻게 카운티와 카운티 행정관들, 타운과 타운 행정관들이 중앙정부의 지침에 순응하도록 할 수 있겠는가?

뉴잉글랜드의 주들에서 입법권은 프랑스의 입법권보다 훨씬 더 넓은 영역에 뻗쳐 있다. 어떤 면에서 입법자는 행정의 핵심에까지 파고든다. 법률은 세부 사항들에까지 파고들며, 법률 적용의 원칙과 동시에 수단까지도 규정한다. 법률은 하급 기구들과 그 행정관들을 엄격하게 정의되고 확고한 수많은 의무 조항들로 묶어놓는 것이다.

그 결과, 만일 모든 하급 기구와 모든 관리가 법률에 잘 따른다면, 사회는 모든 영역에서 일률적인 방식으로 다스려질 것이다. 하지만 이들 하급 기구와 그 관리들을 어떻게 법률에 순응하도록 할

---

20) 이를테면 타운의 교육 위원회는 학교 현황에 대해서 주의 주무장관에게 연례 보고서를 올려야 한다. 1827년 3월 10일 법령, Vol. III, p. 183.

것인가 하는 문제가 남는다.

관리들이 법에 순응하도록 하기 위해 사회가 취할 수 있는 수단은 두 가지밖에 없다고 일반적으로 말할 수 있다.

우선, 사회는 관리들 중 한 명에게 다른 관리들을 통솔하고 불복할 경우 이들을 해고할 수 있는 재량권을 부여할 수 있다.

그렇지 않으면, 사회는 법원이 범법자들에게 사법형을 내리도록 할 수 있다.

하지만 이 두 가지 수단 중 어느 하나를 언제나 자유롭게 쓸 수 있는 것은 아니다.

공직자를 통솔할 권리에는 하달된 명령을 이행하지 않은 경우 그를 면직시키거나 직무를 열심히 수행할 경우 그를 승진시킬 권리가 포함되어 있기 마련이다. 그렇지만 선출된 관리는 면직시킬 수도 승진시킬 수도 없다. 선출직은 그 성격상 임기가 끝날 때까지는 소환이 불가능하다. 모든 공직이 선거로 선출될 경우, 사실상 선출직 관리들은 유권자들 외에는 기대할 것도 두려워할 것도 없다. 따라서 공직자들 사이에는 사실상 위계 서열이 있을 수 없다. 그도 그럴 것이 어느 한 사람이 명령할 권리와 불복을 효과적으로 응징할 권리를 한꺼번에 가질 수 없으며, 명령권에 포상권과 징벌권이 절대 합쳐질 수 없기 때문이다.

그러므로 정부의 하급 직책들을 선거로 뽑는 나라에서는 사법형을 행정 수단으로 널리 이용하지 않을 수 없게 된다.

이러한 사실은 얼핏 봐서는 잘 드러나지 않는다. 통치자들은 공직자를 선거로 뽑는 것을 하나의 양보로, 선출직 관리를 사법관의 판결에 맡기는 것을 또 하나의 양보로 간주한다. 이들은 이 두 가지 혁신적인 방안을 다 싫어한다. 그리고 두 번째 방안의 이행보다는 첫 번째 방안의 이행을 더 많이 촉구받기 때문에, 통치자들은 관리들을 선거로 뽑도록 허용하되 그들을 사법권으로부터 독립시켜 두려 한다. 그렇지만 이 두 가지 방안 중 하나가 나머지 하나를 상쇄할 수 있는 유일한 균형추가 될 수 있다. 그러므로 다음을 명심하자. 사법권의 통제를 받지 않는 선출직 권력은 조만간 모든 통제에서 벗어나게 되거나 아니면 완전히 와해될 것이다. 중앙 권력과 선출직 행정 기구들 사이에 있을 수 있는 유일한 중재자는 바로 법원이다. 법원만이 유권자의 권리를 침해하지 않은 채 선출직 공직자들을 복종시킬 수 있다.

따라서 선출직 권력이 확대되는 것과 비례해서 정치 세계에서 사법권이 확대되어야만 한다. 이 두 가지가 나란히 나아가지 않을 경우, 국가는 무정부 상태나 노예 상태에 빠지고 말 것이다.

사법적 관행에는 익숙한 반면, 행정권의 행사에는 서툰 것이 예나 지금이나 일반적으로 관찰되는 현상이다.

아메리카인들은 유럽 대륙에서는 전혀 익숙하지 않은 한 제도에 대한 착상을 그들의 조상, 영국인들에게서 빌려왔는데, 이것이 바로 치안판사(justices of the peace)이다.

치안판사는 유력자와 관리 사이에, 행정관과 판사 사이에 위치한다. 치안판사는 박식한 시민이기는 하지만 반드시 법률 지식에 정통하지는 않다. 따라서 전문 지식보다는 학식과 성실성이 더 요구되는 분야인 치안 업무만을 담당한다. 행정 업무에 참여할 경우,

치안판사는 형식과 개방성에 대한 확고한 취향을 행정에 도입한다. 이 때문에 치안판사는 전제정치에는 가장 거북한 도구인 셈이다. 하지만 치안판사는 관리들의 행정 능력을 마비시키는 경향이 있는 일종의 법률적 맹신에 사로잡히지 않는다.

아메리카인들은 치안판사 제도를 도입했으나, 본국에서 두드러진 귀족적 성격을 이 제도에서 제거한 채 도입했다.

매사추세츠 주지사[21]는 각 카운티에 임기 7년의 일정 수의 치안판사를 임명한다.[22]

더 나아가 주지사는 이들 치안판사 가운데 3명을 카운티의 '회기 법정(會期法廷, Court of Sessions)'에 임명한다.

치안판사는 개인 자격으로 공공 행정에 참여한다. 이들은 때로 선출직 관리들과 힘을 합해서 몇몇 행정 업무들을 처리한다.[23] 이들은 때로 법원을 구성하는데, 여기서 관리들은 훈령을 위반한 시민들을 약식으로 기소하고 시민들은 관리들의 비리를 고발한다. 하지만 치안판사들이 가장 중요한 행정 기능을 수행하는 것은 바로 회기 법정에서이다.

---

21) 주지사에 대해서는 다음에 살펴보자. 여기서는 주지사가 주 전역에서 행정권을 대표하는 직책이라고만 말해두자.

22) 「매사추세츠 헌법」, 제2장, 제1부, 9번째 단락 ; 제3장, 3번째 단락.

23) 특히 다음과 같은 사례를 보자. 전염병이 창궐한 지역에서 온 한 방문객이 타운에 들어왔다. 그는 병들어 누웠다. 치안판사 두 명이 선임관의 자문을 얻어 카운티의 치안관에게 병자를 다른 곳으로 이송해서 감시하라는 명령을 하달한다. 1797년 6월 22일 법령, vol. I, p. 540. 일반적으로 치안판사는 행정 업무의 모든 중요 사안들에 개입하며, 이들 행정 업무에 거의 사법적인 성격을 부여한다.

회기 법정은 카운티의 소재지에서 일 년에 두 번 열린다. 매사추세츠에서는 이 법정에 거의 대다수[24]의 공직자들을 복종시킬 권한을 부여하고 있다.[25]

매사추세츠에서 회기 법정은 행정 기구인 동시에 일종의 정치 기능을 가진 법정임을 염두에 두어야 한다.

우리는 앞에서 카운티[26]가 단순한 행정단위에 지나지 않는다고 말했다. 몇몇 타운들에, 아니면 한 카운티의 타운들 전체에 동시에 관련되어 있는 까닭에 특정 타운에 일임할 수 없는, 그리 많지 않은 문제들은 바로 회기 법정에서 처리되는 것이다.

따라서 카운티에 관련되는 사항에서 회기 법정의 업무는 순수하게 행정적인 것이다. 회기 법정이 업무 수행 절차에 사법적인 형식을 도입한다면, 그것은 사안을 명확하게 하기 위한 목적에서,[27]

---

24) 나는 '거의 대다수'라고 말한다. 왜냐하면 사실상 몇몇 행정적 비위는 일반 재판소에 회부되기 때문이다. 이를테면 타운이 학교 건립에 필요한 기금 모집이나 교육 위원회 지명을 거부할 경우, 타운에 엄청난 벌금이 부과된다. 이 벌금형을 언도하는 것이 바로 최고 법정(supreme judicial court) 또는 공통 소송 법정(court of common pleas)이라 불리는 법정이다. 1827년 3월 10일 법령, vol. III, p. 190. 타운이 군수 장비 조달을 어겼을 때도 마찬가지이다. 1822년 2월 21일 법령, vol. II, p. 570.

25) 치안판사는 개인 자격으로 타운과 카운티의 통치에 참여한다. 일반적으로 타운 생활에서 가장 중요한 공무 행위들은 이들 중 한 사람의 협조를 얻어야만 이루어질 수 있다.

26) 카운티에 관련된 사안 중 회기 법정이 담당하는 업무는 다음과 같다. 감옥과 법원의 설치, 카운티 예산안(예산안 가결권은 주의 소관이다), 가결된 세금의 할당, 특허장 배포, 카운티 도로의 확장과 보수.

그리고 소송당사자들에게 일정한 보증을 주기 위해서일 따름이다. 그러나 타운의 운영에 관련해서는 회기 법정은 항상 사법 기구로 행동하며, 아주 드문 경우에만 행정 기구 노릇을 한다.

가장 먼저 닥치는 어려움은 그 자체가 거의 독자적인 권력체인 타운을 주의 일반 법률들에 복종시키는 일이다.

우리는 앞에서 타운에서는 과세 사정관이라는 이름으로 세금을 할당하는 업무를 맡은 일정 수의 관리를 매년 임명한다고 말했다. 만일 타운이 과세 사정관을 임명하지 않음으로써 납세의 의무를 게을리한다면, 회기 법정은 타운에 무거운 벌금을 부과한다.[28] 벌금은 주민 모두에게 단체로 부과된다. 법원 관리인 카운티 치안관이 판결을 집행한다. 이렇게 합중국에서는 권력이 겉으로 모습을 드러내지 않으려 애쓰는 듯 보인다. 행정명령권이 거의 언제나 사법적 위임이라는 형식 아래 몸을 숨기고 있는 것이다. 이렇게 인간이 법률적 형식에 부여한 거의 저항할 수 없는 힘을 부여받은 까닭에, 통치 권력은 더욱 막강해질 따름이다.

이러한 절차는 따르기도 쉽고 이해하기도 쉽다. 타운에 대해 요구되는 것은 일반적으로 단순하고 잘 정해져 있다. 그것은 복잡한 행위가 아니라 단순한 행위, 세세한 응용이 아니라 확정된 원칙으로 구성된다.[29]

---

27) 따라서 도로에 관련된 문제가 발생할 경우, 회기 법정은 공사 집행에 따른 거의 모든 어려운 사항을 배심원의 도움을 받아서 해결한다.

28) 1786년 2월 20일 법령, vol. I, p. 217.

29) 타운의 복종을 얻을 수 있는 간접적인 방법이 있다. 타운들은 타운 내 도로들

그러나 복종시켜야 할 것이 타운 자체가 아니라 타운의 관리들인 경우에는 어려움이 발생한다.

관리들이 저지를 수 있는 비난받을 만한 행위는 대개 다음과 같은 것들이다.

아무 열의 없이 법을 집행한다.

법을 집행하지 않는다.

법이 금지한 일을 한다.

법원은 마지막 두 가지 경우에만 관리의 처신을 처벌할 수 있다. 입증할 수 있고 감지할 수 있는 일들만이 사법적 판단의 기준이 될 수 있기 때문이다.

이를테면 선임관들이 타운 선거를 위해 규정된 법적 절차를 이해하지 못했다고 하자. 그러면 그들은 벌금형에 처해질 수 있다.[30]

그러나 관리가 미숙하게 업무를 수행한다거나 아무 열의 없이 법률 규정을 따른다고 하자. 그는 사법적 판단의 범위를 완전히 벗어나 있다.

회기 법원이 행정적 권한을 부여받은 경우에라도 이러한 경우

을 잘 유지해야 할 법률적 의무가 있다. 타운이 도로 보수에 필요한 기금을 가결하지 않을 경우, 도로 보수를 책임진 타운 관리는 업무상 필요한 경비를 징수할 권한을 갖는다. 도로 상태 악화에 대해 개개인에게 책임을 지고 있는 데다가 회계 법정에 제소당할 수도 있기 때문에, 타운 관리는 법률상 그가 타운에 맞서 취할 수 있는 특별한 권한을 행사한다. 이런 식으로 회기 법정은 타운 관리를 옭아맴으로써 타운을 복종시키는 것이다. 1787년 3월 5일 법령, vol. I, p. 305.

30) *Laws of Massachusetts*, vol. II, p. 45.

에 관리에게 완전한 복종의 의무를 강요할 수 없다. 그렇다면 해임에 대한 두려움이 이러한 경범죄의 발생을 막을 유일한 방책인 셈인데, 회기 법정으로서는 원칙상 이러한 타운의 권력을 지니고 있지 않다. 회기 법정은 자기가 임명하지도 않은 관리들을 하물며 해임할 수 없다.

더욱이 하급 관리들의 직무 유기와 태만을 지적하기 위해서는 끊임없는 감시가 필요할 것이다. 그런데 회기 법정은 일 년에 단 두 차례 모인다. 감찰은커녕 고발된 사건만을 재판할 뿐이다.

공직자를 면직시킬 수 있는 자의적인 권한만이 사법적 제재도 가져다주지 못하는 이런 종류의 계명되고 적극적인 복종을 보장할 수 있다.

이러한 보장책을 프랑스에서는 '행정적 위계 서열'에서 찾는 반면, 아메리카에서는 '선거'에서 찾는다.

지금까지 설명한 것을 간단하게 요약하면 다음과 같다.

뉴잉글랜드에서 어느 관리가 공무 집행 중 '범죄'를 저지를 경우, '항상' 일반 법원이 소집되어 판결을 내린다.

어느 관리가 '행정 업무상 실책'을 저지를 경우, 순수하게 행정만을 담당하는 법원이 처벌을 담당한다. 그리고 사안이 중대하고 긴급할 경우, 판사가 그 관리가 수행해야 했던 일을 대신한다.[31]

---

31) 사례: 타운이 계속 과세 사정관의 임명을 미룰 경우, 회기 법정이 이들을 임명한다. 이렇게 임명된 관리들은 선출직 관리들과 동일한 권한을 갖는다. 1787년 2월 20일 법령.

마지막으로, 어느 관리가 인간의 사법권으로는 정의할 수도 판단할 수도 없는, 법망을 벗어난 어떤 범죄 중 하나를 저지른다면, 그는 매년 최종 법원에 출두해야 한다. 법원은 그에게서 즉시 공직을 박탈할 수 있으며, 그는 면직된다.

이러한 제도는 물론 그 자체로 상당한 장점이 있기는 하지만 운용 과정에는 마땅히 지적하고 넘어가야 할 현실적인 난관들이 따른다.

회기 법원이라 불리는 행정법원은 타운의 관리들을 감찰할 권리가 없다고 나는 앞에서 말했다. 법리적 관점에서 볼 때 회기 법원은 관리의 행위가 회기 법원에 '송부'될 경우에만 간여할 수 있게 되어 있다. 이 제도의 미묘한 점이 바로 여기에 있다.

뉴잉글랜드의 아메리카인들은 회기 법원 옆에 검찰국을 설치하지 않았다.[32] 이들이 왜 그리할 수 없었는지를 이해해야 할 필요가 있다. 각 카운티의 소재지에 기소 담당 검찰직을 두더라도 이들에게 각 타운 담당관들을 배당하지 않는다면, 어떻게 이들이 타운에서 일어나는 일에 대해 회기 법정의 판사들보다 더 많은 정보를 가질 수 있겠는가? 만일 이들에게 각 타운 담당관들이 딸린다면, 이들은 가장 엄청난 권력, 즉 사법적 행정권을 수중에 독점할 것이다. 법제는 습속의 산물이다. 그러니 영국에는 이러한 법제가 없을 수밖에 없다.

따라서 아메리카인들은 다른 행정 관직들을 분산시켰듯이, 감찰

---

32) 나는 '회기 법원 옆에'라고 말한다. 일반 법원 옆에는 검찰직 중 몇 가지를 담당하는 관리가 있다.

권과 소추권을 분리했다.

대배심원들은 그들의 카운티에서 일어날 수 있는 모든 비위 행위에 대해 법원에 통고할 법적 의무를 진다.[33] 중대한 행정 비위에 대해서는 정규 검찰이 공식적으로 기소를 떠맡는다.[34] 하지만 대개의 경우 세제 담당 관리가 범법자를 처벌하고 벌금형을 부과한다. 마찬가지로 타운의 재무관이 타운 안에서 벌어지는 대다수 행정적 비위를 기소할 책무를 진다.

그러나 아메리카의 법제가 특히 관심을 두는 것은 무엇보다 개개인의 이해관계에 대해서이다.[35] 합중국의 법제를 연구할 때 늘 마주치게 되는 커다란 원칙이 바로 이것이다.

아메리카의 입법자들은 인간의 정직성에 대해 그리 큰 신뢰를 두지 않는다. 하지만 이들은 언제나 인간이 지성을 지닌 존재라고 전제한다. 따라서 이들은 대개의 경우 법률을 집행하는 데서 개인적 이해관계에 의존한다.

어느 개인이 행정적 과실로 인해 실질적으로, 그리고 현저하게 피해를 입게 될 경우, 사실상 그의 개인적 이해관계가 소송의 근거가 된다.

---

33) 예컨대 대배심원들은 도로 사정 악화에 대해 법원에 알려야 할 의무가 있다. *Laws of Massachusetts*, vol. I, p. 308.
34) 예컨대 카운티의 재무관이 회계장부를 제출하지 않는 경우. vol. I, p. 406.
35) 특히 다음과 같은 사례: 한 개인이 도로 침하로 인해 마차를 잃고 부상을 입었다. 그는 도로를 책임진 타운 또는 카운티를 상대로 회기 법원에 손해배상을 청구할 권리가 있다. vol. I, p. 309.

그러나 비록 사회에 유용하더라도 개인에게는 실질적으로 전혀 유익하지 않은, 그러한 법률적 처분이 내려진다면, 누구든 원고로서 선뜻 나서려 하지 않을 것임을 쉽사리 예상할 수 있다. 이런 식으로, 그리고 암묵적인 동의 아래, 그런 법률은 곧 폐기 처분될 것이다.

이러한 법 제도에 따라 극단적인 경우라면, 아메리카인들은 어떤 경우에는 벌금의 일부를 제보자에게 주는 형식을 취함으로써 제보자의 관심을 끌 수밖에 없을 것이다.[36)]

이는 진정 습속을 타락시킴으로써 법률의 집행을 확보하는 위험한 방식이다.

카운티의 관리들을 넘어서면, 그 위에는 더 이상 행정 권력이 없으며, 단지 통치 권력만이 있을 뿐이다.

---

36) 외적의 침공이나 반란이 일어났을 때, 타운 관리들이 민병대에게 필요한 군수품과 식량의 보급을 게을리한다면, 타운에 200~500달러(1,000~2,700프랑) 정도의 벌금이 부과될 수 있다. 이런 경우에 아무도 제소자 역할을 맡으려 들지 않으리라고 예상할 수 있다. 따라서 법률은 다음과 같이 덧붙인다. "모든 시민은 이와 유사한 범죄행위를 소추할 권리를 지닌다. 그리고 벌금의 절반은 제소자에게 돌아간다." 1810년 3월 6일 법령, vol. II, p. 236. 매사추세츠의 법령에는 이와 유사한 조항들이 자주 발견된다. 법률 규정에 따르면, 개인이 관리에 대한 기소권을 갖기도 하지만 이와 반대로 관리가 개인의 불복종을 징벌할 권리를 갖기도 한다. 이를테면 한 주민이 도로 보수 공사에서 자기가 맡은 일을 거부했다. 도로 감찰관은 그를 기소해야만 한다. 그리고 벌금형이 확정될 경우, 벌금의 절반은 도로 감찰관에게 돌아간다. vol. I, p. 308.

합중국의 행정에 대한 일반적 관념

뉴잉글랜드의 타운과 카운티의 구성을 자세하게 살펴보고 나서 연방의 나머지 부분들에 대해 개괄적으로 살펴보겠다고 앞에서 말했다.

타운과 타운 생활은 어느 주에서나 볼 수 있다. 하지만 뉴잉글랜드의 타운과 똑같은 타운은 합중국의 어느 주에서도 찾아볼 수 없다.

남부 지방으로 내려갈수록 타운의 생활은 점점 더 활력을 잃는다. 이들 타운에서는 타운의 관리도, 타운의 권리도, 타운의 의무도 거의 찾아보기 힘들다. 주민들은 타운의 업무에 거의 영향력을 행사하지 않는다. 타운 집회도 자주 열리지 않고 논의 대상도 줄어든다. 따라서 선출직 관리의 권한이 상대적으로 더 늘고 유권자의 권한은 더 줄어들며, 타운 정신은 활기와 힘을 잃어버린다.[37]

이러한 차이점들은 이미 뉴욕주에서부터 나타나기 시작하며, 펜실베이니아주에 오면 더욱 현저하게 드러난다. 하지만 다시 북서

---

37) 자세한 내용은 뉴욕주의 『수정 통계 연보』, 제1부, 제11장 「타운의 권리, 의무, 특전에 대해」를 참조하라. vol. I, p. 336-364. 『펜실베이니아 법령집』에 나오는 단어들, Assessors, Collectors, Constables, Overseers of the poor, Supervisors of highway 등을 보라. 그리고 『오하이오주 일반 법령집』에서 타운과 관련된 1834년 2월 25일 법령(p. 412)을 보라. 그리고 Township's Clerks, Trustees, Overseers of the poor, Fence-Viewers, Appraisers of property, Township's Treasurer, Constables, Supervisors of highways 등등 타운 관리들과 관련된 조항들을 보라.

쪽 방향으로 나아가면 차이점들은 덜 두드러진다. 북서 방향 주들을 세운 이주자의 대다수는 뉴잉글랜드 출신인데, 이들은 새로운 개척지에 자기 고향의 행정 관습을 가지고 간 것이다. 오하이오 주의 타운은 매사추세츠주의 타운과 매우 유사하다.

우리는 매사추세츠에서 공공 행정이 타운에 기반을 두고 있다는 것을 살펴보았다. 타운은 인간들의 이해관계와 정서적 유대가 뒤섞이게 되는 중심지이다. 하지만 지식이 그리 널리 스며들지 않고 또한 그 결과로 타운이 생활의 지혜나 행정의 혜택에 대한 보장이 되지 못하는 그런 주들로 내려감에 따라서, 이러한 경향들은 자취를 감추게 된다. 요컨대 뉴잉글랜드에서 멀리 떨어진 지역일수록 타운의 생활이 카운티로 옮겨가게 된다. 카운티는 거대 행정 중심지로 발돋움하고 정부와 단순한 시민들 사이의 중재자가 되는 것이다.

매사추세츠에서 카운티의 업무는 회기 법정이 처리한다고 나는 앞에서 말했다. 회기 법정은 주지사와 주지사 참사회에서 임명한 일정 수의 관리들로 구성된다. 카운티에는 대의 기구가 없으며 카운티의 예산은 주의회가 가결한다.

이와는 달리 거대한 뉴욕주, 오하이오주, 펜실베이니아주에서는 각 카운티의 주민들이 일정 수의 대표자를 선출하는데, 이 대표자들이 카운티의 대의 기구를 구성한다.[38]

---

38) 『수정 통계 연보』, 제1부, 제11장, vol. I, p. 340. 제12장, p. 366. 『오하이오주 일반 법령집』, 카운티 위원(county commissioners)에 관련된 1824년 2월

카운티의 의회는 일정한 한계 내에서 주민들에게 세금을 징수할 권리를 갖는다. 이런 점에서 볼 때, 카운티는 진정한 입법기관이다. 이와 동시에 카운티 의회는 카운티의 행정을 책임지며, 어떤 경우에는 타운의 행정을 떠맡을 뿐만 아니라 타운의 권한을 매사추세츠주의 경우보다 훨씬 더 좁은 테두리 안에 묶어놓는다.

이것이 합중국의 여러 주들에서 나타나는 타운과 카운티 사이의 주요 차이점들이다. 행정 집행 방식을 세부 사항까지 들여다본다면, 차이점들을 더 많이 들추어낼 수 있을 것이다. 하지만 아메리카 행정법에 대해 강의를 늘어놓는 것이 여기서 나의 관심은 아니다.

합중국의 행정이 어떤 일반적 원칙들에 기초하는가에 대해서는 충분히 설명했다고 생각한다. 이 원칙들은 현실에서 여러 갈래로 적용되며, 따라서 지역에 따라 여러 결과가 나올 수 있다. 하지만 근본적으로 그 결과는 언제나 동일하다. 요컨대 법률들은 달라지고 그 모양새도 바뀌지만 거기에 깃들여 있는 정신은 언제나 매한가지인 것이다.

물론 타운과 카운티가 어디서나 반드시 같은 방식으로 구성되는 것은 아니다. 하지만 합중국에서 타운과 카운티가 어디서나 같은 원칙에 근거해서 조직된다고 말할 수 있다. 즉 각자가 자기 일에

25일 법령, p. 263. 『펜실베이니아 법령집』, p. 170. 뉴욕주에서 각 타운은 한 명씩 대표자를 뽑는데, 선출된 대표자는 카운티의 행정과 타운의 행정에 동시에 참여한다.

관한 한 최선의 심판관이며 각자가 자기의 필요에 부응할 수 있는 최선의 역량을 지니고 있다는 원칙에 근거해 있는 것이다. 따라서 타운과 카운티가 각각 자기에게 고유한 이해관계들을 떠맡는다. 주는 통치를 하지만, 행정을 펼치지는 않는 것이다. 이러한 원칙에 예외가 없는 것은 아니지만 원칙 자체가 달라지지는 않는다.

이러한 원칙의 첫 번째 결과는 타운과 카운티의 모든 행정관을 주민들이 스스로 뽑거나 아니면 적어도 주민들 중에서만 이들 행정관을 뽑는 것이었다.

어디서나 행정관들이 선출되었으며 적어도 소환될 수 없었기 때문에, 행정관들 사이에 위계 서열이 생길 수 없었다. 따라서 직책만큼이나 많은 수의 독자적인 관리들이 있었다. 행정권이 다수의 수중에 분산되었던 것이다.

행정의 위계 서열이 존재하지 않고 행정관들은 임기 중에 소환될 수 없었기 때문에, 여기서 행정 안에 어느 정도 사법을 도입해야 할 필요성이 생겼다. 그래서 벌금형 제도가 생겼으며, 이 벌금형 덕에 하급 기관과 관리들이 법률에 복종하지 않을 수 없었다. 이 제도는 합중국의 거의 전역에서 찾아볼 수 있다.

그리고 행정적 비위를 처벌할 권력이나 필요한 경우 행정 조치를 취할 권력은 어느 주에서든 같은 판사에게 주어지지 않았다. 영국계 아메리카인들은 치안판사 제도를 동일한 근거와 명분에서 도입했다. 이 제도는 거의 모든 주에서 발견된다. 하지만 이들이 이 제도를 동일한 방식으로 운용하는 것은 아니다.

어디에서나 치안판사는 때로 직접 행정을 펼친다거나, 아니면 때로 행정적 비위를 처벌하는 방식으로 타운과 카운티의 행정에 참여한다.[39] 하지만 거의 대부분의 주에서 중요한 공직자 비위들은 일반 법원에 회부된다.

따라서 행정관리의 선출, 행정관의 면책 불가능성, 행정적 위계서열의 부재, 하급 부서에 대한 사법적 통제의 도입 등등, 이러한 것들이 메인주에서 플로리다주에 이르기까지 아메리카 행정에 나타나는 주요 특징들이다.

몇몇 주에서는 행정적 중앙집권화의 조짐을 찾아볼 수 있다. 뉴욕주가 이런 방향에서 가장 앞서 있다.

뉴욕주에서는 중앙정부의 관리들이 어떤 경우에 하급 기관들에 대해 일종의 감독권과 통제권을 행사한다.[40] 또 어떤 경우에는 이들이 사건 판결을 위한 일종의 항소법원을 구성하기도 한다.[41]

---

39) 남부의 몇몇 주에서는 카운티 법원(county-courts)의 관리들이 행정의 모든 세부 사항을 맡고 있다. 『테네시주 조례』에서 「사법, 조세…」 조항을 보라.

40) 사례 : 공교육에 대한 감독 권한은 정부의 수중에 집중되어 있다. 입법부가 학생감이라 불리는 대학 평의원을 임명한다. 주지사와 부주지사 역시 당연직으로 대학 평의원에 임명된다(*Revised Statutes*, vol. I, p. 456). 학생감은 매년 중등학교와 전문학교들을 방문하며 입법부에 연례 보고서를 제출한다. 다음 사항을 보면 이들의 감독권이 그저 형식적인 것이 아님을 알 수 있다. 중등학교들이 사고팔고 소유하는 권한을 지닌 법인체가 되기 위해서는 특허장이 필요하다. 그런데 이 특허장은 학생감의 권고에 의해서만 입법부에서 발부된다. 매년 주는 학습을 장려하기 위해 일정한 특별 기금을 중등학교와 전문학교들에 내려 보낸다. 그런데 이 기금을 분배하는 권한은 학생감에게 있다. *Revised Statutes*, vol. I, p. 455. 공립학교 위원들은 매년 상황 보고서를 주 정부의 감독관에게 보내야 한다. p. 488. 구빈자의 수효와 상태에 대해서도 비슷한 보고서를 매년 감독관에게 보내야 했다. p. 631.

뉴욕주에서는 사법적 판결이 행정 수단으로서 사용되는 사례가 다른 곳보다는 드물었다. 행정관의 비위를 소추할 권리 역시 다른 곳보다는 소수의 수중에 집중되었다.[42]

이러한 경향이 몇몇 다른 주들에서도 미미하게 나타나기는 한다.[43] 하지만 일반적으로 합중국 공공 행정의 현저한 특징은 놀라울 정도의 지방분권화라고 할 수 있다.

---

41) 학교 위원들(타운 관리들이다)의 결정 사항에 의해 부당하게 손해를 입었다고 생각하는 사람들은 초등학교 감독관에게 항소할 수 있었으며, 이들의 결정은 최종심 구실을 했다. *Revised Statutes*, vol. I, p. 487. 내가 지금 사례로 인용한 것들과 유사한 조항들을 뉴욕주의 법률에서 이따금 찾아볼 수 있다. 하지만 전반적으로 이러한 중앙 집중화 시도는 허약했으며 그리 생산적이지도 못했다. 주의 고위 공직자들에게 하위 공직자들을 감독하고 지도할 권리를 부여했으면서도, 이들을 포상하고 징벌할 권리는 부여하지 않았던 것이다. 어느 한 사람이 명령권과 처벌권을 동시에 갖는 경우가 없었다. 요컨대 통솔할 권한은 갖지만 자신에게 복종하게 만들 권한은 갖지 못한 것이다. 1830년에 학교 감독관은 입법부에 보내는 연례 보고서에서 몇몇 학교 위원들이 응당 보내야 하는 회계 보고서를 자신의 훈령에도 불구하고 보내지 않았다고 불평을 늘어놓았다. "이러한 누락 행위가 또 발생한다면, 법에 의거해서 이들을 관할법원에 기소할 수밖에 없다"라고 그는 적었다.

42) 사례: 각 카운티의 지구 검사(district-attorney)는 법률에 의해 명시적으로 다른 관리에게 그 권한이 넘어가지 않는 한, 50달러를 초과하는 모든 벌과금을 징수할 권한을 지닌다. *Revised Statutes*, vol. I, p. 383.

43) 매사추세츠주에는 어느 정도 행정적 중앙집권화의 흔적이 나타난다. 사례: 타운에서 학교 위원회는 매년 주 장관(secretary of state)에게 보고서를 올려야 한다. *Laws of Massachusetts*, vol. I, p. 367.

주에 대하여

지금까지 나는 타운과 행정에 대해 살펴보았다. 주와 정부를 살펴볼 차례이다.

여기서는 빨리 지나가도 충분히 이해할 수 있으리라 믿는다. 여기서 살펴보아야 할 내용들은 누구나 쉽게 구해볼 수 있는 헌법 조문들에 다 나와 있으니 말이다.[44] 이 헌법들은 간단하고 합리적인 이론에 기초하고 있다.

이들 헌법의 구성과 체제가 대다수 입헌국가들에서 채택된 까닭에 우리는 비교적 그것에 익숙하다.

따라서 여기서는 짤막하게만 언급하고 넘어가도록 하자. 여기서는 사실관계만 서술하고 판단 작업은 뒤로 미루어두자.

주의 입법권

주의 입법권은 두 개의 의회에 부여되어 있는데, 그중 첫 번째는 일반적으로 상원이라 불린다.

상원은 일반적으로 입법 기구이지만 때로는 행정 기구나 사법 기구가 되기도 한다.

상원은 각 주의 헌법이 규정한 바에 따라서 여러 방식으로 행정에 참여한다.[45] 하지만 상원이 행정권의 영역에 개입하는 가장 일상

---

44) 뉴욕주의 헌법 전문을 보라.

적인 방식은 바로 공직자의 임명에 개입하는 데 있다.

상원은 몇몇 정치적 비위에 대해 판결함으로써, 그리고 때로는 몇몇 민사 판결에 개입함으로써[46] 사법권을 행사한다.

상원 의원은 항상 소수이다.

일반적으로 하원이라 불리는, 입법의 다른 줄기는 행정권에는 전혀 간여하지 않으며 공직자들을 상원에 고발할 때에만 사법권에 가담한다.

상·하 양원 의원들은 거의 어디에서나 동일한 피선 자격 요건을 갖추도록 되어 있다. 이들은 모두 똑같은 시민들에 의해 똑같은 방식으로 선출된다.

상원과 하원 사이의 유일한 차이점은 상원 의원의 임기가 일반적으로 하원 의원의 임기보다 길다는 것이다. 하원 의원의 임기가 대개 1년을 넘지 않는 반면, 상원 의원의 임기는 2년에서 3년이다.

상원 의원들에게는 임기가 길다는 것 외에도 의석을 부분별로 돌아가며 재선에 부치는 특혜가 주어져 있다. 이것은 풍부한 의정 경험을 갖고 있어서 초선 의원들에게 유익한 영향력을 행사할 수 있는 인사들을 입법부 안에 오래 두려는 세심한 법률적 배려이기도 하다.

이렇게 입법부를 두 부분으로 나누었을 때, 아메리카인들의 의도

---

45) 매사추세츠주에서 상원은 어떤 행정 기능도 갖고 있지 않다.
46) 뉴욕주의 경우이다.

는 하나는 세습 의회로, 다른 하나는 선출 의회로 만든다거나, 하나는 귀족 기구로, 다른 하나는 민주주의 대표체로 만드는 것이 아니었다. 어느 한쪽은 권력의 버팀목으로 만들고 인민의 이해관계와 열정은 다른 한쪽의 몫으로 남겨두려는 것이 결코 이들의 의도가 아니었다.

입법의 힘을 분산한 것, 그리하여 정치집단들의 움직임을 둔화시킨 것, 그리고 법률 개정을 위한 항소법원을 만든 것, 오늘날 합중국의 양원제 입법 구도 아래에서 나오는 이점이란 바로 이런 것들이다.

비록 이점이란 이런 것들에 지나지 않지만, 그래도 아메리카인들은 입법권의 분산이 가장 필요한 원칙이었다는 점을 세월과 경험을 통해 깨닫게 되었다. 펜실베이니아는 처음에 단원제 의회를 설립하려 했던 유일한 주였다. 프랭클린 자신도 인민주권 원칙의 논리적 귀결에 이끌려서 이 제안에 찬성표를 던졌다. 하지만 곧 법률을 개정해서 양원제를 채택하지 않을 수 없었다. 이리하여 입법권 분산의 원칙은 마침내 승리의 함성을 울렸다. 이제 입법 행위를 여러 기구들 사이에 나누는 것이 마치 입증된 진리처럼 받아들여질 수 있었다. 이 이론, 고대의 공화국들에서도 잘 몰랐고, 위대한 진리들이 다 그렇듯 아주 우연히 세상에 소개되었으며, 몇몇 국가에서 외면당하던 바로 이 이론이 마침내 우리 시대 정치학의 금언으로 받아들여진 것이다.

주의 행정권

주의 행정권의 대표자는 바로 지사(Governor)이다.

대표자라는 단어는 내가 별 생각 없이 고른 말이 아니다. 비록 자기 권리의 일부만을 행사할 따름이지만 아무튼 주지사가 사실상 행정권을 대표하는 것이다. 주지사라 불리는 이 최고 관직은 조정자이자 조언자로서 입법부의 바로 옆에 자리 잡는다. 그는 일종의 거부권을 지니고 있어서 원한다면 입법부의 움직임을 정지시키거나 아니면 적어도 늦출 수 있다. 그는 입법부에 주의 요구를 제출하고 그 요구들을 충족시키는 데 필요하다고 자신이 생각하는 방법들을 제시한다. 그는 국민 전체의 관심을 끄는 모든 사업에 대한 입법부의 의향을 실행하는 당연한 집행관이기도 하다.[47] 입법부가 공석일 경우, 그는 격렬한 충격과 불의의 사태에 맞서 주를 지키기 위해 필요한 모든 조치를 취해야 한다.

주지사는 주의 군사력을 완전히 장악한다. 그는 민병대의 지휘관이자 정규군의 사령관이다.

만일 일반적인 합의에 의해 법적으로 보장된 권위가 무시당할 경우, 주지사는 주 방위군의 선두에 서서 저항을 분쇄하고 질서를 재확립한다.

---

47) 실제적으로는, 입법부가 고안한 계획을 언제나 주지사가 집행하는 것은 아니다. 입법부가 원안을 가결할 뿐 아니라 사업 집행을 감독하는 특임 관리들을 임명하는 일이 흔하다.

그리고 주지사는 타운과 카운티의 행정에는 간여하지 않는다. 간여한다고 해도 치안판사를 지명함으로써 아주 간접적으로만 개입할 따름이며, 더구나 그에게는 이 치안판사를 해임할 권한도 없다.[48]

주지사는 선출직 관리이다. 임기도 1년 내지 2년에 지나지 않는다. 따라서 그는 언제나 자신을 선출해준 다수 유권자에게 매어 있을 수밖에 없다.

합중국에서 지방분권 행정의 정치적 결과

중앙집권화라는 말은 일반적으로 어떤 확실한 의미도 부여하지 않은 채 오늘날 끝없이 되풀이되는 단어이다.

하지만 중앙집권화에는 서로 구별해볼 필요가 있는 두 가지 아주 다른 종류가 있다.

일반법의 제정과 외교 관계의 수립과 같은 특정 이해관계들은 한 나라 전체에 공통되는 것이다.

이를테면 타운에서의 영업 활동과 같은 여느 이해관계들은 한 나라의 일부 지역에만 해당되는 것이다.

전자와 같이 전반적인 이해관계를 다스리는 권력이 같은 장소에 또는 같은 사람에게 집중되어 있을 때, 이것은 내가 통치의 중앙집 권화(centralisation gouvernementale)라고 부르는 것에 해당한다.

---

48) 일부 주에서는 치안판사를 도지사가 임명하지 않는다.

후자와 같이 국지적인 이해관계를 다스리는 권력이 같은 방식으로 집중되어 있을 때, 이것은 내가 행정의 중앙집권화(centralisation administrative)라고 부르는 것에 해당한다.

몇 가지 점에서 이 두 종류의 집권화는 서로 뒤섞이기 마련이다. 하지만 이 두 가지 중 어느 한 영역에 더 잘 들어맞는 대상들을 전반적으로 검토해본다면, 우리는 그리 어렵지 않게 두 가지를 구별해낼 수 있을 것이다.

중앙집권화된 통치가 중앙집권화된 행정과 결합할 경우 엄청난 힘을 얻게 되리라는 것은 물론이다. 중앙집권화된 통치는 이런 식으로 사람들이 완전하고 지속적으로 자신들의 의지를 지워버리게 만들며, 단 한순간 단 한 지점에서가 아니라 매 순간 모든 곳에서 사람들을 복종하도록 길들인다. 그것은 사람들을 힘으로 굴복시킬 뿐만 아니라, 습관적으로 복종하게 만든다. 그것은 사람들을 서로 떼어내어 그저 범상한 무리로 만든 다음 그 안에서 한 사람 한 사람씩 움켜잡는 것이다.

이 두 종류의 중앙집권화는 서로를 보완하고 서로를 부추기지만, 그렇다고 이 둘이 불가분의 관계라고 믿을 필요는 없다.

루이 14세 치하의 프랑스는 생각해낼 수 있는 가장 완벽한 형태의 중앙집권화된 통치를 이룩했다. 그도 그럴 것이 한 개인이 일반 법률들을 제정하고 마음대로 적용했으며 대외적으로 프랑스를 대표하고 프랑스의 이름으로 행동했으니 말이다. 그러니 그는 '내가 곧 국가이다'라고 말할 만했다.

하지만 루이 14세 치하에서 행정은 오늘날보다 훨씬 덜 중앙집권화되어 있었다.

오늘날 우리가 알고 있는 강국 영국에서는 통치의 중앙집권화가 아주 높은 수준에 이르렀다. 국가는 마치 한 사람처럼 움직인다. 국가는 원하는 대로 다수 대중을 움직이며, 원하는 곳 어디에서나 그 막강한 위용을 분출한다.

지난 50년 동안 이토록 위대한 일들을 해낸 영국이 그 행정은 전혀 중앙집권화시키지 않았다.

나로서는 통치의 강력한 중앙집권화 없이는 어떤 나라도 생존할 수도 심지어 번영할 수도 없다고 생각한다.

그러나 중앙집권화된 행정은 그 나라 국민들의 공민 정신(esprit de la cité)을 끊임없이 약화시키는 경향이 있기 때문에, 결국 국민들을 무기력하게 만들 뿐이라고 나는 생각한다. 집권화된 행정이 어떤 주어진 시기에 특정한 장소에서 국민의 총력을 동원해낼 수 있다는 것은 사실이다. 그러나 결국 국민의 힘을 고갈시킨다. 전투가 벌어진 당일에는 국민에게 승리를 안겨주지만 마침내는 국민의 힘을 소진시켜버리는 것이다. 따라서 집권화된 행정은 한 개인의 덧없는 영광을 드높이는 데는 놀랄 만한 도움을 줄 수 있겠지만 국민 전체의 지속적인 번영을 일구는 데는 결코 도움이 되지 않는다.

중앙집권화되어 있지 않기 때문에 국가가 통솔력을 발휘하지 못한다고 사람들이 말할 때, 그것은 언제나 부지불식간에 통치의 중앙집권화에 대한 이야기라는 점을 염두에 두자. 독일 제국은 한 번도 국가의 모든 힘을 동원해낸 적이 없다고들 이야기한다. 그렇다고 하자. 그렇다면 이유는? 그것은 국민의 힘이 한 번도 중앙집권화된 적이 없기 때문이며, 국가가 국가의 일반 법률들을 전국에 강요할 수 없었기 때문이고, 이 거대한 몸통의 각 부분들이 시민 모두에게 관련된 사안들에서조차 공통 권위의 수임자들에게 협조하지 않을 수 있는 권리나 가능성을 언제나 누리고 있었기 때문이다. 달리 말하자면 통치의 중앙집권화가 없었기 때문인 것이다. 중세 시대에 대해서도 같은 이야기를 할 수 있다. 봉건사회의 온갖 역경의 근원은 행정권뿐만 아니라 통치권 역시 수많은 사람들의 수중에 분산되고 수많은 방식으로 조각나 있었다는 데에 있다. 중앙집권화된 통치가 없었던 까닭에 유럽 국가들은 활기차게 한 방향으로 매진할 수 없었다.

우리는 앞에서 합중국에는 중앙집권화된 행정이 존재하지 않는다는 것을 살펴보았다. 위계 서열 같은 것은 거의 흔적조차 찾아보기 힘들다. 지방분권화는 내가 보기에 유럽 국가라면 상당한 불편을 치르며 겨우 참아낼 수 있을 정도로까지 진척되었는데, 심지어 아메리카에서마저도 부정적인 효과가 나타날 정도였다. 하지만 합중국에서 통치의 중앙집권화는 아주 높은 수준에 이르렀다. 유럽의 어떤 낡은 군주국들에서보다도 합중국에서 더 국가의 힘이 중앙집권화되어 있다는 것을 입증하기란 그리 어려운 일이 아니다. 각 주마다 단 하나의 입법 기구가 있을 뿐이며 정치적 권위의 원천이 되는 단 하나의 권력체가 있을 뿐이다. 더군다나 각 지구와 카운티의 수많은 회의체들이 원래의 행정적 권능을 넘어서서 통치의 영역에까지 개입하지 못하도록 하기 위해 일반적으로 주 단위에서는 이들 회의체를 잘 소집하지 않는다. 아메리카에서 각 주의 입법부는 맞설 자 없는 최고 권력기관이다. 특권도, 지역의 불간섭 특전도, 개인의 영향력도, 심지어 이성의 유일한 대변자임을 자처하는 다수자를 대표하는 것이 바로 입법부라는 점에서 이성의 권위도, 말하자면 그 어떤 것도 입법부의 앞길을 막아서지 못한다. 따라서 입법부에는 자신의 의지 외에 어떠한 행동의 제약도 없다. 물리력을 동원해서라도 불평불만꾼들을 법에 복종시키는 책무를 떠맡은 자, 즉 행정권의 대표자는 입법부와 나란히, 그러나 사실상 입법부의 통제 아래 위치해 있다.

이러한 체제의 취약점은 정부 활동의 세부적인 면에서 나타날 수 있다.

아메리카의 공화제 정부들은 소수 세력을 제압하기 위한 상비군을 보유하고 있지 않다. 지금까지 어떤 소수 세력도 전쟁에 호소하는 것 외에 달리 길이 없을 정도로까지 억압당하지는 않았던 까닭에, 군대를 가질 필요성이 그리 절박하게 느껴지지 않았던 것이다. 주는 대개의 경우 시민들을 다루기 위해서 타운이나 카운티의 관리들을 활용한다. 예컨대 뉴잉글랜드에서는 타운의 과세 사정관이 세율을 산정하고 타운의 징세관이 세금을 징수한다. 타운의 출납관은 거둔 세금을 재무 부처에 송부하며, 이 과정에서 일어나는 분규는 일반 법원에 회부된다. 이렇게 세금을 거두는 방식은 그 절차가 아주 느리고 거북하며 항상 금전적 필요에 시달리기 마련인 정부의 행보를 매 순간 가로막을 것이다. 일반적으로 정부가 그 핵심 활동 반경에서는 스스로 임명하고 해임할 수 있는 자체의 관리들을 가지는 것, 그리고 업무 추진의 신속성을 확보하는 것이 바람직하다. 하지만 현재 아메리카에서 중앙 권력이 조직화되어 있는 방식을 고려한다면, 중앙 권력이 필요한 경우 더욱 활력적이고 효과적인 행동 수단들을 도입한다는 것은 그리 어려운 일이 아닐 것이다.

따라서 흔히 주장하는 것과는 달리, 합중국에 중앙집권화가 이루어지지 않았기 때문에 신세계의 공화제 정부들이 쇠잔할 것이라고 말하기는 힘들다. 중앙집권화되지 못하기는커녕 아메리카의 정부들은 너무 지나치게 중앙집권화되어 있다고 단언할 수 있는데, 이 점에 대해서는 지금부터 밝혀보도록 하자. 입법기관들은 매일같이 통치 권력의 일부를 집어삼킨다. 프랑스의 국민공회가 그러했던 것처럼, 합중국의 입법기관들은 통치 권력을 모두 자기 수중에 끌어들이는 경향이 있다. 이런 식으로 집중화된 사회 권력(pouvoir social)은 인민의 의지에 종속되어 있는 까닭에 끊임없이 주인을 바꾸게 된다. 이 권력은 모든 것을 원하는 대로 할 수 있는 까닭에 오히려 예지와 통찰력을 종종 잃게 된다. 여기서 위험이 발생한다. 요컨대 그 권력이 언젠가 쇠잔하게 된다면, 그것은 허약해서가 아니라 너무 강하기 때문이다.

행정의 지방 분산화는 아메리카에서 여러 가지 다양한 결과를 낳았다.

우리는 앞에서 아메리카인들이 행정을 통치에서 거의 완벽하게 분리시켰다는 것을 살펴보았다. 설혹 부차적인 업무에서라도 질서가 우선적인 국민적 관심사라는 점을 염두에 둘 때, 아메리카인

들은 내가 볼 때 이 점에서 건전한 이성의 한계를 넘어선 듯하다.[49]

주는 영토 내 여러 지역에서 일정한 직책에 복무하고 있으며 상부의 공통 지침을 이행할 수 있는 자체의 행정 관료들을 보유하고 있지 못하다. 따라서 주로서는 일반적인 치안 법규도 제정하는 일이 드물다. 그런데 이러한 법규의 필요성은 누구나 공감한다. 특히 유럽인이라면 이러한 공백 상태를 쉽사리 알아챌 것이다. 표면 위에 드러나는 무질서를 눈여겨 본 유럽인은 사회 전반에 무정부 상태가 만연해 있다고 생각할 것이다. 하지만 사태의 내면을 깊이 들여다본다면, 자신이 잘못 생각했다는 것을 쉽사리 깨닫게 될 것이다.

몇몇 사업들이 주 전체에 관련되어 있지만 집행되지 못하는 경우가 발생한다. 왜냐하면 그 사업들을 관장할 주 단위의 행정이 존재하지 않기 때문이다. 타운과 카운티의 소관으로, 그것도 선거로 선출된 짧은 임기의 관리들의 소관으로 내맡겨지게 되면, 이 사업들은 전혀 결실을 맺지 못하거나 아니면 어떤 지속적인 효과도 가져오지 못한다.

---

49) 주를 대표하는 권력체는 비록 스스로 행정을 떠맡지는 않더라도 지방 행정을 감독할 권한을 포기해서는 안 된다고 나는 생각한다. 예를 들어 타운과 카운티에서 저질러지는 공무상 비위들을 사법권에 소추하기 위해 정부의 관리가 각 카운티의 정해진 장소에 자리 잡는다면, 지역의 자율성을 해치지 않고도 질서가 일률적으로 준수될 수 있지 않을까? 그런데 이와 같은 것이 아메리카에는 존재하지 않는다. 카운티의 법원 외에 더 이상 상급 기관이 없다. 그런데 이 법원들마저 자신들이 처벌해야 할 공무상 비위에 대해 아주 단편적인 지식밖에 없다.

유럽에서 중앙집권의 주창자들은 지방 당국이 스스로 다스리는 것보다는 정부가 지방을 더 잘 다스릴 수 있다고 주장한다. 중앙 권력이 계명되어 있고 지방 당국이 무지하다면, 중앙 권력이 민활하고 지방 당국이 무기력하다면, 중앙 권력이 능동적이고 지방 당국이 복종에 길들여져 있다면, 이 말은 옳을 것이다. 사실 중앙집권이 증대할수록 이러한 이중의 경향은 증대하며 한편의 유능과 다른 한편의 무능이 더욱 두드러진다는 것은 미루어 짐작할 수 있는 일이다.

그러나 아메리카에서처럼 인민이 계명되어 있고 자기의 이해관계에 눈을 뜨고 있으며, 자기 이해관계를 성찰하는 데 능숙하다면, 나는 그렇다는 것을 부정한다.

이와는 반대로 나는 이 경우에 시민들의 결집된 힘이 사회적 복리를 일구는 데에서 항상 정부의 권위보다 훨씬 더 강하다고 확신한다.

잠자는 인민을 일깨우고 그들이 갖지 못한 열정과 지식을 불어넣어 주는 확실한 방법을 지적하기가 쉽지 않다는 점을 나는 잘 안다. 자신의 업무에 열중하도록 사람들을 설득하기란 정말 힘든 일이라는 점을 나는 모르지 않는다. 공동주택을 보수하는 일보다 차라리 궁정의 자질구레한 예의범절에 그들의 관심을 끄는 일이 더 쉬울 것이다.

그러나 중앙 행정이 우선적인 이해 당사자들의 자유로운 참여를 완전히 대체해버리려 한다면, 중앙 행정이 스스로를 속이고 있거나 아니면 당신을 속이려 하는 것이다.

중앙 권력은 아무리 계명되고 아무리 현명할지라도 거대한 국민의 생활을 구석구석까지 혼자 힘으로 포괄할 수는 없다. 이러한 일은 인간의 능력을 넘어서는 것이기 때문이다. 중앙 권력이 혼자 힘으로 수많은 다양한 활력소들을 만들어내어 작동시키려 할 경우, 중앙 권력은 아주 불완전한 결과로 만족하거나 아니면 무모한 노력 속에 스스로를 소진하게 될 것이다.

사실상 중앙집권화는 너무나도 쉽게 인간의 외부적 행동을 어떤 일정한 획일성에 종속시켜버린다. 성상을 숭배하는 독신자가 정작 그 성상이 대변하는 신성은 잊어버리는 것처럼, 사람들은 무엇에 적용되는 획일성인가를 따지지도 않고 획일성을 위한 획일성을 찾게 되는 것이다. 중앙집권화는 별 어려움 없이 일상 업무들에 일정한 규칙성을 부여한다. 중앙집권화는 사회 안녕의 세세한 사항을 빈틈없이 마련하고, 사소한 무질서와 가벼운 범죄들을 단속하며, 개선도 쇠퇴도 아닌 현상 유지 속에 사회를 보존하고, 행정관들이 공공질서와 안녕이라고 부르곤 하는 일종의 행정적 무기력을 사회 안에 유포시킨다.[50] 한마디로 말해서, 중앙집권화는 무엇을 해내는 것보다는 무엇을 하지 못하게 예방하는 것에

---

50) 중국은 내가 보기에 최고로 중앙집권화된 행정이 그것에 복종하는 인민들에게 제공할 수 있는 일종의 사회적 안녕의 가장 완벽한 사례를 보여준다. 여행자들은 중국인들이 행복 없는 평안을, 발전 없는 근면을, 활력 없는 안전을, 공공 정신 없는 현실적 질서를 누리고 있다고 전한다. 중국 사회는 항상 그럭저럭 움직이기는 하지만 결코 잘나가지는 않는 것이다. 중국이 유럽인들에게 개방된다면, 유럽인들은 중국에서 이 세상에 존재하는 행정적 중앙집권화의 가장 완벽한 모델을 보게 될 것이다.

더 유능하다. 사회가 뿌리째 동요하거나 사회에 급속한 추진력이 주어지고 있을 때, 중앙집권화의 힘은 사회를 무기력하게 만든다. 중앙 권력의 여러 조치들이 조금이라도 개인의 협조를 필요로 할 때가 오면, 이 거대한 기구의 무기력성은 백일하에 드러난다. 중앙 권력은 돌연 무용지물 신세가 된다.

이따금 중앙 권력이 절망한 나머지 시민들에게 도움을 호소할 때가 있다. 이때에도 중앙 권력은 다음과 같이 말한다. 당신들은 내가 바라는 대로, 내가 바라는 만큼, 그리고 정확하게 내가 원하는 방향으로 행동해야 한다. 당신들은 전체의 방향에는 신경 쓸 일 없이 세세한 일들을 떠맡을 것이다. 당신들은 눈에 띄지 않고 일을 할 것이며 내가 한 일을 나중에 결과를 보고 판단하면 된다. 인간 의지의 협조를 얻어낼 수 있는 것은 절대 이런 방식이 아니다. 인간에게는 그 처신에 자유가 주어져야 하며 그 행동에 책임이 주어져야 한다. 인간은 이렇게 만들어졌기 때문에 알지도 못하는 목표를 향해 꼭두각시처럼 행진하기보다는 차라리 그 자리에 머물러 있으려 할 것이다.

우리 프랑스인들을 끊임없이 감시하는 그러한 획일적인 통제가 합중국에는 없다는 사실에 대해 오히려 사람들이 이따금 유감으로 생각한다는 것을 나는 부정하지는 않겠다.

합중국에서는 사회적인 무관심과 태만을 드러내는 커다란 사례들이 자주 눈에 띈다. 인접 문명과는 전혀 어울려 보이지 않는 아주 조야한 결함들이 이따금 나타나기도 한다.

지속적인 관심과 엄격한 정확성이 있어야만 성공할 수 있는 유익한 사업들도 중도에 쉽게 포기된다. 그도 그럴 것이 다른 나라에서와 마찬가지로 아메리카에서도 인민은 일시적인 노력과 돌연한 충동으로 움직이기 때문이다.

자기가 하는 모든 일에 개입하는 공무원을 항상 눈앞에 두고 보는 데 익숙해진 유럽인은 타운 행정의 이 복잡한 움직임에 익숙해지는 데 상당한 어려움을 겪을 것이다. 일반적으로 생활을 쉽고 편안하게 만들어주는 세세한 치안 정책이 아메리카에서는 등한시되지만 사회 안에 있는 인간에게 본질적인 보장책들은 그 어느 곳만큼 아메리카에서 발전되어 있다고 말할 수 있다. 아메리카에서 주 정부를 이끄는 힘은 유럽에서보다 훨씬 덜 규칙적이고, 덜 계몽되어 있으며, 덜 숙련되어 있지만, 백 배나 더 강력하다. 요컨대 사회 복리를 창출하기 위해서 이보다 더 많은 노력을 들이는 나라는 어디에도 없다. 이만큼 많고 효율적인 학교를, 주민들의 종교적 필요에 이보다 더 적합한 예배 장소를, 이보다 더 잘 정비된 마을 도로들을 세운 국민을 나는 알지 못한다. 합중국에서 획일성과 일관성 있는 전망, 세부 사항들에 대한 세심한 배려, 행정절차의 완벽성 따위를 찾을 필요가 없다.[51] 합중국에서 발견되는 것은 다소

---

51) 합중국 재정과 프랑스 재정 사이의 비교 고찰을 통해 사람들의 재능이 항상 사물에 대한 인식을 갈음할 수 있는 것은 아니라는 사실을 보여준 한 재능 넘치는 작가는 타운 예산에서 발견되는 많은 미비점들에 대해 응당 아메리카인들에게 화살을 돌린다. 프랑스의 도(département) 단위 예산을 모범 사례로 들면서 그는 말한다. "한 위대한 인물의 놀라운 창안물인 중앙집권화 덕에, 대도시의 예산이든, 아주 작은 코뮌(commune)의 예산이든 지방자치체의 예산은 왕국의 전역에서 일정한 질서와 규율에 따라 잘 정비되어 있다." 물론 이것은

간 거칠어 보이기는 하지만 위세로 가득 차 있는 힘의 이미지이며, 돌발 상황이 뒤따르기는 해도 움직임과 활력이 넘치는 일상의 이미지이다.

합중국의 촌락과 카운티가 자체적으로 충원한 관리들에 의해서 보다 멀리 위치해 있어서 촌락이나 카운티에는 낯선 어떤 중앙 권력에 의해 더 효과적으로 다스려질 수도 있다는 사실을 나는 인정할 수도 있다. 나라 전체의 행정이 단 한 곳에 집중된다면 아메리카에서 공공 안전은 더욱 나아질 것이며 사회 자원들이 더욱 현명하고 더욱 적절하게 활용될 수도 있다는 사실도 나는 수긍할 수 있다. 그렇다고 해도 아메리카인들이 분권화된 체제에서 얻는 '정치적' 이득은 내가 그 반대의 사례보다는 아메리카의 사례를 더 높이 평가하게 만든다.

나 역시 높이 평가하는 결과이다. 하지만 완벽한 공식 회계가 이루어지는 이 프랑스의 대다수 코뮌들이 자신들의 진정한 이해관계에 대해서는 무지하기 짝이 없으며, 극복하기 힘든 어떤 무기력 상태에 빠져 있다고 나는 생각한다. 활력이 넘친다기보다는 근근이 사는 듯이 보인다. 다른 한편으로, 예산 회계가 체계적이지도 일률적이지도 않은 아메리카의 타운들에서 나는 박식하고 활동적이며 진취적인 정신으로 충만한 사람들을 많이 보았다. 사회 전체가 항상 움직이는 듯하다. 나로서는 훌륭한 정부의 주요 목표는 인민에게 행복을 가져다주는 것이지 인민의 불행 속에 질서를 세우는 것이 아니라고 생각하기 때문에, 아메리카의 타운들은 내게 실로 놀라운 장면이었다. 아메리카 타운의 번영과 프랑스 코뮌의 곤궁을, 마찬가지로 아메리카 타운의 회계에 나타나는 외관상의 무질서와 프랑스 코뮌의 회계에 나타나는 완벽성을 같은 원인 탓으로 돌리는 것이 가능이나 할까 나는 자문하게 된다. 아무튼 나로서는 수많은 폐단 속에 뒤섞여 있는 하나의 장점에 대해서는 의심을 거두지 않지만, 허다한 장점들로 보상되고도 남는 하나의 폐단에 대해서는 적이 안심하는 편이다.

언제나 나의 평온한 기쁨을 지켜주며 내가 신경을 쓰기도 전에 내 앞길에 놓인 모든 위험을 제거해주는 어떤 권위체가 있다고 생각해보자. 그런데 만일 그 권위체가 내 앞길에 놓인 작은 가시들을 제거해주는 동시에 나의 자유와 나의 생명의 절대적 지배자가 되어버린다면, 그리고 그 권위체가 활동과 생활을 모두 독점한 나머지 자기가 쇠약해질 때 주변의 모든 것이 쇠약해지고, 자기가 잠들 때 모든 것이 잠들며, 자기가 시들 때 모든 것이 시들어버린다면, 그러한 권위체가 항상 내 옆에 있은들 내게 무슨 도움이 되겠는가?

유럽에는 주민들이 자신을 자기가 거주하는 장소의 운명에는 무관심한 일종의 식민지 개척자처럼 여기는 나라들이 있다. 주민의 참여 없이 아주 커다란 변화가 일어나기도 한다. 주민들은 무슨 일이 일어났는지 잘 알지 못하며 의심을 품다가 우연히 들어서 사건을 알게 될 따름이다. 마을의 상태, 거리의 치안, 교회와 사제관의 보수 따위에 그들은 전혀 관심이 없다. 주민들은 이 모든 일들이 아무튼 자기와는 무관하며 정부라고 불리는 어떤 힘센 이방인의 소관이라고 여긴다. 이들은 이 모든 마을의 자산을 소유자로서의 자의식 없이, 그리고 개선하겠다는 어떤 의지도 없이 그저 용익권자로서 누릴 뿐이다. 자기 자신의 일에 대해 이처럼 무관심이 지나친 나머지, 이들은 자기 자신의 안전이나 자식들의 안전에 위험이 닥쳐올 때조차도 그 위험을 막으려 하기는커녕 팔짱을 낀 채 전 국민이 자기를 구하러 오기를 기다린다. 이렇게 자기 자신이 자유의지를 완전히 내던진 사람도 어떤 사람보다도 복종을 싫어

한다. 그는 하찮은 서기보 앞에서도 굽실거리곤 하지만 상전의 힘이 약해지자마자 마치 정복당한 적군처럼 과감하게 법에 맞선다. 이렇게 그는 굴종과 방종 사이를 끊임없이 오가는 것이다.

만일 한 나라가 이러한 지점에 도달해 있다면, 그 나라는 그들의 법제와 습속을 바꾸든가 아니면 사멸되든가 달리 도리가 없다. 이 나라에는 공공 미덕의 원천이 이미 고갈되어버렸기 때문이다. 여기서 여전히 신민을 찾아볼 수 있지만, 시민은 더 이상 찾아볼 수 없다.

이런 나라들은 침략의 먹잇감이 된다고 나는 단언한다. 만일 이들 나라가 아직 세계사의 무대에서 사라지지 않고 남아 있다면, 그것은 이들이 자기네와 비슷한 나라들이나 아니면 더 열악한 나라들에 둘러싸여 있기 때문이다. 그것은 또한 이 나라 국민들의 가슴속에 무언가 향토(patrie)에 대한 막연한 본능 같은 것이 여전히 남아 있기 때문이다. 향토의 이름에 대한 어떤 무의식적인 자부심, 영광된 지난 시절에 대한 어떤 막연한 기억 따위, 말하자면 어떤 실질적인 근거도 없으면서 필요할 때 구성원들에게 자기 보존 충동을 심어주기에 충분한 그런 감정 말이다.

자기 나라에서 말하자면 이방인처럼 살았으면서도 향토를 지키기 위해 엄청난 희생을 감수한 민족도 있지 않느냐며 짐짓 안심하려 한다면 잘못이다. 이 점을 자세히 들여다보면, 이들을 움직인 주요 동기가 바로 종교였다는 것을 알 수 있을 것이다.

민족의 영속성, 영광, 번영 따위가 이들에게는 신성한 교리가 되어버렸으며, 자기의 향토를 지킴으로써 이들은 자기가 살고 있는 신성한 도시를 지키는 셈이다.

터키인들은 자기가 사는 나라의 일을 운영하는 데 한 번도 참여해본 적이 없다. 하지만 이들은 술탄의 정복 사업에서 이슬람교의 승리를 보기 때문에 엄청난 위업을 달성했다. 오늘날 종교는 사라지고 전제주의만 남았으며, 터키는 쇠퇴의 길을 걷고 있다.

몽테스키외는 전제주의에 어떤 특별한 권위를 부여했는데, 내가 보기에 그것은 분에 넘치는 영예이다. 전제주의는 그것 자체로는 어떤 것도 항구적으로 유지하지 못한다. 자세히 살펴보면 절대 정부를 오랫동안 번영하게 만들어준 것은 두려움이 아니라 바로 종교라는 사실을 알 수 있다.

어찌됐든 인간의 의지가 자유롭게 결합하는 경우 말고는 인간들에게서 진정한 힘을 찾아볼 수 없는 법이다. 그러므로 이 세상에서 향토애와 종교야말로 모든 시민을 오랫동안 같은 목표를 향해 나아가게 할 수 있는 유일한 동력이라고 할 것이다.

법률의 힘으로 꺼져가는 신앙심에 다시 불을 붙일 수는 없을 것이다. 하지만 법률의 힘으로 사람들이 자기 나라의 운명에 관심을 갖게 만들 수 있다. 인간의 마음속에 잠재해 있는 향토에 대한 막연한 본능을 일깨우고 인도하는 일, 그리고 그 본능을 사상, 열정 및 일상의 습관과 연결시킴으로써 합리적이고 지속적인 감정으로 만드는 일은 바로 법률의 몫이다. 그렇게 하기에는 너무 늦었다고 말하지 말자. 민족들이 사람들처럼 같은 방식으로 늙어가는 것은 아니니 말이다. 입법자들에게는 모든 세대가 다 새로운 자료인 것이다.

내가 아메리카에서 가장 높이 평가하는 것은 지방분권화의 '행정적' 결과가 아니라 '정치적' 결과이다. 합중국에서 향토애는 어디서나 감지된다. 촌락에서 연방 전체에 이르기까지 향토는 우선적인 관심의 대상이다. 주민은 자기 고향의 이해관계에 대해 마치 자기의 이해관계인 양 관심을 가진다. 그는 나라의 영광에 자부심을 가진다. 그는 자기 나라의 융성을 통해 자기의 성취를 느끼며 고양된다. 그는 자기에게도 혜택이 돌아올, 나라의 전반적인 번영을 기뻐한다. 그가 자기 향토에 대해 가지는 감정은 자기 가족에 대해 가지는 감정과 유사하다. 그러므로 그가 주에 대해 관심을 갖는 것은 일종의 가족애의 연장선이라고도 할 수 있다.

흔히 유럽인은 공직자에게서 권력을 보는 반면, 아메리카인은 권리를 본다. 따라서 아메리카에서 인간은 결코 인간에게 복종하는 것이 아니라 법과 정의에 복종하는 것이라고 말할 수 있다.

그러므로 아메리카에서 사람들이 자기 자신에 대해 품은 생각은 다소 과장되더라도 거의 언제나 건전한 것이다. 그는 자기가 보기에 어느 누구 못지않은 자신의 역량을 아무 거리낌 없이 펼쳐 내놓는다. 한 개인이 어떤 사업을 구상하고 있다고 하자. 이 사업이 사회의 복리와 직접적인 관계가 있다고 할지라도 그는 결코 관련 당국의 협조를 구하려 하지 않는다. 오히려 그는 자기의 계획을 공표하고, 실행을 제안하며, 개개인에게 사업 참여를 호소하며, 모든 힘을 다해 난관을 헤쳐 나간다. 대개의 경우 물론 그는 국가가 그 일을 맡을 때보다 훨씬 더 일을 못해낸다. 하지만 장기적으로 보면, 이들 개개 기업가가 벌인 사업들의 전반적인 결과가 정부가 해낼 수 있는 것을 훨씬 능가할 것이다.

행정 당국이 일반 시민들의 옆에 놓여 있으며 또 어느 정도 시민들을 대표하는 까닭에, 행정 당국은 질투도 증오도 불러일으키지 않는다. 또 행정 당국의 행동 수단이 제한되어 있는 까닭에, 행정 당국에만 의존해서는 안 된다는 것을 시민들은 누구나 알고 있다.

따라서 자신의 권한 영역 안에서 행동할 경우, 행정 당국은 유럽에서처럼 외톨이로 남겨지지 않는다. 공권력이 행동을 개시했으므로 개개인은 관심을 둘 책무가 없어졌다고 생각하는 것이 아니라 오히려 행정 당국을 안내하고 후원하며 지지하는 것이다.

개개인의 행동과 관련 당국의 행동이 합쳐질 경우 가장 중앙집권화되고 가장 정력적인 행정도 도저히 해내지 못한 일을 성취할 수 있게 되는 사례를 종종 볼 수 있다. (I)

여러 가지 사례를 제시할 수 있지만 여기서는 내가 가장 잘 아는 단 한 가지 사례만을 들어보기로 하자.

아메리카에서는 범죄를 적발하고 범죄자를 체포하는 데 당국이 사용할 수 있는 수단이 그리 많지 않다.

행정 담당 경찰은 존재하지 않으며, 통행증도 없다. 합중국에서 사법경찰이라는 것은 우리 프랑스의 사법경찰(police judiciaire)과 비교될 수 없다. 담당관의 수는 많지 않을뿐더러 그들이 항상 혐의자에 대한 체포권을 지니는 것도 아니다. 심리는 아주 신속하게 그것도 구두 면담으로 진행된다. 그럼에도 불구하고 이 나라만큼 범죄가 법망을 피해 나가기 어려운 나라도 없을 것이라고 나는 믿는다.

그 이유는 범죄의 증거를 제시하고 범죄자를 체포하는 데 관심을 가져야 한다고 너나 할 것 없이 모든 사람이 믿고 있다는 데에 있다.

합중국에 체류하는 동안 나는 큰 범죄가 벌어진 한 카운티의 주민들이 범법자를 추적해서 그를 재판정에 세울 목적으로 자발적으로 위원회를 구성하는 것을 보았다.

유럽에서 범죄자는 권력의 대리인으로부터 자기 목숨을 구하려고 싸우는 불행한 자이다. 주위 사람들은 어떤 의미에서 그저 싸움을 지켜볼 따름이다. 아메리카에서 범죄자는 말하자면 공공의 적이다. 모든 사람이 그에게서 등을 돌리는 것이다.

지방 제도들은 어느 나라에나 필요하다고 나는 생각한다. 하지만 내가 보기에 민주주의적인 사회 상태를 가진 나라일수록 이러한 지방 제도들을 더욱 절실히 필요로 한다.

귀족제 국가에서 사람들은 자유가 있는 속에서도 질서를 유지할 수 있다고 항상 확신한다. 통치자들로서는 잃을 것이 항상 많은 까닭에, 질서가 언제나 그들의 주된 관심사인 것이다.

귀족제 국가에는 전제군주에 맞설 채비를 갖춘 조직된 힘들이 항상 존재한다는 점에서, 인민은 전제정치의 학정으로부터 보호받는다고 마찬가지로 말할 수 있다.

그런데 지방 제도들을 갖추지 못한 민주주의 국가는 이러한 악폐에 맞설 어떤 보장책도 가지고 있지 않다.

작은 일에서 자유를 누리는 방식을 배우지 못한 다수 군중이 큰 일에서 어떻게 자유를 감당할 수 있겠는가?

개개인이 무기력하고 어떤 공통의 이해관계로도 묶이지 않은 나라에서 어떻게 폭정에 저항할 수 있겠는가?

군중의 방종을 두려워하는 자, 절대 권력의 폭정을 두려워하는 자, 이들은 모두 함께 지방자치의 점진적인 발전을 바라야만 할 것이다.

더 나아가 나는 민주주의적인 사회 상태를 가진 나라일수록 이러한 행정적 중앙집권화의 멍에를 짊어질 가능성이 크다고 확신한다.

많은 이유가 있지만 몇 가지만 들어보자.

이러한 민주주의 국가들의 항구적인 경향은 직접적으로 인민을 대표하는 유일한 권력의 수중에 모든 통치 권력을 집중시키는 것이다. 왜냐하면 인민 위에는 공통의 무리 속에 뒤섞인 평등한 개인들 외에 아무것도 없기 때문이다.

그런데 바로 이 권력은 일단 모든 통치 기제를 손아귀에 넣게 되면, 행정의 세부 사항까지 침투하려는 유혹을 참아내기가 오히려 더 어려워지게 되며, 종국에는 그렇게 할 기회를 포착하고 마는 것이다. 우리는 프랑스에서 이러한 사례를 많이 보아왔다.

프랑스혁명에는 혼동해서는 안 되는 두 가지 상반된 움직임이 있었다. 하나는 자유에 유리한 것이었고, 다른 하나는 전제주의에 유리한 것이었다.

옛 왕국에서 국왕은 홀로 법을 만들었다. 주권자 국왕 아래에 비록 절반은 파괴되었지만 지방 제도의 흔적이 남아 있었다. 이 지방 제도들은 통일성이 없고, 잘 정비되지 않았으며, 때로는 불합리했다. 귀족제 아래에서 그것은 때로 압제의 도구로 쓰이기도 했다.

프랑스혁명은 왕정뿐만 아니라 지방 제도들에 맞서 전쟁을 선 포했다. 혁명은 혁명에 앞서 있었던 모든 것을, 즉 절대 권력만이 아니라 절대 권력을 완화시킬 수 있는 것까지도 공통의 증오 속에 뒤섞었다. 요컨대 혁명은 공화주의적인 동시에 중앙집권적이었던 것이다.

프랑스혁명의 이러한 이중적 성격은 절대 권력의 옹호자들이 교묘하게 이용해온 사실이다. 이들이 행정의 중앙집권화를 옹호 하고 나설 때, 어떻게 이들을 전제주의의 옹호자라고 비난할 수 있겠는가? 이들이 대혁명의 위대한 업적 중 하나를 옹호하고 있으 니 말이다. (K) 이런 식으로 사람들은 인민의 옹호자인 동시에 인 민의 적이 될 수 있으며, 속으로는 압제의 하수인이 겉으로는 자 유의 애호자가 될 수 있었다.

나는 지방자치 체제가 가장 완벽하게 발전한 두 나라를 방문했 다. 그리고 이들 나라에서 서로 다른 입장의 의견을 들어보았다.

아메리카에서 나는 자기 나라의 민주주의 제도를 파괴하기를 은밀히 바라는 사람들을 만났다. 영국에서 나는 귀족제를 소리 높 여 공격하는 사람들을 만났다. 하지만 나는 지방자치를 위대한 자 산으로 여기지 않는 사람은 단 한 명도 만나지 못했다.

이 두 나라에서 나는 국가의 폐단이 이러저러한 원인 탓이라고 주장하는 수많은 주장들을 들었지만 지방자치 탓으로 돌리는 주 장은 한 번도 들어보지 못했다.

나는 시민들이 자기 향토의 위세와 번영을 이러저러한 이유 덕이라고 주장하는 수많은 주장을 들었다. 이들은 너나없이 지방자치의 이점을 가장 높은 위치에 놓고 있었다.

종교 교의나 정치 이론에서 전혀 합의를 못 볼 정도로 그렇게도 견해가 엇갈리는 사람들이 어느 한 가지 문제 —이들이 매일 눈앞에서 보기 때문에 가장 잘 판단할 수 있는 문제— 에 대해 의견이 일치할 경우, 이들은 틀린 것일까?

지방자치가 쓸데없다고 여기는 나라들이란 그런 지방 제도들이 전혀 또는 거의 존재하지 않는 나라들이다. 모르는 자들만이 비방하는 것이다.

제6장

합중국의 사법권에 대해, 그리고 사법권이 정치사회에 미치는 영향에 대해

사법권에 대해서는 별도의 한 장을 할애해야 한다고 나는 생각했다. 사법권의 정치적 중요성이 아주 크기 때문에 그냥 지나치면서 언급하는 것으로는 충분하지 않을 것이다.

아메리카가 아닌 다른 곳에도 연방은 있었다. 신세계 연안이 아닌 다른 곳에서도 공화국들을 볼 수 있었다. 대의제도는 유럽의 여러 국가들에서 채택 중이다. 하지만 지금까지 세계의 어떤 나라도 아메리카인들과 같은 방식으로 사법권을 조직하지 못했다고 나는 생각한다.

외국인이 합중국에서 가장 이해하기 힘든 것을 든다면, 그것은 사법 조직이다. 정치적 사건들이 벌어질 때마다 재판관의 권위가 운위되는 것을 듣게 되는 까닭에, 그는 합중국에서는 재판관이 가장 중요한 정치적 인물들 중 하나라고 으레 결론짓는다. 그 다음에 그가 법원의 구성을 살펴보게 되면, 그는 법원의 권한과 통상적 절차가 전적으로 사법적인 성격에 머물러 있다는 점에 놀라게된다. 따라서 그의 눈에는 사법관이 그저 우연히 공공 업무에 개입하게 된 것으로 보인다. 하지만 이 우연이라는 것이 매일 되풀이되고 있다.

파리의 고등법원이 건의권을 행사하며 국왕 칙령을 등기하기를거부했을 때, 고등법원이 직무 유기를 범한 공직자를 직접 법정에소환했을 때, 이런 경우라면 여기서 사법권의 정치적 행위가 뚜렷하게 드러날 것이다. 하지만 합중국에서는 이와 같은 일을 전혀찾아볼 수 없다.

아메리카인들은 사법권이 관행적으로 지녀온 모든 특징을 고스란히 유지했다. 사법권의 행사는 관행적으로 허용되는 행동반경안에서만 이루어져 온 것이다.

모든 나라에서 사법권의 첫 번째 특징은 중재자 역할을 하는 것이다. 법정이 개입하기 위해서는 먼저 분규가 있어야 한다. 재판이 있기 위해서는 먼저 소송이 제기되어야 한다. 법률 자체가 논박의 대상이 되지 않는 한, 사법권은 그 법률에 대해 왈가불가할권한이 없다. 요컨대 사법권은 존재는 하지만, 남의 눈에 잘 띄지않는 것이다. 소송을 맡은 판사가 그 소송과 관련된 어떤 법률을비판한다면, 그는 자기의 권한 영역을 확장한 것일 뿐 넘어선 것은 아니다. 하지만 소송과 관련 없이 어떤 법률에 대해 자신의 의견을 개진한다면, 그는 완전히 자기의 권한 영역을 넘은 것이며,입법권의 영역으로 들어선 것이다.

사법권의 두 번째 특징은 일반적인 원칙들에 대해서가 아니라 개별 사안들에 대해 판결을 내리는 것이다. 일반 원칙에서 나오는 개개의 판례들이 하나씩 거부될 경우 일반 원칙 자체가 의미를 잃게 된다는 점에서, 판사가 개별 사건을 심의하면서 결과적으로 일반 원칙을 훼손한 것이라면, 그래도 그는 자신의 일상적인 권한 영역을 벗어나지 않은 것이다. 하지만 일반 원칙을 직접적으로 공격하고 특정 사안의 심의를 통하지 않고 일반 원칙을 훼손했다면, 그는 어느 나라에서나 그에게 부여되기 마련인 권한 영역을 벗어난 것이다. 그는 사법관보다 더 중요하고, 아마도 더 유용한 인물이 될 것이다. 하지만 그는 더 이상 사법권을 대표하지 못한다.

사법권의 세 번째 특징은 요청을 받을 경우에만, 즉 법률 용어로 말하자면, 법정에 소청이 제기될 때에만 활동을 개시할 수 있다는 것이다. 이 세 번째 특징은 나머지 두 특징만큼 널리 드러나지는 않는다. 하지만 약간의 예외가 있음에도 불구하고 이 세 번째 특징이 가장 본질적인 것이라고 나는 생각한다. 사법권은 그 본질상 자체의 추동력을 갖지 않는다. 사법권은 가동시켜야 움직인다. 범죄에 대한 고발이 들어올 경우, 사법권은 범법자를 징벌한다. 부당 행위를 바로잡으라는 요청이 들어올 경우, 바로잡는다. 증서가 법정에 제출될 경우, 증서에 대한 해석을 내놓는다. 하지만 사법권은 스스로 범법자를 추적하지도, 부당 행위를 적발하지도, 사안을 조사하지도 않는다. 만일 사법권이 스스로 주도권을 가지고 법률 검열관으로 행세하게 된다면, 사법권은 어떤 의미에서 사법권의 이러한 수동적 성격을 스스로 해치는 꼴이 된다.

아메리카인들은 사법권의 이 세 가지 특징을 보유하고 있다.

아메리카의 판사는 소송이 제기될 경우에만 판결을 내릴 수 있다. 판사는 특정 사안에 대해서만 판결을 내리며, 개입하기에 앞서 반드시 소청이 들어오기를 기다려야만 한다.

따라서 아메리카의 판사는 어느 모로 보나 다른 나라의 사법관들과 닮았다고 할 수 있다. 하지만 그는 엄청난 정치적 권력을 지닌다.

이러한 현상은 어디에서 나오는가? 그는 여느 판사들과 같은 권한 영역 안에서 움직이며 같은 수단들을 사용한다. 그렇다면 그는 어떻게 다른 판사들이 지니지 못한 권위를 누리는가?

그 이유는 바로 다음과 같은 사실에 근거한다. 아메리카인들은 판사에게 '법률'보다는 '헌법'에 의거해서 판결을 내릴 권리를 인정하고 있다. 달리 말하자면, 판사들은 자신이 보기에 헌법에 어긋나는 법률은 적용하지 않을 권한을 부여받고 있는 것이다.

다른 나라의 법원들도 이와 유사한 권리를 이따금 요구한 것으로 나는 알고 있다. 하지만 이러한 권리는 결코 주어지지 않았다. 아메리카에서는 이 권리가 모든 권력체에 의해 인정된다. 개인이든 당파든 이 권리에 대해 왈가왈부하지 않는다.

이러한 현상에 대한 설명은 아메리카의 헌법 자체에서 찾아져야 한다.

프랑스에서 헌법은 고정불변의 작품이며 적어도 그렇게 여겨진다. 어떤 권력이든 헌법의 일부라도 바꾸지 못한다는 것이 누구나 인정하는 논리인 것이다. (L)

영국에서는 의회에 헌법 개정권을 부여한다. 따라서 영국에서 헌법은 끊임없이 바뀔 수 있거나 아니면 차라리 존재하지 않는다고까지 말할 수 있다. 의회는 입법 기구인 동시에 제헌 기구이기도 한 것이다. (M)

아메리카에서 정치 이론은 이보다 더 단순하고 더 합리적이다.

아메리카의 헌법은 결코 프랑스 헌법처럼 고정불변으로 간주되지 않는다. 그리고 영국에서처럼 사회의 일반 권력들에 의해 수정되지도 않는다. 헌법은 그 자체로 하나의 완성품을 이루는 것으로, 인민 전체의 의지를 대표한다는 점에서 입법자뿐만 아니라 일반 시민 모두에게 구속력을 갖지만, 그와 동시에 일정한 절차에 따라, 그리고 심의를 거친 사안에 대해서는 인민의 뜻에 의해 개정될 수 있다.

따라서 아메리카에서는 헌법이 바뀔 수 있다. 하지만 헌법이 존재하는 한, 헌법은 모든 권력의 원천이 된다. 궁극적인 힘은 바로 헌법에 있는 것이다.

이러한 차이점들이 앞에서 내가 설명한 세 나라의 사법 기구의 지위와 권리들에 어떤 영향을 주었는지는 그리 어렵지 않게 알 수 있다. 만일 프랑스에서 법률이 헌법에 위배된다는 이유를 들어 법원들이 법률에 불복할 권리를 갖는다면, 제헌의 권한은 사실상 법원의 수중에 집중될 것이다. 그도 그럴 것이 법원만이 아무도 함부로 바꿀 수 없는 헌법을 해석할 권리를 가지게 될 것이기 때문이다. 따라서 법원들이 국민을 대신하게 될 것이며, 사법권이 원래 가지고 있는 내재적 취약성 덕에 사회 전체를 지배하게 될 것이다.

프랑스에서 판사들이 위헌 법률 심사권을 가지고 있지 못하다는 것은 헌법 개정권이 간접적으로 입법부에 속한다는 것과 다를 바 없다. 입법부를 막을 어떤 장벽도 없을 터이니 말이다. 하지만 자기 자신만을 대표하는 사람들에게게보다는 불완전하게나마 인민의 의지를 대표하는 사람들에게 인민의 헌법을 개정할 권리를 부여하는 것이 훨씬 낫지 않겠는가.

　영국의 판사들에게 입법부의 의지에 저항할 권리를 부여하는 것은 더 불합리한 일일 것이다. 왜냐하면 법률을 제정하는 의회가 마찬가지로 헌법도 만들며 또한 결과적으로 아무튼 국가의 세 권력으로부터 나온 법률을 위헌이라고 판정할 수는 없는 노릇이기 때문이다.

　하지만 위의 두 설명은 어느 것도 아메리카에 적용될 수 없다.

　합중국에서 헌법은 입법자들뿐만 아니라 일반 시민들을 지배한다. 따라서 헌법은 법률 중의 으뜸이며 어떤 한 법률에 의해서 개정될 수 없다. 그러므로 법원은 어떤 법률보다도 우선 헌법에 복종하는 것이 마땅하다. 이것은 사법권의 본질에 속하는 문제이기도 하다. 요컨대 여러 법률 조항들 중에서 자신을 가장 강하게 구속하는 법률을 선택하는 것이 어떤 의미에서 사법관의 당연한 권리인 것이다.

　프랑스에서도 헌법은 역시 법률 중의 으뜸이며, 판사들은 헌법을 판결의 근거로 삼을 권리를 마찬가지로 가지고 있다. 하지만 이들이 이 권리를 행사할 경우, 이들은 자신의 권리보다 더 신성한 어떤 다른 권리를 침해하지 않을 수 없게 된다. 요컨대 자기네들이 활동하는 명분이 되는 사회 자체의 권리를 침해하게 되는 것이다. 이럴 경우, 그저 평범한 동기보다 국가의 명분이 우선시될 수밖에 없을 것이다.

헌법 개정을 통해 국민이 언제든 관리들을 복종시킬 수 있는 아메리카에서는, 이와 같은 위험성을 우려할 필요가 없다. 이 점에서는 정치와 법리가 뜻을 같이하는 셈이며, 국민과 판사가 모두 나름의 특전을 보유하는 셈이다.

판사가 위헌이라고 판단하는 법률이 합중국의 법원에 제소될 경우에, 판사는 그 법률의 적용을 거부할 수 있다. 이러한 권력은 아메리카의 사법관에게서만 볼 수 있는 권력이다. 하지만 여기서 엄청난 정치적 영향력이 나온다.

사실상 오랫동안 사법적 심사를 피할 수 있는 법률은 거의 없을 것이다. 그도 그럴 것이 이런저런 개인의 이익을 해치지 않는 법률이란 거의 없으며 소송인들이 법원에 제소할 수 없거나 제소해서는 안 되는 법률도 거의 없을 터이니 말이다.

그런데 판사가 한 소송에서 어떤 법률의 적용을 거부하는 그 순간에, 그 법률은 즉시 그 도덕적 구속력의 일부를 상실하게 된다. 그 법률로 손해를 입은 사람들은 그 법률을 피해갈 방법이 있다는 것을 알게 된다. 소송이 늘어나고 법률은 무기력해진다. 이렇게 되면, 두 가지 길 중 하나가 남게 된다. 즉 인민이 헌법을 바꾸거나 아니면 입법부가 법률을 철회하거나 둘 중의 하나이다.

이렇게 아메리카인들은 사법부에 거대한 정치적 권력을 부여했다. 하지만 그와 동시에 사법적 수단에 의해서만 법률을 공박할 수 있게 함으로써 사법 권력의 해악을 상당히 완화시켜놓았다.

만일 판사에게 원론적이고 일반적인 방식으로 법률을 공박할 수 있는 권한이 주어졌다면, 그래서 판사가 주도권을 쥐고 입법자를 견책할 수 있었다면, 그는 어엿하게 정치 무대에 등장할 수 있었을 것이다. 그는 어느 한 정파의 선도자 아니면 적대자가 되어, 나라를 갈라놓는 모든 열정을 부추겨서 싸움에 가담하도록 이끌었을 것이다. 그러나 판사가 어떤 개별 사안에 대해서 그리 이목을 끌지 않는 논쟁을 벌이면서 법률을 공박할 경우, 그의 공격의 파장은 일반인의 눈에 띄지 않은 채 가려지게 된다. 그의 판결은 이해 당사자에게만 영향을 줄 뿐이고, 법률이 손상을 입더라도 그저 살짝만 손상을 입을 따름이다.

더군다나 법률은 어느 정도 손상될지언정 폐기되지는 않는다. 법률의 도덕적 구속력은 실추될지 모르나 그 실질적 효과는 결코 상실되지 않는다. 마침내 법률이 폐기되기에 이르는 것은 유사한 사법적 판례가 여러 차례 되풀이되고 난 이후에야, 그리고 꽤 오랜 시일이 지난 후에야 가능한 일이다.

이렇게 법률의 허점을 비판하되 개별 사안들을 통해 비판하는 것, 그리고 법률에 대한 소송을 개인에 대한 소송과 밀접하게 연결시키는 것은 사람들이 경솔하게 법제를 공격하고 나서는 것을 막기 위한 배려라는 것을 쉽사리 이해할 수 있다. 이러한 제도 아래에서, 법률은 더 이상 정파들의 일상적인 다툼에 노출되지 않을 것이다. 이렇게 되면, 입법자의 오류를 지적하더라도 현실적인 필요를, 예컨대 소송에 이르려면 실증적이고 인식 가능한 개별 사실에서 시작해야만 한다는 필요를 준수하게 되는 것이다.

아메리카 사법부의 이러한 운용 관행이 공공질서의 확립에 아주 유리한 동시에 마찬가지로 자유의 실현에도 아주 유리하리라고 믿고 싶다.

만일 판사가 입법자들을 정면으로만 공격할 수 있다면, 판사는 그렇게 하기를 두려워하는 경우도 생길 것이고, 당파심의 충동으로 줄곧 거침없이 그렇게 하는 경우도 생길 것이다. 따라서 법률은 그 법률의 근거가 되는 권력이 약할 때에는 공격을 받지만 강할 때에는 사람들의 군소리 없는 복종을 받게 될 것이다. 달리 말하자면 법률을 존중하는 것이 가장 유용할 때에는 사람들이 흔히 법률을 공박하는 반면, 법률이 억압의 도구가 되기 쉬울 때에는 사람들이 법률을 존중하게 되는 것이다.

그러나 아메리카의 판사는 자기 의사와는 관계없이 정치 영역에 발을 디디게 된다. 소송에 대한 재판은 법률에 대한 판결을 동반하기 마련인데, 판사로서는 소송에 대한 재판을 피할 길이 없다. 그가 해결해야만 하는 정치적 문제는 소송당사자들의 이해관계와 관련되어 있는데, 그는 자신의 직분을 거스르지 않고서는 그 문제에 대한 판결을 거부할 수 없을 것이다. 사법관이라는 직업에 주어진 책무를 다함으로써 그는 시민으로서 자신의 책무를 다하는 것이다. 그렇다고 입법부에 대한 사법부의 이러한 사법적 견책이 모든 법률에 무차별적으로 확대될 수 있는 것은 아니다. 어떤 법률들은 이른바 소송이라는 확정된 형식을 가진 계쟁(係爭)의 대상이 될 수 없기 때문이다. 그리고 이러한 계쟁이 가능하다고 해도 법정에 소청을 제기하려는 사람은 아무도 없을 것이다.

아메리카인들은 자주 이러한 제도의 불편함을 느꼈다. 하지만 그들은 치유책을 불완전한 상태로 내버려 두었는데, 이는 치유책이 오히려 모든 사안에 일종의 위험한 효율성을 가져다주지나 않을까 하는 우려에서였다.

이렇게 그 자체의 한계를 가지고 있기는 하지만, 아메리카의 사법부에 부여된 위헌 법률 심사권은 여전히 정치 결사들의 횡포에 맞서 여태껏 고안된 가장 강력한 장벽들 중 하나가 되고 있다.

아메리카 판사들이 지닌 다른 권력들

아메리카처럼 자유로운 나라에서 모든 시민은 공직자들을 일반 판사들 앞에 고발할 권리를 지니며 모든 판사는 너무나 당연하게도 공직자들에게 형을 언도할 권리가 있다는 사실은 굳이 말할 필요가 없을 것이다.

행정부 관리들이 법률을 어길 경우 그들을 처벌하도록 사법부에 부여된 권력은 당연할 따름이지 예외적인 특권으로 간주할 수는 없을 것이다. 사법부의 이러한 권력을 부정하는 것은 사법부의 자연권을 빼앗는 것이다.

내가 볼 때, 모든 공직자가 사법부에 책임을 지도록 했다고 해서 정부의 권위가 약화되는 것 같지도 않다.

아메리카인들은 오히려 이런 방법을 통해서 당국자들에게 응당 부여되어야 하는 존중심을 증대시켰던 것 같으며, 권력자들이 여론의 눈총을 피하기 위해 더 많은 주의를 기울이게 만들었던 것 같다.

아메리카에서는 정치 소송이 사실 그리 많지 않은데, 이는 별 어려움 없이 설명될 수 있다. 소송이란 그 성격이 어떻든 간에 항상 힘들고 비용이 많이 드는 일이다. 언론을 통해 공직자를 고발하는 일은 쉽지만, 그를 재판에 회부하기로 결정하는 데는 중대한 이유가 있어야 한다. 공직자를 사법적으로 소추하기 위해서는 정당한 소송 사유가 있어야만 하는 것이다. 그리고 소추당하는 것이 두렵다면 공직자들은 그러한 빌미를 제공하지 않도록 유념할 것이다.

이것은 아메리카인들이 공화제 형태를 채택했다는 사실과는 무관하다. 똑같은 일이 영국에서도 매일같이 일어날 수 있으니 말이다.

이 두 나라 국민들은 주요 공직자들에 대한 탄핵을 허용하는 것으로 자기 나라의 독립성이 확보될 것이라고는 생각하지 않았다. 자유를 보장하는 것은 미약한 시민이라도 언제나 제기할 수 있는 작은 소송들에 의해서이지, 도모하기 힘들거나 아니면 너무 늦어서 별 효력도 없을 방대한 사법절차에 의해서가 아니라고 이들은 생각했다.

범법자를 체포하는 것이 아주 힘들었던 중세에는, 사건을 맡은 판사들이 이 불행한 범법자들에게 아주 가혹한 형벌을 가하곤 했다. 하지만 그렇다고 범죄자의 수가 줄지 않았다. 그 이후 재판이 보다 확실하고 보다 온화할수록 더욱 효율적이라는 사실이 밝혀졌다.

아메리카인들과 영국인들은 독재나 폭정 같은 사안도 소추를 쉽게 하고 형량을 줄임으로써 도둑질과 같은 일반 범죄로 취급하는 편이 훨씬 효율적이라고 생각한다.

프랑스혁명 당시 혁명력 8년에 채택된 헌법의 제75조는 다음과 같이 되어 있다. "장관이 아닌 정부 관리들은 국가 참사회(Conseil d'Etat)의 결정에 의하지 아니하고는 공무상 관련된 행위로 인해 소추되지 아니한다. 소추는 일반 법정에서 이루어진다."

혁명력 8년 헌법이 폐지된 이후에도 이 조항은 살아남았다. 이 조항은 시민들의 정당한 요구에 맞서 줄곧 유지된 것이다.

나는 이따금 이 제75조의 의미를 아메리카인이나 영국인에게 납득시키고자 했으나, 이는 쉬운 일이 아니었다.

내 말을 듣고 이들은, 프랑스에서 국왕 참사회는 왕국의 한복판에 자리 잡고 있는 거대한 재판소이며 사전 절충을 위해 소송인 모두를 소집할 수 있는 전제적인 권한을 지니고 있다는 식으로 이해했다.

국가 참사회란 엄정한 의미에서 결코 사법 기구가 아니라 행정 기구이며 그 구성원들은 국왕의 명령을 받는다는 사실, 따라서 국왕은 주권자로서 신하들 중 하나인 지사에게 부당한 행위를 하라고 명령한 다음에, 또 다른 신하들 중 하나인 국가 참사회 위원에게 지사가 처벌을 면할 수 있도록 조치를 취하라고 명령을 내릴 수도 있다는 사실, 그리고 군주의 자의적인 명령으로 피해를 입은 시민이 재판에 호소하려면 군주 자신에게 청원하는 것 외에 달리 길이 없다는 사실을 나는 이들에게 납득시키고자 했다. 하지만 이들은 이러한 어처구니없는 일을 믿으려 하지 않았으며 내가 거짓 말쟁이이고 무식하다고 비난했다.

왕정 시절에 의회가 비위 혐의를 받고 있는 공직자를 체포하라는 훈령을 내리곤 했다. 그런데 때로 왕권이 개입해서 훈령을 무효화시키기도 했다. 이렇게 전제정은 그 모습을 노골적으로 드러냈으며, 복종한다는 것은 당연히 무력에 몸을 굽히는 것이었다.

따라서 우리는 우리 선조들이 도달한 지점에서 훨씬 후퇴한 셈이다. 그도 그럴 것이 우리 조상들이 폭력에 의해서 어쩔 수 없이 그리했던 것을 우리는 정의의 기치 아래, 그리고 법의 이름으로 방치하고 있으니 말이다.

제7장

합중국에서의
정치재판

정치재판(judgement politique)이란 잠정적으로 재판권을 부여받은 정치 기관이 내리는 판결이라고 나는 이해한다.

절대주의 정부에서는 재판에 비상 절차를 도입한다는 것이 의미가 없다. 왜냐하면 군주가 군주라는 명분으로 범법자를 처벌하고, 모든 것의 우두머리이듯이 재판부의 우두머리이며, 권력을 가지고 있다는 것 자체로 모든 것을 보장받기 때문이다. 군주가 가질 수 있는 유일한 우려는 재판에 적어도 그 외형적인 형식 요건이라도 갖추게 하는 것이며 자신의 위신을 높이는 조치들이 오히려 자신의 권위를 실추시키지 않도록 하는 것이다.

그러나 비록 다수라 할지라도 절대군주만큼의 영향력을 사법부에 행사할 수 없는 대다수 자유 국가들에서는, 사법권이 잠정적으로 바로 사회의 대표자들에게 부여되곤 한다. 통치의 단일성이라는 기본 원칙을 위반하느니보다는 이렇게 한 권력기관이 다른 권력기관의 기능을 잠정적으로 겸용하도록 하는 편이 더 나아 보였던 것이다. 영국, 프랑스 그리고 합중국은 정치재판을 그들 법률의 일부로 만들었는데, 이 세 나라가 각각 그것을 어떻게 운용하는가를 살펴보는 것은 흥미로운 일이다.

영국과 프랑스에서는 상원, 즉 귀족원(chambre des pairs)이 최고 형사 법원 구실을 하고 있다.[1] 귀족원은 비록 모든 정치 범죄를 다 재판하지는 않지만 모든 정치 범죄를 재판할 권한을 갖고 있다.

귀족원 옆에는 고소권을 가진 또 하나의 정치권력, 즉 하원 또는 평민원이 있다. 이런 점에서 볼 때, 두 나라 사이의 유일한 차이점은 다음과 같은 것이다. 즉 영국에서 하원은 누구든지 가리지 않고 상원에 고소할 수 있는 반면에, 프랑스에서 하원은 국왕의 대신들만을 이런 방식으로 소추할 수 있다.

그리고 이들 두 나라에서 귀족원은 범법자를 처벌하는 데 기존의 모든 형법을 마음대로 동원할 수 있다.

유럽과 마찬가지로 합중국에서도 입법부의 두 기둥 중 하나는 고소권을, 다른 하나는 재판권을 갖는다. 하원은 범법자를 고발하고, 상원은 이를 처벌하는 것이다.

그러나 상원은 국민의 '대표자', 즉 하원에 의해 '소청'이 제기되는 경우에만 재판을 할 수 있으며, '공직자'만이 소청의 대상이 된다. 따라서 상원의 재판권은 프랑스 상원의 그것보다는 더 협소한

---

[1] 영국의 귀족원은 일부 민사사건의 소송에서도 최고 심급을 형성한다. 블랙스톤(Blackstone)의 책, 제3권, 제4장을 보라.

반면, 하원의 고소권은 프랑스 하원의 그것보다는 더 광범위한 셈이다.

그러나 아메리카와 유럽 사이의 가장 큰 차이점은 다음과 같은 것이다. 유럽에서 정치재판은 형법의 모든 조항을 적용할 권한을 지닌 반면에, 아메리카에서는 일단 범법자에게 공무 담임권을 비롯한 모든 공적 자격을 박탈하는 것으로 정치재판의 권한이 일단 종료되며 나머지는 일반 법원의 관할로 넘어간다.

여기서 합중국 대통령이 대역죄를 범했다고 가정해보자.

하원은 대통령을 고소하고, 상원은 그의 공직을 박탈한다. 그 다음에 그는 배심원 앞에 서며, 배심원단만이 그에게서 생명과 자유를 빼앗을 수 있다.

이 사례는 우리가 다루는 주제를 명쾌하게 드러내준다.

유럽인들이 그들의 법제에 정치재판을 도입한 것은 범법자들의 출생, 신분, 세력 따위에 상관없이 중범죄자들을 다스리려는 데 그 목적이 있었다. 이를 위해서 사법권에 딸린 모든 특별 권한이 잠정적으로 거대 정치 기관의 수중에 집중되었다.

이렇게 입법자가 사법관으로 변했다. 그는 범죄를 소명하고 판결하며 처벌했다. 판사의 권리를 부여받음으로써 그는 법률이 규정한 모든 의무를 따라야 하며 모든 사법절차를 준수해야 했다.

영국에서든 프랑스에서든 이러한 정치재판에 회부된 공직자가 유죄판결을 받을 경우, 공무 담임권을 비롯한 모든 공적 지위를 박탈당한다. 하지만 여기서 이러한 정치적인 박탈과 견책 조치는 판결의 결과일 뿐이지, 판결 그 자체가 아니다.

따라서 유럽에서는 이러한 정치재판이 행정 조치라기보다는 차라리 사법 행위라고 할 수 있다. 합중국에서는 이와 반대이다. 합중국에서 정치재판이 사법 행위라기보다는 행정 조치에 가깝다는 것은 쉽게 알 수 있다.

상원의 판결이 그 형식 절차 면에서 사법적 성격을 갖는다는 것은 사실이다. 판결을 내리기 위해서는 상원은 사법절차의 준칙과 관행을 따라야만 하기 때문이다. 상원은 또한 판결의 근거가 되는 동기 면에서도 사법적 성격을 갖는다. 일반적으로 상원은 관습법에 대한 침해를 판결의 근거로 삼지 않을 수 없기 때문이다. 그러나 상원의 판결은 그 목적에서 행정적 성격을 갖는다.

만일 아메리카 입법자들의 주요 목표가 정말로 정치 기관에 거대한 사법 권력을 몰아주는 것이었다면, 그 정치 기관의 관할 영역은 공직자들에게만 국한되지 않았을 것이다. 국가에 대한 가장 위험한 적들이 공직을 전혀 맡지 않을 수도 있으니 말이다. 당파들의 영향력에 따라 권력의 향배가 결정되는 나라, 공직을 전혀 갖지 않아도 오히려 더 막강한 권력을 누릴 수 있는 나라, 이런 공화국들에서는 특히 그러하다.

만일 아메리카의 입법자가 사법관의 관행대로 처벌 위협을 통해 중대 범죄를 예방할 권한을 사회 자체에 부여하려 했다면, 그는 정치재판 담당 부서에 모든 형법적 권한을 사용하도록 제공했어야 마땅하다. 그러나 그는 아주 불완전한 무기만을 제공했는데, 이는 가장 위험한 중범죄자들을 처벌하기에는 별로 알맞지 않은 것이었다. 법제 자체를 전복하려 하는 자에게 정치적 견책의 판결은 사실 별로 의미가 없을 터이니 말이다.

따라서 합중국에서 시행되는 정치재판의 주요 목적은 권력을 남용하는 사람들에게서 권력을 박탈하고 다시는 그 권력을 되찾지 못하게 만드는 것이다. 우리가 보았듯이, 이것은 두말할 나위 없이 재판이라는 엄정한 절차를 거친 행정 조치이다.

이렇게 해서 아메리카인들은 무언가 혼합물을 만들어낸 셈이다. 그들은 직권 박탈이라는 행정 조치의 문제에 정치재판이라는 안전판을 제공했으며, 이와 동시에 정치재판에서 그 가장 가혹한 처벌 조치를 빼버렸다.

이러한 원칙이 확립되고 나서, 나머지는 순조롭게 뒤따랐다. 따라서 우리는 아메리카의 헌법들이 왜 모든 민간 공직자를 상원의 법률 관할에 내맡겼으며, 범죄 결과가 더욱 엄청날 수 있는 군인들은 왜 여기서 제외했는지를 어렵지 않게 이해할 수 있다. 민간 분야에서 아메리카의 공직자들은 말하자면 해임이 불가능한 존재이다. 어떤 공직은 종신이며, 또 어떤 공직은 단축할 수 없는 위임 기간을 보장받고 있다. 따라서 이들에게서 권력을 박탈하려면, 이들 모두를 재판에 회부해야만 한다. 그러나 군 장교는 민간 공무원인 국가 통수권자의 관할에 속한다. 국가 통수권자에게 유죄판결을 내린다는 것은 이들 군인 모두에게 타격을 준다는 의미일 것이다.[2]

이제 유럽의 제도와 아메리카의 제도를 비교해보면, 이 양자가

---

2) 장교는 자신의 계급을 박탈당하지는 않지만, 지휘권을 박탈당한다.

낳고 또 낳을 수 있는 결과들 사이에 현격한 차이점을 알아볼 수 있다.

프랑스와 영국에서, 정치재판은 예외적인 무기로 간주되며, 사회는 심각한 위기의 국면에서만 이 조치를 사용한다.

유럽에서와 같은 정치재판이 권력분립이라는 보수적인 원리를 위반한 것이며 인간의 자유와 생명을 끊임없이 위협할 수 있다는 사실은 아마도 부정하기 힘들 것이다.

합중국에서 정치재판은 권력분립 원리를 그저 간접적으로만 침해할 따름이다. 그것은 시민의 생활에 전혀 위협이 되지 않으며, 유럽에서처럼 사회 구성원들의 머리 위에 떠돌지도 않는다. 왜냐하면 정치재판은 공직을 수락함으로써 그 재판권의 권위를 자발적으로 인정한 사람들만을 대상으로 하기 때문이다.

더구나 그것은 유럽에서만큼 엄청난 힘을 가진 것도, 효율적인 것도 아니다.

이렇게 합중국의 입법자들은 정치재판을 거대한 사회악에 대한 극단적인 처방으로서가 아니라 통치의 일상적인 수단으로 여겼던 것이다.

이러한 관점에서 볼 때, 정치재판은 아마도 유럽에서보다 아메리카에서 사회에 더 많은 실질적인 영향력을 행사한다. 정치재판에 관련된 아메리카의 입법이 겉으로는 아주 미온적으로 보인다는 사실로 인해 착각해서는 안 된다. 무엇보다도 합중국에서 이러한 정치재판을 담당하는 기관은 기소권을 가진 기관과 똑같은 구성 요소들로 이루어져 있으며 똑같은 영향력에 종속되어 있다는 사실을 염두에 두어야 한다. 사실 정치재판이 상대방을 응징하려는 정당들의 열정에 저항할 수 없는 충동을 불러일으키는 것도 바로 이러한 연유에서이다. 합중국에서 정치재판 담당자들이 유럽의 정치재판 담당자들만큼 엄한 처벌을 내릴 권한이 없다는 것은 그만큼 그들이 범법자들을 사면할 기회도 줄어든다는 것을 의미한다. 요컨대 그들의 유죄판결은 더 무거운 것은 아니라 해도 더 확실한 것이다.

유럽에서 정치재판은 범법자들을 '징벌'하는 것을 주요 목적으로 삼는다. 반면에 아메리카에서는 이들에게서 '권력'을 '박탈'하는 것을 주요 목표로 삼는다. 합중국에서 정치재판은 어떤 의미에서 예방 조치이다. 따라서 정치재판 담당자들은 형법의 엄격한 규정에 얽매이지 않아도 된다.

아메리카 법률이 정치 범죄라는 것을 정의할 때 나타나는 모호성만큼 놀라운 것도 달리 없을 것이다. "대통령은 반역죄, 수뢰죄, 또는 그 밖의 중대한 범죄 및 경범죄로 탄핵받고 유죄판결을 받음으로써 면직된다."(합중국 헌법, 제1조, 제4절) 대다수 주의 헌법들은 이보다 더 모호하다.

매사추세츠 헌법에는 "공직자는 그들이 저지른 비행에 의해, 그리고 배임에 의해 유죄판결을 받는다"라고 되어 있다.[3] 그리고 버지니아 헌법은 "배임, 독직 또는 여타의 비리에 의해 국가를 위기에 빠트린 모든 공직자는 하원에 의해 기소된다"라고 명시하고 있다.

---

3) 헌법 제1조, 제2절, 제8항.

공직자에게 무한책임을 지우기 위해 아예 범죄의 종류를 전혀 명기하지 않는 헌법들도 있다.[4]

그러나 이 분야에서 아메리카의 법률들이 그토록 엄청난 힘을 발휘한다면 그것은, 내가 감히 말하건대, 그 법률의 미온적 성격 바로 그것에서 나오는 것이다.

유럽에서 공직자의 파면과 정치적 견책은 그가 받는 처벌의 결과 중 하나이지만 아메리카에서는 그것이 곧 처벌 그 자체라는 것을 우리는 앞에서 살펴보았다. 따라서 다음과 같은 결과가 생긴다. 유럽에서 정치재판을 담당하는 기관은 너무나 엄청난 권력을 부여받는 까닭에 때로는 그 권력을 어떻게 사용해야 할지 주저하는 일이 생길 수 있다. 지나치게 처벌하는 것은 아닐까 두려워 아예 처벌을 삼가는 것이다. 그러나 아메리카에서는 인간으로서 감당 가능한 형벌을 가하는 데 망설일 이유가 있겠는가. 정적의 권력을 박탈하기 위해 사형 언도를 내리는 것은 누가 보아도 정말 끔찍한 살인 행위이다. 하지만 정적이 그 권력을 지닐 자격이 없다고 선언하고 그에게서 권력을 박탈하되 그의 생명과 신체에는 손을 대지 않고 내버려 두는 것은 정직한 투쟁 방식으로 보일 것이다.

그런데 이러한 정치재판은, 비록 쉽사리 선포되는 것이라고 해도, 아무튼 그것에 저촉되는 사람 대다수에게는 상당한 불행이자 수치일 것이다. 중범죄자는 물론 그 판결의 엄격성을 대수롭지 않게 넘기겠지만, 일반 범법자들은 그 판결을 자신의 지위를 파괴하고

---

4) 일리노이, 메인, 코네티컷, 조지아주의 헌법을 보라.

명예에 먹칠을 하며 사형보다 더 치욕적인 무위 상태에 가두어놓는 것으로 받아들일 것이다.

따라서 합중국에서 정치재판은 그것이 가혹하기보다는 미온적이기 때문에 오히려 사회의 진전에 더 큰 영향력을 행사한다. 그것은 피치자들에게 직접적으로 영향을 미치지는 않지만, 다수가 완전히 통치자들보다 우위에 서게 만든다. 그것은 입법부에 위기 시에나 사용할 수 있는 엄청난 권력을 결코 부여해주지 않으며, 일상적으로 사용할 수 있는 온건하고 정규적인 권력을 부여해준다. 요컨대 그것은 막강한 권력은 아니지만, 다른 한편으로 더 편하게 사용할 수 있으며 더 쉽게 남용할 수 있는 그런 권력인 것이다.

정치재판 담당 기관들이 사법적 처벌을 선포하지 못하게 함으로써, 아메리카인들은 폭정 자체보다는 입법부 폭정의 가장 끔찍한 결과를 피하려 했던 것으로 보인다. 그리고 아메리카에서 실행되는 정치재판은 모든 측면을 고려해보건대 지금까지 다수가 장악해온 가장 강력한 무기 중 하나라고 나는 생각한다.

내가 보기에 아메리카에서 공화제 정부들이 언제부터 쇠락할 것인가를 알아맞히기는 그리 어려운 일이 아니다. 정치재판의 수가 언제부터 증가하는지를 살펴보는 것으로 충분할 것이다. (N)

제8장

연방헌법에 대해

나는 지금까지 각 주를 하나의 완벽한 전체로 간주하면서, 주의 테두리 안에서 인민이 가동시키는 여러 기동력들과 구사하는 행동 수단들을 보여주었다. 하지만 내가 자주적인 것으로 상정한 이모든 주는 어떤 경우에는 연방 권력이라는 상위 권력체에 복종하지 않으면 안 된다. 이제 연방에 부여된 주권의 일부를 검토해보고 연방헌법에 대해 잠시 일별해보도록 하자.[1]

연방헌법의 연혁

지난 세기 말에 영국의 멍에를 한꺼번에 떨쳐버린 13개 식민지들은 앞에서 살펴본 대로 같은 종교, 같은 언어, 같은 습속, 그리고

---

1) 연방헌법 전문을 보라.

거의 같은 법제를 가졌다. 식민지들은 공동의 적에 맞서 싸우고 있었는데, 따라서 서로 긴밀하게 연합해서 단일한 나라를 구성할 강한 동기를 지니고 있었다.

그러나 이들 식민지는 언제나 별도의 생활을 유지해왔고 각자의 정부를 지니고 있었으며, 자기만의 이해관계와 관행들을 만들어낸 까닭에, 개체의 중요성을 전체의 중요성 안에서 해소해버리게 될 어떤 견고하고 완벽한 결합에 대하여 거부감을 가지고 있었다. 여기에서 두 가지 상반된 경향이 나타났다. 하나는 영국계 아메리카인들을 연합시키는 것이며, 다른 하나는 분리시키는 것이다.

모국과의 전쟁이 계속되는 동안, 사태의 필요에 의해 연방의 원칙은 거의 압도적이었다. 그리고 이 연방의 토대를 놓은 법제의 결함이 속속 드러났지만, 공동의 유대는 지속되었다.[2]

그러나 강화조약이 체결되자마자, 법제의 결함이 있는 그대로 드러났다. 국가는 돌연 사라질 듯 보였다. 독립적인 공화국이 된 개개 식민지는 완전한 주권을 차지했다. 애초에 취약한 구성을 가진 연방 정부는 이제 공통의 위협에 대한 대처라는 명분만으로는 버틸 수 없었다. 연방 정부는 유럽의 강국들이 합중국 선박의 깃발에 가하는 모욕을 그냥 감내해야 했으며 인디언 족속들에게 맞설

---

2) 1778년에 만들어진 최초의 연합규약을 보라. 이 연방헌법은 1781년에 가서야 겨우 모든 주의 승인을 얻었다. 연방헌법에 대한 분석으로는 다음을 보라. *Federalist*, n.15-22; M. Story, *Commentaire sur la constitution des Etats-Unis*, p. 85-115.

병력도 없었으며 독립 전쟁 동안 빌린 외채의 이자를 갚을 재원도 없었다. 붕괴 직전에 이르러서, 연방 정부는 공식적으로 업무 수행 불능을 선언했으며 국민의 헌법 제정 권리에 호소했다.[3]

자긍심으로 가득 찬 국민적 상상력 속에 언제나 자리 잡게 될 어떤 영광의 절정에 아메리카가 잠시 동안이라도 도달한 적이 있었다면, 그것은 바로 중앙 권력이 어떤 의미에서 그 권위를 스스로 포기하게 된 바로 이 숭고한 순간 속에서였다.

인민이 독립을 쟁취하기 위해 피땀을 흘리며 싸우는 것, 이것은 어느 시대에나 볼 수 있는 장면이다. 그런데 아메리카인들이 영국의 질곡에서 벗어나기 위해 기울인 노력은 상당히 과장되었다. 적군으로부터 1,300리으나 되는 바닷길로 멀리 떨어져 있고 강력한 동맹국의 지원을 받은 합중국은 합중국 군대의 위력이나 동료 시민들의 애국심보다는 지리적 이점 덕에 승리를 거둘 수 있었다. 아메리카 독립 전쟁과 프랑스혁명 전쟁을 비교한다거나, 아메리카인들의 노고와 프랑스인들의 노고를 비교한다는 것은 우스꽝스러운 일일 것이다. 프랑스는 돈도 신용도 동맹군도 없이 유럽 전체의 공격에 맞섰으며 인구의 20분의 1을 동원해 적군에 맞서 싸웠다. 프랑스는 한편으로 국내를 집어삼키는 내란의 불길을 잡아야 했으며, 다른 한편으로 국경 너머로 혁명의 횃불을 옮겼다. 하지만 한 위대한 국민이 정부의 기능이 정지되었다는 사실을 자신의 입법자들로부터 통보받자 조금도 당황하지 않고 의연하게 자기

---

3) 의회가 이 선언을 한 것은 1787년 2월 21일이었다.

자신에게 성찰의 시선을 돌렸다는 것도 인류 역사에서 진정 새로운 일일 것이다. 이들은 폐단의 근원을 세심히 살펴보고 원만한 시정책이 나올 때까지 꼬박 두 해를 참고 기다렸으며, 마침내 시정책이 나오자 눈물도 피 한 방울도 흘리게 하는 일 없이 기꺼이 그 시정책을 따랐다.

처음 만들어진 연방헌법이 불충분하다는 사실이 드러날 무렵, 혁명을 불렀던 정치적 열정은 부분적으로 식어가던 반면, 혁명이 배출한 모든 위대한 인물은 여전히 건재했다. 이것은 아메리카로서는 이중의 행운이었다. 두 번째 헌법의 기초 작업을 맡은 의회는 아주 소수였으나,[4] 여기에는 여태껏 신세계가 낳은 가장 고귀하고 가장 숭고한 정신의 소유자들을 몇몇 포함하고 있었다. 회의를 주재한 자는 바로 조지 워싱턴이었다.

오랜 심의 끝에 이 전국 위원회는 오늘날까지도 합중국을 지배하는 일련의 국가조직법을 마침내 인민에게 제시했다. 모든 주가 차례대로 헌법을 승인했다.[5] 새 연방헌법은 두 해에 걸친 공백기를 거친 후 1789년에 발효되었다. 이렇게 아메리카 혁명은 프랑스 혁명이 시작된 바로 그해에 끝난 것이다.

---

4) 회의 참가자는 55명에 지나지 않았다. 워싱턴, 매디슨, 해밀턴, 모리스 형제 등이 포함되었다.
5) 헌법을 승인한 것은 입법부가 아니었다. 헌법 승인을 위해 대표자들을 새로 선출했다. 이렇게 구성된 새 의회들에서 헌법은 아주 진지한 토론의 대상이 되었다.

연방헌법의 개요

아메리카인들이 당면한 첫 번째 문제는 그리 녹록하지 않았다. 그것은 연방을 구성하는 여러 주들이 자체의 내부 번영과 관련된 모든 사안에서 계속 자치권을 행사하는 동시에 연방으로 대표되는 전체 국민이 계속 하나로 결속하여 전반적인 모든 필요에 대처할 수 있도록 주권을 분할하는 문제였다. 이는 진정 복잡하고 풀기 힘든 난제였다.

주권을 나누어 갖게 될 두 정부 각각에 돌아갈 권력의 몫을 정확하고 완벽하게 미리 결정한다는 것은 불가능했다.

국민 생활에서 일어나는 모든 세세한 사항을 어떻게 미리 예견할 수 있겠는가?

연방이 몇 가지 커다란 전반적인 필요들을 충족시키려는 목적으로 설립되었던 까닭에, 연방 정부의 의무와 권리는 단순하고 정의하기 쉬웠다. 반면에 주 정부가 사회생활의 모든 세세한 사항들에 간여하고 있었던 까닭에, 주 정부의 의무와 권리는 다양하고 복잡했다.

따라서 연방 정부의 권한은 항목별로 조심스럽게 열거되었으며, 이 항목에 포함되지 아니한 모든 사항은 주 정부의 권한에 속한다는 언급이 뒤따랐다. 이렇게 주 정부가 일반법(droit commun)이었고 연방 정부는 예외였다.[6]

---

6) 다음을 보라. 연방헌법 수정 조항; *Federalist*, n.32; Story, p. 711; Kent,

그러나 현실적으로 이러한 예외적인 정부가 지니는 권위의 정확한 한계에 관해 여러 문제들이 제기될 수 있었으며 또한 이 문제들에 대한 해결책을 각 주들이 자기네 영역 안에 설치해놓은 일반 법원들에 내맡긴다는 것은 위험을 자초하는 일이었기 때문에, 연방 최고법원이라는 단일 법원이 창설되었다.[7] 연방 최고법원의 권한 중 하나는 서로 경쟁하는 두 정부 사이에 헌법이 규정한 대로 권력분립을 유지하는 일이었다.[8]

Commentaries, vol. I, p. 364. 헌법이 일정한 사안들을 규제할 '배타적인' 권리를 의회에 미리 부여하지 않을 경우에, 각 주는 의회가 그 일을 기꺼이 떠맡을 때까지 그 일을 처리할 권리를 지닌다는 점을 염두에 두자. 이를테면, 파산에 관한 일반 법률을 집행할 권리가 의회에 있지만, 의회는 이러한 조치를 취하지 않았다. 이 경우 각 주는 나름대로 이러한 법률을 집행할 수 있게 된다. 더구나 이 문제는 법원에서 토론을 거친 후에야 해결되었다. 요컨대 그것은 사법적 결정 사항일 따름이다.

7) 앞으로 살펴보겠지만, 연방 최고법원은 간접소권(間接訴權)을 가진다.

8) 『페더럴리스트(*Federalist*)』 제45호는 연방과 주 사이의 이러한 주권 배분에 대해 다음과 같이 설명한다. "헌법이 연방 정부에 위임한 권력은 한정적이고 그리 많지 않다. 반면에 주의 몫으로 남은 권력은 정해져 있지 않고 상당히 많다. 연방 정부의 권력은 강화, 전쟁, 협상, 통상 등 주로 대외 업무에 대해 행사된다. 주들이 보유한 권력은 주의 안위, 자유, 번영과 관련된, 업무의 일상적인 흐름에 따르는 모든 사안에 미친다." 나는 이 책에서 『페더럴리스트』를 자주 인용할 것이다. 훗날 합중국이 헌법으로 추인될 법률 초안이 아직은 국민들의 승인을 기다리고 있을 무렵에, 그 이후로 더 유명해질 세 인물, 즉 존 제이, 해밀턴 및 매디슨은 법률 초안의 이점을 국민들에게 설명하려는 목적으로 서로 힘을 합쳤다. 이들은 한 권의 책 분량에 달하는 일련의 논문들을 신문의 형식을 빌려 발행했다. 이들은 신문에 '페더럴리스트'라는 이름을 붙였는데, 오늘날 남아 있는 책이 바로 이것이다. 『페더럴리스트』는 비록 아메리카 특유의 상황을 담고 있기는 하지만 모든 나라의 정치인이 읽어봐야 할 훌륭한 저서이다.

연방 정부의 권한

한 나라의 국민이란 여러 나라의 국민들을 놓고 볼 때에는 그저 일개인에 지나지 않는다. 한 국민이 단일 정부를 필요로 하는 것은 무엇보다도 외국인과의 관계에서 유리한 입장에 서기 위해서이다.

연방에는 전쟁을 선포하고 강화를 맺을 배타적인 권리, 통상조약을 체결할 권리, 군대를 징집하고 함대를 양성할 권리 따위가 부여되어 있다.[9]

연방 정부의 필요성은 사실 사회 내부의 문제에 대해서는 그리 절박하게 느껴지지 않는다.

하지만 전국 단위의 하나의 총괄적인 권위체만이 효과적으로 제공할 수 있는 일반적인 이해관계의 문제들이 있기 마련이다.

돈의 가치와 관련된 모든 사안을 규제할 권리는 연방의 몫으로 남았다. 연방에는 또한 우편제도를 관장하고 국내의 여러 지역을 연결시켜줄 대로망을 건설할 권리가 주어졌다.[10]

일반적으로 각 주 정부에는 그 고유 영역에서의 자주권이 주어졌다. 하지만 주 정부가 이러한 독자성을 무분별하게 남용하고

---

9) 다음을 보라. 연방헌법 제8항; *Federalist*, n.41, 42; Kent, *Commentaries*, vol. I, p. 207; Story, p. 358-382, 409-426.

10) 이런 것들 외에도 파산에 관한 일반법을 제정할 권리, 특허장을 부여할 권리 등등 여러 가지가 있다. 이러한 사안들에 연방이 개입하는 데에는 뚜렷한 이유가 있었다.

분별없는 조치들로 연방 전체의 안정을 해칠 수도 있었다. 따라서 이런 흔치 않은 미리 정해진 몇 가지 경우에서는 연방 정부가 주의 내부 문제에 개입할 수 있도록 허용되었다.[11] 이렇게 해서, 연방에 가입한 개개 주 정부에 자체의 법제를 수정하거나 개정할 권한이 부여되었지만, 소급 법안을 만든다거나 주 안에서 귀족 작위를 수여하는 것은 금지되었다.[12]

마지막으로, 연방 정부가 맡은 바 책무를 다하도록 하기 위해, 세금을 징수할 무제한적 권리가 연방에 부여되었다.[13]

연방헌법에서 정해진 바와 같은 권력분립 구도를 주의 깊게 살펴보고, 그리고 한편으로 각 주에 부여된 주권의 몫과 다른 한편으로 연방이 차지한 권한의 몫을 비교 검토해본다면, 연방의 입법자들이 내가 앞에서 통치의 중앙집권화라고 부른 것에 대한 아주 뚜렷하고 정확한 개념을 품고 있었음을 쉽게 알아볼 수 있다.

합중국은 하나의 공화제 국가(république)일 뿐만 아니라 일종의 국가연합체(confédération)이기도 하다. 하지만 합중국에서 국가의 권위는 몇 가지 점에서 볼 때 같은 시대 유럽의 몇몇 절대군주정에서보다 훨씬 중앙집권화되어 있다. 두 가지 사례만 들어보도록 하자.

---

11) 이런 경우라 할지라도 연방 정부는 간접적으로만 개입할 수 있다. 앞으로 살펴보겠지만, 연방은 재판소를 통해서 개입하는 것이다.
12) 연방헌법, 제1조, 제10항.
13) 연방헌법, 제8항, 제9항, 제10항 ; *Federalist*, n.30-36, 41-44 ; Kent, *Commentaries*, vol. I, p. 207, 381 ; Story, p. 329, 514.

프랑스에는 13개의 최고법원이 있었다. 대개의 경우 이들 법원은 더 이상의 상급심 없이 심리를 진행할 수 있는 권리를 지녔다. 게다가 삼부회 지방(pays d'Etats)이라고 불린 몇몇 주에서는 국가를 대표하는 군주의 소관 사항인 세금 징수에 대한 동의를 거부할 수 있는 권한을 지니고 있었다.

그런데 합중국에는 법을 만드는 입법부가 하나인 것처럼, 법을 해석하는 재판부도 하나뿐이다. 그리고 국민의 대표자들이 가결한 세금은 모든 시민에게 구속력을 가진다. 따라서 이 두 가지 기본적인 점에서 연방은 비록 느슨하게 연합된 공화국들의 집합체에 지나지 않지만, 프랑스 군주정보다 훨씬 더 중앙집권화되어 있는 것이다.

에스파냐에서 몇몇 지방은 자체적인 관세 제도를 설치할 권한을 지니고 있었다. 이러한 권력은 그 본질상 국가주권과 관련된 것인데도 말이다.

아메리카에서는 의회만이 주들 상호간의 통상 관계를 규제할 권리를 가진다. 따라서 이 점에서 볼 때 느슨한 연합체의 통치가 에스파냐 왕국의 통치보다 훨씬 더 중앙집권화되어 있다고 할 수 있다.

물론 프랑스나 에스파냐에서 왕권은 언제나 왕국의 기본법에 금지되어 있는 것도 필요하면 무력을 동원해서라도 집행할 수 있었으므로 결국 그 결과는 매한가지였을 것이다. 하지만 내가 여기서 논의하는 것은 법률 이론에 대해서이다.

연방의 권력

연방 정부의 행동반경과 권한 영역을 확정한 다음에, 필요한 것은 연방의 권력이 어떻게 행사되는가를 정하는 문제였다.

입법권

연방 권력의 조직과 구성은 많은 점에서 볼 때 각 주들의 개별 헌법에서 미리 확정된 구상을 그대로 따른다.

합중국의 연방 입법부는 상원과 하원으로 구성되었다.

타협 정신에 힘입어 이 두 개의 의회는 각각 다양한 규정들에 입각해 구성되었다.

앞에서 나는 연방헌법을 만들고자 했을 때 두 가지 이해관계가 서로 대립했다고 밝힌 바 있다. 이 두 가지 이해관계는 두 가지 견해를 낳았다.

하나는 연방을 일종의 독립국가들의 연맹체(ligue)로, 달리 말하자면 개별 나라의 대표자들이 함께 모여 공통의 관심사를 논의하는 일종의 합동 회의(congrès)로 만들고자 했다.

다른 하나는 아메리카 식민지들에 거주하는 모든 주민을 하나의 동일한 국민으로 통합시키고 비록 제한된 영역에서라도 국민의 유일한 대표자로서 행동할 하나의 정부를 만들고자 했다. 이 두 가지 이론의 실제적인 결과들은 아주 다양했다.

예컨대, 단일한 전국 정부가 아니라 단순히 연맹체를 만든다면,

연방에 사는 다수 주민들이 아니라 다수 주들이 입법의 주체가 될 것이다. 크든 작든 모든 주는 독자적인 권한을 유지한 채 완전히 대등한 입장에서 연방에 가입할 것이기 때문이다.

반면에, 합중국 주민들이 하나의 동일한 국민을 구성하는 것으로 간주할 경우, 합중국의 다수 시민들만이 입법의 주체가 되는 것이 당연하다.

규모가 작은 주들은 만일 이러한 논리의 적용에 동의하게 되면 연방 주권과 관련된 분야에서 자신들의 존재 이유를 완전히 상실하게 될 것임에 틀림이 없다. 그도 그럴 것이 이 경우 작은 주들은 더 이상 서로 대등한 권력체가 아니라 한 거대한 국민의 미미한 한 부분에 지나지 않을 것이니 말이다. 첫 번째 방안이 채택된다면, 이들 주는 과도한 권위를 부여받게 될 것이지만, 두 번째 방안이 채택된다면 완전히 힘을 잃게 될 것이었다.

이러한 상황에서는, 논리적 접근과 실제의 이해관계가 서로 충돌할 때 으레 발생하기 마련인 결과가 나타났다. 즉 논리의 규칙들을 저버리고 현실을 따랐다. 입법자들은 이론적으로는 화해 불가능한 두 가지 접근법을 힘으로 화해시키는 중도 노선을 채택한 것이다.

상원의 구성에서는 주들의 독립성이라는 원칙이 압도적이었다. 반면에 하원의 구성에서는 국민주권의 원리가 압도적이었다.

각 주는 상원 의원 두 명을 의회에 보내야 했으며, 또한 인구 비례에 따라 그에 상당하는 만큼의 하원 의원을 의회에 보내야 했다.[14]

이러한 조정의 결과, 오늘날 뉴욕주는 40명의 하원 의원과 2명의 상원 의원을 보유하고 있는 반면, 델라웨어주는 2명의 상원 의원과 1명의 하원 의원만을 보유하고 있다. 따라서 델라웨어주는 상원에서는 뉴욕주와 대등하지만, 뉴욕주는 하원에서 델라웨어주보다 40배나 영향력이 큰 셈이다. 따라서 상원을 지배하는 국민의 소수가 하원에서 대표되는 국민 다수의 의지를 완전히 마비시켜버릴 수도 있게 되는데, 이것은 입헌 통치의 정신에 어긋나는 것이다.

이 모든 것은 입법의 모든 부분을 논리적이고 합리적인 방법으로 결합하는 것이 얼마나 드물고 어려운 일인가를 잘 보여준다.

시간이 흐름에 따라서 한 나라에 여러 가지 이해관계가 나타나고 다양한 권한들이 생겨나기 마련이다. 국가의 전반적인 체제를 정비해야 할 때가 왔을 때, 이 개개의 이해관계와 권한들은 갖가지 결과들을 파생시켜 어떤 정치 원칙도 확고히 뿌리내리지 못하

---

14) 10년마다 한 번씩 의회는 각 주에 배당된 하원 의원 수를 다시 정한다. 하원 의원 수는 1789년에 69명에서 1833년에 240명으로 늘었다(*American Almanac*, 1834, p. 194). 연방헌법은 하원 의원의 수는 인구 3만 명당 1명을 넘지 못한다고 규정하고 있다. 하지만 각 주당 최소 의원 수는 정해지지 않았다. 하원은 인구의 증가에 비례해서 의원의 수를 늘려야 한다고는 생각하지 않았다. 이 문제를 다룬 첫 번째 법안(Story, *Laws of the United States*, vol. I, p. 235 참조), 즉 1792년 4월 14일에 만들어진 법안은 주민 3만 3,000명당 1명의 의원을 둔다고 규정했다. 1832년에 제정된 가장 최근의 법은 주민 4만 8,000명당 의원 1명으로 정했다. 각 주의 인구 산정에는 자유인 총수와 노예 수의 5분의 3이 포함된다.

도록 가로막게 된다. 따라서 국가가 조직되는 그 초창기가 법제를 논리에 따라 확고하게 만들 수 있는 유일한 시기이다. 어떤 나라가 이러한 이점을 지니고 있다면, 그 나라가 현명하기 때문에 그러하다고 성급하게 결론짓기보다는 그 나라가 젊기 때문에 그러하다고 생각하는 편이 아마도 옳을 것이다.

연방헌법이 만들어지던 시기에, 영국계 아메리카인들에게는 한편으로 개별 주들의 독자성과 다른 한편으로 국민 전체의 연합이라는, 확연하게 상반되는 두 가지 이해관계밖에 없었다. 그러니 이 두 가지는 타협을 이루어내야만 했다.

하지만 연방헌법의 이러한 부분이 아직까지는 우려했던 폐단을 낳지 않았다는 점을 인정해야 한다.

주들은 모두 젊고 서로 인접해 있다. 주들은 서로 동질적인 습속, 이념, 욕구 따위를 지니고 있다. 서로 크기가 다른 데서 오는 차이는 서로의 이해관계를 대립시킬 정도로 크지는 않다. 따라서 작은 주들이 큰 주들의 의도에 맞서 상원에서 서로 연합하는 일은 여태껏 없었다. 더구나 모든 국민의 의지의 합법적 표현에는 무언가 거역할 수 없는 권위가 따르는 까닭에, 상원은 하원에서 표출되는 다수의 표 앞에서 취약할 수밖에 없다.

더구나 아메리카의 입법자들에게는 법안을 만들도록 자신들을 뽑아준 사람들을 하나의 통합된 국민으로 만들 수 있는 권한이 전혀 없었다는 사실을 잊어서는 안 된다. 연방헌법의 목적은 주의 존재를 파괴하는 것이 아니라 단지 주의 위상을 제한하는 것이었다. 이 하위 집단들, 즉 주들에 실질적인 권력을 내줌으로써 (그리고 사실 권력을 빼앗을 수도 없었던 까닭에) 아메리카의 입법자들은 다수의 의지에 따르게 하기 위해 관행적으로 사용하곤 하던 강제 조치들을 미연에 포기해버렸다. 이렇게 될 경우, 연방 정부의 운용에 개별 주들의 영향력을 끌어들이는 것은 그리 놀랄 만한 일이 아니었다. 그것은 그저 하나의 기정사실, 즉 강압적으로 다루어서는 안 되고 조심스레 대해야 하는, 인정할 수밖에 없는 권위체를 드러내줄 따름이다.

상원과 하원의 또 다른 차이점

상원과 하원의 차이점은 대표 원칙 자체에서뿐만 아니라 선출 방식, 임기 및 권한의 성격에서도 나타난다.

하원은 인민에 의해 선출되지만, 상원은 각 주의 입법자들에 의해 선출된다.

하원은 직접 선거에 의해 선출되지만, 상원은 선출된 기구에 의해 선출된다.

하원 의원의 임기는 2년이지만, 상원 의원의 임기는 6년이다.

하원은 입법 기능만을 지니며, 공직자들을 기소할 때에만 사법권의 일부를 행사할 수 있다. 상원은 하원의 입법 활동을 돕고, 하원에서 넘어온 정치 범죄를 재판한다. 상원은 또한 국가의 상급 집행위원회 구실을 한다. 대통령이 체결한 조약들은 상원의 비준을 통과해야만 한다. 대통령이 임명한 공직은 마찬가지로 상원의 승인을 얻어야만 법률적 효과를 발휘한다.[15]

행정권[16]

아메리카의 입법자들은 아주 어려운 과업을 떠맡았는데, 그것은 국민 다수에 의존하지만 그와 동시에 자신의 영역에서는 자유로이 행동할 수 있을 만큼 강한 행정권을 만들어내는 일이었다.

행정권의 대표자가 국민의 의지에 복종해야 하는 것은 공화 제도를 유지하는 데 필수적인 사항이다.

대통령은 선출직 관리이다. 대통령의 명예, 재산, 자유 및 생명은 국민에게 그가 자신의 권력을 절제 있게 사용할 것이라는 항구적인 보증과도 같은 것이다. 하지만 대통령은 자기 권력을 행사하는 데에서 완전히 독립적이지는 않다. 상원은 대외 관계나 공직 임명에서 대통령의 결정을 인준하는 권한을 갖는다. 결국 대통령은 남을 매수할 수도 매수당할 수도 없게 된다.

행정권이 개별 주 차원에서보다 더 안정적이고 더 강한 힘을 얻지 못할 경우 연방 행정은 위엄 있게, 그리고 효율적으로 자신의 업무를 수행할 수 없으리라는 것을 연방의 입법자들은 인정했다.

대통령의 임기는 4년이고 재선될 수 있도록 정해졌다. 재선 가능성을 열어둠으로써, 그는 공익을 위해 더 일하겠다는 포부와 그 포부를 실천에 옮길 방안들을 얻게 되었다.

---

15) *Federalist*, n.52-66 ; Story, p. 199-314 ; 연방헌법, 제2항, 제3항.
16) *Federalist*, n.67-77 ; 연방헌법, 제2조 ; Story, p. 315, 515-780 ; Kent, *Commentaries*, p. 255.

대통령은 연방의 집행 권한의 유일한 대표자로 정해졌다. 대통령의 결정을 어떤 협의체 따위의 결정에 복종시키지 않도록 하는 조항도 마련되었는데, 이는 만일 그렇게 할 경우 정부의 기능이 마비되는 동시에 정부의 책임이 줄어들게 되는 엉뚱한 일을 막기 위해서였다. 상원은 대통령이 취한 조치의 일부를 무효화하는 권리를 가지고 있지만, 대통령에게 어떤 조치를 취하도록 강요할 권한이 없으며 행정권을 대통령과 나눠 가질 수도 없다.

입법부가 행정권에 직접적으로 영향을 미칠 수는 있을 것이다. 하지만 입법부의 영향력이 직접적으로 미치지 않도록 하려고 아메리카인들이 여러 신중한 조치들을 강구했다는 것을 우리는 앞에서 살펴보았다. 물론 입법부는 간접적으로 영향을 미칠 수는 있다.

상하 양원은 공직자의 봉급을 박탈할 수 있는 권한을 지님으로써 공직자의 독립성의 일부를 침해한다. 따라서 법률을 만드는 주체인 의회가 헌법에서 공직자에게 보장된 권력의 몫을 조금씩 빼앗아가지나 않을까 하는 우려가 제기되기도 한다.

행정권의 이러한 의존성은 공화정체에 내재한 결함들 중 하나이다. 아메리카인들은 정부를 장악하려는 입법부의 이러한 성향을 완전히 제어하지는 못했지만, 그래도 어느 정도 누그러트려 놓았다.

대통령의 봉급은 취임 당시에 정해지며 재임 기간 내내 그대로 유지된다. 그리고 대통령은 헌법에 의해 보장된 자신의 독립성의 일부를 훼손할 수도 있는 법률들의 통과를 저지할 수 있는 거부권을 행사한다. 하지만 입법부가 자기의 주장만을 고집하면서 언제든 쉽사리 반대를 이겨낸다는 점에서, 대통령과 입법부 사이의 투쟁은 항상 불균등할 따름이다. 하지만 대통령의 거부권은 의회로 하여금 자신의 판단을 철회하고 문제를 다시 심의하도록 이끌 수 있다. 그리고 이 경우에 의회가 동의안을 유지하려면 상하 양원의 3분의 2에 이르는 다수표를 얻어야 한다. 대통령의 거부권은 일종의 국민에 대한 호소라고 할 수 있다. 이러한 보장책이 없다면 은밀하게 억압당할지도 모르는 집행 권력이 이렇게 자신의 주장을 천명하고 자신의 입장을 호소할 수 있는 것이다. 하지만 입법부가 자기의 주장을 굽히지 않는다면, 입법부는 언제든 반대를 억누를 수 있지 않을까? 이 점에 대해서 나는, 어느 나라의 헌법에든지 입법자가 시민들의 상식과 덕성에 의존하지 않을 수 없는 일정한 수준이 있기 마련이라고 대답하고자 하다. 이 수준은 공화정 체제에서는 더 가깝게 다가오고 더 뚜렷하게 드러나지만, 왕정 체제 아래에서는 더 멀리 떨어져 있고 더 용의주도하게 은폐되어 있다. 하지만 언제든 어디에서나 드러나기 마련이다. 만사가 법으로 해결될 수 있고 제도가 이성과 습속을 대신해야 하는 나라는 있을 수 없다.

합중국 대통령의 지위는
프랑스 입헌군주의 지위와 어떻게 다른가

행정권은 나라의 운명에 아주 큰 영향을 미친다. 여기서는 행정권이 아메리카인의 삶에서 어떤 지위를 차지하는가에 대해 잠시 살펴보자.

합중국 대통령의 지위를 명확하고 자세하게 파악해보려면, 그것을 유럽 입헌 왕정들 중 하나에서의 국왕의 지위와 비교해보는 것이 바람직할 듯하다.

이 비교에서 나는 권력의 외형적 표상에는 별로 주의를 기울이지 않을 것이다. 왜냐하면 그것은 관찰자의 조사를 안내하기보다는 현혹하기 쉽기 때문이다.

왕정에서 조금씩 공화정으로 바뀌어갈 때, 행정 권력은 그 현실적인 힘을 다 잃은 한참 후에도 왕권에 딸린 작위, 영예, 충성심, 심지어 자금줄까지도 그대로 간직하게 된다. 영국인들은 한 국왕의 목을 자르고 다른 한 국왕은 권좌에서 추방해버린 후에도 이 군주들을 계승한 자들 앞에서 무릎을 꿇고 이야기하곤 했다.

다른 한편, 공화정이 단 한 사람의 지배 아래 들어가게 될 때, 권력자의 처신은, 마치 통치자는 그 누구의 위에도 서지 않는다는 듯이, 변함없이 단순하고 꾸밈이 없으며 겸허하게 나타난다. 황제들이 동료 시민들의 재산과 생명에 대해 독재적인 권한을 행사할 때에도, 그들은 여전히 카이사르라고 불렸으며 자기 친지들 집에서 친근하게 어울려 먹고 놀았다.

따라서 문제의 표면을 넘어서 이면을 들여다볼 필요가 있다.

합중국에서 주권은 연방과 주들 사이에 나뉘어져 있지만, 프랑스에서 주권은 단일하고 집중되어 있다. 바로 여기에서 합중국 대통령과 프랑스 국왕 사이의 우선적이고 가장 중요한 차이점이 생긴다.

합중국에서 행정권은 그 행정권의 바탕이 되는 주권과 마찬가지로 제한적이고 예외적인 성격을 갖는다. 프랑스에서 행정권은 주권과 마찬가지로 모든 곳에 미친다.

아메리카인들이 연방 정부를 가지고 있다면, 우리 프랑스인들은 전국적인(national) 정부를 가지고 있다.

으레 나타나기 마련인 이러한 아메리카의 상대적 취약점을 가져오는 우선적인 원인이 바로 여기에 있다. 하지만 이것이 다가 아니다. 주권이란 그 고유한 의미에서 법률을 제정하는 권리라고 정의할 수 있다면, 취약점을 낳은 두 번째 원인으로 다음과 같은 사실을 거론할 수 있다.

프랑스에서 국왕은 실질적으로 주권자의 일부를 구성한다. 만일 국왕이 그 법률에 대한 재가를 거부할 경우, 법률은 효력을 갖지 못하기 때문이다. 더구나 국왕은 법률의 집행자이기도 하다. 합중국에서 대통령은 마찬가지로 법률의 집행자이다. 하지만 대통령은 실질적으로 법률의 제정에는 개입할 여지가 없다. 대통령이 동의하지 않는다고 해서 법률이 통과되지 않는 것은 아니기 때문이다. 따라서 그는 결코 주권자의 일부를 구성하지 못한다. 그는 주권의 대행자에 지나지 않는 것이다.

프랑스에서 국왕은 주권자의 일부를 구성할 뿐만 아니라 그 주권의 또 다른 부분이라 할 수 있는 입법부의 지명에 개입한다. 국왕은 상원 의원을 지명할 권한을 가지며 원한다면 언제든 하원을 해산시킬 권한을 가진다. 반면에 합중국의 대통령은 입법부의 지명에 개입할 권한도, 입법부를 해산시킬 권한도 없다.

국왕은 상하 양원과 법률안 제안권을 나누어 갖는다.

대통령은 이와 유사한 권한이 없다.

국왕은 일정 수의 대행자들을 상하 양원에 보내서 자신의 뜻을 개진하고 자신의 의사를 관철시키도록 하며 정부의 정책을 내세우도록 할 수 있다.

대통령은 의회에 자유로이 출입할 권한이 없으며, 휘하 장관들도 마찬가지이다. 대통령의 영향력과 의견은 간접적인 길을 통해서만 의회라는 거대한 입법 기구에 침투할 뿐이다.

따라서 프랑스의 국왕은 입법부와 대등하다. 달리 말해서 국왕은 입법부 없이 기능할 수 없으며, 입법부는 국왕 없이 기능할 수 없다.

대통령은 마치 종속적인 하위 권력처럼 입법부의 옆자리에 위치한다.

프랑스 국왕의 지위와 가장 비슷한 지위로 접근한 듯 보이는 영역, 즉 행정권의 행사에서도 대통령은 여전히 국왕에 비해 상대적으로 몇 가지 상당히 취약한 입장에 처해 있다.

프랑스에서 국왕의 권력은 대통령의 권력에 비해 지속성의 이점을 지니고 있다. 그런데 지속성이야말로 권위의 첫 번째 요소라고 할 수 있다. 오래 지속될 수 있는 것만이 존중의 대상이 되기도 하고 증오의 대상이 되기도 하는 것이다.

합중국 대통령은 4년 임기의 선출직 관리이다. 프랑스에서 국왕은 세습 지위이다.

합중국의 대통령은 행정권을 행사하는 데에서 늘 감시와 견제를 받는다. 그는 조약을 준비하지만 체결할 수는 없다. 그는 연방

관리들을 추천할 수 있지만 임명할 수는 없다.[17]

프랑스 국왕은 행정권의 영역에서는 절대군주와 매한가지이다.

합중국의 대통령은 자신의 행동에 대해 책임을 진다. 하지만 프랑스에서 국왕의 인신은 법적으로 불가침성을 보장받는다.

그렇지만 프랑스의 국왕이든 합중국의 대통령이든 이 두 가지 권력 위에 하나의 선도적인 권력이 자리 잡고 있는데, 그것이 바로 여론의 권력이다. 이 권력은 합중국에서보다는 프랑스에서 더 확연하게 드러나지 않으며, 널리 인정받지도 못하고 법제적 형식으로 정리되지도 않았다. 하지만 이 권력은 사실상 어디에나 존재한다. 아메리카에서 여론은 선거와 법령을 통해 작용하지만, 프랑스에서는 혁명들을 통해 작용한다. 따라서 프랑스와 합중국은 서로 다른 체제에도 불구하고 하나의 공통점을 갖는 셈인데, 그것은 바로 여론이 압도적인 권력을 행사한다는 점이다. 따라서 그 발전 추세와 결과가 두 나라 사이에 다소 차이가 나기는 하지만, 법제의 기본 원칙은 두 나라에서 동일하다고 할 수 있다. 이 원칙이란 바로 공화제의 원칙을 말한다. 그러므로 합중국의 대통령제가 왕정에 가까운 것보다는 프랑스의 왕정이 공화제에 훨씬 더 가깝다고

---

17) 연방헌법은 대통령이 연방 공직자를 임명할 때와 마찬가지로 해임할 때에도 상원의 협의를 거쳐야 하는가라는 문제를 숙제로 남겨놓았다. 「페더럴리스트」 제77호는 이에 대해 긍정적인 답을 내놓은 듯하다. 하지만 1789년에 의회는, 대통령은 책임을 져야 하기 때문에 대통령의 신뢰를 잃은 관리를 계속 채용하도록 대통령에게 강요할 수는 없다는 합당한 결정을 내렸다. Kent, *Commentaries*, p. 289.

나는 믿는다.

지금까지 나는 주요한 차이점들만을 언급했다. 세부 사항들까지 파헤친다면, 차이점은 더 뚜렷하게 드러날 것이다. 하지만 여기서 모든 것을 다 말할 수는 없을 것이다.

합중국 대통령의 권력은 제한된 주권의 영역 안에서만 행사되는 반면, 국왕의 권력은 프랑스에서 완벽한 주권의 영역 안에서 행사된다고 나는 앞에서 말했다.

나는 여기에 덧붙여서, 프랑스에서 국왕의 통치권이 그 범위가 어떠하든 그 자연적 한계마저 넘어서서 수많은 방법으로 개인적 이해관계들을 통제하는 데까지 침투하는 것을 보여줄 수도 있을 것이다.

국왕의 영향력을 보여주는 사례로, 행정부에 의해 임명되는 공직자의 수가 얼마나 많은가를 덧붙이는 것으로 정리하도록 하자. 프랑스에서 공직자의 수는 이미 기존의 기록을 넘어서서 13만 8,000명에 이르렀다.[18] 이 13만 8,000개 공직의 각각은 모두 한 가지 권력 요소로 간주되어야 한다. 대통령은 공직을 임명할 배타적인 권리를 갖고 있지 않으며, 공직의 수도 1만 2,000개를 넘지 않는다.[19]

---

18) 이 다양한 공직자들에게 매년 국가가 지불하는 금액은 2억 프랑에 달한다.
19) 합중국에서는 매년 『내셔널 캘린더(*National Calendar*)』라고 불리는 연감이 발행된다. 여기에는 모든 연방 공무원의 이름이 기재되어 있다. 여기에 제시한 수치는 1833년판 『내셔널 캘린더』에서 뽑은 것이다. 수치들을 비교해보면, 당시 프랑스 인구는 합중국 인구의 1.5배를 넘지 않았는데도 프랑스 국왕은 합중국 대통령보다 11배나 많은 공직을 좌우할 수 있었다는 것을 알 수 있다.

행정권의 영향력을 증대시키는
몇 가지 우연적인 요인

프랑스에서보다 아메리카에서 행정권이 더 약하다면 그 원인은 아마도 법제에서보다는 환경에서 찾아야 할 것이다.

한 나라의 행정권이 그 요령과 역량을 발휘할 기회를 얻게 되는 것은 주로 다른 나라들과의 관계에서이다.

연방의 생존이 끊임없이 위협을 받을 경우, 연방의 주요 이해관계가 다른 강국들의 이해관계와 매일같이 부딪힐 경우, 사람들이 행정권에 대해 더 많은 것을 바라게 되고 이에 따라 행정권은 더 많은 것을 처리하게 되는 까닭에 행정권의 비중은 더욱 커질 것이다.

합중국의 대통령은 물론 군대의 총사령관이지만, 군대 병력은 6,000명뿐이다. 대통령은 함대를 지휘하지만, 함선 수는 몇 척에 불과하다. 대통령은 합중국의 외교 업무를 총괄하지만, 합중국에는 이웃 나라가 거의 없다. 대양으로 인해 세계의 다른 부분과 떨어져 있고 제해권을 다투기에는 아직 힘이 약한 까닭에, 합중국은 적국도 없으며 합중국의 이해관계는 다른 나라들의 이해관계와 거의 충돌하지 않는다.

이러한 사실은 한 나라의 실질적인 통치 관행을 그 나라의 법제 이론으로 판단해서는 안 된다는 점을 잘 보여준다.

합중국의 대통령은 거의 왕권과 다름없는 권력을 지니고 있지만, 그 권력을 사용할 기회를 거의 얻지 못한다. 그리고 지금까지 그가 사용할 수 있는 권리들도 아주 제한적이다. 법제는 대통령에게 강한 권력을 허용하지만, 환경적 요인이 그를 허약한 존재로 만든 것이다.

이와 달리, 프랑스 왕권이 엄청난 권력을 행사하게 된 것은 법제의 덕이라기보다 환경의 덕이다.

프랑스에서 행정권은 끊임없이 엄청난 장애에 맞서 싸우며, 이 장애를 물리치기 위해 엄청난 국가 자원을 동원한다. 행정권이 집행하는 업무들이 많으면 많을수록, 통제하는 사건들이 중요하면 중요할수록, 헌법을 고치지도 않은 상태에서 행정권의 힘이 커지게 된다.

법률 조문으로 보면, 프랑스의 행정권은 합중국 연방의 행정권만큼이나 취약하기는 매한가지였다. 하지만 그 영향력은 어느새 엄청나게 커졌던 것이다.

합중국 대통령이 업무 추진에서
상하 양원의 동의를 구할 필요가 없는 이유

입헌군주는 상하 양원의 동의를 얻지 못할 경우 통치할 수 없다는 것이 유럽에서는 거의 정설로 되어 있다.

합중국의 대통령이 입법부에서 다수의 지지를 얻지 못하는 경우가 종종 있었지만, 그렇다고 그가 권력을 내놓아야 했던 것도 아니었으며, 이로 인해 사회에 어떤 심각한 폐단이 발생한 것도 아니었다.

이와 같은 사실이 아메리카에서 행정권의 독립성과 힘을 입증하는 사례로 자주 거론되곤 한다. 그러나 잠시만 잘 생각해보면,

그것은 오히려 행정부의 허약성을 입증하는 사례일 수 있음을 알수 있다.

유럽의 국왕은 헌법이 그에게 부여한 막중한 직무를 수행하기위해 입법부의 지지를 필요로 한다. 유럽의 입헌군주는 단순히 법률의 집행자로 그치지 않는다. 법률 집행의 책무가 너무도 완벽하게 국왕에게 내맡겨져 있는 까닭에, 만일 법률이 국왕의 뜻에 어긋날 경우 국왕은 그 법률의 효력을 정지시킬 수도 있다. 국왕이법률을 제정하기 위해 의회를 필요로 한다면, 의회는 법률을 집행하기 위해 국왕을 필요로 하는 것이다. 이 두 권력체는 서로 상대방이 없으면 살아갈 수 없다. 이 둘이 서로 대립하게 되면 정부 기능은 곧 마비된다.

아메리카에서 대통령은 법률의 통과를 막을 수 없으며 법률 집행의 의무를 회피할 수도 없다. 대통령의 진솔하고 열정적인 협조는 물론 업무의 수행에 유용한 것이지만 그렇다고 필요 불가결한것은 아니다. 모든 중요한 업무 수행에서 대통령은 직접적으로든간접적으로든 입법부에 종속되어 있다. 입법부의 영향에서 벗어날 경우, 그는 실질적으로 아무 일도 할 수 없다. 따라서 대통령이입법부 권력과 줄곧 대립을 유지한다면, 그것은 그의 권력이 강하기 때문이라기보다 약하기 때문이라고 할 수 있다.

유럽에서는 국왕과 상하 양원 사이에 심각한 충돌이 발생할 수도 있기 때문에, 둘 사이에 협조가 이루어져야 한다. 아메리카에서는 충돌 자체가 불가능하기 때문에, 그러한 협조가 반드시 의무사항은 아니다.

대통령 선거

큰 나라에서 행정부 수반을 뽑는 데 사용하는 선거제도는 상당한 위험성을 안고 있다. 역사가들이 누누이 지적해온 이러한 위험성에 대해 우리는 경험을 통해 잘 알고 있다.

여기서는 아메리카의 사례에 대해서만 살펴보도록 하자.

선거제도가 초래하는 위험성은 행정권이 국가에서 차지하는 위상과 중요성에 따라, 그리고 선거 양식과 유권자들이 처해 있는 상황에 따라, 클 수도 있고 작을 수도 있다.

선거를 통해 국가수반을 뽑는 데 반대하는 입장도 타당한 이유가 없지 않다. 선거가 사사로운 야심에 너무도 큰 유혹을 던져주고 사람들이 마음속에 권력욕을 불질러놓곤 하기 때문에 합법적인 수단만으로 안 될 경우 무력에 호소해서 권력을 잡는 일이 자주 발생한다는 것이 흔히 제기되는 반대 이유이다.

행정권의 특전이 클수록 유혹도 커진다는 것은 당연하다. 그리고 후보자의 야망이 고조되면 될수록 후보자가 승리한 후 권력을 함께 나누려는 측근 무리들이 더 늘어난다는 것 또한 당연하다.

따라서 선거제도가 갖는 위험성은 국정 운영에서 행정권이 행사하는 영향력에 정비례해서 커진다고 말할 수 있다.

폴란드에서 몇 차례 혁명이 일어나게 된 것은 물론 선거제도 자체에 그 원인이 있었지만, 선출된 관리가 바로 거대 왕국의 군주였다는 사실에도 그 원인이 있었다.

선거제도 자체의 가치를 논하기에 앞서서, 우선적으로 답해야 할 물음이 하나 있다. 그것은 그 선거제도를 도입하고자 하는 나라의 지리적 위치, 그 나라의 법제, 습관, 습속, 여론 따위가 그 나라에 취약하고 의존적인 행정부가 들어서도록 허용할지의 여부에 대한 물음이다. 왜냐하면 국가의 대표자가 여전히 막강한 권력을 갖는 동시에 선거를 통해 선출되기를 바란다는 것은 내가 보기에 서로 모순된 두 가지 일을 꾀하는 것에 다름 아니기 때문이다. 내가 보기에 세습 왕권을 선거에 의한 권력으로 바꾸는 유일한 방법은 미리 왕권의 행동반경을 줄이고 그 특전을 점차적으로 축소하며 나아가 국민들이 왕의 도움 없이도 살아 나갈 수 있도록 조금씩 훈련시키는 것이다. 하지만 유럽의 공화주의자들은 이러한 일에 거의 관심을 기울이지 않는다. 이들 대다수는 그 가혹한 폭정의 표적이 그들 자신이라는 바로 그 이유로 폭정을 싫어할 따름이어서, 행정권의 확대에 대해서는 그리 우려하지 않았다. 이들은 행정권의 압제와 행정권의 확대 사이에 얼마나 밀접한 관련이 있는지를 알아채지 못한 채 압제만을 공격하고 있는 것이다.

여태껏 합중국 대통령이 되기 위해서라면 자신의 명예와 생명까지도 내놓겠다고 나선 사람이 없었다. 그 까닭은 대통령의 권력이라는 것이 아주 일회적이고 제한되어 있으며 종속적이기 때문이다. 이러한 절박한 모험은 엄청난 운과 대가가 따르지 않고서는 경기자들을 끌어모을 수 없다. 위험스러운 열정을 인민에게 불어넣거나 열정적인 지지자들을 모을 수 있는 후보자는 여태껏 없었다. 그 이유는 단순하다. 그가 정부의 수반이 되더라도 그에게는 측근들에게 나누어줄 권력도 재산도 영광도 별로 없기 때문이다. 그리고 국정에서 그의 영향력도 아주 미약하기 때문에, 그의 집권 여부에 따라 지지 당파의 성패가 엇갈리는 일도 거의 없다.

세습 왕정은 한 가지 커다란 이점을 갖고 있다. 요컨대 어느 한 가문의 사적인 이해관계가 언제나 국가의 이해관계와 아주 밀접하게 연결되어 있기 때문에 국가의 이해관계는 잠시도 등한시되지 않는다. 국가의 운영이 그 어느 곳에서보다 왕정들에서 더 잘 이루어진다고는 말할 수 없을 것이다. 하지만 적어도 왕정에서는 어떤 한 사람이 잘하든 잘못하든 자신의 역량에 따라 국정을 책임지고 있다.

이와는 반대로, 선거를 치르는 국가에서는 선거철이 다가오면서, 때로는 선거가 시작되기 훨씬 이전부터 정부 기구들은 거의 제대로 돌아가지 못한다. 물론 행정 권력의 공백이 오래가지 않도록 하기 위해 선거를 단 한 번에 신속하게 끝낼 수 있도록 법률적 보완책을 마련할 수도 있을 것이다. 하지만 어떤 조치를 취하든 입법자들의 노고에도 불구하고 국민들의 마음속에는 공백이 자리잡게 된다.

선거가 가까워지면, 행정부의 수반은 다가올 선거전만을 생각한다. 그에게는 앞날에 대한 청사진도 없으며 어떤 새로운 일도 도모하지 않는다. 아마도 후임자가 끝맺게 될 일을 그저 마지못해 수행할 따름이다. 1809년 1월 21일(선거 6주 전), 제퍼슨 대통령은 이렇게 말했다. "퇴임할 시기가 바짝 다가온 까닭에 나는 내 의견을 표명하는 정도 외에는 전혀 공무에 손을 대지 않는다. 업무를 집행하고 또 그에 대한 책임을 지는 것은 바로 나의 후임자일 터이니 애초부터 그가 착수할 수 있도록 여지를 남겨두는 것이 온당한 일로 보인다."

국민의 시선은 온통 한군데에 집중된다. 국민은 새 정권의 탄생이라는 이 중요한 작업을 눈여겨 보느라 달리 여념이 없는 것이다.

국정의 운영에서 행정권이 차지하는 비중이 크면 클수록 행정부의 일상적인 기능은 더 중요해지고 더 필요해질 것이며, 따라서 이러한 권력 공백 기간은 더 위험해질 것이다. 행정권에 의한 통치를 받는 데 익숙해진 국민, 하물며 강력한 행정부에 의한 일상적인 보호에 길들여진 국민은 선거를 치를 때면 심각한 동요를 겪지 않을 수 없을 것이다.

그런데 합중국에서 행정부는 별 탈 없이 활동을 늦출 수 있는데, 그 까닭은 행정부의 활동 자체가 애초부터 취약하고 제한적이기 때문이다.

정부의 수반을 선거로 뽑을 때, 국가의 내정과 외정에는 거의 언제나 일정한 불안정이 초래되기 마련이다. 선거제도의 주요 결함 중 하나가 바로 이것이다.

그러나 이러한 폐단은 선출직 관리에게 부여되는 권력의 정도에 따라 심각할 수도 있고 별로 그렇지 않을 수도 있다. 고대 로마에서 집정관들이 매년 바뀌었지만 통치 원칙은 바뀌지 않았다. 왜냐하면 세습 기구인 원로원이 주도적인 권력을 가지고 있었기 때문이다. 대다수 유럽의 왕국들에서 국왕을 선거로 뽑는다면, 왕국은 선거 때마다 완전히 달라질 것이다.

아메리카에서 대통령은 국정 운영에 상당한 영향력을 행사하기는 하지만 결코 국정을 좌우하지 못한다. 우월한 권력은 국민 전체의 대표들에게 있다. 따라서 정치의 기조를 바꾸기 위해 우선 바꿔야 하는 것은 대통령이 아니라 인민대중이다. 그러므로 아메리카에서 행정부의 수반을 뽑는 선거제도가 정부의 안정성을 아주 심각하게 해치는 것은 아니라고 할 수 있다.

물론 이러한 안정성의 결여는 선거제도에 깊숙이 뿌리박혀 있는 폐단이기 때문에, 그 효과는 대통령의 행동 영역이 아무리 제한되어 있다고 해도 적어도 그 안에서는 아주 현저하게 나타난다.

아메리카인들은 행정권의 수반이 업무를 수행하고 온전히 책임을 지기 위해서는 가능한 한 자유롭게 자신의 대행자들을 임명하고 또 마음대로 해임이 가능해야 한다고 생각했다. 마찬가지로 입법부가 대통령을 견제할 따름이지 통제해서는 안 된다고 생각했다. 그 결과 대통령 선거를 치를 때마다 모든 연방 관리의 운명이 일종의 계류 상태에 들어가게 된다.

유럽의 입헌왕국들에서 하급 행정관리들의 운명이 대개의 경우 고위 대신들의 운명에 달려 있다는 점에 대해 불평이 일곤 한다. 정부 수반이 선거로 뽑히는 국가들에서는 사정이 더 열악할 것이다. 그 이유는 단순하다. 입헌왕국들에서 대신들은 자주 교체되지만 행정권의 주요 대표자는 거의 바뀌지 않는 까닭에, 혁신을 위한 움직임도 일정한 한계에 머물 수밖에 없다. 행정제도들은 세부적인 부분에서만 바뀔 뿐 원칙에서는 변하지 않는다. 한 제도를 다른 제도로 대체한다는 것은 거의 혁명을 일으키는 일이다. 그런데 아메리카에서 이러한 혁명은 법률의 이름으로 4년에 한 번씩 일어난다.

이러한 제도로 인해 응당 개개인이 감수해야 하는 역경에 대해 말하자면, 공직자의 운명이 불안정하게 됨으로써 으레 다른 나라에서라면 생길 수 있는 폐단이 아메리카에서는 발생하지 않는다는 사실을 인정해야 할 것이다. 합중국에서는 독립적인 생활을 영위한다는 것이 너무나도 쉬운 일인 까닭에, 해임된 공무원은 이따금 그의 안락한 생활을 잃을 수는 있으나 결코 생계 수단을 빼앗기지는 않는다.

행정부 수반을 뽑는 선거제도가 가져오는 위험성은, 유권자들이 처해 있는 상황에 따라 클 수도 있고 작을 수도 있다고 나는 이 장의 첫머리에서 말했다.

행정권의 역할을 아무리 줄이려 한들, 행정권이 법률에 의해 정해진 권한에 상관없이 엄청난 영향력을 발휘할 수밖에 없는 분야가 하나 있다. 그것은 바로 대외 정책이다. 협상은 단 한 사람에 의해 착수될 수밖에 없고 또 단 한 사람에 의해 성공적으로 수행될 수밖에 없기 때문이다.

국민의 처지가 불안하고 위태로우면 위태로울수록, 일관성 있고 안정적인 외교정책의 필요성은 더욱 절실하게 느껴질 것이며, 그만큼 국가의 수반을 선거로 뽑는 제도의 위험성은 더욱 커질 것이다.

아메리카의 대외 정책은 단순하다. 아메리카는 다른 나라들을 필요로 하지 않으며 또 다른 나라들은 아메리카를 필요로 하지 않는다고 말할 수 있을 정도이다. 합중국의 독립은 위협받은 적이 없다.

따라서 아메리카에서는 행정권의 역할이 법률에 의해서만큼 아메리카인들이 처한 상황에 의해서 제한된다고 할 수 있다. 대통령이 자주 정책을 바꾼다고 해서, 국가가 난경에 빠지지는 않는다.

행정권이 지닌 특전이 무엇이든 간에, 선거 직전의 시기와 선거 기간은 국가적 위기의 순간으로 간주되어야 할 것이다.

그런데 그 나라의 내부 갈등과 외부 위협이 심각하면 심각할수록, 이 위기의 순간은 더 위험하게 다가온다. 유럽에서 지도자가 바뀔 때마다 외부의 침공이나 내부의 혼란을 걱정하지 않는 국가는 거의 없을 것이다.

아메리카에서 사회는 외부의 도움 없이 스스로 설 수 있게끔 구성되어 있다. 아메리카에서 외부의 위협이 절박하게 느껴진 적은 한 번도 없었다. 대통령 선거는 선동의 명분이 될지언정 파멸의 원인은 아닌 것이다.

선거 방식

선거제도 자체에 내재한 여러 위험 요소들 외에도 선거 형식에서 나오는 또 다른 위험 요소들이 있다. 하지만 이들 위험 요소는 입법자들이 잘 대비하면 충분히 피할 수 있다.

인민이 지도자를 뽑기 위해 무장한 채 광장에 모인다면, 선거제도 자체가 제기하는 위험성뿐만 아니라 이와 같은 선거 방식에서 야기되는 온갖 내란의 위험성에 노출된다.

군주를 뽑는 일을 단 한 사람의 '거부권'에 내맡겼던 폴란드의 법률이 결국 당사자의 살해를 촉발하거나, 아니면 무정부 상태를 야기하는 것으로 끝나고 말았다는 것은 잘 알려진 사실이다.

합중국의 제도들을 연구해보고 이 나라의 정치적·경제적 상태를 주의 깊게 들여다보면, 이 나라에서는 행운과 인간의 노력이 놀랄 만큼 조화를 이루고 있다는 사실을 알게 된다. 아메리카는 새로운 나라였다. 그럼에도 불구하고 아메리카에는 오랫동안 자유의 행사에 익숙한 인민이 살고 있었다. 이 두 가지는 아메리카가 내부적으로 평온을 유지할 수 있었던 주요 요인이었다. 게다가 아메리카에는 두려워할 만한 적성국이 없었다. 이와 같이 유리한 환경은 아메리카의 입법자들이 행정권을 취약하고 종속적인 권력으로 남겨둘 수 있었던 요인으로 작용했다. 여기에 더해서 입법자들은 어떤 부담도 없이 행정권을 국민의 선거로 뽑히는 권력으로 만들 수 있었다.

남은 일은 여러 선거 방식 중에서 가장 덜 위험한 방식을 선택하는 것뿐이었다. 이 점에서 이들 입법자가 세운 규정들은 이 나라의 자연적이고 정치적인 골격이 이미 제공해준 보장책들을 놀라울 만치 완성해냈다.

해결해야 할 문제는 인민의 실제적인 의사를 그대로 반영하면서도 과도하게 인민의 열정을 자극하지 않고 가능한 한 긴장 상태를 줄여줄 수 있는 선거 방식을 고안하는 것이었다. '단순' 과반수로 당선자를 결정한다는 규정은 애초부터 정해졌다. 하지만 어느 모로 보나 바람직하지 않은 유예기간을 거치지 않고 단번에 과반수를 얻는다는 것은 아주 어려운 일이었다.

사실 어느 한 개인이 단 한 번 투표로 수많은 국민의 다수표를 모은다는 것은 아주 드문 일이다. 그리고 지역의 영향력이 훨씬 더 발달하고 더 강력하기 마련인, 느슨한 연방 상태의 공화국에서는 이러한 어려움이 더 가중된다.

  이 두 번째 장애를 피하기 위해서 한 가지 방안이 제기되었는데, 그것은 국민을 대표하는 기구에 국민의 선거권을 위임하는 것이었다.

  이 선거 방법으로 과반수 확보가 더 확실해졌다. 그도 그럴 것이 유권자의 수가 적을수록 합의에 이를 가능성은 커지기 때문이다. 이 방법은 또한 분별 있는 선택의 가능성을 높여주는 효과도 있었다.

  이제 남은 문제는 선출권을 국민의 평상적인 대표 기관인 입법부에 맡길 것인가, 아니면 대통령을 선출하는 단 한 가지 과업만을 수행하는 선거인단을 구성할 것인가를 결정하는 일이었다.

  아메리카인들은 두 번째 방안을 택했다. 아메리카인들은 일상적인 입법 활동을 위해 선출된 사람들은 국가 최고 관리를 선출하는 데에 국민의 의사를 충분히 전달하지 못할 것이라고 생각했다. 그리고 적어도 1년 이상의 임기로 선출된 의원들이 이미 지지를 철회했을지도 모르는 유권자의 의사를 반영한다는 것도 바람직한 일이 아니라고 생각했던 것이다. 만일 행정부의 수반을 뽑는 일을 입법부에 내맡기게 되면 의원들은 이미 선거 전부터 부패와 음모의 계략에 노출되는 반면, 특별 선거인단은 마치 재판 배심원처럼 군중 속에 섞여 지내다가 선거 당일에만 잠시 나타나면 된다는 것이 이들의 판단이었다.

따라서 각 주마다 일정 수의 선거인단을 지명하고 이들이 대통령을 선출하기로 결정되었다.[20] 선거제도를 채택한 나라들에서 정부 수반을 뽑는 권한을 지닌 의회들이 불가피하게 격정과 음모에 휩쓸리는 일, 의회들이 때로는 월권행위를 저지르는 일, 의회의 심의와 그에 따른 불확실성이 흔히 국가를 아주 오랫동안 위험에 빠트리는 일 따위를 막기 위한[21] 방편으로, 선거인단 모두 정해진 날에 투표하되 같은 자리에서 투표하지 않도록 정해졌다.

이렇게 두 단계로 짜인 선거 방식은 과반수 득표에 대한 가능성을 높여주었지만 확실한 보장은 주지 못했다. 왜냐하면 선거인단도 자신들의 선거구민들과 마찬가지로 서로 의견이 일치하지 않을 수가 있기 때문이다.

이러한 일이 발생하자, 다음 세 가지 조치 중 하나를 택할 수밖에 없었다. 첫째는 새로운 선거인단을 임명하는 것이고, 둘째는 이미 임명된 선거인단에게 다시 투표하게 하는 것이며, 셋째는 다른 새로운 기구에 선거를 맡기는 것이다. 앞의 두 조치는 그 결과가 불확실하다는 것과는 별도로, 최종 결정을 늦추고 그럴 경우 위험한 소요를 부추길 수 있었다.

따라서 셋째 조치가 채택되었으며, 유권자의 투표는 봉인된 채

---

20) 주마다 의원 수만큼 선거인단을 뽑는다. 1833년에 선거인단의 수는 모두 288명이었다(『내셔널 캘린더』).

21) 같은 주의 선거인단은 함께 모여 투표한다. 하지만 과반수 득표의 결과가 아니라 개개인의 투표 명부가 중앙정부에 보내진다.

로 상원 의장에게 전달되며 상하 양원이 배석한 가운데 정해진 날에 개표하기로 합의가 이루어졌다. 과반수를 득표한 후보자가 없을 경우, 하원은 즉시 대통령을 뽑는 절차에 들어간다. 하지만 가장 많은 득표를 기록한 세 명의 후보자 가운데 한 명을 뽑아야 한다는 단서가 붙었다.[22]

이렇게 대통령 선출이 국민의 일상적인 대의기관에 맡겨진다는 것은 지금 살펴보았듯이 미리 예측할 수 없는 아주 드문 경우에서일 뿐이다. 그리고 그런 경우라도 하원은 특별 선거인단의 유력한 소수에 의해 이미 지명된 후보자만을 뽑을 수 있다. 이것은 실로 신속한 선거 집행 및 질서의 유지라는 국가의 이익과 관련된 사항을 인민의 의사에 대한 존중과 조화시키는 적절한 결합이라 할 수 있다. 그러나 표가 갈릴 경우에 하원이 문제의 해결을 떠맡는다고 해서 모든 난제가 말끔히 다 해결되는 것은 아니다. 그도 그럴 것이 하원에서의 다수표 획득이 가능할지 여전히 의심스러울 수 있기 때문이며, 이 경우에 헌법은 어떤 해결책도 제시하고 있지 않다. 하지만 후보자 수를 세 명으로 묶어둠으로써, 그리고 지식수준이 남다른 집단에 최종 선택을 맡김으로써, 헌법은 적어도 법리

---

22) 이 경우에 문제를 해결하는 것은 하원 의원의 다수표가 아니라 주들의 다수표이다. 따라서 심의 과정에서 의원 수가 많은 뉴욕주나 수가 적은 로드아일랜드주나 대등한 영향력을 행사한다. 따라서 대통령 선거에서 연방에 속한 시민들은 우선은 하나의 동일한 국민을 구성하는 것으로 간주된다. 하지만 시민들이 한 명의 후보자에 대해 합의에 이르지 못할 경우, 주별 구분이 다시 등장한다. 개별 주들에 독자적인 한 표씩을 인정하는 것이다. 상충된 이해관계의 충돌이 빚어낸, 연방헌법의 아주 특이한 내용들 가운데 하나가 바로 이것이다.

적으로 가능한 영역 안에서는 모든 장애물[23]을 제거하였다. 나머지 장애물들은 선거제도 자체에 내재해 있는 문제들이었다.

연반헌법이 공포된 이후 44년 동안, 합중국은 모두 12차례 대통령을 선출했다.

10차례 선거는 전국 각지에서 특별 선거인단의 동시 투표로 진행되었다.

표가 갈릴 경우에 하원이 특별한 권리를 행사한 것은 단 두 차례뿐이었다. 첫 번째는 1801년 제퍼슨 씨가 뽑힐 때였고, 두 번째는 1825년 퀸시 애덤스 씨가 뽑힐 때였다.

선거의 위기

합중국에서 선거제도를 채택하는 데 어떤 유리한 환경이 조성되었으며 여러 위험들을 줄이기 위해 입법자들이 어떤 조치를 취했는지에 대해서는 앞에서 설명했다. 아메리카인들은 모든 종류의 선거 절차에 익숙하다. 그리고 그들은 선거전에 어느 정도나 뛰어들어야 하며 어디쯤에서 멈추어야 하는지를 경험을 통해 안다. 광대한 영토와 희박한 인구 덕에 아메리카에서는 다른 어떤 나라에서보다 정당들 사이의 격돌이 드물고 또 덜 위험하다. 선거 때마다 겪게 되는 정치적 상황에서도 아직껏 어떤 실질적 위험도 제기되지 않았다.

---

23) 1801년에 제퍼슨은 36차례 투표를 거친 후에야 대통령에 당선되었다.

그럼에도 불구하고 합중국의 대통령을 선출하는 시기는 국가적 비상시국으로 간주할 수 있을 것이다.

대통령이 공무의 운영에서 행사하는 영향력은 물론 미약하고 간접적이지만, 국민 전체에게 미친다. 대통령을 뽑는 것은 시민 각자에게는 긴요해 보이는 일이 아닐지라도 전체 시민에게 관련되는 일이다. 이익이란 그 자체로는 아무리 보잘것없을지라도 일단 그것이 모두에게 관련된 일반 이익이 되고 나면 엄청난 중요성을 지니게 되는 법이다.

유럽의 국왕과 비교해볼 때 합중국의 대통령은 지지자들을 끌어모을 수 있는 방안을 별로 가지고 있지 못하다는 것은 의심할 나위가 없다. 하지만 대통령이 재량껏 처분이 가능한 관직의 수는 수천, 수만의 유권자들을 직접적으로든 간접적으로든 자기편으로 끌어모으기에 충분하다.

더욱이 다른 곳에서와 마찬가지로 합중국에서도 정당들은 군중들에게 더 효과적으로 다가가기 위한 방편으로 어느 한 개인을 중심으로 결집하는 경향이 있다. 일반적으로 정당들은 대통령 후보의 이름을 마치 자기 정당의 상징처럼 활용하며, 후보자를 마치 정당 강령의 인격적 표현처럼 취급하곤 한다. 따라서 정당들은 대통령 당선자의 도움을 얻어 자신들의 강령을 실현하기 위해서, 그리고 후보자의 당선을 통해서 자신들의 강령이 다수표를 획득했다는 사실을 널리 선전하려는 의도에서 선거를 자기들 편에 유리하게 이끄는 데 큰 관심을 갖는다.

선거일이 다가오기 훨씬 전부터 선거는 가장 중요한 화제, 말하자면 모든 사람들의 정신을 빼앗는 유일한 화제가 되어버린다. 파벌들이 선동을 더욱 늘린다. 평온하고 적막한 나라에서 머릿속에서 짜낼 수 있는 온갖 분파적 열정들이 이 순간에 한꺼번에 표출된다.

한편 대통령은 자기 자신을 지키는 일에만 급급하다. 그는 국가의 이익을 위해 통치하는 것이 아니라 자신의 재선을 위해서 통치할 따름이다. 그는 다수에게 굽실거리고, 다수의 지나친 열정을 제어하기보다는 맡은 바 직무에 따라서 다수의 변덕에 비위를 맞춘다.

선거가 다가옴에 따라 술책은 더욱 눈에 띄고 선동은 더욱 노골적이 된다. 시민들은 두 진영으로 갈라져서 각자 후보자의 이름을 연호한다. 온 나라가 열에 들뜬 듯하다. 선거는 이제 일간지의 단골 기사가 되고, 일상 대화의 주제이자 온갖 언행의 목표이며, 모든 사유의 대상이자 현재의 유일한 관심사이다.

운명의 여신이 판결을 내리자마자 이제 열정은 사라지고 평온이 되찾아오는 것은 사실이다. 한때 범람하던 강물이 이제 고요히 강둑을 따라 흐른다. 하지만 폭풍우가 밀려왔다는 사실에 어느 누가 놀라지 않을 수 있겠는가?

대통령의 재선

대통령의 재선을 허용한 합중국의 입법자들은 옳았는가, 옳지 않았는가?

행정부 수반의 재선을 막는 것은 어느 모로 보나 이치에 어긋나는 듯하다. 어느 한 개인의 재능과 성품이 국민 전체의 운명에, 그것도 어려운 상황이나 위기의 시기에 어떤 영향을 미치는지는 잘 알려져 있다. 시민들이 한 번 뽑은 최고 공직자를 다시 뽑지 못하도록 막는 법률이 있다면, 그것은 국가를 번영시키거나 국가를 위기에서 구할 최선의 수단을 시민들에게서 빼앗는 일이 될 것이다. 그리고 어느 한 개인이 훌륭하게 통치할 수 있는 자신의 능력을 입증한 바로 그 순간에 통치에서 배제되는, 정말 기묘한 사태에 이르게 될 것이다.

이러한 주장이 힘을 얻고 있다는 것은 의심할 나위가 없다. 하지만 더 강력한 논거로 이 주장에 맞설 수는 없는가?

선거로 뽑힌 정부들의 당연한 폐단은 음모와 부패이다. 그런데 국가수반이 재선될 수 있을 때, 이러한 폐단은 극에 달해서 국가의 존망 자체를 위태롭게 할 수 있다. 어느 단순한 후보가 음모로 당선되려 한다면, 그의 책략은 그저 제한된 범위에 그칠 수 있다. 반면에 국가수반이 이러한 행태를 보인다면, 그는 자신의 당선을 위해서 정부의 힘을 사용할 것이다.

첫 번째 경우, 음모를 꾸미고 부패에 빠져드는 것은 변변찮은 수단을 가진 한 개인이다. 하지만 두 번째 경우, 그것은 엄청난 자원을 가진 국가 자체이다.

권좌에 오르려고 온당치 못한 책략을 꾸미는 일반 시민은 공공의 안녕에 간접적으로만 해를 끼칠 뿐이다. 하지만 행정권의 대표자가 싸움에 끼어든다면, 통치 업무는 그에게 부차적인 관심사일

뿐이고 선거만이 그의 주된 관심사이다. 법률뿐만 아니라 협상도 그에게는 당선을 위한 책략일 뿐이다. 공직은 국민이 아니라 국가 수반에게 바친 봉사에 대한 논공행상이 된다. 정부의 조치가 항상 나라의 이익에 어긋나게 된다고까지는 말할 수 없을지라도, 적어도 나라의 이익에 이로운 것이 되지는 않는다. 정부의 모든 조치는 국가수반의 의도에 맞추어서만 취해질 따름이다.

재선을 향한 욕망이 대통령의 주된 관심사라는 사실, 대통령의 모든 정책은 바로 이 한 가지 점을 향한다는 사실, 대통령의 사소해 보이는 거동도 바로 이 목표에 종속되어 있다는 사실, 특히 위기의 순간이 다가옴에 따라 대통령의 마음속에서 개인적 이익이 국민 일반의 이익을 대체해버린다는 사실 등등을 알아차리지 못하고는 합중국에서의 일상적인 사태 진전을 제대로 파악하기 힘들 것이다.

따라서 재선의 원칙은 선거로 뽑힌 정부들의 타락한 영향력을 더욱 광범위하고 더욱 위험하게 만든다. 이 원칙은 국민의 정치 도덕을 타락시키고 애국심 대신 술수가 판을 치게 만드는 경향이 있다.

그런데 아메리카에서 이 원칙은 더욱 직접적으로 국민 생존의 원천 자체를 공격한다.

어떤 정부든 자신의 생존 원칙 자체와 결부된 듯 보이는 어떤 내재적인 폐단을 스스로 안고 있기 마련이다. 입법자의 재능은 이러한 폐단을 제대로 식별해내는 능력 여부에 달려 있다. 물론 한 국가는 잘못된 법률들의 영향력을 능히 떨쳐낼 수 있으며, 이러한 잘못된 법률이 가져온 악폐가 흔히 너무 과장되기도 한다. 그러나 죽음의 씨앗을 배태하고 있는 이러한 법률은 비록 그 악영향이 지금 당장 나타나지 않는다고 할지라도 결국에 가서는 치명적인 화근이 되지 않을 수 없을 것이다.

절대군주정들에서의 파멸의 원칙은 왕권의 무제한적이고 비이성적인 확장에 있다. 그런데 이 권력의 영향력을 상쇄할 수 있도록 헌법에 의해 마련된 완충 조항들을 제거하려는 조치는 비록 그 효과가 당장 나타나는 것은 아닐지라도 엄청난 악영향을 미치게 될 것이다.

마찬가지로, 인민이 줄곧 모든 권위를 한 몸에 안고 있는 민주주의 국가들에서는 인민의 행동을 더욱더 막강하고 신속하게 만들어주는 법률들은 직접적인 방식으로 정부의 생존을 공격하는 것이다.

아메리카 입법자들의 가장 큰 장점은 바로 이러한 진실을 명확하게 깨달았으며 또한 그 진실을 실천에 옮길 용기를 가졌다는 점이다.

이들은 인민의 외부에 일정 수의 권력체가 있어야 한다는 점을, 그리고 이들 권력체가 인민으로부터 완전히 독립되어 있지는 않더라도 적어도 자기 영역 안에서는 상당한 정도의 자유를 누려야 한다는 점을 염두에 두었다. 그래야만 이들 권력체는 비록 다수의 항구적인 지침에 따를 수밖에 없더라도 다수의 변덕에 맞서 싸울 수 있고 다수의 위험한 요구를 물리칠 수 있다는 것이다.

이러한 의도에서 입법자들은 국가의 모든 행정권을 단 한 사람의 수중에 집중시켰다. 그들은 대통령에게 광범위한 특전을 부여했으며, 입법부의 침해에 맞설 수 있는 거부권을 부여했다.

그러나 재선의 원칙을 도입함으로써 그들은 부분적으로 자신들의 업적을 파손했다. 그들은 대통령에게 막강한 권력을 부여했으며, 그와 동시에 그 권력을 사용하고자 하는 의지를 대통령에게서 빼앗아버린 것이다.

재선에 나설 수 없게끔 된다고 해서 대통령이 인민과 동떨어져버리지는 않을 것이다. 그도 그럴 것이 대통령은 여전히 인민에게 책임을 져야 하기 때문이다. 그러나 재선에 나서지 않는다면, 그는 인민의 열망에 모든 면에서 몸을 굽혀야 할 정도로 인민의 호의를 필요로 하지는 않게 될 것이다.

재선에 나설 수 있다는 점(이것은 정치 도의가 이완되고 위대한 인물들이 사라진 우리 시대에 특히 그러하다) 덕택에, 합중국 대통령은 다수의 수중에 든 온순한 도구에 지나지 않게 된다. 그리고 그는 다수가 좋아하는 것을 좋아하고, 다수가 싫어하는 것을 싫어한다. 그는 다수의 뜻을 따라 그 주변을 맴돌며, 다수의 불만을 미리 알아서 처리하고, 다수의 자잘한 욕망에도 몸을 굽힌다. 입법자들은 대통령이 다수를 인도하기를 바랐다. 그런데 대통령은 다수를 추종한다.

따라서 입법자들은 한 개인의 재능이 국가에서 배제되는 일을 막으려다가 결국 이 재능을 거의 쓸모없는 것으로 만들어버린 셈이다. 그리고 비상시국에 대비한 수단을 마련하려다가 결국 나라를 일상적인 위험에 노출시켜버린 셈이다.

연방 법원[24)]

지금까지 연방의 입법권과 행정권에 대해 살펴보았다. 이제 연방의 사법권에 대해 살펴볼 차례이다.

우선 독자들에게 주의를 당부하는 것으로 시작하자.

사법제도들은 영국계 아메리카인들의 운명에 커다란 영향력을 행사한다. 사법제도들은 고유한 의미의 정치제도들 가운데 아주 중요한 지위를 차지한다. 바로 이런 점에서 사법제도들은 특별히 우리의 관심을 끄는 것이다.

하지만 사법제도의 구성과 형태에 대한 몇 가지 전문적인 세세한 설명 없이 어떻게 아메리카 재판부의 정치적 행위를 이해시킬 수 있겠는가? 그리고 따분하기 마련인 이러한 주제로 독자들의 호기심을 반감시키지 않고 어떻게 세세한 설명에 들어갈 수 있겠는가? 길게 부연하지 않으면서 명쾌하게 설명할 수는 없는가?

나로서는 이러한 난제에서 완전히 벗어났다고 자부하지 않는다. 물정에 밝은 사람들은 내가 너무 장황하게 늘어놓는다고 생각할 것이다. 반면에 법학자들은 내가 너무 짤막하게 끝낸다고 여길

---

24) '제6장, 합중국의 사법권에 대해…'를 보라. 이 장에서는 아메리카 사법의 일반 원칙들을 설명하고 있다. 그리고 다음도 참조하라. 연방헌법 제3조; *Federalist*, n. 78-83; Thomas Sargeant, *Constitutional law, being a view of the practice and juridiction of the courts of the United States*; Story, p. 134-162, 489-511, 581, 668; 1789년 9월 23일 법, Story, *Laws of the United States*, vol. I, p. 53.

것이다. 하지만 일반적으로 내가 다루는 주제에, 특히 여기서 취급하는 문제에 따라다니는 난처한 점이 바로 이러한 것들이다.

가장 어려운 문제는 연방 정부가 어떻게 구성되어 있는가를 알아내는 것이 아니라 연방 정부가 어떻게 법을 집행하는가를 알아내는 것이다.

일반적으로 정부들이 피치자의 저항을 물리치는 데에는 두 가지 방법 말고는 없다. 정부들이 지닌 물리적 힘이 그 하나이고, 정부들이 법원의 판결을 통해 얻어내는 도덕적 힘이 또 다른 하나이다.

피치자들과 전쟁을 벌이는 것 외에 달리 그들을 복종시킬 방안이 없는 정부는 파멸에 가까이 다가서 있을 것이다. 다가올 길은 아마도 다음 두 가지 중 하나이다. 만일 정부가 취약하고 온건하다면, 마지막 순간에 가서야 무력을 사용할 것이고 부분적인 수많은 불복종 행위들은 그냥 지나쳐버릴 것이다. 그러면 국가는 조금씩 무정부 상태에 빠지게 된다.

만일 정부가 대담하고 막강하다면, 매일같이 무력의 사용에 호소할 것이고 어느새 군사독재로 변질되어버릴 것이다. 그러면 정부는 강압 정책을 취하든 수수방관하든 피치자들에게 해롭기는 매한가지이다.

사법의 원대한 목적은 폭력의 이념을 법치의 이념으로 대체하는 것이며, 물리적 폭력의 사용과 통치 사이에 중개물을 놓는 것이다.

일반적으로 법원의 개입에 대해 여론이 부여하는 권위는 놀라울 정도이다. 실체는 없고 형체뿐인 사법에도 엄청난 권위가 주어지고 사법의 어렴풋한 형체에 뚜렷한 내용이 부여되는 일을 흔하게 볼 수 있다.

법원이 지닌 도덕적 힘이 대개의 경우 물리적 힘을 대체해버리기 때문에 이제 무력에 호소하는 일은 아주 드물어진다. 그리고 물리적 힘이 어쩔 수 없이 요청되는 경우에, 물리적 힘은 도덕적 힘과 결합하여 두 배의 효과를 발휘한다.

연방 정부는 다른 어떤 기관보다도 사법의 지지를 필요로 한다. 왜냐하면 연방 정부는 성격상 취약하고 더 쉽사리 저항에 부딪히기 때문이다.[25] 만일 연방 정부가 항상 그리고 첫 단계부터 무력의 사용에 호소해야 한다면, 연방 정부는 그 책무를 다할 수 없을 것이다.

따라서 연방 정부는 시민들을 정부의 법률에 따르도록 하고 정부의 법률에 대한 공세를 막기 위해 특별히 법원을 필요로 했다.

하지만 어떤 법원을 이용해야 하는가? 각 주에는 이미 그 주에 배속된 사법권이 있다. 주의 법원들에 호소를 해야 하는가? 아니면 연방 법원을 창설해야 하는가? 연방이 개개 주에 설치된 사법권을 제 몫으로 이용할 수 없다는 것을 입증하기는 어려운 일이 아니다.

---

25) 연방 법률은 법원을 가장 필요로 하는 법인 동시에 법원의 설치를 가장 저어하는 법이기도 하다. 그 이유는 대다수 연합체들(confédérations)은 독자적인 주들로 구성되는데, 이들 주는 중앙정부에 복종할 의사가 거의 없었으며 중앙정부에 통솔권을 선뜻 내주었지만 불응할 권한을 신중하게 보유하고 있었기 때문이다.

사법기관을 주의 다른 모든 권력기관으로부터 독립시키는 것은 의심할 나위 없이 개인의 안전과 모두의 자유를 위해 중요한 일이다. 하지만 주의 여러 권력기관들이 같은 기원을 가지며 같은 원칙을 따르고 같은 영역 안에서 행동하는 것은 국민의 생존을 위해 마찬가지로 긴요한 일이다. 달리 말하자면, 권력기관들은 '상호성'과 '동질성'을 가져야 한다. 프랑스 안에서 저질러진 범법 행위를 재판관의 공정성을 확보한다는 이유로 외국의 법원에서 재판해야 한다고 생각하는 사람은 아무도 없으리라고 나는 생각한다.

아메리카인들은 연방 정부에 대해서는 하나의 국민을 이룬다. 하지만 이 국민 속에는 여러 정치기구들이 존재하는데, 이 기구들은 몇 가지 점에서는 전국 정부에 종속되지만 다른 모든 점에서는 독자성을 유지하며, 독특한 기원과 고유한 원칙 및 독자적인 행동 수단을 갖추고 있다. 따라서 이 정치기구들이 설치한 법원들에 연방의 법을 집행하도록 맡긴다는 것은 국민을 외국의 재판관에게 내맡기는 것에 다름 아니었다.

더구나 각 주는 연방에 대해 외국인일 뿐만 아니라 일상적인 적수이기도 하다. 그도 그럴 것이 연방의 주권이 줄어들수록 주의 주권이 늘어나는 관계이니 말이다.

따라서 개개 주들이 연방의 법률을 집행하도록 하는 것은 국민을 외국인 판사에게 내맡기는 동시에 편파적인 판사에게 내맡기는 일이나 마찬가지이다.

게다가 주의 법원들이 전국 차원의 업무를 떠맡는 데 부적합하게 된 것은 단지 그것들의 성격 때문만은 아니다. 문제는 주 법원들의 숫자였다.

연방헌법이 만들어졌을 당시, 합중국에는 항소심 없이 재판하는 법원이 이미 13개나 있었다. 지금은 24개로 늘었다. 국가 기본법을 동시에 24가지나 다르게 해석하고 적용할 수 있는 국가가 존속할 수 있다고 누군들 생각하겠는가! 이러한 제도는 이성의 판단에도 경험의 교훈에도 어긋나는 것이다.

따라서 아메리카의 입법자들은 연방의 법률을 적용하고 사전에 신중하게 조율한 몇 가지 일반 이익과 관련된 문제들을 결정하기 위해서 연방 사법권을 창설하기로 합의했다.

연방의 모든 사법권은 합중국 대법원이라 불리는 단일 법원에 집중되었다. 하지만 신속한 업무 처리를 위해서 하급 법원들이 추가로 설치되었다. 이들 하급 법원은 중요도가 덜한 소송에 대해서는 최종 심급으로, 심각한 분쟁에 대해서는 1차 심급으로 판결을 할 수 있었다. 대법원 판사들은 국민이나 입법부에 의해 선출되는 것이 아니라, 상원의 자문을 받은 후 대통령이 임명한다.

다른 권력기관으로부터의 독립성을 유지하기 위해 연방 대법관들은 종신 임기를 보장받았다. 그리고 대법관의 급료는 일단 정해지면 입법부도 바꿀 수 없었다.[26]

---

26) 연방은 여러 지구로 나뉘었다. 각 지구에는 연방 판사가 상주했다. 이 경우 연방 판사가 주재한 법원은 지구 법원(district-court)이라 불렸다. 그리고 대법원 판사들은 현지에서 여러 중요한 소송들을 판결하기 위해 매년 전국을 순회해야 했다. 이 경우 연방 판사가 주재한 법원은 순회 법원(circuit-court)이라 불렸다. 가장 심각한 사건들은 직접적으로든 항소에 의해서든 대법원에 회부되

연방 사법권의 원칙을 설정하는 것은 사실 어려운 일이 아니었
다. 하지만 그 재판관할권을 확정하는 문제부터는 많은 어려움이
뒤따랐다.

연방 법원의 재판관할권을 정하는 방법

  우선 제기되는 문제는 다음과 같다. 합중국의 헌법이 사법에 관
해서 두 가지 유형의 서로 다른 재판소로 대변되는 뚜렷이 구분
되는 두 가지 주권을 인정하는 까닭에, 이 두 가지 유형의 재판소
들 각각의 재판관할권을 설정하는 데 아무리 세심한 주의를 기울
인다 하더라도 둘 사이의 빈번한 충돌을 피할 수 없으리라는 것이
다. 그런데 이 경우에 관할권을 설정할 권리는 과연 누구에게 속
하는 것인가?
  단일한 하나의 정치체를 구성하는 나라들에서는 두 재판소 사이

  어야 한다. 그리고 모든 순회 법원 판사들은 일 년에 한 번 개최되는 대법원의
공식 회기에 참석해야 한다. 배심원 제도가 유사한 사안의 경우 주 법원과 마찬
가지로 연방 법원에도 도입되었다. 지금 보다시피, 합중국의 대법원과 프랑스
의 파기원(破棄院, cour de cassation) 사이에는 어떤 유사성도 없다. 대법원은
일차 심급에서 소송을 맡을 수 있으나, 파기원은 이차 심급이나 삼차 심급에서
만 소송을 맡을 수 있다. 물론 대법원도 파기원과 마찬가지로 전원 일치 판례를
확립하는 권한을 지닌 단일 법원이다. 하지만 대법원은 사실에 대해서뿐만 아
니라 법률에 대해서도 판결을 하며, 소송을 다시 하급 법원에 돌려보내지 않고
'자체적으로' 판결을 내린다. 파기원과는 구별되는 두 가지 점이 바로 이것이다.
1789년 9월 24일 법을 보라. Story, *Laws of the United States*, vol. I, p. 53.

에 관할권 문제가 제기될 경우, 일반적으로 그 문제는 중재자로 나선 제3의 법원에 회부된다.

이 문제는 별 어려움 없이 해결되는데, 왜냐하면 이런 나라들에 서는 사법 관할권의 문제가 국민주권의 문제와 아무런 관련이 없기 때문이다.

하지만 개별 주의 최고법원과 합중국의 최고법원 사이에 사법 상의 분쟁이 발생할 때, 주에도 속하지 않고 연방에도 속하지 않는 어떤 상위 재판소를 설정한다는 것은 불가능할 것이다.

따라서 이들 두 법원 중 어느 하나에 자신이 당사자인 사건을 판결할 권리와 해당 소송에 대한 관할을 수용하거나 거부할 권리를 부여하는 것이 필요했다. 그런데 이러한 특권을 주의 여러 법원들에 줄 수는 없는 일이었다. 그렇게 되면, 법률적으로는 연방의 주권을 확립한 연후에 사실상 그것을 파괴하는 일에 다름 아닐 것이다. 왜냐하면 헌법을 해석하는 일이 주들에 맡겨지는 것은 헌법 조문으로 규제하고 있는 주의 독립성 중 일부를 다시 개별 주들에 돌려주는 것을 뜻하기 때문이다.

연방 법원을 창설한 목적은 각 주의 법원들이 전국적인 이해관계의 문제들을 자기 나름대로 판결하지 못하도록 하고, 나아가 연방의 법률을 해석하기 위해 일종의 사법 동일체를 형성하는 데 있었다. 만일 개별 주의 법원들이 연방적인 성격을 갖는 소송에 대해서는 판결을 삼가면서도 주 법원은 연방의 관할에 속하지 않는다는 이유를 내세우면서 판결을 할 수 있다면, 이러한 목적은 달성될 수 없을 것이다.

따라서 합중국의 대법원은 재판관할권에 관련된 모든 문제를 결정할 권리를 부여받았다.[27]

이것은 주들의 주권에는 아주 심각한 타격이었다. 주들의 주권은 이렇게 법률에 의해서, 그리고 법률의 해석에 의해서도 제약을 받았다. 요컨대 주들의 주권은 어떤 알려진 제약뿐만 아니라 알 수 없는 어떤 제약에 의해서도, 정해진 규정뿐만 아니라 독단적인 규정에 의해서도 제약을 받았다. 헌법이 연방 주권에 명확한 한계를 설정해놓은 것은 물론 사실이다. 하지만 연방 주권이 주들의 주권과 맞부딪힐 때마다, 판결을 하는 것은 연방 법원이다.

그러나 이러한 식의 소송 방식이 주들의 주권에 미치는 위험은 사실 겉으로 드러나는 것만큼 그리 크지는 않았다.

우리는 앞으로 아메리카에서 연방 정부보다는 지방 정부들이 실질적인 힘을 갖고 있다는 사실을 살펴볼 것이다. 연방 판사들은 자기들을 뒷받침해주는 권력의 취약성을 잘 안다. 그래서 그들은 자기들의 법률적 소관을 넘어서까지 관할권을 주장하기는커녕, 오히려 자신들의 소관 사항인 사건에서도 관할권을 포기하려 하는 것이다.

---

27) 이러한 관할권 소송의 수를 줄이기 위해, 대다수 연방 소송 사건에서 개별 주 법원들은 연방 법원들과 함께 판결할 수 있는 권리를 얻었다. 그러나 이 경우에 패소한 측은 언제나 연방 대법원에 항소할 권리를 지녔다. 버지니아주의 대법원은 이러한 판결에 대한 항소를 합중국의 대법원이 판결할 권리에 대해 이의를 제기했다. 그러나 패소했다. Kent, *Commentaries*, Vol. I, p. 300, 370; Story, *Commentaire*, p. 646; 1789년 기본법; *Laws of the United States*, vol. I, p. 53.

재판관할권의 여러 사례들

합중국의 입법자들은 연방의 재판관할을 확정하는 수단을 받아들인 뒤 그 재판관할에 속하는 여러 경우를 결정했다.

한편으로 특정 소송인들은 그 소송의 성격에 관계없이 연방 법원에서만 판결을 받는다고 결정되었다.

그리고 다른 한편으로 특정 소송 사건들은 그 소송인의 자격 여부에 관계없이 연방 법원에서만 처리된다고 결정되었다.

따라서 당사자와 소송 사건이 연방 재판관할의 두 가지 토대가 되는 셈이다.

대사들은 합중국과 우호 관계를 맺은 나라들을 대표한다. 대사들과 관련된 모든 사안은 어떤 의미에서 연방 전체와 관련된다. 어떤 대사가 소송의 한쪽 당사자로 나설 경우, 그 소송은 국민의 안녕과 관련된 사안이 된다. 따라서 당연히 연방 법원이 소송을 떠맡는다.

연방 자체가 소송을 벌일 수도 있다. 이 경우에 연방 주권이 아닌 다른 주권을 대표하는 재판소들에 판결을 내맡긴다는 것은 이성에 어긋날 뿐만 아니라 국민의 관행에도 어긋날 것이다. 따라서 연방 법원만이 판결할 권한을 갖는다.

각각 서로 다른 주에 속하는 두 명의 당사자가 소송을 벌인다고 해보자. 이 경우에 이 두 주 중 어느 한 주에 속한 재판소에서 별 무리 없이 판결을 내릴 것으로 기대하기는 어려운 일이다. 가장 확실한 방법은 양 당사자 중 어느 한쪽의 의심도 사지 않을 재판소를 선택하는 것이고, 그것은 바로 연방 법원들이다.

사사로운 개인이 아니라 주 자체가 양측 소송당사자로 나설 경우, 형평성의 원칙 외에도 중요한 정치적 동기가 개입한다. 이 경우에 소송인의 품격 자체가 모든 소송에 전국적인 중요성을 부여하는 것이다. 두 주 사이의 가장 하잘것없는 분규도 연방 전체의 안녕에 영향을 미치는 것이다.[28]

흔히 소송의 성격 자체가 재판관할의 원칙으로 작용하기도 한다. 따라서 해상무역에 관련된 모든 문제는 연방 법원에서 다루어져야 한다.[29]

이유는 간단하다. 해상무역과 관련된 거의 모든 문제는 국제법의 소관 사항이기 때문이다. 이러한 점에서 이 문제들은 기본적으로 외국들과 관련해서 연방 전체에 영향을 미친다. 더욱이 어느 한 나라의 배타적인 사법권역에 포함되지 않는 까닭에, 전국적인 차원의 법원만이 해상에서 일어난 소송을 다룰 자격을 갖는다.

---

28) 헌법에는 또한 어떤 한 주와 다른 주의 시민 사이에 벌어질 수 있는 소송도 연방 법원의 관할에 속한다고 명기되어 있다. 그런데 곧 어느 주가 한쪽 당사자인 소송에서 연방 법원의 관할권이 주가 '소송 제기자(demandeurs)'인 경우로 한정되는가 아니면 모든 경우에 다 미치는가에 대한 문제가 제기되었다. 대법원은 후자의 경우가 옳다고 판정했다. 하지만 이러한 판결은 자기들의 의사에 관계없이 연방 사법부에 종속될 것이라고 우려한 개개 주들에 경각심을 불러일으켰다. 따라서 연방의 사법권은 합중국의 한 주에 맞서 다른 주의 시민들이 '제기한' 소송에는 적용되지 아니한다는 수정 조항이 헌법에 첨가되었다. Story, *Commentaries*, p. 624.

29) 이를테면 해적 행위들.

헌법은 성격상 연방 법원에 회부되는 거의 모든 소송을 단 하나의 범주 안에 집어넣고 있다.

이 점에서 헌법이 정하는 원칙은 간단하긴 하지만 그래도 방대한 사상 체계와 다양한 사실들이 담겨 있다.

헌법에는 연방 법원들이 '합중국의 법체계 안에서 일어나는' 모든 소송을 심의해야 한다고 명시되어 있다.

두 가지 사례를 들어보면 입법자의 의도가 아주 분명하게 드러날 것이다.

헌법은 화폐의 유통에 관한 법률을 주들이 제정하는 것을 금지하고 있다. 이러한 금지 조항에도 불구하고 어느 주가 이러한 종류의 법률을 제정했다고 가정해보자. 이해 당사자들은 이 법이 헌법에 어긋난다는 이유를 들어 준수하려 하지 않을 것이다. 이 경우 사건은 연방 법원에 회부되어야 한다. 왜냐하면 합중국의 법체계가 분쟁 사유로 제기되고 있기 때문이다.

의회는 수입관세를 부과한다. 그런데 이 관세를 징수하는 데 말썽이 일어난다. 이 경우에도 사건은 연방 법원에 회부되어야 한다. 왜냐하면 합중국 법률의 해석 문제가 소송 이유로 제기되고 있기 때문이다.

이러한 규정은 연방헌법이 채택한 기본 원칙에 완벽하게 일치하는 것이다.

연방은 1789년에 수립될 당시와 마찬가지로 제한된 주권만을 가지고 있는 것이 사실이다. 하지만 여기에는 연방이 그 영역 안에서 하나의 단일한 국민을 형성해야 한다는 의도가 깔려 있었다.[30]

이 영역 안에서 연방은 주권자인 것이다. 일단 이러한 점이 제기되고 또한 받아들여진다면, 나머지는 쉬운 문제이다. 그도 그럴 것이 만일 합중국이 헌법이 정한 한계 내에서 단 하나의 국민을 형성한다는 사실을 인정한다면, 다른 나라의 국민들 모두가 가지고 있는 권리를 이들에게는 주지 않을 도리가 없을 터이니 말이다.

그런데 사회가 처음 생겨날 당시부터 인정되어온 한 가지 사실이 있다. 즉 어느 국민이든 자국의 법 집행과 관련된 모든 문제를 자국의 법원들에서 판결하도록 할 권리를 지닌다는 사실이다. 하지만 어떤 이는 다음과 같이 이의를 제기하기도 한다. 즉 연방은 어떤 특정 사안들에 관련해서만 하나의 국민을 형성하는 아주 특별한 지위에 있으며 나머지 모든 사안에 대해서 연방은 존재하지 않는 것과 마찬가지라는 것이다. 여기서 어떤 결론이 나오는가? 적어도 이러한 특정 사안들과 관련된 모든 법률에 대해서 연방은 어떤 완벽한 주권자로서의 권리를 지닌다는 점이다. 일단 이 점이 해결되고 나면(우리는 앞에서 재판관할권 문제를 다루면서 이 점이 어떻게 해결되는가를 살펴보았다), 더 이상 문제가 남지 않는다. 이유는 당연하다. 일단 어느 소송이 연방의 관할에 속한다고, 달리 말하자면 헌법에 의해 연방에 주어진 주권의 관할에 속한다고 확정되고 나면, 연방 법원이 그 소송을 담당하는 것은 너무나 당연한 결과이다.

---

30) 몇몇 주들이 독자적인 세력으로 상원에 진출함으로써, 그리고 대통령 선거 때 몇몇 주들이 하원에서 별도로 투표하도록 허용됨으로써, 이러한 원칙에 약간의 제약이 생겼다. 하지만 이런 일들은 예외이고 이와 반대되는 것이 원칙이다.

따라서 합중국의 법률을 공격하려 하거나 아니면 자신의 권익을 지키기 위해 합중국의 법률을 끌어들이고자 할 때마다, 소송이 벌어지는 것은 연방 법원들에서이다.

그리고 연방의 재판관할권은 연방의 주권 자체가 늘거나 줄어드는 것에 비례해서 늘거나 줄어들게 된다.

1789년의 입법자들의 주요 목표가 주권을 뚜렷하게 두 부분으로 나누는 것이었음을 우리는 앞에서 살펴보았다. 그들은 한쪽에서 연방의 모든 일반 이익과 관련된 문제들을 다루도록 했으며, 다른 한쪽에서 연방을 구성하는 주들의 모든 특별 이익과 관련된 문제들을 다루게 했다.

그들의 주요 관심사는 연방 정부가 자신의 영역에서 개별 주들의 침해에 맞서 스스로를 지킬 수 있을 만큼의 권력을 지니게 하는 것이었다.

한편 개개 주들에 대해서는, 그들 자신의 영역 안에서는 독자성을 유지하게 한다는 일반적인 원칙이 채택되었다. 이 영역 안에서 중앙정부는 개별 주들을 통제할 수도 감찰할 수도 없다.

권력분립을 다루는 장에서 나는 이 마지막 원칙이 늘 지켜지는 것은 아니었다고 이미 말한 바 있다. 개별 주가 명백히 자신의 주에만 관련된 사항인데도 법률을 제정하지 못하는 사례들이 있는 것이다.

연방에 속한 어떤 한 주가 이러한 종류의 법률을 만들었을 때, 이 법률의 집행에 의해 피해를 입은 시민들은 연방 법원에 제소할 수 있다.

따라서 연방 법원의 재판관할권은 연방의 법체계 안에서 발생한 모든 소송뿐만 아니라 개별 주들이 헌법에 맞서 제정한 법률들 안에서 발생한 모든 사건에까지 확장된다.

주들은 형사사건들에 대해 소급 입법을 만들 수 없다. 따라서 이러한 종류의 법률로 기소당한 사람은 누구든 연방 법원에 제소할 수 있다.

헌법은 또한 주들이 '계약상의 채무를 훼손할 수 있는' 법률을 제정하는 것을 금지하고 있다.[31]

자신이 사는 주에서 제정한 법률이 이러한 종류의 권리를 훼손한다고 생각하는 사람이 있다면, 그는 그 법률을 준수하기를 거부하고 연방의 사법에 호소할 수 있다.[32]

---

31) 계약서에 포함된 조항들에서 유래하는 당사자들의 의사를 어떤 방식으로든 확대, 축소 또는 변경하는 어떠한 법률도 이 계약을 손상시키는 것이라고 스토리(Story) 씨는 『합중국 헌법 논평』 503쪽에서 밝히고 있다. 저자는 같은 페이지에서 연방 사법권이 계약을 어떻게 이해하고 있는지를 상세하게 적어놓았다. 정의는 아주 광범위하다. 주가 개인에게 부여하고 개인이 수락한 양여(讓與)는 계약이며, 새로운 법률로 파기될 수 없다. 주가 어느 회사에 부여한 특허장도 계약이며, 부여받은 회사뿐만 아니라 주에도 구속력을 가진다. 여기서 우리가 언급하는 헌법 조항은 따라서 '기득권'의 상당 부분의 존속을 확인할 뿐, 그 전부의 존속을 확인하는 것은 아니다. 예컨대 나는 토지를 내 수중에 넣지 않고도 계약에 의해 아주 합법적으로 그 토지를 소유할 수 있다. 이 소유는 나에게 하나의 기득권이다. 하지만 이 기득권은 연방헌법에 의해 보장되지 아니한다.

32) 『합중국 헌법 논평』 508쪽에 나오는 눈에 띄는 사례를 보자. 뉴햄프셔주의 다트머스 대학(Dartmouth College)은 아메리카 혁명 이전에 특정 인사들에게 부여된 특허장에 의해 설립되었다. 대학 평의원들은 이 특허장을 기반으로 하나의 법인체, 즉 아메리카식 표현을 빌리자면 '코퍼레이션(corporation)'을 구성

이러한 조항은 내가 보기에 주들의 주권에 대한 가장 심각한 공격이라 할 수 있다.

명백하게 전국적인 차원의 목적에서 연방 정부에 할양한 권력들은 명확하게 정해져 있으며 납득하기도 비교적 쉽다. 그런데 내가 앞에서 인용한 조항에 의해 간접적으로 연방 정부에 할양된 권력들은 납득하기도 쉽지 않으며 그 한계도 명확하게 설정되어 있지 않다. 사실상 계약들의 존재에 영향을 미치는 정치 법률들은 수없이 많으며, 그 법률들 하나하나가 중앙 권력이 침해할 수 있는 구실을 제공하는 것이다.

연방 법원의 소송절차

연방 법원들이 어떤 권리를 갖는가는 앞에서 살펴보았다. 연방 법원들이 그 권리를 어떻게 행사하는가를 살펴볼 차례이다.

주권이 분할되지 않는 나라들에서 사법의 불가항력적인 힘은 이들 나라에서 사법권이 법원의 판결을 받은 개인에 맞선 싸움에서 국민 전체를 대표한다는 사실에서 나온다. 법의 이념에 그 법

했다. 그런데 뉴햄프셔의 주의회는 본래 특허장의 조항을 바꾸었으며 이 특허장에서 유래하는 모든 권리, 특전, 허가권 따위를 새로 선임된 평의원들에게 넘겼다. 이에 반발한 옛 평의원들은 연방 법원에 제소했다. 본래의 특허장은 주와 인가받은 단체 사이의 진실한 계약이므로 새로운 법률은 계약상의 기득권을 침해하지 않고서는 특허장의 조항을 바꿀 수 없으며, 따라서 합중국 헌법 제1조, 제10항에 어긋나는 것이라고 연방 법원은 판결했다.

을 뒷받침하는 힘의 이념이 덧붙은 것이다.

하지만 주권이 분할된 나라에서는 반드시 그런 것도 아니다. 이들 나라에서 사법은 대개의 경우에 고립된 개개인이 아니라 국민의 일부와 맞서게 된다. 사법의 도덕적 권위와 물리적 힘은 약해진다.

따라서 연방에 속한 주들에서 사법의 힘은 당연히 더 약해지고 소송당사자들은 더 강해진다.

이러한 연합체들(confédérations)에서 입법자는 법원의 위상을 주권이 분할되지 않은 나라들에서 법원이 차지하는 위상에 버금가도록 만들기 위해 끊임없이 애써야만 한다. 달리 말하자면, 연방의 사법권을 국민을 대표하는 것으로, 소송당사자를 개인의 이익을 대표하는 것으로 만들기 위해 모든 노고를 다 바쳐야만 하는 것이다.

어떤 체제를 지니고 있든 간에 모름지기 정부는 피치자들이 맡은 바 해야 할 일을 하도록 강제할 행동 수단을 필요로 한다. 정부는 피치자들의 공세에 맞서 스스로를 방어할 수단을 필요로 하는 것이다.

피치자들이 법률에 복종하도록 하기 위해 정부가 직접 취한 조치에 대해 굳이 말하자면, 합중국 헌법은 연방 법원들이 합중국 법의 이름으로 재판할 때에 당사자들에게 개인 자격만을 인정해야 한다고 결정을 내렸다(합중국 헌법의 요체가 바로 이것이다). 연합체는 헌법에 의해 규정된 범위 안에서 단 하나의 동일한 국민을 구성한다고 선언되었기 때문에, 이 헌법에 의해 창설되고 또한 이러한 한계 안에서 움직이는 정부가 전국적 차원의 정부가 가지는 모든 권리를 지닌다는 것은 사실상 당연한 귀결이었다. 이 권리들 중 가장 중요한 것은 정부의 권고 명령을 중간 단계를 거치지 않고 직접 일반 시민에게까지 전달할 권리이다. 따라서 예를 들자면 연방이 세금 징수를 명령할 경우, 그 징수 대상이 되는 것은 주들이 아니라 개개 아메리카 시민이다. 연방의 이러한 법률 집행을 보장할 책무를 떠맡은 연방 사법부는 저항하는 주가 아니라 납세자 개개인을 처벌해야만 한다. 다른 나라의 사법부와 마찬가지로, 연방 사법부도 개인만을 상대로 하는 것이다.

여기서 연방이 스스로 자신의 적수를 선택했다는 사실에 주목하자. 연방은 허약한 적수를 선택했으니, 그 적수가 패하는 것은 당연한 일이다.

그러나 연방이 소송을 제기하는 입장이 아니라 소송을 당하는 입장일 때에는 일이 어려워진다. 헌법은 주들의 입법권을 인정한다. 이 법들은 연방의 권리들을 침해할 수 있다. 여기서 연방 주권과 그 법률을 제정한 주의 주권 사이에 충돌이 불가피해진다. 남은 일은 가장 덜 위험한 행동 수단을 찾는 일뿐이다. 이 수단에 대해서 나는 앞에서 언급한 일반 원칙들을 통해 이미 밝힌 바 있다.[33]

내가 지금 가정한 사례를 통해 볼 때, 연방은 주를 연방 법원에 제소할 것이고 연방 법원은 그 법률을 폐기할 것이며, 이러한 흐름은 당연한 처사라고 사람들은 여길 것이다. 하지만 이럴 경우

---

33) '제6장: 합중국의 사법권에 대해' 참조.

연방 사법부는 주와 정면으로 맞서게 될 것인데, 이러한 사태는 가능한 한 피하는 것이 바람직하다.

아메리카인들은 새로운 법률이 생길 경우 그 집행 과정에서 어떤 사적인 이익을 해치지 않을 수 없다고 생각했다.

연방헌법의 입안자들은 이러한 개인 이익을 연방에 해로운 입법 조치들을 공격하기 위한 수단으로 생각했다. 그들은 바로 개인 이익에 안식처를 제공한 것이다.

어느 한 주가 공유지의 일부를 어떤 회사에 팔고 한 해 뒤에 그 토지를 달리 처분하는 법률을 가결했다고 가정해보자. 이것은 계약상의 채무를 훼손할 수 있는 법률의 제정을 금지하는 헌법 조항을 어긴 것이다. 새로운 법률에 의해 땅을 사들인 자는 소유권을 주장하고 나설 것이며 옛 법에 의거해 소유권을 가지고 있는 자는 연방 법원에 소송을 제기하고 땅을 새로 산 자의 소유권이 무효라고 주장할 것이다.[34] 이 경우에 사실상 연방 사법부는 주의 주권과 정면으로 충돌하게 된다. 하지만 연방 사법부는 주의 주권을 간접적으로만, 그것도 세부 사항에 대해서만 공격할 따름이다. 이렇게 연방 사법부는 법률을 그 결과적 차원에서 공격하는 것이지 그 원칙의 차원에서 공격하지는 않는다. 연방 사법부는 법률을 무력화시킬 따름이지, 파괴하지는 않는 것이다.

이제 마지막 가정이 남아 있다.

각 주는 뚜렷한 존재와 별개의 시민권을 가진 하나의 법인체

---

34) Kent, *Commentaries*, vol. I, p. 387.

(corporation)를 형성하며, 따라서 주는 법원에 제소를 할 수도 제소를 당할 수도 있다는 것이다. 예를 들자면 한 주가 다른 주를 상대로 소송을 제기할 수도 있다.

이 경우에 연방은 주의 법률을 공박하는 입장이 아니라 주가 소송당사자인 사건을 재판하는 입장에 서게 된다. 이런 소송은 소송당사자들의 품격이 다를 뿐이지 사실 여느 소송들과 매한가지이다. 이 장의 첫머리에서 밝힌 위험이 여기에서 다시 나타난다. 하지만 이번에는 피할 길 없는 위험이다. 마지막에 가서는 사법부도 다스리기에 버거울 정도로 강력한 어떤 실체들이 국가의 내부에 만들어질 위험성이 연방헌법의 본질 자체에 내재하는 것이다.

국가의 주요 권력들 중에서
대법원이 차지하는 높은 서열

대법원의 조직과 대법원에 주어진 전반적인 특전을 자세히 검토해보면, 어떤 나라에서도 이처럼 막강한 사법 권력이 구성된 적이 없었다는 점을 쉽사리 알아차릴 수 있을 것이다.

대법원은 그 권한의 '성격'으로 보나 그 소송당사자들의 '유형'으로 보나 이제껏 알려진 어떤 재판소보다 높은 위상을 차지한다.

유럽의 모든 문명국가에서 정부는 정부의 이해관계가 걸린 사안들을 일반 법원이 판결하는 것을 항상 몹시 꺼렸다. 정부가 절대적일수록 이러한 거리낌은 더욱 커진다. 반면에 자유가 확대됨에 따라, 법원의 특전도 계속 늘어날 것이다. 하지만 여태껏 유럽의 어떤 나라도 모든 사법상의 문제가 그 시발점이 어떠하든 보통법을 다루는 일반 법원에 내맡겨질 수 있다고는 주장하지 않았다.

아메리카에서는 이러한 이론이 현실로 옮겨졌다. 합중국의 대법원은 국민 전체를 대표하는 유일한 법원이다.

대법원은 법률의 해석과 조약의 해석을 담당한다. 해상무역에 관련된 문제들, 그리고 국제법과 관련된 모든 일반 문제가 대법원의 배타적인 관할 영역에 포함된다. 대법원의 구성은 전적으로 사법적이라고 해도 그 권한은 거의 전적으로 정치적이라고까지 말할 수 있다. 대법원의 유일한 목적은 연방의 법률을 집행하도록 하는 것이며, 연방은 정부의 대민 관계와 대외 관계만을 규제한다. 시민들 사이의 관계는 거의 전적으로 주의 주권에 의거하여 규제된다.

대법원이 이렇게 중요성을 갖게 된 데에는 이보다 더 중요한 또 다른 이유가 있다. 유럽의 어느 나라에서나 법원은 사사로운 개인들만을 소송당사자로 갖는다. 하지만 합중국의 대법원은 주권자들을 법정으로 불러내는 것이 가능하다고까지 말할 수 있다. 대법원 문지기가 법원 계단으로 나아가 "뉴욕주 대 오하이오주"라고 짤막하게 외칠 때, 사람들은 그저 일반 법원의 법정 안에 들어서 있다고 느끼지는 않을 것이다. 그리고 소송의 한쪽 당사자가 100만 명을 대표하고 다른 쪽 당사자가 200만 명을 대표한다는 사실을 염두에 둘 때, 그 판결로 그토록 많은 동료 시민들을 기쁘게 하기도 하고 슬프게 하기도 하는 일곱 명의 대법관이 짊어지는 책임감의 막중함에 놀라지 않을 수 없을 것이다.

연방의 평화와 번영 그리고 생존 자체가 이들 일곱 명의 연방 판사들 수중에 맡겨져 있다. 이들이 없다면, 헌법도 죽은 문서에 지나지 않는다. 행정부는 입법부의 침해를 막기 위해 대법원에 호소한다. 마찬가지로 입법부는 행정부의 공세를 막기 위해 대법원에 호소한다. 연방은 주들의 불복을 막기 위해서, 주들은 연방의 지나친 주장을 견제하기 위해서 대법원에 호소한다. 대법원은 또한 사익을 견제하고 공익을 옹호하며, 민주주의적 불안정성을 견제하고 보수주의 정신을 옹호한다. 대법원의 권력은 엄청나지만 그것은 바로 여론의 권력이다. 인민이 법을 준수하는 한, 대법원은 거의 막강하다. 하지만 인민이 법을 무시하자마자 대법원은 무기력한 존재가 된다. 그런데 여론의 힘이란 도무지 종잡을 수 없는 것이다. 왜냐하면 여론의 한계가 어디까지인지를 정확히 정할 수 없기 때문이다. 여론의 한계 아래 머무는 일도, 그렇다고 그 한계를 벗어나는 일도 대개의 경우 위험하기는 매한가지이다.

　따라서 연방 판사들은 선량한 시민이자 공직자에게 필수 불가결한 학식과 자질을 지닌 인물이어야 할 뿐만 아니라, 정치인으로서의 식견을 갖추고 있어야 한다. 그들은 시대의 흐름을 읽을 줄 알아야 하고, 장애를 무릅쓸 줄 알아야 하며, 연방의 주권과 연방 법률에 대한 존중심을 온통 휩쓸어 가버리는 험난한 물결이 닥쳐올 경우, 그 격랑에서 빠져나올 줄 알아야 한다.

　대통령은 제한된 권력만을 지니고 있는 까닭에 비록 대통령이 잘못을 저지르더라도 주가 엄청난 고통을 겪지는 않는다. 의회가 잘못을 저지르더라도 연방이 망하지는 않는다. 왜냐하면 의회 위에 유권자들이 있으며 유권자들이 의원들을 바꾸어 의회를 바로잡을 수 있기 때문이다.

그러나 만일 대법원이 신중하지 못한 인물과 부패한 인물로 가득 차 있다면, 연합체는 무정부 상태 또는 내란을 염려해야 할 것이다.

그런데 이러한 위험성의 근본적인 원인은 대법원의 구성에 있는 것이 아니라 연방 정부들의 성격 자체에 있다는 사실을 착각해서는 안 된다. 그 어느 곳보다 연방 국가들에서 사법권을 강화해야 할 필요성이 절실하다고 우리는 앞에서 말했다. 왜냐하면 이들 연방 국가에서 사회의 압력에 맞설 수 있는 독자적인 개개인들이 정부의 물리적인 힘의 사용에 맞설 수 있는 더 나은 위치에 있기 때문이다.

그런데 어느 한 권력이 강해져야 할 필요가 있으면 있을수록, 그 권력은 더 광범위해져야 하고 더 독립적이어야 한다. 그리고 권력이 광범위해지고 독립적이 될수록, 그 권력의 남용으로 일어나는 위험성은 더 커진다. 그러므로 폐단의 근원은 이 권력의 구성에 있는 것이 아니라 이러한 권력의 존재를 필요하게 만드는 국가의 구성에 있는 것이다.

어떤 면에서 연방의 헌법이
주의 헌법보다 우월한가

연방헌법은 추구하는 목적에서 주헌법과 본질적으로 다르다. 하지만 이 목적을 달성하는 수단에서 연방헌법과 주헌법은 상당한 유사성을 보인다. 통치의 목적은 다르지만 통치의 형태는 거의 동일한 것이다. 이러한 특별한 관점에서 연방헌법과 주헌법을 유효하게 비교해보도록 하자.

연방헌법이 주헌법보다 우월하다고 나는 생각한다. 이러한 우월성에는 몇 가지 이유가 있다.

연방의 현행 헌법은 대다수 주의 헌법들보다 훨씬 뒤늦게야 만들어졌다. 따라서 연방헌법은 앞서 얻어진 경험을 이용하는 이점을 지녔다.

하지만 연방헌법이 선포된 이후에 11개 주가 새로 합중국에 가입했는데, 새로 가입한 이 주들은 기존 주들의 헌법들에 나타나는 결함을 보완하기보다는 차라리 언제나 증대시키곤 했다는 점을 생각해볼 때, 이러한 앞선 경험을 이용한다는 이점은 연방헌법의 우월성에 관해서 부차적인 요인에 지나지 않는다.

연방헌법이 우월한 가장 중요한 이유는 입법자들의 성격 자체에 있다.

연방헌법이 제정될 무렵, 연방의 파멸은 임박한 듯 보였다. 파멸의 조짐이 모든 사람의 눈에 띄었다. 이러한 극한 상황에서 인민은 가장 좋아하는 인물이 아니라 가장 존경하는 인물을 선택했다.

연방의 입법자들은 거의 모두 학식에서 두드러졌지만, 무엇보다도 애국심에서 더욱 두드러졌다는 사실을 나는 앞에서 살펴보았다.

이들은 모두 자유의 정신이 막강하고 압도적인 권위에 맞서 줄기차게 투쟁해야 했던 시절에 자라났다. 투쟁이 끝났을 때, 흥분한 군중은 언제나처럼 이미 사라져버린 위험에 맞서 계속 싸울 것을 고집했지만, 이들은 결연하게 멈추었다. 이들은 자신의 조국에 대해 더 침착하고 더 통찰력 있는 시선을 던졌다. 이들은 혁명이 마침내 끝났다는 것과 이제 우려해야 할 위험은 자유의 남용에서 오는 위험뿐이라는 것을 알고 있었다. 이들은 자신이 생각하는 것을 그대로 말할 용기를 지녔는데, 이는 이들이 바로 이 자유에 대한 열렬하고 진솔한 애착을 마음속 깊이 지니고 있었기 때문이다. 이들은 자유가 파괴되는 것을 원치 않았기 때문에, 자유를 제한해야 한다고 감히 말할 수 있었다.[35]

---

35) 이 시기에 가장 영향력 있는 헌법 초안자들 중 한 명인 유명한 알렉산더 해밀턴은 『페더럴리스트』 제71호에서 서슴없이 다음과 같이 말했다. "인민에게든 입법부에든 압도적인 흐름에 행정부가 몸을 굽히는 것을 최선의 권고책으로 간주하는 사람들이 있다. 하지만 이런 사람들은 정부가 구성된 목적뿐만 아니라 공공의 행복을 도모할 수 있는 진정한 수단에 대해서도 아주 조야한 개념을 가지고 있다고 할 수 있다. 인민에게서 업무를 위탁받은 사람들의 행동을 성숙하고 사려 깊은 인민의 여론이 인도하는 것, 이것이 바로 공화주의 원칙이다. 하지만 공화주의 원칙은 인민의 이익을 저버릴 목적으로 인민의 선입견을 추켜세우곤 하는 능수능란한 인사들 덕에 인민이 얻은 모든 돌연한 격정이나 모든 일시적인 충동에 무조건 순응하라고 요구하지 않는다. 인민이 일반적으로 공공선(public good)을 '도모한다'는 것은 맞는 말이다. 하지만 공공선을 찾는 길에 인민도 종종 오류를 범한다. 만일 어떤 이가 공공선을 촉진하는 '수단'을 찾는 데에서 항상 인민이 '옳다'고 주장한다면, 인민은 이런 아첨꾼을 경멸할 것이다. 인민은 자신도 때로 오류를 범한다는 것을 경험을 통해 안다. 그리고 놀라운 것은 인민이 아첨꾼이나 모리배의 간계에 의해, 탐욕스럽고 아무 밑천도 없는 인간들이 쳐놓은 덫에 의해, 자질도 없으면서 인민의 신뢰를 얻어내는 인사들의 능란한 장난에 의해 그러한 것 치고는 그리 오류를 범하지 않는다는 사실이다. 인민의 진정한 이익이 인민의 일시적인 욕구와 어긋날 때, 인민의 이익을 수호하고자 하는 자들의 진정한 의무는 인민에게 보다 냉정하고 차분한 성찰의 시간을 주기 위해 인민의 일시적인 환각을 깨우쳐주는 데에 있다. 이러한

대다수 주헌법은 하원 임기를 1년으로, 상원 임기를 2년으로 정하고 있다. 따라서 입법부의 구성원들은 선거구민이 바라는 어떤 사소한 일에도 항상 급급하게 얽매이게 된다.

입법부의 이러한 지나친 의존성은 권력의 원천뿐만 아니라 통치 자체도 인민에게 내맡기게 됨으로써 결국 대의제도의 주요 효과마저 변질시킬 것이라고 연방의 입법자들은 생각했다.

따라서 이들은 의원들이 자신의 재량을 더 자유로이 활용할 수 있도록 의원의 임기를 연장했다.

연방헌법은 다른 여러 주헌법들과 마찬가지로 입법부를 두 분야로 나누었다.

하지만 주의 경우에는 입법부의 상하 양원이 같은 요소들로 구성되었고 같은 방식으로 선출되었다. 그 결과 다수의 격정과 의지가 상원에서든 하원에서든 너무나도 쉽게 표출되고 아주 신속하게 반영되었다. 따라서 입법에 흔히 소란과 졸속이 뒤따랐다.

연방헌법에서도 양원은 마찬가지로 인민의 투표로 생겨났다. 하지만 피선거권자의 조건과 선출 양식이 달랐다. 이것은 여러 나라들에서 그러하듯이 상원과 하원이 사실상 거의 다르지 않은 이해관계를 대표할 경우, 적어도 상하원 중 어느 한쪽이 더 나은 식견을 대표할 수 있도록 하기 위해서였다.

종류의 행동이 인민이 저지른 오류의 치명적인 결과로부터 인민을 구해낸 사례, 인민의 불쾌감을 사면서까지 인민을 위해 봉사할 용기와 담대함을 가진 인물에게 인민이 감사의 뜻을 전달한 사례 따위가 여럿 있다."

상원 의원이 되려면 일정한 연령에 이르러야 했으며, 상원 의원은 이미 선발된 한정된 수의 협의체에서 뽑았다.

사회 전체의 힘을 입법부에 집중시키는 것이 민주주의 국가들의 당연한 추세이다. 입법부는 인민에게서 가장 직접적으로 나오는 권력이자 인민의 전능성에서 가장 많은 것을 얻는 권력이다.

따라서 입법부는 모든 종류의 권위를 자신의 수중에 집중시키려는 당연한 성향을 지닌다.

이러한 권력의 집중은 원활한 행정 업무에 아주 해로운 동시에 다수의 전제의 토대가 된다.

주의 입법자들은 흔히 이러한 민주주의의 본능에 굴복하고 말았지만, 연방의 입법자들은 언제나 용감하게 이러한 본능에 맞서 싸웠다.

주들에서 행정권은 한 공직자의 수중에 들어 있는데, 이 행정관은 겉보기에는 입법부와 어깨를 나란히 하는 듯하지만 실제로는 입법부의 의지를 맹목적으로 대행하는 수동적인 도구에 지나지 않는다. 그의 권력은 어디서 나오는가? 그의 임기는? 일반적으로 그는 1년 임기로 임명된다. 그의 권한은? 굳이 말하자면 그는 전혀 권한이 없다. 입법부는 소속 의원들로 구성된 특별위원회들에 법률의 집행을 일임함으로써 그를 무력화시킬 수 있다. 원한다면 입법부는 그의 봉급을 삭감함으로써 어떤 의미에서 그의 자격을 정지시켜버릴 수 있다.

연방헌법은 행정권에 속한 모든 권한과 책임을 단 한 사람에게 집중시켰다. 연방헌법은 대통령에게 4년의 임기를 주었으며 임기

동안 고정된 봉급을 보장해주었다. 연방헌법은 대통령에게 수하 공직자 집단을 마련해주고 거부권을 부여해주었다. 간단히 말하자면, 행정권의 영역을 조심스럽게 구획한 후에 이 영역 안에서 대통령에게 가능한 한 막강하고 자유로운 지위를 부여한 것이다.

주헌법의 경우에, 모든 권력 중에서 사법권은 입법부로부터 가장 독립해 있는 권력이다.

그럼에도 불구하고 어느 주에서나 입법부가 판사들의 봉급을 책정하는 권리를 지니고 있다. 따라서 판사들은 입법부의 직접적인 영향력에 노출될 수밖에 없다.

어떤 주들에서는 판사들이 임시직으로만 임명된다. 이렇게 되면 판사들은 그들의 힘과 자유를 상당 부분 빼앗기게 된다.

심지어 어떤 주들에서는 입법권과 사법권이 완전히 뒤섞여 있다. 예를 들자면, 뉴욕주의 상원은 몇몇 소송에서 주의 상급 재판소 구실을 한다.

이와 달리 연방헌법은 사법권을 다른 모든 권력으로부터 신중하게 분리한다. 그리고 판사들의 봉급은 고정되어야 하고 직분은 철회 불가능하다고 선언함으로써 판사들의 독립성을 보장했다.

이러한 제도적 차이점들의 실제적인 결과는 쉽사리 드러난다. 연방의 업무가 어떤 주의 개별 업무보다 훨씬 더 원활하게 수행되고 있다는 것을 주의력 있는 관찰자라면 곧 알아챌 것이다.

연방 정부는 주 정부보다 업무 수행에서 더욱 공정하고 더욱 절제력이 있다. 연방 정부는 시야의 개방성, 청사진의 지속성과 결합력, 업무 집행의 민활성과 단호함 등에서 훨씬 뛰어나다.

이 장의 줄거리를 몇 마디로 요약해보자.

두 가지 주요한 위험이 민주주의의 존속을 위협하고 있다. 하나는 입법부가 선거구민의 의지에 완전히 복종하는 것이고, 다른 하나는 모든 다른 통치 권력이 입법부에 집중되는 것이다.

주의 입법자들은 이러한 위험이 등장하는 것을 조장했다. 연방의 입법자들은 이러한 위험을 줄이기 위해 가능한 모든 일을 다했다.

아메리카 합중국의 연방헌법과
다른 모든 연방헌법 사이의 차이점

아메리카 합중국이 연방의 유일무이한 사례는 아니다. 고대는 말할 것도 없고 근대 유럽에도 몇 가지 사례들이 있었다. 스위스, 독일 제국 그리고 네덜란드 공화국은 한때 연방체였거나 지금도 연방체를 유지하고 있다.

이들 여러 나라의 헌법을 연구해보면, 이 나라들에서 헌법이 연방 정부에 부여해준 연방 권력이 아메리카 헌법이 합중국 정부에 부여해준 권력과 거의 같다는 것을 알고 깜짝 놀라게 된다. 합중국 헌법과 마찬가지로 이 헌법들은 전쟁을 선포하고 평화를 체결할 권리, 인력을 징발하고 세금을 징수할 권리, 국민의 일반적인 필요를 공급하고 공동의 이익을 규제할 권리 따위를 중앙 권력에 부여하고 있다.

하지만 합중국의 연방 정부가 활기차고 능수능란하게 업무를 수행하는 데 비해서, 이들 다른 나라의 연방 정부는 거의 언제나 취약하고 무기력하다.

최초의 아메리카 연방(Union américaine)은 그 연방 정부의 극단적인 취약성 탓에 오래 존속하지 못했다. 하지만 이렇게 취약한 정부도 오늘날의 연방 정부만큼의 확장된 권리들을 가지고 있었다. 어떤 측면에서는 더 많은 특전을 지녔었다고까지 말할 수 있을 것이다.

따라서 합중국의 현행 헌법에는 당장 두드러지지는 않지만 아주 중요한 영향을 미치는 몇 가지 새로운 원칙들이 들어 있었다.

이 헌법은 얼핏 보면 그에 앞선 여러 연방헌법들과 혼동될 수도 있겠지만, 사실상 오늘날 정치학의 위대한 발견으로 간주되어야 마땅할 완전히 새로운 이론에 근거하고 있었다.

1789년의 아메리카 연합(confédération américaine)에 앞서 등장한 모든 연합체에서, 공동 목적에 따라 연합한 주들은 연방 정부의 명령에 복종하기로 동의했다. 하지만 이들은 연방 법률의 집행을 명령하고 감독할 권리를 스스로 보유했다.

1789년에 연합한 아메리카의 주들은 연방 정부가 법률을 제정할 뿐만 아니라 몸소 그 법률을 집행하는 데 동의했다.

이 두 가지 경우에서 권리는 같지만, 그 권리의 행사는 다르다. 그런데 이 유일한 차이가 아주 중대한 결과를 낳았다.

오늘날의 아메리카 연방에 앞서 있었던 모든 연합체에서 연방 정부는 그 필요를 충족하기 위해서 개별 주 정부들에게 요청했다. 연방 정부의 조치가 어느 한 주 정부에라도 마뜩지 않을 때에는 해당 주 정부는 언제든지 그 조치를 회피할 수 있었다. 강할 때에는,

주 정부는 무기에 호소한다. 약할 때에는, 주 정부는 제 몫으로 받아들인 연방의 법률들에 대한 저항을 은근히 조장하며, 무능력하다는 구실로 수수방관하는 태도를 취한다.

그러면 다음과 같은 두 가지 결과 중 하나가 나타나게 된다. 하나는 연방을 구성하는 나라들 중 가장 강력한 한 나라가 연방의 권위를 수중에 넣고 연방의 이름으로 다른 모든 나라를 지배하는 경우이다.[36] 다른 하나는 연방 정부가 모든 힘을 잃고 연방 구성국들 사이에는 무질서가 횡행하며 연방이 무기력 상태에 빠지는 경우이다.[37]

아메리카에서, 연방 정부의 피치자는 구성 주들이 아니라 개개 시민들이다. 연방이 세금을 징수하고자 할 때, 연방은 매사추세츠 주 정부가 아니라 매사추세츠주에 사는 개개 주민을 대상으로 한다. 지난날의 연방 정부들은 집단을 상대했으나, 합중국의 연방 정부는 개인을 상대한다. 연방 정부의 힘은 어디서 빌려오는 것이 아니라 스스로에게서 나오는 것이다. 연방 정부는 연방 정부에만 딸린 행정 관료, 법원, 사법부 관리, 군대 따위를 보유한다.

물론 아직도 각 주들의 국지적 애향심, 집단적 격정, 지방적 편견

---

36) 마케도니아의 필리포스왕이 암피크티온 칙령을 단행할 당시의 그리스 상황이 여기에 해당한다. 네덜란드 공화국에서는 홀란드주가 언제나 주도권을 장악했다. 오늘날 독일의 경우도 마찬가지이다. 오스트리아와 프로이센이 게르만 연방 전체를 장악하고 있다.

37) 스위스 연방은 항상 이런 상태에 놓여 있다. 인접국들끼리의 다툼이 없었다면 스위스는 아마 수백 년 전에 없어졌을 것이다.

따위가 이와 같이 구성된 연방 정부의 권한을 상당히 감축시키는 경향이 있으며, 연방 정부의 의향에 맞서는 저항 거점을 형성하기도 한다. 연방 정부의 주권은 제한적이기 때문에, 연방 정부는 완전한 주권을 누리는 정부만큼 강력할 수는 없다. 연방 정부에 내재한 결함이 바로 이것이다.

아메리카에서 각 주들은 저항할 기회도 의향도 별로 없다. 그리고 그러한 생각을 가졌을지라도, 연방의 법률을 공개적으로 위반하지 않고서는, 평상적인 사법절차를 어기지 않고서는, 공개적으로 반발의 기치를 들지 않고서는, 그러한 생각을 실천에 옮길 수 없다. 한마디로 말하자면, 누구나 오랫동안 꺼려온 그런 극단적인 입장을, 그것도 갑자기 취하지 않고서는 불가능한 일이다.

옛날의 연방 국가들에서 연방 정부에 부여된 권한은 연방 정부로서는 권력의 요인이라기보다는 불화의 요인이었다. 그도 그럴 것이 이 권한들이 국가의 요구를 강제할 수단들은 증대시키지 않은 채 국가의 요구만을 늘려놓았기 때문이다. 따라서 연방 정부들의 실질적인 취약성은 연방 정부의 명목적인 권한이 늘어나는 것에 정비례해서 커진다.

그런데 아메리카 연방의 경우는 그렇지 않다. 합중국에서 연방 정부는 일반 정부들과 마찬가지로 자신에게 집행권이 주어진 모든 일을 할 수 있다.

인간의 지성은 말보다는 사물을 더 쉽사리 만들어낸다. 따라서 허다한 부적절한 용어들과 불완전한 표현들이 생겨난다.

몇몇 나라들은 항구적인 동맹을 결성하고 어떤 상급 권위체를 형성한다. 이 상급 권위체는 전국적인 차원의 정부처럼 시민 개개인에게 일정한 권한을 행사하지 않고 연방을 구성하는 집단들 각각에 권한을 행사한다.

여느 정부들과는 아주 다른 이러한 정부에 연방 정부라는 이름이 붙는다.

그런데 또 다른 형태가 있다. 이 경우에는 몇몇 나라들이 특정한 공통의 이해관계에서는 실질적으로 하나로 융합하지만 다른 모든 점에서는 분리된 아주 느슨한 연합체로 그친다.

이 경우에 중앙정부는 전국적인 차원의 정부들처럼 중간 매개자 없이 피치자들을 직접 통치하고 다스리며 재판한다. 하지만 제한된 영역에서만 그러할 뿐이다. 그렇다면 이것은 명백히 연방 정부가 아니며, 불완전한 형태의 전국적 차원의 정부라고 할 수 있을 것이다. 이렇게 엄격히 말하자면 전국적 차원도 아니고 연방적이지도 않은 정부가 탄생했다. 이제 여기까지 이르렀다. 하지만 이러한 새로운 사태를 표현할 새로운 말이 아직 나타나지 않았다.

다른 모든 연방 국가가 결국 내란에 빠져들거나 굴종 상태 또는 무기력 상태에 빠지게 되었다면, 그것은 이들 연방 국가가 바로 이러한 새로운 종류의 연방을 알지 못했기 때문일 것이다. 이들 연방 국가를 구성하는 개별 나라들은 이러한 폐단에 대한 치유책을 찾기에는 지식이 모자랐으며, 그 치유책을 적용하기에는 용기가 모자랐다.

최초의 아메리카 연방 역시 이러한 폐단에 빠져버렸다.

그러나 아메리카에서 연방을 구성하는 주들은 독립을 얻기 이전에 오랜 세월 동안 동일한 제국의 일부를 구성해왔다. 따라서 주들은 완전히 자치하는 습관을 아직 몸에 익히지 못했으며 국지적 애국심의 편견이 아직 완전히 뿌리내리지도 않았다. 세계 어느 나라보다 앞선 식견을 지니고 서로 대등한 지식수준을 지녔던 이 주들은 일반적으로 연방 권력의 확대에 반대하는 격정에 별로 휩쓸리지 않았다. 그리고 이러한 격정은 가장 위대한 시민들에 의해 저지되었다. 아메리카인들은 연방 제도의 폐단을 깨닫는 것과 동시에 단호하게 그 치유책을 마련했다. 그들은 법제를 고쳤으며 나라를 구했다.

연방 제도의 일반적 장점과
아메리카에서의 특별한 유용성

작은 나라들에서는 사회의 관심이 모든 곳에 미치며 더 나아지려는 희망이 아주 사소한 부분에까지 파고든다. 국민들의 야망은 나라가 약한 탓에 상당히 누그러지고, 국민들의 노력과 자원은 온전히 내부의 복지로 향하게 되며 공허한 영광의 추구에 헛되이 낭비되지 않는다. 게다가 국민 개개인의 역량이 일반적으로 한정되어 있는 만큼, 욕망도 마찬가지로 한정되어 있다. 변변치 않은 재산 정도로 인해 사람들의 생활 상태는 거의 평등하며, 생활 습속도 단순하고 평온하다. 따라서 모든 사실을 감안할 때, 그리고 인성과 지식수준에서 다양한 차이가 있다는 점을 염두에 두더라도, 작은 나라들이 큰 나라들보다 일반적으로 더 유복하고 더 인구가 많으며 더 평온한 생활을 누린다는 점을 알 수 있다.

작은 나라에 폭정이 수립될 경우, 폭정은 다른 어느 곳에서보다 더 지독해진다. 왜냐하면 제한된 테두리 안에서 작용하는 만큼 그 안에 있는 모든 것에 영향을 미치기 때문이다. 추구할 만한 어떤 원대한 복안이 없는 까닭에 폭정은 수많은 자질구레한 일들에 매달리며 폭력적인 동시에 늘 따라다니는 성가신 존재가 된다. 폭정은 자기 고유의 영역이라 할 정치 세계뿐만 아니라 개개인의 사생활에까지 침투한다. 행동뿐만 아니라 취향까지 간섭하려 하며, 국가뿐만 아니라 가정까지 통치하려 하는 것이다. 하지만 이러한 사태는 그리 자주 일어나지 않는데, 그도 그럴 것이 이러한 작은 사회들에서는 자유가 사실상 천부적으로 주어진 조건이기 때문이다. 통치라는 것이 개인의 야망을 자극하는 일도 없으며 개개인의 자원은 보잘것없는 탓에, 통치 권력이 한 개인의 수중에 들어가는 경우도 흔치 않은 것이다. 설혹 그런 사태가 발생한다고 해도 피치자들이 쉽사리 힘을 합해서 폭군과 폭정을 한꺼번에 무너트릴 수 있다.

따라서 작은 나라들은 언제나 정치적 자유의 요람이었다. 그리고 이 작은 나라들 대다수가 커지면서 정치적 자유를 잃게 된다. 이러한 사실은 정치적 자유란 국민성 자체보다는 그 나라의 크기에 관련된 문제라는 점을 잘 보여준다.

큰 나라가 오랫동안 공화정을 유지한 사례는 세계사에서 찾아보기 힘들다.[38] 이러한 일은 사실상 실현 불가능하다고 사람들은 옛날부터 주장하곤 했다. 나로서는 사람들이 이렇게 가능성을 제한하려 하고 미래를 미리 판단하려 하는 것은 신중하지 못한 일이라고 생각한다. 사람들이란 현실과 실제를 포착하는 데 언제나 서투르고, 익숙한 사물들 가운데서 뜻밖의 일들을 만날 때마다 늘 놀라곤 하기 마련이니 말이다. 하지만 확실히 말할 수 있는 것은 규모가 큰 공화국이 작은 공화국보다 언제나 더 손상받기 쉽다는 사실이다.

공화제에 치명적인 열정들은 영토가 커짐에 따라 늘어난다. 반면에 공화제의 버팀목 구실을 하는 덕성들은 결코 같은 비율로 늘어나지 않는다.

국가의 위엄이 커짐에 따라 개개인의 야망도 커지며, 당파들의 힘도 그 당파들이 추구하는 목적의 중요성과 비례해서 커진다. 하지만 이러한 파괴적인 열정들에 맞서 싸우는 원동력이 되는 조국애는 규모가 큰 공화국보다 작은 공화국에서 더 강하다. 큰 나라에서 향토애가 덜 발달하고 덜 강력하다는 사실을 입증하기란 사실 어려운 일이 아니다. 엄청난 부와 심각한 빈곤, 수도권의 비대화, 습속의 저하, 개인적 이기주의, 이해관계의 상충 따위는 규모가 큰 국가에서 거의 언제나 등장하는 위험 요소들이다. 이 위험 요소들 중 몇 가지는 결코 군주정에 해를 끼치지 않으며, 심지어 군주정의 존속에 도움이 되기도 한다. 더구나 군주정에서 정부는 고유한 힘을 얻는다. 정부는 국민을 이용하면서도 국민에 의존하

---

38) 내가 여기서 말하는 것은 작은 공화국들의 연방이 아니라 하나의 통합된 거대한 공화국이다.

지는 않으며, 나라가 크면 클수록 군주도 막강해지는 것이다. 하지만 공화제 정부가 이러한 위험에 대처하려면 반드시 다수의 지지를 얻어야만 한다. 그런데 이러한 지지의 힘은 규모가 작은 공화국에 비해 큰 공화국에서 비례적으로 더 커지는 것은 아니다. 공격 수단은 줄곧 수와 힘이 증대하는 반면, 저항하는 힘은 그대로 남아 있는 셈이다. 차라리 줄어드는 셈이라고 말하는 편이 나을지도 모르겠다. 왜냐하면 국민의 수가 늘고 그 성향과 이해관계가 다양해지면 질수록, 응집력 있는 다수를 형성하기가 결과적으로 더 어려워지기 때문이다.

게다가 인간이 지닌 열정의 강도는 달성하려는 목표가 원대하다는 사실뿐만 아니라 수많은 개인들이 동시적으로 그 열정을 느낀다는 사실에 의해서도 높아진다는 것을 지난 역사는 보여준다. 공감하는 군중 속에서 느끼는 감정이 홀로 고립된 채 느끼는 감정보다 훨씬 강렬하다는 것은 누구나 경험해보았을 것이다. 규모가 큰 공화국에서는 정치적 열정이 저항할 수 없는 힘이 된다. 그것은 이러한 열정이 지향하는 목표가 원대하기 때문만이 아니라 수백만의 사람들이 같은 순간에 같은 방식으로 그 열정을 공유하기 때문이다.

따라서 일반적으로 거대한 제국들만큼 인간의 복리와 자유에 배치되는 것은 없다고 말할 수 있다.

그렇지만 큰 국가들은 그들에게 특유한 장점이 있기 마련이며, 이 점은 인정해야 한다.

규모가 큰 국가들에서 평범한 사람들 사이에 권력에 대한 욕망이 더 크게 나타나는 것과 마찬가지로, 특정 인물들에게서 명예에 대한 애착도 더 발전한다. 이러한 인물들은 수많은 사람들이 보내는 박수갈채를 자신들의 노고에 걸맞은 보답으로, 그리고 자신들을 더욱 높은 위치로 올려주기에 적합한 수단으로 간주하는 경향이 있기 때문이다. 큰 나라들에서는 지식이 더 신속하고 활발하게 유통되고, 사상이 더 자유롭게 전파되며, 수도권은 인간 정신의 모든 산물이 투사되고 결합되는 방대한 지적 중심지가 된다. 이러한 사실은 큰 나라들이 작은 나라들보다 지식의 보급과 문명의 전달에 더욱 많은 기여를 하게 된 이유를 우리에게 알려준다. 그리고 아주 중요한 발견들은 대개 작은 나라의 정부로서는 감당할 수 없는 국민적 힘의 동원을 요구한다는 사실을 여기에 추가하자. 큰 나라들에서는 정부가 훨씬 전반적인 계획안을 마련할 수 있으며, 상례의 답습이나 이기적인 지방색에서 더 완벽하게 벗어날 수 있는 것이다. 큰 나라들에서 정부는 더 많은 재능을 동원해 계획을 세우고 더 대담하게 집행할 수 있는 것이다.

평화가 유지되는 한, 작은 나라들은 더 완벽하고 더 널리 보급된 복지를 누린다. 하지만 작은 나라들은 큰 나라들보다 더 많이 전쟁의 피해를 입는다. 큰 나라들에서는 국경이 멀리 떨어져 있기 때문에 어떤 경우에 국민 대중이 수백 년 동안 전쟁의 위험에서 벗어나 있을 수도 있다. 이런 나라의 국민들에게 전쟁은 그저 궁핍의 원인 정도는 될지언정 파멸의 원인이 되지는 않는다.

그러므로 여느 문제들에서와 마찬가지로 이 문제에서도 우선적으로 고려해야 할 하나의 논지가 나타나는데, 그것은 바로 사태의 불가피성이라는 논지이다.

만일 큰 나라들이 없고 작은 나라들만 존재한다면, 인류는 확실히 더 자유롭고 더 행복할 것이다. 하지만 큰 나라들이 존재하는 것은 어찌할 도리가 없는 일이다.

따라서 이 세상에는 힘이라는 국가 번영의 새로운 요소가 도입되었다. 어떤 나라가 매일같이 약탈당하거나 정복당할 위험에 노출되어 있다면, 그 나라가 안락하고 자유롭다고 한들 무슨 소용이 있겠는가? 다른 나라가 제해권을 갖고 시장을 지배한다면 그 나라가 제조업과 상업이 발달한들 무슨 소용이 있겠는가? 작은 나라들은 대개의 경우 크기가 작기 때문이 아니라 힘이 없기 때문에 참담한 지경에 빠진다. 큰 나라들은 크기가 크기 때문이 아니라 힘이 세기 때문에 번영한다. 따라서 국가들의 경우 힘이야말로 행복과 생존의 첫 번째 조건이 된다. 그러므로 특별한 상황이 개입하지 않는 한, 작은 나라들은 항상 무력적으로 큰 나라들에 병합되거나 아니면 자진해서 큰 나라들에 통합되는 것이다. 스스로를 방어할 수 없고 스스로 생존할 수도 없는 국민의 처지보다 더 딱한 경우를 달리 어디에서 찾아볼 수 있겠는가.

연방 제도는 나라들의 크고 작음에서 나오는 여러 이점들을 결합하기 위해서 창안되었다.

이 제도를 채택한 데서 오는 모든 혜택을 살펴보기 위해서는 아메리카 합중국에 눈을 돌려보는 것으로 충분할 것이다.

중앙집권화된 거대 국가들에서 입법자는 장소와 습속의 다양성을 고려하지 않는 어떤 일률적인 성격을 법제에 부여하지 않으면

안 된다. 특별한 경우들을 염두에 둘 수 없기 때문에, 그는 일반적인 규정만을 밀고 나갈 수밖에 없다. 법이란 으레 사람들의 필요와 습속에 순응할 줄을 모르는 실체라는 점에서, 결국 사람들이 입법의 요구 사항에 순응하지 않을 수 없게 된다. 바로 여기에서 불화와 화근이 생긴다.

그런데 이러한 애로 사항이 연방에서는 존재하지 않는다. 연방의회가 사회생활의 주요 행동들을 규제하지만, 사회생활의 모든 세부적인 사항은 각 주의 입법부에 맡겨져 있다.

주권의 이러한 분립이 연방을 구성하는 각 주들의 복리에 얼마나 많이 기여하고 있는가는 거의 상상할 수 없을 것이다. 자신을 지킬 염려나 남과 합칠 욕구에 시달리지 않는 이들 작은 사회에서는 모든 공적인 권위와 개인적인 활력이 내부적 개선 쪽으로 향한다. 시민들에게 가까이 다가서 있는 각 주의 중앙정부는 주에서 발생하는 필요를 매일매일 알게 된다. 매년 새로운 청사진이 제기되어 타운 회의나 주의회에서 논의되며 언론을 타고 시민들의 열성과 관심을 자극한다. 이러한 개선을 향한 욕구는 아메리카 공화국들을 끊임없이 자극할 뿐 결코 곤경에 몰아넣지 않는다. 달리 말하자면 권력에 대한 야망이 그보다 더 통속적이기는 하나 덜 위험한 열정인 복지에 대한 애착에 자리를 양보하는 것이다. 신세계에서의 공화제 정치체제의 존속 여부는 연방 제도의 존속 여부에 달려 있다는 것이 아메리카에 일반적으로 퍼져 있는 생각이다. 그리고 남아메리카의 신생국가들이 겪는 불행의 주요 원인을 그곳에서 사람들이 주권을 분산하기는커녕 거대한 공화국들을 세우려

했다는 사실에서 찾을 수 있다고들 말한다.

합중국에서 공화제 정부의 취향과 관행이 타운들과 지방의회들에서 생겨났다는 것은 의심할 나위가 없는 사실이다. 예컨대 코네티컷과 같은 작은 주를 보자. 여기에서 운하를 뚫고 도로를 내는 일은 커다란 정치 사안이며, 주 자체에는 급료를 지불할 군대도 지원할 전쟁도 없고, 지도자들에게 많은 재산도 많은 명예도 돌아가지 않는다. 이런 곳에서는 공화정만큼 자연스럽고 적절한 정부 형태를 찾아보기 힘들 것이다. 그런데 바로 이러한 공화주의 정신이, 요컨대 자유로운 인민의 생활 습속과 태도가, 여러 주들에서 싹터서 활짝 만개한 이후에 마침내 나라 전역에 널리 퍼지게 된 것이다. 그러므로 연방의 공공 정신은 어떤 면에서 이러한 지방의 향토애의 집합에 지나지 않는다고 할 수 있다. 달리 말하자면 합중국의 개개 시민은 자신의 향토인 작은 공화정에 대한 관심을 공동의 조국에 대한 사랑 속으로 이전시킨 것이다. 연방을 옹호하는 것은 자신의 카운티의 줄기찬 번영을 옹호하는 것이고, 카운티의 업무를 스스로 떠맡을 권리를 옹호하는 것이며, 카운티를 살찌울 개선책들이 채택되리라는 희망을 옹호하는 것이다. 나라의 일반적인 이익이나 국가의 영광보다도 사람들을 더욱 분기시키는 것은 바로 이러한 일상적인 동기들이다.

다른 한편, 주민들의 정신과 습속으로 보아 규모가 큰 공화정이 더 잘 어울릴 수 있다는 생각이 든다면, 연방 제도가 비교적 수월한 해결책이 될 수 있을 것이다. 아메리카의 모든 주를 하나의 연방으로 묶는 일은 인간들의 대규모 군집을 이루는 데서 발생하는 일상적인 불편을 전혀 드러내지 않는다. 연방은 그 규모로 보면 거대한 공화국이지만 연방 정부가 떠맡는 자잘한 목표들을 보면 그저 작은 공화국에 지나지 않는다. 연방의 주권은 제한되고 불완전한 것이기 때문에, 이 주권의 행사는 결코 자유에 위험이 되지 않는다. 이 정도의 주권은 규모가 큰 공화국에서라면 아주 치명적일 무절제한 권력욕이나 명예욕을 자극하지 않는다. 여기서는 모든 것이 반드시 하나의 공통 중심지를 향해 있지 않은 까닭에, 거대한 대도시들, 엄청난 재부, 극단적인 빈곤, 돌연한 혁명 따위는 거의 찾아보기 힘들다. 정치적 열정은 마치 초원의 들불처럼 한순간에 전국으로 번지기는커녕 각 주의 개별적 이해관계와 열정에 부딪혀 소진되고 만다.

그럼에도 불구하고 연방 전역에서 사상과 문물이 자유롭게 이동한다는 점에서 연방은 단 하나의 국민으로 구성된 나라와 다를 바 없다. 진취적인 정신을 가로막는 것이라고는 아무것도 없으며 연방 정부는 재능과 학식이 뛰어난 모든 인재에게 개방되어 있다. 연방의 경계 안에서는 마치 같은 제국에 종속된 어떤 한 나라 안에 있는 것처럼 평화롭다. 합중국은 연방의 경계 밖에서는 지상에서 가장 막강한 나라들과 대오를 같이한다. 합중국의 해안선 800리으(2,000마일)는 외국과의 교역에 열려 있으며, 신세계의 요충지들을 장악하고 있는 합중국의 함선은 저 멀리 외진 바다까지도 누비고 다닌다.

합중국은 작은 나라로서 자유롭고 행복한 동시에, 큰 나라로서 영예와 위력을 누리는 것이다.

연방 제도가 모든 나라에 다 적합하지는 않다는 점에 대해,
그리고 영국계 아메리카인들이 연방 제도를 채택한 연유에 대해

오랜 노고 끝에 입법자가 이따금 여러 나라들의 운명에 간접적으로나마 영향을 끼치는 데 성공할 경우, 그 입법자의 재능에 대한 찬사가 잇따를 것이다. 그런데 사회에 불가항력적인 추세를 부여하는 것은 그 나라의 정해진 지리적 위치, 사회적 상태 등 그 입법자로서도 달리 어찌할 수 없는 것들이거나, 그 나라의 습속과 이념, 연원과 출발점 등 그로서도 잘 알지 못하는 것들이다. 입법자는 이러한 불가항력적인 추세를 바꾸려 공연히 애쓰다가 결국은 그 물결에 휩쓸려 들고 마는 것이다.

입법자는 마치 바다 한가운데에서 뱃길을 여는 항해사와 같다. 그는 자신을 태우고 가는 배의 방향을 바꿀 수는 있으나, 배의 구조를 바꾼다든가, 바람을 일으킨다든가, 출렁이는 파도를 잠재운다든가 하는 일을 할 수는 없다.

연방 제도에서 아메리카인들이 어떤 혜택을 얻어냈는가를 앞에서 살펴보았다. 이제 연방 제도의 혜택을 모든 나라가 다 누릴 수 있는 것은 아니라는 점을 염두에 두고 아메리카인들이 이 제도를 채택하게 된 연원에 대해 살펴보도록 하자.

연방 제도에는 법률 적용 문제에서 나오는 우연적인 결함들이 존재하지만, 이러한 것들은 입법자들의 노고에 의해 쉽게 고쳐질 수 있다. 반면에 연방 제도 자체에 내재한 다른 결함들은 그 제도를 채택 중인 국민들로서도 달리 어찌할 도리가 없다. 따라서 국민들은 자기네 정부의 자연적 불완전성을 감당하는 데 필요한 힘을 스스로 찾아내야만 한다.

모든 연방 제도에 내재하는 폐단들 중 가장 두드러진 것은 바로 그 제도가 사용하는 방법의 복잡성이다. 연방 제도는 필연적으로 두 개의 주권을 맞닥뜨려 놓는다. 입법자는 이 두 개의 주권의 흐름을 가능한 한 단순하고 대등하게 만들 수 있으며, 두 개의 주권 각각을 명확하게 설정된 행동반경 안에 가두어놓을 수 있다. 하지만 입법자는 이 두 개의 주권을 하나로 합칠 수 없으며 특정 문제에서 두 주권이 서로 충돌하는 것을 막을 수도 없다.

따라서 연방 제도는 피치자들이 일상생활에서 일정한 지식과 분별력을 발휘해야만 적용 가능한, 아주 까다로운 이론 체계에 기초하는 정치제도이다.

일반적으로 아주 명백하고 단순한 정치 개념들만이 국민의 이해를 얻기 마련이다. 거짓되지만 명쾌하고 정확한 이념이 진실하지만 복잡한 이념보다 언제나 세상에서 더 많은 힘을 얻는다. 따라서 큰 나라 안의 작은 나라들이라고 할 수 있는 정당들은 언제나 하나의 명칭과 하나의 원칙을 자신의 상징으로 주저 없이 채택하곤 하는 것이다. 이러한 단 하나의 명칭과 원칙은 그 정당들이 제기하는 목적과 구사하는 수단들을 아주 불완전하게만 반영하고 있을 따름이지만 그럼에도 불구하고 정당의 존속과 활동을 보장하는 관건이 된다. 쉽사리 정의될 수 있는 단 하나의 이념이나 단 하나의 감정에만 기초하는 정부들은 아마도 최선의 정부는 아닐 것이다. 하지만 이러한 정부들은 틀림없이 가장 막강하고 가장 지속적인 정부이다.

지금까지 알려진 연방헌법들 가운데 가장 완벽한 헌법인 합중국 헌법을 검토해보면, 통치 대상인 국민에게 이 헌법이 얼마나 많은 다양한 지식과 분별력을 기대했는가에 놀라게 된다. 연방의 통치는 거의 전적으로 법률적 인공물들에 의존한다. 연방은 말하자면 정신 속에서만 존재하는 관념적인 나라이며 오직 지성만이 그 영역과 경계를 식별할 수 있는 것이다.

일단 이론을 이해하더라도 다음에는 그 이론을 적용하는 데에 따르는 어려운 문제들이 있다. 연방의 주권이 주들의 주권과 밀접하게 연결되어 있어서 얼핏 보아서는 각 주권의 경계들을 제대로 포착할 수 없는 까닭에, 수많은 어려움이 따를 수밖에 없다. 이러한 통치 제도에서는 모든 것이 관행적이고 인위적인 까닭에, 오랜 자치 전통을 가진 나라나 정치 지식이 사회의 최하층에까지 스며들어 있는 나라가 아니라면 그 제도에 잘 적응하지 못할 것이다. 내가 아메리카인들의 실제적인 양식과 지성을 높이 평가하는 이유는 바로 그들이 자신들의 연방헌법에서 생기는 이러한 수많은 난제들을 해결하는 방식 때문이다. 아메리카에서 보통 사람들 중에 연방의회에서 만든 법률과 자기가 사는 주에서 만든 법률을 쉽사리 구별해내지 못하는 이는 거의 없다. 마찬가지로 연방의 일반적 관할에 속하는 문제들과 주의회가 규제해야 하는 문제들을 구별해내지 못한다거나, 연방 법원들의 재판관할이 어디에서 시작되고 주 법원들의 재판관할이 어디에서 끝나는지를 알지 못하는 이는 거의 없다.

인간이 만들어낸 훌륭한 발명품이라 할 합중국의 헌법은 그것을 발명해낸 자들에게는 영예와 재부를 가져다주지만 다른 자들에게는 전혀 쓸모가 없다.

이러한 사실은 오늘날 멕시코의 사례가 입증해준다.

연방 제도를 수립하고자 한 멕시코인들은 이웃 나라 영국계 아메리카인들의 연방헌법을 모델로 삼았으며 거의 그대로 베꼈다.[39] 하지만 그들은 헌법의 자구만을 빌려왔을 뿐 헌법에 생명력을 불어넣은 정신은 옮겨오지 못했다. 따라서 그들은 이중적인 정부 기구와 운용 때문에 쉴 새 없이 곤경에 빠졌다. 주의 주권과 연방의 주권은 헌법이 정해놓은 경계를 벗어나서 매일같이 상대방의 영역을 침범했다. 그래서 오늘날까지도 멕시코는 무정부 상태와 군사독재가 번갈아 나타나고 있는 것이다.

연방 제도 자체에 내재하는 모든 결함 가운데 두 번째이자 사실상 가장 치명적인 결함은 연방 정부가 상대적으로 취약하다는 사실이다.

모든 연방은 권력 분산의 원칙에 기초하고 있다. 입법자들은 이러한 권력 분산의 원칙을 겉으로는 덜 두드러지게 만들 수 있으며 적어도 한동안 세인의 눈에 띄지 않게 할 수도 있지만, 완전히 없앨 수는 없다. 그런데 분산된 주권은 언제나 완벽한 주권보다 더 취약하기 마련이다.

합중국의 헌법을 설명하면서 우리는 아메리카인들이 얼마나 능란

---

39) 1824년 멕시코 헌법을 보라.

하게 연방 권력을 연방 정부의 제한된 범위 안에 가두어두면서도 동시에 연방 권력에 전국적인 차원의 정부의 외양과 심지어 어떤 경우 위세를 부여했는가를 살펴보았다.

이렇게 함으로써 연방의 입법자들은 연방 제도의 내재적 위험을 꽤 줄이기는 했지만 완전히 없애지는 못했다.

아메리카의 정부가 주들을 직접 상대하는 것이 아니라는 점은 자주 언급되곤 한다. 사실 정부는 시민들에게 직접 훈령을 전달하고 개개 시민에게 공통의 의지에 따르도록 촉구한다.

그러나 연방의 법이 어떤 주의 이익이나 입장과 크게 대치될 때라면, 해당 주의 개개 시민들이 연방 정부에 반기를 든 사람의 대의를 따르게 될 우려가 있지 않을까? 해당 주의 모든 시민 스스로가 동시에, 그것도 같은 방식으로 연방의 권위에 의해 침해당했다고 느낀다면, 이들을 개별적으로 상대해서 무마하려는 연방 정부의 시도는 헛된 일에 지나지 않을 것이다. 이들은 방어를 위해 함께 뭉쳐야 할 필요를 본능적으로 느낄 것이며 주에 주어진 일정한 주권의 한계 내에서 가능한 조직을 찾아낼 것이다. 이렇게 되면 가정은 현실에 자리를 내주게 될 것이다. 한 나라의 일부에서 조직된 위력이 중앙 권력에 맞서 싸우는 사태가 벌어질지도 모를 일이다.

연방 재판권에 대해서도 마찬가지 이야기를 할 수 있다. 만일 민사사건에서 연방 법원이 주의 주요 법률을 침해할 경우, 한 시민으로 대표되는 주와 연방 법원으로 대표되는 연방 사이에 겉으로는 잘 드러나지 않지만 실제적인 분쟁이 발생할 것이다.[40]

사람들에게 그들의 열정을 만족시킬 수단을 부여해주고 나서 그들이 그 수단을 깨닫고 이용하지는 못하도록 법률 기구들을 동원해 막을 수 있다고 생각하는 것은 세상의 이치를 모르는 정말 어리석은 짓일 것이다.

아메리카의 입법자들은 이 두 주권 사이에 충돌이 발생할 개연성을 상당히 줄이기는 했지만, 충돌이 발생하는 원인 자체를 완전히 없애지는 못했다.

한 걸음 더 나아가서, 입법자들은 충돌이 발생할 경우 연방 권력이 우세할 수 있도록 해주는 보장책마저 마련해줄 수 없었다고까지 말할 수 있다.

연방 정부에는 자금과 군대가 있지만, 주들에는 주민의 애정과 예단이 있었다.

연방의 주권은 추상적인 존재로 몇 가지 대외적인 목표에만 결부되어 있다. 주들의 주권은 감각으로 느낄 수 있으며 누구나 쉽사리 이해할 수 있고 매 순간 살아 움직인다. 하나는 갓 생겨난 것이지만, 다른 하나는 주민들과 함께 자라난 것이다.

---

40) 사례: 헌법은 주인 없는 땅을 매각할 권리를 연방 정부에 부여하고 있다. 헌법의 규정은 주의 관할 영역에 속하지 않는 토지에만 해당한다는 구실로 오하이오주가 주 경계 안에 있는 토지들에 대해 같은 권리를 내세우고 나아가 그 토지를 매각하려 한다고 가정해보자. 그렇게 되면 연방과 오하이오주 사이가 아니라 연방으로부터 사들인 매입자와 주로부터 사들인 매입자 사이에 사법적인 문제가 발생할 것이다. 그런데 연방 측의 매입자는 연방 법원에서 그 권리를 확인받고, 주 측의 매입자는 오하이오주 법원에서 그 권리를 인정받는다면, 이러한 법률적 구상은 어떤 결과를 가져오겠는가?

연방의 주권은 만들어진 작품이다. 반면에 주의 주권은 마치 집안 가장의 권위처럼 애쓰지 않고 자연스럽게 생긴 것이다.

연방의 주권은 몇 가지 커다란 이해관계와 관련해서만 사람들에게 영향을 미친다. 그것은 거대하지만 멀리 떨어져 있는 나라를, 막연하고 정의 내리기 힘든 감정을 표현한다. 주의 주권은 개개 시민을 감싸 안으며 어떤 의미에서는 시민의 일거수일투족을 매일같이 통제한다. 주의 권력은 시민의 재산, 자유, 생명을 보전할 책무를 떠맡고 있으며, 시민의 복리에든 빈곤에든 매 순간 영향을 미친다. 주의 주권은 기억, 습관, 현지의 편견, 그리고 지방과 가문의 이기심 따위에, 한마디로 말하자면, 인간의 심성 속에서 향토에 대한 본능을 그토록 강력하게 만들어주는 그 모든 것에 의존한다. 그러니 주의 주권이 가진 이점들을 어떻게 부정할 수 있겠는가?

연방 제도가 만들어낸 두 주권 사이에 위험한 충돌이 발생하는 것을 입법자들로서도 막을 수 없는 까닭에, 입법자들은 연방에 속한 모든 국민이 서로 다투지 않도록 설득하는 것으로 그쳐서는 안 되며 서로 화합하도록 하는 특별한 조치들을 만들어내야 한다.

이런 관점에서 볼 때, 만일 연방 협약이 연방에 속한 국민들에게 공동생활을 편안하게 느끼도록 해주고 정부의 업무를 용이하게 해주는 일정한 연합 조건들을 제시해주지 못한다면, 연방 협약은 오래가지 못할 것이다.

그러므로 연방 제도가 성공하려면, 훌륭한 법률이 필요할 뿐만 아니라 상황이 무르익어야 한다.

지금까지 연방을 구성했던 모든 나라는 몇 가지 공통 이익을 중심으로 뭉쳤는데, 바로 이 공통 이익이 연합을 이루는 지적인 유대 구실을 했다.

그러나 인간은 물질적 이해관계뿐만 아니라 사상과 감정을 가지고 있다. 연방이 오래 지속되려면, 연방을 구성하는 여러 나라들의 욕구에서만큼이나 문명에서도 일정한 수준의 동질성이 있어야만 한다. 스위스의 보(Vaud)주와 우리(Uri)주 사이의 차이는 19세기와 15세기 사이의 차이와 마찬가지이다. 따라서 사실대로 말하자면 스위스는 한 번도 연방 정부를 가진 적이 없는 셈이다. 이 여러 주들 사이의 통합은 단지 지도 위에서 있었을 뿐이다. 만일 중앙정부가 동일한 법률을 전국에 적용하려 한다면, 이러한 사실은 곧 드러날 것이다.

합중국에서 연방 정부의 존속을 가능하게 해준 놀라운 사실이 하나 있다. 요컨대 여러 주들은 거의 같은 이해관계, 같은 기원, 같은 언어를 가지고 있을 뿐만 아니라 같은 수준의 문명을 가지고 있는 것이다. 바로 이 점이 주들 사이의 화합을 거의 언제나 용이하게 해준다. 유럽에서 아무리 작은 국가라고 하더라도 유럽보다 두 배 정도 큰 아메리카만큼의 내부적 동질성을 보여주는 국가는 아마 없을 것이다.

메인주에서 조지아주까지의 거리는 대략 400리으(1,000마일)이다. 하지만 메인주의 문명과 조지아주의 문명 사이의 차이는 노르망디 지방의 문명과 브르타뉴 지방의 문명 사이의 차이보다 적다. 따라서 거대한 제국의 양쪽 끝에 자리 잡은 메인주와 조지아주가 개울 하나를 사이에 두고 있는 노르망디 지방과 브르타뉴 지방보다 연방을 구성할 실질적인 유인을 더 많이 가지고 있는 것이다.

아메리카의 입법자들이 아메리카인들의 습속과 습관에서 발견해낸 이러한 연방 구성에 유리한 요인들 외에 아메리카의 지리적 위치가 가져다주는 또 다른 유리한 요인들이 있다. 연방 제도가 채택되고 유지될 수 있었던 것은 바로 이러한 지리적 요인 덕택이라고 할 수 있을 것이다.

한 나라가 존속해 있음을 세상에 알리는 모든 행위 중 가장 중요한 행위는 다름 아닌 전쟁이다. 전쟁이 벌어지면 나라 전체가 외국 침략자에 맞서 마치 한 사람처럼 행동한다. 한 나라가 자신의 목숨을 걸고 싸우는 것이다.

한 나라의 내부에 평화를 유지하고 번영을 일구는 것만이 문제인 한, 정교한 통치 능력, 피치자들의 건전한 양식, 그리고 사람들이 거의 언제나 자기 고향에 대해 지니고 있는 애착심 따위로 충분할 것이다. 하지만 한 나라가 대규모 전쟁을 치르려면 시민들은 엄청난 희생을 받아들여야만 한다. 그런데 수많은 사람들이 진정으로 이러한 사회적 요청에 응할 수 있으리라고 생각하는 것은 실로 인간성에 대한 무지를 드러내는 일이다.

따라서 대규모 전쟁들을 치러야만 했던 모든 나라는 어쩔 수 없이 정부의 힘을 증강시켜야만 했다. 이런 시도에 성공하지 못한 나라들은 정복당했다. 장기적인 전쟁을 치르게 되면 국민들은 거의 언제나 참담하게도 두 가지 길 중 하나에 직면하게 된다. 즉 전쟁에 패해서 멸망하거나 전쟁에 승리했지만 전제정치에 이르거나 둘 중의 하나이다.

따라서 일반적으로 정부의 취약성이 더 적나라하게, 그리고 더 위험한 방식으로 드러나게 되는 것은 바로 전쟁에서이다. 연방 정부들에 내재하는 결함은 바로 그 취약성에 있다는 것을 나는 앞에서 설명했다.

연방 제도에는 행정의 중앙 집중화라든지 아니면 그와 유사한 그 어떤 것도 존재하지 않을 뿐만 아니라 통치의 중앙 집중화도 아주 불완전하게만 나타난다. 바로 이 점은 이 나라가 완벽한 단일 통치를 갖춘 나라들과 대치하게 될 경우 언제나 커다란 취약점으로 작용한다.

합중국의 연방헌법은 어떤 다른 연방헌법보다 더 많은 실질적인 권한을 부여받고 있음에도 불구하고, 이러한 취약성을 그대로 안고 있다.

한 가지 사례만 들어보아도 충분할 것이다.

헌법은 반란을 진압하고 침략을 물리쳐야 할 경우에 여러 주들에서 민병대를 소집할 수 있는 권한을 의회에 부여하고 있다. 그리고 헌법의 또 다른 조항은 이 경우에 합중국 대통령이 민병대의 총사령관이 된다고 명시하고 있다.

1812년에 전쟁이 일어났을 때, 대통령은 북부 여러 주들의 민병대에게 국경 지방으로 진격하라는 명령을 내렸다. 하지만 코네티컷주와 매사추세츠주는 전쟁으로 인해 손해 보고 있다고 여겼기 때문에 민병대 파견을 거부했다.

헌법은 '반란'이나 '침략'이 일어날 경우에 민병대를 소집할 권리를 연방 정부에 부여하고 있다고 한편에서 주장했다. 그러자 이번 경우는 반란에도 침략에도 해당되지 않는다고 다른 편에서 응수했다. 게다가 민병대를 소집할 권리를 연방 정부에 부여한 바로 그 헌법이 장교들을 임명할 권리는 주들에 부여하고 있다는 주장이 뒤따랐다. 그렇다면 전쟁이 일어나도 대통령 개인을 제외하고는 어떤 연방 장교도 민병대를 통솔할 권리를 갖지 못하게 될 것이었다. 결국 민병대는 대통령이 아닌 다른 사람이 통솔하는 군대에서 복무하는 꼴이 되어버렸다.

이러한 말도 안 되는 파괴적인 주장이 주지사들과 주의회의 재가를 얻었을 뿐만 아니라 이 두 주의 법원의 재가를 얻었다. 따라서 연방 정부는 하는 수 없이 필요한 병력을 다른 데서 조달해야만 했다.[41]

그렇다면 아메리카 연방이 비교적 완벽한 법제도에 의해 보호받으면서도 대규모 전쟁의 한복판에서 쇠진되지 않는 이유는 무엇인가? 그것은 합중국으로서는 두려워할 만한 대규모 전쟁 자체가 없기 때문이다.

인간의 땀방울을 한없이 쏟아부을 수 있는 광활한 대륙의 한복

---

41) Kent, *Commentaries*, vol. I, p. 244. 내가 선택한 사례는 현행 연방헌법이 선포된 이후에 일어난 일이다. 만일 첫 번째 연방 당시로까지 거슬러 올라간다면, 더 놀라운 사례들을 접하게 될 것이다. 당시는 나라 전체가 열기에 사로잡혀 있었다. 혁명은 대중적 인기를 한 몸에 안은 한 인물에 의해 대표되고 있었으나, 그 당시에 의회는 사실상 아무 권한도 없었다. 병력과 자원이 항상 부족했다. 의회가 짜낸 최선의 계획도 집행되지 못했으며, 파멸 직전에 놓여 있던 연방은 스스로의 힘보다는 적군의 허약성 덕에 겨우 살아남았다.

판에 위치한 합중국은 마치 모든 국경이 바다로 둘러싸이듯이 세상으로부터 거의 단절되어 있다.

캐나다에는 단지 100만 명이 살며, 주민들은 두 가지 적대적인 족속으로 나뉘어 있다. 혹독한 기후 탓에 영토는 쉽사리 확장되지 못하며, 항구들은 6개월 동안 얼어버린다.

캐나다와 멕시코만 사이에는 거의 절반 정도는 피폐해버린 몇몇 야만 부족들이 여전히 살고 있다. 이들을 물리치기에는 그저 병사 6,000명으로 충분하다.

남쪽에 한군데 지점에서 합중국은 멕시코 제국과 접경하고 있다. 아마도 여기에서 언젠가 커다란 전쟁들이 일어날 것이다. 하지만 문명의 후진적 수준, 습속의 타락과 빈곤 따위로 인해 멕시코는 앞으로도 오랫동안 선진국의 대오에 끼지 못할 것이다. 유럽 열강의 경우에도, 이들은 멀리 떨어져 있는 까닭에 합중국으로서는 그리 걱정할 일이 못된다. (O)

그렇다면 합중국이 누리는 커다란 혜택은 합중국이 대규모 전쟁을 감당할 수 있도록 뒷받침하는 연방헌법에 있었던 것이 아니라 합중국으로서는 별로 걱정할 만한 것이 없도록 해준 지리적 위치에 있었다고 해야 할 것이다.

나보다 더 연방 제도를 높이 평가하는 사람은 아마도 없을 것이다. 나는 연방 제도가 인간의 번영과 자유를 촉진하는 아주 강력한 요소들 중 하나라고 믿는다. 나는 연방 제도를 채택할 만한 처지에 있던 나라들의 여건을 부러워한다. 하지만 나는 연방으로 결성된 국가가 중앙집권적 통치를 가진 국가에 맞서 대등하게 오랫동안 버틸 수 있으리라고는 생각하지 않는다.

막강한 군사력을 지닌 유럽의 거대 군주국들 앞에서 만일 어떤 나라가 자신의 주권을 몇 갈래로 분립시켰다면, 그것은 내가 보기에 바로 이 행동 하나만으로도 나라의 권력을, 그리고 아마도 나라의 생존과 이름을 내놓는 것에 다름 아닐 것이다.

신세계의 경탄할 만한 지리적 여건, 자기 자신 외에는 적이 없지 않은가! 행복하고 자유롭기 위해서는 그렇게 되기를 바라는 것으로 충분하니 말이다.

제2부

지금까지 나는 합중국의 제도들을 검토했다. 법제들을 살펴보았으며, 정치사회의 현재 모습을 묘사했다.

　그러나 이 모든 제도 위에, 그리고 이 모든 모습 너머에, 이 제도들과 모습들을 원하는 대로 없애고 바꿀 수 있는 하나의 주권적 권력, 즉 인민주권이 존재한다.

　이제 남은 것은 법제보다 우위에 있는 이 권력이 어떻게 작동하는가, 이 권력의 본능과 열정은 무엇인가, 어떤 내밀한 원동력이 이 권력의 불가항력적인 진전을 가속하고 늦추며 또 인도하는가, 이 전능한 권력에서 어떤 결과가 나오며 또 이 권력은 과연 어디로 향해 나아가는가 따위를 검토하는 일이다.

제1장

합중국에서는 인민이 통치한다고
단호하게 말할 수 있는 이유

아메리카에서는 법을 만드는 자와 법을 집행하는 자를 모두 인민이 임명하며, 인민이 몸소 법을 어긴 위반 사항을 처벌하는 배심원단을 구성한다. 제도들은 그 원칙에서뿐만 아니라 그 전개 과정에서도 민주적이다. 그리고 인민은 직접적으로 대표자들을 임명하며 일반적으로 매년 다시 선발함으로써, 대표자들을 완전히 자신에게 종속시킨다. 따라서 인민이 실질적으로 지배한다. 그리고 정부 형태가 비록 대의제라고 할지라도, 인민의 의견, 선입견, 이해관계, 심지어 열정이 국정의 일상적인 운용에 항구적인 영향력을 끼치는 것을 막을 장애물은 아무것도 없다는 것은 명확한 사실이다.

인민이 군림하는 모든 나라에서와 마찬가지로 합중국에서도 인민의 이름으로 통치하는 것은 바로 다수자이다.

이 다수는 주로 온화한 시민들로 구성되어 있는데, 이들은 취향에 의해서든 이해관계에 의해서든 나라의 복지를 진지하게 바란다. 이들의 협조와 지지를 얻으려 하는 정당들은 바로 이들 주변에서 끊임없이 움직인다.

제2장

합중국의 정당

우선 정당들 사이에는 상당한 차이가 있다는 점을 밝히면서 시작하자.

어떤 나라들에서는 영토가 너무 큰 탓에 거기에 사는 여러 주민들이 비록 같은 주권 아래 통합되어 있다고 할지라도 서로 상충하는 이해관계를 갖고 있으며, 따라서 이들 사이에 끝없이 충돌이 발생한다. 이 경우에 같은 국민에 속한 여러 분파들을 고유한 의미에서의 정당으로 보기보다는 차라리 서로 뚜렷이 다른 민족들로 보는 것이 나을 듯하다. 또한 만일 내전이 발생한다면, 분파들 사이보다는 차라리 대립하는 국민들 사이에 투쟁이 벌어지는 셈이다.

그러나 예컨대 통치의 일반적 원칙 따위처럼 나라의 모든 부분의 관심을 끄는 사안들에 대해서 시민들이 의견을 달리할 경우, 진정으로 정당이라고 부를 만한 것이 등장한다.

정당들은 자유로운 정부들에 내재하는 필요악과도 같은 것이다. 하지만 이들 정당이 언제나 동일한 성격과 동일한 본능을 지니는 것은 아니다.

나라 전체에 엄청난 화근이 닥쳐오고 정치체제를 전면적으로 변혁시키려는 생각이 널리 퍼지는 시기가 있다. 그런가 하면 더 큰 위기가 닥치고 사회 자체가 존망의 기로에 서게 되는 시기도 있다. 바로 이때에 거대한 혁명들이 발생하고 거대 정당들이 출현한다.

혼란과 비참으로 얼룩진 이 수백 년의 사이사이에 사회가 휴식을 취하고 인간들이 한숨을 돌리는 시기들이 있다. 물론 이 경우도 사실은 겉모습만 그러할 뿐이다. 왜냐하면 시간은 나라를 위해서든 인간을 위해서든 그 진로를 멈추는 법이 없기 때문이다. 인간이든 나라든 알지 못하는 그 어떤 미래를 향해 매일같이 나아가는 것이다. 이들의 움직임이 눈에 띄지 않을 때, 우리는 이들이 머물러 있다고 생각한다. 하지만 이들은 줄곧 앞으로 움직인다. 뛰어가는 사람에게는 걸어가는 사람이 서 있는 것처럼 보이는 것과 같은 이치이다.

아무튼 간에 정치체제와 사회 상태에서 일어나는 변화들이 너무 더디고 희미한 나머지 사람들이 자신이 처해 있는 위치가 궁극의 단계라고 생각하는 시기가 있다. 이때에 사람들은 인간 정신이 확고한 기반 위에 서 있다고 여기고 일정한 지평 너머로 시야를 넓히려 하지 않는다.

이때는 음모의 시기이고 작은 정당들의 시기이다.

내가 거대 정당이라고 부르는 것들은 결과보다는 원칙을 고수하고, 특별한 경우가 아닌 일반적인 경우를, 인물이 아닌 사상을 따르는 정당들을 말한다. 이들 정당은 다른 정당들보다 더 고상한 특색, 더 관대한 열정, 더 실제적인 확신, 더 솔직하고 더 대담한 행동을 보인다. 정치적 열정들 중에서 항상 가장 큰 역할을 하는 사적인 이해관계는 이들 정당에서 공적 이해관계의 베일 아래 더 교묘하게 가리어진다. 심지어 사적 이익은 때때로 그것의 부추김을 받아 움직이는 사람들의 눈에도 잘 드러나지 않는다.

반면에 왜소 정당들은 일반적으로 정치적 신념이 부족하다. 이들 왜소 정당은 어떤 원대한 목표들로 고무되어 있다고는 스스로도 느끼지 않는 까닭에, 이들의 행동 하나하나에는 얼핏 보아도 이기적 동기로 가득 차 있다. 이들은 언제나 냉혹한 타산에 따라 재빨리 움직이며, 구사하는 언어는 거칠지만 행보는 소심하고 불확실하다. 이들이 제시하는 목표와 마찬가지로 사용하는 수단도 아주 보잘것없다. 사정이 이렇기 때문에, 격렬한 혁명의 시대에 뒤이어서 평온의 시대가 오면, 위대한 인물들은 돌연 모습을 감춘 듯 보이고 인간 영혼은 내면으로 수그러드는 듯 보이는 것이다.

거대 정당들은 사회를 위아래로 뒤집지만, 왜소 정당들은 사회를 좌우로 흔든다. 전자는 사회를 분열시키지만, 후자는 사회를 타락시킨다. 전자는 때로 사회를 뒤흔들어 놓음으로써 사회를 구하기도 하지만, 후자는 언제나 어떤 유익도 없이 사회를 곤경에 빠트린다.

아메리카에는 한때 거대 정당들이 있었으나 오늘날에는 찾아보기 힘들다. 이 과정에서 아메리카인의 행복은 증진되었을지 모르지만, 도덕성은 그렇지 못했다.

독립 전쟁이 끝나고 새로운 정부의 기초를 세우고자 했을 때, 이 나라 국민은 두 가지 견해로 갈렸다. 이 견해는 인간 세상만큼 오래된 것으로 모든 자유로운 사회에서 여러 가지 형태로, 그리고 다양한 이름을 달고 나타난다. 하나는 인민의 권력을 제한하려 하는 것이고, 다른 하나는 인민의 권력을 무한히 확장하려 하는 것이다.

그런데 아메리카의 경우 이러한 두 견해 사이의 충돌은 흔히 다른 나라들에서 그랬던 것만큼의 폭력적인 성격을 결코 띠지 않았다. 아메리카에서 두 정당은 몇 가지 기본적인 점에서는 서로 합의했다. 두 정당 중 어느 쪽도 승리하기 위해서 옛 질서를 파괴하거나 사회 상태 전부를 뒤엎을 필요가 없었다. 따라서 두 정당 중 어느 한쪽이 승리한다고 해서 수많은 개개인의 삶이 하루아침에 뒤바뀌는 일은 없었다. 그러나 두 정당은 평등에 대한 애착이나 독립에 대한 애착과 같은 일등급의 비물질적 이해관계에 호소하곤 했는데, 사실 이것만으로도 격렬한 열정을 불러일으키기에 충분했다.

인민의 권력을 제한하고자 한 정당은 무엇보다 그 원칙을 연방의 헌법에 반영시키려 애썼다. 여기서 '연방당(federal)'이라는 칭호가 나왔다.

자유의 대의를 남달리 옹호하고자 한 다른 정당은 '공화당(republican)'이라는 칭호를 택했다.

아메리카는 민주주의의 땅이다. 따라서 연방당은 항상 소수였다.

하지만 이들 편에는 독립 전쟁이 배출한 걸출한 인물들을 모두 망라하고 있었으며 널리 도덕적 호소력을 발휘하고 있었다. 게다가 상황이 이들에게 유리했다. 첫 번째 연방이 붕괴되자 국민은 무정부 상태에 빠지지나 않을까 염려했으며, 연방당은 이러한 일시적인 분위기의 도움을 받았다. 10년 또는 12년 동안 국정을 장악한 연방당은 자신들의 강령의 전부가 아니라 그 일부만을 실행에 옮길 수 있었다. 왜냐하면 날이 바뀔수록 상대 당의 힘이 제어할 수 없을 정도로 줄곧 커졌기 때문이다.

1801년 공화당이 마침내 정권을 장악했다. 토머스 제퍼슨이 대통령에 임명되었다. 그는 자신의 명성, 뛰어난 재능, 엄청난 인기로 공화당의 지지를 높였다.

연방당은 인위적인 수단을 통해서만 유지될 수 있었으며 동원할 수 있는 자원도 일시적인 것이었다. 그들이 집권하게 된 것은 그 지도자들의 덕망과 재능, 그리고 유리한 환경 덕이었다. 이어서 공화당이 집권했을 때, 상대 당은 돌연 물난리를 만난 꼴이었다. 엄청난 다수가 연방당에 등을 돌렸으며, 하루아침에 군소파로 몰락한 연방당은 재기를 꿈꾸기 어려웠다. 이때부터 공화당 또는 민주당이 승승장구했으며 사회 전반을 완전히 장악했다.

완패하고 당력이 고갈된 연방당은 국민들 가운데 고립되었으며 둘로 갈라섰다. 이들 가운데 하나는 승리한 공화당 편에 가담했으며, 다른 하나는 당기를 내리고 당명을 바꾸었다. 이들이 한 정당으로서 완전히 모습을 감춘 것은 사실 오래전의 일이었다.

내가 보기에 연방당의 집권은 아메리카 합중국의 탄생에 수반된 가장 행운이 따른 사건들 중 하나였다. 연방당은 자신의 시대와 자신의 나라의 불가항력적인 조류에 맞서 싸웠던 것이다. 이들의 이론이 옳든 그르든 간에, 그 이론들은 이들이 통치하고자 하는 사회에 전반적으로 적용될 수 없다는 단점을 가지고 있었다. 따라서 제퍼슨 치하에서 일어났던 일이 조만간 일어날 수밖에 없는 상황이었다. 하지만 이들의 통치는 적어도 신생 공화국에 안정을 얻을 시간적 여유를 주었으며, 더 나아가 이들이 맞서 싸웠던 정치 이론들이 아무런 장애 없이 신속하게 발전할 수 있는 계기가 되었다. 더욱이 이들의 강령 중 상당 부분은 마침내 상대 당의 정치 상징 속에 구현되기도 했다. 오늘날까지 지속되고 있는 연방헌법은 바로 이들의 애국심과 지혜의 항구적인 기념비라 할 만하다.

그러므로 오늘날 합중국에서는 거대 정당들을 찾아볼 수 없다. 연방의 앞날을 위협하는 정당은 있을지 모르겠으나, 오늘날의 통치 형태와 오늘날의 사회 진로에 도전하는 듯한 정당은 전혀 없다. 연방에 위협이 되는 정당들은 원칙이 아니라 물질적 이해관계에 기초하고 있다. 이러한 이해관계들은 여러 지방들 차원에서 표출될 경우 정당의 형태보다는 차라리 대립하는 나라들의 거대한 집합체 형태를 취한다고 말할 수 있을 것이다. 이런 식으로 최근에도 북부는 보호무역 제도를 지지한 반면에, 남부는 자유무역주의를 위해 무기를 들었다. 북부가 공업지대이고 남부는 농업지대이며 무역 제한 조치가 어느 한쪽에 유리한 반면 다른 쪽에는 불리하다는 것이 그 이유였다.

거대 정당들이 없는 가운데, 합중국은 왜소 정당들로 가득 차 있으며, 여론은 사소한 문제들에 대해서도 천차만별로 나뉜다. 정당을 창설하는 데 들어가는 노고는 거의 생각하기 어려울 정도이다. 오늘날 정당을 만든다는 것은 쉬운 일이 아니다. 합중국에는 종교적 반목이 거의 없다. 종교가 널리 존중되고 어느 한 종파도 지배적이지 않기 때문이다. 합중국에는 계급적 반목도 거의 없다. 인민이 주인이고 누군들 감히 인민에 맞서 싸우려 들지 않기 때문이다. 그리고 합중국에는 정치적으로 이용할 만큼 만연된 빈곤도 없다. 이 나라의 물질적 환경이 근면한 인간에게 아주 넓은 출셋길을 열어놓기 때문이며, 사람들은 그저 내버려두면 무언가 놀라운 일을 성취해내기 때문이다. 그럼에도 불구하고 야심가들은 정당을 창설해야 할 것이다. 그도 그럴 것이 자기가 그 자리를 차지하고 싶다는 이유만으로 권좌에 있는 이를 내쫓는다는 것은 어려운 일이니 말이다. 따라서 정치인들의 모든 수완은 정당을 조직하는 데 동원된다. 합중국에서 정치인은 우선 자신의 이해관계를 식별하고자 하며 자기 주위에 모을 수 있는 비슷한 이해관계들을 찾아내려 한다. 그 다음에 그는 자신이 만들어서 주변에 내놓을 이 새로운 결사의 간판으로 잘 어울릴 어떤 주의나 원칙이 혹시나 우연하게라도 세상에 존재하는지를 유심히 살핀다. 이것은 마치 옛날에 우리 조상들이 자기가 쓴 책의 첫 페이지에 국왕의 허가장을 인쇄해 집어넣었던 일을 연상시킨다. 책 내용과는 상관없이 겉치레로 집어넣는 장식 말이다.

이렇게 해서 정치 세계에 새로운 세력이 등장하게 된다.

외국인들에게는 아메리카인들의 거의 모든 국내 논쟁이 이해할 수 없고 유치해 보이기까지 한다. 또한 그런 사소한 일들에 진지하게 몰두하는 국민을 가엽게 여겨야 할지, 아니면 그런 일들에 전념할 수 있는 행복을 부러워해야 할지 어리둥절할 정도이다.

그러나 아메리카에서 여러 파벌들을 지배하는 내밀한 본능을 자세히 검토해보면, 이들의 대다수가 자유로운 사회가 성립한 이후 인간들을 나누어온 거대한 두 정당 중 어느 하나에 다소간 결부되어 있음을 쉽사리 알 수 있다. 이들 정당의 내밀한 사상을 깊숙이 들여다보면, 한쪽은 인민의 권력을 줄이려 애쓰는 반면, 다른 한쪽은 늘리려 애쓴다는 사실을 알 수 있다.

아메리카 정당들은 이 나라에 귀족정치 또는 민주정치를 촉진하려는 과시적인 목적이든 암묵적인 목적이든 전혀 지니고 있지 않다고 나는 말할 수 있다. 하지만 모든 정당의 밑바닥에는 귀족주의적인 열정 또는 민주주의적인 열정이 깔려 있으며, 비록 겉으로는 눈에 잘 띄지 않지만 바로 이것이야말로 아메리카 정당들의 기본 관점이라고 나는 말할 수 있다.

최근의 한 예를 들어보자. 대통령이 합중국의 중앙은행을 공격하자 온 나라가 흥분하고 분열되었다. 식견을 갖춘 계급들은 일반적으로 은행 편에 모이고, 인민은 대통령 편에 모였다. 경륜 많은 인사들도 어찌할 바를 모르는 이렇게 어려운 문제들에 대해서 인민이 자신의 의견에 대한 합리적인 근거를 댈 수 있다고 당신은 생각하는가? 전혀 그렇지 않다. 하지만 은행은 독자적인 수명을 누리는 중요한 기관이다. 모든 권력기관을 만들기도 하고 없애기도 하는 데 익숙한 인민은 은행에 대해서는 아무 일도 할 수 없다는 사실에 스스로 놀란다. 모든 것이 끊임없이 변화하는 이 사회 안에서 이러한 부동의 기관은 그들의 눈살을 찌푸리게 한다. 그래서 인민은 이 기관도 다른 모든 기관처럼 흔들어놓을 수 있지 않을까 알아보고자 하는 것이다.

합중국에서 귀족 정당들의 잔재

여론이 분열된 나라에서 정당들 사이의 균형이 무너지고 어느 한 정당이 압도적인 우세를 점하는 일이 이따금 벌어진다. 그 정당은 모든 장애를 쳐부수고 정적을 박살내며 사회 전체를 자기편에 유리하게 장악한다. 패한 쪽은 승리를 단념하고 몸을 도사리거나 숨을 죽인다. 정적과 침묵이 모든 곳을 감싼다. 국민 전체가 같은 생각으로 뭉친 듯하다. 승리한 당은 앞으로 나서서 외친다. "나는 이 나라에 평화를 가져왔다. 국민은 나에게 감사해야 한다."

하지만 이렇듯 겉으로 드러난 국민 총화 밑에는 여전히 심각한 분열과 실질적인 반대가 도사리고 있다.

바로 이런 일이 아메리카에서 일어났다. 민주당이 집권했을 때, 민주당은 국무를 독점했다. 그리고 그 이후로 사회의 습속과 법제를 민주당의 뜻대로 바꾸었다.

오늘날 아메리카에서 사회의 부유층들은 거의 완전히 정무에서 배제되어 있으며 재산이란 권리이기는커녕 불신을 가져오는 실제적인 원인이자 집권을 가로막는 장애물이라고 말할 수 있다.

따라서 부자들은 동료 시민들 중 가장 가난한 이들에 맞서 때로는 불리한 싸움을 벌이느니 차라리 싸움 자체를 포기하려 한다. 개인 생활에서 차지하는 위치에 상응하는 위치를 공직 생활에서 차지할 수 없는 까닭에, 이들은 공직 생활을 포기하고 개인 생활에 몰두한다. 이들은 한 국가 안에 그들만의 별개의 취향과 여유를 지닌 특별한 사회를 구성한다.

부자들은 이러한 사태를 일종의 치유할 수 없는 악으로 받아들이면서도, 그것 때문에 자신들이 상처받고 있다는 것을 내보이지 않으려고 정말 애쓴다. 그러기에 이들이 공공장소에서 공화제 정부의 온화함이니 민주주의 통치의 장점이니 하며 치켜세우는 것을 듣게 된다. 적들을 증오하는 감정을 드러낸 다음에 적들에 아첨하는 몸짓을 취하는 것은 사람들에게 흔히 보는 아주 자연스러운 일이 아니겠는가?

이러한 부류의 부유한 시민을 본 적 있는가? 그는 자신의 재산을 감추려고 전전긍긍하는 중세의 유대인과 흡사하지 않은가? 그의 의복은 수수하고 그의 거동은 겸손하다. 사방을 담장으로 둘러싼 그의 저택은 사치품으로 가득하다. 그가 무례하게도 자신의 동료들이라고 부르는 몇몇 선택받은 손님들을 제외하고는 이 성소에 아무도 드나들 수 없다. 유럽에서 어느 귀족도 이들만큼 배타적인 향락을 즐기지 않을 것이며 재산으로 얻은 아주 보잘것없는 혜택에 대해 이들만큼 선망의 눈초리를 보내지는 않을 것이다. 하지만 바로 이들이 집을 나서서 도심지 상가에 있는 누추한 골방으로 일하러 가며 여기서는 누구든지 맘대로 이들에게 말을 걸 수 있다. 가는 도중에 구두 장수라도 만나면, 둘은 길에 멈추어 서서

이야기를 나눈다. 무엇에 대해 이야기를 나누겠는가? 이 두 시민
은 국사를 토론하고 악수를 하고 나서 헤어진다.

지배 권력에 대한 이러한 가식적인 열정과 비굴해 보일 정도의
공손함의 밑바닥에서 부자들이 사실은 자기 나라의 민주주의 제
도들을 얼마나 싫어하는가를 알아보기란 그리 어렵지 않은 일이
다. 인민은 그들이 두려워하는 동시에 경멸하는 권력이다. 만일
민주주의의 잘못된 통치가 언젠가 정치적 위기를 불러온다면, 만
일 혹시라도 군주정이 합중국에 가능할 것으로 제시된다면, 내가
지금 말한 것의 진실성은 곧 명백해질 것이다.

정당들이 득세하기 위해 사용하는 두 가지 거대한 무기는 바로
신문과 결사이다.

제3장
합중국의 언론 자유

 언론의 자유는 단지 정치적인 견해에만 영향을 미치는 것이 아니라 인간의 모든 견해에 영향을 미친다. 그것은 법제뿐만 아니라 습속까지도 바꾸어버린다. 이 책의 다른 부분에서 나는 언론의 자유가 합중국의 시민사회에 과연 어느 정도의 영향력을 행사하는가를 살펴볼 것이며, 언론의 자유가 아메리카인들의 사상에 어떤 방향성을 부여했으며 아메리카인들의 정신과 감정에 어떤 습관을 불어넣어 주었는가를 검토할 것이다. 여기서는 단지 언론의 자유가 정치 세계에서 낳은 효과에 대해서 검토하는 것으로 그치려 한다.

 나로서는 언론의 자유에 대해서 사람들이 어떤 지고의 선에 대해 바치는 완벽하고 거의 본능적인 애착심을 갖고 있지 않다는 점을 우선 밝혀두어야겠다. 나는 언론의 자유를 그것이 가져다주는 이점을 고려하기보다는 그것이 막아주는 해악을 고려해서 인정하는 편이다.

만일 어떤 이가 사상의 완전한 독립성과 완전한 예종 사이에서 내가 서 있을 수 있는 어떤 중간 위치를 내게 제시한다면, 나는 아마도 그 위치에 자리 잡을 것이다. 하지만 이러한 중간 위치를 과연 누가 어떻게 찾아낸다는 말인가? 예컨대 당신이 언론의 방종을 바로잡고 언론의 질서를 회복하기를 바라는 위치에서 출발한다고 가정해보자. 당신은 어떻게 하는가? 당신은 우선 해당 작가를 배심원 재판에 고발한다. 하지만 배심원단은 그를 무죄방면하고, 그렇게 되면 단지 고립된 일개인의 의견에 지나지 않았던 것이 국민 전체의 의견이 되어버린다. 당신이 너무 지나치게 밀어붙였거나 아니면 너무 약하게 접근한 결과이다. 그러니 계속 더 밀고 나갈 수밖에 없다. 이제 당신은 작가를 상임 재판관들에게 기소한다. 하지만 재판관들은 형을 언도하기 전에 변론을 들어주어야만 한다. 그러면 책에서는 밝히기를 두려워했던 내용들이 피고석에서 아무 거리낌 없이 천명된다. 어수룩한 책자에서 슬며시 밝혀진 이야기들이 이제 수천 권의 책에서 되풀이된다. 언어란 사상의 외적 형태, 굳이 말하자면 사상의 몸체이다. 하지만 그것이 사상 그 자체는 아니다. 법원은 몸체를 구속할 수 있지만, 영혼은 교묘하게 빠져나간다. 이번에도 당신은 너무 지나치게 밀어붙였거나 아니면 너무 약하게 접근했다. 그러니 계속 더 밀고 나갈 수밖에 없다. 마침내 당신은 작가를 검열관 앞에 끌고 간다. 잘했다! 거의 목표에 다가섰다. 하지만 정치 연단은 여전히 자유롭지 않은가? 따라서 당신은 여전히 아무것도 제대로 못해낸 셈이다. 아니, 일을 더 망쳐놓았다. 혹시나 당신은 사상을 그 전파자의 숫자가 늘어남에 따라 증대되는 어떤 물질적인 힘들처럼 취급한 것은 아닌가? 그저 군대의 병력을 헤아리듯이 작가들의 수를 헤아린 것은 아닌가? 모든 물리적인 힘과는 달리, 사상의 힘은 흔히 그것을 표현하는 사람들의 수가 적은 까닭에 더 커지는 법이다. 말없는 청중의 가슴 속 깊이 파고드는 어떤 강력한 한 인물의 연설은 장광설을 늘어놓는 수많은 달변가들의 시끄러운 외침보다 더 힘을 발휘한다. 그리고 어떤 공개 광장에서 자유롭게 연설할 수만 있다면, 그것은 모든 마을을 돌아다니며 공개적으로 연설하는 것과 같은 효과를 발휘한다. 그러니 당신은 말하기의 자유도 글쓰기의 자유처럼 없애 버려야 할 것이다. 이제 마침내 당신은 목적지에 도달했다. 누구나 말문을 닫고 있으니 말이다. 그러나 당신이 도달한 지점은 어디인가? 당신은 언론의 방종을 바로잡겠다고 시작했는데, 어느새 독재자의 발밑에 와 있지 않은가.

당신은 그 기나긴 여정에서 당신이 터를 잡을 만한 그 어떤 중간 지점도 찾지 못한 채 극단적인 독립성에서 극단적인 예종으로까지 떠밀려온 것이다.

지금 내가 밝힌 일반적인 이유들과는 별도로 언론의 자유를 애호할 나름대로의 각별한 이유가 있는 나라들이 있다.

자유롭다고 공언하는 몇몇 나라들에서 정부 관리들은 법률을 어기고도 어떤 처벌도 받지 않는데, 이 경우에 피해자들이 법원에 제소할 권리도 헌법상 보장되지 않는다. 이러한 나라들에서 언론의 독립성은 시민들의 자유와 안전에 대한 수많은 보장책들 중 하나가 아니라 거의 유일한 보장책으로 간주되어야 할 것이다.

이러한 나라를 통치하는 자들이 언론의 독립성을 제한하겠다고 말한다면, 국민은 모두 이렇게 답할 것이다. 당신을 일반 법정에 고소할 권리를 우리에게 달라, 그러면 당신을 여론 법정에 고발하지는 않겠다라고.

인민주권의 원칙이 공공연히 지배하는 나라에서, 검열은 단순히 위험한 일일 뿐만 아니라 엄청나게 어리석은 짓이기도 하다.

누구에게나 사회를 통치할 권리가 주어져 있다면, 누구에게나 자기와 함께 사는 동시대인들을 움직이는 여러 의견들 중에서 무엇이든 선택할 수 있는 권리를, 자신의 행동을 인도하는 기준이 되는 여러 사실들을 나름대로 판별할 권리를 인정해야만 한다.

따라서 인민주권과 언론 자유는 서로 긴밀하게 연결되어 있다. 반면에 언론 검열과 보통선거는 서로 어긋나는 것으로 한 나라의 정치제도 안에서 오랫동안 공존할 수 없다. 합중국에 사는 1,200만 인구 중에서 '단 한 사람'도 여태껏 언론의 자유를 제한하자고 감히 제안하지 않았다.

내가 아메리카에 도착해서 처음 읽은 신문에는 다음과 같은 기사가 실려 있었다. 여기에 그대로 옮겨보자.

"이 모든 사태에서 잭슨(대통령)의 언사는 자신의 권력을 유지하기에 급급한 무자비한 독재자의 언사였다. 야심이 곧 그의 죄악이며, 그는 처벌을 받을 것이다. 음모는 그의 타고난 천성인데, 이 음모는 그의 계획을 뒤죽박죽으로 만들고 그의 권위를 앗아갈 것이다. 그는 남을 부패시켜 다스리는데, 그의 이러한 용서받지 못할 술책은 정신착란과 수치로 끝날 것이다. 정치 무대에서 그의 행실은 파렴치한 도박사의 행실 바로 그것이다. 그는 성공했지만 이제 심판의 날이 다가오고 있다. 그는 그가 착복한 것을 게워내고 속임수 노름패를 멀리 던져버려야 할 것이며, 어딘가 은둔처에서 한가할 때면 자신의 어리석음에 대해 욕설을 퍼부으며 말년을 보내야 할 것이다. 왜냐하면 후회란 그로서는 도무지 깨달을 수 없는 덕성이기 때문이다."

(『빈센스 가제트(*Vincenne's Gazette*)』)

프랑스에서 많은 사람들은 언론의 횡포가 우리의 불안정한 사회 상태와 우리의 정치적 열정 그리고 그 결과인 만연된 불안감에서 나온다고 생각한다. 따라서 그들은 언제나 사회가 어느 정도 안정을 되찾고 언론이 잠잠해질 시기를 기다린다. 나로서는 언론이 우리 프랑스인들에게 미치는 과다한 영향력은 지금 위에서 지적한 원인들 탓일 것이라고 당연히 생각한다. 하지만 바로 이 원인들이 언론이 구사하는 언어에 상당한 영향을 미칠 것이라고는 생각하지 않는다. 정기 간행물은 그것이 처해 있는 환경과는 관계없이 그 나름의 본능과 열정을 가지고 있다. 아메리카에서 일어나는 일은 이러한 나의 견해를 뒷받침해준다.

아마도 아메리카는 현재로서는 혁명이 일어날 조짐이 전혀 없는 나라일 것이다. 하지만 아메리카에서 언론은 프랑스의 언론만큼이나 파괴적인 취향을 지니고 있으며, 분노할 만한 동기도 없으면서 프랑스의 언론만큼이나 횡포를 부리고 있다. 프랑스에서와 마찬가지로 아메리카에서도 언론은 선과 악이 교묘하게 결합된 독특한 권력체이기 때문에, 언론이 없으면 자유가 살아남을 수 없을 것이며 언론이 있어야만 질서가 가까스로 유지될 수 있을 것이다.

합중국에서 언론이 프랑스의 경우에 비하면 훨씬 적은 권력을 행사한다는 점은 언급해두어야 마땅하다. 하지만 합중국에서 언론에 맞서 감히 사법 소송을 벌인다는 이야기를 들어본 적이 없다. 이유인즉슨 간단하다. 아메리카인들은 일단 인민주권 원칙을 받아들인 이상, 그것을 아주 진지하게 적용했다. 매일같이 변하는 요소들로 영속적인 제도들을 만들어내겠다는 생각은 그들과는 처음부터 거리가 멀었다. 따라서 폭력 수단을 동원해서 법률을 어기지 않는 한, 기존 법률들을 공격하는 것도 전혀 범법 행위를 구성하지 않는다.

더구나 아메리카인들은 법원이 언론을 제어하는 데 무기력하다고 여기며, 미묘한 인간 언어는 사법적 분석을 줄곧 벗어나고, 이러한 성격의 범죄는 법망을 요리조리 피해 다닌다고 생각한다. 아메리카인들은 언론에 효과적으로 대처하기 위해서는 기존 질서에 헌신할 뿐만 아니라 여론의 영향력 너머에 자리 잡을 수 있는 법원, 비공개로 재판을 진행하고 법률적 근거 없이 판결을 내리며 겉으로 드러난 표현뿐만 아니라 내면의 의도까지도 처벌하는 그런 법원이 필요하다고 생각한다. 그런데 이런 법원을 창설하고 유지할 수 있는 권력을 지닌 사람이라면 누구든 언론의 자유를 기소하는 데 온통 시간을 허비하는 셈이 된다. 왜냐하면 이런 자라면 사회 자체의 절대적 지배자가 될 것이며 작품뿐만 아니라 작가까지도 동시에 없애버릴 것이기 때문이다. 따라서 언론에 대해서 말하자면, 현실적으로 예종과 방종 사이의 중간 길이 존재할 수 없다. 언론의 자유가 가져다주는 가늠하기 힘든 혜택을 누리기 위해서는 그것이 가져오는 불가피한 폐단도 받아들일 줄 알아야 한다. 혜택은 누리고 폐단은 피하길 원하는 것은, 오랜 다툼과 알력에 지친 나머지 적대적 견해들과 상충된 원칙들을 같은 영토 안에 공존시킬 수 있는 수단을 찾아 나선 고난에 찬 나라들이 흔히 빠지곤 하는 망상에 사로잡히는 것에 다름 아니다.

아메리카에서 언론이 그리 큰 힘을 발휘하지 못하는 데에는 여러 가지 원인들이 있다. 여기서는 몇 가지만 들어보자.

언론의 자유는 다른 모든 자유와 마찬가지로 그것이 갓 획득된 것일수록 더욱더 큰 힘을 발휘한다. 국정이 논의되는 것을 한 번도 눈앞에서 지켜본 적이 없는 사람들은 자신의 귀를 잡아끄는 첫 번째 연사의 말에 솔깃해지기 마련이다. 그런데 영국계 아메리카인들은 식민지들이 세워진 때부터 오랫동안 언론의 자유를 누려왔다. 더구나 언론은 인간의 열정에 불을 지피는 데 아무리 능수능란하다고 할지라도 그 열정을 처음부터 끝까지 혼자 힘으로 만들어낼 수는 없다. 그런데 아메리카에서 정치 생활은 적극적이고 다양하고 심지어 선동적이기까지 하지만, 깊은 열정에 의해 흔들리는 일은 아주 드물다. 물질적 이해관계가 침해당하지 않는 한, 이러한 열정은 잘 부추겨지지 않는 것이다. 그런데 합중국에서 물질적 이해관계는 한창 번성 중이다. 이 점에서 영국계 아메리카인들과 프랑스인들 사이의 차이점을 판단해보려면, 두 나라의 신문에 눈을 돌려보는 것으로 충분할 것이다. 프랑스에서 상업광고는 아주 제한된 지면만을 차지하며 뉴스거리조차 그리 많지 않다. 신문의 주요 지면은 정치 토론들로 몽땅 채워져 있다. 아메리카에서는 당신이 집어든 커다란 신문의 거의 4분의 3이 광고로, 나머지 지면은 주로 정치 뉴스나 자질구레한 소식들로 채워진다. 프랑스의 신문이 매일 독자들에게 제공하는 것과 같은 격정적인 토론거리를 실은 난을 찾기가 점점 더 어려워진다.

권력의 실질적인 힘은 그 권력의 운용이 중앙 집중화되면 될수록 커진다는 것은 관찰과 경험으로 쉽게 알 수 있는 사실이다. 이것은 아무리 하찮은 독재자라도 본능적으로 알아챌 수 있는 자연의 일반적 법칙이기도 하다.

프랑스에서 언론은 두 가지 형태의 중앙 집중화를 모두 갖추고 있다.

거의 모든 권력이 한 장소에, 그리고 어떤 의미에서는 같은 사람들의 수중에 집중되어 있는 것이다. 그도 그럴 것이 언론 기관 자체가 그리 많지 않기 때문이다.

회의에 가득 찬 국민들의 한가운데에서 이런 식으로 형성된 까닭에, 프랑스 언론은 거의 무제한에 가까운 권력을 행사하는 듯하다. 언론은 정부로서는 다소 긴 휴전을 맺을 수 있는 적군이기는 하되, 오랫동안 마주하고 살기는 어려운 적군인 것이다.

내가 지금 말한 두 가지 형태의 중앙 집중화 중 어떤 것도 아메리카에서는 찾아볼 수 없다.

합중국에는 수도가 없다. 지식이든 권력이든 이 방대한 영토의 거의 전역에 흩어져 있다. 따라서 정보는 어느 한 공통 지점에서부터 출발하는 것이 아니라 사방으로 서로 겹치며 퍼져나간다. 아메리카인들은 국정 운영에서 어떤 획일적인 방향성을 만들어내지 않았듯이, 사상에서도 일방적인 흐름을 만들어내지 않았다.

이것은 어느 정도 인간적 요인을 넘어서는 지리적 상황의 결과라고 할 수 있을 것이다. 하지만 그것은 또한 다음에서 보듯이, 법제의 결과이기도 하다.

합중국에서는 인쇄인들에게 면허를 요구하지 않으며, 신문에 인지세나 등록세를 징수하지도 않는다. 게다가 신문 발행을 위한 어떤 담보 규정도 없다.

따라서 신문을 발행하는 것은 아주 단순하고 쉬운 일이다. 언론인이 비용을 충당하기 위해서는 약간의 구독자들만 있으면 충분하다. 따라서 합중국에서 정기간행물 또는 준정기간행물의 수는 믿을 수 없을 정도로 많다. 식견 높은 아메리카인들은 아메리카에서 언론이 그리 큰 힘을 지니지 못하는 이유를 이처럼 언론의 힘이 엄청나게 분산되어 있는 탓으로 돌린다. 언론의 영향력을 약화시키는 유일한 방법은 언론의 숫자를 늘리는 것이라는 사실은 합중국에서 정치학의 금언으로 통한다. 이처럼 자명한 진실이 어떻게 프랑스에서는 아직도 받아들여지지 않는지 나로서는 잘 납득이 가지 않는다. 언론의 힘을 빌려 혁명을 도모하려는 자들이 왜 몇몇 유력한 기관들에 그 힘을 다 몰아주려 하는지 나로서는 충분히 이해할 수 있다. 하지만 기존 질서의 공식적 추종자들과 기존 법률의 생래적 지지자들이 언론을 집중시킴으로써 언론의 영향력을 약화시킬 수 있다고 믿는다는 것은 나로서는 정말 납득하기 힘든 일이다. 내가 보기에 오늘날 유럽의 정부들은 옛날에 기사들이 결투 상대를 상대했던 바로 그 방식으로 언론을 상대하고 있다. 중앙 집중화가 아주 강력한 무기라는 사실을 경험을 통해 알고 있는 정부들은 그들의 적수에게도 그 무기를 제공하려 한다. 더 막강해진 적을 물리쳤다는 영예를 얻어낼 욕심에서 말이다.

합중국에서는 어떤 벽지 마을도 자기네 신문을 갖고 있다. 이처럼 많은 전투원들 사이에 어떤 군율도 행동 통일도 찾아보기 힘들다는 것은 당연한 사실이다. 그러니 각자가 자신의 깃발을 들고 싸울 따름이다.

합중국에서 정치 신문들이 모두 하나같이 정부에 찬성하거나 아니면 반대하는 것은 아닐 것이다. 오히려 신문들은 수많은 다양한 방법으로 정부를 공격하거나 아니면 옹호한다. 따라서 합중국에서 언론은 아주 강력한 제방들을 무너트릴 만큼 강한 거대한 여론의 물줄기를 만들어낼 수 없다. 언론의 힘의 이러한 분산은 또한 눈에 띄는 또 다른 결과를 낳는다. 신문 창간이 아주 쉬운 까닭에 누구나 여기에 뛰어들 수 있다. 하지만 다른 한편으로 경쟁으로 인해 신문이 많은 이윤을 낼 수 없는 관계로 유명한 사업가들은 쉽사리 이 일에 뛰어들지 않는다. 설사 신문이 돈을 많이 버는 사업이라고 할지라도, 신문의 숫자가 너무 많기 때문에 신문을 운영할 유능한 작가들이 엄청나게 부족한 형편이다. 따라서 합중국에서 언론인들은 일반적으로 그리 높은 지위를 차지하지 못하고 교양 수준도 초보적이며 대개는 생각도 천박하다. 그런데 아무튼 다수가 법을 만드는 것이며 이렇게 만들어진 법은 누구나 따라야 하는 일정한 행동 습관을 만들어낸다. 이러한 공통 습관들의 집합체를 우리는 보통 기풍(esprit)이라고 부르는데, 법조계 기풍, 재판정 기풍 따위가 바로 그것이다. 프랑스에서 언론계의 기풍은 격렬하지만 고상하게, 때로는 웅변적으로 국가지사를 토론하는 것이다. 이러한 상례화된 관행에 맞지 않는 일은 그저 이따금 발생할 뿐이다. 아메리카에서 언론계의 기풍은 아무런 수완도 재치도 없이 아주 조야하게 독자들의 열정에 호소하는 것이다. 언론은 원칙들은 내팽개치고 인물들을 물고 늘어지며, 그들의 사생활까지 파헤치고 그들의 약점과 허물을 마구 까발린다.

인간의 사고력이 이처럼 낭비되는 것은 개탄스러울 따름이다. 나중에 나는 아메리카의 신문이 사람들의 취향과 도덕성에 어떤 영향을 미치는가를 살펴볼 기회가 있을 것이다. 거듭 말하지만, 여기서는 언론이 정치 세계에 미친 영향에 대해 살펴보는 것으로 그치도록 하자. 이러한 언론의 방종으로 인한 정치적 결과가 간접적으로 공공 안녕의 유지에 기여한다는 사실은 물론 아무도 부정하지 않을 것이다. 하지만 결과적으로, 동료 시민들에게서 이미 높은 평판을 얻고 있는 사람들은 감히 신문에 글을 쓰려 하지 않게 된다. 따라서 그들은 대중의 열정을 자기에게 유리하도록 이끌 수 있는 가장 강력한 무기를 잃는 셈이다.[1] 더 중요한 사실은 언론인

---

1) 이들은 자기의 이름을 걸고 사람들에게 직접 알리겠다고 생각하는 드문 경우에만 신문에 글을 쓴다. 예컨대 비방 기사를 반박할 때라든지 사실들의 진실을 바로 잡고자 할 때에만 글을 쓴다.

이 밝힌 개인적 견해들이 독자들의 눈에는 말하자면 어떤 무게도 갖지 못하게 된다는 점이다. 독자들이 신문에서 구하는 것은 사실들에 대한 지식일 따름이다. 자신의 글이 일정한 영향력을 갖게 하려면, 언론인은 이러한 사실들을 왜곡하거나 변조할 수밖에 없게 되는 것이다.

언론의 처지가 이 정도에 이르렀다고 할지라도, 아메리카에서 언론은 여전히 상당한 권력을 행사하고 있다. 언론을 통해서 이 방대한 나라의 방방곡곡에서 정치 생활이 순환된다. 항상 눈을 뜨고 있는 언론은 정치계의 가려진 내막을 끊임없이 들추어내고 정치인들을 차례로 여론의 법정 앞에 불러낸다. 언론은 이해관계들을 일정한 정치 노선들을 중심으로 결집시키며, 정당들의 강령을 만들어내기도 한다. 정당들이 서로 직접 만나지 않으면서도 의견을 교환하고 서로 접촉하지 않으면서도 합의를 이루어낼 수 있는 것은 바로 언론의 덕택이다. 수많은 언론기관들이 같은 방향으로 나아가는 경우, 이들의 영향력은 장기적으로 거의 저항할 수 없는 힘이 된다. 왜냐하면 여론이란 계속 같은 곳만 집중적으로 공격을 받게 되면 결국은 그 공격에 굴복하게 되기 때문이다.

합중국에서 신문은 개별적으로는 힘을 갖지 못한다. 하지만 정기간행물은 여전히 인민 다음가는 권력이다. **(A)**

합중국에서는 언론 자유 속에서 확립된 여론이
흔히 언론 검열 속에서 확립된 여론보다 더 완고하다

합중국에서 민주주의는 새로운 인물들을 끊임없이 공공 업무의 수행에 끌어들인다. 따라서 정부의 조치들에는 일관성과 질서가 별로 나타나지 않을 수도 있다. 하지만 정부의 일반적 원칙들은 대다수 다른 나라들에서보다 더 안정적이며, 사회를 규제하는 주요 여론은 지속성을 갖고 있다. 일단 어떤 이념이 아메리카인들의 정신 속에 깃들이게 되면, 그 이념이 옳은 것이든 그른 것이든 이들에게서 이 이념을 지워버리는 일만큼 어려운 일은 없을 것이다.

이와 동일한 현상이 옛날에 영국에서도 관찰되었다. 유럽의 한 나라, 영국은 지난 한 세기 동안 가장 강력한 사상의 자유와 가장 완고한 편견을 동시에 지녔다.

나로서는 이러한 현상을 얼핏 보아 전혀 그럴 것 같지 않은 원인 탓으로, 즉 언론의 자유 탓으로 돌린다. 언론의 자유를 누리는 국민들은 확신만큼이나 자부심 때문에 자신들의 의견에 매달린다. 국민들은 자신들의 의견이 옳기 때문만이 아니라 자신들이 스스로 선택한 의견이기 때문에 그 의견을 아낀다. 그 의견이 진실이기 때문만이 아니라 바로 자기들의 것이기 때문에 그 의견에 매달리는 것이다.

물론 몇 가지 다른 이유도 있다.

'무지는 지식의 양쪽 끝에 놓여 있다'라고 어떤 위인은 말했다. 강한 확신은 양쪽 끝에서만 찾아볼 수 있으며 중간에는 회의가 놓여 있다고 말했다면 좀 더 진실에 가까웠을 것이다. 사실상 인간의 지성이란 뚜렷이 구별되지만 대개의 경우 연속적인 세 가지 상태 중 어느 하나에서 포착될 수 있을 것이다.

우선, 인간은 별 생각 없이 받아들이고 확고하게 믿는다. 다음에, 반대 의견이 제기되면 인간은 의심을 시작한다. 마침내, 인간은 이모든 의혹을 해소하고 나서 다시 믿기 시작한다. 이러한 과정을 거치면서 인간은 어둠 속에서 우연히 진실을 포착하는 단계를 넘어서서 정면으로 진실을 직시하고 직접적으로 그 불빛을 따라 나아가게 된다.[2]

이러한 세 가지 상태 중 첫 번째 상태에 놓인 사람들에게 언론의 자유가 작용하는 경우, 언론의 자유는 별 생각 없이 확고하게 믿는 이러한 습관을 당장 바꾸어놓지는 못한다. 단지 그러한 무조건적인 믿음의 대상을 매일매일 바꾸어놓을 수 있을 뿐이다. 따라서 인간의 정신은 지성의 지평선 위에서 한 번에 단지 하나의 지점밖에 보지 못하지만, 바로 이 지점이 끊임없이 변하는 것이다. 이때가 바로 격렬한 혁명들이 발생하는 시기이다. 처음으로 갑자기 언론의 자유를 도입한 세대로서는 불행할 따름이다!

하지만 새로운 사상들이 재빨리 유포된다. 경험은 인간을 미망에서 일깨우고, 인간은 보편적인 회의와 불신에 빠진다.

그러면 대다수 사람들은 다음 두 가지 상태 중 하나에 봉착한다

---

2) 하지만 이러한 유형의 성찰되고 성숙한 확신이 교조적인 신앙이 일깨우는 것만큼의 열정과 헌신을 사람들에게 불러일으킬지는 나로서는 알 수 없는 노릇이다.

고 말할 수 있다. 즉 이유를 알지 못하면서 무조건 믿거나, 믿어야 할 것이 어떤 것인지 정확히 알지 못하거나 둘 중 하나이다.

마침내 사람들은 세 번째 단계, 즉 회의의 한복판에서 솟아났으며 지식의 참된 소산이라 할 만한 성찰된 확신의 단계에 이를 수도 있다. 하지만 이러한 성찰되고 성숙한 지성의 단계에 이르는 사람들은 사실상 그리 많지 않다.

그런데 종교적 열풍의 시대에 사람들은 때로 신앙을 바꾸는 반면, 회의의 시대에는 자신의 신앙에 완고하게 집착하는 것으로 알려져 있다. 그런데 언론의 자유가 지배할 경우 정치에서도 마찬가지 일이 일어난다. 모든 사회 이론이 차례로 실험대에 오르고 공격당하는 가운데, 이 이론들 중 어느 하나를 택한 사람들은 그 이론이 옳다는 확신을 가졌기 때문이 아니라 더 나은 이론이 있다는 확신을 가질 수 없기 때문에 그 이론에 집착한다.

오늘날 사람들은 자신의 신념을 위해 기꺼이 목숨을 내놓으려 하지 않지만, 또한 그 신념을 바꾸려 하지도 않는다. 배교자도 별로 없지만 순교자도 별로 없는 것이다.

지금까지 밝힌 이유에 덧붙여서 또 다른 강력한 이유 하나를 들어보자. 즉 전면적인 회의의 분위기 속에서라면, 인간은 응당 의견보다는 더 잘 드러나고 더 확실하며 더 항구적인 본능과 물질적 이해관계에만 집착하기 마련인 것이다.

민주정치와 귀족정치 둘 중에서 어느 것이 더 나은 통치인가는 정말로 판별하기 어려운 문제이다. 하지만 민주정치가 사회의 한 부분을 괴롭힌다면 귀족정치가 사회의 다른 부분을 억압한다는 것은 명확한 사실이다.

'당신은 부자이고 나는 가난하다'라는 말은 논박할 필요가 없는 자명한 사실인 것이다.

제4장

합중국에서의
정치 결사에 대해

아메리카만큼 결사의 원칙이 잘 활용되고 수많은 대상들에 널리 적용되는 나라도 없을 것이다.

타운, 도시, 카운티 등의 이름을 내걸고 법에 의해 창안된 항구적인 결사체 외에도 개인들이 만들어내고 또 운영하는 수많은 결사체들이 있다.

합중국의 주민은 어려서부터 삶의 폐단과 역경을 이겨내기 위해서는 제 힘으로 일어서야 한다고 배운다. 그는 사회의 권위에 대해 불신과 의혹의 눈길만을 보내며, 정말로 그 권위의 힘이 필요한 어쩔 수 없는 경우에만 도움을 요청한다. 이러한 습관은 학창 시절까지 거슬러 올라갈 수 있는데, 학교에서 아이들은 놀이할 때조차도 자기들이 직접 만든 규칙에 따라야 하며 자기들이 정한 위반 사항을 처벌해야 한다. 이와 같은 정신이 사회생활의 곳곳에 스며들어 있다. 공공 도로에서 교통 체증이 발생해 통행이 막히고 흐름이 차단되는 경우를 생각해보자. 그러면 주변에 사는 사람들이 즉각 심의 기구를 구성하며, 이 급조된 집회에서 폐단을 시정할 행정권을 발동한다. 당사자들의 권위를 넘어서 당국에 문제 해결을 호소하자는 생각이 사람들의 머릿속에 떠오르기도 전에 이미 이러한 조치가 취해지는 것이다. 여흥에 대해서 말하자면, 그 여흥을 더욱 화려하게 꾸미고 정례화하기 위해서 결사가 꾸려진다. 상대방과 논쟁을 벌인다든가 도덕적 방탕에 맞서 대처한다든가 할 때에도 사람들은 함께 뭉친다. 합중국에서는 공공 안녕, 상거래, 일자리, 도덕, 종교 따위를 목적으로 결사체를 만든다. 개개인의 결합된 힘의 자유로운 구사를 통해 인간의 의지가 달성할 수 없는 목표는 없다는 것이다.

결사가 시민 생활에 미치는 영향에 대해서는 나중에 언급할 기회가 있을 것이다. 여기서는 정치 세계에 미치는 영향에 대해서만 논의하도록 하자.

일단 결사의 권리가 주어지면, 시민들은 그것을 아주 다양한 방식으로 활용할 수 있을 것이다.

결사는 일정 수의 개인들이 이러저러한 주의 주장을 공공연히 받아들이고 그것을 널리 전파하기 위해 일정한 방식으로 서로 힘을 합치기로 계약을 맺기만 하면 이루어진다. 이런 점에서 결사의 권리는 언론의 자유와 비슷하기도 하다. 하지만 결사는 언론보다 훨씬 더 큰 영향력을 발휘한다. 어떤 한 견해가 결사에 의해 대변될 경우, 그 견해는 더 뚜렷하고 더 정확한 형태를 띨 수밖에 없게 된다. 그 견해는 지지자들을 거느리게 되며 이들을 원대한 대의 속에 규합시킨다. 지지자들은 서로 알고 사귀게 되며 지지자들의 수가 늘어날수록 그들의 열의도 높아진다. 결사는 가지각색의 사람들의 노력을 큰 다발로 결집시키며 그 결사가 명확하게 설정해 놓은 하나의 목표를 향해서 이들을 힘차게 끌고 나가는 것이다.

결사의 권리가 행사되는 두 번째 단계는 사람들이 일정한 장소에 모일 수 있다는 점이다. 어떤 정치 결사가 나라의 몇몇 중요한 거점 지역에 활동 중심지들을 세우게 된다면, 그 결사의 행동반경은 훨씬 넓어지고 영향력은 더 커질 것이다. 여기서 사람들은 서로 직접 만나고 알게 되며, 집행 수단들은 하나로 통합되며, 주의 주장들은 책자로서는 도저히 도달할 수 없는 영향력과 열기를 발휘하며 개진된다.

정치 영역에서는 결사의 권리가 행사되는 마지막 세 번째 단계가 있다. 요컨대 같은 견해의 주창자들은 선거인단으로 결집할 수 있으며 중앙의 회의체에서 자신들을 대변할 수 있는 수임자들을 선출할 수 있다. 이것은 말하자면 대의제도가 정당에 적용된 사례라고 할 수 있다.

따라서 첫 번째 경우에, 같은 견해를 피력하는 사람들이 결사를 결성하나 이들 사이의 유대는 순수하게 지적인 성격에 머문다. 두 번째 경우에, 이들은 작은 집회들로 결집되는데, 이 집회들은 정당의 한 분파를 대변할 뿐이다. 마침내 세 번째 경우에, 이들은 국민 속의 별개의 국민을, 정부 속의 정부를 형성한다. 이들에게서 위임을 받은 자들은 마치 다수에게서 위임을 받은 자들이 그러한 것처럼, 주창자들 전체의 집단적인 힘을 대표한다. 다수에게서 위임을 받은 자들처럼, 이들의 위임자들도 국민 전체를 대표한다는 외양을 지니게 되며 이에 따른 모든 도덕적 권위를 지니게 된다. 물론 이들의 위임자들이 다수에게서 위임을 받은 자들처럼 법률을 제정할 권리를 갖는 것은 아니다. 하지만 위임자들은 기존의 법률을 비판하고 만들어져야 할 법률을 미리 구상할 수 있는 권력을 지니고 있다.

자유의 행사에 아직 완전하게 익숙하지 못한 국민 또는 격렬한 정치적 열정에 휩쓸리는 국민을 생각해보자. 법률을 제정하는 다수의 옆에 단지 '전문(前文)' 정도만 떠맡고 '판결문'에는 손도 못 대는 소수가 붙어 있다면, 나로서는 공공 안녕이 커다란 위협에 처할 것이라고 믿지 않을 수 없다.

어떤 법률이 다른 법률보다 더 좋다는 것을 입증하는 일과 그 법률을 다른 법률로 대체해야 한다는 것을 입증하는 일 사이에는 틀림없이 커다란 차이가 있다. 하지만 식견 있는 사람들이 보기에는 너무나도 분명한 이러한 커다란 차이를 일반 사람들은 전혀 깨닫지 못하고 지나치곤 한다. 게다가 한 나라가 거의 대등하게 두 개의 정당으로 나누어지고, 이 두 정당이 서로 자기가 다수를 대표한다고 주장하는 그런 시기가 올 수 있다. 만일 지배 권력의 바로 옆에 그 지배 권력과 대등한 도덕적 권위를 행사하는 또 다른 권력이 들어선다면, 그 권력이 오랫동안 행동하지 않고 말하는 것으로만 만족할 것이라고 누가 믿을 수 있겠는가?

결사의 목적은 여론을 인도하는 것이지 통제하는 것이 아니며, 법률을 권고하는 것이지 제정하는 것이 아니라는 이러한 형이상학적인 개념 앞에서 언제까지나 멈칫거리고 서 있겠는가?

언론의 독립성을 그 주요 효과의 측면에서 생각해보면 볼수록, 나는 현대인들에게서 언론의 독립성이 자유의 가장 중요한, 달리 말하자면 본질적인 요소라고 더욱 확신하게 된다. 따라서 자유롭고자 하는 국민은 어떤 대가를 치르더라도 언론의 독립성은 존중되어야 한다고 마땅히 주장할 수 있다. 하지만 정치 분야에서 결사의 '무제한적' 자유가 언론의 자유와 완전히 같아질 수는 없다. 결사의 자유는 언론의 자유보다 덜 필요한 것인 동시에 더 위험한 것이기도 하다. 어떤 국민은 자기 자신에 대한 통제력을 잃지 않으면서도 결사의 자유에 일정한 제한을 둘 수 있다. 자기 자신을 계속 통제해 나가려면 때로 남을 통제해야 하는 것이다.

아메리카에서 정치적 목적을 위한 결사의 자유는 거의 무제한이다.

결사의 자유가 어느 정도까지 허용되는가를 보여주려면, 내가 열 마디 보태는 것보다 다음과 같은 사례 하나를 보여주는 것이 더 나을 것이다.

관세 또는 통상의 자유라는 문제가 아메리카에서 사람들을 얼마나 뒤흔들어 놓았는가는 누구나 기억할 것이다. 관세 문제는 여론의 논란을 불러일으켰을 뿐만 아니라 아주 완강한 물질적 이해관계와 결부되어 있었다. 관세로 인해 북부 지방은 꽤 이득을 보았으나 남부 지방은 상당한 피해를 입었다. 오랜 세월 동안 관세 문제는 합중국을 뒤흔든 유일한 정치적 열정이었다고까지 말할 수 있을 것이다.

관세 논쟁이 가장 격렬했던 1831년에 매사추세츠에 사는 평범한 시민 한 사람이 신문 지면을 통해 관세를 반대하는 모든 사람에게 통상의 자유를 회복할 방안을 함께 협의하기 위해 필라델피아로 대표단을 파견하라고 제안했다. 이 제안은 인쇄기의 힘을 빌려서 단 며칠 사이에 메인주에서 뉴올리언스까지 퍼졌다. 관세 반대자들은 이 제안을 열렬히 환영했다. 곳곳에서 회합이 열리고 대표단이 임명되었다. 대표단의 대다수는 잘 알려진 인물들이었으며 그중 일부는 저명인사들이었다. 가장 열성적인 사우스캐롤라이나주는 무려 63명의 대표단을 보냈다. 1831년 10월 1일 아메리카의 관행에 따라 공회(convention)라고 이름을 붙인 이 회합은 필라델피아에서 열렸으며, 여기에 200명 이상의 회원들이 참석했다. 토론은 공개리에 진행되었으며 대회 첫날부터 입법적인 성격을 띠었다. 의회 권력의 범위, 자유무역 이론, 그리고 관세에 관한 여러 다양한 규정들에 대한 논의가 오갔다. 열흘째 되는 날, 대회는 아메리카 국민에게 보내는 선언문을 채택한 후 해산했다. 선언문은 ① 의회는 관세를 책정할 권리가 없고 기존의 관세는 위헌이며, ② 자유무역의 금지는 어떤 나라의 이익에도 배치되며, 특히 아메리카 국민의 이익에 배치된다고 천명했다.

　정치 영역에서의 무제한적 결사의 자유가 다른 나라에서라면 가져왔을지도 모르는 치명적인 결과들을 합중국에서는 초래하지 않았다는 사실은 인정해야 할 것이다. 결사의 권리는 영국에서 들어온 것이며 그 후로 아메리카에서 줄곧 존속해왔다. 결사권을 행사한다는 것은 오늘날 아메리카인들의 습관과 습속 속에 배어 있는 일이다.

오늘날 결사의 자유는 다수의 압제에 맞서는 긴요한 보장책이 되었다. 합중국에서는 일단 특정 정당이 집권하게 되면, 모든 공권력은 그 정당의 수중으로 들어간다. 그 정당을 지원한 세력이 모든 공직을 차지하고 모든 행정적 권한을 행사하는 것이다. 야당 인사들은 설혹 저명한 인물이라 할지라도 그들을 권력에서 떼어놓는 장벽을 넘어서지 못한다. 이들은 정권의 외부에서 자리를 잡을 줄 알아야 하며, 소수파는 자신을 억압하는 현실 권력에 맞서 모든 도덕적인 권위를 동원해야 한다. 따라서 훨씬 더 두려운 위험을 막기 위해서 다른 위험 수단을 사용하는 셈이다.

다수의 전능이 아메리카의 공화제 정부들에는 너무나 위험해 보이기 때문에 그 위험을 막기 위해 사용하는 위험한 수단은 내가 보기에 아직은 이롭다고 할 수 있다.

여기서 나는 앞부분 어디에선가 타운의 자치에 대해서 언급했던 내용을 다시 언급하지 않을 수 없다. 사회 상태가 민주주의적인 나라들만큼 정당들의 독재나 군주의 전횡을 막는 데 결사들이 필요한 나라도 없을 것이라는 점 말이다. 귀족정치가 이루어지는 나라들에서는 중간 집단들이 권력의 남용을 막는 자연적인 결사체 구실을 한다. 이런 종류의 결사들이 없는 나라들에서는 만일 개개인이 그와 엇비슷한 결사체들을 인공적으로, 그리고 일시적으로라도 만들어내지 못한다면, 나로서는 폭정을 막아낼 어떤 방벽도 찾을 수 없다. 이럴 경우 국민 전체가 소수의 선동가들이나 아니면 단 한 사람에 의해 어떤 법률적 보호도 없이 억압당하게 될지도 모른다.

정치적 성격의 대규모 공회가 소집되는 일(사실 공회도 그 유형은 천차만별이다)은 흔히 필요한 조치이기도 하지만 심지어 합중국에서도 언제나 중대한 사건이 된다. 그래서 나라를 사랑하는 자들이 여러 고심 끝에야 공회 소집을 염두에 두게 되는 것이다.

이러한 분위기는 1831년 공회에서 뚜렷하게 감지된다. 회의에 참석한 저명인사들은 논의의 어조를 누그러트리고 그 대상을 제한하려고 애쓰곤 했다. 1831년 공회가 사실상 회합 내용에 만족하지 못하는 인사들에게 영향을 끼쳐서 1832년에 연방 통상법에 대한 공공연한 반발을 준비하도록 부추겼을 개연성이 아주 높다.

정치 영역에서의 무제한적 결사의 자유는 모든 자유 중에서 한 국민이 마지막까지 지켜낼 수 있는 자유라는 사실은 부정할 수 없다. 그 자유는 비록 국민 모두를 무정부 상태에 빠트리지는 않는다고 할지라도, 언제든 국민을 그와 비슷한 처지에 몰아넣을 수 있다. 하지만 이토록 위험스러운 이 자유는 어떤 면에서는 보장책도 제공해준다. 즉 결사의 자유가 보장된 나라에서는 비밀결사가 있을 수 없는 것이다. 아메리카에는 선동가들은 있지만 음모자들은 없는 것이다.

유럽과 합중국에서 결사의 권리를
이해하고 활용하는 방식의 차이

인간에게 스스로 행동할 수 있는 자유 다음으로 가장 자연적인 것은 바로 자신의 노력을 동료들의 노력과 결합하고 함께 행동할 수 있는 자유이다. 따라서 내가 보기에 결사의 권리는 그 성격상 개인적 자유와 마찬가지로 필수 불가결한 것이다. 사회의 기초를 공격하지 않고 결사의 권리를 해칠 수 있는 입법자는 없다. 그럼에도 불구하고 결사의 자유가 복리를 증진시키고 번영의 원천이 되는 나라들이 있는 반면에, 결사의 자유를 지나치게 남용함으로써 결국 훼손하고 생활의 한 요소인 결사의 자유를 파멸의 원인으로 바꾸어놓은 나라들도 있다. 따라서 결사의 자유를 제대로 이해하는 나라와 그 자유가 방종으로 변질된 나라에서 결사들이 추구하는 다양한 길들을 비교해보는 것은 정부들이나 정당들 양측에 모두 유익하리라고 나는 생각한다.

대다수 유럽인들은 결사를 서둘러 만들어서 전장에서 곧장 써먹을 수 있는 무기로 간주한다.

협회는 토론을 목적으로 결성되지만, 사람들의 머릿속에는 서둘러 행동해야 한다는 생각으로 가득 차 있다. 결사란 사실상 군대와 같은 것이다. 토론은 동조자들의 수를 늘리고 서로를 부추기기 위한 것이며, 그 직후에 이들은 곧장 적을 향해 돌진한다. 구성원들은 합법적 수단들을 유용한 행동 방식들 중 하나라고 생각할 뿐, 결코 성공을 가져올 유일한 방책이라고 생각하지 않는다.

합중국에서 결사의 권리를 이해하는 방식은 이와는 전혀 다르다. 아메리카에서 소수파를 구성하는 시민들은 무엇보다도 자신들의 수적 힘을 확인하고 다수파의 도덕적 지배력을 약화시키기 위해서 결사를 형성한다. 그리고 이들의 두 번째 목표는 열띤 토론과 경합을 거쳐서 다수파를 공략하기에 가장 적절한 논거들을 찾아내는 것이다. 왜냐하면 이들은 언제나 다수파의 일부를 자기들에게 끌어들인 다음 다수파라는 이름으로 권력을 행사하려는 복안을 가지고 있기 때문이다.

따라서 합중국에서 정치 결사들은 그 목표에서 온화하며 그 수단에서 합법적이다. 합법적인 수단을 통해서만 승리를 이룩하고자 한다는, 이 결사들의 공공연한 주장은 사실 틀린 말이 아니다.

이 점에서 아메리카인들과 우리 프랑스인들 사이의 차이점은 몇 가지 요인에서 기인한다.

유럽에는 다수파와 너무나 큰 차이가 있는 까닭에 다수파로부터 어느 정도라도 지지를 얻어내고자 하는 희망을 갖기도 힘든 정당들이 있다. 그런데 이들 정당은 자기가 다수파에 맞서 싸울 만큼 충분히 강하다고 생각한다. 이러한 부류의 어느 한 정당이 결사를 결성한다면, 그 목적은 상대방을 설복하는 것이 아니라 상대방과 싸우는 것이다. 아메리카에서 다수파의 견해와 전혀 다른 견해를 가진 사람들은 다수파의 권력에 맞서 싸울 힘이 없다. 따라서 다수파에 속하지 않는 사람들은 누구나 다수파의 지지를 얻고자 애쓰는 것이다.

따라서 어느 거대 정당이 다수파가 될 수 없는 정도에 비례해서 결사권의 행사는 위험한 것이 될 것이다. 결사들 사이의 견해 차이가 그리 크지 않은 합중국과 같은 나라에서, 결사의 권리는 말하자면 거의 무제한으로 허용될 수 있다.

반면에 프랑스처럼 사실상 자유의 행사에 대한 경험이 일천한 나라에서는, 결사의 자유가 우선 정부 당국을 공격할 자유로 받아들여질 것이다. 개인이든 정당이든 당연하게 가장 먼저 떠오르는 발상은 자신에게 힘이 생길 경우 폭력도 불사하겠다는 생각이다. 상대방을 설득하겠다는 생각은 뒤늦게나 떠오른다. 그것은 경험을 통해 얻어지는 생각인 것이다.

서로 심하게 분열되어 있는 영국인들도 결사의 권리를 남용하는 일은 드물다. 이들은 결사의 권리를 행사해온 오랜 경륜을 지니고 있기 때문이다.

그런데 우리 프랑스인들은 투쟁에 대한 열정이 너무나 강한 나머지 국가를 전복하려는 기도와 같은 엄청난 일들에서조차 손에 무기를 들고 죽는 것을 영광으로 여길 정도이다.

그런데 합중국에서 정치 결사의 폭력성을 완화시키는 데 기여한 모든 원인 중에서 가장 강력한 원인은 아마도 보통선거일 것이다. 보통선거가 허용된 나라들에서, 다수파는 결코 불신의 대상이 될 수 없는데, 이는 어떤 정당도 투표하지 않은 유권자들을 대표한다고 합리적으로 주장할 수 없기 때문이다. 결사들뿐만 아니라 국민 다수도 결사들이 결코 다수를 대표하지 않는다는 것을 잘 안다. 결사들이 존재한다는 사실 자체가 이것을 입증한다. 그도 그럴 것이 만일 결사들이 다수를 대표한다면, 결사들은 법률 개정을 청원하기보다 아예 법률을 바꾸려 할 터이니 말이다.

이들 결사가 공격하는 정부의 도덕적 힘은 오히려 더욱 증대하는 반면에, 결사들의 도덕적 힘은 아주 약해진다.

유럽에서 다수의 의지를 대표하려 들지 않거나 대표한다고 스스로 믿지 않는 결사들은 거의 찾아보기 힘들다. 이러한 고집과 이러한 확신은 이들 결사의 힘을 엄청나게 증대시키며 이들의 행동을 합법화하는 데 놀라울 정도로 기여한다. 억압받고 있는 정당한 대의의 승리를 위해 폭력을 행사한다는 것은 충분히 용서될 일이 아니겠는가?

따라서 인간사의 복잡다기한 법칙들 속에는 때때로 극단적인 자유가 자유의 남용을 바로잡고 극단적인 민주주의가 민주주의의 위험성을 예방하는 경우도 있는 것이다.

유럽에서 결사들은 어느 정도 자기 목소리를 낼 수 없는 국민들을 위한 입법 위원회이자 행정 위원회로 자부한다. 이런 생각에서 결사들은 행동하고 지휘한다. 아메리카에서 결사들은 누가 보기에도 국민들 중 소수만을 대표한다. 결사들은 토의하고 청원한다.

유럽에서 결사들이 사용하는 수단들은 결사들이 제안한 목표들과 일치한다.

이들 결사의 주요 목표는 토의하는 것이 아니라 행동하는 것이며, 설복하는 것이 아니라 싸우는 것이다. 따라서 결사들에서는 당연하게도 민간인적 성격을 찾아보기 힘들며 오히려 군사적인 습관과 규율이 눈에 띈다. 그리고 결사들은 가능한 한 통솔력을 한곳에 집중시키며 모두의 권력을 단지 몇몇 소수의 수중에 집중시킨다.

이들 결사의 회원들은 마치 전장의 군인들처럼 명령에 복종한다. 이들은 소극적 복종의 교리를 공공연히 고백하는데, 이는 마치 함께 뭉치자마자 단번에 자신들의 판단력과 자유의지를 내팽개치는 형국이다. 따라서 결사들의 공격 대상이 되는 정부가 사회에서 행사하는 압제보다 더 참을 수 없는 압제가 때때로 이들 결사의 내부에서 군림하기도 한다.

이로 말미암아 결사들의 도덕적 힘은 현저하게 줄어든다. 결사들은 피억압자들이 압제자에 맞서 싸우는 투쟁에 으레 결부되기 마련인 신성한 성격을 잃어버리게 된다. 어떤 경우에 자신의 동료들 중 몇몇에게 비굴하게 복종하기로 동의하고 자신의 의지와 생각마저 이들에게 넘겨버린 사람이 있다면, 어떻게 그 사람이 자신은 자유롭기를 바란다고 자부할 수 있겠는가?

아메리카인들 역시 결사체 내부에 일종의 정부를 만들어놓았다고 말할 수 있을 것이다. 하지만 이것은 굳이 말하자면 민간 정부이다. 결사체 안에서 개인의 독립성은 완전히 보장된다. 사회에서와 마찬가지로 여기에서도 모든 사람은 동시에 같은 목표를 향해 나아가지만, 모두가 반드시 같은 길을 따라가는 것은 아니다. 아무도 자신의 의지와 자신의 이성을 희생하지 않는다. 누구나 공동의 과업을 실현하는 데에 자신의 의지와 자신의 이성을 보태는 것이다.

제5장

아메리카에서의
민주주의 통치

여기서 다루어야 하는 주제가 얼마나 까다로운지는 나도 잘 안다. 이 장에 펼쳐놓는 단어 한마디 한마디는 아마도 어떤 부분에서는 우리 프랑스를 갈라놓은 여러 정당들의 귀에 거슬리기에 충분할 것이다. 하지만 나로서는 내가 생각하는 바를 남김없이 말하고자 한다.

유럽에서 우리는 민주주의의 진솔한 성격과 항구적인 본능을 판단하는 데 무척 많은 어려움을 겪는다. 왜냐하면 유럽에서는 상충되는 두 가지 원칙 사이에 다툼이 벌어지는 중인데, 어느 것이 이 원칙들 자체이며 어느 것이 이 원칙들에서 나온 열정인지를 사람들이 엄정하게 구분하여 대처하지 못하기 때문이다.

아메리카에서는 사정이 다르다. 아메리카에서 인민은 아무런 방해물 없이 다스린다. 인민에게는 두려워해야 할 위험도, 갚아야 할 원한도 없다.

따라서 아메리카에서는 민주주의가 그 자체의 성향에 내맡겨진다. 민주주의의 거동은 자연스러우며 민주주의의 모든 움직임은 자유롭다. 민주주의를 고스란히 포착해낼 수 있는 곳은 바로 아메리카이다. 그리고 이 연구가 우리 프랑스인에게가 아니라면, 과연 누구에게 이만큼의 흥미와 유익을 가져다줄 수 있겠는가? 매일같이 어떤 불가항력적인 힘에 떠밀려서 때로는 전제정을 향해, 때로는 공화정을 향해, 하지만 확실히 민주주의적인 사회 상태를 향해, 맹목적으로 나아가는 우리 프랑스인들 말이다.

보통선거에 대해

합중국의 모든 주는 보통선거를 허용한다고 나는 앞에서 말했다. 보통선거는 사회적 층위가 서로 다른 여러 부류의 사람들 모두에게 적용된다. 나는 언어, 종교, 습속 따위가 서로 다른 여러 종족들 사이에서, 그리고 여러 다른 장소들에서 보통선거가 미치는 영향을 관찰할 기회가 있었다. 나는 루이지애나와 뉴잉글랜드에서, 그리고 조지아와 캐나다에서 보통선거가 가지는 효과를 눈여겨 보았다. 아메리카에서 보통선거제는 유럽에서라면 응당 예상할 수 있을 모든 혜택을 다 낳은 것도 아니고 모든 폐단을 다 가져온 것도 아니며, 그 결과도 일반적으로 예상하던 것과는 아주 달랐다는 점을 나는 이미 지적한 바 있다.

인민의 선택에 대해, 그리고 인민의 선택에 나타난
아메리카 민주주의의 본능에 대해

유럽에서 많은 사람들은 보통선거의 장점 중 하나가 널리 신뢰받을 만한 인물에게 국정을 맡기는 데에 있다고 굳이 말하지는 않더라도 믿거나, 아니면 굳이 믿지는 않더라도 말한다. 인민은 스스로 통치할 능력은 없지만 항상 진지하게 국가의 안녕을 소망하며, 따라서 인민은 자신과 같은 소망을 지니고 있으며 권력을 행사하기에 가장 적합한 인물들을 본능적으로 지명해낸다는 것이다.

내가 아메리카에서 보고 들은 것은 이러한 사실과는 전혀 다르다는 점을 나는 고백하지 않을 수 없다. 합중국에 도착했을 때, 나는 시민들 중에는 뛰어나고 유능한 인물들이 많은 반면, 정부 관료들 중에는 별로 찾아볼 수 없다는 사실에 놀라지 않을 수 없었다. 오늘날 합중국에서 가장 뛰어난 인물들이 국가 운영에는 별로 가담하지 않는다는 것은 하나의 기정사실로 되어 있다. 그리고 민주주의가 이전의 모든 낡은 한계를 뛰어넘는 것에 비례해서 이와 같은 현상이 생긴다는 점을 인정해야만 할 것이다. 지난 50년 동안 아메리카에서 정치인들의 지위가 현저하게 하락했다는 것은 명백한 사실이다.

이러한 현상에는 몇 가지 원인들이 있다.

어떤 수단과 방법을 동원하든 인민의 식견을 일정한 수준 이상으로 끌어올린다는 것은 사실 불가능한 일이다. 지식에 접근하는 길을 넓히더라도, 교육하는 방식을 개선하더라도, 학문을 값싸게 보급하더라도, 인간이란 아주 많은 시간을 투자하지 않고서는 쉽사리 교화될 수 없으며 지성을 발전시킬 수도 없는 존재이다.

따라서 인민이 일하지 않고 생계를 유지할 수 있는 가능성 여부가 그의 지적 발전에 필연적인 한계를 설정한다. 이 한계는 어떤 나라들에서는 아주 높고, 어떤 나라들에서는 아주 낮다. 하지만 인민이 자신의 물질적 생계를 마련하기 위해 일해야만 하는 한, 달리 말하자면 인민이 그의 본질을 버리지 않는 한, 이러한 한계는 어디엔가 틀림없이 존재하기 마련이다. 따라서 모든 사람이 다 식견이 높은 사회를 상상하기 어려운 것과 마찬가지로, 모든 시민이 다 부유한 국가도 상상하기 어렵다. 이 두 가지는 사실상 서로 연결된 현상인 것이다. 나는 시민 대중이 정말 진지하게 나라의 복리를 소망한다는 것을 서슴없이 인정한다. 그리고 나는 한 걸음 더 나아가서 하층계급이 상층계급보다 이러한 소망에 사사로운 이해관계를 덜 섞는다는 사실도 인정한다. 하지만 하층계급에게 언제나 부족한 점은 진정으로 원하는 목표를 달성하고자 하면서도 정작 그 수단을 찾는 데는 아주 서툴다는 사실이다. 한 개인의 본질을 정확하게 파악하는 데에도 얼마나 오랜 연구와 다양한 탐색이 필요한가! 위대한 천재들도 길을 잃고 헤매는데, 하물며 일반 대중이 성공할 수 있겠는가! 인민에게는 이러한 일에 전념할 시간도 수단도 전혀 없다. 인민은 언제나 서둘러 판단하고 겉으로 드러나는 것만을 살펴볼 수밖에 없다. 여기에서 온갖 협잡꾼들이 인민의 비위를 맞추는 반면에 인민의 진정한 벗들은 대개의 경우 인민의 신뢰를 얻지 못하는 현상이 벌어지곤 한다.

더욱이 민주주의에 결여되어 있는 것은 유능한 인물을 뽑는 능력이 아니라 뽑으려는 의지와 뽑는 취향이다.

민주주의 제도들이 인간의 마음속에 시샘하는 감정을 아주 강렬하게 부추긴다는 사실은 부인할 수 없다. 이것은 민주주의 제도들이 개개인에게 다른 사람들과 대등해질 수 있는 수단들을 제공해주기 때문이 아니라, 이 수단들이 그것들을 사용하는 사람들의 눈에는 언제나 만족스럽지 못하기 때문이다. 민주주의 제도들은 평등의 열정을 일깨우고 부추기기는 하지만 결코 그것을 완전히 만족시키지 못한다. 이러한 완전한 평등은 인민이 그것을 붙잡았다고 생각하는 바로 그 순간에 매일같이 그의 손아귀를 벗어난다. 파스칼(Pascal)의 표현을 빌리자면, 그것은 말하자면 늘 되풀이되는 도피이다. 요컨대 인민은 모르고 지나치기에는 아주 가까이 있고 누리기에는 아주 멀리 있기 때문에 오히려 더 값지게 여겨지는 그러한 혜택을 열심히 찾고 있는 것이다. 성공할 가능성은 인민을 들뜨게 하고, 그 불확실성은 인민의 역정을 돋운다. 인민은 들떴다가, 지치며, 성마르게 되는 것이다. 어디에서든 자신을 넘어서 있는 모든 것은 자신의 소망에 대한 장애물로 보이며, 자신보다 우월한 것은 무엇이든 비록 그것이 정당하다 할지라도 자신의 눈에 거슬리게 된다.

하층계급이 가능하면 자신보다 우월한 자들을 국정에서 떼어놓으려는 이 내밀한 본능이 프랑스에서 특히 두드러진다고 많은 사람들은 생각해왔다. 하지만 이것은 틀린 생각이다. 내가 지금 말하는 본능이라는 것은 프랑스에 한정된 것이 아니라 민주주의에서 나오는 것이다. 물론 정치 상황이 그 본능에 더 뚜렷하고 통렬한 색채를 부여해주었을 것이다. 하지만 정치 상황이 그러한 본능을 만들어내는 것은 아니다.

합중국에서 인민은 상층계급 사람들에게 어떤 반감을 갖고 있지는 않지만, 그렇다고 이들에게 호감을 갖는 것도 아니며 이들을 조심스럽게 권력으로부터 떼어놓는다. 인민은 뛰어난 재능을 가진 인물을 두려워하지는 않지만 그렇다고 좋아하지도 않는다. 일반적으로 인민의 지지 없이 출세한 사람들은 인민의 호감을 얻기 힘들다.

민주주의의 자연적 본능이 인민으로 하여금 저명한 인물들을 권력으로부터 떼어놓게 만드는 반면, 그만큼 강력한 민주주의의 또 다른 본능은 이 저명한 인물들이 스스로 정계에서 멀어지도록 이끈다. 정계에서 이들은 독자적으로 처신하기도 떳떳하게 나아가기도 힘들게 되는 것이다. 대법관 켄트(Kent) 씨가 아주 솔직하게 표현한 것이 바로 이러한 내용이다. 유명한 저술가이기도 한 켄트 씨는 법관 임명권을 행정부에 부여한 헌법의 해당 내용에 대해 일정한 찬사를 바친 다음 곧장 다음과 같이 덧붙였다. "공직을 수행하기에 가장 알맞은 적임자들이 처신에서는 너무 신중하고 원칙에서는 너무 준엄한 나머지, 보통선거에 따라 치러질 다음 선거에서 유권자의 다수표를 얻기는 힘들 듯 보인다."(켄트, 『아메리카 법률 논평(*Commentaries on American Law*)』, 제1권, 272쪽) 이것이 1830년 아메리카에서 출판된 책이다. 아무도 내용에 이의를 달지 않았다.

보통선거를 선택의 옳음에 대한 보장으로 여기는 사람들은 완전히 착각하는 것이라는 점이 충분히 입증되었다고 나는 생각한다. 보통선거는 물론 다른 여러 장점을 가지고 있다. 하지만 이것은 아니다.

민주주의의 본능을
부분적으로 보완할 수 있는 요인들

심각한 위기가 국가를 위협할 경우, 다행스럽게도 인민은 국가를 구하기에 가장 적절한 시민들을 선출하는 데 성공하곤 한다.

인간은 절박한 위험에 빠지면 평상심을 유지하지 못하게 된다는 사실이 흔히 거론된다. 인간은 평소보다 더 흥분하거나 평소보다 더 낙담하는 것이다. 국민들에게도 이러한 일이 일어나게 된다. 극단적인 위험은 한 나라의 힘을 북돋기는커녕 때로 그 나라를 완전히 무너뜨린다. 국민은 자신의 격정을 가누지 못하고 흥분하며 자신의 지적인 역량을 훤히 밝히기는커녕 뿌옇게 흐려놓는다. 유대인들은 성전이 파괴돼 연기로 뒤덮인 잔해 한복판에서도 서로 싸우고 죽였다. 그러나 국가에서든 개인에게서든 바로 이 엄청난 위기로부터 놀라운 덕성이 탄생하는 것을 자주 볼 수 있다. 그렇게 되면 밤의 어두움에 가려져 있던 거대한 기념비가 화재의 섬광으로 돌연 모습을 드러내듯이, 위대한 인물들이 어둠 속에서 나타난다. 천재들은 더 이상 주저하지 않고 빛 가운데 나타나며, 인민은 자신이 처한 위기에 놀라서 당분간은 시샘하는 감정을 잊는다.

그러면 투표함에서 위대한 인물들이 등장하는 것도 드물지 않게 된다. 아메리카에서 오늘날의 정치인들은 50년 전의 정치인들보다 능력 면에서 훨씬 뒤처져 보인다고 나는 앞에서 말했다. 이것은 이 나라의 법제뿐만이 아니라 상황 탓이기도 하다. 아메리카가 다른 나라의 멍에에서 벗어나 독립한다는 가장 숭고한 대의를 위해 싸우고 있었을 때, 아메리카가 이 세계에 새로운 국가를 탄생시키려 하고 있었을 때, 모든 사람들의 영혼은 그 원대한 목표에 걸맞을 만큼 고양되어 있었다. 이러한 전반적으로 고양된 분위기에서 뛰어난 인물들이 인민의 앞에 나설 수 있었으며, 인민은 이들을 기꺼이 끌어안고 지도자로 모셨다. 하지만 이러한 것은 아주 드문 사례이다. 우리는 사태의 일상적인 흐름을 보고 판단해야 한다.

이렇게, 일시적인 상황이 이따금 민주주의의 열정을 누그러트리곤 한다면, 식견과 특히 습속은 민주주의의 이러한 성향에 강력하지는 않지만 그래도 상당히 지속적인 영향력을 발휘한다. 이러한 점은 합중국에서 잘 관찰할 수 있다.

뉴잉글랜드에서는 초창기의 도덕과 종교에 바탕을 둔 교육과 자유가 굳건하게 확립되어 있으며 사회는 자체의 규율과 습관을 유지하기에 충분할 만큼 오랫동안 탄탄한 지반을 다졌다. 여기에서 인민은 재산과 출생에 따르는 모든 특전을 없애는 동시에 지적이고 윤리적인 우월성은 존중하고 별 불평 없이 그것에 순응하는 데 익숙해 있다. 따라서 뉴잉글랜드에서는 다른 어느 곳에서보다도 민주주의가 최선의 선택을 한 것이라고 말할 수 있다.

반면에 남부 지방으로 내려갈수록 공직자들 중에 재능과 덕망을 겸비한 자가 점점 드물어지는 것을 알 수 있다. 남부 지방의 주들에서는 사회적 유대가 일천하고 허약할 뿐만 아니라 교육은 널리 보급되어 있지 못하고 윤리, 종교, 자유의 원칙들이 조화롭게 결합되어 있지 않다.

마지막으로 남서부의 새로 생긴 주들로 가보면 더 놀라게 된다. 이들 주에서는 공동체가 바로 엊그제 형성되었으며 여전히 모험꾼들과 투기꾼들로 가득 차 있다. 여기서 우리는 국가의 공권력이 어떤 사람들의 수중에 들어 있는지를 알고는 당황하지 않을 수 없으며, 국가를 운영하는 법제나 인물과는 별도로 과연 어떤 힘에 의해서 국가가 성장하고 사회가 번영할 수 있는지를 자문하지 않을 수 없게 된다.

그렇지만 민주주의의 이러한 위험한 본능을 어느 정도 치유해 줄 수 있는, 민주주의적인 성격의 법제가 있다.

워싱턴에 있는 하원의 회의장에 들어가 보면, 당신은 이 거창한 회의 기구의 그저 평범한 모습에 놀라게 된다. 인물다운 인물을 한 사람도 찾아보기 힘든 경우가 대부분이다. 거의 모든 의원이 이름조차 생소한 거의 알려지지 않은 사람들이다. 그들은 대개 시골 변호사이거나 상인이며 심지어 하층계급에 속한 사람들이다. 사정이 이렇다 보니, 교육이 널리 보급된 나라라고 해서 인민의 대표들이 모두 글을 쓰고 읽을 줄 아는 것은 아니라는 말이 나올 만도 한 것이다.

하원에서 몇 걸음 떨어진 곳에 상원이 있다. 상원의 그리 넓지 않은 공간 안에 아메리카의 저명인사들이 거의 다 모여 있다. 최근에 혁혁한 명성과 평판을 갖지 못한 인물은 단 한 사람도 찾아보기 힘들 정도이다. 그들은 탁월한 웅변술을 자랑하는 변호사, 저명한 장군, 능란한 관료들이거나 잘 알려진 정치인들이다. 상원에서 이루어지는 모든 토론은 유럽의 가장 훌륭한 의회 토론들과 비교해도 조금도 손색이 없을 것이다.

이러한 기묘한 차이는 어디에서 유래하는가? 나라의 엘리트들이 왜 하원이 아니라 상원에 다 모여 있는가? 왜 하원에는 그저 평범하기 짝이 없는 요소들이 두드러지고, 상원에는 재능과 식견이 넘치는 듯 보이는가? 상원과 하원 모두 인민의 의지에서 나오는 것이며, 상원과 하원 모두 보통선거의 산물이다. 그리고 아직까지 아메리카에서 상원이 인민의 이익에 맞서는 적이라고 외치는 목소리를 들어본 적이 없다. 그렇다면 도대체 어디서 이렇게 엄청난 차이가 생기는가? 하원은 국민이 직접투표로 선출하는 반면에 상원은 선거인단에 의해, 요컨대 두 단계 투표를 통해 선출된다는 점이 이러한 차이를 설명해줄 수 있는 유일한 이유라고 나는 생각한다. 시민들 모두가 각 주의 입법부를 지명하고 나면, 연방헌법에 따라 이들 각 입법부는 선거인단으로 전환되며 여기서 상원 의원이 선출된다. 따라서 상원 의원들은 비록 간접적으로 선출되기는 했어도 보통선거의 결과로 보아야 한다. 왜냐하면 상원 의원을 선출하는 주의회가 자체의 독자적인 선출권을 가진 어떤 귀족 기관이나 특권 기관이 아니라 시민 전체에 의해서 선출된 기관이기 때문이다. 일반적으로 주의회는 매년 선출되는데, 이는 상원 의원을 선출할 만큼의 충분한 숫자의 새 의원을 충원하기 위해서이다. 하지만 인민의 의지는 이 선출된 대표 기구를 통과하면서 어떤 면에서 더욱 다듬어지게 되며 더욱 세련되고 고상한 외양을 걸치게 된다. 따라서 이런 방식을 거쳐 선출된 사람들은 언제나 통치자 국민의 다수를 정확하게 대표하게 된다. 하지만 이제 이들이 대표하는 것은 때때로 국민을 선동하는 사소한 격정이나 국민의 품위를 떨어트리는 폐습들이 아니라 국민과 함께하는 고귀한 생각들과 국민을 고무하는 관대한 본능들이다.

아메리카 합중국이 민주주의의 암초에 부딪혀 가련하게 좌초하지 않으려면, 이러한 간접선거 방식을 선거제도 속에 한층 더 도입해야 할 순간이 언젠가 오고야 말 것이다.

이러한 이중의 선거 방식이 인민의 모든 계층이 골고루 정치적 자유를 행사하게 해주는 유일한 수단이라고 나는 서슴없이 말할 수 있다. 이 수단을 어느 한 정당의 배타적인 무기로 만들려는 사람들이든, 아니면 이 수단을 두려워하는 사람들이든, 내가 보기에 이들은 모두 동일한 오류에 빠져 있다.

선거 법제에 대한 아메리카 민주주의의 영향

선거가 오랜 시간적 간격을 두고 치러질 경우, 국가는 선거 때마다 심한 격동을 겪게 된다.

정당들은 정말 드물게 다가오는 집권 기회를 잡기 위해 혼신의 힘을 다한다. 낙선한 후보들에게 찾아오는 불행은 거의 치명적이기 때문에, 그들은 자신의 야망이 언젠가 절망으로 변하지나 않을까 두려워할 정도이다. 반면에 자웅을 결정할 기회가 다시 주어진다면, 낙선자들은 꾹 참고 기다릴 것이다.

반면에 선거가 자주 치러질 경우, 사회는 늘 들뜬 상태에 놓일 것이며 국정은 끝없는 불안 상태에 놓일 것이다.

그러므로 한편으로 선거가 자주 치러질 경우 국가는 불안정이라는 위협에 처할 것이고, 다른 한편으로 선거가 자주 치러지지 않을 경우 국가는 혁명의 위협에 처할 것이다. 전자가 정부의 순기능을 해치는 것이라면, 후자는 정부의 존재 자체를 위협하는 것이다.

아메리카인들은 두 번째 폐단보다는 첫 번째 폐단을 선택하기로 했다. 민주주의가 다양성의 취향을 열정으로까지 밀고 가는 경향이 있다는 점을 고려할 때, 이 점에서 이들은 이성보다는 본능에 의해서 행동한 것이라고 말할 수 있다. 아메리카인들의 법제가 그리도 자주 변하는 이유도 바로 여기에 있다.

많은 아메리카인들은 자기네 법률의 불안정성이 일반적으로 유익한 혜택을 가져다주는 체제의 필연적인 결과라고 생각한다. 하지만 아메리카에서 그 누구도 합중국의 법률이 불안정하다는 사실을 부정하려 하지 않으며, 그것이 그리 큰 폐단이 아니라고 생각하지는 않는다.

해밀턴은 나쁜 법령의 공포를 막거나 늦출 수 있는 권력을 마련하는 일이 얼마나 유용한가를 설명한 후에 다음과 같이 덧붙였다. "나쁜 법령을 막는 권력은 좋은 법령까지도 막을 수 있다고들 나에게 대꾸한다. 하지만 이러한 반론은 우리나라에서 법률의 비일관성과 가변성에서 생기는 숱한 폐단을 검토해볼 수 있었던 사람들을 만족시키지 못할 것이다. 법제의 불안정성은 우리나라 제도에서 발견되는 가장 커다란 오점이다."(『페더럴리스트』, 제73호)

"너무나도 쉽게 바뀌는 법률 그리고 입법권의 남용이야말로 내가 보기에 우리 정부가 당면한 가장 위험한 질병이다"라고 매디슨은 말했다(『페더럴리스트』, 제62호).

아메리카의 민주주의가 낳은 가장 위대한 민주주의자라 할 제퍼슨 자신도 이와 같은 위험성을 지적하고 있다.

"우리 법제의 불안정성은 정말로 심각한 문제입니다. 법안은 제출된 후 적어도 1년이 경과한 후에 가결할 수 있도록 함으로써 이 문제에 대처해야 한다고 생각합니다. 그래야만 법안이 수정을 거치지 않고 논의되고 통과될 수 있을 것입니다. 그리고 만일 신속한 결정이 요구되는 상황이라면, 법안은 단순 과반수가 아니라 상하원 모두에서 출석의원의 3분의 2 이상을 얻어야만 통과될 수 있도록 해야 합니다."[1]

아메리카 민주주의의 통제 아래 놓인 공직자들

합중국에서 공직자들은 일반 시민들과 뒤섞여 있다. 이들에게는 궁전도 근위병도 멋들어진 의상도 없다. 공직에 있는 자들의

---

1) 「메디슨에게 보내는 서한」, 1787년 12월 20일자, 콩세유(Conseil) 씨 번역.

이러한 담백한 차림새는 아메리카의 특이한 기질뿐만 아니라 사회의 근본 원칙들과도 관련이 있다.

민주주의의 눈으로 볼 때, 통치한다는 것은 선행이라기보다는 일종의 필요악이다. 공직자들에게 일정한 권력이 부여되어야 한다. 그도 그럴 것이 권력이 없다면 공직자들은 아무 쓸모도 없을 터이니 말이다. 하지만 권력의 외형적 꾸밈새는 공직의 수행에 필수 불가결한 것이 결코 아니다. 그것은 불필요하게 시민들의 기분을 상하게 할 뿐이다.

공직자들도 자신들의 행실을 모든 사람과 대등한 수준으로까지 낮춘다는 조건에서만 다른 사람에게 권력을 행사할 권리를 얻었다는 사실을 잘 인식하고 있다.

나는 합중국의 공직자들만큼 처신에서 꾸밈이 없고 누구에게나 열린 마음으로 대하며 시민의 요구를 경청하고 성실하게 답변하는 관리를 달리 어디서도 본 적이 없다.

나는 민주주의 통치의 이러한 본원적인 모습을 좋아한다. 요컨대 나는 공직자보다는 공직 자체에서, 권위의 외부적 표장보다는 인물의 됨됨이에서 우러나는 내재적인 역량에서 어떤 당당한 자부심을 찾아낼 수 있는데, 내가 높이 평가하는 것은 바로 이러한 것이다.

오늘날과 같은 시대에 복장이 실제로 미칠 수 있는 영향력이 상당히 과장되어 있다고 나는 생각한다. 나는 아메리카에서 공직을 수행 중인 관리가 어떤 겉으로 드러나는 권위나 치장 없이 원래의 품성대로 처신했다고 해서 제대로 존중받지 못했다는 이야기를 들어본 적이 없다.

다른 한편으로 자기 직분에 대한 공직자들의 자부심이 그리 높지 않을 때 이들에게 특별한 복장을 착용하도록 한다고 해서 이들이 갑자기 자부심을 갖게 될지는 정말 의심스럽다. 왜냐하면 나로서는 공직자들이 자신의 인성보다 복장을 더 중요시한다고는 믿을 수 없기 때문이다.

프랑스에서 나는 관리들이 민원인들을 얕잡아 대하거나 듣기 좋은 말로 달래고, 발뺌하느라 어깨를 으쓱거리며, 기소장을 읽을 때 헛웃음을 치는 것을 자주 본다. 이럴 때마다 나는 이들에게서 관복을 벗겨내고 평상복을 걸치게 한다면 이들이 조금이나마 인간의 천부적인 존엄성을 되찾지 않을까 하고 생각한다.

합중국의 공직자들에게는 관복은 없지만 그들은 누구나 봉급을 받는다.

이것은 앞에서 언급한 어떤 사실들보다 훨씬 더 자연적으로 민주주의의 원칙들에서 유래한다. 민주주의는 자체의 원칙을 직접적으로 어기지 않으면서도 그 관리들이 화려하게 치장을 하고 금과 비단으로 치장하고 다니도록 해줄 수 있다. 관리들이 누리는 특전은 일시적인 것이다. 그 특전이 사람에 딸린 것이 아니라 관직에 딸린 것이기 때문이다. 그러나 관리들이 봉급을 받지 않는다면, 부유하고 독립적인 공직자 계급이 만들어질 것이며 귀족정치의 요체가 형성될 것이다. 관리를 선발할 권리가 여전히 인민에게 있다고 할지라도, 이러한 권리의 행사는 필연적으로 일정한 한계를 가질 수밖에 없을 것이다.

민주공화국이 공직자들의 봉급을 폐지한다면, 그 나라는 왕정으로 향해 가고 있다고 결론지어도 무방하리라고 나는 생각한다. 그리고 왕정이 공직자들에게 봉급을 지불하기 시작한다면, 그것은 그 나라가 전제주의 국가로 나아가거나 아니면 공화제 국가로 나아간다는 표시일 것이다.

따라서 무급 공직을 유급 공직으로 대체하는 것은 그것 자체만으로도 진정한 혁명이 되기에 충분하다.

합중국에 무급 공직이 전혀 없다는 사실은 합중국에서 민주주의가 절대적인 지배력을 행사하고 있다는 가장 뚜렷한 징표들 가운데 하나라고 생각한다. 공중에 대한 봉사는 그 성격이 어떠한 것이든 간에 수당을 지급받는다. 그리고 누구든 공직을 수행할 권리를 지닐 뿐만 아니라 실질적으로 그렇게 할 수 있는 기회를 갖는다.

민주주의 국가들에서 시민은 누구나 공직에 진출할 수 있지만, 모든 시민이 다 공직을 맡으려 들지는 않는다. 유권자들의 선택의 폭을 제한하는 것은 후보자들의 조건이 아니라 후보자들의 숫자와 역량이다.

선거의 원칙이 공공 생활의 모든 측면에 적용되는 나라에서는, 고유한 의미에서의 정치 경력이란 존재할 수 없다. 사람들은 어떤 의미로는 아주 우연히 직책을 맡게 되며, 그 직책을 계속 유지하리라는 보장도 없다. 선거가 매년 실시되는 경우에는 더욱더 그러하다. 따라서 평탄한 시기에는 공직은 야심가들에게 별로 유혹이 되지 않는다. 합중국에서는 그저 적당한 야망을 지닌 사람들만이 정치의 풍파에 몸을 싣는다. 뛰어난 재능을 가진 인물, 원대한 열정을 지닌 사람은 일반적으로 권력보다는 재산을 추구하는 쪽을 택한다. 그리고 자기에게 사업 수완이 별로 없다는 것을 깨닫고 나서야 국가의 업무를 떠맡겠다고 나서는 경우가 비일비재하다.

민주주의 국가에서 그저 평범한 수많은 사람들이 공직을 맡게 되는 것은 한편으로 유권자들의 잘못된 선택 탓이기도 하지만 다른 한편으로 지금 설명한 원인들 탓이기도 하다. 합중국에서 뛰어난 능력을 지닌 자들이 선거에 나설 경우 인민이 과연 이들을 뽑을지 나로서는 장담할 수 없다. 하지만 이들이 선거에 나오려 하지 않는다는 것은 확실하다.

아메리카 민주주의의 지배 아래에서
관리들[2]의 자의적 권력

관리들이 상당한 정도의 자의적 권력을 행사하는 통치 형태에는 두 가지가 있다. 하나는 한 개인의 절대적 통치이며 다른 하나는 민주주의의 통치이다.

이러한 동일한 결과는 거의 유사한 원인들에서 나온다.

전제 국가에서는 어느 누구도 안전하지 못하다. 공직자의 운명도 일반 개인의 운명도 안전하지 않다. 군주는 항상 자기가 부리는

---

2) 여기서 관리(magistrat)라는 단어는 가장 넓은 의미로 사용한다. 나는 이 단어를 법률 집행을 떠맡은 모든 사람에게 적용한다.

신하들의 목숨과 재산, 때로는 영예까지도 손아귀에 쥐고 있기 때문에 신하들에 대해 전혀 두려워할 것이 없다고 생각한다. 그리고 군주는 신하들에게 상당한 재량권을 부여하는데, 그만큼 신하들이 감히 자기에 맞서 이 재량권을 사용하지는 않으리라고 믿기 때문이다.

전제 국가에서 군주는 자신의 권력에 너무나도 집착한 나머지, 자기가 만든 법규로 인해 자기 자신이 규제받지나 않을까 염려한다. 그리고 군주는 그때그때의 상황에 따라 신하들이 아무렇게나 행동하도록 내버려 두는데, 이는 신하들이 군주의 뜻에 어긋나는 속내를 품고 있지는 않다는 확신을 스스로 얻기 위해서이다.

민주 국가에서 다수는 자신이 권력을 부여해준 사람들에게서 매년 다시 그 권력을 되찾아올 권한이 있기 때문에, 굳이 권력의 남용을 두려워할 이유가 없다. 다수는 국정을 수행하는 관리들에게 언제든 자신의 의지를 전달할 수 있다고 확신한다. 그렇기 때문에 다수는 관리들의 활동을 규제함으로써 어떤 의미에서 자기 자신까지도 규제하게 되는 어떤 불변의 규칙을 정하기보다는 관리들이 자기 소신껏 일하도록 내버려 두는 편을 택한다.

좀 더 자세히 살펴보면, 전제 국가에서보다 민주주의 국가에서 관리들의 자의적 권한이 더 크다는 것을 알 수 있다.

전제 국가에서 군주는 찾아낸 모든 실책을 즉각 처벌할 수 있지만, 처벌해야 할 모든 실책을 다 찾아낸다고 자부할 수는 없을 것이다. 이와 달리 민주 국가에서 주권자는 전능할 뿐만 아니라 무소부지이다. 따라서 아메리카의 공직자들은 법률이 정한 행동반경

안에서는 유럽의 어느 공무원보다도 훨씬 자유롭다. 달성해야 할 목표만을 공직자에게 제시할 뿐, 어떤 수단을 선택하는가는 공직자의 재량에 맡겨두는 경우가 흔하다.

예를 들어 뉴잉글랜드에서 배심원으로 일할 사람들을 뽑는 것은 각 타운의 선임관들(selectmen) 몫이다. 배심원들을 뽑기 위해 하달된 지침은 선거권을 지니고 있으며 평판이 좋은 사람들 중에서 뽑으라는 것이 전부이다.[3]

프랑스에서는 만일 이렇게 엄청난 권한의 행사를 어떤 공직자에게 내맡겨 버린다면, 시민들의 생명과 자유가 위험에 처하는 것으로 여길 것이다.

뉴잉글랜드에서 바로 이 관리들은 선술집에 상습 음주자의 이름을 게시하고 주민들이 이들에게 술을 권하는 것을 금지할 권한을 지녔다.[4]

이와 같은 풍기 단속권은 가장 절대적인 왕정 치하에 사는 주민들에게서도 거부반응을 불러일으킬 것이다. 하지만 아메리카에서는 별 어려움 없이 준수되었다.

민주공화정들만큼 법률이 자의적 권력에 상당한 정도의 행동의

---

3) 1813년 2월 27일 법, 매사추세츠 법령집, vol. II, p. 331. 배심원들은 나중에 이렇게 뽑힌 명단에서 추첨에 의해 선발된다는 사실을 덧붙여야겠다.

4) 1787년 2월 28일 법, 매사추세츠 법령집, vol. I, p. 302. 법령을 보자. "각 타운의 선임관은 선술집, 주막, 소매상점 등에서 시간과 재산을 탕진하는 습관을 지닌 사람들, 주정뱅이, 난봉꾼으로 알려진 사람들의 명단을 이들 가게 앞에 게시할 권한을 지닌다. 그리고 명단을 게시한 후에도 이들에게 유곽을 제공하거나 술을 파는 가게 주인들은 벌금형에 처할 수 있다."

여지를 남겨주는 체제는 달리 어디에도 없을 것이다. 왜냐하면 민주공화정에서는 자의적 권력을 두려워해야 할 이유가 없기 때문이다. 여기서는 투표권이 확대되고 공직 담임 기간이 짧아질수록 관리들이 더 많은 재량권을 누린다고 말할 수 있을 정도이다.

민주공화정이 왕정 국가로 전환되기 어려운 이유가 바로 여기에 있다. 관리들이 더 이상 선거로 뽑히지 않으면서도 선출된 관리가 누리는 권리를 일상적으로 행사하고 그 관습을 고스란히 지니게 된다면, 그런 사태는 곧 전제주의에 이르게 될 터이니 말이다.

법률로써 공직자들의 행동반경을 정하고 공직자들의 활동 하나하나를 규제할 수 있는 것은 제한 군주제에서뿐이다. 그 이유는 쉽게 알 수 있다.

제한 군주제에서 권력은 인민과 권력 사이에 나뉘어 있다. 군주와 인민 모두 관리가 안정된 지위를 갖는 데 관심을 기울인다.

군주는 자신의 권위를 관리들이 거스르지는 않을까 하는 우려에서 이들 관리의 운명이 인민의 수중에 들어가는 것을 원치 않는다. 다른 한편 인민은 군주의 절대적인 지배 아래 놓인 관리들이 자유를 탄압하는 데 나서지는 않을까 두려워한다. 따라서 관리들은 어떤 의미에서 양편 어디에도 종속되지 않도록 조정되는 것이다.

군주와 인민이 공무원에게 자율성을 부여할 수밖에 없게 만드는 바로 그 이유로 인해서 이번에는 군주와 인민이 군주의 권위나 인민의 자유를 해칠지도 모를 공무원의 권력 남용을 막을 보장책을 마련하지 않을 수 없게 된다. 따라서 군주와 인민 양자는 공직자에게 일정한 행동 규범을 제시해야 할 필요에 미리 합의하게 되고,

반드시 준수해야 하는 규정들을 공직자에게 부과하는 데 이해관계를 같이하게 되는 것이다.

합중국 행정의 불안정성

아메리카에서 공직자들은 짧은 임기 동안 권한을 휘두른 후 이내 주민들과 뒤섞여버리는 까닭에, 공동체의 행위가 흔히 사사로운 가족의 일상사보다도 흔적을 덜 남기곤 한다. 아메리카에서 공공 행정은 어떤 의미에서 입에서 입으로 이루어지며 선임자가 하던 대로 후임자가 따라할 뿐이다. 공공 기록물을 거의 남기지 않으며, 그나마 기록된 문건들은 산들바람만 불어도 마치 시빌(Sybil, 그리스-로마 신화에 나오는 여자 점술사. 점쟁이 노파 시빌은 모아온 나뭇잎 하나하나에 인간의 이름과 운명을 적어놓는 습관이 있었다. 하지만 문이 열릴 때마다 바람이 들어와 나뭇잎을 흐트러뜨렸고 이에 따라 인간의 운명이 마구 뒤바뀌곤 했다―옮긴이)의 가랑잎처럼 날아가 없어진다.

합중국에서 유일한 역사 기념물은 바로 신문이다. 신문의 한 호수가 빠져버리면, 시간의 연쇄가 부서지고 현재는 과거와 단절된다. 앞으로 50년 안에 오늘날 아메리카인들의 사회상에 대한 확실한 문서를 얻기란 중세 프랑스의 공문서를 얻기보다 더 힘들 것이라는 점을 나는 믿어 의심치 않는다. 그리고 합중국이 야만족의 침략을 받기라도 한다면, 당시 살던 주민들에 대해 무언가 알고 싶으면 다른 나라의 역사를 참조해야만 할 것이다.

행정의 불안정성은 사회의 습속에 스며들기 시작했다. 그리고 이제는 누구나 그와 같은 취향을 몸에 익혔다고까지 말할 수 있을 정도이다. 아무도 예전에 어떠했는지에 대해 관심을 갖지 않는다. 체계적인 방법을 구하지도 않고, 자료집을 만들지도 않으며, 쉽사리 할 수 있는데도 문서들을 전혀 모으지 않는다. 행여나 가지고 있는 문건조차도 굳이 모아두려 하지 않는다. 내가 가지고 있는 공공 문서들 가운데 몇 가지 원본들은 관공서에 요청하자 내게 내어준 것들이다. 아메리카에서 사회는 마치 전쟁터에 있는 군대처럼 그날그날 먹고사는 것 같다. 그렇지만 행정 기술이란 말할 나위 없이 일종의 학문이며, 무릇 학문이란 옛날부터 지금까지 모든 세대가 관찰하고 발견한 것들이 일어난 순서대로 나란히 배열되지 않는다면 발전할 수 없는 법이다. 한 사람이 짧은 삶을 살면서 한 가지 사실을 언급하면, 다른 한 사람이 한 가지 사상을 내놓는다. 어느 누군가가 수단을 발명하면, 다른 누군가는 공식을 찾아낸다. 인류는 이렇게 개인적 경험의 다양한 열매들을 긁어모아서 학문을 이룩하는 것이다. 아메리카에서 행정 업무를 맡은 사람들은 서로에게 알려줄 만한 지식이 거의 없다. 사회의 운용을 떠맡은 행정가들은 그들만의 고유한 지식이 아니라 이미 사회에 널리 알려진 지식을 가져올 뿐이다. 따라서 민주주의는 이렇게 너무 한쪽으로 치우칠 경우 통치술의 발전을 저해하기도 한다. 이런 점에서 볼 때, 민주주의는 공공 업무에 숙달되어 있지 않은 국민보다는 이미 상당한 행정 경륜을 지니고 있는 국민에게 더 적합하다고 말할 수 있다.

그런데 이러한 언급은 행정 부문의 학문에만 국한되지 않는다.

민주주의 통치는 비록 아주 단순하고 당연한 원리 위에 세워진 것이기는 해도, 항상 꽤나 문명화되고 식견 있는 사회의 존재를 전제로 한다.[5] 얼핏 보면 민주주의가 이 세상만큼이나 오래된 것으로 생각할 수 있다. 하지만 자세히 들여다보면 민주주의는 마지막에야 나타났다는 것을 쉽게 알 수 있다.

아메리카 민주주의에서의 공공 지출

민주주의 통치는 경제적인가? 답을 구하기에 앞서 우선 비교 기준을 세워야 할 듯하다.

민주공화정과 절대군주정을 비교하고자 한다면, 문제는 쉽사리 해결될 수 있다. 민주공화정의 공공 지출이 절대군주정의 그것보다 훨씬 많다는 것을 알 수 있을 것이다. 하지만 이 사실은 자유 국가들에만 적용될 뿐, 자유롭지 못한 국가들에는 해당되지 않는다. 사람들에게서 생산의 결실을 빼앗기보다는 생산 자체를 못하게 함으로써 전제주의가 사람들을 파멸시킨다는 것은 의심할 나위가 없다. 전제주의는 부의 원천 자체를 고갈시켜버리지만 이미 가진 재산은 그냥 내버려 둔다. 이와 달리 자유 체제는 파괴하는 것보다 천 배나 더 많은 재화를 만들어낸다. 따라서 자유로운 국가들에서는 국민의 재부가 언제나 세금보다 빨리 늘어난다.

---

5) 내가 여기서 민주주의 통치에 대해 말하는 것은 물론 작은 부족 단위가 아니라 적어도 한 국민 단위에 적용된다.

여기서 이 자유로운 국가들을 서로 비교해보고 민주주의가 국가의 재정에 어떤 영향을 미치는가를 살펴보도록 하자.

무릇 사회란 유기체와 마찬가지로 성장 과정에서 어떤 벗어날 수 없는 정해진 규칙을 따르기 마련이다. 사회는 시간과 공간을 초월해 언제 어디서나 나타나는 몇 가지 요소들로 구성된다.

이론적인 차원에서 볼 때, 한 국민은 언제든 세 개의 계급으로 나누어 살펴볼 수 있을 것이다.

첫 번째 계급은 부자들로 이루어진다. 두 번째 계급은 부자는 아니지만 그럭저럭 여유 있게 사는 사람들로 구성된다. 세 번째 계급에는 재산이 거의 없거나 전혀 없어서 위의 두 계급이 제공하는 일거리로 먹고사는 사람들이 포함된다.

이 세 가지 계급 범주에 속하는 사람들의 비율은 사회의 여건에 따라 달라질 수 있지만, 계급 범주 자체는 결코 없어지지 않는다.

이들 각 계급이 자기만의 고유한 본능을 가지고 국가의 재정을 운용하리라는 것은 미루어 짐작 가능한 일이다.

첫 번째 계급이 배타적으로 입법권을 지니고 있다고 가정해보자. 첫 번째 계급은 공공 지출을 절약하는 데에는 별로 관심을 두지 않을 것이다. 왜냐하면 거대한 재산에 부과되는 세금은 남아도는 재산만을 가져갈 뿐 별로 뚜렷한 효과를 발휘하지 못하기 때문이다.

두 번째 계급이 입법권을 독점한다고 생각해보자. 두 번째 계급은 세금을 가혹하게 거두지는 않을 것이다. 왜냐하면 작은 재산에 엄청난 세금이 부과되는 것만큼 파멸적인 것도 없기 때문이다.

내가 보기에 자유로운 국가의 정부들 중에서 중간계급의 정부가 가장 개화되고 가장 관대한 정부라고 말할 수는 없지만 아마도 가장 경제적인 정부일 것이다.

이제 세 번째 계급이 입법권을 독차지했다고 가정해보자. 내가 보기에 공공 지출이 줄기보다 늘어날 가능성이 훨씬 크다. 여기에는 두 가지 이유가 있다.

우선은, 법안을 가결하는 자들의 대다수가 과세 가능한 정도의 재산을 가지고 있지 않기 때문에, 사회의 복지를 위해 지출되는 경비는 이들에게 손실을 끼치기는커녕 이득을 줄 것이기 때문이다. 다음으로, 얼마 안 되는 재산을 가진 사람들이 부자에게만 큰 부담을 떠넘기고 가난한 자에게는 혜택을 주는 방식으로 세금을 조절하는 방안을 쉽사리 찾아내곤 하기 때문이다. 이것은 부자들로서는 설혹 통치권을 잡더라도 사실상 그대로 따라서 하기 힘든 방식이다.

따라서 가난한 자들[6]이 입법권을 독점한 나라에서는 공공 지출을 크게 절감할 것으로 기대하지 말아야 한다. 세금을 가결한 사람들이 세금을 내지 않는 저소득층에 속하는 까닭에, 아니면 이들이 면세 혜택을 받을 수 있는 방향으로 과세 할당이 이루어지는 까닭에, 공공 지출은 항상 엄청날 것이다. 달리 말하자면, 민주주의

---

6) 여기서는 물론 이 장 안에서 사용되는 '가난한 자들(pauvres)'이라는 단어는 절대적인 의미가 아니라 상대적인 의미로 이해되어야 한다. 아메리카의 가난한 자들은 흔히 유럽의 가난한 자들과 비교하면 더 부유해 보인다. 하지만 이들보다 더 부유한 동료 시민들과 견줄 때에는 이들을 가난한 자들이라고 명명하는 것이 합당할 것이다.

통치는 세금을 가결하는 자들이 납세의 의무를 피할 수 있는 유일한 통치 형태인 것이다.

만일 인민이 부자들의 재산을 함부로 다룬다면 인민은 곧 그로 인해 난관에 부딪힐 것이므로 자신의 이익을 올바로 이해하고 있는 인민은 부자들의 재산을 아껴주게 될 것이라고 이의를 제기할 수도 있을 것이다. 하지만 헛된 일이다. 국왕이 백성들을 행복하게 만들어주는 것이 곧 국왕 자신에게 이익이 되지 않고, 귀족들이 자기 신분의 문호를 개방하는 것이 곧 귀족 자신에게 이익이 되는 것은 아니지 않은가? 만일 순간의 격정이나 욕구보다 긴 안목의 이해관계가 더 우선시될 수만 있다면, 아마 전제군주도 배타적인 귀족층도 존재하지 않을 것이다.

그렇다면 누군가 나를 붙잡고 "도대체 누가 가난한 자들이 입법권을 독점하도록 놔둔다는 말입니까?"라고 물을 것이다. 누구냐고? 바로 보통선거를 만들어낸 사람들이라고 나는 답할 것이다. 법률은 다수가 만드는가, 소수가 만드는가? 물론 다수가 만드는 것이다. 그리고 가난한 자들이 항상 다수를 이룬다는 것을 내가 입증한다면, 가난한 자들이 투표소에 가는 나라에서는 다수가 법률을 만든다는 나의 주장이 옳지 않은가?

그런데 오늘날까지 이 세상 모든 나라에서 재산이 별로 없어서 일을 하지 않고는 여유롭게 살 수 없거나 재산이 전혀 없는 사람들이 항상 절대다수를 이루어왔다는 것은 틀림없는 사실이다. 따라서 보통선거가 실질적으로 가난한 자들에게 사회의 통치권을 부여하는 셈이다.

인민의 권력이 때때로 국가의 재정에 미칠 수 있는 악영향은 고대의 몇몇 민주공화정들에서 잘 나타난다. 여기서 국가재정은 가난한 시민들을 구제하는 데에, 아니면 인민에게 경기와 볼거리를 제공하는 데에 탕진되었다.

물론 고대 세계에서는 대의제도를 거의 알지 못했다. 오늘날, 인민의 열정을 공공의 업무에 반영하는 것은 더욱 힘들어졌다. 그럼에도 불구하고 대표자들은 결국에 가서는 자신을 뽑아준 인민의 의지를 따르게 될 것이며 이들의 의향과 이해관계를 앞세우지 않을 수 없게 될 것이다.

더구나 인민이 재산을 늘려 나가는 것에 비례해서, 민주주의의 낭비는 점점 더 우려할 바가 되지 못한다. 왜냐하면 이렇게 될 경우 한편으로 인민은 부자들의 돈이 별로 필요 없게 되기 때문이며, 다른 한편으로 인민이 자기 자신에게 세금을 부과하지 않기가 점점 더 어려워지기 때문이다. 이런 점에서 볼 때, 보통선거는 과세 대상이 되는 거의 모든 재산이 소수 몇 사람에게 집중되어 있는 영국보다는 프랑스에서 덜 위험하다. 반면에 시민들 대다수가 어느 정도 재산을 소유하고 있는 아메리카는 프랑스보다 더 유리한 위치에 있다.

민주주의 국가들에서 공공 지출을 증가시키는 또 다른 요인들이 있다.

귀족들이 지배하는 경우, 국정을 운영하는 사람들은 사회에서 그들이 차지하는 위치 덕분에 전혀 부족함을 느끼지 못한다. 귀족들은 자신의 운명에 만족을 느끼며 이들이 사회에 요구하는 것은 권세와 명성이다. 하찮은 시민들 무리의 위에 위치하는 까닭에 귀족들은 인민의 복리가 자신들의 영화에 얼마나 기여하는지를 제대로 깨닫지 못한다. 이들이 가난한 자들의 고통을 냉담하게 외면하는 것은 아니지만 그 고통을 자기 일처럼 느끼지 못하는 것이다. 인민이 자신의 운명에 순응하는 듯이 보이기만 하면, 귀족들은 스스로 만족스러워하며 정부에 무엇이든 더 이상 요구하지 않는다. 귀족들은 현상을 개선하기보다는 현상을 유지하는 데 더 관심을 갖는 것이다.

이와 반대로 공권력이 인민의 수중에 들어가게 되면, 주권자는 자신의 고달픈 처지를 직접 겪고 있기 때문에 어디서나 개선을 추구한다.

개선하려는 열망이 수많은 다양한 대상들로 확대된다. 개선의 열망은 세세한 부분들에까지 미치며, 향상되는 분야는 어김없이 엄청난 비용이 들어갈 수밖에 없다. 그도 그럴 것이 스스로는 자립할 수 없는 가난한 자들의 처지를 개선하는 문제이기 때문이다.

더구나 민주주의 사회들에는 뚜렷한 목표가 없는 어떤 열띤 충동 같은 것이 존재한다. 어떤 상습적인 열병 같은 것이 결국은 온갖 종류의 개선을 만들어내는 것이다. 그런데 이러한 개선에는 언제나 엄청난 돈이 들어간다.

왕정과 귀족정에서는 야심가들이 명성과 권력을 향한 주권자의 타고난 취향에 영합하기 마련이며 이를 통해 이따금 상당한 지출을 끌어내기도 한다.

반면에 주권자가 궁핍하기 마련인 민주주의 국가에서는 주권자의 복리를 증진시키지 않고는 주권자의 호의를 얻을 수 없다. 그런데 이와 같은 일은 돈 없이는 이루어질 수 없다.

더구나 자신의 처지를 되돌아보기 시작하면서, 인민은 이전에는 깨닫지 못했던 수많은 필요를 느끼게 된다. 그런데 이러한 필요들은 모두 국가의 재원에 호소하지 않고는 해결될 수 없는 것들이다. 바로 이런 이유로 해서 일반적으로 공공 지출은 문명의 발달과 더불어 늘어나는 것이며 세금은 지식의 확산과 더불어 증대되는 것이다.

마지막으로, 민주주의 통치가 다른 통치 형태보다 항상 돈이 많이 들게 만드는 부차적인 요인이 하나 있다. 민주주의는 이따금 지출을 줄이고자 하면서도 실제로는 검약하는 방법을 모르기 때문에 그렇게 하지 못하는 것이다.

민주주의는 자주 그 목표를 바꾸고 또 더 자주 그 관리들을 바꾸기 때문에, 민주주의가 벌이는 사업은 엉망으로 운영되거나 중도에 그만두는 경우가 흔하다. 첫 번째 경우에 국가는 달성하려는 목표의 원대함에 걸맞지 않은 지출을 한 것이며, 두 번째 경우에 국가는 아무 소득도 없는 지출을 한 것이다.

공직자들의 봉급 책정에서 드러나는 아메리카 민주주의의 본능

일반적으로 민주주의 국가들에서 공직자들의 봉급을 줄이려는데에는 그럴 만한 이유가 있다.

민주주의 국가들에서 봉급을 책정하는 사람들의 수는 엄청나게 많지만, 이 사람들 모두에게 그 봉급을 받을 만한 관직에 취임할 기회가 주어지는 것은 전혀 아니다.

이와 반대로 귀족제 국가들에서 고액 봉급을 책정하는 사람들은 자신도 봉급 인상에 따른 혜택을 받으리라는 막연한 희망을 거의 언제나 지니고 있다. 요컨대 이들이 만들어놓는 것은 자기 자신을 위한 자산이거나 적어도 자손을 위한 재원인 것이다.

민주주의 국가가 그 주요 관리들에 대해서만은 아주 인색하다는 점은 인정해야 할 것이다.

아메리카에서 하급 공직자들은 다른 어느 곳보다도 더 높은 봉급을 받지만, 고위 공직자들은 더 낮은 봉급을 받는다.

이와 같은 상반되는 결과는 똑같은 원인에서 나온다. 즉 이 두 경우에 공직자들의 봉급을 책정하는 것은 바로 인민이다. 인민은 자신의 생활 여건을 생각해보고 자신의 처지와 비교해서 봉급을 책정한다. 인민은 자신이 쪼들리지 않고 사는 만큼, 공직자들도 안정된 생활을 해야 한다고 여긴다.[7] 하지만 고위 관료들의 봉급을 책정하는 문제에 이르면, 이러한 원칙은 사라지고 그때그때의 상황에 따라 결정된다.

---

7) 합중국에서 하급 공직자들이 안정된 생활을 하는 것은 민주주의의 일반적 본능과 구별되는 별도의 또 다른 요인 덕이기도 하다. 즉 어느 사기업이든 아주 돈을 많이 버는 까닭에, 만일 후한 봉급을 지급하지 않는다면 국가는 이들 하급 공직자를 구하지도 못할 것이다. 따라서 국가는, 비용을 절감하려는 노력에도 불구하고 경쟁의 비싼 대가를 감내해야만 하는 사기업의 처지에 놓이게 된다.

가난한 자들은 상류계급이 필요하다고 느끼는 생활 규모가 어느 정도인지 확실하게 알지 못한다. 부자에게는 별것 아닌 금액이 겨우 먹고사는 정도로 만족하는 사람에게는 엄청난 액수로 보이는 것이다. 가난한 사람에게 연봉 2,000에퀴 이상을 받는 주지사는 선망의 대상이다.[8]

만일 당신이 적어도 한 국민의 대표라면 외국인들 앞에서 당당하고 버젓하게 보여야 되지 않겠느냐고 그를 설득하려 한다면, 그는 우선은 당신의 말에 수긍할 것이다. 하지만 그가 한편으로 자신의 옹색한 집구석과 힘들게 버는 변변찮은 수입을 되돌아보고, 다른 한편으로 당신으로서는 불충분하다고 여긴 바로 그 봉급으로 자신이 직접 할 수 있는 일들을 머리에 떠올려본다면, 그는 그처럼 엄청난 액수에 놀라 자빠질 것이다.

더욱이 하급 공직자들은 인민과 같은 생활수준에 있는 데 반해서, 고위 관리들은 인민의 위에 있다. 따라서 하급 공직자는 여전히 인민의 관심을 살 수 있지만, 고위 관리는 이제 인민의 시기심을 자극하는 것이다.

이러한 현상은 합중국에서 뚜렷하게 나타난다. 합중국에서 공직자의 지위가 높으면 높을수록 봉급 수준은 어떻게 보면 떨어진다고 할 수 있다.[9]

---

8) 100만 명 인구를 지닌 오하이오주는 주지사에게 단지 급료 1,200달러(6,504프랑)를 지급한다.

9) 더 자세히 알아보려면, 연방 정부 관리들의 봉급을 검토해보는 것으로 충분할 것이다. 독자들의 이해를 돕기 위해 이들의 급료를 프랑스 관리들의 급료와 비교해

이와는 반대로 귀족정치의 지배 아래서는 고급 관료들이 상당한 보수를 받는 반면, 하급 관리들은 대개 먹고살 만큼의 급료를 받는다. 이렇게 되는 까닭은 앞에서 우리가 지적한 것과 유사한 원인들로 미루어 짐작할 수 있을 것이다.

민주주의가 부자들의 안락을 이해하지 못하거나 그들을 시기한 다면, 귀족정치는 가난한 자들의 궁핍을 이해하지 못하거나 그들을 무시해버린다. 정확하게 말하자면, 가난한 자는 결코 부자와 같은 부류의 인간이 아닌 것이다. 따라서 귀족정치는 하급 관리들의 운명에는 별로 개의치 않는다. 하급 관리들이 너무도 형편없는 봉급으로 일하지 않겠다고 들고 일어설 때에만 겨우 봉급을 약간 올려줄 따름이다.

실제로는 전혀 그렇지 않음에도 불구하고 민주주의가 마치 어떤

보도록 하자.

합중국 재무부	(단위: 프랑)	프랑스 재무부	(단위: 프랑)
문서 수발인	3,734	문서 수발인	1,500
최하급 서기관	5,420	최하급 서기관	1,000~1,800
최상급 서기관	8,672	최상급 서기관	3,200~3,600
서기장	10,840	서기장	20,000
장관	32,520	대신	80,000
정부 수반(대통령)	135,000	정부 수반(국왕)	12,000,000

비교 기준으로 프랑스를 택한 것은 아마도 적절하지 않을지도 모르겠다. 프랑스에서는 민주주의의 본능이 날이 갈수록 정부 부서에 침투하고 있으며 의회는 하급 공직자들의 봉급을 늘리고 고위 관료들의 봉급을 줄이는 경향을 보이고 있다. 따라서 제국 시절에 16만 프랑을 받던 재무대신은 1834년에는 8만 프랑을 받고 있다. 마찬가지로 5만 프랑을 받던 재무부 총괄국장은 2만 프랑을 받는다.

검약하는 성향을 지니고 있는 듯이 느껴지는 것은 바로 이러한 고위 관료들에 대한 민주주의의 아주 인색한 대우 탓이라고 할 수 있다.

민주주의가 정무를 담당하는 자들에게는 겨우 먹고살 만큼의 수당을 지급하는 반면에, 인민의 필요와 위락을 실현하는 데에는 엄청난 비용을 들인다는 것은 사실이다.[10] 하지만 이것은 거둬들인 세금을 유용하게 사용하는 것일 뿐 검약이 아니다.

일반적으로 민주주의는 통치를 하는 자들에게는 인색하고 통치를 받는 자들에게는 후하다. 귀족정치는 이와 정반대인데, 여기서는 국가의 돈이 주로 국정을 운영하는 계급에게 돌아간다.

아메리카 정부가 검약하게 되는 이유는 파악하기 쉽지 않다

법제가 인간의 운명에 미치는 실질적인 영향력을 사실(事實)들 속에서 찾고자 하는 사람은 큰 실수를 범할 수 있다. 왜냐하면 사실이라는 것만큼 평가하기 어려운 것도 없기 때문이다.

어떤 국민은 천성적으로 경솔하고 격정적인 반면에, 어떤 국민

---

10) 아메리카의 예산에서 적빈자 구호와 무상교육에 들어간 비용을 보라. 1831년에 뉴욕주는 적빈자 구호에 129만 프랑을 쏟아부었다. 그리고 적어도 542만 프랑이 공공 교육에 들어간 것으로 추산된다(William, *New York annual register*, 1832, p. 205, 243). 1830년에 뉴욕주의 주민 수는 190만 정도였는데, 이는 프랑스 북부에 위치한 노르(Nord) 도 인구의 두 배에도 못 미친다.

은 사려 깊고 타산적이다. 이와 같은 특징은 그들의 체질에서 유래할 수도 있고 우리가 알지 못하는 어떤 먼 원인에서 유래할 수도 있다.

어떤 국민은 볼거리와 놀이와 흥취를 좋아해서 수백만 금을 아낌없이 써버리는가 하면, 또 어떤 국민은 조용히 즐기기를 좋아하며 대놓고 노는 것을 부끄럽게 여긴다.

어떤 나라에서는 멋진 건물에 큰돈을 투자하며, 또 어떤 나라에서는 예술품을 높이 평가하지 않고 돈벌이가 되지 않는 일들을 하찮게 대한다. 어떤 나라에서는 명성이, 또 어떤 나라에서는 돈이 가치 기준인 것이다.

법제와는 별도로 이와 같은 모든 원인이 국가재정의 운용에 엄청난 영향을 미친다.

만일 아메리카인들이 공공 축제나 행사에 국고를 쓰려 하지 않는다면, 이것은 세금을 가결하는 자가 바로 그들이기 때문만이 아니라 그들 자신이 그러한 행사를 별로 좋아하지 않기 때문이기도 하다.

만약 그들이 건축물에 장식을 전혀 하지 않고 구체적이고 실질적인 측면만을 높이 평가한다면, 이것은 그들이 민주주의 시대의 국민이기 때문만이 아니라 그들이 사업 마인드를 가진 사람들이기 때문이기도 하다.

개인 생활에서의 습관은 공공 생활에서도 나타나기 마련이다. 따라서 아메리카인들의 제도에서 연유하는 검약과 아메리카인들의 습관과 습속에서 나오는 검약을 신중하게 구별해야만 한다.

합중국과 프랑스의 공공 지출을
비교할 수 있는가

최근에 합중국의 공공 지출과 프랑스의 공공 지출을 비교해보려는 시도가 여러 번 있었다. 이러한 시도는 모두 별 성과 없이 끝났는데, 그럴 수밖에 없는 이유를 밝히는 것은 내가 보기에 몇 마디로 충분할 것이다.

한 국가의 공공 부담금의 규모를 산정하기 위해서는 두 가지 작업이 필요하다. 우선 국부의 총액을 파악해야 하며, 다음으로 국부 중에서 국가의 지출금이 차지하는 비중을 파악해야 한다. 세금에 충당되는 국가 자원의 전체 규모를 파악하지 않은 채 세금 총액만 밝혀내려 하는 것은 헛수고로 끝날 것이다. 왜냐하면 알아내야 하는 것은 국가의 지출이 아니라 국가의 수입과 지출 사이의 관계이기 때문이다.

부유한 납세자라면 쉽사리 부담할 수 있는 세금도 가난한 납세자를 궁핍에 빠트릴 수 있다.

국부는 몇 가지 요소로 구성된다. 부동산이 첫 번째 요소이고, 동산이 두 번째 요소이다.

국민이 소유한 농경지의 총면적과 그 농경지의 선천적 혹은 후천적 가치를 산정한다는 것은 쉬운 일이 아니다. 국민이 소유한 동산의 총액을 산정한다는 것은 더 어려운 문제이다. 동산은 형태도 다양하고 가짓수도 엄청나기 때문에 분석 자체가 거의 불가능하다.

따라서 아주 옛날부터 문명을 가꾸어온 유럽의 국가들, 심지어 중앙 집중적 행정을 이룩한 국가들조차도 지금까지 국부의 정확한 총액을 산정하지 못하고 있다는 사실을 우리는 알게 된다.

아메리카에서는 이러한 일을 한 번이라도 시도해본 적이 없다. 사회가 아직까지도 평탄하게 자리를 잡지 못한 이 신생국가에서 어떻게 그런 연구가 성공리에 이루어지기를 바랄 수 있겠는가? 우리 프랑스에서와는 달리 중앙정부의 직접 통제를 받고 중앙정부에 조력하는 관리들이 거의 없는 나라, 관련 서류들을 수집할 능력이나 서류들을 분석할 시간을 가진 관리들이 거의 없어서 통계 작성 자체가 불가능한 나라에서 말이다.

따라서 산출에 필요한 자료들은 거의 구하기 힘들다. 우리는 프랑스와 합중국의 국부를 비교하겠다는 생각을 접을 수밖에 없다. 프랑스의 국부는 아직 정확하게 산출되어 있지 않고, 합중국의 국부는 그것을 산출할 수단조차 없는 상태이다.

따라서 나로서는 비교라는 이 불가피한 용어를 잠시 제쳐둘 수밖에 없겠다. 국가의 소득 중에 세금이 차지하는 비중을 산정하는 것은 단념하고 세금의 총액을 산정하는 것으로 그치도록 하자.

하지만 이렇게 연구의 폭을 좁힌다고 해서 작업 자체가 쉬워지는 것은 아니라는 점을 독자들은 알게 될 것이다.

나는, 프랑스에서는 행정이 중앙 집중화되어 있는 까닭에 휘하의 모든 공무원의 도움을 받아서, 시민들에게 부과된 직접세와 간접세의 총액을 정확하게 산정해낼 수 있다는 것을 믿어 의심하지 않는다. 하지만 일개인으로서는 도모하기 힘든 이러한 작업은 프랑스 정부조차도 아직껏 완료한 적이 없으며, 그 결과가 공표된 적도 없다. 물론 국가의 지출액은 알 수 있다. 그리고 도 단위 지출 총액도 알려져 있다. 하지만 코뮌 단위의 지출액에 대해서는 아무것도 알 수 없다. 따라서 현재로서는 프랑스의 공공 지출금 총액이 얼마인지 아무도 알 수 없는 것이다.

아메리카로 눈을 돌려보면, 어려움은 더 많아지고 더 가중된다. 연방 정부는 세출액이 얼마인지 정확하게 공표한다. 연방을 구성하는 24개 주의 예산 규모에 대한 정보도 얻을 수 있다. 하지만 카운티와 타운의 행정에서 공공 지출금이 얼마나 되는지를 어떻게 알아낼 수 있겠는가?[11]

---

11) 알다시피 아메리카인들은 연방, 주, 카운티, 타운 등 네 가지 종류의 예산을 가지고 있다. 아메리카에 머무는 동안, 나는 연방의 주요 주들 안에 있는 카운티와 타운들의 공공 지출액을 알아내려고 백방으로 노력했다. 규모가 큰 타운들의 예산은 쉽사리 알아낼 수 있었지만 작은 타운들의 예산은 알아낼 방도가 없었다. 따라서 나는 타운의 공공 지출액에 대해 정확한 수치를 가지고 있지 않다. 카운티의 지출에 대해서 나는 약간의 자료를 가지고 있는데, 이 자료들은 불완전하기는 하지만 그런대로 독자의 관심을 끌 가치가 있다. 여기서 나는 펜실베이니아주 13개 카운티의 1830년도 예산에 대해 알려준 필라델피아의 전 시장 리처드 씨에게 감사의 말을 전하는 바이다. 13개 카운티는 리바논, 센트르, 프랭클린, 라파예트, 몽고메리, 라루체른, 도핀, 버틀러, 앨러게니, 컬럼비아, 노섬벌랜드, 노샘프턴, 필라델피아이다. 1830년에 이들 13개 카운티에는 모두 합해서 49만 5,207명의 주민이 살았다. 펜실베이니아주의 지도를 살펴보면, 이들 13개 카운티가 사방으로 흩어져 있으며 지역 전체에 영향을 미치는 모든 일반적인 요인의 영향을 받는 것을 알 수 있다. 따라서 이들 13개 카운티가 펜실베이니아주의 모든 카운티의 재정 상태에 대한 평균적인 정보를 준다고 봐도 무방할 것이다. 그런데 이들 카운티는 1830년에 180만 221프랑을 지출했는데, 이는 주민 한 명당 3프랑 64상팀을 지출한 셈이다. 주민들 각자가 1830년에 연방 정부에 대해 12프랑 70상팀을, 펜실베이니아주에 대해 3프랑 80상팀

연방 정부는 지방 정부들에 이러한 점에 대해 밝히라고 강요할 권한을 가지고 있지 않다. 그리고 지방 정부들이 즉각적으로 조력하겠다는 의사를 표명하더라도, 과연 지방 정부들이 만족할 만한 답을 내놓을 수 있을지 의심스럽다. 조사 작업에 수반되는 당연한 어려움과는 별도로, 나라의 정치적 구성 자체가 이러한 노력을 여전히 가로막고 있다. 타운과 카운티의 관리들은 주 정부에 의해 임명되지 않으며 주 정부의 통제를 받지 않는다. 따라서 주 정부가 조사 작업에 필요한 정보를 얻으려고 해도, 산하 관리들이 주 정부의 절실한 요청에도 불구하고 작업을 등한시함에 따라 소기의 성과를 거두지 못하는 경우가 흔하다.[12]

을 부담한 것을 계산에 넣는다면, 주민들 각자가 1830년 한 해 동안 공공 지출금(타운의 지출금을 제외하고)으로 20프랑 14상팀을 부담한 셈이다. 이러한 계산은 단 한 해에만 해당하고 또 공공 부담금의 일부에만 적용한 것이기 때문에 이중적으로 불완전하다고 할 수 있다. 하지만 정확하다는 장점은 있다.

12) 아메리카와 프랑스의 지출을 비교해보려는 사람들은 프랑스의 공공 지출의 총액과 아메리카의 공공 지출의 총액을 비교한다는 것이 불가능하다는 사실을 곧 깨달았다. 따라서 이들은 그 대신에 두 나라의 예산을 단위별로 떼어내어 비교해보려고 애썼다. 하지만 이 두 번째 방식도 첫 번째 방식처럼 결함을 지니고 있다는 것은 쉽사리 입증될 수 있다.

예컨대 프랑스 중앙정부와 합중국 연방 정부의 예산을 비교할 것인가? 하지만 합중국 연방 정부는 프랑스 중앙정부보다 간여하는 업무가 훨씬 적으며, 따라서 연방 정부의 지출금이 당연히 훨씬 적을 수밖에 없다는 점을 염두에 두어야 한다. 그렇다면 프랑스 개별 도들의 예산과 아메리카 연방을 구성하는 개별 주들의 예산을 비교할 것인가? 하지만 일반적으로 합중국의 각 주들이 프랑스의 각 도들보다 훨씬 중요하고 훨씬 방대한 일들을 관장하기 때문에, 합중국의 주들의 지출이 응당 훨씬 많을 수밖에 없다는 점을 염두에 두어야 한다. 그런가 하면 합중국에서 카운티의 예산에 해당하는 것을 프랑스의 재정 시스템 지금까지 아메리카인들이 이런 문제에서 아무것도 해낸 것이 없다는 점을 고려할 때, 이들이 과연 이 조사 사업에서 무엇을 해낼 수 있을까를 묻는 것 자체가 무의미해 보인다.

따라서 합중국의 개개 시민이 한 해에 지불하는 공공 부담금이 과연 얼마나 되는지 알려줄 수 있는 사람은 현재로서는 아메리카에도 유럽에도 아무도 없다.[13]

에서는 전혀 찾아볼 수 없다. 그렇다면 카운티의 예산을 주의 예산으로 잡아야 하는가 아니면 타운의 예산으로 잡아야 하는가? 기초 단체의 지출은 두 나라 모두에서 확인된다. 하지만 아메리카의 타운과 프랑스의 코뮌이 반드시 같은 것은 아니다. 아메리카에서 타운은 프랑스의 코뮌이 도나 중앙정부에 넘겨버린 여러 업무를 처리한다. 더구나 아메리카에서 타운의 지출이란 과연 무엇을 의미하는 것으로 보아야 하는가? 타운의 조직과 운영은 주마다 다르다. 뉴잉글랜드주나 조지아주를 기준으로 삼아야 하는가 아니면 펜실베이니아주나 일리노이주를 기준으로 삼아야 하는가?

아메리카와 프랑스 두 나라의 이러저러한 예산에서 비슷한 점을 찾아보는 것은 사실 그리 힘든 일이 아니다. 하지만 두 나라에서 예산을 구성하는 요소들이 저마다 다르다. 따라서 믿을 만한 비교를 수립하는 것은 사실상 불가능하다.

13) 설사 프랑스나 아메리카의 시민 한 명이 국가재정에 얼마나 기여하는지 그 정확한 액수를 알아낼 수 있다고 하더라도, 그것은 진실의 일부에 지나지 않는다.

각국 정부는 납세자에게 세금을 요구할 뿐만 아니라 현금만큼의 가치를 지닌 개인적 봉사를 요구한다. 국가는 군대를 징집한다. 따라서 국민 전체가 군대 유지에 드는 비용을 떠맡아야 한다는 것과는 별도로, 병사는 병사 나름대로 자신의 시간을 바쳐야 한다. 물론 이 시간의 가치는 그가 징집되지 않았다면 가졌을 직업의 경중에 따라 다를 것이다. 민병대 복무의 경우도 마찬가지이다. 민병대에 속한 사람은 자신의 귀중한 시간을 공공 안녕을 위해 잠시 바치는 것이며 자신이 얻을 수 없는 것을 실질적으로 국가에 바치는 셈이다. 이러한 사례들 외에도 나는 다른 사례들도 얼마든지 들 수 있다. 프랑스 정부와 그러므로 합중국과 프랑스의 공공 지출을 비교하는 것은 합중국과 프랑스의 국부를 비교하는 것만큼이나 어렵다고 결론짓지 않을 수 없다. 비교를 시도하는 것 자체가 위험한 일이라고 덧붙여두자. 정확하고 올바른 수치 산정에 토대를 두지 못한 통계는 연구를 인도하기보다는 가로막기 때문이다. 인간의 정신은 엉뚱한 통계 수치들도 버젓이 내놓곤 하는 겉치레뿐인 정확성에 쉽사리 끌려들어 가기 마련이다. 인간은 수학적 진실로 포장되어 있기만 하다면 설혹 오류라 할지라도 터놓고 믿어버리곤 하는 것이다.

그러므로 수치는 일단 제쳐두고 다른 종류의 자료를 찾아보도록 하자.

아메리카 정부는 이러한 종류의 세금을 징수하고 있다. 물론 이 세금은 시민들에게 부과된다. 하지만 과연 누가 이 두 나라에서 이러한 종류의 과세액을 정확하게 산정해낼 수 있겠는가?

합중국의 공공 지출과 프랑스의 공공 지출을 비교하려는 데에서 생기는 난관은 이것으로 그치지 않는다. 프랑스가 아메리카에는 없는 국가 책무를 떠맡는 것처럼, 아메리카는 프랑스에는 없는 국가 책무를 떠맡는다. 프랑스 정부는 성직자들에게 봉급을 지불한다. 아메리카 정부는 이러한 책무를 신도들에게 넘긴다. 아메리카에서 국가는 극빈자를 구호할 책무를 지지만, 프랑스에서는 극빈자를 자선단체에 내맡긴다. 프랑스에서 공무원들은 고정 봉급을 받지만, 아메리카에서는 공무원들에게 일정한 수익금을 징수하도록 허용한다. 프랑스에서는 몇몇 간선도로에서만 도로 부역이 부과되지만, 아메리카에서는 거의 모든 도로에서 부과된다. 프랑스에서는 모든 도로가 여행자들에게 무료로 개방되지만, 아메리카에서는 통행료를 받는다. 납세자가 사회의 경비를 부담하는 방식에서의 이러한 차이점은 두 나라 사이의 비교를 어렵게 만든다. 그도 그럴 것이 국가가 시민의 이름으로 행동해야 할 책무를 떠맡지 않았다면, 시민으로서는 경비 지출을 부담하지 않았거나 적어도 아주 조금만 부담했을 것이기 때문이다.

그 나라가 물질적으로 번영하고 있다는 모습을 보여주는가? 국가에 세금을 낸 후에도, 가난한 자들에게 먹고살 수단이 남아 있고 부자들에게 여유가 남아 있는가? 가난한 자와 부유한 자 모두 자신의 운명에 만족하면서도 그 운명을 개선하려고 끊임없이 노력함으로써 산업에는 자본이 부족하지 않고 자본에는 산업이 부족하지 않은 상태인가? 실증적인 자료가 없더라도 우리가 한 나라의 국부 전체에서 공공 부담금이 차지하는 비중을 알아낼 수 있게 해주는 정보가 바로 이러한 것들이다.

이러한 정보들로만 판단해본다면, 아메리카인들이 프랑스인들보다 그들 수입의 훨씬 적은 몫을 세금으로 낸다는 것은 의심할 나위가 없는 사실이다. 어떻게 결과가 달리 나올 수 있겠는가?

프랑스의 재정 적자 중 일부는 두 차례의 외세의 침략 탓이다. 이 점에서 합중국으로서는 염려할 것이 없다. 프랑스는 지리적 위치 탓에 항상 대규모 상비군을 유지해야만 한다. 반면에 홀로 떨어져 있는 합중국은 6,000 병력으로 충분하다. 프랑스는 건함 300척을 보유하고 있지만, 아메리카는 52척만을 보유하고 있다.[14] 어떻게 합중국에 사는 주민들이 프랑스에 사는 주민들만큼 세금을 낼 수 있겠는가?

따라서 이처럼 다른 처지에 있는 두 나라의 재정을 비교하기란 정말 쉽지 않은 일이다.

---

14) 프랑스에 대해서는 해군부의 자료를, 아메리카에 대해서는 1833년판 『내셔널 캘린더』(228쪽)를 보라.

그러므로 아메리카의 민주주의가 정말로 검약 행정을 하고 있는가를 판단하려면, 합중국과 프랑스를 비교할 것이 아니라 합중국 자체의 상황을 검토해보아야 한다.

연방을 구성하는 여러 주들로 눈을 돌려보자. 그러면 주 정부들이 대개의 경우 업무 추진에서 일관성을 결여하고 있다는 것을, 그리고 고용하는 관리들에 대해 지속적으로 통제권을 행사하고 있지 못하다는 것을 알게 된다. 여기서 나는 주 정부가 흔히 납세자들의 돈을 쓸모없이 낭비하거나 아니면 사업에 필요한 액수 이상으로 지출한다고 자연스럽게 결론내릴 수 있다.

인민에게서 권력을 위임받은 주 정부는 하층계급들의 필요를 충족시키고 이들에게 권력의 길을 열어주며 복리와 지식을 제공하는 데 상당한 노력을 기울인다. 주 정부는 구빈사업을 벌이고 매년 교육에 막대한 지원금을 아끼지 않으며 공공서비스에 경비를 투자하고 하급 관리들에게도 적잖은 보수를 지급한다. 나는 이러한 식의 통치 방식이 물론 유용하고 합리적이라고 생각하지만, 그럼에도 불구하고 낭비적이라고 생각하지 않을 수 없다.

가난한 사람들이 공공 업무를 관장하고 국가재정을 처리하는 경우를 볼 수 있다. 그런데 나로서는 이들이 국가의 재정 지출로 이득을 보는 까닭에 국가의 지출을 더욱 늘리려 할 것이라고 생각할 수밖에 없다.

따라서 나는 부정확한 수치에 의존하지 않으면서도, 그리고 서툰 비교를 감행하지 않으면서도 아메리카의 민주주의 통치는 이따금 주장하는 것처럼 값싼 정부가 결코 아니라고 결론짓는다.

그리고 나는 합중국의 국민들이 앞으로 어떤 어려운 상황에 처할 경우 유럽의 대다수 귀족정치 국가나 왕정 국가들만큼 갑자기 세금이 올라갈 것이라고 서슴없이 단언할 수 있다.

민주주의 국가에서 관료의 부패와 부정,
그리고 그것이 공중의 도덕성에 미치는 영향

귀족정치와 민주정치는 서로 상대방에게 부패를 조장한다고 비난을 퍼붓는다. 하지만 이를 구별해서 살펴볼 필요가 있다.

귀족주의 통치에서 국정에 영향을 미치는 사람들은 부자들이며 이들은 오직 권력만을 원한다. 민주주의 통치에서 정치인들은 가난한 사람들이며 재산을 모아야 한다.

따라서 귀족주의 국가에서는 관료들이 별로 부패할 필요가 없으며 돈에 대한 욕망도 그리 크지 않다. 민주주의 국가에서는 이와 정반대이다.

그러나 귀족정치에서는 권력의 정상에 오르고자 하는 사람들이 이미 상당한 재산을 소유하고 있고 이들이 권력을 잡도록 도와주는 사람들의 수가 상대적으로 적기 때문에, 정권을 잡는 일은 말하자면 경매에 부치는 셈이다. 이와 반대로 민주정치에서는 권력을 노리는 사람들이 대개 부자가 아니고 이들이 권력을 잡도록 도와주는 사람들의 수는 아주 많다. 요컨대 민주정치에서는 돈을 주고 매수해야 할 사람들의 수가 적지 않은 데 반해서, 돈을 낼 사람은 찾기 힘든 셈이다. 더구나 목적을 달성하려면, 엄청나게 많은 사람들을 한꺼번에 매수해야만 하는 것이다.

지난 40년 동안 프랑스에서 권력을 잡았던 사람들 중에 상당수가 국가와 그 동맹국들을 희생시키면서 축재를 했다는 비난을 듣고 있다. 옛 왕정 치하의 정치인들에게서는 듣기 힘든 비난이다. 하지만 프랑스에서 유권자들을 돈을 주고 산다는 것은 전례가 없는 일인 반면에, 영국에서는 이러한 일이 공공연하게 벌어진다.

나는 합중국에서 유권자의 표심을 얻기 위해 돈을 썼다는 이야기를 들어본 적이 없다. 하지만 나는 공직자들의 정직성 여부가 문제되는 사례는 자주 보았다. 그리고 나는 이들이 비열한 음모와 불법적 조작을 통해 선거에서 승리했다는 이야기는 더 자주 들었다.

따라서 귀족정치를 이끄는 사람들이 이따금 남을 부패시키려 한다면, 민주정치의 지도자들은 스스로 부패한다고 말할 수 있다. 귀족정치에서는 인민의 도덕성에 직접적으로 공격이 가해지는 반면, 민주정치에서는 간접적이지만 더 가공할 만한 방식으로 공적인 양심에 영향을 미치는 것이다.

민주주의 국가에서 국정을 이끄는 사람들은 거의 언제나 불명예스러운 처신으로 의심을 받는 까닭에, 자신들에게 비난이 돌아오는 범죄행위를 마치 국가의 통치행위의 일환이라는 식으로 무마하곤 한다. 이리하여 이들은 의연하게 나서서 싸우는 미덕에는 위함한 선례를 제시하게 되고, 떳떳하지 못한 악행에는 영광스런 비교 대상을 제공하게 된다.

사회의 어느 계층이든 부정직한 사람들이 있기 마련이라느니, 부정직한 사람들은 다 혈통 덕에 권좌에 오른 사람들이라느니, 민주주의 국가의 내부에서와 마찬가지로 귀족주의 국가의 상층부에서도 비열한 무리들이 있기 마련이라느니 하는 주장은 나의 생각에 별로 영향을 미치지 못할 것이다.

나로서는 이러한 주장에 공감하지 않는다. 왜냐하면 그저 우연히 권력을 장악한 사람들의 부패는 수많은 사람들을 감염시킬지도 모를 거칠고 조야한 전염성을 지니고 있는 반면에, 대영주들의 타락에는 외부로는 잘 번져 나가지 않는 일종의 귀족적인 세련미와 장대한 풍모가 있기 때문이다.

인민은 궁정 풍속의 어두운 미로를 뚫고 들어갈 수 없으며, 우아한 예절, 세련된 취향, 유려한 말솜씨 밑에 숨어 있는 비열한 음모를 간취하기도 쉽지 않을 것이다. 하지만 국가재정을 약탈하거나 국가의 특전을 돈을 받고 팔아먹는 행위는 아무리 미천한 자라도 금방 이해하고 기회만 오면 직접 도모할 수 있는 기술이다.

그런데 정말로 우려해야 할 것은 권좌에 있는 자들의 부패한 광경이라기보다 권좌를 향해 뛰고 있는 자들의 부패한 모습이다. 민주정치에서 일반 시민들은 자신과 같은 계층에 속했던 사람이 단 몇 년 안에 부와 권력의 자리에 오르는 것을 보게 된다. 이 광경은 놀라움과 부러움을 자극한다. 그래서 이들은 어제까지 자기와 엇비슷하던 사람이 어떻게 해서 오늘에는 자기들을 통솔하는 지위를 차지하게 되었는가를 알아보게 된다. 그의 승승장구를 그의 덕성과 재능 덕으로 돌리는 것은 유쾌한 일이 아니다. 왜냐하면 그것은 자신들이 그보다 덕성과 재능에서 뒤진다는 것을 스스로 인정하는 일이기 때문이다. 따라서 이들은 이 사람이 무엇보다도 부정한 행위를 통해 성공했을 것으로 여기게 되는데, 이들의 입장에서는 충분히 그럴 수 있는 일이다. 이리하여 권력은 아무튼 비루한 것이고, 성공은 떳떳하지 못한 짓이며, 실속 챙기기는 부정직한 것이라는 식의, 나로서는 잘 알 수 없는 어떤 관념상의 뒤섞임이 작동하게 되는 것이다.

민주주의가 감당할 수 있는 노력

내가 여기서 말하는 것은 인민의 실질적인 의지를 따르는 정부에 대해서이지 인민의 이름으로 명령만 하는 정부에 대해서가 아니라는 점을 독자에게 미리 일러둔다.

인민의 이름으로 명령하는 전제 권력만큼 저항하기 힘든 것도 없다. 왜냐하면 최대 다수의 의지에 속하는 도덕적 권위를 지녔으면서도 그와 동시에 마치 단 한 사람이 움직이는 것처럼 신속함과 단호함을 발휘하기 때문이다.

민주주의 통치가 국가 위기 시에 과연 어느 정도의 대응력을 보여줄 수 있을까에 대해서는 단언하기가 쉽지 않다.

우리는 여태까지 거대한 민주공화정을 본 적이 없다. 1793년에 프랑스를 통치한 과두정부를 민주공화정이라고 부른다는 것은 공화정 체제에 모욕이 될 것이다. 합중국은 아마도 민주공화정의 첫번째 사례가 될 것이다.

아메리카 연방이 탄생한 후 지난 50년 동안 합중국은 독립 전쟁 당시에 단 한 차례 국가존망의 위기를 맞았다. 오래 계속된 전쟁의 초기에는 조국에 봉사하려는 열정이 넘쳐흘렀다.[15] 하지만 전쟁이 장기화되면서, 이기심이 다시 고개를 들었다. 국고에는 돈이 들어오지 않았으며, 군대에는 신병이 들어오지 않았다. 인민은 여전히 독립을 원했지만, 이를 위해 치러야 하는 희생 앞에서 머뭇거렸다. 해밀턴은 『페더럴리스트』(제12호)에서 다음과 같이 말하고 있다. "세금을 늘렸지만 허사였다. 새로운 징세 방법을 도입했지만 허사였다. 정부의 기대는 항상 무산되었고 국고는 텅 비었다. 우리 정부의 민주주의적 본성에 내재하는 민주주의적 행정 형태는 통상의 마비로 말미암은 화폐 부족 사태와 맞물려서 지금까지 세수를 늘리기 위한 모든 노력을 허사로 만들었다. 의회들은 이러한 시도가 얼마나 어리석은지를 마침내 깨닫게 되었다."

이때 이후로 합중국은 심각한 전쟁을 한 번도 치르지 않았다.

따라서 민주주의 국가들이 과연 어느 정도의 희생을 감수할 수 있을지를 알기 위해서는, 아메리카 국민이 영국인들이 그랬던 것처럼 전체 소득의 절반을 정부의 처분에 내맡기거나 아니면 프랑스가 그랬던 것처럼 인구의 20분의 1을 전쟁터에 내보내야 할 것이다.

아메리카에는 징병제가 없으며, 군대에 복무하는 사람은 수당을 받는다. 병역의 의무란 합중국 국민의 생각과 습관에 너무나도

---

15) 내가 보기에 가장 특이한 사례는 아메리카인들이 당분간 차(茶)를 마시지 않기로 한 결의이다. 사람들이 일반적으로 자기 생명보다는 자기의 평소 습관에 더 집착한다는 사실을 아는 이라면 인민의 이러한 두드러지지는 않지만 위대한 희생에 놀라움을 금치 못할 것이다.

어긋나기 때문에 앞으로도 그것이 법제화될 수 있을 것이라고는 나는 생각하지 않는다. 프랑스에서 징발이라고 불리는 것은 물론 프랑스인들이 감당해야 하는 의무 중 가장 무거운 의무이다. 하지만 징발이 없다면, 어떻게 프랑스가 대규모 대륙 전쟁을 감당할 수 있겠는가?

아메리카는 뱃사람들을 강제로 차출하는 영국식 관행을 채택하지 않았으며, 상선을 강제로 차압하는 프랑스식 징발 방식에 상응하는 제도도 가지고 있지 않다. 해군 함대의 선원이든 상업용 선박의 선원이든 모두 지원병으로 충당된다.

그런데 지금 언급한 두 가지 방식 중 하나를 채택하지 않고서 어떻게 대규모 해상 전투를 치를 수 있을지 잘 납득이 가지 않는다. 합중국은 이미 몇 차례 해상 전투를 멋지게 승리로 이끌었지만, 단 한 번도 대규모 함대를 가져본 적이 없다. 그리고 얼마 되지 않는 함선의 장비는 엄청나게 비쌌다.

나는 합중국이 영국식 차출이나 프랑스식 징발에 의존하지 않고는 더 이상 해상에서 우위를 유지하기 힘들 것이라는, 아메리카 정치인들의 솔직한 속내를 들어본 적이 있다. 하지만 어려운 점은 주권자인 국민들에게 그러한 조치를 감당하도록 강제할 수 있느냐의 여부이다.

자유로운 국민들은 위기가 닥쳤을 때 자유롭지 못한 국민들보다 훨씬 큰 에너지를 발휘한다는 것은 의심할 나위가 없는 사실이다. 하지만 이 점은 귀족적인 요소가 우세하게 나타나는 자유로운 국민들에게 특히 더 잘 들어맞는다고 나는 믿는다. 내가 보기에 민주정치는 국민의 정치 생활의 거대한 파고를 오랫동안 감당하는 데보다는 평화로운 사회를 통솔하는 데나 필요한 경우 돌발적이고 혈기왕성한 노력을 감당하는 데 더 적합하다. 이유는 아주 단순하다. 사람들은 대개 열정에 가득 차 있을 때에는 위험과 결핍을 견뎌낼 수 있지만, 깊은 생각을 가진 자만이 그것을 오랫동안 감내할 수 있기 때문이다. 충동적 용기라고 부르는 것 속에는 일반적으로 생각할 수 있는 것 이상으로 많은 타산이 들어 있기 마련이다. 격정만으로도 사람들을 모험에 뛰어들게 할 수 있다. 하지만 사람들이 계속 버텨내게 하려면 결과에 대한 전망이 주어져야 한다. 사람들이 자신에게 소중한 것을 걸고 뛰어드는 것은 바로 나머지 것들을 구하기 위해서라고 말할 수 있다.

그런데 민주정치에 흔히 결여되곤 하는 것은 바로 이러한, 경륜과 식견에 기초해서 미래를 명확하게 파악하는 힘이다. 인민은 이성으로 판단하기보다 감성으로 느낀다. 지금 현재의 악이 크고 고통스러운 까닭에, 앞으로 패배할 경우 더 큰 악이 닥쳐올 수 있다는 사실을 잊을 우려가 있는 것이다.

민주정치가 귀족정치보다 꾸준하고 지속적인 노력을 보여주지 못하는 데에는 또 다른 이유가 있다.

인민은 미래가 주는 낙관과 비관에 대해 상층계급들보다 덜 민감할 뿐만 아니라 상층계급들과는 전혀 다른 방식으로 현재의 불안을 감내한다. 귀족은 자신의 목숨을 걸더라도 영광을 얻을 확률과 파멸에 빠질 확률을 동시에 갖는다. 귀족은 자신의 수입 대부분을 국가에 내놓는다고 해도 자신의 부가 가져다주는 즐거움의 일부만을 잠시 빼앗길 따름이다. 하지만 인민의 경우, 죽음은 그에게 아무런 영광도 가져다주지 않으며, 부자에게 성가신 정도의 세금이 그에게서 생명을 앗아갈 수도 있는 것이다.

민주공화정들이 위기 시에 이렇게 상대적으로 취약하다는 사실은 유럽에 이러한 유형의 공화정 체제가 들어서는 것을 가로막는 가장 큰 장애 요인이 되고 있다. 유럽에 민주공화정이 무난하게 자리를 잡으려면, 민주공화정은 유럽의 거의 모든 나라에서 동시에 수립되어야만 할 것이다.

나는 민주주의 통치가 궁극적으로는 사회의 실질적인 힘을 증대시킬 것이라고 믿는다. 하지만 민주정치는 주어진 장소와 주어진 시기에 귀족정치나 절대군주정만큼 한꺼번에 많은 힘을 집결시킬 수 없다. 만일 어느 민주주의 국가가 한 세기 동안 공화주의 통치를 유지한다면, 한 세기 후에 그 국가는 인접한 전제 국가들보다 훨씬 부유하고 인구도 많으며 번영할 것이라고 생각할 수 있다. 하지만 바로 이 한 세기 동안 인접 국가들로부터 점령당할 위기를 수없이 겪게 될 것이다.

아메리카 민주주의의 자기 통제력

앞날을 내다보면서 당장의 격정과 욕구를 가라앉히는 데 민주주의가 겪는 어려움은 합중국에서 아주 사소한 일들에서도 나타난다.

사람들은 아첨꾼들에 둘러싸이면 자신의 성정을 이겨내는 데 많은 어려움을 겪는다. 어떤 곤란이나 난관이 주어질 때마다, 사람들은 이성적으로는 그것을 받아들여야 한다고 생각하면서도 대개의 경우 우선은 거부하기 마련이다. 아메리카인들은 법률을 잘 지킨다고들 하는데 사실 맞는 말이다. 그리고 여기에 아메리카에서 법률은 인민에 의해, 그리고 인민을 위해 만들어진다고 덧붙여야 한다. 따라서 합중국에서는 법률이 다른 곳에서라면 그 법률을 위반하는 데 우선 관심을 둘 바로 그 사람들에게 호의적인 셈이다. 그렇기 때문에 다수가 보기에 당장은 유용하지 않은 거북한 법률은 입안되지도 않고 설혹 만들어져도 준수되지 않을 것이다.

합중국에는 사기성 파산에 관련된 법률이 없다. 파산이 없기 때문인가? 아니다. 오히려 파산이 너무 많기 때문이다. 대다수 사람들의 마음속에는 타인의 파산으로 망할 수 있다는 우려보다 파산자로 소추당할 수 있다는 우려가 더 널리 자리 잡고 있다. 각자 개인적으로는 비난하는 위반 행위에 대해 일종의 죄의식을 지닌 관용 정신 같은 것이 일반인의 의식 속에 만들어지는 것이다.

남서부의 신생 주들에서는 거의 언제나 시민들이 직접 치안을 담당하는데, 이곳에서는 살인 사건이 끊이지 않는다. 이러한 사태는 이 황량한 사막 지대에 사는 주민들이 성격은 너무 거칠고 식견은 너무 얕아서 법치를 강화하는 것이 유리하다는 사실을 깨닫지 못하는 데에서 유래한다. 사람들은 여전히 소송보다 결투를 선호하는 것이다.

언젠가 필라델피아에서 만난 어떤 사람이 아메리카에서 거의 모든 범죄는 독한 술을 너무 많이 마시기 때문에 일어난다고 나에게 말했다. 술값이 너무 싸기 때문에 하층 사람들이 얼마든지 사서 마실 수 있다는 것이다. "당신들은 왜 독주에 세금을 매기지 않습니까?" 내 질문에 그는 "우리나라 입법자들이 자주 그 생각을 하고 있습니다만, 사실 어려운 일입니다. 폭동이 일어날지도 모릅니다. 게다가 그런 법률을 가결한 의원들은 틀림없이 의석을 잃을 것입니다"라고 답했다. "그렇다면 당신네 나라에서는 술주정꾼이 다수이고 음주단속은 환영받지 못하겠군요"라고 나는 대꾸했다.

이런 일들을 합중국의 정치인들에게 이야기하면, 그들은 다음과 같이 짤막하게 답변할 것이다. "시간에 맡겨둡시다. 그러면 폐단을 깨달은 국민들은 무엇이 필요한지 알게 될 것입니다." 이 말은 진실을 담고 있다. 민주주의는 국왕이나 귀족들보다도 실수를 저지를 확률이 더 높지만, 일단 그 실수를 깨닫게 되면 바른길로 되돌아올 확률도 더 높다. 왜냐하면 일반적으로 민주정치 안에서는 최대 다수의 이해관계와 상충되고 이성에 어긋나는 이해관계를 찾아볼 수 없기 때문이다. 하지만 민주주의는 경험을 통해서만 바른길로 접어든다. 그런데 많은 나라들이 자신이 저지른 과오를 통해 무언가 배울 기회를 갖기 전에 멸망하곤 한다.

따라서 아메리카인들의 커다란 특전은 그들이 다른 나라보다 더 높은 식견을 지니고 있다는 점뿐만 아니라 과오를 고칠 수 있는 역량을 지니고 있다는 점에 있다고 말할 수 있다.

그러므로 과거의 경험으로부터 일정한 이득을 얻으려면, 민주주의가 일정 수준의 문명과 지식에 이르러야 한다는 점을 덧붙여두자.

국민들이 어린 시절에 제대로 된 교육을 받지 못한 데다가 격정,

무지, 잘못된 개념 따위가 마구 뒤섞인 품성을 지닌 탓에 자신들이 겪는 곤경의 원인조차 잘 식별하지 못하는 그런 나라들이 있다. 이런 나라들은 자신들도 알지 못하는 병폐에 희생되고 만다.

나는 지금은 찾아볼 수 없지만 한때는 강력했던 인디언 부족들이 살던 방대한 지역을 답사했다. 나는 멸종되고 있는 인디언 부족과 잠시 함께 지냈는데, 이들은 매일같이 수가 줄어들고 있었으며 그들이 누리던 야생의 영광도 빛을 잃어가고 있었다. 그리고 나는 바로 이 인디언들이 자기들의 종말이 임박했음을 스스로 예언하는 광경을 보았다. 유럽인이라면 누구나 이 불행한 종족들을 파멸로부터 구하기 위해 무엇을 해야 할지 알 것이다. 하지만 인디언들은 달리 어찌할지를 알지 못했다. 이들은 해마다 재앙이 머리 위에 덮쳐오는 것을 느끼고 있었지만 치유책을 거부한 채 마지막 한 명까지 죽어갈 것이다. 이들을 살리려면 강제력이 동원되어야 할 것이다.

지난 25년 동안 남아메리카의 신생국가들이 끝없이 되풀이되는 혁명들의 한복판에서 요동치는 것을 보고 사람들은 무척 놀라곤 한다. 그리고 사람들은 이 국가들이 이른바 '자연 상태'로 되돌아가기를 손꼽아 기다린다. 하지만 현재로서는 혁명들이 바로 남아메리카에 사는 에스파냐인들의 가장 자연적인 상태가 아니라고 누가 장담할 수 있겠는가? 이 나라들에서는 사회가 자체의 노력만으로는 도저히 빠져나오지 못할 깊은 나락에서 허우적대고 있다.

남반구의 절반이나 되는 땅에 거주하는 사람들은 서로 죽고 죽이는 데 끝없이 매달려 있는 듯하다. 누구도 이들을 멈추지 못한다.

기진맥진해서 잠시 쉬더라도 쉬고 나면 다시 광란에 빠져든다. 빈곤과 범죄 사이를 오가는 이들의 상태를 고려해볼 때, 나는 이들에게는 전제정치가 오히려 축복일 수 있다고 믿고 싶어진다.

하지만 전제정치와 축복이라는 이 두 단어는 나의 사상 속에서 결코 한 구절로 합쳐질 수 없을 것이다.

아메리카 민주주의의 외교 방식

우리는 연방헌법이 합중국의 외교를 대통령과 상원의 수중에 항구적으로 위임했다는 것을 살펴보았다.[16] 이에 따라서 합중국의 전반적인 외교정책은 어느 정도 인민의 직접적이고 일상적인 통제로부터 벗어나 있다. 그러므로 아메리카에서는 민주주의가 국가의 외교를 관장하고 있다고 무조건 주장하기는 힘들 것이다.

지금도 따르고 있는 아메리카 외교정책의 기본 노선을 만들어낸 두 사람이 있다. 바로 워싱턴과 제퍼슨이다.

워싱턴은 동료 시민들에게 다음과 같이 놀라운 내용을 담은 편지를 보냈다. 이것은 실로 이 위대한 인물의 정치적 유언장이라 할 만하다.

---

16) 연방헌법 제2조, 제2항, 제2절에는 "대통령은 상원의 건의와 동의를 얻어서 출석 의원 3분의 2 찬성을 얻어 조약을 체결할 수 있다"라고 되어 있다. 독자들은 상원 의원의 임기가 6년이고 상원 의원은 국민의 직접 투표에 의해서가 아니라 각 주의 의회에서 의원들에 의해서, 요컨대 두 단계를 거쳐 선출된다는 사실을 상기하기 바란다.

"대외 관계에서 우리의 원대한 행동 규칙은 통상 관계는 확대하면 서도 가능한 한 이들과 정치적 유대는 맺지 않는 것입니다. 우리가 이미 맺은 관계에 대해서는 완벽한 신의를 가지고 지키도록 합시다. 하지만 여기서 그칩시다. 유럽은 우리와 거의 또는 전혀 관련이 없는 이해관계를 가지고 있습니다. 따라서 유럽은 자주 분쟁에 휘말려 들곤 하는데, 그 분쟁의 원인들은 우리와 하등 관련이 없습니다. 그러므로 인위적인 유대를 맺음으로써, 유럽 정치의 일상적인 부침이나 친소 관계에서 오는 일상적인 야합과 충돌에 말려든다는 것은 정말 현명하지 못한 처사입니다.

우리는 멀리 그리고 홀연히 떨어진 위치에 있는 만큼, 다른 진로를 추구할 수 있습니다. 우리가 효율적인 정부 아래 한 나라의 국민으로 남아 있기만 한다면, 우리는 외세의 간섭으로 인한 물질적인 손실에 대처할 수 있는 시기가 그리 멀지 않습니다. 우리의 중립성을 존중하도록 우리가 단호한 조치를 취할 때, 교전국들이 우리를 건드려봐야 손해라고 느끼고는 섣불리 우리를 도발하려 하지 않을 때, 우리가 우리의 이해관계에 따라, 그리고 정의의 인도를 받아 전쟁이냐 평화냐를 선택할 때, 우리는 어느 때든 진정으로 존중을 받게 될 것입니다.

이 특이한 상황이 주는 이점을 왜 포기합니까? 왜 우리의 입장을 버리고 외국의 입장에 서야 합니까? 왜 우리의 운명을 유럽의 어느 한 부분의 운명과 뒤섞어서, 우리의 평화와 번영을 유럽인의 야망, 대립, 이해관계, 변덕 따위의 흙더미에 묻어버린다는 말입니까?

외부 세계의 어디와도 항구적인 동맹 관계를 맺지 않는 것이 바로 우리의 진정한 정책입니다. 그렇게 할 수 있는 재량권이 아직 우리에게 남아 있는 경우에 한해서 말입니다. 나로서는 기존의 약정들을 모두 지키지 말라고 부추긴다는 오해를 사지 않기를 바랍니다. 정직이 최선의 방책이라는 격언이 공사를 막론하고 적용될 수 있다고 나는 믿습니다. 따라서 나는 다시 말합니다. 이러한 약정들은 그 원래의 의미 그대로 지킵시다. 하지만 내가 보기에 그 약정들을 더 연장하는 것은 불필요하고 현명하지 못한 일입니다.

적절한 태세를 갖춤으로써 존중받을 만한 방어적인 자세를 견지할 수 있도록 언제나 유의합시다. 그러면 우리는 특별한 위기가 닥친다면 잠정적인 동맹을 안전하게 맺을 수 있을 것입니다."

이전에 워싱턴은 다음과 같이 멋지고 정당한 말을 한 적이 있다. "다른 나라에 대해 습관적으로 애증의 감정에 빠져드는 나라는 어떤 의미에서는 노예가 된다고 할 수 있다. 그 나라는 자신의 애정과 증오의 노예인 것이다."

워싱턴은 항상 이와 같은 신념에 따라 정치를 해 나갔다. 그는 세계의 다른 모든 나라가 전쟁에 휘말려 들었을 때에도 자기 나라를 평화 상태로 유지하는 데 성공했다. 그는 또한 아메리카인들의 진정한 이익은 유럽의 내부 분쟁에 절대로 간여하지 않는 데에 있다는 기본 원칙을 확립했다.

제퍼슨은 한 걸음 더 나아가 합중국의 정책에 다음과 같은 격언을 도입했다. "아메리카인들은 외국 국민들로부터 어떤 특권도 요구해서는 안 된다. 이것은 아메리카인들 자신도 그러한 특권을 주어야만 하는 처지에 빠지지 않기 위해서이다."

일반 국민들 누구나 쉽사리 이해할 수 있는 명료하고 엄정한 이두 가지 원칙은 합중국의 외교정책을 지극히 단순화시켰다.

유럽의 문제에 간여하지 않은 이후부터 합중국에는 군이 논의를 끄집어낼 만한 대외적인 이해관계도 없다. 그도 그럴 것이 아메리카에는 여전히 강력한 인접국이 없기 때문이다. 한편으로 그지리적 위치에 의해, 다른 한편으로 자신의 의지에 의해, 합중국은 구세계에서의 다툼으로부터 멀리 벗어나 있다. 따라서 합중국으로서는 구세계의 다툼을 받아들일 필요도 거부할 필요도 없다. 신세계에서의 다툼에 대해서 말하자면, 그것은 아직 먼 훗날의 일이다.

합중국에는 반드시 지켜야 할 기존의 조약들이 거의 없다. 따라서 합중국은 유럽의 오랜 국가들처럼 과거의 경험을 활용해 현재의 지표로 삼아야 한다는 부담을 전혀 안지 않은 채, 이들의 경험으로부터 이득을 볼 수 있다. 합중국은 또한 이들 유럽 국가처럼 조상이 물려준 엄청난 유산을 받아들여야 할 의무도 없다. 국민적 차원에서의 영광과 비참, 동맹과 반목으로 마구 얼룩진 유산 말이다. 합중국의 외교정책은 어떤 의미에서 참고 기다리는 것이다. 그 정책은 무언가 행하기보다는 절제하는 것이다.

따라서 현재로서는 아메리카의 민주주의가 국가의 대외 정책을 수행하는 데에서 과연 얼마나 수완을 발휘하고 있는가는 파악하기가 쉽지 않다. 이 점에 대해서는 아메리카의 우방이든 적국이든 판단을 유보해야 할 것이다.

나로서는 내가 보기에 민주주의 통치 체제가 다른 체제보다 현저히 뒤떨어지는 분야가 바로 대외 관계의 수행이라고 서슴없이 말할 것이다. 경험, 습속, 훈육 따위에 힘입어서 민주주의 국가에서는 일상생활에서 나오는 일종의 실용적인 지혜 같은 것이 생겨난다. 바로 이러한 일상 잡사에서 얻는 학문을 우리는 상식이라고 부른다. 사회의 일상적인 흐름을 처리하는 데에는 상식으로 충분하다. 그리고 교육을 받은 국민들의 경우, 민주주의적 자유는 적어도 국내 문제에서는 민주주의 통치가 초래할 수 있을 폐단을 상쇄하고도 남을 만큼의 이점들을 창출할 수 있을 것이다. 그러나 국가와 국가 사이의 관계에서는 반드시 그런 것도 아니다.

외교는 민주정치에 고유한 특질들을 거의 필요로 하지 않으며, 오히려 민주정치가 가지고 있지 않은 거의 모든 것을 요구한다. 민주정치는 국내 자원의 증대를 촉진하고, 부를 확산시키며, 공공 정신을 북돋우고, 사회의 모든 계급에게 준법정신을 강화한다. 하지만 이 모든 것은 한 국가의 다른 국가에 대한 대외 관계에 간접적으로만 영향을 미칠 뿐이다. 더구나 민주정치는 대규모 사업을 일일이 조정하고 계획안을 확정해서 온갖 장애를 뚫고 밀고 나가는 데 많은 어려움을 겪곤 한다. 민주정치는 조치를 은밀하게 밀고 나가고 참을성 있게 결과를 기다리지 못한다. 이러한 것들은 차라리 한 인간이나 귀족정치에 특히 잘 어울리는 특질들이다. 그런데 한 나라든 한 개인이든 궁극적으로 지배하는 위치에 서게 되는 것은 바로 이러한 특질들을 통해서인 것이다.

이와는 달리 귀족정치의 내재적인 결함들을 살펴본다면, 그러한 결함들로 말미암은 폐단이 외교 분야에서는 잘 드러나지 않는다는 것을 알 수 있다. 귀족정치에 대한 가장 큰 비난은 결코 인민 대중을 위해서가 아니라 귀족들 자신만을 위해 정치를 한다는 것이다. 하지만 외교에서는 귀족의 이해관계와 인민의 이해관계가 뚜렷이 구별되는 경우가 아주 드물다.

정치에서 이치보다는 충동을 따르고 순간적인 격정을 충족시키고자 오랫동안 심사숙고한 계획을 포기하는 민주정치의 성향은 프랑스혁명이 일어났을 때 아메리카에서 확연하게 드러났다. 유럽을 피로 물들일 것이지만 합중국으로서는 아무런 피해도 입지 않을 그 싸움에 개입하지 않은 것이 아메리카인들에게 이득이 된다는 것은 지금이든 그 당시든 조금만 식견을 갖춘 사람이라면 충분히 납득할 수 있었을 것이다.

그러나 프랑스를 지지하는 인민의 감정이 너무나도 강렬하게 표출되었기 때문에, 단호한 성격과 확고한 명성을 지닌 워싱턴이 나서고 나서야 겨우 영국에 대한 선전포고를 막을 수 있었다. 그러고 나서도, 동료 시민들의 관대하지만 신중하지 못한 격정을 억누르기 위해 준엄한 이성을 동원한 덕에, 이 위대한 인물은 자신에게 남은 유일한 보상인 조국에 대한 사랑마저도 잃을 뻔했다. 다수가 그의 정책에 반대했다. 하지만 지금은 인민 전체의 승인을 얻었다.[17]

---

17) 마셜(Marshall)은 『워싱턴의 생애(*Life of Washington*)』 제5권에서 다음과 같이 말했다. "합중국처럼 구성된 정부에서 국가의 첫째 관리가 아무리 단호한 성품을 지녔을지라도 그토록 오랫동안 여론의 격류를 거스를 수는 없다. 당시의 지배적인 여론은 전쟁을 하자는 것이었다. 사실상 이 당시에 열린 하원 회의에

만일 연방헌법에 의거해서, 그리고 대중의 각별한 존경심 덕에 합중국의 외교 업무가 워싱턴에게 일임되지 않았더라면, 당시에 아메리카 국민들은 지금은 배척하는 바로 그 정책을 채택했을 것임에 틀림이 없다.

로마인에서 영국인에 이르기까지 거대한 계획을 세우고 실행해서 이 세상에 엄청난 영향을 미친 거의 모든 민족은 귀족주의의 통치를 받았다. 이것이 뭐 그리 놀라운 일인가?

인민대중은 무지와 격정에 휩쓸리기 쉽다. 국왕은 편견에 사로잡히고 우유부단할 수 있다. 더구나 국왕은 영원히 사는 존재가 아니다. 하지만 귀족 집단은 속아 넘어가기에는 너무 수가 많고 아무 생각 없이 격정에 몸을 내맡기기에는 너무 수가 적다. 귀족 집단은 결코 죽지 않는, 지성과 결단력을 갖춘 한 인간인 것이다.

서 워싱턴이 다수표를 잃는 경우도 흔했다."(p. 314) 어디에서나 그에 대한 극단적인 언어폭력이 난무했다(p. 265). 정치 집회에서 어떤 연설꾼은 워싱턴을 간접적으로 배신자 아널드(Arnold)와 비유하기도 했다. 마셜은 또 이렇게 쓰고 있다. "반대파에 가담한 사람들은 행정부를 지지하는 인사들이 영국에 매수되어 왕정을 도입하려 책동하고 프랑스에 적대적인 귀족 일파로 구성되어 있다고 주장했다. 이들은 은행 주식을 담보로 가지고 있으며 자기 돈을 건드리는 어떤 조치에도 겁을 집어먹은 나머지 국민의 이익과 명예에 어긋나는 모든 굴욕과 욕설을 감수하는 귀족 무리라는 것이다."(p. 335)

제6장

아메리카 사회가 민주주의 통치에서 얻어내는 실질적인 이점

이 장을 시작하기 전에, 이 책에서 이미 여러 번 언급했던 것을 독자에게 상기시키도록 하자.

내가 보기에 합중국의 정치체제는 민주주의가 채택할 수 있는 통치 형태들 가운데 하나이다. 하지만 나는 아메리카의 제도들을 민주적인 국민이 채택해야만 하는 유일한 것이라거나 최선의 것이라고 여기지 않는다.

따라서 아메리카인들이 민주주의 통치에서 끌어내는 이점들을 여기서 제시하면서 나로서는 이와 동일한 법제들을 갖추어야만 마찬가지 이점들을 얻어낼 수 있다고 믿거나 주장할 생각이 전혀 없다.

아메리카 민주주의 통치하에서의 법제의 일반적인 경향에 대해, 그리고 그 법제를 적용하는 사람들의 본능에 대해

민주주의 통치의 폐단과 취약점은 쉽사리 알아볼 수 있다. 민주주의 통치의 건전한 영향력은 눈에 잘 드러나지 않는 방식으로 행사되고 말하자면 감추어지는 반면에, 그 폐단은 명백한 사실들처럼 입증된다. 민주주의의 결함은 금세 눈에 띄지만 그 장점은 한참 후에야 드러나는 것이다.

아메리카 민주주의의 법률들은 결함투성이이고 불완전하다. 이 법률들은 기존의 권리들을 침해하기도 하며 위험한 권리들을 재가하기도 한다. 법률들이 설혹 훌륭하다고 할지라도 너무 자주 바뀌는 까닭에 큰 폐단이 되기도 한다. 이 모든 것은 첫눈에 명백하게 드러난다.

그렇다면 아메리카의 공화 정부들이 계속 유지되고 번영하는 이유는 무엇인가?

법제를 고찰할 때에 우리는 그 법제가 추구하는 목표와 그 목표를 달성하는 수단을 조심스럽게 구별해야 하며, 법제의 절대적인 진정성과 상대적일 수밖에 없는 진정성을 구별해야 한다.

입법자의 목표가 다수의 이익을 희생하면서 소수의 이익을 증진시키는 것이라고 가정해보자. 그리고 입법자가 가능한 한 최소한의 시간과 노력으로 원하는 결과를 얻어낼 수 있는 방향으로 법률을 만들어낸다고 가정해보자. 이 경우에 제대로 된 법률이 만들어지기는 하겠지만 그 법률의 목표는 잘못된 것이다. 그 법률은 효율적이면 효율적일수록 그만큼 위험할 것이다.

민주주의의 법률들은 일반적으로 최대 다수의 이익(bien)을 향하는 경향이 있다. 그도 그럴 것이 그 법률들은 모든 시민의 다수로부터 나오는데, 이들은 착오를 저지를 수는 있지만 자기 자신들과 배치되는 이해관계를 가질 수는 없을 것이기 때문이다.

이와 달리 귀족정치의 법률들은 소수의 수중에 부와 권력을 집중시키는 경향이 있다. 왜냐하면 귀족정치는 언제나 본질상 소수로 이루어지기 때문이다.

그러므로 입법 과정에서 민주주의의 목표는 일반적으로 귀족정치의 목표보다 인간성의 발전에 더 유익하다고 말할 수 있을 것이다.

하지만 민주주의의 이점은 이것으로 그친다.

귀족정치는 입법의 문제에서 민주주의와 비교가 되지 않을 정도로 놀라운 수완을 발휘한다. 귀족정치는 자체적인 조절 기능을 갖춘 덕에 일시적인 격정에 휩쓸리지 않는다. 귀족정치는 장기적인 복안을 지니고 있으며 유리한 기회가 올 때까지 그 계획안을 갈고 다듬을 줄 안다. 귀족정치는 능숙하게 헤쳐 나간다. 모든 법률의 집단적인 힘을 동시에 같은 지점을 향해 수렴시킬 수 있는 기술을 터득하고 있는 것이다.

하지만 민주주의의 경우는 그렇지 못하다. 민주주의의 법률들은 거의 언제나 결함투성이이거나 시의적절하지 않다.

따라서 민주주의의 수단들은 귀족정치의 수단들보다 훨씬 불완전하다. 때로 민주주의가 택하는 수단들은 어쩔 수 없이 민주주의의 대의 자체에 어긋나기도 한다. 하지만 민주주의의 목표는 귀족정치의 목표보다 훨씬 유익하다.

본원적으로든 그 구성에 의해서든 나쁜 법제의 일시적인 영향력을 잘 견뎌내도록 조직되어 있는 사회, 법제의 '일반적인 경향'의 결과가 나타날 때까지 버텨낼 수 있는 사회를 머릿속에 그려보자. 그러면 당신은 민주주의 통치가 그 결함에도 불구하고 여전히 이러한 사회를 번영시키는 데 얼마나 적절한지를 알 수 있을 것이다.

합중국에서 일어난 일이 바로 이러한 것이다. 이미 앞에서 말한 것을 되풀이하자면, 아메리카인들의 커다란 혜택은 잘못을 저질러도 그것을 시정할 기회 또한 지니고 있다는 데에 있다고 할 수 있다.

공직자들에 대해서도 이와 비슷한 이야기를 할 수 있을 것이다.

아메리카 민주주의가 권력을 위탁할 사람들을 잘못 선택하는 일이 흔하다는 사실은 쉽게 알 수 있다. 하지만 이들의 통치 아래서 국가가 번영을 누리게 되는 이유를 설명하기란 쉽지만은 않다.

우선, 민주주의 국가에서 통치자들은 덜 정직하고 덜 유능한 반면에 피치자들은 더 식견이 높고 이해관계에 더 민감하다는 사실을 언급해야 할 것이다.

민주 국가들에서 인민은 언제든 자신의 업무에 관심을 기울이고 자신의 권리에 민감하기 때문에 대표자들이 인민의 이해관계와 어긋나는 전반적인 행동 노선을 취하지 못하도록 막곤 한다.

다음으로, 관리가 권력을 남용하는 경향이 민주주의 국가들에서 훨씬 더 눈에 띈다고 하더라도 일반적으로 관리들의 임기가 아주 짧다는 사실을 언급해두자.

하지만 이상의 두 가지보다 훨씬 일반적이고 훨씬 결정적인 또 다른 이유가 있다.

통치자들이 덕망과 재능을 갖추어야 한다는 것은 물론 국민들의 이익에 아주 중요한 사항이다. 하지만 국민들에게 더 중요한 것은 아마도 통치자가 피치자 대중과 어긋나는 이해관계를 가져서는 안 된다는 사실일 것이다. 만일 이해관계가 서로 어긋날 경우, 이들의 덕망은 거의 쓸모없을 것이며 이들의 재능은 오히려 유해할 것이기 때문이다.

나는 통치자들이 피치자 대중과 어긋나거나 다른 이해관계를 갖지 않는 것이 중요하다고 말했을 뿐이지, 통치자들이 피치자 '모두'의 이해관계와 똑같은 이해관계를 갖는 것이 중요하다고는 말하지 않았다. 왜냐하면 이러한 사실이 여태까지 어느 나라에서든 일어난 적이 있는지 나로서는 알지 못하기 때문이다.

사회를 구성하는 모든 계급의 발전과 번영에 똑같이 유리한 정치 형태는 여태껏 발견된 적이 없다. 이 계급들은 같은 국민 안에 별개의 수많은 국민들을 계속 구성해왔다. 그리고 이 계급들 가운데 어느 하나에게 다른 계급들의 운명을 내맡기는 것은 어떤 한 국민에게 다른 국민의 운명을 내맡기는 것만큼이나 위험한 일이라는 사실을 경험은 잘 보여준다. 부자들만이 통치할 때, 가난한 자들의 이해관계는 항상 위협을 받는다. 마찬가지로 가난한 자들이 법률을 만들 때, 부자들의 이해관계는 커다란 위험에 봉착한다. 그렇다면 민주주의의 이점은 무엇인가? 민주주의의 실질적인 이점은 흔히 말하듯이 모두의 번영을 증진한다는 데에 있는 것이 아니라 단지 최대 다수의 복리에 이바지한다는 데에 있다고 할 수 있다.

합중국에서 공무를 떠맡은 사람들이 귀족정치에서 권력을 잡은 사람들보다 능력과 자질에서 뒤떨어지는 경우가 흔하다. 하지만 이들의 이해관계는 동료 시민들 다수의 이해관계와 겹치고 일치한다. 따라서 이들은 때로 신뢰를 저버리고 때로 심각한 실책을 저지르곤 하더라도 결코 다수에 적대적인 행동 노선을 채택하지 않는다. 이들에게는 정부를 자신들의 배타적인 목적을 위한 위험한 도구로 만들 만한 여력이 없다.

민주정치 아래서 관리의 실정은 그의 짧은 임기 동안에만 영향을 미치는 고립된 사실에 지나지 않는다. 부패와 무능은 인간들을 서로 항구적으로 묶어놓을 수 있는 공통의 이해관계로 작용하지 않는 것이다.

부패하고 무능한 관리는 어떤 다른 관리가 그와 마찬가지로 무능하고 부패했다는 사실만으로 그와 연계를 맺지는 않을 것이다. 그리고 이들 두 관리는 자기 후손들에게 부패와 무능을 물려주기 위해서 함께 힘을 합치지도 않을 것이다. 이와 반대로 어느 한 관리의 야심과 책략은 다른 한 관리의 야심과 책략을 드러내는 데 기여할 것이다. 민주 국가들에서 관리의 악폐는 일반적으로 개인적인 차원에서 그친다.

그러나 귀족정치 아래서 공직자는 자기 계급의 이해관계에 따라 움직인다. 이들의 계급적 이해관계는 이따금 다수의 이해관계와 일치하기도 하지만 대개의 경우 뚜렷이 구별된다. 이러한 이해관계는 이들을 묶어주는 공통의 항구적인 유대를 형성한다. 이들은 반드시 최대 다수의 행복이라고는 볼 수 없는 어떤 목적을 향해 힘을 한데 모은다. 이러한 이해관계는 통치자들을 서로 결합시켜줄 뿐만 아니라 통치자들을 피치자들의 상당 부분과 결합시켜주기도 한다. 그도 그럴 것이 많은 시민들이 관직은 가지고 있지 않지만 귀족계급에 속하기 때문이다.

따라서 귀족정치 아래서의 관리는 정부 안에서뿐만 아니라 사회에서도 언제나 후원자를 만날 수 있는 셈이다.

귀족정치 아래서 관리들을 동시대인들의 일부의 이해관계와 결합시켜주는 이 공통의 목표는 또한 미래 세대의 이해관계와 결합시켜주기도 한다. 이들은 현재뿐만 아니라 미래를 위해서 일하는 것이다. 따라서 귀족정치 아래서의 관리는 피치자들의 열정에 의해서, 자기 자신의 열정에 의해서, 그리고 굳이 말하자면 후손들의 열정에 의해서, 동시에 같은 지점을 향해 휩쓸려가는 것이다.

이 관리가 아무런 저항도 않고 휩쓸려간다는 것은 놀랄 만한 일인가? 사실 귀족정치 아래서는 계급 정신에 물들지 않은 사람들조차도 계급 정신에 의해 이끌려가고 사회를 자신들의 의도에 맞추어 손질하거나 후손들을 위해 준비시키는 경우가 흔히 발생하곤 한다.

영국의 귀족정은 아마도 여태껏 역사에 나타난 가장 자유로운 귀족정일 것이다. 그처럼 훌륭하고 지혜로운 인물들을 그 나라 정부에 줄기차게 제공한 귀족정은 여태까지 없었을 것이다.

그렇기는 하지만 영국의 법제에서 가난한 자의 복리가 부자의 복리를 위해서, 최대 다수의 권리가 몇몇의 특권을 위해서 흔히 희생되곤 했다는 사실은 어렵지 않게 알아차릴 수 있다. 따라서 오늘날 영국은 빈부의 양극단을 한꺼번에 그 품 안에 지니고 있다. 권력과 영광이 빈곤과 어깨를 나란히 하고 있는 것이다.

공직자들이 이렇다 할 계급적 이해관계를 지니고 있지 않은 합중국에서는, 통치자들은 흔히 서툴기 짝이 없고 때로 경멸스럽기까지 하지만 통치의 전반적이고 지속적인 추세는 유익한 것이라고 할 수 있다.

귀족정치제도들에는 때로 어떤 내밀한 편향이 있어서 사람들이 자신들의 재능과 덕망에도 불구하고 동료들의 비참한 처지를 두고 보도록 하는 데 비해서, 민주정치제도들에는 어떤 감춰진 경향이 있어서 사람들이 자신들의 악덕과 실책에도 불구하고 흔히 모든 이들의 번영에 이바지하도록 한다. 귀족정치에서는 공직자들이 자기도 원치 않으면서 나쁜 짓을 저지르게 되는 경우가 흔한 반면에, 민주정치에서는 공직자들이 별 생각도 없이 좋은 결과를 낳는 경우가 흔하다.

합중국에서의 공공 정신에 대해

어디에나 조국애(amour de la patrie)라는 것이 있기 마련인데, 이것은 인간의 마음을 그가 태어난 장소와 결부시키는, 본능적이고 불편부당하며 정의를 내리기 힘든 감정을 주요 원천으로 삼는다.

이러한 본능적인 애착심은 오랜 관습에 대한 취향이나 조상에 대한 존경심, 지난 일들에 대한 기억 따위와 연결되어 있다. 이러한 애착심을 지닌 이들은 자기가 태어나 자란 집안을 사랑하듯이 자기 고장을 마음에 품는다. 이들은 자기의 고장에서 만끽했던 고요한 정경을 사랑하며, 거기서 몸에 익힌 평온한 습관에 집착한다. 이들은 그곳이 일깨우는 추억에 애착을 가지며, 그곳에서 속박당하며 살지라도 기뻐한다. 이러한 향토애는 흔히 종교적 열의에 의해 고양되며, 따라서 엄청난 일을 해내기도 한다. 그것은 그 자체로 일종의 종교인 셈이다. 그것은 이성적으로 사유하지 않으며 믿고 느끼고 행동한다. 몇몇 나라에서는 이를테면 향토에 인격을 부여해서 군주에게서 그 모습을 찾아내기도 한다. 따라서 애국심(patriotisme)을 구성하는 감정들의 일부가 군주에게로 전이되어, 국왕의 정복에 기뻐 날뛰고 국왕의 권력을 자랑스럽게 여기게 된다. 옛 왕국 아래서 프랑스인들이 국왕의 전횡에 전적으로 복종하면서 일종의 만족감을 느끼던 시절이 있었다. 이들은 "우리는 이 세상에서 가장 힘센 왕 아래 살고 있다"라고 자랑스레 말하곤 했던 것이다.

하지만 모든 본능적인 열정이 그렇듯이, 이러한 향토애는 일시적으로 엄청난 노력을 불러일으키기는 하지만 지속적인 노력을 이끌어내지는 못한다. 국난을 당하면 향토애는 국가를 구원하지만 평화가 찾아오면 향토애는 국가를 쇠망하도록 내버려 두곤 한다.

사람들의 습속이 단순하고 신념이 확고할 때, 그리고 사회가 아무도 그 정통성을 의심하지 않는 기성 질서에 완만하게 의존하는 동안에는, 이러한 본능적인 조국애가 번창한다.

그런데 지금 언급한 것보다 더 합리적인 또 다른 조국애가 있다. 그것은 아마도 앞의 것보다 덜 대범하고 덜 열정적일지 모르지만 더 풍요롭고 더 지속적이다. 이 두 번째 조국애는 지성에서 우러나는 것이다. 그것은 법제의 도움을 받아 발전하고 권리의 행사와 더불어 성장하며 궁극적으로는 개인적 이해관계와 뒤섞인다. 인간은 나라의 복리가 자기 자신의 복리에 미치는 영향력에 대해 잘 알고 있다. 그는 자신이 법제의 도움을 얻어 이러한 복리를 창출해내는 데 기여할 수 있다는 것을 잘 안다. 그는 조국의 번영에 관심을 갖게 되는데, 그것은 우선 조국이 자신에게 유익을 가져다주기 때문이며, 다음에 조국이란 자기가 몸소 만들어낸 것이기 때문이다.

그러나 낡은 관행이 바뀌고 습속이 파괴되며 신념이 동요하고 전통의 위엄이 사라져버린 시기, 하지만 지식의 보급이 불완전하고 정치적 권리들이 제대로 확보되지 못하고 제한된 시기가 여러 나라 국민들의 삶 속에 때때로 도래하기도 한다. 그러면 사람들은 단지 허약하고 의혹에 가득 찬 눈으로 조국을 바라보게 된다. 이제 향토도 관습도 종교도 법제도 조국애와 같은 정서적 애착을 불러일으키지 못한다. 향토는 생명력 잃은 땅에 지나지 않으며, 조상 전래의 관습은 일종의 멍에처럼 여겨지고, 종교는 회의의 대상이 되며, 법제는 사람들의 관심을 끌지 못하고, 입법자들은 두려움이나 경멸의 대상이 될 뿐이다. 사람들은 이제 그 원래의 모습으로든 아니면 달라진 모습으로든 어디에서도 조국을 보지 못하며,

편협하고 무지한 이기심 속으로 웅크리게 된다. 사람들은 편견에서 빠져나왔으나 아직은 이성의 왕국에 들어서지 못했다. 이들은 왕정 시대의 본능적인 애국심도 공화정 시대의 성찰적인 애국심도 갖고 있지 않다. 이들은 혼란과 비참 속에서 이 두 가지 애국심 사이의 어느 지점에 머물러 서 있는 것이다.

이러한 상황에서 어떻게 해야 하는가? 뒤로 물러서는 것이다. 하지만 인간이 어린 시절의 천진한 취향으로 돌아갈 수 없듯이, 국민도 초창기의 감정으로 되돌아갈 수는 없는 법이다. 감정의 상실을 유감으로 생각할 수는 있지만 그 감정을 되살릴 수는 없다. 따라서 앞으로 나아가는 것 외에 달리 방도가 없으며, 서둘러서라도 개인적 이익과 나라의 이익을 하나로 합쳐 나가야 한다. 그도 그럴 것이 불편부당한 조국애가 군림하던 시대는 이제 영원히 지나가 버렸기 때문이다.

그렇다고 해서 내가 여기서, 이러한 결과에 이르기 위해서 정치적 권리의 행사를 모든 사람에게 즉각적으로 허용해야 한다고 주장하는 것은 아니다. 단지 나는 여기서 인간으로 하여금 자기의 조국에 관심을 갖도록 하는 가장 강력한 수단, 아마도 우리에게 남아 있는 유일한 수단은 바로 인간을 자기 나라의 통치에 참여하도록 하는 것이라고 말하고자 할 따름이다. 오늘날 내가 보기에 공민 정신(esprit de la cité)이라는 것은 정치적 권리의 행사와 불가분의 관계에 있다. 따라서 이러한 권리들의 증감에 비례해서 유럽에서 시민들의 숫자가 늘기도 하고 줄기도 할 것이라고 나는 생각한다.

어떻게 해서 합중국에서 사람들은 누구나 타운의 일, 카운티의 일, 주 전체의 일에 마치 자기 자신의 일처럼 관심을 지니게 되었는가? 주민들이 현재 사는 땅으로 바로 엊그제 이주해왔으며 어떤 관습도 전통도 들여오지 않았을 뿐만 아니라 서로 이방인으로 처음 만난 까닭에, 이를테면 조국에 대한 본능 같은 것이 거의 존재할 수 없을 합중국에서 말이다. 해답은 합중국에서는 각자가 자기의 영영에서 적극적으로 사회의 운영에 참여한다는 사실에서 찾을 수 있다.

합중국에서 일반 서민들은 나라 전체의 번영이 자신의 행복에 미치는 영향을 잘 알고 있다. 이러한 인식은 단순한 것 같지만, 모든 나라에서 누구나 다 아는 것은 아니다. 더구나 합중국에서 일반 서민들은 이러한 번영을 자신들이 노력한 성과로 여기는 데 익숙하다. 이들은 공공 재산을 자기의 재산처럼 여긴다. 이들은 의무감이나 자부심뿐만 아니라, 감히 말하건대 물욕에 의해서도 국가의 이익을 위해 일하는 것이다.

이상에서 설명한 내용의 진실 여부를 가리기 위해서 굳이 아메리카인들의 제도와 역사를 연구할 필요는 없을 것이다. 아메리카인들의 습속을 보면 충분히 알 수 있으니 말이다. 아메리카인은 자기 나라에서 일어나는 모든 일에 참여하는 까닭에 자기 나라에서 비난받는 것은 무엇이든 옹호하는 데 관심을 가져야 한다고 믿는다. 왜냐하면 공격받는 것은 비단 자기 나라뿐만 아니라 바로 자기 자신이기 때문이다. 따라서 그의 국민적 자부심은 온갖 책략을 동원하기도 하고 개인적 허영심에 근거한 온갖 자질구레한 간섭을 불러일으키기도 한다.

일상적인 사회생활에서 아메리카인들의 이러한 과민한 애국심만큼 성가신 것도 없을 것이다. 이방인은 물론 합중국의 여러 가지 물정에 대해서 칭찬하고 싶은 마음이 들기도 할 것이다. 하지만 무언가 비난하려고 양해를 구하려고 하면 그는 냉혹하게 거절당한다.

따라서 아메리카는 자유의 나라이기는 하되, 누구에게도 상처를 주지 않기 위해서 이방인이 사사로운 개인에 대해서든 국가에 대해서든, 피치자에 대해서든 통치자에 대해서든, 공기업에 대해서든 사기업에 대해서든, 요컨대 기후나 토양을 제외하고는 그 어떤 것에 대해서도 자유롭게 터놓고 말할 수 없는 그런 자유의 나라이다. 심지어 기후와 토양마저 옹호할 채비를 갖춘 아메리카인들도 볼 수 있을 것이다. 마치 자기들이 기후와 토양을 만들어내는 데 손을 보태기라도 한 듯이 말이다.

오늘날 우리는 모두의 애국심과 소수의 통치 사이에서 감히 어느 하나를 선택해야만 한다. 그도 그럴 것이 모두의 애국심이 부여하는 사회적인 힘과 활동은 소수의 통치가 이따금 제공하는 평온한 생활의 보장과 양립할 수 없기 때문이다.

합중국에서 권리의 개념

덕행(vertu)이라는 일반 개념 다음으로 가장 숭고한 개념이 바로 권리(droits)라는 개념이라고 나는 생각한다. 이 두 가지 개념은 차라리 서로 뒤섞여 있다고 말할 수 있다. 권리의 개념은 정치 세계에 도입된 덕행의 개념에 다름 아닌 것이다.

방종이 무엇이며 폭정이 무엇인지를 인간이 정의할 수 있었던 것도 바로 권리의 개념 덕이다. 권리의 개념 덕에 사람들은 누구나 거만하지 않은 채 독자성을 유지할 수 있었으며 비굴하지 않은 채 복종할 수 있었다. 폭력에 복종하는 사람은 순응하게 되고 비굴해진다. 하지만 자기가 그 권위를 인정하는 동료에게서 나오는 통솔권에 복종하는 사람은 어떤 면에서 보면 그에게 명령을 내리는 사람보다 우위에 서게 된다. 덕행 없이는 위대한 인물이 있을 수 없다. 마찬가지로 권리의 존중 없이는 위대한 국민이 있을 수 없다. 아마도 사회 자체가 있을 수 없다고까지 말할 수 있을 것이다. 아무리 합리적이고 현명한 사람들의 모임이라도 무력에 의해서만 모여진 것이라면 그것이 도대체 무엇이겠는가?

오늘날 권리의 개념을 사람들에게 일깨워줄 수 있는, 달리 말하자면 절실하게 느끼게 해줄 수 있는 방안이 무엇인지 나는 자문하곤 한다. 나는 한 가지 방안밖에 알지 못하는데, 그것은 일정한 권리들을 평온하게 행사할 수 있도록 이들 모두에게 허용해주는 것이다. 이러한 사실은 어린아이들에게서 분명하게 드러난다. 어린아이들은 힘이나 경험을 갖지 않은 인간들이다. 어린이가 자기를 둘러싸고 있는 사물들 한가운데에서 움직이기 시작할 때, 그는 본능적으로 자기의 손에 잡히는 모든 것을 차지하려 든다. 그에게는 타인의 재산이라는 개념은커녕 타인의 존재에 대한 개념조차도 없다. 하지만 점차 사물의 값어치를 배우게 되고 자기도 남에게 빼앗길 수 있다는 것을 알게 됨에 따라서 그는 더 신중해지고 마침내는 자기 것이 존중되기를 바라는 만큼 다른 사람의 것을 존중하기에 이른다.

장난감과 관련해서 어린아이에게 일어나는 일들은 나중에 소유물과 관련해서 어른들에게 일어난다. 탁월한 민주주의 국가인 아메리카에서는 일반적으로 유럽에서 그토록 흔히 들리는 재산에 대한 불평이 거의 들리지 않는 이유는 무엇인가? 그것은 아메리카에는 가난뱅이(prolétaires)가 거의 없기 때문이다. 누구든지 지켜야 할 일정한 재산이 있는 까닭에 누구든지 원칙적으로 소유권을 인정하는 것이다.

정치 세계에서도 마찬가지이다. 아메리카에서 일반 서민들은 정치적 권리에 대해서 아주 고매한 관념을 지니게 되었는데, 그것은 바로 그들이 정치적 권리를 누리고 있기 때문이다. 이들은 자신의 권리가 침해당하지 않도록 하기 위해서라도 타인의 권리를 공격하지 않는다. 유럽에서는 일반 서민들이 군주의 권위에까지 도전하는 반면에, 아메리카인들은 아무런 불평 없이 가장 낮은 관리들에게도 순종한다.

이러한 사실은 자질구레한 일상사에서도 나타난다. 프랑스에서 상류계급들이 독차지하는 여홍거리는 거의 없다. 가난한 자들도 부자들이 들어갈 수 있는 곳이면 어디에든 대개는 받아들여진다. 가난한 자들도 품위 있게 처신하며, 자신들이 함께할 수 있는 여홍을 증진시키는 일이면 무엇이든 존중한다. 영국에서는 부자들이 권력뿐만 아니라 여홍까지도 독점하고 있다. 가난한 자들이 어쩌

다가 부자들에게만 마련된 여흥 장소에 들어설 기회를 잡을 때면 이들은 조금도 서슴지 않고 손해를 끼치곤 한다는 불평이 나온다. 가난한 자들로서는 더 이상 잃을 것도 없도록 만들어진 사회에서 이것이 뭐 그리 놀라운 일이겠는가?

부의 분배가 재산권이라는 개념을 모든 사람에게 가져다주듯이, 민주주의 통치는 정치적 권리의 개념을 가장 낮은 계층의 시민들에게까지 확산시킨다. 내가 보기에 민주주의 통치의 가장 큰 장점 중의 하나가 바로 이것이다.

물론 나는 모든 사람에게 정치적 권리를 활용하도록 가르치는 것이 쉬운 일이라고는 결코 생각지 않는다. 단지 나로서는 이것이 가능하기만 하다면 그 결과는 아주 크리라고 말해두고자 한다.

그리고 나는 이와 같은 시도가 행해져야만 하는 시대가 있다면 그것은 바로 우리 시대라는 점을 덧붙여둔다.

신앙심이 흔들리고 섭리적인 권리 개념이 사라지는 것을 보지 못하는가? 습속이 타락하고 이와 더불어 도덕적 권리 개념이 약화되는 것을 보지 못하는가?

신앙이 이성에 자리를 내주고 감정이 타산에 자리를 내주는 것을 깨닫지 못하는가? 이러한 전면적인 동요의 물결 속에서 당신이 권리의 개념을 인간의 마음속에 있는 유일한 부동 함수라고 할 수 있는 개인적 이익의 개념과 결합시키지 못한다면, 세상을 통치하는 수단으로 당신에게 공포심 말고는 무엇이 남겠는가?

법률이 취약하고 피치자들은 동요하며 격정이 흘러넘치고 덕행이 힘을 잃고 있으므로, 이런 상황에서는 민주주의의 여러 권리들을 증진시키는 조치들을 취해서는 안 된다는 식의 이야기를 나는 듣곤 한다. 그럴 때면 언제든 나는 바로 그렇기 때문에 그런 조치들을 취해야 한다고 답변한다. 그리고 솔직하게 말하자면 나는 사회 자체보다는 정부들이 이러한 일들에 더 많은 관심을 가지고 있다고 생각한다. 그도 그럴 것이 사회는 영속적인 반면 정부들은 단명할 수도 있기 때문이다. 더구나 나로서는 아메리카의 사례를 지나치게 확대 적용할 생각이 전혀 없다.

아메리카에서는 아직 시민들 수가 많지 않았고 습속이 단순했던 까닭에 정치적 권리를 오용하는 일 자체가 쉽지 않았던 시기에 인민에게 정치적 권리가 주어졌다. 인구가 증대하면서도 아메리카인들은 말하자면 민주주의의 권력들을 늘리지 않았다. 그들은 차라리 영토를 늘렸다.

여태껏 정치적 권리를 누려보지 못한 사람들에게 정치적 권리가 주어지는 순간이 바로 위기의 순간, 때론 필요하기도 하지만 항상 위험할 수밖에 없는 위기의 순간이기도 하다는 사실은 의심할 나위가 없다.

어린아이는 생명의 가치를 모를 때에는 살인을 저지를 수도 있다. 그리고 자기 재산을 남이 빼앗아갈 수 있다는 사실을 깨닫기 전에는 남의 재산을 빼앗을 수도 있다. 일반 서민들은 처음으로 정치적 권리를 부여받는 그 순간에 이들 정치적 권리에 대해서 어린아이가 자연 전체에 대해서 갖는 것과 같은 입장에 서게 된다. '인간은 어릴수록 거칠다(Homo puer robustus)'라는 유명한 격언은 바로 여기에서 나온다.

이러한 사실은 아메리카에서조차 잘 나타난다. 시민들이 자신의 권리를 가장 오랫동안 누려온 주들은 바로 시민들이 자신의 권리를 활용하는 데 가장 잘 준비된 주들이다.

자유로워지는 기술만큼 경이로운 것은 없다는 사실은 아무리 강조해도 지나치지 않을 것이다. 하지만 자유를 연마하는 일만큼 힘든 일은 없다는 사실도 덧붙여두자. 전제정치의 경우는 그렇지 않다. 전제정치는 흔히 모든 고통스러운 폐단을 고치는 자로 자처하고 나선다. 전제정치는 정의를 수호하고 억압받는 자들을 보호하며 질서를 유지한다. 온 국민은 전제정치가 가져다준 일시적인 번영의 한복판에서 평화로이 잠에 취한다. 하지만 깨어나자마자 비참한 지경에 빠진다. 반면에 자유는 일반적으로 격랑 속에서 태어난다. 자유는 시민들의 불화 속에 어렵게 둥지를 튼다. 그리고 자유의 혜택은 자유가 자리 잡고 오랜 시간이 흐른 후에야 비로소 깨닫게 된다.

합중국에서의 법제에 대한 존중심에 대해

인민 전체가 직접적으로든 간접적으로든 법을 만드는 데 간여하는 것이 항상 가능한 일은 아니다. 하지만 이런 일이 가능할 경우 법의 권위가 상당히 증대되리라는 것은 의심할 나위가 없다. 이와 같이 법률이 인민에게서 나온다는 사실은 흔히 법제의 진정성과 분별력을 해치기는 하지만 법제의 영향력을 놀라울 정도로 증대시킨다.

인민 전체의 의지가 표출되면 엄청남 힘이 발휘된다. 인민의 의지가 백일하에 표출될 경우, 그것과 겨루어보고자 하는 사람들의 상상력마저도 금방 압도당해버린다.

이러한 사실은 정당들에서 잘 나타난다.

정당들은 가능한 어느 곳에서든 다수를 만들어내려고 애쓴다. 정당들은 만일 투표자의 다수를 확보하지 못할 경우 진정한 다수가 투표소에 가지 않았다고 주장한다. 그리고 유권자의 다수를 확보하지 못할 경우, 진정한 다수는 투표권이 없는 자들이라고까지 주장한다.

합중국에는 노예, 하인 및 타운이 부양하는 극빈자들을 제외하고는 모두에게 투표권이 있으며, 따라서 유권자로서 간접적으로 법 제정에 기여하지 못하는 사람들이 전혀 없다. 따라서 법제를 공격하고자 하는 사람이 있다면, 국민의 의견을 바꾸어놓거나 아니면 국민의 의지를 유린하거나 둘 중의 하나를 선택해야 한다.

이러한 첫 번째 이유 외에도 더 직접적이고 더 강력한 두 번째 이유가 있다. 요컨대 합중국에서는 누구나 어떤 의미에서 모든 사람들이 법률을 준수하도록 하는 데에 개인적인 관심을 지니고 있다는 점을 들 수 있다. 이렇게 된 이유는 합중국에서는 오늘날 다수에 속하지 않는 자도 아마도 내일이면 다수의 대오에 합류할 수 있을 것이라는 사실에서 찾을 수 있다. 지금 그가 입법자의 의지에 대해 표명하는 바로 그 존중심을 언젠가 자기 자신을 위해 다른 이에게 강요하게 될 기회가 올 것이다. 그러므로 합중국의 주민들은 법률이 아무리 성가신 것이라 할지라도 그 법률을 최대 다수가 만든 것으로서뿐만 아니라 자기 자신이 만든 것으로서 별 어려움 없이 따르려 한다. 주민들은 그 법률을 자기가 한쪽 당사자인 계약으로 간주하는 것이다.

따라서 합중국에서는 법률을 당연한 적으로 여기면서 공포와 불신의 눈초리를 던지는, 늘 흥분 상태인 수많은 군중을 거의 찾아보기 힘들다. 오히려 모든 계급이 자기 나라의 법률에 대해서 상당한 신뢰를 내보일 뿐만 아니라 일종의 부모의 사랑으로 대하기도 하는 것을 쉽사리 알아볼 수 있을 정도이다.

그런데 모든 계급이라고 말하는 것은 옳지 않을지도 모르겠다. 아메리카에서는 권력에 대한 유럽적인 기준이 뒤바뀌는 까닭에, 부자들의 처지는 유럽에서 가난한 자들의 처지와 비슷하다. 흔히 법률을 무시하는 자들은 바로 부자들인 것이다. 민주주의 통치의 실질적인 이점은 이따금 주장하듯이 모두의 이익을 보호하는 것이 아니라 단지 최대 다수의 이익을 보호하는 것일 뿐이라고 나는 앞에서 이미 언급했다. 가난한 자들이 지배하는 합중국에서는, 부자들은 가난한 자가 부자들에 맞서 권력을 남용하지나 않을까 항상 근심해야만 하는 것이다.

부자들의 이러한 정신 상태는 은연중에 어떤 불평불만을 낳을 수도 있다. 하지만 사회가 그 때문에 혼란에 빠지지는 않는다. 그도 그럴 것이 부자들이 입법자의 권위에 대해 신뢰를 유보하게 만드는 바로 그 이유가 이번에는 그들이 그 입법권을 실행하는 자들에게 도전하지 못하도록 막기 때문이다. 즉 그들은 부자이기 때문에 법률 제정에서 제외되기도 하지만, 부자이기 때문에 감히 법률을 어길 생각도 못하게 되는 것이다. 문명국가들에서는 일반적으로 잃을 게 없는 사람들만이 반기를 든다. 따라서 민주주의의 법률들은 항상 존중받을 만한 것은 아닐지라도 거의 언제든 준수되기 마련이다. 법을 어기는 사람들일지라도, 자기들이 스스로 만들었으며 자기들에게 혜택을 주는 법은 준수하기 때문이다. 그리고 법을 어기는 데에서 이익을 볼 수도 있을 시민들은 성격적으로든 처지로 인해서든 입법자의 그 어떤 의지에도 복종하지 않을 수 없게 된다. 더욱이 아메리카인들은 그 법률이 바로 자기들이 만든 것이기 때문만이 아니라 그 법률이 자기들에게 해로울 경우 바꿀 수 있기 때문에, 법률을 준수한다. 우선은 그 법률이 자기가 자기 스스로에게 부과한 악이라는 이유에서, 다음에는 그 법률이 단지 일시적으로만 지속될 악이라는 이유에서, 아메리카인들은 법률에 복종하게 되는 것이다.

합중국에서 정치기구들의 전방위적 활동과 그것이 사회에 미치는 영향

자유로운 나라에서 자유롭지 못한 나라로 옮겨가면, 여행객은 놀라운 광경을 접하게 된다. 자유로운 나라에서는 만사가 북적거리고 움직인다. 자유롭지 못한 나라에서는 만사가 조용하고 움직이지 않는 듯하다. 한쪽에서는 누구나 개선과 진보를 생각하는 반면, 다른 한쪽에서는 사회가 이미 필요한 모든 것을 얻은 후에 누리면서 쉬기만을 바라는 듯하다. 그렇지만 행복해지려고 끈질기게 노력하는 나라가 일반적으로 자기의 운명에 아주 만족해하는 듯 보이는 나라보다 더 부유하고 더 번영을 누리기 마련이다. 그리고 이 두 나라를 서로 비교해보면, 자유로운 나라에서는 어떻게 매일같이 그렇게도 많은 새로운 것들이 필요한지, 반면에 자유롭지 못한 나라에서는 어떻게 부족한 것이 그리도 적어 보이는지 거의 생각도 하기 힘들 것이다.

이러한 언급이 왕정 형태를 유지하거나 귀족정치가 군림하는 자유로운 나라들에 적용될 수 있다면, 하물며 민주공화정들에는 두말할 나위 없이 잘 적용될 것이다. 민주공화정에서는 국민의 일부만이 사회 상태의 개선을 위해 애쓰는 것이 아니다. 국민 전체가 이러한 과업을 떠맡는다. 어느 한 계급만의 필요와 편의에 대비하는 것이 아니라 모든 계급의 필요와 편의에 대비하는 것이다.

아메리카인들이 누리는 그 엄청난 자유를 머릿속에 그려보는 것은 그리 어려운 일이 아니다. 이들이 누리는 극단적인 평등에 대해서도 일정한 생각을 가질 수 있다. 하지만 합중국에서 일어나는 정치 활동은 직접 눈으로 보지 않고는 이해하기 힘들 것이다.

합중국 땅에 발을 내딛자마자 당신은 일종의 야단법석의 한복판에 서게 될 것이다. 사방에서 시끄러운 아우성이 울리고 수천 명의 목소리가 한꺼번에 들려온다. 목소리마다 사회적 요구들을 외친다. 당신의 주위에서 모든 것이 움직인다. 이쪽에서는 구역 주민들이 교회당 건립 문제를 결정짓기 위해 모이고, 저쪽에서는 주민들이 한창 대의원을 뽑는 중이다. 한쪽에서는 카운티의 대의원들이 지역의 개량 사업을 알리기 위해 도시로 발길을 서두르고,

또 다른 쪽에서는 촌락 농부들이 밭고랑을 빠져나와 도로나 학교를 세울 계획을 놓고 열띤 토론을 벌인다. 단지 정부가 하는 일에 찬성하지 않는다고 선언할 목적으로 시민들이 모이는가 하면, 또 어떤 시민들은 현재 관직에 있는 사람들이야말로 조국의 아버지라고 선언할 요량으로 집회를 갖는다. 그런가 하면 어떤 이들은 만취 행위를 국가적 질병의 근원으로 간주하면서 금주의 본보기를 보이는 엄숙한 행사를 연다.[1]

멀리 떨어져 있는 외국인들로서는 아메리카의 입법 기구들 주변에서 끊임없이 벌어지는 굵직한 정치적 소란들 정도만 들어서 알고 있을 것이다. 하지만 이러한 정치적 소란들은 사회의 최하층에서 시작되어 연쇄적으로 모든 계급에게 파급되는 보편적인 운동의 일부분이자 그 연장선에 지나지 않는다. 아메리카에서처럼 사람들이 열심히 일하면서도 행복해하는 곳은 달리 어디에도 없을 것이다.

합중국에서 한 사람의 삶 속에서 정치에 대한 관심이 과연 어느 정도의 비중을 차지하는지는 답하기 쉽지 않다. 공동체의 운영에 관여하고 또 그것에 대해 토의하는 것은 아메라카인이 알고 있는 가장 중요한 관심사이며 굳이 말하자면 유일한 즐거움이다. 이러한 사실은 아주 일상적인 생활에서도 나타난다. 이를테면 여성

---

[1] 금주협회는 독주를 삼가기로 언약한 회원들의 모임이다. 내가 합중국을 방문했을 당시, 금주협회는 이미 27만 회원을 넘어섰다. 그 결과 펜실베이니아주에서만 한 해 동안 50만 갤런에 달하는 독주 소비를 줄일 수 있었다.

들도 자주 공공 집회에 드나들며 정치 연설을 들으면서 잠시 가사 노동의 따분함을 벗어던진다. 여성들에게서 정치 논쟁이 어느 정도까지는 여흥을 대신하는 것이다. 아메리카인은 대화는 잘 못하지만 토론은 썩 잘 해낸다. 그는 이야기를 나눈다기보다 논박을 한다. 그는 언제나 마치 집회에서 연설하듯이 당신에게 말을 건넨다. 그리고 행여나 토론에서 열이 오를 경우에 그는 상대방에게 '신사 여러분'이라고 말을 건네면서 시작할 것이다.

어떤 나라들에서는 주민들이 법으로 허용된 정치적 권리들을 그저 마지못해 어쩔 수 없이 받아들이는 듯하다. 공통의 이해관계가 걸린 일에 전념하는 것은 자신의 시간을 낭비하는 것처럼 여겨지며, 따라서 사방이 두터운 울타리로 둘러싸인 편협한 이기심 속에 자신을 가둔다.

이와 달리, 만일 아메리카인이 자기 자신의 일에만 관심을 기울인다면, 그는 자신의 삶의 절반을 빼앗기는 것과 마찬가지이다. 그는 일상생활에서 엄청난 공허를 느낄 것이며 믿기지 않을 정도로 불행해질 것이다.[2]

만일 아메리카에 행여나 전제정치가 들어서게 된다면, 전제정치로서는 자유에 대한 애착 자체를 제압하는 일보다 자유가 낳아 놓은 습관을 제압하는 일이 더 어려울 것이라고 나는 생각한다.

---

2) 이와 같은 사례는 로마제국 초기에 이미 관찰된다. 몽테스키외는 격동에 가득 찬 정치 생활을 거친 후 갑자기 적막한 개인 생활에 내던져진 로마 시민들이 겪게 되는 엄청난 절망감에 대해 여기저기에서 언급하고 있다.

민주주의 통치가 정치 세계에서 불러일으키는 이러한 줄기찬 소란은 곧 시민사회로 파급된다. 전반적으로 평가해볼 때 민주주의 통치의 가장 큰 이점이 바로 여기에 있지 않겠는가라고 나는 생각한다. 따라서 나로서는 민주주의 통치가 직접적으로 만들어낸 어떤 결과들보다 민주주의 통치가 간접적으로 이룩해낸 결과들을 더 높이 평가하고자 한다.

인민이 대개의 경우 공무를 제대로 수행하지 못한다는 것은 부정할 수 없는 사실이다. 하지만 인민은 공무에 간여함으로써 자신들의 사고의 폭을 넓히고 자신들의 판에 박힌 일상에서 벗어날 기회를 얻는다. 일반 서민도 공동체의 운영에 참여할 경우 자기 자신에 대해 일정한 자부심을 갖게 된다. 그가 일종의 권력을 행사할 위치에 서게 되는 까닭에, 풍부한 식견을 갖춘 사람들을 주변에 둘 수 있다. 그는 항상 측근들로 둘러싸이게 되는데, 온갖 방법을 동원해서 그를 구워삶으려 해도 결국은 그를 더욱 지혜롭게 만들 뿐이다. 정치 분야에서 그는 자신이 계획하지는 않았지만 자신의 흥미를 돋우는 여러 사업들에 참여한다. 그는 공공 재산을 늘릴 새로운 개선 방안들에 대해서 거의 매일같이 보고를 받는다. 그러다 보니 그는 자신의 개인 재산을 늘리려는 욕구를 갖게 된다. 아마도 그는 그의 선임자들보다 더 행복하지도 더 덕망이 높지도 않지만, 더 식견이 풍부해지고 더 활동적이 될 것이다. 아메리카의 자연 환경과 더불어 민주주의 제도들은 아메리카에 대해 사람들이 흔히 언급하는 놀라운 산업 발전의 밑거름이라고, 달리 말하자면 흔히들 지적하듯이 그 직접적인 원인까지는 아니지만 적어도 간접적인 원인이라고 나는 믿어 의심치 않는다. 물론 법제가 이러한 발전을 만들어낸 것은 아니다. 하지만 아메리카인들은 법제를 만들면서 이러한 발전을 이룩하는 방법을 배운 것이다.

민주주의의 적들이 만인의 통치보다는 일인의 통치가 맡은 바 일을 더욱 잘 해낸다고 주장한다면, 나로서는 그들의 주장이 옳다고 생각한다. 양쪽 모두 지식수준이 대등하다고 가정할 경우, 일인의 통치는 무리의 통치보다 더 일관성을 발휘한다. 일인 통치는 더 지속성이 있고 전반적인 상황에 대해 더 나은 전망을 가지며 세부 사항들에서 더 정확하고 관리들을 선발할 때도 더 엄격하다. 이러한 사실을 부인하는 사람이 있다면, 그는 민주주의 정부를 한 번도 본 적이 없거나 아니면 단지 몇 안 되는 사례로만 판단한 것이다. 현지의 상황과 국민의 성향 덕에 민주주의가 줄곧 유지되는 경우에조차도, 민주주의 통치는 규칙적이고 질서정연한 행정 체계를 보여주기 힘들다. 자유로운 민주주의 정부는 능란한 수완을 가진 전제정치처럼 계획한 일들을 완벽하게 처리해내지 못한다. 결과가 나오기도 전에 계획들을 포기해버리거나 아니면 위태롭게 방치해두는 경우도 흔하다. 하지만 민주주의 통치는 궁극적으로 전제정치보다 더 나은 결실을 거둔다. 개개 일을 잘 해내지는 않지만 더 많은 일들을 해내는 것이다. 민주주의 통치 아래서는 공공 행정이 해내는 일보다 공공 행정 없이 또는 공공 행정과 별도로 사람들이 해내는 일이 더욱 값지다. 민주주의는 국민들에게 가장 유능한 정부를 제공해주지는 않지만 가장 유능한 정부도 흔히 못해내는 일을 성취해내는 것이다. 민주주의는 사회 도처에 쉴 틈 없는 활동성, 넘치는 활력, 그리고 상황이 호전되기만 하면 언제든 기적이라도 낳을 수 있는 에너지를 퍼트린다. 민주주의의 진정한 장점이 바로 이것이다.

기독교 세계의 운명이 불투명해 보이는 이 시대에, 어떤 이들은 민주주의가 아직은 성장하고 있는 단계인데도 서둘러 민주주의를 적대적인 세력이라고 공격한다. 그런가 하면 또 다른 이들은 민주주의를 무(無)에서부터 솟아오른 새로운 신으로 찬양한다. 하지만 양측 모두 자신들이 증오하거나 찬미하는 대상에 대해서 잘 모르고 있다. 이들은 어둠 속에서 함부로 몽둥이를 휘둘러대고 있는 것이다.

당신은 사회에 대해서, 그리고 정부에 대해서 과연 무엇을 요구하는가? 우선 이 점을 명확하게 할 필요가 있다.

당신은 인간의 심성에 어떤 고상한 품격을, 세상사를 바라보는 고매한 방식을 가져다주기를 바라는가? 당신은 사람들에게 물질적인 재화에 대한 어떠한 경멸감을 심어주기를 바라는가? 당신은 강한 신념을 양성하고 키우며 원대한 헌신의 토대를 닦기를 바라는가?

당신의 목적이 습속을 정화하고 예의범절을 고양하며 예술의 발달을 촉진하는 것인가? 당신은 시적인 정취, 명성, 영예 따위를 원하는가?

당신은 한 나라의 국민을 다른 모든 나라의 국민들에게 강한 영향력을 행사할 수 있도록 조직해내려 하는가? 당신은 이들이 위대한 과업을 도모해서 그 결과가 어떠하건 역사에 거대한 발자취를 남기기를 원하는가?

만일 당신이 보기에 바로 이러한 것들이 사회에 있는 인간들이 지향해야 할 주요 목표라면, 당신은 민주주의 통치를 선택하지 말아야 한다. 그것은 결코 당신을 목표로 인도해주지 않을 것이다.

하지만 인간의 지적이고 도덕적인 활동을 물질적 생활의 필요로 돌려서 복리를 증진시키는 데 활용하는 것이 당신에게 유익해 보인다면, 천재성보다는 타산이 당신이 보기에 인간에게 더 이로운 것이라면, 당신의 목표가 영웅적인 덕행을 함양하는 것이 아니라 평온한 습관을 증진시키는 것이라면, 당신이 범죄보다는 차라리 폐단을 택하고 중범죄가 줄어드는 만큼 고매한 행동도 줄어드는 것을 더 원한다면, 당신이 찬란한 사회에서 살기보다는 번영하는 사회에서 사는 것에 만족한다면, 그리고 요컨대 당신이 보기에 정부의 주요 목표가 국민 모두에게 가능한 한 최대의 힘과 영광을 부여하는 것이 아니라 구성원 개개인에게 최대의 복리를 제공해주고 가능한 한 빈곤을 피하게 해주는 것이라면, 그렇다면 당신은 조건들을 평등화해야 하며 민주주의 통치를 구성해야 한다.

그러나 이와 같은 선택을 할 시기가 이미 지나갔다면, 그리고 인간보다 우세한 어떤 힘이 당신의 의지와 관계없이 당신을 이미 두 가지 통치 중 어느 하나로 몰고 갔다면, 적어도 거기에서 빼낼 수 있는 최대한의 이점들을 빼내도록 하자. 그리고 그 통치가 내보이는 좋은 본능과 나쁜 성향을 모두 알아내고 좋은 것은 북돋고 나쁜 것은 억제하도록 힘쓰자.

제7장

합중국에서 다수의 전능성과 그 결과

민주주의 통치의 본질은 다수의 지배가 절대적이라는 데에 있다. 민주 국가에서는 다수에게 저항할 수 있는 것이 아무것도 없기 때문이다.

아메리카의 대다수 통치 체제들은 이러한 다수의 본원적인 힘을 인위적으로 증대시키려 애써왔다.[1]

모든 정치권력 중에서 입법부는 다수의 의지에 가장 기꺼이 순응하는 권력체이다. 아메리카인들은 입법부의 구성원들을 인민에 의해 '직접적으로', 그리고 '아주 짧은' 임기로 선출하기를 원했다. 이것은 의원들이 선거구민들의 일반적인 견해뿐만 아니라 그날그날의 기분에도 따르도록 하기 위해서였다.

---

[1] 연방헌법을 검토하면서 우리는 연방의 입법자들이 이러한 다수 권력의 증대를 막으려 애썼다는 사실을 살펴보았다.

상하 양원 의원들은 같은 계급 안에서 뽑히고 같은 방식으로 임명된다. 따라서 입법부의 의사 진행은 단원제의 의사 진행만큼이나 신속하며 거침없는 위력을 발휘한다.

아메리카인들은 이렇게 구성된 입법부에 통치의 거의 모든 권한을 내맡기고 있다.

아메리카인들이 채택한 법제는 본래 강한 권력체는 더 강하게 만든 동시에 본래 약한 권력체는 점점 더 약하게 만들었다. 법제는 행정권의 대표자들에게 안정성도 독립성도 부여하지 않았다. 그리고 행정부를 입법부의 변덕에 완전히 내맡김으로써 민주주의 통치의 본질상 행정부가 행사할 수 있는 얼마 되지 않는 영향력마저도 빼앗아냈다.

몇몇 주들은 사법권도 다수가 선출한다는 법률을 통과시켰다. 어떤 주에서든 사법부의 존재 자체가 어떻게 보면 법적으로 입법부의 권위에 종속되어 있다고 할 수 있다. 그도 그럴 것이 의원들이 매년 판사들의 봉급을 책정할 권한을 가지고 있기 때문이다.

아메리카인들의 관습은 법제보다 더 큰 영향력을 발휘했다.

대의제 정부의 보장책들을 유명무실하게 만들 수도 있는 정치 관행들이 합중국에서 점점 널리 퍼지고 있다. 유권자들이 대의원을 뽑으면서 그에게 일정한 행동 지침을 시달하고 반드시 이행해야 할 몇 가지 정해진 의무 사항을 부과하는 일이 아주 흔하게 일어나는 것이다. 소란스럽지 않다는 점만 빼면, 이것은 사실상 다수가 몸소 공공 광장에서 심의를 하는 것과 매한가지이다.

아메리카에서는 몇 가지 특별한 상황들이 다수의 권력을 우세할 뿐만 아니라 불가항력적인 것으로 만들어주고 있다.

다수의 도덕적 우월성은 부분적으로 다음과 같은 사고방식에, 즉 한 사람보다는 결합된 많은 사람들에게 더욱 많은 지식과 지혜가 있으며 입법자를 선출하는 방식보다는 입법자의 수가 더 중요하다는 생각에 토대를 두고 있다. 사람들의 지적 능력에도 평등 이론이 적용된다. 이러한 이론은 인간적 자부심의 최후의 안식처까지 공격하는 것이다. 따라서 소수는 정말 마지못해서 이 이론을 받아들일 따름이며, 한참 지나서야 이러한 상태에 적응할 것이다. 따라서 모든 권력과 마찬가지로, 그리고 어떤 다른 권력들보다도 다수의 권력은 정통성을 확보하기 위해서는 많은 시간을 필요로 한다. 다수의 권력은 처음에 자리를 잡을 때에는 강제적으로 복종을 요구한다. 그리고 다수가 만들어낸 법제들이 오랫동안 효력을 발휘한 이후에야 다수의 권위가 비로소 존중받기 시작할 것이다.

계몽된 다수가 사회를 통치할 권력을 지닌다는 사상은 초기 이주민들에 의해 합중국의 땅에 도입되었다. 자유로운 나라를 세우기에 충분할 것으로 여겨진 이러한 사상은 오늘날 국민들의 습속에 스며들었으며 자질구레한 생활 습관에까지 배어 있다.

옛 왕정 치하에서 프랑스인들은, 국왕은 결코 오류를 범할 수 없다는 이론을 곧이곧대로 받아들였다. 국왕이 잘못을 저지르면, 국왕을 보좌하는 신하들에게 비난이 돌아갔다. 이러한 생각 덕에 아주 쉽사리 백성들의 복종을 얻어낼 수 있었다. 백성들은 법률에 대해 불평을 늘어놓으면서도 변함없이 입법자를 사랑하고 존중하게 되는 것이다. 아메리카인들은 다수자에 대해서 이와 같은 견해를 가지고 있다.

다수의 도덕적 우월성은 또한 다음과 같은 원칙에, 즉 최대 다수의 이해관계가 소수의 이해관계보다 우대받아야 한다는 원칙에 기초하고 있다. 그런데 최대 다수가 누리는 이 권리에 대해 사람들이 표명하는 존중심은 정당들의 상황에 따라서 당연히 늘기도 하고 줄기도 한다는 것은 쉽사리 알 수 있다. 한 국민이 몇 가지 타협 불가능한 커다란 이해관계로 나뉠 경우, 다수의 특권은 종종 무시된다. 다수의 요구에 부응한다는 것은 너무도 힘겨운 일이 되기 때문이다.

만일 아메리카에 수 세기 동안 몇 가지 배타적인 특권들을 누려온 특정 시민들의 부류가 존재했다면, 따라서 입법자들이 그 특권을 빼앗아내고 이들을 높은 지위에서 일반 대중의 대오로 끌어내리려 했다면, 소수는 아마도 이러한 다수의 법률에 쉽사리 복종하지 않았을 것이다.

하지만 합중국에는 서로 대등한 사람들이 이주해온 까닭에, 여러 주민들 사이의 이해관계에 아직은 자연적이고 항구적인 충돌이 발생하지 않는다.

소수에 속한 사람들이 다수를 자기편으로 끌어들이기를 전혀 바랄 수 없는, 그러한 사회 상태도 있다. 그럴 경우 그들이 다수에 맞서 벌이는 투쟁의 목표 자체를 포기해야 하기 때문이다. 예컨대 귀족정치는 그 배타적인 특권을 유지하는 한 결코 다수가 될 수 없을 것이다. 그리고 특권을 포기하게 되면 더 이상 귀족정치라고 불릴 수 없을 것이다.

합중국에서는 이와 같이 아주 일반적이고 절대적인 정치 문제들은 일어날 수 없다. 모든 정당은 다수의 권리를 인정할 채비가 되어 있다. 왜냐하면 정당들 모두가 언젠가 그러한 권리를 자기들에게 유리하도록 활용할 수 있기를 바라기 때문이다.

따라서 합중국에서 다수는 엄청난 사실상의 권위를 행사할 뿐만 아니라 이에 버금가는 상당한 여론상의 권위를 행사한다. 일단 어떤 문제에 대해서 다수가 마음을 정하고 나면, 다수가 앞으로 나아가면서 짓밟은 사람들의 하소연에 조금이라도 귀를 기울일 시간을 줄 수 있도록 다수의 돌진을 막아서지는 못하더라도 잠시 늦출 수 있는 장애물은 어디에도 없다.

이러한 사태의 결과는 미래를 위해서는 불길하고도 위험하다.

**민주 국가들에서 으레 나타나는 입법과 행정의 불안전성이
어떻게 아메리카에서 다수의 전능성으로 인해 더 증대되는가**

나는 앞에서 민주주의 통치에 으레 따르는 폐단들에 대해서 이야기했다. 이러한 폐단들은 다수의 권력이 커지는 것에 비례해서 늘어난다.

우선 가장 현저하게 눈에 띄는 폐단부터 이야기해보자.

권력을 행사하는 자가 줄곧 바뀌는 것이 민주 국가로서는 당연한 일인 까닭에, 입법의 불안정성은 민주주의 통치 자체에 내재한 폐단이라고 할 수 있다. 하지만 이러한 폐단은 입법자에게 부여하는 권한과 행동 수단에 비례해서 늘기도 하고 줄기도 한다.

아메리카에서 법률을 만드는 당국은 거의 절대적인 권한을 행사한다. 입법부는 아주 신속하게, 그리고 아무런 저항도 받지 않고 원하는 것을 하나하나 성취할 수 있으며, 게다가 매년 대의원들을 갈아치운다. 달리 말하자면 민주정치의 불안정성을 널리 조장할 수 있으며 아주 중요한 문제들마저도 유권자들의 변덕에 의해 좌우될 수밖에 없는 그러한 제도들이 아메리카에서 채택된 것이다.

따라서 오늘날 아메리카는 세계에서 법률의 수명이 가장 짧은 나라이다. 아메리카의 거의 모든 헌법은 지난 30년 동안에 수정을 거쳤다. 아메리카에서 이 기간 동안에 법제의 원칙을 바꾸지 않은 주들이 하나도 없다.

법제에 대해서 말하자면, 아메리카에서는 입법자가 활동을 늦추지 않는다는 사실을 알아보기 위해서는 합중국의 여러 주들의 문서고를 훑어보는 것으로 충분할 것이다. 물론 아메리카의 민주정치가 그 성격상 다른 나라의 민주정치보다 더 불안정한 것은 아니다. 하지만 아메리카의 민주정치에는 법률을 만드는 데에서 그 본원적인 불안정한 성향을 고스란히 따를 수 있는 수단마저 주어져 있는 것이다.[2]

---

2) 1780년부터 오늘날까지 매사추세츠주에서만 공포된 법령문이 이미 두꺼운 책 세 권에 달한다. 내가 말한 법령집은 1823년에 개정된 것이며 사용되지 않는 수많은 낡은 법령들이 폐기되었다는 사실을 염두에 두자. 그런데 프랑스의 어느 한 도(道)보다도 인구가 적은 매사추세츠주는 합중국에서 가장 안정된 주로 알려져 있을 뿐만 아니라 가장 일관성 있고 현명하게 살림을 이끌어가는 주로 알려져 있다.

다수의 전능성 및 다수의 의지가 집행되는 신속하고 절대적인 방식은 법률을 불안정하게 만들 뿐만 아니라 법률의 집행과 공공 행정의 수행에도 마찬가지 영향을 미친다.

다수만이 비위를 맞추어야 할 세력이기 때문에 누구든 다수가 도모하는 일들을 열렬히 지지한다. 하지만 다수의 주의가 다른 곳으로 향하자마자 이러한 열성은 순식간에 사라진다. 이와 달리 행정권이 독자적이고 안정된 지위를 누리는 유럽의 자유로운 국가들에서는, 입법부의 관심이 다른 데로 향하더라도 입법부가 추진하던 사업은 계속적으로 추진된다.

아메리카에서는 특정한 개선 사업이 다른 어느 곳에서도 찾아볼 수 없는 엄청난 열성과 활력으로 추진된다.

유럽에서는 이와 똑같은 사업에 이보다는 훨씬 적은 노력을 들이지만 훨씬 더 지속적으로 그 사업을 추진한다.

몇 해 전에 신앙심 깊은 몇몇 사람들이 교도소의 상태를 개선하고자 나섰다. 대중은 이들의 호소에 감동했으며 범죄자들의 교화 사업이 대중적인 관심사가 되었다.

이리하여 새로운 감옥들이 세워졌으며, 처음으로 범죄자들에 대한 응벌주의와 동시에 교화주의가 행형 규정에 도입되었다. 그렇지만 대중이 그토록 열정적인 관심을 보였으며 시민들이 한꺼번에 힘을 합쳤던 이 다행스런 변혁은 하루아침에 이루어질 수 없었다.

다수의 뜻에 따라 서둘러 새로운 교도 시설들이 설립되는 동시에 낡은 감옥들은 여전히 운영되면서 상당수의 범법자들을 계속 수감했다. 새로운 시설들이 개선되고 청결해지는 것에 비례해서 낡은 시설들은 더 불결해지고 더 부패의 온상이 될 수밖에 없었다. 이러한 이중의 효과는 쉽게 이해된다. 다수는 새로운 시설을 세우는 데 너무 몰두한 나머지 이미 존재하는 시설들을 잊은 것이다. 더 이상 상전의 관심을 끌지 못하는 대상으로부터 누구나 눈을 돌려버리자, 거기에 대한 관리나 감시도 사라져버린 것이다. 건전한 형행 규정들이 처음에는 이완되었다가 나중에는 파기되어버렸다. 그래서 우리 시대의 온화하고 개화된 정신을 내보이는 교도소의 바로 옆에 중세의 야만을 상기시키는 감옥이 버젓이 서 있는 것이다.

다수의 압제

통치 문제에서 인민(peuple) 다수가 무엇이든 할 수 있는 권리를 가진다는 식의 주장은 온당하지 않으며 도저히 납득할 만하지도 않다고 나는 생각한다. 그러면서도 나는 모든 권력은 다수의 의지에서 나온다고 주장한다. 그렇다면 나는 스스로 모순된 말을 늘어놓는 것인가?

이러저러한 인민의 다수에 의해서뿐만 아니라 모든 인간의 다수에 의해서 제정되거나 아니면 적어도 채택된 일반법이 존재한다. 이러한 법이 바로 정의이다.

그러므로 정의는 개개 인민의 권리에 한계를 설정한다고 할 수 있다.

국민(nation)이란 사회 전체를 대표하면서 그 사회의 법인 정의를 운용하는 일을 떠맡은 배심원이라고 할 수 있다. 사회를 대표하는 배심원이 사회 자체보다 더 많은 권한을 가져야 하겠는가?

그러므로 내가 부당한 법률에 복종하기를 거부할 경우, 나는 결코 다수의 통솔권을 부인하는 것이 아니다. 나로서는 단지 인민의 주권이 아니라 인류의 주권에 호소할 따름이다.

인민이 적어도 자기 자신에게 고유한 문제들을 다루는 데에서는 정의와 이성의 한계를 완전히 넘어설 수 없는 까닭에 인민을 대표하는 다수에게 전권을 부여하는 일을 두려워할 필요가 없다고 서슴없이 주장하는 이들이 있다. 그러나 이러한 말은 노예의 언어이다.

흔히 집합체로 취급되는 다수라는 것도 실은 소수라고 불리는 또 다른 개인과는 어긋나는 의견이나 이해관계를 갖는 개인이 아니겠는가? 그런데 전권을 지닌 한 사람이 반대파들에 맞서 권력을 휘두를 수 있다는 사실을 만일 당신이 인정한다면, 당신은 전권을 지닌 다수에 대해서도 마찬가지 입장을 가져야 하지 않겠는가? 사람들이 함께 뭉친다고 해서 원래의 성격이 변하는가? 사람들이 더 강해진다고 해서 장애물을 만나면 더 의연해지는가?[3] 나로서는

---

3) 한 사람이 다른 한 사람에 대해 권력을 남용할 수 없다고는 아무도 주장하려 하지 않는다. 그런데 정당들이란 한 커다란 국민 안에 있는 작은 국민들이라고 할 수 있다. 정당들은 서로에 대해서 이방인의 관계일 따름이다. 한 국민이 다른 한 국민에 대해 전제 권력을 행사할 수 있다면, 한 정당이 다른 정당에 대해서 그렇게 할 수 있다는 것을 어떻게 부정하겠는가?

그렇다고 믿지 않는다. 나는 내 주변 사람들 중 어느 한 명에게 전권을 부여하기를 거부한다. 마찬가지로 나는 이들 중 여러 명에게도 결코 전권을 부여하지 않을 것이다.

이렇게 말한다고 해서 내가 몇 가지 다른 원칙들을 서로 실질적으로 맞작용하도록 한 정부 안에 배치한다면 자유를 보존할 수 있으리라고 생각하는 것은 아니라는 점을 알아주기 바란다.

이른바 혼합 정부라는 것은 언제나 나에게는 공상에 지나지 않는 것으로 보였다. 엄정하게 말하자면, 어떤 사회에서든 다른 모든 행동 원칙보다 우세한 하나의 행동 원칙이 나타나기 마련이라는 점에서 혼합 정부(이 단어에 일반적으로 부여하는 의미에서)란 존재하지 않는다.

이런 유형의 정부의 본보기로 자주 거론되어온 지난 세기의 영국은 비록 민주주의의 중요 요소들을 지니고 있기는 했지만 본질적으로 귀족제 국가였다. 당시 영국은 그 법제와 습속으로 볼 때 궁극적으로 귀족정치가 사회를 지배하고 귀족계층의 의지에 따라 공무가 처리될 수밖에 없는 그런 성격의 사회였다.

귀족층의 이해관계와 인민의 이해관계 사이의 끊임없는 투쟁을 관찰한 사람들이 그 투쟁 자체만을 고려했을 뿐 진정으로 중요한 사항이었던 투쟁의 결과에는 관심을 두지 않았던 데에서 영국을 혼합 정부로 여기는 오해가 발생했던 것이다. 한 사회가 진정으로 혼합 정부를 가지게 된다면, 달리 말해 서로 상충되는 원리들 사이에 똑같이 나뉘게 된다면, 그 사회는 혁명을 겪거나 아니면 와해되고 말 것이다.

따라서 어떤 사회에서든 다른 모든 권력보다 우세한 하나의 권력이 어디엔가 있어야 한다고 나는 생각한다. 하지만 이 권력 앞에 그 진로를 늦추도록 하고 스스로 자제하도록 하는 시간적 여유를 줄 수 있는 장애물이 전혀 없다면, 자유는 위험에 처할 것이라고 나는 생각한다.

내가 보기에 무한 권능(toute-puissance)은 그 자체로 나쁘고 위험한 것이다. 무한 권능의 행사는 그 주체가 누구든 인간의 능력을 넘어서 있다. 하느님의 지혜와 정의는 언제나 하느님의 힘과 일치한다는 점에서, 하느님만이 위험 없이 그 권능을 행사할 수 있다. 아무 통제 없이 활동하고 아무 장애 없이 군림하도록 내버려 둘 정도로, 그 자체로 존중할 만하고 신성한 권리를 부여받은 권위란 이 땅에 존재하지 않는다. 인민이든 국왕이든, 민주정치든 귀족정치든, 왕정이든 공화정이든, 어떤 권력체에 전능한 권리와 능력을 부여한다면, 나는 거기서 압제의 씨앗을 본다. 그러면 나는 떠나서 다른 법제 아래서 살 것이다.

내가 보기에 합중국에서 시행되는 민주주의 통치의 가장 큰 문제점은 유럽에서 많은 사람들이 주장하듯이 그 취약성에 있는 것이 아니라 그 막강한 힘에 있다. 아메리카에서 내가 가장 경계하는 것은 이 나라에서 누리는 극단적인 자유가 아니라 이 나라에는 압제에 맞설 보장책이 거의 없다는 점이다.

어느 개인이나 어느 정당이 합중국에서 부당한 처우를 당한다면 누구에게 호소할 수 있겠는가? 여론에? 여론도 다수로 이루어져 있다. 입법부에? 입법부는 다수를 대표하며 맹목적으로 다수에 복종한다. 행정권에? 행정권은 다수에 의해 임명되며 다수에게 소극적 도구 구실을 한다. 공권력에? 공권력은 무장한 다수에 다름 아니다. 배심원에게? 배심원은 법령을 공포할 권리를 지닌 다수이다. 더구나 법관들도 몇몇 주들의 경우 다수에 의해 임명된다. 그러므로 당신의 심기를 해치는 그 조치들이 아무리 부당하고 불합리하다고 할지라도, 당신은 그것에 복종해야만 한다.[4]

---

4) 다수의 폭압이 가져올 수 있는 폐단의 놀라운 사례가 1812년 전쟁 때 볼티모어에서 발생했다. 당시 볼티모어에서 전쟁은 대중의 지지를 받고 있었다. 반대 입장을 취한 한 신문은 이로 인해 주민의 분노를 샀다. 모여든 군중은 인쇄기를 부수고 편집인들의 집을 습격했다. 민병대가 소집되었으나 그들은 소집에 응하지 않았다. 격노한 군중으로부터 이 불행한 자들을 구하기 위해 이들을 범죄자처럼 유치장에 가두는 조치를 취했다. 하지만 이런 조치는 아무 효과가 없었다. 그날 밤 군중들은 다시 모였다. 관리들은 다시 민병대 소집령을 내렸지만 헛일이었다. 유치장이 강제로 열리고 편집인들 중 한 명이 현장에서 피살되었으며 나머지는 죽도록 두들겨 맞았다. 재판에 회부된 범인들은 배심원에 의해 방면되었다.

언젠가 나는 펜실베이니아의 한 주민에게 이렇게 물었다. "실례지만, 퀘이커교도들이 세운, 이 관용의 땅으로 소문난 주에서 자유인이 된 흑인들에게 시민으로서의 권리 행사가 허용되지 않는 이유가 무엇인지 설명해주시지요. 그들은 세금을 내고 있습니다. 그들에게 선거권을 부여하는 것이 옳지 않습니까?" 그는 대답했다. "우리의 입법자들이 그렇게 부당하고 관대하지 못한 일을 저질렀다고 당신이 생각하신다면, 우리를 모욕하는 것입니다."—"그렇다면 이 나라에서 흑인들도 투표권을 가지고 있군요?"—"물론이지요."—"그렇다면 오늘 아침 유권자 모임에서 왜 단 한 사람의 흑인도 눈에 띄지 않는 것일까요?"—"그것은 법률 탓이 아닙니다. 흑인들은 물론 투표권을 가지고 있습니다. 하지만 그들은 투표장에 나가기를 자발적으로 삼가고 있습니다."—"흑인들 편에서 상당히 조심하는 것이군요."—"그렇지요! 그들은 투표하러 갈 마음이 없는 것은 아니지만 그로 인해 나쁜 처우를 당할까 우려하는 것이지요. 우리나라에서는 때로 다수가 지지를 해주지 않으면 법률도 효력을 발휘하지 못합니다. 그런데 다수는 이와 반대로, 입법부가 다수를 대표하면서도 다수의 변덕의 노예가 되지는 않도록 구성되어 있다고, 행정권이 자기에게 고유한 힘을 부여받고 있다고, 사법권이 다른 두 개의 권력으로부터 독립을 유지하고 있다고 가정해보자. 그렇다면 당신은 여전히 민주주의 통치를 누리고 있을 것이지만 압제의 가능성은 현저하게 줄어들 것이다.

그렇다고 오늘날 아메리카에서 압제가 자주 발생하고 있다고 말하는 것은 아니다. 단지 나는 압제에 맞설 수 있는 보장책이 전혀 없다는 점을, 그리고 정부를 온건하게 만드는 요인은 그 나라의 법제보다는 상황과 습속에서 찾아져야 한다는 점을 말해두고자 한다.

다수의 전능성이
아메리카 공직자들의 전횡에 미치는 영향

압제(tyrannie)와 전횡(arbitraire)은 구별되어야 한다. 압제는 법률 자체를 통해서 행사될 수 있으며, 따라서 이 경우에 압제는 전횡이 아니다. 반면에 전횡은 피치자에게 이익이 되도록 행사될 수 있으며, 따라서 이 경우 전횡은 압제가 아니다.

흑인들에 대해 강한 편견에 사로잡혀 있어요. 그러니 관리들도 법률이 부여해준 흑인들의 권리를 보장해주는 데 자신들도 별로 힘이 없다고 느끼는 것입니다."
—"그렇군요! 다수는 법률을 만드는 특권뿐만 아니라 법률에 복종하지 않을 권리까지도 요구하는 것이군요."

압제는 일반적으로 전횡의 방법을 사용하기도 하지만, 필요한 경우 그 방법을 사용하지 않기도 한다.

합중국에서 다수의 전능성은 입법부의 합법적 전제(despotisme)를 조장할 수 있는 동시에 관리들의 전횡을 조장할 수 있다. 다수는 법률을 만들고 그 법률의 집행을 감독하는 절대적인 권한을 가지고 있다. 다수는 정부 당국자들과 일반 국민에 대해서 똑같은 통제력을 행사하고 있으며, 공직자들을 자신의 수동적인 대행자로 간주하고, 자신의 계획을 실행에 옮길 부담을 흔쾌히 이들에게 맡긴다. 따라서 다수는 이들 공직자의 직무에 관한 세부 사항을 미리 정해두지 않으며 공직자들의 권리가 어떤 것인지 정하려 하지도 않는다. 공직자들이 일하는 것을 언제든 눈앞에서 지켜볼 수 있으며 언제든 공직자들의 행동을 지도하고 질책할 수 있다는 점에서, 다수는 마치 상전이 하인들을 다루듯이 공직자들을 다루는 셈이다.

일반적으로 아메리카의 공직자들은 법률이 그들에게 부여해준 영역 안에서 프랑스의 공직자들보다 훨씬 독자적으로 일한다. 심지어 때때로 다수가 이들 공직자에게 법률로 정해진 한계를 넘어서도록 허용하는 일도 벌어진다. 최대 다수의 여론에 의해 지지를 받고 최대 다수의 협조를 얻고 있는 까닭에, 공직자들은 전횡의 행사에 익숙해진 유럽인도 깜짝 놀랄 만한 일들을 감히 해치운다. 이렇게 언젠가 자유에 치명적이 될지도 모를 습관들이 자유의 한복판에서 자라나는 것이다.

아메리카에서 다수가 사상에 미치는 영향력에 대해

다수의 권위가, 우리가 유럽에서 알고 있는 모든 권위보다 과연 얼마나 우세한가를 명확하게 살펴보려면 합중국에서 사상의 상태를 검토해보아야 할 것이다.

사상은 눈에 보이지 않으며 포착하기 힘든 권력으로서 폭압 정권들마저도 농락하곤 한다. 오늘날 유럽에서 가장 절대적인 권력을 휘두르는 군주들도 자신들의 권위에 도전하는 특정 사상들이 국토 안에서, 심지어 궁전 안에서 은밀히 유포되는 것을 막을 수 없다. 아메리카에서는 사정이 다르다. 어느 쪽이 다수인지 아직 판가름나지 않은 때에는 토론이 진행되지만, 다수가 확정되고 나면 누구나 입을 다문다. 다수에 찬성하던 측이든 반대하던 측이든 일제히 다수의 뒤를 따르는 것이다. 그 이유는 단순하다. 자기 수중에 사회의 모든 권력을 집중시키고 모든 반대파를 제압할 수 있을 만큼 절대적인 권력을 지닌 군주는 없다. 하지만 법률을 만들고 또 집행할 권력을 지닌 다수는 바로 이런 일을 능히 해낼 수 있다.

군주의 권력은 물리적인 것으로서 사람들의 행동은 통제할 수 있지만 사람들의 생각에는 영향을 미칠 수 없다. 하지만 다수는 물리적인 동시에 정신적인 힘을 지니는데, 이 힘은 행동뿐만이 아니라 의지에도 영향을 미치며 드러난 행위뿐만 아니라 하려는 의도도 가로막는다.

내가 알기로는 일반적으로 아메리카만큼 사유의 독립성과 진정한 토론의 자유가 결여된 나라도 없다.

유럽의 입헌국가들에서는 어느 나라에서든 온갖 종교 교의와 정치 이론이 자유롭게 유통되고 또 전파될 수 있다. 유럽에서는 진실을 말하고자 하는 사람이 온갖 박해로부터 자신을 보호해줄 수 있는 지지자를 찾지 못할 만큼, 어느 한 권력에 의해 완전히 장악되어 있는 나라는 없다. 불행하게도 그가 절대적인 통치 아래 살고 있다면, 대개의 경우 인민이 그를 지지해준다. 그가 자유로운 나라에 살고 있다면, 그는 필요하다면 군주의 권위에 몸을 의탁할 수도 있다. 민주주의 국가들에서라면 귀족 세력이 그를 지지할 수 있으며, 다른 나라들에서라면 민주 세력이 그를 지지할 수 있다. 하지만 합중국처럼 구성된 민주 국가에서는 단 하나의 권력, 힘과 성공의 단 하나의 원천만이 있으며 그 외에 아무것도 없다.

아메리카에서 다수는 사상의 주위에 엄청난 장벽을 세운다. 이 장벽의 안에서는 문필가는 자유롭다. 하지만 그가 이 장벽을 벗어나려 한다면 그에게 불행이 닥쳐온다. 그는 화형을 당할 위험에 처하지는 않겠지만 온갖 종류의 비방과 매일 이어지는 박해를 무릅써야 한다. 그에게 출셋길을 열어줄 수 있을 유일한 권력의 심기를 상하게 한 까닭에, 그의 정치 생명도 끝장난다. 명예는커녕 어떠한 보장도 그에게 주어지지 않는다. 견해를 공표하기 전까지 그는 동조자들이 있다고 믿었지만, 누구에게나 자신의 견해를 다 밝힌 후에는 그에게 동조자가 전혀 없어 보인다. 그를 비난하는 사람들은 목청을 더욱 높이고, 그와 같은 생각을 가진 사람들은 용기를 잃고 입을 다물며 멀어져 간다. 매일 누적되는 엄청난 피로에 마침내 굴복해서 그는 마치 진실을 말했던 것을 후회나 하듯이 조용히 입을 다문다.

족쇄와 형리, 이런 것들은 옛날에 폭정이 사용하던 거친 도구들이다. 하지만 오늘날 문명은 모든 것을, 심지어 전제정치까지도 더할 나위 없을 정도로 세련되게 다듬었다.

군주들은 말하자면 물리적인 폭력을 구사했다. 반면에 오늘날의 민주공화정들은 인간의 육체보다 인간의 의지를 통제하고자 하면서 심리적인 차원에서의 폭력을 구사했다. 일인의 적대적인 통치 아래서 전제정치는 영혼을 지배하기 위해서 신체를 거칠게 공격했다. 하지만 영혼은 자신에게 가해지는 타격을 피해서 전제정치 위로 의연하게 솟아올랐다. 민주공화정들에서 폭정이 취하는 방식은 이런 것이 아니다. 폭정은 신체는 내버려 두고 곧장 영혼을 공격한다. 요컨대 상전은 더 이상 "너는 나처럼 생각해야 한다. 그렇지 않으면 너는 죽을 것이다"라는 식으로 말하지 않는다. 그는 다음과 같이 말한다. "당신은 자유롭게 나와 다른 생각을 가질 수 있다. 당신은 당신의 생명과 재산 모든 것을 누릴 수 있다. 하지만 오늘부터 당신은 우리들에게 이방인이다. 당신은 시민으로서의 권리를 누릴 수 있을지 모르나 당신에게는 아무 쓸모없을 것이다. 당신이 아무리 동료 시민들의 표를 얻으려 해도 그들은 절대로 당신을 뽑지 않을 것이기 때문이다. 당신이 그저 그들의 평가만을 얻으려 해도 그들은 그것마저 거부할 것이다. 당신은 사람들 사이에 여전히 끼여서 남아 있겠지만 인간으로서의 권리들은 몽땅 잃어버리게 될 것이다. 당신이 동료들에게 다가가면 그들은 당신을 마치 불결한 물건처럼 피할 것이다. 그리고 당신에게 아무죄도 없다는 것을 아는 사람들마저도 자기들도 같은 꼴을 당하느니 차라리 당신을 버릴 것이다. 목숨은 살려줄 테니 조용히 사라져라. 하지만 차라리 죽느니만 못할 것이다."

절대군주정들은 전제정치의 명예를 훼손했다. 그런데 민주공화정들이 행여나 전제정치를 되살리는 것은 아닌지, 그리고 민주공화정들에서 전제정치가 몇몇 사람들에게는 더욱 가혹해짐으로써 대다수 사람들의 눈에는 덜 혹독하고 더 너그럽게 보이는 것은 아닌지 주의해서 살펴보도록 하자.

구세계의 자부심에 가득 찬 나라들에서는 동시대인들의 악덕과 어리석음을 고스란히 묘사하는 책들이 출판되곤 했다. 라브뤼에르(La Bruyère)는 고관대작들을 비꼬는 글을 쓸 때 루이 14세의 궁정에 살고 있었다. 몰리에르(Molière)는 궁신들 앞에서 상연한 연극에서 궁정을 조롱했다. 그러나 합중국을 지배하는 권력은 이런 식으로 조롱당하는 것을 원치 않는다. 아무리 보잘것없는 비난이라도 권력의 심기를 상하게 하며, 아무리 하찮더라도 조금이라도 매서운 진실은 권력의 짜증을 돋운다. 권력이 사용하는 말투에서부터 권력이 지닌 고지식한 덕행까지 모든 것이 찬사의 대상이 되어야 한다. 아무리 대단한 명성을 지닌 작가라도 동료 시민들에게 칭찬을 늘어놓아야 할 의무를 피할 수 없다. 따라서 다수는 자기 자신에 대한 항구적인 찬사 속에서 사는 셈이다. 아메리카인들이 자기 자신에 대한 솔직 담백한 이야기를 받아들이는 것은 외국인들을 통해서 아니면 오랜 경험에 의해서일 따름이라는 말은 어느 정도 일리가 있다.

만일 아메리카에 아직껏 위대한 작가가 없다면, 그 이유를 다른 데서 찾을 필요가 없다. 사유의 자유 없이는 문필의 천재가 있을 수 없는데, 아메리카에서는 사유의 자유가 없는 것이다.

종교재판도 에스파냐에서 다수의 종교에 반대하는 책들이 출판되는 것을 막지 못했다. 다수의 지배는 합중국에서 더 힘을 발휘한다. 다수의 지배가 그런 책들을 출판하려는 생각까지도 없애버리기 때문이다. 물론 아메리카에도 신을 믿지 않는 자들이 있다. 하지만 불신앙을 표방하는 단체는 찾아볼 수 없다.

어떤 나라에서는 외설 서적을 출판한 저자들을 처벌함으로써 습속을 보호하고자 한다. 합중국에서는 이런 종류의 책을 냈다고 아무도 처벌받지 않는다. 하지만 아무도 이런 종류의 책을 쓰려하지 않는다. 모든 시민이 순박한 품행을 지녔기 때문이 아니라 다수가 품행에서 단정하기 때문이다.

이 경우에 권력은 물론 올바르게 행사되는 것이라고 할 수 있다. 단지 내가 말하고자 하는 것은 권력의 성격 자체에 대해서일 따름이다. 다수의 권력이 절대적이라는 것은 불변의 사실인 반면, 그것이 올바르게 행사되는 것은 우연인 것이다.

다수의 압제가 아메리카인들의 국민성에 미치는 영향:
다수에게 환심 사기

앞에서 말한 것의 영향은 아직 정치 영역에서는 그리 크게 감지되지 않는다. 하지만 아메리카인들의 국민성에는 이미 그 해로운 효과가 뚜렷이 나타나는 중이다. 오늘날 정치 무대에서 저명한 인물들이 그리 많이 눈에 띄지 않는 것은 무엇보다도 합중국에서 다수의 전제정치가 줄곧 증대되고 있는 탓이라고 나는 생각한다.

아메리카 혁명이 발발했을 때에는 특출한 인물들이 많이 나타났다. 당시에 여론은 이들의 의도를 북돋아주었으며 결코 억압하지 않았다. 당시의 저명인사들은 시대의 흐름에 자유롭게 몸을 내맡겼으며 그들 나름의 원대한 품격을 지녔다. 이들은 자신의 자질을 국민에게서 빌려오기는커녕 국민 모두에게 나누어주었다.

절대군주정 치하에서 군주의 측근인 고관대작들은 상전의 비위를 맞추고 자진해서 상전의 변덕에 영합한다. 하지만 국민 대중은 머슴 노릇을 할 채비가 되어 있지 않다. 국민은 흔히 힘이 없어서 또는 습관적으로 또는 무지 탓에 복종을 하며, 때로는 왕조나 국왕에 대한 충성심에서 복종을 한다. 몇몇 나라에서 국민이 흔쾌히, 그리고 자부심에 차서 자신들의 의지를 군주의 의지에 종속시키고, 더 나아가 복종하는 행위에서 영혼의 독립성을 찾곤 하는 장면을 이따금 볼 수 있다. 이러한 국민들의 처지를 두고 비참하다고 말할지언정 비굴하다고 말할 수는 없을 것이다. 자신이 용납하지 않는 일을 하는 것과 자신이 하는 일을 용납하는 척하는 것 사이에는 커다란 차이가 있다. 앞의 것은 그가 약자이기 때문이지만, 뒤의 것은 그가 머슴 근성을 지니고 있기 때문이다.

자유로운 나라들에서는 누구나 국정에 대한 자신의 의견을 정도의 차이가 있을지언정 제시할 수 있다. 민주공화정들에서는 공적 생활이 끊임없이 사생활과 연결되어 있고, 누구든지 주권자에게 접근할 수 있으며 목청을 높이기만 하면 언제든 주권자의 관심을 살 수 있다. 이런 나라들에는 주권자의 취약성에 편승하고 주권자의 격정을 촉발시켜 이익을 꾀하려는 자들이 절대군주정들에서보다 훨씬 많이 눈에 띈다. 이런 나라에 사는 사람들이 다른 나라에 사는 사람들보다 천성적으로 더 악하기 때문이 아니라, 이런 나라들에서는 유혹이 더 강력할 뿐만 아니라 더 많은 사람에게 동시에 미치기 때문이다. 결과적으로 영혼의 더 전면적인 타락 현상이 나타나는 것이다.

민주공화정들에서는 다수의 환심을 사려는 풍조가 널리 퍼져 있으며 사회의 모든 계급에 침투해 있다. 민주주의 체제에 대해 가해질 수 있는 주요 비판 가운데 하나가 바로 이것이다.

이러한 비판은 아메리카의 공화 정부들처럼 조직된 민주주의 국가들에 특히 잘 들어맞는다. 아메리카에서는 다수가 너무나 절대적이고 저항하기 힘든 지배력을 행사하는 까닭에, 다수가 정해놓은 길에서 벗어나길 원하면 어느 정도 시민으로서의 권리를, 굳이 말하자면 인간으로서의 자질을 포기해야만 한다.

아메리카에서는 정치 무대에 수많은 사람들이 밀려든다. 하지만 나는 이들 가운데서, 옛날의 아메리카인들에게서 나타나는 특징이자 장소를 막론하고 위대한 인물에게서 나타나는 특징이기도 한, 의연한 기백과 남성다운 독자적 사유를 보여주는 사람들을 거의 보지 못했다. 얼핏 보기에 아메리카인들의 심성은 모두 한 가지 모델에 따라 만들어진 듯하다. 이들은 누구나 똑같은 길을 따라 걷는 듯하다. 물론 외국인은 때로 이러한 상궤에서 벗어나 있는 아메리카인들을 만날 수 있다. 법률의 결함이나 민주정치의 변덕과 무지를 개탄하는 사람들, 국민성을 훼손하는 폐단을 지적하고 이러한 폐단을 고칠 방안을 제시하는 사람들 말이다. 하지만 당신을 제외하고 아무도 이들의 말을 듣지 않을 것이다. 이러한 내밀한 이야기를 귀담아 듣는 당신은 외국인일 따름이며, 당신은 떠나 버린다. 요컨대 이들은 당신에게 별로 도움이 되지 않는 진실들을 기꺼이 들려주는 것이며, 공공장소에 나가서는 전혀 다른 말을 하곤 한다.

이 글이 행여나 합중국에서 읽힌다면, 두 가지 사태를 예견할 수 있다. 첫째, 글을 읽은 사람 모두가 목소리를 높여 나를 비난할 것이다. 둘째, 이들 중 많은 사람들이 마음 속 깊은 곳에서는 나를 용서해줄 것이다.

나는 합중국에서 사람들이 자신의 조국에 대해 하는 말을 들은 적이 있다. 나는 인민에게서는 진정한 애국심을 보았다. 하지만 지도자들에게서는 거의 찾아보기 힘들었다. 이러한 현상은 다음과 같은 비유로 쉽게 설명할 수 있을 것이다. 요컨대 전제정치는 억압을 부과하는 자보다 억압에 복종하는 자를 더욱 타락시킨다. 절대군주정 아래에서 대개의 경우 국왕은 훌륭한 덕망을 지녔지만, 그를 둘러싼 신하들은 비루하기 마련인 것이다.

아메리카에서 신하들이 '폐하' 또는 '전하' 따위의 말을 하지 않는 것은 사실이다. 하지만 이들은 언제나 자기들이 모시는 상전이 얼마나 뛰어난 지혜를 지녔는지에 대해 이야기를 늘어놓는다. 이들은 자기 상전이 지닌 어떤 덕성이 진정으로 존경할 만한 가치가 있는 것인지 굳이 답을 구하려 하지 않는다. 이들은 자기의 상전이 선천적이든 후천적이든 아무튼 모든 덕성을 다 지니고 있다고 확신할 따름이다. 이들은 물론 자신의 아내와 딸을 상전에게 첩으로 바치지는 않는다. 하지만 이들은 상전을 위해 자신의 의견을 희생시킴으로써 자기 스스로 첩살이를 하는 셈이다.

아메리카의 도덕론자와 철학자들은 비유의 장막 속에 그들의 의견을 감출 필요가 없었을 것이다. 하지만 거부한 진실을 건드려야 할 경우에, 이들은 다음과 같이 말한다. "우리는 인민에게, 인간의 취약성을 훌쩍 뛰어넘어 있어서 한순간도 자제심을 잃지 않는 인민에게 말하고 있다는 사실을 잘 압니다. 만일 우리가 그들 자신의 덕망과 지혜 덕에 그 누구보다도 자유를 누릴 자격이 있는 사람들을 상대로 말하는 것이 아니라면, 우리는 이러한 언사를 사용하지 않을 것입니다."

루이 14세의 주변에 모인 아첨꾼들인들 이보다 더 잘 비위를 맞출 수 있었겠는가?

나로서는, 어떤 형태의 통치에서든 무력(force)에는 비굴함이 따르고 권력(pouvoir)에는 아첨이 따른다고 생각한다. 그리고 나는 인간의 품위가 저하되는 것을 막을 수 있는 단 한 가지 수단밖에 알지 못한다. 그것은 인간을 비굴하게 만드는 최상위 권력을, 그 전능한 힘을 어느 누구에게도 부여하지 않는 것이다.

아메리카 정부들의 가장 큰 위험은
다수의 전능성에서 나온다

일반적으로 정부들은 무능한 탓에 또는 압제로 인해 붕괴된다. 무능할 경우 권력이 정부들에서 빠져나가고, 압제의 경우 권력을 탈취당한다.

민주주의 국가들이 무정부 상태에 빠지는 것을 지켜본 많은 사람들은 이 국가들에서 정부가 원래부터 취약하고 무기력하다고 생각한다. 일단 당파들 사이에 정쟁이 벌어지면 정부가 사회에 대한 통제력을 상실한다는 것은 사실이다. 하지만 나는 민주주의 권력이란 본질상 힘도 역량도 부족하기 마련이라고는 믿지 않는다. 오히려 나는 민주주의 권력이 붕괴되는 것은 언제나 그 힘을 남용하고 그 역량을 잘못 사용하기 때문이라고 생각한다. 대개의 경우에 무정부 상태는 무능력의 결과라기보다는 압제나 실정의 결과이다.

우리는 사물의 안정성을 사물의 힘과 혼동해서는 안 되며, 위대성을 지속성과 혼동해서는 안 된다. 민주공화정들에서 사회를 통솔하는 권력[5]은 안정되어 있지 않다. 권력의 담지자와 권력의 목적이 수시로 변하기 때문이다. 하지만 팔이 닿는 어느 곳에서든

---

5) 권력이 의회에 집중될 수 있다. 이 경우 권력은 힘이 세지지만 안정성을 잃는다. 권력은 한 사람에게 집중될 수 있다. 이 경우 권력은 힘이 약화되지만 더 안정적이다.

권력은 아무도 저항하기 힘든 막강한 힘을 발휘한다.

내가 보기에 아메리카 공화 정부들의 통치는 유럽 절대군주정들의 통치만큼 중앙 집중화되어 있으며 또한 이들의 통치보다 더욱 큰 활력을 발휘한다. 따라서 나는 아메리카의 정부들이 허약하기 때문에 붕괴될 것이라고는 생각하지 않는다.[6]

만일 언젠가 아메리카에서 자유가 상실된다면, 그것은 소수자들을 절망에 빠트리고 소수자들이 물리적 힘에 호소하게끔 만든 다수의 전능성 때문일 것이다. 그렇게 되면 무정부 상태가 초래될 것이다. 하지만 이러한 무정부 상태는 전제적 지배의 결과이다.

대통령 제임스 매디슨은 바로 이와 같은 견해를 피력했다(『페더럴리스트』 제51호).

"사회를 그 통치자의 억압으로부터 보호하는 것뿐만 아니라 사회의 한 부분을 다른 부분의 횡포로부터 보호하는 것도 공화국에서 아주 중요한 일이다. 통치의 목표는 바로 정의이다. 그것은 시민사회의 목표인 것이다. 정의는 바로 통치가 지향해야 할 목표이다. 그것은 사람들이 사회를 이루면서 스스로 설정한 목표이다. 이 목표는 지금까지 추구되어왔고 또 앞으로도 추구될 것이다. 정의가 실현되든 아니면 정의를 추구하다 자유를 상실하든 둘 중의 하나이다. 강자가 쉽사리 힘을 합쳐서 약자를 억압할 수 있는 형태의

---

6) 내가 말하는 것은 연방 정부에 대해서가 아니라 다수가 전제적으로 통치하는 개개 주 정부들에 대해서라는 사실을 여기서든 이 장(章)의 어느 곳에서든 굳이 독자들에게 일깨울 필요는 없을 듯하다.

사회에서는 약자가 강자의 폭력에 맞설 어떤 보장책도 없는 자연 상태에서와 마찬가지로 무정부 상태가 지배한다고 할 수 있다. 그리고 자연 상태에서 강자들이 불확실하고 허약한 자신들의 처지로 인해 자기 자신들뿐만 아니라 약자들까지도 보호해주는 정부에 복종하는 것처럼, 무정부 상태에서도 가장 강한 정파가 바로 이러한 동기에 이끌려 강자와 약자의 모든 정파를 똑같이 보호해줄 수 있는 정부를 점차적으로 바라게 될 것이다. 만일 로드아일랜드주가 연합(Confederacy)에서 탈퇴해서 홀로 남게 된다면, 좁은 영역 안에서의 이러한 인민적 통치 형태는 다수파 도당의 반복된 탄압을 불러옴으로써 결국 권리의 행사 자체를 불확실하게 만들 것이라는 점, 그리고 인민으로부터 완전히 독립된 어떤 권력의 필요성을 바로 자신들의 실정으로 인해 입증시켜주었던 바로 그 다수파가 이러한 권력을 요구하고 나서리라는 점은 의심할 나위가 없다."

더 나아가 제퍼슨은 다음과 같이 말했다. "우리 정부의 행정권은 내가 탐내는 유일한 대상도 주요한 대상도 아닙니다. 입법부의 압제야말로 지금이든 앞으로든 가장 두려운 위험일 것입니다. 언젠가 행정권의 압제도 문제가 되겠지요. 하지만 그것은 아주 먼 날의 일입니다."[7]

여기서 나는 누구보다도 제퍼슨을 인용하는 것을 기쁘게 생각한다. 나로서는 제퍼슨이야말로 민주정치의 가장 강력한 사도라고 여기기 때문이다.

---

7) 「제퍼슨이 메디슨에게 보내는 서한」, 1789년 3월 15일.

제8장

합중국에서 다수의 압제를
완화시켜주는 요인에 대해

중앙 집중화된 행정의 부재

나는 앞에서 통치의 중앙 집중화와 행정의 중앙 집중화를 구별해서 설명했다.

아메리카에서는 중앙 집중화된 통치는 찾아볼 수 있으나 중앙 집중화된 행정은 거의 알려져 있지 않다.

만일 아메리카 사회들을 지배하는 권력이 이 두 가지 통치 수단을 모두 겸비하고 나아가 모든 것을 통제할 권리뿐만이 아니라 직접 모든 것을 집행할 능력과 습관마저 지니게 된다면, 만일 그 권력이 통치의 일반적인 원칙을 확립한 후에 통치가 이루어지는 세세한 현장에까지 간섭하려 든다면, 그리고 만일 그 권력이 나라의 커다란 이해관계들을 조절한 후에 개개인의 이해관계에까지 간섭하려 든다면, 머지않아 자유는 신세계에서 자취를 감추게 될 것이다.

하지만 합중국에서 다수는 흔히 전제자로서의 취향과 본능을 드러내기는 하지만 아직은 압제의 가장 완벽한 도구들을 갖추고 있지 않다.

아메리카의 어떤 공화 정부들에서도 중앙정부는 관심을 둘 만한 아주 중요한 몇 안 되는 일들을 제외하고는 어디에도 간섭을 하지 않는다. 중앙정부는 부수적인 잡다한 일들을 웬만하면 규제하려 하지 않는다. 간섭하려는 의도를 지니기는 했는지도 얼핏 보아서는 알 수가 없을 정도이다. 다수는 점점 더 절대적인 권위를 지니게 되면서도 중앙 권력의 이러한 권능들을 증대시키지 않았다. 중앙 권력의 엄청난 지배력은 특정 분야에 국한되어 있을 따름이다. 따라서 전제정치는 어느 한 가지 측면에서는 압제적일 수 있지만 모든 측면에서 반드시 그러한 것은 아니다.

국민의 다수가 아무리 자기들의 격정에 따라 밀고 나간다고 해도, 다수가 아무리 자기들의 계획을 끈질기게 밀어붙인다고 해도, 다수는 전국에 있는 모든 시민을 동시에 똑같은 방식으로 자기들이 바라는 대로 움직이게 만들 수는 없다. 다수를 대표하는 정부가 준엄하게 법규를 제정할 때, 정부는 그 법규의 실행을 대리인들에게 위임해야 한다. 그런데 이 대리인들은 대개의 경우 정부의 통제권에서 독립해 있으며 언제든 정부의 통제에 따라야 하는 것도 아니다. 타운의 자치 기구와 카운티의 행정 기구들은 인민 의지의 파도를 늦추거나 막아내는 숨은 암초 구실을 한다. 따라서 설혹 법률이 억압적이라고 할지라도, 그 법률을 집행하는 방식에 따라 자유가 보존될 수도 있는 것이다. 다수는 실질적인 세부 사항들에 대해서는, 굳이 말하자면 행정적 압제의 지엽 말단적인 일감들에 대해서는 별로 관심을 두지 않는 것이다. 다수는 원한다면 자기가 그렇게 할 충분한 역량을 지니고 있다고 생각조차 못하는데, 그 이유는 자기가 어떤 권력을 지니고 있는지조차도 제대로 파악하고 있지 못하기 때문이다. 다수는 여전히 자기의 본래의 힘만을 알고 있을 뿐이며, 그 힘의 한계를 넓히는 방법을 모르고 있다.

이 점은 잠시 생각해볼 가치가 있다. 일인 통치에 의해 확립된 중앙 집중화된 행정이 그 사회의 법제와 습속 속에 완전히 스며든 나라에서 만일 합중국에서와 같은 민주공화정이 수립된다면, 그러한 공화정에서는 유럽의 어떤 절대군주정들에서보다 더욱 견디기 힘든 전제정치가 나타날 것이라고 나는 서슴없이 말할 수 있다. 이와 비교할 만한 전제정치를 찾아보려면 멀리 아시아에까지 가야 할 것이다.

어떻게 합중국에서 법조인 기질이
민주정치에 대한 균형추 역할을 하는가

아메리카인들을 만나보고 그들의 법제를 연구해보면, 그들이 법률가들에게 부여하는 권위와 법률가들이 국정에서 행사하는 영향력이 오늘날 민주주의의 일탈을 막는 가장 강한 방파제 구실을 하고 있다는 것을 알게 된다. 이러한 결과는 내가 보기에 어떤 일반적인 원인과 관련되어 있는데, 다른 문제에서도 되풀이될 수 있는 이 원인에 대해서 여기서 잠시 탐색해보도록 하자.

법률가들은 지난 500년 동안 유럽에서 정치사회의 온갖 움직임에 간여해왔다. 법률가들은 때로는 정치권력의 도구로 구실했으며, 때로는 정치권력을 도구로 이용했다. 중세에 그들은 국왕의 지배권을 확장하는 데 아낌없이 협조했다. 그 이후에 그들은 국왕의 권력을 제한하는 데 엄청난 노고를 들였다. 영국에서는 귀족들과 긴밀한 연대를 맺었으며, 프랑스에서는 귀족들의 가장 위험한 적으로 등장했다. 그렇다면 법률가들은 그저 순간적이고 돌연한 충동에 의해 행동하는 것인가, 아니면 그들의 천분에 으레 따르고 역사 속에서 늘 되풀이되곤 하는 본능에 따라 상황에 맞추어 행동하는 것인가? 이들 법률가가 우리 시대에 생겨날 정치사회에서 으뜸가는 역할을 수행할 것이라는 점을 염두에 둘 때, 이러한 사실을 고찰해볼 만한 가치가 있을 것이다.

법률을 전공한 사람들은 질서에 대한 습관, 형식에 대한 취향, 그리고 질서정연한 사고에 대한 일종의 본능적인 애착 따위를 직업상 습득하게 된다. 이러한 기질은 당연히 그들을 혁명적 기질이나 민주주의의 무분별한 열정에 적대적으로 만든다.

법률을 연구하는 데서 얻는 특별한 지식 덕에 법률가들은 사회에서 남다른 지위를 차지한다. 그들은 지식 사회 안에서 일종의 특권계급을 형성한다. 그들은 업무를 수행하면서 매일같이 이러한 우월 의식을 느낀다. 그들은 꼭 필요하지만 남들은 잘 모르는 지식의 소유자이다. 그들은 시민들 사이의 중재자 노릇을 하는데, 소송당사자들을 자신들이 의도한 방향으로 이끌고 나가는 습관이 몸에 밴 까닭에 군중의 판단에 대해 어느 정도 경멸하는 태도를 보이기도 한다. 더구나 그들은 당연히 하나의 '집단(corps)'을 이루고 있다는 점을 기억하자. 물론 이들이 서로 합의를 도출해내고 어떤 공동 목표를 위해 힘을 합친다는 의미에서가 아니라, 이해관계에 따라 사람들이 합쳐지는 것처럼 함께 연구하고 같은 방법을 사용함으로써 서로 맺어진다는 의미에서 말이다.

따라서 법률가들의 영혼 깊숙한 곳에 귀족들의 취향과 습관의 일부가 잠재되어 있는 것을 볼 수 있다. 그들은 귀족들과 마찬가지로 질서에 대한 본능적인 취향과 형식에 대한 자연적인 애착을 몸에 지니고 있다. 또한 그들은 귀족들과 마찬가지로 대중의 행동에 엄청난 거부감뿐만 아니라 인민의 통치에 대해 은밀한 경멸감을 갖고 있다.

물론 법률가들의 타고난 성향이 자신들도 어찌하지 못할 정도로 강력하다고 말하는 것은 아니다. 하지만 법률가들도 대다수 사람들과 마찬가지로 특별한 이해관계에 따라, 특히 그 당시의 이해관계에 따라 움직이기 마련이다.

법조인들이 개인 생활에서 누리는 지위를 정치 무대에서는 누리지 못하는 그런 사회가 있을 수 있다. 이러한 사회에서라면 법률가들이 가장 적극적인 혁명의 지지자가 될 것이라는 점은 의심할 나위가 없다. 그렇기는 하지만 그들을 파괴와 변혁으로 이끄는 원인이 항구적인 기질에서 나오는 것인지 아니면 우연한 사건에서 나오는 것인지 판단해볼 필요가 있다. 법률가들이 1789년에 프랑스의 왕정을 전복하는 데 탁월하게 기여했다는 것은 물론 사실이다. 하지만 그들이 그렇게 행동한 것이 그들이 법률을 공부했기 때문인지 아니면 그들이 입법에 참여할 지위에 있지 않았기 때문인지 더 연구해볼 필요가 있을 것이다.

500년 전에 영국의 귀족은 인민의 선두에 섰으며 인민의 이름으로 말하고 행동했다. 오늘날 영국의 귀족은 국왕을 지지하고 왕권의 옹호자로 자처한다. 하지만 영국의 귀족은 자신들에 고유한 성향과 본능을 여전히 간직하고 있다.

그리고 우리는 집단의 고립된 일부 구성원들과 그 집단 자체를 혼동하지 않도록 유의해야 한다.

통치 형태를 막론하고 모든 자유로운 정부에서는 법률가들이 모든 정파에서 지도적 위치를 차지하는 것을 볼 수 있다. 이 점은 귀족정치 형태에서도 마찬가지이다. 지금까지 세계를 뒤흔든 거의 모든 민주주의 움직임은 귀족들이 이끌어왔다.

어떤 엘리트 집단이든 집단에 속한 구성원 모두의 야망을 충족시켜주지는 못한다. 집단 안에는 언제나 재능과 열정을 지닌 인사들이 넘쳐나는 반면 그에 걸맞은 자리는 부족하기 마련이다. 따라서 집단의 특권을 이용해서도 단시일 안에 출세할 수 없다고 느끼는 사람들은 이 특권을 공격하는 데에서 출세할 길을 찾게 된다.

그렇다고 내가 '모든' 법률가가 그것도 '항상' 질서를 옹호하고 변화를 거부한다고 말하려는 것은 아니다.

나는 단지 법률가들이 그들에게 응당 돌아가는 높은 지위를 아무런 저항 없이 차지하는 사회에서 법률가들은 두드러지게 보수적이고 반민주주의적인 기질을 드러낸다고 말할 따름이다.

귀족들이 이들 법률가에게 문호를 개방하지 않을 경우, 귀족들은 이들을 적수로 만드는 셈이다. 이 적수는 부와 권력에서는 귀족들보다 뒤지지만 맡은 일의 성격상 귀족들로부터 독립성을 유지하며 지식수준에서 귀족들보다 못하지 않다고 여긴다는 점에서 귀족들에게는 정말 위험한 상대가 된다.

하지만 귀족들이 그들의 특권 중 일부를 법률가들과 함께 나누는 데 동의할 때면 언제든지, 이 두 계급은 쉬사리 힘을 합칠 수 있으며, 말하자면 한 가족이 될 수 있다.

군주들도 언제든 쉬사리 법률가들을 자기의 권력을 위한 최선의 도구로 만들 수 있을 것이라고 나는 생각한다.

비록 법률가들이 행정 권력을 전복시키는 데 가담해야만 하는 경우가 흔하기는 하지만, 법조인들은 인민보다 행정 권력과 훨씬 돈독한 관계를 유지한다. 이것은 비록 사회의 상층계급들이 왕권에 맞서 싸우기 위해 하층계급들과 연합하는 경우가 흔하기는 하지만, 귀족들이 인민보다 군주와 훨씬 돈독한 관계를 유지하는 것과 마찬가지이다.

법률가들이 무엇보다 우선시하는 것은 바로 질서 잡힌 생활인데, 질서에 대한 가장 듬직한 보장은 바로 권력이다. 그리고 법률가들이 설사 자유를 소중하게 여긴다고 할지라도 일반적으로 준법성을 더 우선시한다는 사실을 잊어서는 안 된다. 그들은 압제(tyrannie)보다 전횡(arbitraire)을 더 두려워하는 것이다. 그리고 인민의 자의적 권력 행사를 막는 법적 장치가 마련되어 있는 한, 그들로서는 만족하지 않을 이유가 없다.

따라서 어떤 군주가 자기 영지 안에서 사법권을 약화시키고 법률가들의 정치적 영향력을 축소시킴으로써 민주주의의 도도한 물결을 막아내려 한다면, 그는 엄청난 괴오를 저지르는 셈이라고 나는 생각한다. 그는 권력의 실체는 놓쳐버리고 권력의 그림자에만 매달리고 있는 것이다.

법률가들을 통치 집단 안에 포섭하는 것만큼 군주에게 유익한 것도 달리 없으리라고 나는 생각한다. 그렇게 되면 군주는 폭력적 형태 그대로의 전제정치를 법률가들에게 내맡긴 후에 법과 정의의 치장을 걸친 전제정치를 이들의 수중에서 되찾아볼 수 있을 것이니 말이다.

민주주의 통치는 법률가들이 정치권력을 얻는 데 매우 유리하다. 부자, 귀족, 군주가 통치에서 배제되고 나면 마땅히 권력을 차지하는 것은 법률가들이다. 인민이 자기들 외부에서 선택할 수 있는, 식견과 수완을 갖춘 유일한 부류가 바로 이들이기 때문이다.

법률가들은 그들의 취향으로 볼 때 당연히 귀족이나 군주와 가깝지만, 그들의 이해관계로 볼 때에는 응당 인민과 가깝다.

따라서 법률가들은 민주주의 통치를 기꺼이 받아들이면서도 민주주의의 성향은 받아들이지 않고 민주주의의 취약성은 답습하지 않는다고 말할 수 있다. 이들이 민주주의에 의해서 힘을 얻게 해주는 동시에 민주주의에 대해 힘을 행사하게 해주는 이중적인 요인이 바로 이것이다.

민주주의 국가에서 인민은 결코 법률가들을 무시하지 않는다. 법률가들의 이해관계가 민주주의의 대의에 이바지하는 쪽으로 기울어 있다고 믿기 때문이다. 또한 인민은 아무 불평 없이 법률가들에게 귀를 기울인다. 법률가들이 어떤 저의를 가지고 있다고는 생각하지 않기 때문이다. 사실상 법률가들은 민주주의가 스스로 선택한 정부를 결코 전복시키려 하지는 않지만, 민주주의의 본성과는 어울리지 않는 수단을 동원해서 민주주의를 원래의 경로에서 이탈시키려 줄기차게 노력한다. 법률가는 이해관계와 출신 성분으로 보면 인민에 속하지만, 습관과 취향으로 보면 귀족에 속한다. 마치 두 개의 물건을 이어주는 매듭처럼, 법률가는 이 두 계급을 이어주는 고리 역할을 하는 것이다.

법률가 집단은 별다른 어려움 없이 민주주의의 본원적 요소들과 뒤섞일 수 있으며 또 유익하고 지속적으로 결합할 수 있는 유일한 귀족적 요소라고 할 수 있다. 이러한 법조인 기질에 내재하는 결함을 모르는 바는 아니지만, 나로서는 민주주의 정신이 이러한 법조인 기질과 섞이지 않는다면, 민주정치가 오랫동안 유지될 수 있을지 의문을 갖고 있다. 그리고 인민의 권력이 증대하는 것과 비례해서 공무 수행에서 법률가들의 영향력이 증대하지 않는다면, 오늘날 공화정이 계속 존속하기를 바라기도 힘들 것이라고 나는 생각한다.

법조인 기질에서 드러나는 이러한 귀족적 성격은 어느 나라들보다 특히 합중국과 영국에서 더욱 두드러지게 나타난다. 이것은 두 나라의 법률가들이 법제를 연구하는 방식과 관련이 있을 뿐만 아니라 법제 자체의 성격 및 두 나라에서 법률가들이 차지하는 지위와도 관련이 있다.

영국인과 아메리카인은 판례에 의거한 입법을 보존했다. 달리 말하자면 이들은 법률문제에 관해 자신들이 취해야 할 견해와 결정을 줄곧 조상들의 사법적 견해와 결정에서 구하곤 한다.

따라서 영국과 아메리카 법률가들의 의중에는 거의 언제나 옛 것에 대한 취향과 존중심이 규정적이고 준법적인 것에 대한 애착과 결부되어 나타난다.

이러한 사실은 법조인들의 기질에, 그리고 따라서 사회의 운용에 또 다른 영향력을 미치게 된다.

영국과 아메리카의 법률가들이 이미 이루어진 것을 탐색한다면, 프랑스의 법률가들은 이루어져야 했을 것을 탐색하는 셈이다. 전자가 판결을 낳는다면, 후자는 논거를 낳는다.

영국과 아메리카의 법률가들에게 귀를 기울여보면, 당신은 이들이 남들의 견해를 자주 인용하면서도 정작 자신의 견해는 잘 밝히지 않는다는 사실에 놀라게 될 것이다. 하지만 프랑스에서는 이와 정반대의 장면을 볼 수 있다.

프랑스에서는 아무리 사소한 소송에서도 변호사가 변론의 논거가 되는 법조문 전체를 장황하게 인용하는 경우를 자주 볼 수 있다. 상속 토지의 경계를 단 한 치만 뒤로 물리게 하는 법원 판결을 얻어내는 데 법리의 기본 원리 자체를 따지기도 한다.

영국과 아메리카의 법률가들이 이처럼 자신의 견해를 내세우지 않고 조상들의 견해를 기꺼이 따르고자 하는 경향, 요컨대 자신의 견해를 조상의 견해에 복속시키는 성향은 이들 나라의 법률가들에게 프랑스의 법률가들보다 더 소심한 습관과 더 보수적인 성향을 심어주게 될 것임에 틀림없다.

프랑스의 성문법은 대개 이해하기 힘들기는 하지만 누구나 쉽사리 읽을 수 있다. 이와 반대로 판례에 의존하는 불문법만큼 초심자들이 이해하기 힘들고 모호한 것도 달리 없을 것이다. 따라서 영국과 아메리카에서의 법률가들에 대한 사회적 필요, 법률가들이 지닌 식견에 대한 높은 존중심이 법률가를 점점 더 인민과 떼어놓게 되며 나아가 이들을 별개의 계급으로 만드는 경향이 있다. 프랑스에서 법률가는 그저 전문 지식을 지닌 학자에 지나지 않는다. 반면에 영국과 아메리카의 법조인은 어떻게 보면 이집트의 제사장과 비슷하다. 그들만이 신통술의 유일한 해석자인 것이다.

영국과 아메리카에서 법조인들이 차지하는 사회적 지위는 그들의 습관과 견해에 적지 않은 영향력을 행사한다. 자기들과 유사한 부류면 누구든 자기편으로 끌어들이려고 세심한 배려를 아끼지 않는 영국의 귀족들은 법조인들에게 상당히 높은 비중과 큰 권력을 부여했다. 영국 사회에서 법률가들은 가장 높은 신분에 속하지는 않지만 자기들이 차지한 지위에 만족한다. 이들은 말하자면 영국 귀족의 방계가족을 형성하며 귀족들의 특권은 누리지는 못하면서도 귀족들을 존중하고 아낀다. 영국의 법률가들은 자기들이 살고 있는 사회의 귀족적 사유와 취향을 자신들의 직업에서 나오는 귀족적 이해관계와 뒤섞고 있는 것이다.

내가 지금 묘사하는 법률가의 전형을 가장 뚜렷하게 살펴볼 수 있는 곳은 아마도 영국일 것이다. 영국의 법률가는 해당 법률이 옳다는 이유보다 오랜 연륜을 지녔다는 이유에서 그 법률을 더 존중한다. 그리고 시대의 변화와 사회의 요청에 맞추어 법률을 몇 군데 고쳐야 할 경우가 생기면, 이들은 법률을 약간 고침으로써 조상들의 사상과 업적에 완성도를 더해주었을 따름이라는 스스로의 확신을 갖기 위해서 정말로 믿기 어려울 정도의 미세한 손질만을 더한다. 자기들이 무언가 혁신을 이룩했다고 스스로 인정하기를 이들에게 기대하지 말자. 이들은 이토록 엄청난 범죄를 저질렀다고 자백하느니 차라리 아무런 엉뚱한 짓이라도 벌이려 할 것이다. 이러한 법조인 기질은 영국의 법률가들에게 가장 잘 들어맞는다. 영국의 법률가들은 법률의 정신보다 법률의 형식에만 집착하는 듯 보이며, 법조문에서 벗어나느니 차라리 이성과 인간성에서 벗어나기를 더 원할 듯 보인다.

영국의 법제는 말하자면 고목나무와 같다. 끊임없이 이색적인 새싹들을 접붙이면서도 설혹 열매들은 달라지더라도 적어도 그 무성한 잔가지들만은 오래된 줄기와 합체되기를 바라면서 법률가들이 줄기차게 이색적인 새싹들을 접붙여대는 고목나무 말이다.

아메리카에는 귀족도 문필가도 없으며 인민은 부자들을 경멸한다. 따라서 법률가들은 최고의 정치 계급을 이루며 사회의 가장 지적인 부분을 형성한다. 따라서 이들은 혁신을 통해 얻을 것이 거의 없다. 결국 질서에 대한 법률가들의 천성적인 취향에 보수적인 이해관계가 더해지게 된다.

아메리카의 귀족들은 과연 어떤 부류에 속하느냐고 누군가가 묻는다면, 나는 이들이 결코 부자들의 대오에 속하지 않는다고, 귀족과 부자 사이에는 어떤 닮은 점도 없다고 서슴지 않고 답할 것이다. 아메리카의 귀족들은 변호인석이나 재판장석에 앉아 있다.

합중국에서 일어나는 일들을 곰곰이 생각해보면 볼수록 이 나라에서 변호사 집단이 민주정치에 대해 가장 강력한, 그리고 말하자면 유일한 균형추를 이루고 있다고 확신하게 된다.

합중국에서는 이른바 법조인 기질이 어떻게 그 특질에 의해서든 심지어 그 결함에 의해서든 다수 대중의 통치에 내재하는 폐단들을 줄여주는지를 잘 살펴볼 수 있다.

아메리카에서 인민이 격정에 휘말리고 사상에 들뜰 경우, 이들은 법률가들의 거의 눈에 띄지 않는 영향을 받아서 감정을 누그러트리고 멈추어 선다. 이들은 인민의 민주주의적 본능에 자신의 귀족적 성향을, 새로운 것에 대한 인민의 애착에 낡은 것에 대한 자신의 미신적인 집착을, 인민의 원대한 구상에 자신의 협소한 시야를, 규칙에 대한 인민의 경멸심에 형식에 대한 자신의 존중심을, 그리고 인민의 성급한 발걸음에 자신의 더딘 행동 관행을 은밀하게 대립시킨다.

법원은 법률가 집단이 민주정치에 영향을 미치기 위해 이용하는 가장 눈에 잘 뜨이는 기관이다.

판사는 법률을 연구하면서 질서와 규칙에 대한 취향을 습득하게 된다는 점에서 일반 법률가와 매한가지이지만, 여기에 더해서 판사라는 직책의 불가양성 덕에 안정성에 대한 애착을 지니게 된다. 그의 법률 지식은 그에게 이미 주위 사람들보다 높은 지위를 보장해주었다. 더구나 그가 누리는 정치권력은 그에게 남다른 지위를 확보해주고 특권계급으로서의 본능을 부여해준다.

아메리카의 사법관은 위헌 법률 심사권을 지닌 덕에 끊임없이 정치 문제에 간여한다.[1] 사법관은 인민이 법률을 만들도록 강요할 수는 없지만 적어도 자기 자신이 만든 법률을 인민 스스로 어기지는 않도록, 그리고 인민이 일관성을 잃는 일은 없도록 강제할 수는 있다.

합중국에 인민으로 하여금 사법권을 감축하도록 은밀하게 추동하는 경향이 없지 않다는 점을 나는 잘 안다. 대다수 주의 헌법에 따르면 정부가 상하 양원의 요구에 따라 판사를 해임할 수 있다. 몇몇 주들의 헌법은 사법관들을 '선출'하도록 규정하며, 사법관들은 연례행사처럼 다가오는 재선거를 치러야 한다. 이러한 개선책은 조만간 치명적인 결과를 가져올 것이라고 나는 감히 단언할 수 있다. 이런 식으로 사법관의 독립성을 줄인다면 결국 사법권뿐만 아니라 민주공화정 자체도 큰 타격을 받을 수밖에 없다는 사실을 언젠가 깨닫게 될 것이다.

더욱이 합중국에서 법률가 기질이 법원의 담장 안에서만 영향력을 행사할 뿐이라고 믿어서는 안 된다. 그 영향력은 법원을 넘어 널리 미친다.

법률가들은 식견을 갖춘 유일한 계급으로서 인민의 불신을 받지 않는 까닭에 당연히 대다수 공직을 떠맡도록 요청받는다. 그들은 입법부를 채우고 행정부의 요직을 차지한다. 따라서 그들은 법률의 제정과 집행에 큰 영향력을 행사한다. 물론 법률가들은 자기

---

1) '제6장, 합중국의 사법권…'을 참조하라.

들에게 영향을 미치는 여론의 동향에 순응하지 않을 수 없다. 하지만 그들에게 재량권이 주어질 때면 그들이 어떤 일들을 벌일지 쉽사리 예측해볼 수 있다. 아메리카인들은 정치에 관련된 법률들은 여러 차례 개정했지만, 민사에 관련된 법률들은 그중 상당수가 당시의 사회 상황에 전혀 어울리지 않음에도 불구하고 거의 손을 대지 않았다. 그 까닭은 민사 법률에 관한 한 다수는 법률가들에게 의뢰하지 않을 수 없기 때문이다. 그런데 아메리카의 법률가들은 선택권이 주어진다면 언제나 개선하지 않는 쪽을 택한다.

법률가들의 판에 박힌 사고방식과 기존 질서에 대한 치우친 애착에 대해 여기저기서 수군거리는 불평 소리를 아메리카에서 듣는다는 것은 프랑스인에게는 진기한 경험이라고 할 수 있다.

법조인 기질의 영향력은 지금까지 앞에서 말한 한계를 넘어서까지 확대된다.

합중국에서는 어떤 정치 문제든 조만간 사법 문제로 비화하기 마련이다. 그러므로 누구든지 관련 당사자들은 일상적인 논쟁에서도 사법적인 개념과 언어를 정확하게 차용하지 않으면 안 된다. 대다수 공직자들은 한때 법률가였거나 현재 법률가인 까닭에 공공 업무를 처리하는 데에 법률가들에게 익숙한 용례와 개념을 들여온다. 그리고 배심원들은 이러한 사고방식을 모든 계층에 퍼트린다. 따라서 사법 용어가 어느 정도 일상어로 된다. 학교와 법원에서 태어난 법률가 기질이 그 담장을 넘어 조금씩 퍼져 나가서 말하자면 사회 전체에 침투해 들어간다. 사회의 최하층에까지 번지게 되면, 마침내 국민 모두가 사법관의 습관과 취향을 어느 정도 몸에 익히게 되는 것이다.

합중국에서 법률가들은 사람들에게 별로 두려움을 주지 않고 잘 눈에 띄지도 않는 권력을 형성한다. 그들은 자기만의 색깔을 고집하지 않고 시대의 요구에 유연하게 적용하며 사회의 모든 움직임에 별 거부감 없이 보조를 맞춘다. 하지만 그들은 사회 전체를 감싸 안으며 사회를 구성하는 모든 계급 속으로 침투한다. 그들은 사람들의 눈에 띄지 않으면서 줄기차게 사회에 작용하지만 마침내는 자기들의 의도에 맞추어 사회를 바꾸어놓는다.

정치제도로서의 배심원 재판

합중국의 사법에 대해 논의하는 김에 배심원 제도에 대해 언급하고 넘어가도록 하자.

배심원 재판은 사법제도로서의 측면과 정치제도로서의 측면 등 두 가지를 뚜렷이 구별해서 설명해야 한다.

배심원 재판이 특히 민사사건에서 사법행정의 개선에 어떻게 기여하는지를 밝히는 것이 이 글의 논지이기는 하지만, 배심원 재판의 유용성 자체는 논란의 대상이 될 수도 있다는 점을 인정하도록 하자.

배심원 제도는 아직은 덜 발달된 사회에서, 이를테면 재판정에서 그저 단순한 사실관계만을 다루던 시절에 처음 생긴 것이다. 그런데 사람들 사이의 상호 관계가 놀랄 만큼 복잡해지고 당대의 견식과 지적 흐름이 그 관계에 담겨 있는 시대에, 이를테면 높은

문명 수준을 이룩한 사회에 배심원 제도를 적용한다는 것은 그리 쉬운 일이 아니다.[2]

여기서 나는 배심원 제도의 정치적 측면을 검토해보려 한다. 배심원 제도의 사법적 측면에 대해서는 단지 몇 마디 언급으로 그칠 것이다. 영국인들이 배심원 제도를 처음 채택한 것은 그들이 거의 미개인에 가까웠을 때였다. 그 이후 영국인들은 세상에서 가장 문명화된 국민이 되었으며, 그들의 지식이 늘어나는 만큼 배심원 제도에 대한 애착도 커졌다. 영국인들은 자기 땅을 떠나서 세상 방방곡곡으로 이주했다. 이들은 여기에 식민지를 세우고 저기에 독립국가를 건설했다. 본국인들은 왕정을 유지했지만 이주한 자들은 여기저기에 강력한 공화국을 건설했다. 하지만 영국인들은 어디서든 배심원 제도를 널리 전파했다.[3] 어디서든 배심원 제도를

2) 배심원 제도를 사법제도로 간주하고 배심원 제도가 합중국에서 어떤 효과를 가져다주며 아메리카인들이 어떻게 이 제도를 이용하고 있는지를 연구하는 것은 매우 유용하고 값진 일일 것이다. 이 문제에 대한 연구는 충분히 책 한 권 분량이 될 것이며 프랑스인들에게 매우 흥미로운 주제가 될 것이다. 예컨대 아메리카의 배심원 제도 중에서 어떤 부분이 프랑스에 도입 가능한지, 그리고 어떤 단계를 거쳐 도입해야 하는지를 이 책에서 연구할 수 있을 것이다. 이 주제에 대해 가장 많은 시사점을 줄 수 있는 주는 바로 루이지애나이다. 루이지애나에는 프랑스계 인구와 영국계 인구가 뒤섞여 있다. 두 민족이 서로 합체되어 있듯이, 두 제도가 공존하고 있다. 참조할 만한 가장 유용한 책은 두 권으로 된 『루이지애나 법률 요람(Digest of the Laws of Louisiana)』이 있다. 그리고 1830년에 뉴올리언스의 뷰이송 출판사에서 영어와 불어로 동시에 출판한 『민사소송 법규』도 여전히 유용하다. 이 책은 특별한 장점이 있다. 이 책은 프랑스인들에게 영어로 된 법률 용어들에 대해 확실하고 적확한 설명을 제공해준다. 어느 나라에서든 법률 용어들은 까다롭기 마련이지만, 영국에서 특히 그러하다.

수립하거나 서둘러 복원했다. 이렇게 오랜 세월 동안 한 위대한 국민의 만장일치의 지지를 받았으며 어떤 문명의 단계에서든 어떤 풍토에서든, 그리고 어떤 통치 형태에서든 끈질기게 이어져온 사법제도라면 결코 사법 정신에 어긋나는 것일 수 없다고 말할 수 있다.[4]

---

3) 영국과 아메리카의 법학자들은 이 점에 대해서는 의견의 일치를 보인다. 합중국 대법원 판사 스토리(Story) 씨는 『합중국 헌법 논평』에서 민사사건에서 배심원 제도의 장점에 대해 언급한다. "민사소송에서 배심원 재판이 갖는 이루 헤아릴 수 없는 특전은 형사소송에서 배심원 제도가 갖는 특전에 못지않은 것이다. 모든 시민이 배심원 재판을 정치적·시민적 자유에 기본적인 것으로 간주한다."(제3권, 제38장)

4) 사법제도로서의 배심원 재판의 유용성을 입증하고자 한다면, 이 밖에도 다음과 같은 많은 논거들을 제시할 수 있을 것이다.

사법행정에 배심원들을 끌어들이는 만큼, 별 어려움 없이 판사의 수를 줄여나갈 수 있다. 이것은 상당한 이득이 된다. 판사의 수가 너무 많으면, 재직 중에 죽는 수도 그만큼 많아지고 법조 조직에 공백이 생기게 된다. 그러면 남은 판사들이 새 자리로 옮긴다. 관리들은 끊임없이 고위직을 넘보게 되고, 임명권을 가진 다수나 아니면 빈자리에 임명되는 사람의 눈치를 보게 된다. 결국 사법관들도 군대 장교들처럼 승진하게 된다. 이러한 사태는 건실한 사법행정은 물론이고 입법자의 의도와도 완전히 어긋나는 것이다. 판사직을 종신직으로 만든 것은 판사에게 독립성을 부여하기 위해서였다. 하지만 판사들 스스로 기꺼이 독립성을 내버린다면, 판사에게 독립성을 보장해주는 것이 무슨 소용이 있겠는가.

판사의 수가 많을 경우, 이들 가운데는 무능한 자들이 끼어 있기 마련이다. 훌륭한 관리는 흔치 않은 능력을 지닌 인물이니 말이다. 그런데 무능한 재판부는 애초에 법정을 설립할 때 내걸었던 목표를 달성하는 여러 가능한 수단들 중에서 최악의 수단일 것으로 나는 생각하지 않을 수 없다.

나로서는, 사법절차나 법률을 제대로 알지 못하는 판사들보다 유능한 판사의 인도를 받는 무지한 배심원들에게 소송을 맡기는 것이 더 나으리라고 생각한다.

하지만 이런 이야기는 이것으로 그치도록 하자. 배심원 재판을 단지 사법제도로만 간주하는 것은 지극히 좁은 소견이니 말이다. 배심원 제도는 소송의 결과에 커다란 영향을 미치기는 하지만, 무엇보다도 사회의 운명 자체에 더 큰 영향을 미친다. 따라서 배심원 재판은 무엇보다 정치제도라고 할 수 있다. 배심원 재판의 의의를 제대로 파악하려면 바로 이런 측면에서 평가해야 한다.

배심원이란 일시적으로 재판권을 갖도록 추첨으로 뽑힌 일정 수의 시민들을 뜻한다.

범죄를 억제하기 위해 도입된 이 제도는 내가 보기에 매우 공화적인 요소를 가지고 있다. 그 이유는 다음과 같다.

배심원 제도는 배심원들의 출신 성분에 따라서 귀족적일 수도 있고 민주적일 수도 있다. 하지만 이 제도는 사회의 실질적인 통솔권을 피치자 또는 피치자의 일부의 수중에 내맡긴다는 점에서 항상 공화적인 성격을 지닌다.

무력이란 성공을 가져오는 일시적인 요인에 지나지 않는다. 따라서 무력의 뒤에는 반드시 권리의 개념이 따라붙기 마련이다. 적들을 전쟁터에서만 부딪치는 정부는 얼마 되지 않아 망할 것이다. 정치 법률들의 실질적인 제재 조항들은 따라서 형법에 담겨 있게 된다. 그리고 만일 제재 조항이 효력을 발휘하지 못하면 법률은 조만간 힘을 잃게 될 것이다. 따라서 '범죄자'를 재판하는 사람이 실질적으로 사회의 주인인 셈이다. 그런데 배심원 제도는 인민 자체를, 아니면 적어도 시민들 중 어느 한 계급을 재판관 자리에 앉힌다. 따라서 배심원 제도는 실질적으로 사회의 통솔권을 인민에

게 또는 시민들 중 어느 한 계급의 수중에 내맡기는 셈이다.[5]

영국에서 배심원들은 국민들 중 귀족 부류들 속에서 선발된다. 법률을 만드는 이도 귀족이고, 법률을 시행하는 이도 귀족이며, 위반 사항을 처벌하는 이도 귀족이다. (B) 모든 것이 이들에 의해서 이루어진다. 따라서 영국은 진정으로 귀족제 공화정을 형성한다고 할 수 있다. 합중국에서는 바로 같은 제도가 인민 전체에 적용된다. 합중국에서 시민은 누구나 선거권을 가지고 있으며 공직에 출마할 수 있고 배심원으로 선출될 수 있다. (C) 아메리카에서 이해되고 있는 대로의 배심원 제도는 내가 보기에 보통선거뿐만 아니라 인민주권 원칙에서 나오는 직접적이고도 극단적인 결과이다. 그런데 다수의 지배를 가져오는 강력한 수단 두 가지가 바로 인민주권 원칙과 보통선거이다.

권력의 원천을 자기 자신에게서 찾고자 하는 주권자들, 사회에 의해 지배당하기보다 사회를 지배하고자 원한 주권자들은 너나없이 배심원 제도를 파괴하거나 무력화시켰다. 튜더 왕조의 군주들은 유죄판결을 내리려 하지 않는 배심원들을 감옥으로 보냈으며,

---

5) 하지만 중요한 점 한 가지를 언급하고 넘어가자. 배심원 제도가 인민에게 시민들의 행동에 대한 전반적인 통제권을 부여하는 것은 사실이다. 그러나 모든 사건에서 아주 독단적인 방식으로 이 통제권을 행사할 수 있는 수단들을 부여하는 것은 아니다.

　절대군주가 자기 측근들로 하여금 범죄를 재판하도록 할 권한을 가졌을 때, 피고인의 운명은 말하자면 미리 결정되었다. 그러나 인민도 대체로 단호하게 유죄판결을 내리곤 하지만, 배심원의 구성이나 배심원들의 면책권으로 볼 때 무죄판결에 유리한 기회가 제공될 수도 있는 것이다.

나폴레옹은 배심원들을 자기 측근들 중에서 뽑도록 했다.

위에서 말한 이러한 사실들이 아무리 명확해 보인다고 할지라도, 모든 사람이 그것을 다 제대로 알고 있는 것은 아닌 듯하다. 그리고 우리 프랑스에서도 배심원 제도는 그저 어렴풋이만 이해되고 있다. 배심원들의 자격에 관한 문제가 생기면, 배심원 제도가 마치 사법제도에 지나지 않는다는 듯이 배심원들이 어느 정도의 학식과 능력을 갖추었는가에 대한 논의로 그치고 만다. 이런 것들은 내가 보기에 다루어야 할 문제들 중 가장 중요하지 않은 부분에 지나지 않는다. 배심원 재판은 무엇보다 정치제도이다. 그것은 인민주권의 한 가지 형태로 간주되어야 한다. 만일 인민주권의 원칙이 수용되지 않는다면, 배심원 제도는 완전히 폐기되거나 아니면 인민주권의 원칙을 지탱해주는 다른 법률들에 의거해서 운용되어야 할 것이다. 상하 양원이 법률의 제정을 떠맡은 국민의 일부인 것처럼, 배심원단은 법률의 집행을 떠맡은 국민의 일부이다. 그리고 사회가 확고하고 일률적으로 통치되려면 배심원단의 수는 유권자의 수에 비례해서 늘거나 줄어야 할 것이다. 내가 볼 때, 입법자들이 항상 주의를 기울여야만 하는 것이 바로 이 점이다. 나머지는 부수적인 사항에 지나지 않는다.

배심원 제도가 정치제도라는 점을 확신하는 만큼, 나는 민사사건의 경우에도 배심원 제도를 동일한 관점에서 다룰 것이다.

법률은 사회의 습속 안에 자리 잡지 못하는 한, 항상 불안정하다. 습속은 어떤 국민에게서든 강력하고 지속적인 유일한 힘을 형성한다.

배심원 재판이 형사사건에만 한정되는 한, 사람들은 배심원 재판을 점점 더 보기 힘들어지며, 특별한 사건의 경우에만 겨우 보게 될 것이다. 사람들은 일상생활에서 배심원 재판 없이 지내는 것에 익숙해진다. 이제 배심원 제도는 정의를 획득하는 유일한 수단으로서가 아니라 여러 가능한 수단들 중 하나로 받아들여진다.[6]

이와 달리 배심원 재판이 민사사건에도 적용될 경우, 사람들은 언제든 배심원 재판을 지켜볼 수 있다. 배심원 재판은 개개인의 이해관계와 일정한 관련을 맺게 되고, 누구나 그 운용에 협조하게 된다. 이제 배심원 재판은 일상생활 속에 스며들고, 굳이 말하자면 정의의 개념 자체와 결부된다.

형사사건에만 한정된 배심원 제도는 어느 때든 폐기될 수 있다. 하지만 배심원 제도가 일단 민사사건에까지 확대되면, 세월과 시대의 부대낌을 넘어서 오래갈 수 있다. 만일 배심원 재판을 영국인들의 법제에서 제거하는 것만큼 쉽게 영국인들의 습속에서도 제거할 수 있었다면, 배심원 재판은 튜더 왕조 때 벌써 사라졌을 것이다. 따라서 당시에 진정으로 영국인의 자유를 지켜준 것은 바로 민사 배심원 제도라고 할 수 있다.

배심원 제도는 어떤 방식으로 적용되든 국민성에 커다란 영향을 미치기 마련이다. 하지만 이 제도가 민사사건에 도입될 경우 그 영향력은 엄청나게 커진다.

---

6) 배심원 제도가 특정한 형사사건들에만 적용된다는 점에서 볼 때, 이것은 논박할 여지가 없는 사실이다.

배심원 제도, 특히 민사 배심원 제도는 모든 시민의 마음속에 판사로서의 습관과 기질을 심어주는 데 어느 정도 기여한다. 그런데 바로 이러한 습관을 몸에 익힘으로써 사람들은 자유로운 시민으로 거듭나게 된다.

배심원 제도는 사회의 모든 계층에 판결된 사건에 대한 존중심과 권리에 대한 개념을 유포한다. 이 두 가지 요소를 잃는다면, 독립심에 대한 애착은 파괴적인 열정에 지나지 않게 된다.

배심원 재판에 참여함으로써 사람들은 누구나 서로 대등하다는 것을 터득하게 된다. 누구든 자기 이웃을 재판함으로써 언젠가 자신도 이웃에게 재판받을 수 있다는 것을 알게 된다. 이 점은 민사 사건의 경우 특히 그러하다. 형사소추의 대상이 되지나 않을까 두려워하는 사람은 거의 없지만 누구든 한 번쯤 민사소송을 치를 수 있기 때문이다.

배심원 제도는 개개인에게 자신의 행동에 대한 책임감 앞에서 물러서지 않도록 가르친다. 이러한 의연한 기질이 없다면 정치적 덕행도 없을 것이다.

배심원 제도는 개개 시민들에게 일종의 공직자 정신을 심어준다. 시민들이 사회에 대해 수행해야 할 의무와 정부 안에서 맡아야 할 역할을 일깨워주는 것이다. 사람들이 자신의 일이 아닌 다른 일들에 관심을 쏟도록 해줌으로써, 배심원 제도는 사회를 녹슬게 만드는 개인적 이기심을 씻어낸다.

배심원 재판은 인민의 판단력을 기르고 인민의 타고난 지혜를 늘리는 데에 엄청난 도움을 준다. 내가 보기에 배심원 제도의 가장 큰 이점이 바로 이것이다. 이것은 무료로 누구에게나 개방된 학교와 같다. 여기서 배심원들은 자신의 권리에 대해 배우고, 상층계급의 뛰어난 식견을 지닌 인사들과 날마다 사귀며, 변호인의 변론, 판사의 중재, 소송 쌍방의 설전을 직접 보면서 실제적으로 법률을 익힌다. 아메리카인들의 실제적인 지혜와 정치적 상식은 이들이 민사사건에서 배심원 제도를 오랫동안 활용해온 덕분이라고 나는 생각한다.

배심원 제도가 소송당사자들에게 유용한지 나는 잘 알지 못한다. 하지만 이 제도는 소송을 판결하는 사람들에게 아주 유용하다고 나는 생각한다. 나는 이 제도를 사회가 인민을 교육하는 데 활용할 수 있는 가장 효과적인 수단들 중 하나로 간주한다.

앞에서 말한 내용은 모든 국가에 다 적용된다. 하지만 지금부터 말하는 내용은 특히 아메리카인들에게, 그리고 일반적으로는 민주 국가의 국민들에게 잘 들어맞는다.

민주 국가에서 법률가들, 특히 사법관들이 인민의 충동을 순화시킬 수 있는 유일한 귀족 집단을 형성한다고 나는 앞에서 말했다. 그런데 이 귀족 집단이 어떤 물리적인 위력을 행사하지는 않는다. 사람들의 마음에 보수적인 영향력을 행사할 따름이다. 그리고 이들이 누리는 권력의 주요 원천은 바로 민사 배심원 제도에 있다.

사회 전체가 한 개인과 맞서게 되는 형사재판에서 배심원은 판사를 사회 권력의 수동적 도구로 보게 되며, 판사의 중재안을 불신하는 경향이 있다. 더구나 형사재판은 상식적으로 쉽사리 판가름할 수 있는 단순한 사실들에 전적으로 의존한다. 그러므로 형사

소송에서 판사와 배심원은 서로 대등하다.

하지만 민사소송은 이와 다르다. 판사는 소송당사자들 사이에 공평한 중재자로 나선다. 배심원들은 판사를 신뢰하며, 해당 사안에서 판사의 식견이 그들보다 훨씬 뛰어나므로 판사의 말에 귀를 기울인다. 배심원들의 기억력을 피곤하게 하는 여러 가지 장황한 논거들을 깔끔하게 정리해주고 복잡다기한 소송절차들 속에서 배심원들을 인도해주는 이가 바로 판사이다. 배심원들이 사실관계의 심리에서 벗어나지 않도록 일깨워주고 법률문제에 대해 내놓아야 할 답변을 알려주는 이도 판사이다. 배심원들에 대한 판사의 영향력은 거의 무제한이다.

지금까지의 설명만으로도 배심원들이 민사소송을 심의할 만한 자질을 갖추지 못한 경우에 어떻게 하느냐는 반론에 대해 굳이 내가 장황하게 답변하지 않는 까닭을 짐작할 수 있을 것이다.

민사소송에서, 적어도 사실관계의 심리를 넘어서게 된다면, 배심원 재판은 그저 외형적으로만 사법기관에 지나지 않게 된다.

배심원들은 판사의 판결을 선포할 따름이다. 판사가 자신의 판결에 이성과 법치의 권위를 부여한다면, 배심원들은 그들이 대표하는 사회의 권위를 판사의 판결에 부여해주는 셈이다. (D)

형사재판에서 영국과 아메리카의 판사들은 프랑스의 판사들이 전혀 가져보지 못한 영향력을 행사한다. 이러한 차이는 쉽사리 이해할 수 있다. 민사재판에서 이미 그 권위를 확고히 다져놓은 까닭에, 영국과 아메리카의 판사들은 그 권위를 다른 무대로 이전해서 행사하는 것으로 충분했다. 권위를 새로 확립해야 할 필요가 없는 것이다.

아메리카의 판사들이 단독으로 판결할 권리를 갖는 사건들 —
대개의 경우 아주 중요한 사건들— 이 있다.[7] 이 경우에 아메리
카 판사들은 프랑스 판사들이 일상적으로 차지하는 지위를 우연
찮게 가지게 되지만, 프랑스 판사들보다 훨씬 큰 도덕적 권위를
누리게 된다. 이들의 둘레에는 배심원들의 후광이 여전히 배어 있
으며, 이들의 판단은 배심원들이 대표하는 사회의 판단만큼이나
권위를 지니는 것이다.

판사의 영향력은 법원의 울타리를 넘어선다. 눈코 뜰 새 없는
공적 업무뿐만 아니라 한숨 돌린 개인 생활에서도, 공중 앞에서나
의회에서도, 아메리카의 판사들은 자신들보다 더 나은 식견을 가
지고 있다고 생각하는 데 익숙해진 사람들에게 언제나 둘러싸여
있다. 판사들은 법정에서 영향력을 행사하는 것으로 그치지 않고,
판결에 함께 참여한 사람들의 마음의 습관에, 심지어 영혼에까지
줄곧 영향을 끼친다.

그렇다면 사법관의 권리를 제한하는 것처럼 보이는 배심원 제
도가 실제적으로 사법관의 권위를 굳혀주는 셈이다. 그리고 인민
이 판사의 특권을 나누어 갖는 나라만큼 판사가 강력한 권위를 누
리는 나라도 없다고 할 수 있다.

아메리카의 사법관들이 내가 앞에서 말한 이른바 법조인 기질

---

7) 연방 판사들은 연방의 통치와 밀접하게 관련된 문제들에 대해서는 거의 언제나
단독으로 판결을 내린다.

을 사회의 최하층에까지 확산시킨 것은 바로 이러한 민사재판에서의 배심원 제도를 통해서이다.

따라서 배심원 제도는 인민이 통치하게 하는 가장 활력적인 방안인 동시에 인민이 통치술을 배울 수 있는 가장 효과적인 방안이기도 한 것이다.

제9장

합중국에 민주공화정을 유지시켜주는 주요 원인들

합중국에는 민주공화정이 존속한다. 이 책의 주요 목표는 이러한 현상을 낳은 원인들을 설명하는 것이었다.

이 중에 몇 가지 원인들은 논지를 전개하면서 본의 아니게 한쪽 방향으로 치우치게 되면서 그저 지나치듯 잠시 언급하고 넘어갔다. 그리고 전혀 언급하지 않고 넘어간 원인들도 있다. 그런가 하면 내가 적잖은 지면을 할애해 설명한 원인들은 세부 사항 속에 파묻힌 꼴이 되어버렸다.

따라서 논의를 더 밀고 나가 미래에 대해 언급하기에 앞서서, 현재를 설명해주는 모든 원인을 작은 틀 안에 담아놓을 필요가 있다고 나는 생각한다.

나는 아주 짤막하게 정리할 생각이다. 독자가 이미 알고 있는 내용들을 다시 간단하게 일깨우는 것으로 그치고자 하며 아직 설명하지 않은 내용들 중에서는 중요한 것들만을 언급하고자 한다.

합중국에 민주공화정을 유지시켜주는 모든 요인은 다음과 같은 세 가지 사항으로 요약될 것으로 나는 생각한다.

첫째, 자연의 섭리에 의해 아메리카인들이 놓여 있는 특별하고 우연적인 상황.

둘째, 법제.

셋째, 습관과 습속.

민주공화정의 유지에 이바지하는
우연적이고 섭리적인 원인들

인간의 의지와 무관한 수많은 상황들이 합중국에서 민주공화정이 유지되는 데 이바지하는 중이다. 이러한 상황 요인들 중 어떤 것은 잘 알려져 있으며, 어떤 것은 쉽사리 알아낼 수 있다. 여기서는 주요한 것 몇 가지만 간추려보자.

아메리카인들에게는 인접국이 없다. 따라서 염려할 만한 대규모 전쟁도 재정 위기도 약탈도 침략도 없다. 이들에게는 많은 세금도 큰 군사력도 위대한 장군도 필요하지 않다. 또한 아메리카인들은 이 모든 것을 다 합친 것보다 더 끔찍한 재앙이라고 일컬을 수 있는 것, 즉 군사적 영광이라는 것에 대해서도 별로 우려하지 않는다.

물론 군사적 영광이 국민들의 마음에 엄청난 영향력을 행사한다는 사실은 부정할 수 없을 것이다. 아메리카인들이 두 번씩이나 국가수반으로 뽑은 잭슨 장군은 거친 성격에 평범한 능력의 소유자였다. 그의 경력 중 어디를 들추어보더라도 그가 자유로운 국민을 다스릴 만한 자질을 갖추었음을 보여주는 증거를 찾을 수 없을 것이다. 그리고 합중국의 식견을 갖춘 사람들 대부분은 언제나 그의 반대편에 섰다. 도대체 무엇이 그를 대통령 자리에 앉혀주었으며 지금까지 그가 그 자리를 보존하게 해주었는가? 물론 그것은 20년 전에 그가 뉴올리언스의 성벽 아래서 거둔 승리의 기억이다. 그런데 이 뉴올리언스의 승리는 도무지 전투라는 것을 보기 힘든 나라에서나 사람들의 관심을 오래 끌 수 있는 그저 일상적인 무용담이다. 그리고 이처럼 군사적 영광의 위용에 이끌려가는 국민은 틀림없이 이 세상에서 가장 냉정하고 가장 타산적이며 군사적 취향을 가장 덜 지니고 있으며, 굳이 말하자면 가장 산문적인 국민이다.

아메리카에는 나라 전체에 직접적으로든 간접적으로든 영향을 미치는 거점 도시가 없다.[1] 이것도 합중국에 공화 제도들을 유지

---

1) 아메리카에는 아직 거점 도시가 없지만 이미 아주 큰 도시들이 생기고 있다. 1830년에 필라델피아는 16만 1,000명, 뉴욕은 20만 2,000명의 인구를 지녔다. 이들 거대 도시에 사는 하층민들은 유럽 거대도시들의 하층민보다 훨씬 위험한 빈곤층을 이루고 있다. 이들 중에는 우선 노예 상태에서 풀려난 자유 흑인들이 있는데, 이들은 법제와 여론의 질타 속에서 대대로 비참과 타락 상태에 빠져 있다. 그리고 가난과 비행으로 인해 신대륙 해안으로 밀려온 상당수 유럽인들이 있다. 이들은 유럽인의 가장 나쁜 결함들을 합중국에 들여왔지만 이러한 결함들을 어떻게든 줄이는 데에는 전혀 관심이 없다. 시민권 없이 살면서 이들은 사회를 뒤흔드는 어떤 격동에든 편승할 채비가 되어 있었다. 얼마 전부터 필라델피아와 뉴욕에서 심각한 폭동이 발생했다. 그런데 이런 종류의 소요는 합중국의 다른 지방에는 거의 알려지지 않으며, 영향을 미치지도 못한다. 왜냐하면 도시 인구가 아직까지는 농촌 인구

시켜주는 주요 원인들 중 하나라고 나는 생각한다. 도시에서는 사람들이 함께 어울리고 흥분하며 갑작스러운 충동과 격정에 휩싸이는 것을 막을 수 없다. 도시들은 주민 모두가 참여하는 거대한 협의체라고 할 수 있다. 도시에서는 인민이 자신이 뽑은 관리들에게 엄청난 영향력을 행사하거나 때로는 관리들의 간여 없이도 자신의 의사를 관철시키는 것이 가능하다.

따라서 지방들을 어느 한 거점 도시에 복속시키는 것은 나라 전체의 명운을 국민 중 일부의 수중에 내맡기는 일(이것은 부당하다)일 뿐만 아니라 자기 의지에 따라 행동하는 인민의 수중에 내맡기는 일(이것은 위험하다)이다. 그러므로 중심 도시들이 지방을 압도한다는 것은 대의제도에 심각한 타격을 가하게 된다. 그렇다면 현대의 공화정들은 대의제도를 알지 못했던 까닭에 사멸한 고대의 공화정들과 마찬가지 결함을 지니는 셈이다.

합중국에 민주공화정을 확립하고 유지하는 데 기여한 수많은 다른 부차적인 원인들을 나열하기는 그리 어렵지 않을 것이다. 하지만 이와 같이 허다하게 유리한 상황들 가운데 두 가지만 간추려서 잠시 살펴보도록 하자.

에 어떤 힘도 영향력도 행사하지 못하기 때문이다.

그렇기는 하지만 나는 아메리카 몇몇 도시들의 규모와 거기에 사는 주민들의 성향이 신세계의 민주공화 정부들을 위협하는 실질적인 위험이 될 것으로 생각한다. 그리고 개개의 정부들이 도시의 인민으로부터 독립을 유지하고 이들의 지나친 행동을 억제할 수 있으면서도 국민 다수의 의지에 복종하는 군대를 창설하지 못한다면, 이 정부들은 결국 이로 인해 붕괴될 것이라고 감히 단언한다.

오늘날 합중국의 번영을 가져온 모든 원인 중에서 첫 번째이자 가장 효과적인 원인은 바로 아메리카인들의 기원에서, 즉 내가 앞에서 아메리카인들의 출발점이라고 말한 것에서 찾아볼 수 있다고 나는 이미 언급한 바 있다. 아메리카인들은 출생의 행운을 안고 태어났다. 이들의 조상들이 아주 옛날에 이곳에 조건의 평등과 학식의 평등을 들여왔는데, 바로 여기서부터 민주공화정이 어느 날엔가 마치 샘물처럼 솟아난 것이다. 조상들은 이러한 공화적인 사회 상태를 물려주는 데 그치지 않고 더 나아가 공화정이 번영하는 데 가장 알맞은 습관, 관념 및 습속 따위를 후손들에게 남겨주었다. 이러한 원초적인 사실이 가져온 결과를 생각해볼 때, 나는 인류의 운명이 최초의 인간에게 이미 구현되어 있는 것처럼 아메리카의 운명이 신세계에 첫발을 내딛은 최초의 청교도들에게 구현되어 있었다고 생각한다.

합중국에 민주공화정을 확립하고 유지하는 데 기여한 유리한 상황들 중에서 첫 번째로 중요한 것은 바로 아메리카인들이 거주하는 영토 자체이다. 조상들은 이들에게 평등과 자유에 대한 애착을 물려주었다. 반면에 하느님은 이들을 끝없이 펼쳐진 대륙에 풀어놓음으로써 오랫동안 평등하고 자유롭게 남을 수 있는 수단을 내리셨다.

모두가 복리를 누린다는 것은 모든 정부의 안정에 유리하지만, 특히 민주 정부의 안정에 유리하다. 민주 정부는 최대 다수의 의지에, 특히 가장 빈곤한 사람들의 의지에 의존하는 정부이기 때문이다. 인민이 통치할 경우, 이들에게는 반드시 복리가 주어져야 한다. 그렇지 않다면 이들은 국가를 전복하려 들 것이다. 야망이 군주를 움직이듯이, 빈곤은 인민을 움직인다. 그런데 법제는 논외로 하더라도, 복리를 가져다줄 수 있는 실질적인 원인들은 역사상 그 어느 나라, 그 어느 시기보다도 합중국에서 바로 이때에 더 많았다.

합중국에서 민주주의에 이바지한 것은 법제만이 아니다. 자연 자체도 인민을 위해 땀을 흘린 것이다.

인간이 지닌 기억 중 오늘날 북아메리카에서 벌어지는 일과 흡사한 것을 과연 어디에서 찾아볼 수 있겠는가?

고대의 유명한 국가들은 어김없이 적대적인 족속들 한복판에서 세워졌는데, 번영하기 위해서는 이들 적대적인 세력을 모두 무찔러야만 했다. 근대에 들어와서 남아메리카에 첫발을 딛은 사람들은 자신들보다 낮은 문명을 지녔지만 그래도 이미 땅을 점유하고 경작하는 수많은 족속들이 여기저기 흩어져 사는 것을 발견했다. 신대륙에 새 국가를 건설하기 위해서 이들은 수많은 인구를 몰살하거나 노예로 만들어야만 했다. 이들의 승리는 문명인조차 부끄러워할 일이었다.

하지만 북아메리카에는 땅에서 나는 천부적인 풍요조차 거둘 생각을 하지 않는 유랑하는 부족들만이 살고 있었다. 북아메리카는 말하자면 여전히 비어 있는 대륙으로, 주인을 기다리는 황량한 대지로 남아 있었다.

아메리카에서는 법제와 사회 상태는 물론이고 모든 것이 특이하다. 하지만 가장 특이한 것은 아메리카인들이 살고 있는 토양 그 자체라고 할 수 있다.

조물주가 지구를 인간에게 주었을 때, 지구는 생생하고 무진장이었으나, 인간은 유약하고 무지했다. 그런데 인간이 지구가 담고 있는 무궁무진한 재화를 이용할 줄 알게 되었을 때, 인간은 이미 지구의 표면을 거의 다 덮어버렸다. 이제 인간은 안식처를 얻고 편히 쉬려면 총칼로 남을 무찔러야만 하는 지경에 이르렀다.

북아메리카가 발견된 것은 바로 이때였다. 그것은 마치 하느님이 간직해두셨다가 대홍수의 수면 밑에서부터 솟아오르게 만드신 것과 같았다.

이 대륙은 마치 태초의 신비처럼 마르지 않는 샘물과 누구의 발길도 닿지 않은 푸른 늪지대와 농사꾼의 쟁기가 한 번도 닿지 않은 광대무변한 들판을 품고 있다. 이 대륙에는 아주 오랜 옛날처럼 무지하고 야만적인 원주민들이 서로 떨어져 살아가는 것이 아니라, 이미 자연의 신비를 터득하고 서로 모여 살며 5000년에 걸친 경험을 체득한 원주민들이 살고 있다.

바로 지금 1,300만 명에 달하는 유럽 문명인들이 이 비옥한 대지에 고요히 퍼져 나가고 있다. 대지가 얼마나 큰지 얼마나 많은 자원을 담고 있는지조차 알지 못한 채 말이다. 3,000~4,000명의 병사들이 유랑하는 원주민들을 밀어낸다. 병사들을 뒤따르는 개간꾼들은 숲을 통과하고 날짐승들을 쫓아내며 물길을 탐험하고 황무지를 가로질러 문명의 도도한 전진을 준비한다.

이 책의 여기저기서 나는 아메리카인들이 누리는 물질적인 복리에 대해 자주 언급했다. 그리고 나는 이러한 물질적인 복리야말로 아메리카인들의 법제가 성공을 거둘 수 있었던 가장 중요한 원인들 중 하나라고 지적했다. 그런데 이 원인은 나보다 앞서서 이미 많은 저자들이 지적해온 것이다. 유럽인들의 눈에는 잘 포착되는 원인이기 때문에 그만큼 잘 알려져 있는 것이다. 따라서 나는 자주 다루어지고 잘 알려진 주제에 대해서는 다루지 않을 것이며, 단지 새로운 사실 몇 가지만 덧붙이고 넘어갈 것이다.

아메리카인들은 그들의 조상들이 차지해 살던 지역에서 계속 살고 또 늘어나는 반면에 아메리카의 황무지들은 신세계 연안에 매년 발을 디디는 유럽 이민자들로 채워진다고 일반적으로 생각한다. 하지만 이는 틀린 생각이다. 유럽 이민자들은 일가친척도 없이, 그리고 대개는 아무 재산도 없이 합중국에 도착한다. 이들은 생계유지를 위해 노동력을 팔아야 하므로 대서양 연안에 인접한 대규모 산업 지대를 벗어나는 일이 드물다. 황무지는 자본과 신용 없이는 개척될 수 없다. 밀림을 헤치고 다니려면 신체가 가혹한 새로운 풍토에 적응되어야 한다. 따라서 매일 자기가 살던 집을 나서서 저 멀리에 광활한 토지를 차지하러 떠난 것은 바로 아메리카인들이었다. 유럽인은 자기가 살던 오두막을 떠나 대서양 건너편 해안에 정착하러 온 반면에, 바로 이 해안 지대에서 태어난 아메리카인은 대륙 중심부의 황무지로 돌진한 것이다. 이러한 이중적인 이주 현상은 끊임없이 이어지고 있다. 유럽 한복판에서 시작되어 대서양을 건너 이어지고 신세계의 황무지를 넘어 나아가는 것이다. 수백만 명에 달하는 사람들이 한꺼번에 똑같은 지평선을 향해 나아가고 있다. 이들의 언어, 종교, 습속은 서로 다르지만, 목표는 동일하다. 서쪽으로 가면 어디서든 한몫 벌 수 있다고 들은 까닭에, 이들은 그곳으로 서둘러 떠나는 것이다.

아마도 로마제국의 몰락을 가져온 대이동을 제외하고 인구의 이러한 끊임없는 이동에 비교될 만한 사건은 없을 것이다. 지금과 마찬가지로 그때에도 인간은 무리를 지어 같은 방향으로 내달렸고 같은 장소에서 서로 만나 다투었다. 하지만 하느님이 의도하신 바는 같지 않았다. 로마제국이 멸망할 당시에 새로 이주해오는 무리들은 누구든 파괴와 죽음을 가져왔다. 오늘날 신대륙에는 누구든 번영과 생명의 씨앗을 가지고 온다.

아메리카인들의 이러한 서부 대이동이 먼 장래에 어떤 결과를 가져올지 아직은 알 수 없다. 하지만 그 직접적인 결과는 쉽사리 알 수 있다. 요컨대 주민들의 일부가 매년 자기가 태어나 살던 주를 떠나는 까닭에 주들은 생긴 지 오래되었지만 인구의 증가는 아주 더디게 되는 것이다. 코네티컷주에서는 주민 수가 아직도 평방 마일당 59명밖에 되지 않으며 인구는 지난 40년 동안 고작 4분의 1 정도 증가했을 뿐이다. 반면에 영국에서는 같은 기간 동안에 인구가 3분의 1 이상 증가했다. 따라서 유럽에서 온 이민자들은 공장마다 일손이 부족한, 아직은 반 정도밖에 차지 않은 지역에 도착하게 된다. 그가 그럭저럭 넉넉한 노동자가 된다면, 그의 아들은 한몫 벌려고 광활한 땅으로 떠나서 마침내 부유한 지주가 된다. 아버지가 자금을 모은다면, 아들은 자금을 투자하는 셈이지만, 이주민 아버지든 토박이 아들이든 쪼들리지 않고 살게 된다.

합중국의 법률은 토지 재산의 분할에 아주 유리하게 작용한다.

하지만 법률보다 훨씬 강력한 한 가지 요인이 토지가 지나치게 분할되는 것을 막고 있다.[2] 이러한 현상은 마침내 인구밀도가 높아지기 시작한 주들에서 뚜렷하게 나타난다. 매사추세츠는 합중국에서 가장 인구밀도가 높은 곳이다. 매사추세츠에서는 주민 수가 평방 마일당 80명에 이르는데, 이것은 물론 같은 면적에 162명씩 모여 사는 프랑스에 비하면 아주 작은 수치이다.

그럼에도 불구하고 매사추세츠에서는 토지 재산이 분할되는 일이 이미 아주 드물어졌다. 큰아들이 보통 토지를 차지하고, 작은 아들들은 한몫 벌려고 황무지로 떠난다.

물론 장자상속제는 폐지되었다. 하지만 아무도 불평하지 않는 가운데 법의 원칙을 어기지 않으면서 장자상속권이 되살아났으니, 차라리 하느님이 그것을 다시 만드셨다고 말하는 편이 더 나을지 모르겠다.

과연 얼마나 많은 사람들이 이렇게 뉴잉글랜드를 떠나서 황무지에 정착했는가를 알아보려면, 다음과 같은 한 가지 사실로 충분할 것이다. 1830년에 상하 양원 의원들 중 36명이 작은 주인 코네티컷 출신이었다. 합중국 인구의 43분의 1에 지나지 않는 코네티컷의 주민들이 합중국 전체 의원의 8분의 1을 배출한 것이다.

하지만 코네티컷주에 할당된 의원의 수는 5명에 불과했다. 나머지 31명은 서부의 신생 주들을 대표하고 있었다. 만일 이 31명의

---

2) 뉴잉글랜드에서 토지는 아주 작은 덩어리로 쪼개져 있지만 더 이상 분할되지는 않는다.

개인들이 코네티컷에 남아 있었다면, 이들은 부유한 지주가 되기보다는 별 볼일 없는 농사꾼이 되었을 것이며 공직에 진출하지 못한 채 무명 시민으로 살았을 것이고 유능한 입법자가 되기보다는 위험한 시민이 되었을 것이다.

아메리카인들도 이러한 사실을 우리 프랑스인들만큼이나 잘 알고 있다.

대법관 켄트 씨는 『아메리카 법률 논평』에서 다음과 같이 말한다. "토지 분할이 한 가구를 부양하기에도 힘겨울 정도로 극단적으로 진행될 경우 커다란 폐단을 낳을 것임에 틀림없다. 하지만 합중국에서는 이러한 곤란한 지경에 빠진 적이 없으며, 아마도 여러 세대가 더 지난 후에야 그런 사태를 감지할 수 있을 것이다. 아직 손길이 닿지 않은 방대한 영토, 풍부한 경작지, 대서양 연안에서 내지로 쉴 틈 없이 밀려드는 줄기찬 이민의 물결 따위만으로도 토지의 세분화를 막기에 현재로도 충분하고 또 앞으로도 충분할 것이다."

한몫 잡을 수 있는 이 엄청난 먹잇감을 향해 아메리카인이 얼마나 탐욕스럽게 달려드는지를 묘사하기란 사실 쉽지 않을 것이다. 그는 인디언의 화살도 황무지의 질병도 감연히 무릅쓴다. 그는 밀림의 정적을 개의치 않으며 들짐승의 습격에도 놀라지 않는다. 목숨에 대한 애착보다 더 결렬한 감정이 그를 끝없이 부추기는 것이다. 그 앞에는 광대무변한 대륙이 펼쳐져 있다. 자기 몫을 차지하지 못할까 우려하면서 그는 늦지 않도록 서둘러 앞으로 내달린다. 생긴 지 오래된 주들의 상황이 이러한데, 엊그제 생긴 주들의 경우는 어떠한가? 오하이오주는 설립된 지 아직 50년도 지나지 않았다. 주민들 대다수는 그 주에서 태어난 사람들이 아니다. 주의 수도는 생긴 지 아직 채 30년이 되지 않았으며, 여기저기에 아직도 방대한 미개척지가 널려 있다. 하지만 오하이오의 주민들은 벌써 서쪽을 향해 나아가는 중이다. 일리노이주의 비옥한 대평원으로 내려온 이주민들 대부분은 오하이오의 주민들이다. 이들은 잘살기 위해서 첫 번째 고향을 떠났으며, 더 잘살기 위해서 두 번째 고향을 떠난다. 이들은 어디에서나 한몫을 충분히 챙겼으나 행복을 얻은 것은 결코 아니었다. 잘살고자 하는 욕망은 이들의 마음속에서 충족되더라도 줄곧 끓어오르는 조급한 열정으로 변했다. 이들은 일찍이 고향 땅에 맺어둔 인연의 끈을 끊고 떠나왔으며, 옮겨 다니면서 새 인연을 맺지 않았다. 이들에게 이주는 애초에는 피치 못할 사정에 의한 것이었다. 하지만 나중에는 돈벌이만큼이나 재미로 즐기는 일종의 도박이 되어버렸다.

이따금 사람들이 너무도 빨리 달려 나아가기 때문에 지나간 뒷자리에 다시 황무지가 나타난다. 숲은 사람들에게 길을 내주고 지나간 후에는 다시 길을 덮는다. 서부의 신생 주들을 지나갈 때면, 숲속 한가운데서 버려진 가옥들을 자주 보게 된다. 때로는 인간의 끈기와 변덕을 한꺼번에 나타내주는 것들, 요컨대 인적 드문 숲속에 남아 있는 통나무집의 잔해라든지 개간하다 버려진 목초지 따위가 눈에 띈다. 이 버려진 들판 위에, 지난날의 잔해 위로, 원시림이 곧 새로운 덩굴을 퍼트린다. 들짐승들이 다시 들끓게 되고 흥에 겨운 대자연은 푸른 가지와 꽃잎으로 인간이 남긴 자취를 덮어버린다. 잠시 인간이 지나친 흔적이 다 지워지는 것이다.

뉴욕주의 어느 황량한 카운티 중 하나를 지날 때, 나는 마치 태초의 원시림에 둘러싸인 듯 보이는 어느 호숫가에서 잠시 발길을 멈춘 적이 있었다. 호수 한가운데에는 작은 섬이 솟아 있었다. 눈에 잘 띄지 않을 정도로 섬은 무성한 수풀로 뒤덮여 있었다. 호숫가에는 인적이 전혀 없었다. 단지 수풀 위에서부터 구름에까지 이어져서 하늘로 올라가기보다는 하늘 높이 걸린 듯 보이는 거대한 연기 기둥이 저 멀리 지평선에 보였다.

인디언 나룻배가 모래밭에 닿아 있었다. 그 배를 이용해 나는 그토록 내 시선을 잡아끌던 섬으로 향했다. 섬 전체가 신세계의 감미로운 정적 속에 잠겨 있었으며 문명인으로 하여금 야생의 삶을 동경하게 만드는 신비의 매력을 담뿍 담고 있었다. 엄청난 야생식물 군락은 토질이 얼마나 비옥한지를 알려주기에 충분했다. 북아메리카의 모든 황무지가 그렇듯이 섬은 깊은 정적에 잠겨 있었다. 저 멀리서 산비둘기가 지저귀는 소리와 딱따구리가 나무껍데기를 쪼아대는 소리가 간간이 정적을 깨울 따름이었다. 모든 것이 자연 상태 그대로 방치되어 있어서 이곳에 한때 사람이 살았으리라고는 전혀 예상할 수 없었다. 그런데 섬 한복판에 무언가 사람이 살았던 흔적 같은 것이 보이는 듯했다. 세심하게 주변을 둘러보고 나서 나는 옛날에 유럽인이 여기에 오두막을 짓고 살았었다는 확신을 갖게 되었다. 세월이 얼마나 무상한가! 오두막을 짓기 위해 베어둔 나무들에서 싹이 돋았으며, 담장은 덩굴식물 울타리로 변했고, 움막은 작은 숲 모양으로 변했다. 관목들 한가운데에서 불에 검게 그을린 돌들이 타다 남은 재를 묻힌 채 널려 있는 것을 볼 수 있었다. 무너진 굴뚝의 잔해로 덮인 것으로 보아, 바로 이 장소에 화덕이 있었을 듯하다. 무궁무진한 자연과 덧없는 인생을 생각하며 나는 잠시 말을 잊었다. 그리고 이 매혹적인 장소를 떠나면서 나는 슬픔에 잠겨 외치지 않을 수 없었다. 놀랍도다! 벌써 폐허라니!

유럽에서 우리는 가만 있지 못하는 기질, 재물에 대한 무절제한 욕구, 지나친 독립심 따위를 아주 큰 사회적 위험으로 간주하곤 한다. 하지만 바로 이런 것들은 아메리카의 공화 정부들에 오랫동안 평화로운 미래를 보장해주는 요소들이다. 이러한 조급한 열정들이 없었더라면, 사람들은 일정한 지역들에 몰려들어 살았을 것이고, 이내 유럽에서와 마찬가지로 충족하기 어려운 결핍 상태를 겪게 되었을 것이다. 사람들의 덕성뿐만 아니라 그들의 악덕까지도 사회에 유용하게 쓰이고 있으니, 신세계는 정말 행운의 나라가 아닌가!

이러한 상황은 구세계와 신세계에서 인간의 행동을 판단하는 기준에도 큰 영향을 미치고 있다. 우리가 물질욕이라고 부르는 것을 아메리카인들은 흔히 가상한 근면성이라고 부른다. 마찬가지로 우리가 욕구의 절제라고 부르는 것을 그들은 심약한 마음이라고 부른다.

프랑스에서는 담백한 취향, 고요한 습속, 가족의 유대, 애향심 따위를 국가의 평온과 행복을 보장하는 중요한 요소들로 간주한다. 하지만 아메리카에서는 이러한 덕목들만큼 사회에 해로운 것도 없는 것처럼 보인다. 옛 습속의 전통을 고스란히 간직한 프랑스계 캐나다인들은 어느새 자기네가 차지한 영토에서 사는 것에 곤혹스러움을 느낀다. 갓 태어난 이 작은 사회는 얼마 지나지 않아 구세계가 겪는 재앙의 재물이 될 것이다. 캐나다에서 가장 식견이 뛰어나고 애국심이 강하며 인류애에 투철한 인사들은 주민들을 그들이 여전히 만족해하고 있는 저 평범한 행복이라는 것에서 떼어놓기 위해 힘겨운 노력을 기울이는 중이다. 이들은 구세계에서라면 아마도 보잘것없지만 정직한 소득을 찬양했을 테지만, 여기서는 재산이 가져다주는 혜택을 강조한다. 이들은 다른 곳에서라면 사람들의 격정을 가라앉히려 애썼을 테지만, 여기서는 오히려 부추기려 애쓴다. 가난한 사람이라도 자기 고향에서 맛볼 수 있는 순수하고 평온한 즐거움을 타향의 하늘 아래서 재산이 주는 무미건조한 향락과 맞바꾸는 것, 정든 집과 조상님이 잠들어 있는 터전을 떠나는 것, 한몫 벌기 위해서 산 자와 죽은 자를 다 버리고 나서는 것, 이들이 보기에 이보다 더 칭찬받을 만한 일은 없을 것이다.

오늘날 아메리카는 인간이 아무리 애써도 다 개발하지 못할 만큼의 충분한 자원을 제공하고 있다.

따라서 아메리카에서는 아무리 많은 지식을 들여오더라도 어느새 소진된다. 아메리카에서는 지식이 그것을 소유한 사람들에게만이 아니라 소유하지 못한 사람들에게도 유익하게 쓰이기 때문이다. 새로운 욕구가 생겨도 우려할 것이 없다. 어떤 욕구든 쉽사리 충족시켜줄 수 있기 때문이다. 너무 많은 열정이 뿜어 나와도 걱정할 일이 아니다. 어떤 열정이든 어렵지 않게 알맞은 자양분을 얻을 수 있기 때문이다. 사람들이 자유를 너무 많이 누려도 탈이 없다. 왜냐하면 누구든지 자유를 악용할 마음을 품지 않기 때문이다.

오늘날 아메리카의 공화 정부들은 신세계의 황무지들을 공동 개발하기 위해 설립된, 날로 번창하는 사업에 매진하는 장사꾼들의 회사와 같다.

아메리카인들을 가장 깊숙이 뒤흔드는 열정은 정치적 열정이 아니라 상업적 열정이다. 아메리카인들은 정치에 상행위의 습관을 들여놓는다고 할 수 있다. 이들은 사업 번영의 기초가 되는 질서를 애호한다. 이들은 성공한 기업의 토대라 할 수 있는 규범적인 습관을 높이 평가한다. 이들은 흔히 재산을 날려버리곤 하는 천재보다는 큰돈을 모으는 범재를 더 좋아한다. 개론적인 사고방식은 실제적인 타산에 길들여진 이들의 마음을 괴롭힌다. 이들은 이론보다 실천을 더 높이 평가한다.

물질적 복리가 개인의 정치 행위뿐만 아니라 심지어 이성의 판단만을 따른다고 여겨지는 사상에까지 과연 어떤 영향력을 행사하는가를 살펴보려면 아메리카로 가야 할 것이다. 외국인들은 이러한 사실을 쉽게 알아차린다. 유럽에서 온 대다수 이주민들은 유럽의 역경 속에서 생겨난, 독립과 변화에 대한 거친 애착을 신세계에 들여왔다. 나는 합중국에서 이따금 정치적 견해 때문에 조국을 떠나야만 했던 유럽인들을 만났다. 이들이 들려주는 이야기가 모두 놀랍기는 했지만, 특히 그중 한 사람의 이야기는 정말 인상적이었다. 펜실베이니아주의 벽지를 지나다가 밤을 만나 나는 어느 부유한 농장주의 문을 두드렸다. 그는 프랑스인이었다. 그는 나를 반가이 벽난로 근처로 안내했으며, 우리는 마치 조국에서 2,000해 리나 떨어진 숲속에서 다시 만나기나 한 듯이, 아주 자유롭게 대화를 나누었다. 나는 그가 40년 전에 평등론의 신봉자였고 열렬한 대중 선동가였다는 사실을 알게 되었다. 그의 이름은 역사에 남아 있었다.

나는 그가 마치 경제학자나 지주가 말하듯이 재산권에 대해 말하는 것을 보고 적잖이 놀라지 않을 수 없었다. 재산으로 인해 인간들 사이에 생기는 필연적인 서열 구조, 기성 법률에 대한 존중, 미풍양속이 국가에 미치는 영향, 질서와 자유에 대한 종교의 기여 등에 대해 그는 말했다. 그는 자신의 정치적 견해를 뒷받침하기 위해 심지어 예수 그리스도의 권위를 인용하기도 했다.

그의 말을 들으면서 나는 인간 이성의 허약함에 정말 경탄하지 않을 수 없었다. 명제는 참이거나 아니면 거짓이다. 하지만 학문의 불확실한 내용들과 경험의 상충되는 교훈들의 한복판에서 어떻게 그것을 가려낼 수 있겠는가? 한 가지 새로운 사실이 나의 모든 의문을 걷어주었다. 요컨대 다음과 같은 식이다. 나는 한때 가난했으나 이제 부유해졌다. 내가 누리는 물질적 복리가 나의 행동에 영향을 미치더라도 나의 판단만은 자유롭게 내버려 둔다면 얼마나 좋을까! 하지만 그렇지 않다. 재산이 생기자 생각도 바뀌어버렸다. 나는 지금까지는 내가 갖지 못한 결정적인 논거를 내가 누리는 이 행복한 생활 속에서 찾아냈다.

물질적 복리는 외국인들보다 아메리카인들에게 훨씬 더 자유로이 영향을 미친다. 아메리카인은 질서와 공공의 번영이 서로 나란히 보조를 맞추어 나아가는 것을 늘 눈앞에 보아왔다. 어느 한쪽 없이 다른 한쪽이 존립할 수 있으리라고 그는 상상조차 하지 않는다. 따라서 그에게는 잊을 것이 없다. 그로서는 수많은 유럽인들과 달리 어려서 배운 교훈들을 털어내야 할 필요가 없는 것이다.

합중국에서 민주공화정을 유지하는 데 미치는 법제의 영향

이 책의 주요 목표는 합중국의 법제를 알리는 것이었다. 만일 이 목표가 달성되었다면, 독자는 민주공화정을 실질적으로 유지시켜주는 법제는 어떤 것이며 민주공화정에 위해를 끼치는 법제는 어떤 것인지 판단할 능력을 이미 갖추었을 것이다. 만일 내가 이러한 목표를 이 책 한 권으로도 달성하지 못했다면, 하물며 어느 한 장만으로 달성하기는 더욱 어려울 것이다.

따라서 나로서는 지금까지 밝혀낸 모든 이야기를 되풀이하지는 않을 것이며, 다만 그 내용을 몇 줄로 다시 간추려볼 것이다.

합중국에서 민주공화정을 유지하는 데 무엇보다 기여한 것은 다음과 같은 세 가지이다.

첫째는 아메리카인들이 채택한 연방 정부 형태이다. 연방 형태의 정부는 합중국으로 하여금 큰 공화정의 위력과 작은 공화국의 안전성을 동시에 누리게 해주었다.

둘째는 타운 제도이다. 타운 제도는 다수의 전제정치를 제한하는 동시에 인민에게 자유에 대한 취향과 자유를 누리는 기술을 알려주었다.

셋째는 사법 조직에서 찾을 수 있다. 나는 법원이 민주정치의 일탈을 질정하는 데 어떻게 기여하는지를, 그리고 어떻게 다수의 움직임을 저지하지는 않으면서 그것을 완화시키고 잘 인도해내는지를 보여주었다.

합중국에서 민주공화정을 유지하는 데
미치는 습속의 영향

나는 앞에서 습속이 합중국에서 민주공화정을 유지시켜주는 일반적인 주요 원인들 중 하나라고 말했다.

여기서 나는 '습속(moeurs)'이라는 표현을 고대인들이 mores라는 단어에 부여했던 의미로 사용한다. 요컨대 나는, 마음의 습관(habitude du coeur)이라고 부를 수 있는, 말하자면 고유한 의미에서의 습속뿐만 아니라, 사람들이 지니고 있는 여러 개념들, 사람들 사이에 통용되는 여러 의견들, 그리고 정신의 습관(habitude de l'esprit)을 형성하는 관념들 모두에도 습속이라는 말을 적용한다.

따라서 나는 이 단어로 한 나라 국민의 도덕적이고 지적인 상태 모두를 포괄한다. 여기서 나의 취지는 아메리카인의 습속들에 대한 일람표를 만드는 것이 아니다. 여기서는 정치제도들을 유지하는 데 도움이 되는 습속들을 찾아보는 것으로 그치도록 하자.

정치제도로서의 종교, 종교는 합중국에서
민주공화정을 유지하는 데 어떻게 기여하는가

무릇 종교는 그 종교와 친화성을 가진 정치적 견해와 결부되어 나타나기 마련이다.

인간의 심성이 제 마음껏 펼쳐지도록 놔두어보자. 그러면 인간 심성은 정치사회와 신의 도시를 한꺼번에 일률적으로 규제하려 할 것이다. 감히 말하건대, 인간은 땅과 하늘을 '합일하려고(harmoniser)' 하는 것이다.

영국계 아메리카의 대부분은 교황의 권위를 떨쳐낸 후 어떤 종교적 우월성에도 굴복하지 않은 사람들로 가득 찼다. 이들은 나로서는 민주적이고 공화적이라고 이름 붙일 도리밖에 없는 기독교를 신세계에 들여왔다. 이 종교 형태는 공공 업무에서 공화정과 민주주의를 수립하는 데 널리 이바지했다. 정치와 종교는 원래부터 하나로 조화를 이루었으며, 그 이후로 이러한 조화가 깨진 적이 없었다.

50년쯤 전에 아일랜드는 합중국에 가톨릭 인구를 쏟아붓기 시작했다. 아메리카의 가톨릭교는 많은 신도들을 만들어냈으며, 오늘날 합중국에는 로마교회의 진리를 받아들이는 100만 명 이상의 기독교도가 있다.

이들 가톨릭은 아주 충실히 계율을 따르며 자신의 믿음에 대한 열과 성으로 가득 차 있다. 그런데 이들은 합중국에서 가장 공화적이고 가장 민주적인 계급을 형성하고 있다. 이 사실은 얼핏 놀라워 보이지만, 잘 살펴보면 그 원인들을 쉽사리 찾아낼 수 있다.

　사람들이 가톨릭교가 민주주의의 타고난 적이라고 오해해왔다고 나는 생각한다. 오히려 기독교의 여러 종파들 중에서 가톨릭교야말로 사회 상태의 평등에 가장 호의적인 종파라고 나는 믿는다. 가톨릭교에서 종교사회는 사제와 평신도라는 두 요소만으로 구성된다. 사제만이 신도들 위에 우뚝 서고, 모두가 사제 아래서 평등한 것이다.

　교리의 측면에서 가톨릭교는 여러 능력의 인간들을 동일한 수준 위에 놓는다. 현명한 자든 무지한 자든, 천재적 인물이든 미천한 존재든, 모두에게 동일한 신앙 내용이 자세하게 설파된다. 부유한 자와 가난한 자 모두에게 동일한 계율을 부과하고, 강한 자와 약한 자 모두에게 동일한 응징을 내린다. 가톨릭교는 세속적인 그 어떤 것과도 타협하지 않으며, 인간 모두에게 동일한 척도를 적용함으로써 사회의 모든 계급을 마치 하느님의 눈앞에서와 같이 동일한 제단 아래서 뒤섞고자 한다.

　따라서 가톨릭교는 신도들을 복종으로 이끌기는 하지만, 그렇다고 그들을 불평등으로 이끄는 것은 아니다. 하지만 개신교에 대해서는 이와 반대로 말할 수 있다. 개신교는 일반적으로 인간을 평등으로 이끌기보다는 독립으로 이끄는 것이다.

　가톨릭교는 마치 절대군주정과 비슷하다. 절대군주정에서 군주를 떼어내면, 사회 상태는 공화정들에서보다 더 평등해질 것이니 말이다.

　가톨릭 사제가 성소에서 나와 마치 정치권력처럼 사회에 침투하고 사회 계서제의 한가운데에 자리를 잡는 일이 흔하다. 이따금 그는 자신이 속한 정치 질서의 지속성을 확보하기 위해 종교적 영향력을 이용하기도 한다. 그러니 우리는 가톨릭교도들이 종교적 동기로 귀족들 편에 서는 것을 흔히 보아왔다.

하지만 일단 사제들이 통치로부터 배제되거나 합중국에서 그러한 것처럼 스스로 통치를 멀리하기만 한다면, 자신의 신앙심에 의해 가톨릭교도들보다 더 기꺼이 사회 상태의 평등이라는 이념을 정치 세계에 들여놓는 사람은 아무도 없을 것이다.

따라서 합중국의 가톨릭교도들이 자신들 신앙의 본질 덕에 민주적이고 공화적인 견해로 불가항력적으로 끌려간다고까지는 말할 수 없을지라도, 적어도 이들은 천성적으로 이런 견해에 반대하지는 않는다. 이들은 자신들의 사회적 지위와 수적 열세로 인해 이러한 견해를 받아들일 수밖에 없게 되는 것이다.

대다수 가톨릭교도들은 가난하다. 따라서 그들은 스스로 통치에 참여하기 위해서는 모든 시민이 통치에 참여해야 한다고 주장한다. 가톨릭교도들은 소수이다. 따라서 그들은 자신들의 권리를 자유로이 행사하기 위해서는 모든 권리가 존중되어야 한다고 주장한다. 바로 이 두 가지 요인으로 인해 그들은 만일 자신들이 부유하고 우월했을 때라면 아마도 별 열의 없이 채택했을 정치 원리들을 향해 자신도 모르는 사이에 매진하고 있는 것이다.

합중국의 가톨릭 성직자는 이러한 정치 성향에 반대하려 한 적이 없다. 오히려 그들은 그런 성향을 정당화하려 한다. 아메리카의 가톨릭 사제들은 지성 세계를 두 부분으로 나누었다. 한쪽 편에는 계시된 교리들이 있는데, 이들은 이 교리들을 아무 이론의 여지없이 받아들인다. 다른 한편에는 정치적 진리가 있는데, 이들은 이 진리를 하느님이 인간의 자유로운 추구에 내맡긴 것으로 생각한다. 따라서 합중국의 가톨릭교도들은 가장 충실한 신도들인 동시에 가장 독립적인 시민들인 셈이다.

그렇다면 합중국에는 민주적이고 공화적인 제도들에 적대적인 어떤 종교적 교리도 없다고 말할 수 있을 것이다. 여기서 성직자들은 종파에 상관없이 동일한 언어를 사용한다. 신조는 율법과 일치하니, 말하자면 단 하나의 물결이 인간 정신을 계도하게 되는 것이다.

합중국에서 가장 큰 도시들 중 하나에 잠시 머무는 동안 나는 한 정치 집회에 초청을 받은 적이 있다. 집회의 목적은 폴란드인들을 돕기 위해 무기와 돈을 보내자는 것이었다.

사람들을 수용하기 위해 특별히 마련된 커다란 홀 안에 거의 2,000~3,000명이 모였다. 얼마 지나자 예배 복장으로 차려입은 한 신부님이 연단 앞으로 나왔다. 참석자들이 모자를 벗은 후 침묵을 지키며 서 있자, 신부님이 강론을 시작했다.

"전능하신 하느님! 만군의 하느님! 우리의 아버지들이 민족 독립의 신성한 권리를 위해 싸울 때, 당신은 그들의 심장을 붙들고 그들의 팔을 이끄셨습니다. 당신은 우리의 아버지들이 치욕스러운 압제를 물리치게 하셨으며 우리에게 평화와 자유의 지복을 주셨나이다. 오, 주님! 이제 지구의 다른 쪽을 따스한 눈길로 바라보소서. 우리가 옛날에 바로 그 권리를 지키기 위해 싸웠듯이, 지금 싸우고 있는 영웅적인 민족을 어여삐 여기소서! 주님, 당신의 형상대로 우리를 만드신 주님, 압제의 무리가 당신이 만드신 것들을 망가트리고 이 땅에 불평등을 뿌리는 것을 허용치 마소서. 전능하신 주님! 폴란드인들의 운명을 굽어 살피시고 그들을 자유롭게 하소서. 당신의 지혜가 그들의 교훈 가운데 있게 하시고 당신의 권세가 그들의 두 팔 안에 있게 하소서. 적들에게 공포를 뿌리시고, 나쁜 세력들을 물리치시며, 50년 전에 이 세상이 증거했던 바로 그 불의가 지금 다시 되살아나지 않게 하소서. 주님, 민족들의 심장과 인간들의 심장을 모두 당신의 강한 두 팔로 감싸 안으신 주님, 동맹국들을 정의의 신성한 대의에 따르게 하소서. 그리하여 마침내 프랑스 국민이 그 지도자들이 몰아넣은 오랜 무기력에서 떨쳐 나와 세계의 자유를 위해 다시 한 번 싸우게 하소서."

"오, 주님! 우리를 버리지 마소서. 그리고 우리가 이 세상에서 가장 자유롭고 가장 종교적인 백성이 되게 하소서."

"전능하신 하느님, 오늘 우리의 기도를 들어주시고 폴란드인들을 구원하소서. 인간을 구하기 위해 십자가에 못 박혀 죽으신 당신의 아들, 우리 주 예수 그리스도의 이름으로 기원하옵나이다. 아멘."

참석자들은 정숙하게 아멘을 복창했다.

합중국에서 종교적 신념이
정치사회에 미치는 간접적 영향

앞에서 나는 합중국에서 종교가 정치에 미치는 직접적 영향에 대해 설명했다. 내가 보기에 종교의 간접적인 영향은 훨씬 더 강력하다. 종교는 자유에 대해 대놓고 말하지 않을 때 오히려 아메리카인들에게 자유를 누리는 기술을 가장 잘 가르쳐주는 것이다.

합중국에는 수많은 종파들이 있다. 종파들은 창조주에게 바치는 예배에서는 서로 견해를 달리하지만 인간이 동료 인간에게 해야 할 도리에 대해서는 견해를 같이한다. 종파들은 각자 자기 나름의 방식으로 하느님을 섬기기는 하지만 사실상 하느님의 이름으로 동일한 도덕률을 설파하고 있는 것이다. 자기가 믿는 종교가 참되다는 것은 개개인에게는 아주 중요한 문제이지만 사회에는 별로 그렇지 않다. 사회 전체로서는 희구할 내세도 두려워할 내세도 없다. 요컨대 사회 전체를 위해 진정으로 중요한 문제는 시민 모두가 참된 종교를 가지는 것이라기보다 시민 각자가 자기 나름의 종교를 가지는 것이다. 더구나 합중국의 모든 종파는 기독교의 거대한 테두리 안에 들어 있으며, 기독교의 도덕률은 어디에서나 동일하다.

꽤 많은 아메리카인들이 신앙심보다는 습관에 의해서 하느님을 섬기고 있다고 판단해도 무방할 것이다. 게다가 합중국에서는 종교가 최고의 권위를 지니는 까닭에 신앙생활 속에는 적잖은 위선도 들어 있을 것이다. 그렇기는 하지만 기독교 신앙은 여전히 그 어느 곳보다도 바로 아메리카에서 인간의 영혼에 가장 강력한 실제적인 영향력을 행사하고 있다. 그리고 오늘날 가장 계몽되고 가장 자유로운 나라는 바로 기독교가 가장 큰 영향력을 행사하는 나라라는 사실만큼 기독교가 인간 본성에 유용하고 적합하다는 것을 더 잘 입증하는 사례는 없을 것이다.

종교적 자유를 받아들이지 않는 성직자들까지를 포함해서 아메리카의 성직자들은 일반적으로 시민적 자유에 찬성한다고 나는 앞에서 말했다. 하지만 이들은 어떤 특정 정치체제를 지지하지는 않는다. 이들은 공적인 문제들에 초연한 입장을 취하고자 하며 정파들의 야합에 간여하지 않는다. 따라서 합중국에서 종교가 법제에 대해서나 세세한 정치적 견해에 대해 영향력을 행사한다고는 말할 수 없을 것이다. 반면에 합중국에서 종교는 사회의 습속을 계도한다. 요컨대 종교는 가족생활을 규율함으로써 국가를 규율하는 것이다.

아메리카인들의 엄격한 생활 규범은 바로 이들의 신앙생활에서 나온다는 것을 나는 조금도 의심하지 않는다. 종교는 행운의 여신이 선사하는 수많은 유혹들로부터 인간을 지켜주기에는 무기력하기 짝이 없다. 종교는 세상살이에서 늘어나는 인간의 탐욕을 진정시키지도 못한다. 하지만 종교는 여성들의 마음에 절대적인 영향력을 행사하는데, 여성들이야말로 생활 규범을 만드는 일등 공신이다. 아메리카만큼 혼인 관계가 중요시되고 부부간의 행복이 널리 예찬되는 나라도 없을 것이다.

유럽에서 사회의 모든 무질서와 혼란은 가정생활에서, 즉 부부의 잠자리에서 멀지 않은 곳에서 생겨난다. 타고난 인연과 절제된 향락에 대한 경멸, 무절제한 행실의 추구, 들떠 있는 마음, 변화무쌍한 욕구 따위를 인간이 몸에 익히게 되는 것은 바로 가정에서이다. 유럽인은 자기 가정을 뒤흔들곤 했던 혼란스러운 열정들에 익숙해 있는 까닭에 국가의 입법권에도 쉽사리 순응하려 하지 않는다. 하지만 아메리카인은 들끓는 정치 생활에서 벗어나 가정으로 돌아오면 어느새 질서와 평화의 이미지를 가정에서 찾는다. 가정에서 그의 즐거움은 담백하고 자연스러우며, 그의 기쁨은 순진무구하고 고요하다. 규범적인 생활이 행복의 지름길이라는 것을 아는 까닭에 그는 자신의 의견은 물론 자신의 취향까지도 절제하는 데 아주 익숙해진다.

유럽인이 사회를 들쑤셔놓는 일로 가정사의 번민을 잊으려 하는 반면에, 아메리카인은 자기 가정에서 얻어낸 질서에 대한 애착을 공공 업무에 가져온다.

합중국에서 종교는 사회의 습속에만 영향력을 행사하는 것이 아니라 국민의 지성에까지 영향력을 확대한다.

영국계 아메리카인들 중에서 어떤 이들은 진정으로 믿기 때문에 기독교를 받아들이며, 어떤 이들은 믿지 않는다는 의심을 살까 두려워 기독교를 받아들인다. 따라서 기독교는 아무 저항감 없이 모두의 승인 아래 군림한다. 결과적으로, 앞에서 내가 말했듯이, 정치 세계는 사람들의 논의와 시도에 따라 달라질 수 있는 듯 보이지만, 도덕 세계에서는 모든 것이 확실하고 이미 결정되어 있다. 따라서 인간 정신은 지평선처럼 무한히 열려 있는 것이 아니다.

인간 정신은 아무리 광대무변하다 할지라도 이따금 넘을 수 없는 장벽 앞에 봉착하곤 한다. 한 걸음 더 앞으로 나아가기 위해서라도 인간 정신은 애초에 주어진 여건을 감내해야만 하며 원래의 원대한 행보를 늦추고 줄이는 일정한 형식을 받아들여야만 한다.

따라서 아메리카인들의 상상력은 가장 높이 날아올랐을 때조차도 조심스럽고 머뭇거리는 보폭을 가질 뿐이다. 상상력의 날개는 꺾이고 그 결실은 불완전하다. 이와 같은 절제하는 습관은 정치 세계에서 고스란히 재현되는데, 인민의 선동적 기질을 줄이고 인민이 수립해놓은 제도들의 지속성을 확보하는 데 특히 이바지한다. 한몫 벌기 위해 주저 없이 황무지로 떠나곤 하는 모습에서 잘 알 수 있듯이, 합중국의 주어진 자연조건과 상황은 주민들에게 대담성을 길러주었다. 아메리카인들의 정신이 어떤 구속에서도 자유로웠다면, 이들은 머지않아 세상에서 가장 대담한 개혁가이자 가장 끈질긴 논쟁가가 됐을 것이다. 하지만 아메리카의 혁명가들은 기독교의 도덕률과 형평 정신에 대해 겉치레로라도 일정한 존중심을 표명하지 않을 수 없다. 이러한 기독교 윤리가, 이들이 자신의 계획을 집행하는 데 방해가 되는 법제들을 함부로 어기는 것을 허용하지 않는 것이다. 그리고 설혹 이들이 자신의 양심의 가책은 넘어설 수 있을지 모르지만, 이들은 지지자들의 도덕적 거리낌에 의해서 여전히 제어당할 수밖에 없을 것이다. 사회의 이익을 위해서는 무엇이라도 할 수 있다는 논리, 자유의 시대에 미래의 모든 폭군을 정당화하기 위해 만들어진 것 같은 불순한 경구를 함부로 내놓는 사람은 아직까지 합중국에서 찾아볼 수 없다.

따라서 법제가 아메리카의 인민이 무엇이든 하도록 허용해주는 반면에, 종교는 이들이 아무거나 꾀하고 감행하지 못하도록 막아준다.

아메리카에서 종교는 사회의 통치에 전혀 직접적으로 간여하지 않지만 이들의 정치제도들 가운데 으뜸가는 것으로 간주되어야 할 것이다. 종교가 아메리카인들에게 자유에 대한 취향을 직접 불어넣어 주는 것은 아니지만 아메리카인들이 자유를 누리는 데 유리한 여건을 조성해주기 때문이다.

합중국에 사는 주민들 자신이 종교를 바라보는 것은 사실상 바로 이러한 관점에서이다. 아메리카인들이 진정으로 종교를 믿는지 나는 잘 모르겠다. 사람 마음속을 어떻게 알 수 있겠는가? 하지만 아메리카인들이 종교를 공화 제도들을 유지하는 데 필수적인 것으로 여기고 있다고 나는 확신한다. 이러한 견해는 어떤 계급이나 당파에만 한정된 것이 아니라 전체 국민과 사회의 모든 계층에 공통된 것이다.

합중국에서 어떤 정치인이 어느 한 종파를 공격한다고 할지라도, 그것이 이 종파의 추종자들이 그에 대한 지지를 철회하는 이유가 되지는 않는다. 하지만 만일 그가 모든 종파를 통틀어 공격한다면, 모든 사람이 그를 버릴 것이며 그는 외톨이가 될 것이다.

내가 아메리카에 머물고 있는 동안에, 체스터(Chester) 카운티(뉴욕주)에 있는 법원에 출두한 한 증인이 자신은 신의 존재와 영혼의 불멸성을 믿지 않는다고 선언했다. 그러자 주심 판사는 증인이 진술 내용에 대한 법정의 신뢰를 미리 깨트렸다는 이유로 그의 선서를 받아주지 않았다.[3] 신문들은 아무 논평도 없이 이 사실을 보도했다.

아메리카인들은 자신의 마음속에서 기독교와 자유를 너무나도 완벽하게 결합시키는 까닭에 이 둘 중에 어느 하나를 따로 떼어내 생각한다는 것은 거의 불가능할 정도이다. 이들의 이와 같은 믿음은 어떤 메말라 붙은 신앙, 달리 말하자면 영혼의 깊숙한 곳에 죽은 듯 깃들여 있는 과거의 유산이 결코 아니다.

어떤 이들은 서부의 신생 주들에 전도사를 파견하고 학교와 교회를 짓기 위해서 집회를 열기도 했다. 이들은 삼림지대에서는 종교가 사라지지나 않을까 우려했으며, 거기서 자라는 세대들이 선조들만큼 자유를 누리지 못하면 어쩌나 우려했다. 나는 미주리의 강변이나 일리노이의 대평원에 기독교와 자유의 토대를 놓기 위해서 고향을 떠나온 뉴잉글랜드 출신의 부유한 주민들을 여럿 만났다. 이처럼 합중국에서는 종교적 열의가 애국심의 화로에서 식지 않고 지펴지는 것이다. 이 사람들이 내세를 염두에 두고 그런 행동을 하는 것이라고 생각할 수도 있겠지만, 그것은 잘못된 생각이다. 내세는 이들 신앙심의 여러 동기들 중 하나일 따름이다. 만일

---

3) 1831년 8월 23일자 『뉴욕 스펙테이터(*New York Spectator*)』는 다음과 같은 사실을 보도했다. "체스터 카운티(뉴욕주)의 일반 청원 법원은 며칠 전에 신의 존재를 믿지 않는다고 선언한 증인을 거부했다. 주심 판사는, 신의 존재를 믿지 않는 살아 있는 인간이 있다는 것을 자신은 미처 알지 못했다는 점, 신앙심이 법원에서의 모든 증언의 전제가 된다는 점, 기독교 국가에서 신앙심 없는 증인이 증언한 사례가 있는지 자신은 알지 못한다는 점 따위를 언급했다."

당신이 이들 기독교 문명의 전도사들과 이야기를 나눈다면, 당신은 이들이 현세의 삶에 아주 높은 가치를 부여하고 있는 데에 놀랄 것이며, 또한 종교인들을 만나리라고 기대한 곳에서 정치인들을 발견하고 놀랄 것이다. 이들은 당신에게 다음과 같이 말할 것이다. "아메리카의 모든 공화 정부는 서로 결속되어 있습니다. 만일 서부의 공화 정부들이 무정부 상태에 빠지거나 전제정치의 지배를 받는다면, 대서양 연안에서 한창 번영하는 공화 제도들이 위험에 처하게 될 것입니다. 따라서 우리가 누리는 자유를 지키기 위해서라도 우리는 이 신생 주들에서 종교가 제몫을 다하도록 신경을 쓰지 않을 수 없습니다."

아메리카인들은 자신의 종교에 대해 바로 이와 같은 견해를 지니고 있다. 그런데 아메리카에서는 내가 경탄해 마지않는 바로 이 종교적 심성을 제외하고는 모든 일이 잘 이루어지고 있다는 여러 증거들을 상당한 식견을 지닌 인물들이 매일같이 내 눈앞에 내어놓고 있다는 점에서 볼 때, 아메리카인들은 잘못 생각하는지도 모른다. 더구나 대서양의 이쪽 편에는 세상의 영원성에 대한 스피노자(Spinoza)의 가르침이나 두뇌가 사상을 분비한다는 카바니(Pierre Jean Cabanis; 1757~1808, 프랑스의 물리학자, 유물론 철학자―옮긴이)의 잠언을 제외하고는 인류의 자유와 행복을 위해 더 이상 부족한 것이 없다는 말을 나는 누누이 듣고 있다. 이 점에 대해서 나는 이렇게 주장하는 사람들은 아메리카에 한 번도 가본 적이 없거나 거기서 종교인도 자유인도 만나본 적이 없는 사람들일 것이라고 대꾸하는 것 외에 달리 어떤 답변도 찾을 수 없다. 나로서는 그들의 응답을 기다릴 따름이다.

프랑스에는 공화 제도들을 권역을 누리기 위한 일시적인 수단 정도로 여기는 사람들이 있다. 이들은 자신들의 결함과 빈곤을 권력과 재부로부터 떼어놓은 엄청난 심연을 어림잡아 측정한 후에 파괴 더미로 이 심연을 메우면서 나아가려 한다. 이들이 자유와 맺은 관계는 중세 용병들이 국왕과 맺은 관계와 유사하다. 이들은 어떤 색깔의 깃발을 들고 싸우든 사실상 자신의 이익을 위해 싸우는 것이다. 현재의 비루함으로부터 자신들을 끌어올려 줄 수 있을 만큼 공화정이 아주 오래 존속할 것으로 이들은 생각한다. 나는 이런 사람들을 상대로 말하려는 것이 아니다. 나는 다른 사람들, 요컨대 공화정을 어떤 항구적이고 평온한 국가로, 현대 사회의 사상과 습속이 매일같이 향해 가는 어떤 필연적인 목적지로 보는 사람들을 상대로 말하고자 한다. 인간이 자유를 누릴 수 있도록 진지하게 준비해주고자 원하는 그런 사람들 말이다. 이들이 종교적 믿음을 공격할 때, 이들은 자신의 이익이 아니라 자신의 열정을 따른다. 전제정치는 신앙 없이 유지될 수 있지만, 자유는 신앙 없이 유지될 수 없다. 종교는 이들이 공격하는 왕정보다 이들이 지지하는 공화정에서, 그것도 민주공화정들에서 더욱더 필요하다. 정치적 유대가 이완된 만큼 종교적 유대가 강화되지 않는다면, 사회가 어떻게 파멸을 피할 수 있겠는가? 그리고 자기 자신은 다스릴 수 있으면서도 하느님에게는 복종하지 않는 인민의 앞날은 어떻게 되겠는가?

아메리카에서 종교가
막강한 권위를 누리게 된 까닭

18세기의 철학자들은 신앙심이 점차로 쇠퇴할 것이라고 아주 간단하게 설명했다. 자유가 확립되고 지식이 축적됨에 따라 종교적 열정은 시들게 될 것이라고 그들은 말했다. 불행하게도 사태는 그들이 생각한 대로 진전되지 않았다.

유럽에서 불신앙 문제는 여전히 사회 구성원 중 일부의 무지나 몽매와 결부되어 논의된다. 반면에 아메리카에서는 세상에서 가장 자유롭고 가장 식견이 풍부한 국민이 열성적으로 종교의 모든 외면적 의무들을 수행한다.

내가 합중국에 도착했을 때, 우선 나의 시선을 잡아끈 것은 바로 이 나라의 종교 양상이었다. 합중국에 오래 머물면 머물수록, 나는 이러한 새로운 양상이 얼마나 대단한 정치적 결과를 가져오는지를 알아볼 수 있었다.

프랑스에서 나는 종교 정신과 자유정신이 거의 언제나 서로 정반대 방향으로 나아가는 것을 보아왔다. 하지만 아메리카에서 이둘은 서로 긴밀하게 연결되어 있으며 같은 땅에서 함께 군림한다.

날이 갈수록 나는 이러한 현상의 원인을 캐보고자 하는 욕구가 점점 커졌다.

나는 모든 종파의 신도들에게 이것저것 물어보았다. 나는 특히 자기 종파의 항구적인 발전에 개인적으로 많은 관심을 기울이는, 여러 다양한 종파의 성직자들과 교제를 나누었다. 내가 믿는 종교

덕에 나는 특히 가톨릭 사제들과 가까워질 수 있었으며 이들 중 몇몇과는 각별한 친분을 유지했다. 이들에게 나는 놀라움을 표시하고 궁금증을 털어놓았다. 이들은 세세한 문제들에 대해서는 서로 견해를 달리했지만, 자기 나라에서 종교가 평화로이 군림하는 것은 주로 교회와 국가가 완전히 분리되어 있기 때문이라는 데에는 의견을 같이했다. 아메리카에 머무는 동안 나는 성직자든 세속인이든 이 문제에 대해 의견을 달리하는 사람은 단 한 사람도 만나지 못했다고 서슴없이 단언할 수 있다.

이러한 사실로 인해서 나는 아메리카의 성직자들이 정치사회에서 차지하는 위치에 대해 지금까지와 달리 더욱 주도면밀하게 관찰하기에 이르렀다. 놀랍게도 나는 성직자들이 공직을 전혀 맡지 않고 있다는 사실을 알게 되었다.[4] 이들은 행정부에 가담하지도 않았으며 의회에 진출하지도 않았다.

몇몇 주들에서는 성직자들의 정치 참여를 법률로 금지하고 있다.[5] 다른 주들에서는 여론이 이를 금지하고 있다.

---

4) 이들 중 많은 이들이 학교에서 맡고 있는 역할을 공직으로 보지 않는다는 전제를 달아두자. 대다수 교육 행정은 성직자들에게 맡겨져 있다.

5) 뉴욕주 헌법 제7항, 노스캐롤라이나주 헌법 제31항, 버지니아주 헌법, 사우스캐롤라이나주 헌법 제1항, 켄터키주 헌법 제2항, 테네시주 헌법 제8항, 루이지애나주 헌법 제2항을 보라.

뉴욕주 헌법 제7항은 다음과 같이 명시하고 있다. "복음을 전하는 자들은 그 직책상 하느님에게 봉사하는 것이며 영혼을 인도하는 일을 맡는 까닭에 이 중요한 사명에서 어떤 동요가 있어서도 안 된다. 따라서 복음 전도사든 성직자든 종파를 막론하고 어떤 문무의 공직도 수행할 수 없다."

그리고 이 성직자들의 일반적인 자세를 살펴보았을 때, 나는 이들 대다수가 스스로 권력에서 손을 떼고 있었으며 권력과 일정한 거리를 두는 것을 일종의 직업적 자부심으로 여긴다는 것을 깨닫게 되었다.

나는 정파를 막론하고 모든 정치인에게서 나타날 수 있는 개인적 야망과 그릇된 신앙에 대해서 호되게 질타하는 강론을 자주 들었다. 하지만 강론을 들으면서 나는 하느님이 보시기에 인간은 자신이 진솔하게 표명한 정치적 견해로 인해 비난을 받을 수 없다는 점을 알게 되었으며, 인간은 집을 짓거나 밭을 갈면서 실수를 저지를 수 있는 것과 마찬가지로 통치 문제에서도 잘못을 저지를 수 있다는 점을 알게 되었다.

나는 성직자들이 모든 정파와 조심스럽게 거리를 두면서 사적인 이해관계가 관련될 때만큼이나 사려 깊게 이 정파들과의 접촉을 피하는 것을 보았다.

이런 사실들 덕에 내가 지금껏 들은 이야기들이 모두 진실이라는 것을 나는 확신하게 되었다. 따라서 나는 그 원인을 탐색해보고자 했다. 종교가 그 외형적 힘을 감축하면서도 어떻게 그 실질적인 권위를 증대시키는가를 자문해보았으며, 이에 대한 답변은 어렵지 않게 찾을 수 있으리라고 믿었다.

60년이라는 짧은 한평생은 인간의 상상력을 결코 충족시켜주지 못할 것이다. 현세의 불완전한 기쁨만으로는 인간의 마음을 달랠 수 없다. 모든 피조물 가운데 인간만이 유일하게 삶에 대한 생래적인 거부감과 동시에 살고자 하는 한없는 요구를 지니고 있다.

그는 생을 경멸하면서도 죽음을 두려워한다. 이러한 상반된 감정은 그가 내세에 대해 성찰하도록 끊임없이 밀어붙이며, 종교는 그의 사고를 내세로 이끌어준다. 따라서 종교는 희망의 또 다른 형태라고 할 수 있으며, 희망이나 마찬가지로 인간의 마음속에 깃들어 있는 것이다. 인간은 어느 정도 지성에서 일탈하거나 어느 정도 인간 본성에 가해지는 정신적 폭력을 겪지 않고서는 신앙심을 버릴 수 없다. 어떤 불가항력적인 성향이 인간을 다시 종교로 이끌어준다. 불신앙은 우발적 사건이고 신앙만이 인류의 항구적인 상태인 것이다.

따라서 종교들을 순전히 인간적인 관점에서만 고려한다면, 모든 종교는 자신의 권위를 인간 자체로부터 끌어낸다고 할 수 있을 것이다. 이 권위가 인간 본성을 구성하는 원칙들 가운데 하나와 관련되어 있다는 점에서 어떤 종교든 그러한 권위를 충분히 누리고 있다.

종교가 자신의 이러한 영향력을 법제의 인위적인 권위나 사회를 통치하는 세속 권력의 지원을 받아서 강화하는 시기가 있다는 사실을 나는 안다. 세속 권력과 긴밀하게 제휴한 종교가 인간의 영혼을 신앙과 동시에 공포로 지배하는 것을 우리는 보았다. 하지만 종교가 이와 유사한 동맹을 맺을 경우, 그 종교는 인간이 저지르는 바로 그러한 과오를 저지를 것이라고 나는 서슴없이 단언할 수 있다. 요컨대 종교는 현세를 위해서 내세를 희생하게 될 것이며, 원래 자기 것이 아닌 권력을 얻는 대신 자기의 정당한 권력은 위험에 노출시키게 될 것이다.

종교가 모든 인간의 마음속에 메아리치는 영원불멸의 소망 위에 오직 그 왕국을 세울 경우, 종교는 온 누리에 울려 퍼질 수 있을 것이다. 하지만 종교가 어떤 통치 권력과 힘을 합친다면, 종교는 몇몇 나라들에만 적용될 수 있는 교리들을 채택하지 않을 수 없을 것이다. 따라서 정치권력과 제휴함으로써 종교는 몇몇 소수에게는 자신의 권위를 늘리지만 만인을 거느릴 희망을 잃게 되는 셈이다.

온갖 절망과 고통을 위로하는 감정에만 기반을 둔다면, 종교는 온 인류의 마음을 보듬을 수 있을 것이다. 하지만 현세의 거친 격정들에 휩말린다면, 종교는 사랑보다는 이해관계에 의해 연결된 자신의 동맹 세력들을 때때로 옹호하지 않을 수 없을 것이다. 그리고 종교의 동맹 세력과 반목하는 자라면 설혹 그가 여전히 종교를 믿고 따른다고 할지라도 그를 적대자로 물리치지 않을 수 없을 것이다. 따라서 종교가 통치자들의 세속 권력을 함께 나눈다면 통치자들이 낳은 적개심 중 일부도 함께 떠맡지 않을 수 없을 것이다.

가장 잘 확립된 듯 보이는 정치권력들도 그 지속성을 보장받으려면 적어도 한 세대의 견해, 한 세기에 걸친 이해관계, 때로는 한 인간의 생명을 필요로 한다. 법제는 확고부동하게 자리 잡은 듯 보이는 사회 상태도 바꾸어놓을 수 있다. 이와 더불어 모든 것이 뒤바뀐다.

사회의 권력체들은 우리들이 이 땅에서 보내는 세월만큼이나 어느 정도 일시적인 것이다. 권력들은 인생의 시름만큼이나 재빨리 서로 뒤를 잇는다. 여태까지 인간 심성의 불변적 성향이나 변함없는 이해관계 위에 세워진 정치권력은 없었다.

종교가 역사의 모든 시기에 언제나 같은 방식으로 되풀이되는 감정, 본능, 열정 따위에서 그 힘을 얻는 한, 종교는 세월의 풍파를 견디어낼 것이며, 아니면 적어도 또 다른 종교에 의해서만 대체될 것이다. 하지만 현세의 이해관계에 기대고자 할 때 종교는 모든 세속 권력만큼이나 허약해질 것이다. 종교만이 영원불멸을 희망할 수 있다. 하지만 세속 권력들과 연결될 경우, 종교는 그들과 운명을 같이하며 세속 권력들을 떠받치는 일시적인 격정들과 함께 흔히 몰락한다.

따라서 어떤 형태든 정치권력들과 제휴할 때마다 종교는 아주 값비싼 동맹을 맺는 셈이다. 종교가 자신의 생명을 유지하는 데 정치권력의 도움을 필요로 하지는 않지만, 정치권력에 봉사함으로써 종교는 생명을 잃을 수도 있기 때문이다.

내가 지금 지적한 위험은 언제 어디에서나 상존하는 것이지만 항상 마찬가지로 눈에 띄는 것은 아니다.

통치 권력이 마치 불멸인 듯 보이는 시기도 있으며, 사회의 존속이 인간의 생애만큼이나 허약해 보이는 시기도 있다.

어떤 정치체제는 시민들을 무기력한 나태에 밀어 넣기도 하고, 어떤 정치체제는 시민들을 격렬한 선동 상태에 밀어 넣기도 한다.

통치 권력이 아주 강력해 보이고 법제가 아주 안정되어 보일 때에는 사람들은, 종교가 권력과 제휴함으로써 가져올 수 있는 위험을 결코 깨닫지 못한다.

통치 권력이 아주 허약해 보이고 법제가 일관성을 잃어 보일 때에는 위험은 누구에게나 눈에 띈다. 하지만 대개의 경우 그 위험을 피하기에는 이미 늦다. 따라서 우리는 멀리서부터 그 위험을 감지하는 방법을 배워야 한다.

한 나라의 사회 상태가 민주적일수록, 그리고 공동체가 공화정의 성향을 드러낼수록, 종교가 권력과 제휴하는 것은 더욱더 위험해진다. 권력이 이 손에서 저 손으로 넘어가고, 정치 이론들이 뒤를 이어 나타나며, 인간과 법률 및 제도들이 매일같이 사라지고 뒤바뀌고, 이런 일들이 한순간이 아니라 영원히 계속되는 그런 세월이 올 것이기 때문이다. 정체와 무기력증이 절대군주정들의 지배 원리인 것과 마찬가지로, 선동과 불안정성은 민주공화정들의 본성과 연관되어 있다.

아메리카인들은 4년마다 국가 지도자를 바꾸고 2년마다 의회 의원들을 선출하며 매년 주 정부 관료들을 선출한다. 요컨대 정치 세계를 줄곧 새로 등장한 초심자들의 노력 여하에 내맡겨버린다. 만일 바로 이러한 아메리카인들이 종교를 위한 별도의 공간을 창안해내지 않았더라면, 종교는 변화무쌍한 인간의 의견 속에서 과연 어디에 뿌리를 내릴 수 있었겠는가? 당파 투쟁의 와중에서 종교가 응당 누려야 할 존중심은 어디에 있을 수 있었겠는가? 모든 것이 흥망을 거듭하는 와중에서 종교의 불멸성은 어떻게 되었겠는가?

아메리카의 성직자들은 남들보다 훨씬 앞서서 이러한 사실들을 깨달았으며, 이러한 사실들에 맞추어 행동했다. 이들은 정치권력을 얻고자 한다면 종교의 권위를 포기해야만 한다는 사실을 깨달았다. 따라서 이들은 정치권력과 흥망성쇠를 함께하기보다는 권력의 지지를 포기하는 쪽을 선택했다.

아메리카에서는 종교가 역사상 어느 시기보다, 그리고 어떤 다른 나라에서보다 그 영향력이 적을지 모른다. 하지만 종교의 영향력은 어떤 시기보다, 그리고 어떤 나라에서보다 훨씬 지속적이다. 종교는 자기 고유의 영향권 안으로 축소되어 있지만 그 누구도 이 영향권을 침범하지 못한다. 종교는 일정한 원 안에서만 작동하지만 그 원 안에 완전히 스며들어 별 어려움 없이 군림하고 있는 것이다.

유럽에서는 신앙심의 부재를 개탄하는 목소리가 도처에서 울려 퍼지고 있으며 사람들은 종교의 옛 힘을 조금이라도 회복시켜줄 방안이 있는가 묻곤 한다.

내가 보기에 우선은 오늘날 사람들이 종교에 대해 갖는 '자연적인 상태'가 무엇이어야 하는가를 조심스럽게 검토해보아야 할 것 같다. 그러고 나서 우리가 소망할 수 있는 것과 우리가 두려워해야 할 것을 알게 된다면, 우리는 우리가 노력을 기울여야 하는 목표를 분명하게 식별할 수 있을 것이다.

종교의 존속을 위협하는 두 가지 커다란 위협이 있는데, 그것은 바로 분열과 무관심이다.

신앙의 열정이 넘치는 시대에 사람들은 이따금 자신의 종교를 버리기는 하지만, 사실상 이들이 한 종교를 버리는 것은 다른 종교를 택하기 위해서일 따름이다. 신앙은 대상을 바꿀 뿐 결코 소멸하지 않는다. 그렇게 되면 지난날의 종교는 사람들의 마음속에 열정적인 경배와 격심한 증오를 동시에 불러일으킨다. 어떤 이들은 화를 내며 그 종교를 떠나고, 어떤 이들은 한층 더해진 열정으로 그 종교에 집착한다. 신앙이 다양해질 뿐, 불신앙이 나타나는 것은 아니다.

그러나 어느 종교의 그릇됨을 주장하는 동시에 다른 종교의 진실됨을 부인한다는 점에서 내가 부정적이라고 부르는 교리들에 의해 신앙이 은연중에 훼손되는 경우에는 사정이 전혀 다르다.

이 경우에는 인간의 열정에 의해 뒷받침되지 않은 채, 달리 말하자면 인간 자신도 미처 알아채지 못하는 가운데 어떤 엄청난 변혁들이 인간의 정신 속에서 일어난다. 사람들은 마치 망각 증상에 걸린 듯 자기의 가장 소중한 희망의 목표를 잃어버린다. 인간은 거스를 용기마저 없는 거대한 격랑에 휩쓸려 어쩔 수 없이 몸을 내맡긴다. 인간은 마침내 소중히 간직해온 신앙을 포기하고, 절망의 심연으로 자신을 내모는 회의주의의 뒤를 따른다.

앞에서 묘사한 바와 같은 시대에 사람들은 증오에 의해서라기보다는 무관심에 의해서 신앙을 버리게 된다. 사람들이 종교를 거부하기보다는 종교가 사람들을 떠나는 것이다. 불신앙자는 종교의 진실성을 더 이상 믿지 않으면서도 종교가 여전히 유용하다고 판단한다. 인간적인 관점에서 종교를 고찰하면서 그는 종교가 사회의 습속에 미치는 지배력과 법제에 미치는 영향력을 인정하고 있는 것이다. 그는, 종교가 인간이 평화롭게 살도록 해주고 평온하게 죽음을 준비할 수 있도록 해준다는 점을 알고 있다. 따라서 그는 자신이 버린 신앙을 못내 아쉬워하고, 잃어버린 재산의 값어치를 잘 아는 까닭에 그 재산을 여전히 가지고 있는 사람들에게서 그것을 빼앗는 일을 꺼린다.

한편, 줄곧 신앙을 견지하는 사람들은 자신의 신앙을 모든 사람들에게 내보이는 것을 두려워하지 않는다. 이들은 자신과 신앙을 함께하지 못하는 사람들을 적대자이기보다는 불쌍한 자로 대한다. 이들은 불신앙자들의 본보기를 따르지 않더라도 그들의 존중심을 얻어낼 수 있다는 것을 알고 있다. 따라서 이들은 그 누구와도 다투려 하지 않는다. 이들은 자신이 살아가는 사회를 종교가 수많은 가혹한 적들과 끊임없이 맞싸워야 하는 무대로 간주하지 않는다. 따라서 이들은 동시대인들의 약점을 비난하고 그들의 잘못을 개탄하면서도 그들을 사랑하는 것이다.

믿지 않는 자들은 자신의 불신앙을 숨기고 믿는 자들은 자신의 신앙을 드러내는 까닭에, 여론은 종교에 유리하게 작용하게 된다. 사람들은 종교를 사랑하고 지지하며 존중한다. 인간의 영혼에까지 파고들어 종교가 입은 상처를 보듬는다.

일반 대중은 한 번도 종교적 감정에서 벗어나본 적이 없으며 기성 종교를 멀리해야 할 이유를 전혀 알지 못한다. 내세를 희구하는 본능은 이들을 별 어려움 없이 제단으로 이끌어내며 이들의 마음을 신앙의 가르침과 위안을 향해 열어놓는다.

그런데 이러한 양상이 왜 우리 프랑스에는 적용될 수 없는가?

프랑스인들 가운데는 기독교를 믿지 않으면서 그렇다고 어떤 다른 종교를 택하지도 않은 사람들이 많다.

그리고 회의 속에 빠져서 이미 아무것도 믿지 않는다고 말하는 사람들도 있다.

　그런가 하면 여전히 믿음을 지키고는 있지만 신도라고 떳떳이 말하지는 못하는 기독교인들도 있다.

　이러한 우물쭈물하는 신도들과 열렬한 반대자들 사이에서 자신의 신앙을 지키기 위해 온갖 장애를 무릅쓰고 온갖 위험을 감수할 채비가 되어 있는 소수의 신앙인들을 볼 수 있다. 이들은 인간의 취약성에 맞서 싸움으로써 마침내 일반 여론을 넘어서기에 이르렀다. 자신들이 기울인 노고 자체에 이끌려 이들은 어디에서 멈추어야 할지를 제대로 알지 못한다. 이들은 자기 조국에서 사람들이 독립을 얻은 후 제일 먼저 한 일이 바로 종교를 공격하는 것이었다는 사실을 생생하게 기억하는 까닭에, 동시대인들을 두려워하며 동시대인들이 추구하는 자유를 경계의 눈초리로 멀리한다. 이들이 보기에 불신앙은 새로운 것이며, 이들은 새로운 것이면 무엇이든 모두 증오로 감싼다. 이들은 자기가 살고 있는 시대와 나라에 맞서 싸움을 벌이는 셈이다. 이들은 주변에서 표명되는 어떤 견해든 신앙의 필연적인 적수로 간주한다.

　이러한 것이 오늘날 사람들이 종교에 대해서 갖는 자연적인 상태는 아닐 것이다.

　따라서 프랑스에는 어떤 우연적이고 유별난 원인이 작용해서 인간 정신이 그 고유의 성향을 따르는 것을 막고 있으며, 더 나아가 인간 정신이 당연히 멈추어 서야 할 한계를 넘어서도록 부추기고 있다.

이러한 우연적이고 유별난 쉼표가 바로 정치와 종교의 긴밀한 제휴라는 것을 나는 확신한다.

유럽에서 신앙을 갖지 않은 자들은 기독교도들을 종교적 적수로서보다는 정치적 적수로서 바라본다. 이들은 신앙을 잘못된 믿음으로서보다는 정당의 정견으로서 공격한다. 그리고 이들이 성직자들에게서 거부하는 것은 하느님의 대변자의 모습이라기보다는 권력의 측근으로서의 모습이다.

유럽에서 기독교는 세속 권력과 밀접히 제휴해왔다. 오늘날 이러한 권력들은 쇠퇴하고 있으며 기독교는 말하자면 이 권력들의 잔해 아래 묻히고 있다. 살아 있는 종교를 죽은 권력의 시체에 묶어둔 것이다. 일단 그 끈을 끊어버리면 종교는 되살아날 것이다.

어떻게 해야 유럽의 기독교 세계에 젊음의 활력을 되찾아줄 수 있을지 나는 알지 못한다. 하느님만이 알고 계시리라. 하지만 신앙이 아직껏 가지고 있는 자신의 모든 힘을 충분히 발휘하도록 여건을 마련해주는 것은 적어도 인간의 몫이다.

아메리카인들의 식견, 습관 및 실제적 경험이 어떻게 민주제도들의 성공에 이바지했는가

아메리카인들의 식견과 습관이 이들의 정치제도들을 유지하는데 어떤 영향력을 행사했는가에 대해서는 이 책의 여기저기에서 여러 차례 독자들에게 언급했다. 따라서 여기에서 굳이 새롭게 보탤 말이 많지는 않다.

아메리카에서는 아직껏 탁월한 작가들이 별로 나타나지 않았다. 위대한 역사가들도 단 한 명의 시인도 찾아보기 힘들다. 아메리카의 주민들은 고유한 의미에서의 문학을 일종의 하찮은 것으로 취급하는 듯하다. 유럽에서 삼류급 도시에서 매년 출판되는 문학작품의 분량이 합중국 24개 주에서 출판되는 문학작품들을 모두 합친 분량보다 많을 정도이다.

아메리카인들은 기질적으로 일반적인 사상을 그리 좋아하지 않는다. 그들은 이론적인 발견을 추구하지 않는다. 정치에서든 제조업에서든 이런 식의 사유는 전혀 고무되지 않는다. 합중국에서는 새로운 법제들이 끊임없이 만들어지지만, 아직까지 법제의 일반적인 원칙들을 탐구하는 위대한 저술가는 찾아보기 힘들다.

아메리카에는 법률고문과 법률 논평자는 있지만 법학자는 없다. 정치 문제에서 아메리카는 세상에 교훈을 주기보다는 본보기를 제공한다.

공학 기술에서도 마찬가지이다.

아메리카에서는 유럽의 발명들이 지혜롭게 채택된다. 그리고 이 발명품들은 더욱 완벽하게 다듬어진 후 자기 나라의 필요에 맞추어 놀라우리만큼 변용된다. 사람들은 제조 기술에 밝지만 그렇다고 공학을 배운 것은 아니다. 합중국에는 훌륭한 일꾼은 많으나 발명가는 거의 없다. 풀턴(Fulton, 아메리카의 발명가, 증기선을 발명했다—옮긴이)은 아주 오랫동안 외국을 돌아다닌 끝에야 겨우 자기 조국을 위해 자신의 재능을 쓸 수 있었다.

따라서 영국계 아메리카인들이 과연 어느 정도 식견을 지녔는가를 알아보고자 하는 사람이라면 문제를 두 가지 다른 각도에서 살펴볼 수밖에 없을 것이다. 만일 교육받은 사람들만을 대상으로 한다면, 그들의 숫자가 너무도 적다는 사실에 놀랄 것이다. 그러나 만일 교육받지 못한 사람들만을 대상으로 한다면, 아메리카인들은 이 세상에서 가장 식견이 풍부한 국민으로 보일 것이다.

앞에서 이미 언급했지만, 평균적인 아메리카인들은 아마도 이 양극단의 중간쯤에 머물 것이다.

뉴잉글랜드에서 시민은 누구나 인간 지식의 기본적인 개념들을 교육을 통해 얻는다. 더 나아가 그는 자기가 믿는 종교의 교리와 간증을 배우며, 자기 나라의 역사와 자기 나라를 움직이는 헌법의 주요 특징들에 대해서 배운다. 코네티컷주와 매사추세츠주에서 이 모든 것을 제대로 알지 못하는 사람을 찾아낸다는 것은 아주 드문 일이다. 이 모든 것을 전혀 모르는 사람은 정말로 이상한 사람으로 여겨진다.

그리스와 로마의 공화정들을 아메리카의 공화 정부들과, 그리고 전자의 서적들이나 거친 주민들을 후자의 수많은 신문들이나 계명된 주민들과 비교해볼 때, 그리스와 로마의 사례를 준거로 아메리카를 판단하기 위해서, 달리 말해서 2000년 전에 일어난 일들로 오늘날 일어날 일들을 예단하기 위해서 지금까지 얼마나 많은 노고를 기울여왔는가를 생각해볼 때, 나로서는 아메리카라는 이 새로운 사회 상태에는 전혀 새로운 사유를 적용해야 한다는 것을 강조하기 위해서라도 내가 가진 모든 책을 다 불태워버리고 싶은 심정에 사로잡히게 된다.

하지만 내가 뉴잉글랜드에 대해 말한 내용을 무차별적으로 합중국 전역에 적용해서는 안 될 것이다. 서부나 남부 지방으로 나아갈수록 주민의 교육 수준은 낮아진다. 멕시코만에 인접한 주들에서는 프랑스에서나 마찬가지로 초보적인 수준의 교육도 받지 못한 상당수의 사람들을 만날 수 있다. 하지만 합중국에는 주민 모두가 완전히 무지몽매한 카운티는 단 한 곳도 없다. 그 이유는 단순하다. 유럽의 민족들은 암흑과 야만에서 출발해서 빛과 문명을 향해 나아갔다. 이들의 진전은 불균등했다. 어떤 민족은 목적지를 향해 곧장 달려간 반면, 어떤 민족은 더딘 걸음을 했다. 어떤 민족은 중도에 걸음을 멈추었으며, 어떤 민족은 아예 잠에 빠졌다.

합중국의 경우는 사정이 전혀 달랐다.

영국계 아메리카인들은 이미 문명화된 상태로 그들의 조상이 점령한 땅에 도착했다. 이들은 새로이 배워야 할 필요가 전혀 없었으며 잊지 않는 것으로 충분했다. 그리고 이제 이들 아메리카인의 후손들이 매년 살림뿐만 아니라 살면서 얻은 지혜나 지식에 대한 존중심 따위도 한꺼번에 황무지로 가지고 간다. 이들은 교육을 통해 지식의 유용성을 배웠으며, 이렇게 배운 지식을 자손에게 전수했다. 따라서 합중국에서 사회는 유년기를 거치지 않고 곧바로 성년으로 태어났다고 할 수 있다.

아메리카인들은 농사꾼(paysan)이라는 단어를 전혀 사용하지 않는다. 그들이 이 단어를 사용하지 않는 이유는, 그들에게는 이 단어에 해당하는 관념 자체가 없기 때문이다. 아득한 옛날의 무지

몽매, 단조로운 농촌, 투박한 마을 따위에 대한 기억을 그들은 간직하고 있지 않다. 그들은 문명의 초기 단계에서나 나타나는 덕성과 악습, 거친 습관과 조야한 관용 따위를 알지 못하는 것이다.

합중국의 변경 지대, 거주지와 황무지가 마주치는 지역에는 아주 대담한 모험가들이 모여 살고 있다. 이들은 자기 부모의 집에 계속 머무를 경우 감당할 수밖에 없는 뼈저린 가난을 피해서 대담하게도 아메리카의 울창한 삼림 한가운데로 뚫고 들어와서 새로운 터전을 마련했다. 안식처 구실을 하는 장소에 도착하자마자 개척자는 도끼로 나무 몇 그루를 베어 그늘 아래 통나무집을 짓는다. 이 외떨어진 거처보다 더 처량한 모습은 찾아보기 힘들 것이다. 저녁 무렵 이곳을 지나는 길손은 벽에 뚫린 작은 창문을 통해 벽난로의 흔들거리는 불빛을 멀리서 보게 된다. 밤에 거친 바람이 불 경우, 나뭇단으로 엮은 지붕이 거대한 삼림의 한복판에서 이리저리 흔들리는 소리를 듣는다. 이처럼 처량한 오두막집이 당연히 거칠고 무지한 사람의 처소라고 생각하지 않을 사람이 과연 어디 있겠는가? 하지만 개척자와 그가 사는 처소를 동일시해서는 안 될 것이다. 그를 둘러싸는 모든 것이 황량하고 원시적이지만, 정작 그 자신은 말하자면 19세기의 노고와 경험의 산물이다. 그는 도시의 복장을 하고 있으며 도시의 언어로 말한다. 그는 과거를 알고 미래에 대해 궁금해하며 현재에 대해 논쟁을 즐긴다. 요컨대 그는 고도로 문명화된 인간으로서, 한동안 숲속에서 살기로 작정을 하고 성경과 도끼와 신문을 손에 쥐고 신세계의 황무지 한가운데로 뚫고 들어온 것이다.

이 황무지 한복판에서 얼마나 빠른 속도로 사상이 전파되는지는 정말 상상하기 어려울 것이다.[6] 프랑스의 가장 인지가 발달하고 가장 인구밀도가 높은 지역에서라도 이만큼의 왕성한 지적 활동이 이루어지리라고는 나는 생각하지 않는다.[7]

합중국에서 인민에 대한 교육이 민주공화정의 유지에 강력하게 기여한다는 사실은 의심할 나위가 없다. 정신을 계도하는 교육과 습속을 규율하는 교육이 함께 이루어지는 곳이라면 어디에서든 그러하리라고 나는 생각한다.

하지만 이러한 이점을 지나치게 과대평가해서는 안 될 것이다. 대다수 유럽인들이 생각하는 것과 달리, 나는 읽기와 쓰기를 가르치는 것만으로 훌륭한 시민을 양성하기에 충분하다고 생각하지

---

6) 나는 우편 마차라 불리는 일종의 무개 마차를 타고 합중국의 변방을 따라 여행했다. 우리는 울창한 나무로 뒤덮인 거대한 삼림 한가운데에 겨우 만들어진 길을 따라 밤낮으로 달렸다. 숲이 짙어져 길이 안 보이면 마부가 관솔불을 켜고 그 불빛을 따라 계속 말을 몰았다. 이따금 우리는 숲 한가운데 있는 오두막집에 당도했다. 우체국이었다. 우편배달부가 이 외딴 가옥의 문 앞에 엄청난 분량의 편지를 내려놓고 나자, 우리는 다시 전속력으로 달렸다. 인근에 사는 주민들이 직접 우체국으로 와서 자기 편지를 찾아갈 것이었다.

7) 1832년 미시간주에 사는 주민은 우편세로 일인당 1프랑 22상팀을 냈으며, 플로리다주의 주민은 일인당 1프랑 5상팀을 냈다(『내셔널 캘린더』, 1833, p. 244). 같은 해에 프랑스 노르(Nord) 도의 주민은 우편세로 일인당 1프랑 4상팀을 냈다(『재무행정총람』, 1833, p. 623). 그런데 당시 미시간에는 평방 리으당 주민 7명이 살고 있었고, 플로리다에는 5명이 살고 있었다. 이 두 지역에서는 교육이 전반적으로 보급되지 못하고 있었으며 상공업도 합중국의 대다수 주들보다 뒤져 있었다. 반면에 평방 리으당 주민 3,400명이 사는 노르 도는 프랑스에서 가장 밀도가 높고 가장 산업이 발달한 지역 중 하나이다.

않는다.

진정한 지식은 주로 경험에서 우러나는 것이다. 그리고 만일 아메리카인들이 자치하는 데 한 걸음 한 걸음씩 익숙해지지 않았다면, 그들이 지닌 책에서 배운 지식은 오늘날 그들에게 별로 큰 도움이 되지 못했을 것이다.

나는 합중국에서 많은 사람들을 만났다. 내가 이들의 경험과 이들의 상식을 얼마나 존중하는지는 이루 말로 다 설명할 수 없을 정도이다.

아메리카인에게 유럽에 대해서 말하도록 요청하지 말자. 그는 필경 심한 선입견과 아주 어리석은 자존심을 드러낼 것이다. 그는 어느 나라에서든 무식한 자들에게나 아주 유용할 일반적이고 막연한 개념들을 들고 나올 것이다. 하지만 그에게 자기 나라에 대해서 묻는다면, 당신은 그의 지성을 가리고 있던 먹구름이 순식간에 사라지는 것을 볼 수 있다. 그의 말도 그의 사유도 분명하고 정확해질 것이다. 그는 자신이 어떤 권리를 누리고 있는지를, 그 권리를 행사하기 위해서는 어떤 수단을 동원해야 하는지를 당신에게 알려줄 것이다. 그는 정치 세계가 어떤 관습에 따라 움직이는지를 보여줄 것이다. 그러면 당신은 아메리카인들이 행정의 규범들을 잘 알며 법제의 운용에 아주 친숙하다는 사실을 깨닫게 될 것이다. 아메리카 주민은 이러한 실제적인 인식과 이러한 실증적인 관념을 책에서 얻지 않는다. 책을 통한 교육은 그가 이러한 인식과 관념을 받아들이도록 준비시켜줄 따름이지, 그것들을 직접 제공해주지 않는다.

아메리카인은 입법 작업에 직접 참여함으로써 법률에 대해서 배운다. 아메리카인은 직접 통치행위에 참여함으로써 정부의 형태에 대해서 배운다. 그는 공동체의 원대한 과업이 매일같이 그의 눈앞에서, 달리 말하자면 그의 손안에서 이루어지는 것을 지켜보는 것이다.

합중국에서 인간에 대한 교육은 최종적으로 정치로 향한다. 반면에 유럽에서 교육의 주요 목표는 사람들을 사생활에 적응시키는 것이다. 시민이 공무에 간여하는 일 자체가 너무도 드문 까닭에 미리부터 그런 일에 준비시킬 필요도 없다.

이 두 유형의 사회 구성을 잘 살펴보면, 둘 사이의 차이점이 그 겉모습에서도 드러나는 것을 알 수 있다.

유럽에서 우리는 흔히 사생활에서의 사고방식과 습관을 공무에 들여놓는다. 그리고 우리가 가족 내부의 문제에서 국가 통치의 문제로 너무도 스스럼없이 넘어가는 까닭에, 우리는 흔히 사회의 주요 관심사를 마치 친구들과 대화하는 것과 똑같은 방식으로 다루게 된다.

반면에 아메리카인들은 거의 언제나 공공 생활의 습관을 자신의 사생활에 들여놓는다. 아메리카에서는 배심원 제도가 어린 학생들의 놀이에도 등장하고, 의회의 형식이 연회석상에서도 나타나는 것이다.

합중국에서 민주공화정을 유지하는 데에
물리적 원인들보다 법제가, 법제보다 습속이 더 많이 기여한다

합중국에서 민주공화정이 유지되는 데에는 상황, 법제 그리고 습속이 널리 기여했다고 나는 앞에서 말했다.[8]

대다수 유럽인들은 이 세 가지 원인들 중에서 첫 번째 것만을 알고 있다. 그래서 유럽인들은 자연환경에 실제 그러한 것보다 훨씬 엄청난 중요성을 부여하는 것이다.

영국계 아메리카인들이 서로 평등한 상태로 신세계에 정착한 것은 사실이다. 그들에게는 평민도 귀족도 없었으며, 출생의 특권도 직업의 편견도 없었다. 사회 상태가 이렇게 민주적이었기 때문에, 민주정치의 지배력은 별 어려움 없이 확립되었다.

그러나 이러한 상황 요인이 합중국에만 고유한 것은 아니다. 아메리카의 거의 모든 식민지는 서로 대등한 사람들에 의해, 아니면 그것에 거주함으로써 서로 대등해진 사람들에 의해 세워졌다. 유럽인들이 귀족정치를 수립할 수 있었던 곳은 신세계의 그 어디에도 없었다.

그럼에도 불구하고 민주제도들은 오직 합중국에서만 번영했다.

합중국은 맞서 싸울 적국을 가지고 있지 않다.

---

8) 여기서 내가 사용하는 습속(moeurs)이라는 단어의 일반적인 의미에 대해 다시 독자에게 말해두고자 한다. 나는 이 단어로 인간이 사회에 가지고 들어온 지적인 성향과 도덕적인 성향 전부를 지칭한다.

합중국은 마치 대양 한가운데 떠 있는 섬처럼 황무지 한복판에 홀로 있다.

물론 남아메리카의 에스파냐인들도 마찬가지로 자연에 의해 고립되어 있었다. 하지만 이들은 군대를 유지해야만 했다. 맞서 싸울 외국군이 없는 대신에 이들은 자기들끼리 싸웠던 것이다. 오늘날까지 영국계 아메리카인들만이 유일하게 민주정치를 평화로이 유지할 수 있었다.

합중국의 영토는 인간의 활동에 광대무변의 영역을 제공해준다. 무진장한 자양분이 땀 흘려 일하는 사람들에게 제공된다. 재산에 대한 애착이 출세의 야망을 대신하고, 복리를 누리려는 희망이 정파 대립의 열기를 식혀준다.

이 세상 어느 곳에서 남아메리카보다 더 비옥한 들판, 더 거대한 하천, 더 무궁무진한 풍요를 찾을 수 있겠는가? 그럼에도 불구하고 남아메리카는 민주정치를 유지할 수 없었다. 세상의 어느 한 구석에 동떨어져 살고 미개척지에 일부러 널리 퍼져서 거주하는 것만으로 국민들이 행복을 느끼기에 충분하다면, 남아메리카의 에스파냐인들이 자기의 운명에 대해 불평할 하등의 이유가 없을 것이다. 또한 그들이 합중국 주민보다는 행복을 덜 누릴지라도, 그들의 처지는 유럽에 사는 사람들의 선망을 사기에 충분했을 것이다. 그러나 이 세상에 남아메리카에 사는 국민들보다 더 비참한 국민은 없을 것이다.

따라서 유사한 물리적 원인들이 북아메리카와 남아메리카에서 유사한 결과를 낳는 것은 아니다. 더구나 물리적 원인들이 유리하게 작용한 남아메리카가 불리하게 작용한 유럽보다 더 나은 수준을 유지하는 것도 아니다.

따라서 물리적 원인들은 생각하는 것만큼 국민의 운명에 그리 큰 영향을 미치지 못한다.

나는 편하게 살 수 있는 고향 땅을 떠나 한몫 벌려고 황무지로 떠나는 뉴잉글랜드 주민들을 만난 적이 있다. 거기서 별로 멀지 않은 캐나다 지역에서 프랑스계 주민들도 만나보았다. 이들은 똑같은 황무지를 앞에 두고도 자기들끼리 좁은 공간에 모여 살고 있었다. 합중국에서 건너온 이주민들은 며칠간의 노동으로 번 돈으로 광활한 땅을 구입하는 반면에, 프랑스계 캐나다인들은 프랑스에서나 마찬가지로 비싼 값에 토지를 사들이고 있었다.

이렇게 자연은 유럽인들에게 신세계의 넓디넓은 황야를 안겨주었지만, 유럽인들이 이 자연의 선물을 활용하는 방법을 항상 알고 있었던 것은 아니다.

아메리카에 사는 다른 여러 주민들은 영국계 아메리카인들이나 마찬가지로 번영할 수 있는 동일한 자연조건들을 가지고 있지만 동일한 법제나 습속은 지니고 있지 않다는 사실을, 그리고 이들의 처지가 영국계 아메리카인들보다 훨씬 열악하다는 사실을 나는 깨달았다. 따라서 영국계 아메리카인들의 법제와 습속은 이들이 번영을 이룩하게 된 특별한 이유라고 할 수 있다. 내가 탐색하고 있는 주요 원인이 바로 이것이다.

나는 아메리카인들의 법제가 그 자체로 특별히 훌륭하다고는 생각하지 않는다. 그리고 이 법제가 모든 민주주의 국가에 두루 적용될 수 있다고도 믿지 않는다. 사실 이 법제들 중 몇 가지는 합중국에서도 위험해 보인다.

그럼에도 불구하고 아메리카인들의 법제가 전반적으로 볼 때 그 법제의 지배를 받는 사람들의 친분과 그 나라의 성격에 아주 적합하다는 사실을 부정할 수는 없을 것이다.

물론 아메리카의 법제는 훌륭하다. 민주주의 통치가 아메리카에서 거둔 성공 중 상당 부분은 바로 법제의 덕으로 돌려야 할 것이다. 하지만 나는 법제가 성공의 주요 원인이라고는 생각하지 않는다. 나로서는 아메리카인들의 사회적 행복에 법제가 자연환경보다 더 큰 영향력을 행사한 것으로 보기는 하지만, 마찬가지로 법제보다는 습속이 더 큰 영향력을 행사했다고 볼 충분한 이유가 있다.

의심할 나위 없이 연방 법률은 합중국 법제의 가장 중요한 부분을 이루고 있다. 멕시코는 영국계 아메리카인들의 연방과 마찬가지로 아주 유리한 자연환경을 가지고 있으며 거의 동일한 법제를 지니고 있다. 하지만 멕시코인들은 민주주의 통치에 적응하지 못하고 있다.

따라서 합중국에서 민주주의 통치가 유지되는 데에는 물리적 원인이나 법제와는 다른 어떤 요인이 작용한다고 말할 수 있다.

이를 입증해주는 사례들은 얼마든지 많다. 합중국 영토 안에 거주하는 거의 모든 사람은 같은 조상의 후손들이다. 이들은 같은 언어를 말하고 같은 신을 섬기며 같은 자연적 원인의 영향을 받고 같은 법제에 복종한다.

그렇다면 이들 사이의 차이는 과연 어디에서 나오는가?

합중국의 동부 지역에서는 왜 공화 정부가 활력과 균형을 과시하며 능란하고 원숙하게 일을 추진해 나가는가? 어떤 원인이 이 공화 정부의 활동에 지혜와 일관성을 부여해주는가?

이와 반대로 합중국의 서부 지역에서는 왜 정부가 되는대로 통치하는 듯 보이는가?

왜 여기에서는 업무 처리에서 장기적인 전망을 보여주지 못하는, 무언가 무질서하고 격정에 잘 휘말리며 심지어 들뜬 듯 보이는 자세가 흔히 나타나는가?

나는 여기서 더 이상 영국계 아메리카인들을 다른 민족들과 비교하지 않는다. 나는 영국계 아메리카인들을 서로 비교해보려 하며 이들이 왜 서로 달라 보이는지를 알아보고자 한다. 내가 볼 때, 여기서 자연환경이나 법제의 차이에서 나오는 논거들은 별로 중요하지 않다. 무언가 다른 원인을 찾아야 한다. 그런데 이 원인을 습속이 아닌 다른 어디에서 찾을 수 있겠는가? 영국계 아메리카인들이 가장 오랫동안 민주주의 통치의 관행을 익히고 민주주의 통치의 유지에 가장 유리한 습관을 형성하고 그 관념을 얻은 곳이 바로 동부 지방이다. 여기에서 민주주의는 조금씩 이들의 관행, 이들의 견해, 이들의 형식 속에 스며들었다. 민주주의는 법제뿐만 아니라 자잘한 일상생활에서도 찾아볼 수 있었다. 동부 지방에서는 인민의 언문 교육과 실용적인 학습이 가장 완벽하게 이루어졌으며 종교는 아주 훌륭하게 자유와 결합되었다. 이러한 습관, 이러한 견해, 이러한 관행, 이러한 신앙 등이 내가 습속이라고 부른

바로 그것이 아니라면 무엇이겠는가?

반면에 서부 지방에는 이러한 장점들의 일부가 여전히 부족하다. 서부의 주들에 사는 아메리카인들 대다수는 숲속에서 태어났다. 그들은 야생 생활에서 얻은 관념과 습관을 그들 부모의 문명에 뒤섞는다. 그들의 심성은 격정적이고 종교적 열의는 그리 강하지 않으며 관념은 막연하다. 그들은 서로 잘 모르는 까닭에 상대방에 대해 어떤 통제력도 행사하지 못한다. 따라서 서부 지방의 국민들은 어느 정도까지는 막 형성된 족속들의 경험 미숙과 무절제한 습관을 고스란히 보여준다고 할 수 있다. 서부 지방에서 사회들을 구성하는 요소들은 제법 연륜이 쌓인 것들이지만, 정작 그 사회들이 형성된 것은 아주 최근의 일이다.

그렇다면 아메리카 대륙에 거주하는 모든 주민 중에서 오직 합중국에 사는 아메리카인들만이 민주주의의 지배를 감당할 수 있게 만들어주는 것은 바로 습속이라고 할 수 있다. 그리고 영국계 아메리카인들의 여러 민주주의 정부들이 어느 정도 질서와 번영을 구가할 수 있게 만들어준 것도 바로 습속이다.

그러므로 한 나라의 지리적 위치가 민주제도들의 지속성에 미칠 수 있는 영향력은 유럽에서 지나치게 과장되고 있다. 그리고 이 문제에서 법제의 중요성은 지나치게 과대평가되는 반면, 습속의 중요성은 지나치게 과소평가되고 있다. 물론 이 세 가지 중요한 원인들 모두가 아메리카의 민주정치를 규율하고 인도하고 있다. 하지만 이 세 가지를 분류한다면, 나로서는 물리적 원인들보다 법제가 중요하고, 법제보다 습속이 중요하다고 말할 것이다.

아무리 유리한 상황과 아무리 훌륭한 법제라고 해도 그 나라의 습속이 걸맞지 않는다면 올바른 사회 구성을 만들어낼 수 없을 것이다. 반면에 습속은 가장 불리한 상황과 가장 나쁜 법제라도 어느 정도 그 나라가 지닌 장점으로 바꾸어놓을 수 있을 것이다. 습속의 중요성은 연구와 경험을 거듭할수록 새삼 확인하게 되는 공통된 진실이다. 습속은 나의 모든 사색의 한가운데를 차지했다. 나의 사색의 종착점도 또한 습속으로 향한다.

이제 한마디만 덧붙이자.

만일 내가 아직까지도 아메리카인들의 법제가 유지되는 데에 그들의 실제적인 경험, 그들의 습관, 그들의 견해, 한마디로 말해서 그들의 습속이 얼마나 큰 중요성을 갖는가를 독자에게 제대로 일깨우지 못했다면, 나는 내가 이 책을 쓴 주요 목표를 달성하지 못한 것이다.

아메리카가 아닌 다른 곳에서도 민주제도들을 유지하는 데 법제와 습속으로 충분한가

합중국에서 민주제도들이 성공을 거둔 것은 자연환경의 덕이라기보다는 법제와 습속의 덕이라고 나는 말했다.

하지만 이 똑같은 원인들이 다른 곳으로 옮겨진다면 거기서도 똑같은 결과를 낳을 수 있는가? 그리고 한 나라의 자연환경이 법제와 습속의 몫을 대신할 수 없다면, 법제와 습속은 그 나라의 자연환경의 몫을 대신할 수 있는가?

이러한 문제에 대한 답변의 논거를 찾기란 쉽지 않다는 것은 누구나 알 수 있다. 신세계에는 영국계 아메리카인들 외에도 다른 주민들이 살고 있다. 이들도 영국계 아메리카인들과 마찬가지로 동일한 자연적 원인들의 영향을 받는 까닭에, 아메리카에 사는 민족들은 서로 비교가 가능하다.

하지만 아메리카 대륙을 벗어나면, 영국계 아메리카인들에게 고유한 자연환경의 이점은 누리지 못하면서도 이들의 법제와 습속을 채택한 민족은 전혀 찾아볼 수 없다.

따라서 우리는 이 점에서 비교의 대상을 전혀 갖고 있지 않다. 우리는 실험적으로 의견을 개진해볼 따름이다.

우선 합중국의 제도들과 민주제도들 일반을 조심스럽게 구별해야 할 듯하다.

유럽의 현황을, 즉 그 막강한 민족들, 그 조밀한 도시들, 그 강인한 군대들, 그리고 그 얽히고설킨 정치 따위를 생각해보면, 영국계 아메리카인들이 그들의 관념, 종교, 습속 등을 그대로 지니고 유럽 땅에 들어올 경우 그들의 법제를 완전히 뜯어고치지 않고는 살아갈 수 없으리라고 나는 믿게 된다.

하지만 아메리카인들과는 다른 방식으로 구성된 민주 국가의 국민을 상상해볼 수 있을 것이다.

그렇다면 다수의 진정한 의지에 기반을 둔 동시에 그 다수가 질서와 국가의 안녕을 위해서 자신의 생래적인 평등에의 욕구를 스스로 억누르면서 한 가문 또는 한 인물에게 행정권의 모든 권한을 몰아주는 데 동의하는 그런 통치 형태를 생각해볼 수는 없는가?

합중국에서보다 국력은 더욱 중앙으로 집중되고 인민이 공공 업무에 직접적이고 무제한의 영향력을 덜 행사하기는 하지만, 일정한 권리를 지닌 개개 시민이 각자 자기 영역에서 공무 수행에 참여하는 그런 민주 사회를 상상해볼 수는 없는가?

영국계 아메리카인들의 경우를 직접 살펴본 결과, 나는 이런 종류의 민주제도들은 해당 사회에 신중하게 도입되어 조금씩 그 사회의 습속과 뒤섞이고 인민의 견해에 서서히 스며들 경우 아메리카가 아닌 다른 곳에서도 존속할 수 있을 것이라고 믿게 되었다.

합중국의 법제가 현재 상상할 수 있는 유일한 민주주의 법제이자 가장 완벽한 법제라면, 합중국 법제의 성공이 합중국만큼 자연환경의 혜택을 덜 받은 나라에서도 민주주의 법제가 일반적으로 성공을 거둘 수 있다는 어떤 증거도 되지 않는다고 결론 내리는데 나는 동의할 수 있다.

하지만 내가 보기에 아메리카의 법제가 많은 점에서 결함투성이이고 나로서는 이에 버금가는 다른 법제들을 쉽사리 생각해낼 수 있는 까닭에, 아메리카만의 자연환경이 물리적인 환경의 혜택은 덜 받았지만 우수한 법제를 지닌 나라에서는 민주제도들이 성공을 거둘 수 없다는 보증은 될 수 없을 것으로 나는 생각한다.

만일 아메리카에 사는 사람들이 다른 곳에 사는 사람들과 다르다면, 그리고 이들의 사회 상태가 낳은 습속과 견해가 유럽에서 똑같은 사회 상태에서 생긴 습속과 견해와 전혀 다르다면, 아메리카의 민주정치에서 볼 수 있는 이모저모는 다른 나라의 민주정치들에서 일어날 수 있는 일들을 예견하는 데 아무런 도움도 되지 않을 것이다.

만일 아메리카인들이 다른 민주 국가들에 사는 사람들과 똑같은 성향을 보여준다면, 그리고 아메리카의 입법자들이 나라의 자연환경과 유리한 상황 조건에 의존해서 이러한 성향을 적절한 한계 안에 담아두었다면, 합중국의 번영은 순전히 물리적 원인의 덕으로 여겨져야 할 것이며, 자연환경의 이점을 갖지 못한 채 아메리카의 사례를 따르려는 사람들에게 어떤 유리한 보증도 되지 않을 것이다.

하지만 이러한 두 가지 가정 중 어느 것도 사실에 의해 입증되지 않는다.

나는 아메리카에서 우리가 유럽에서 볼 수 있는 것과 유사한 격정들을 접했다. 어떤 격정들은 인간 본연의 심성에 관련된 것이며, 어떤 격정들은 민주주의적 사회 상태와 관련된 것이다.

따라서 나는 합중국에서 마음이 들뜨고 안달하는 모습을 자주 접할 수 있었는데, 이러한 상태는 모든 조건이 거의 대등하고 누구나 성공할 수 있는 동등한 기회를 가질 경우 사람들에게 당연히 나타나는 것이다. 나는 합중국에서 선망이라는 민주주의적 감정이 수많은 형태로 나타나는 것을 보았다. 나는 합중국에서 사람들이 공무 수행에서 선입견과 무지를 마구 드러내곤 하는 것을 보았다. 그리고 이를 근거로 나는 합중국에서도 사람들이 우리 프랑스에서와 마찬가지로 같은 실패를 저지르기도 하고 같은 낭패에 빠지기도 한다고 결론지었다.

그러나 좀 더 주의 깊게 사회 상태를 고찰해보았을 때, 나는 아메리카인들이 인간성의 이러한 허약성에 맞서 싸우고 민주정치의 자연적 결함을 시정하기 위해 상당한 노력을 기울였으며 또 성공을 거두었다는 사실을 어렵지 않게 알아챌 수 있었다.

내가 보기에 아메리카의 여러 지역 자치 법안들은 시민들의 들뜬 야망을 일정한 영역 안에 가두어두고 국가를 전복시킬 수도 있을 바로 그 민주주의적 격정을 타운에 이득이 되도록 돌려놓는 방어벽 구실을 하고 있었다. 아메리카의 입법자들은 권리의 개념을 시기심의 감정에, 정치 세계의 끊임없는 움직임을 종교 윤리의 부동성에, 인민의 경험을 그들의 이론적 무지에, 그리고 인민의 업무 습관을 그들의 변화무쌍한 욕구에 맞세우는 데 어느 정도 성공한 것으로 보인다.

따라서 아메리카인들은 그들의 헌법과 정치 법제들에서 생기는 위험들을 상쇄하기 위해 나라의 자연조건을 이용하지는 않았다. 모든 민주 국가에 공통적으로 나타나는 병폐들에 대해서 아메리카인들은 지금까지 그들만이 알고 있는 치유책을 내놓았다. 그리고 아메리카인들은 가장 앞서 이러한 실험에 뛰어들었지만, 그 실험에서 성공했다.

아메리카인들의 습속과 법제가 민주주의 국가들에 알맞은 유일한 것은 물론 아니다. 하지만 아메리카인들은 법제와 습속의 도움을 받아 민주정치를 규제하는 데 절망할 필요는 없다는 사실을 보여주었다.

만일 다른 나라 국민들이 이러한 일반적이고 비옥한 관념을 아메리카에서 빌려와서(비록 아메리카인들이 그것을 적용하는 구체적인 사례들까지 모방하지는 않지만) 오늘날 신의 섭리에 의해 인간에게 준비된 사회 상태에 적응하려고 애쓴다면, 그렇게 함으로써 그들을 위협하는 전제정치나 무정부 상태에서 벗어나려 한다면, 그들의 노력이 성공을 거두지 못하리라고 믿어야 할 이유가 어디 있겠는가?

기독교 세계에서 민주정치를 조직하고 확립하는 일은 우리 시대의 거대한 정치적 과제이다. 아메리카인들은 물론 이 문제를 해결하지 못했다. 하지만 이들은 이 문제를 해결하려 애쓰는 이들에게 아주 유용한 교훈을 제공해준다.

앞선 사례가 유럽에 대해 갖는 중요성

왜 내가 이와 같은 연구에 주력하는지는 쉽사리 알아볼 수 있을 것이다. 내가 제기한 문제는 단지 합중국에만 관련된 것이 아니라 세계 전체에 관련된 것이며, 한 나라가 아니라 인간 모두에게 관련된 것이다.

만일 민주적인 사회 상태를 가진 국민들이 황무지에 거주하는 한에서만 자유인으로 남아 있을 수 있다면, 우리는 인류의 앞날에 절망할 수밖에 없을 것이다. 그도 그럴 것이 인간은 신속하게 민주정치로 향해 나아가고, 황무지는 점점 사람들로 가득 채워지고 있기 때문이다.

만일 법제와 습속만으로는 민주제도들을 유지하는 데 충분하지 않은 것이 사실이라면, 일인 전제정치를 제외하고는 국민들에게 어떤 탈출구가 남아 있다는 말인가?

오늘날 많은 훌륭한 인물들이 이러한 앞날에는 아랑곳하지 않고 자유에 식상한 나머지 자유의 파고에서 멀리 떨어진 곳에서 기꺼이 안식을 취하려 한다는 사실을 나는 알고 있다.

하지만 이들은 자신들이 나아가는 항구에 대해서 정말 아무것도 모르고 있다. 자신의 기억 속에 완전히 젖어 있는 까닭에, 이들은 절대 권력을 과거에 그러했던 것을 기준으로 판단할 뿐 앞으로 변화될 것을 기준으로 판단하지 못한다.

만일 절대 권력이 유럽의 민주주의 국가들에 다시 자리를 잡는다면, 그것은 완전히 새로운 형태를 취할 것이며 우리 조상들에게 알려지지 않은 특색을 지니게 될 것이라고 나는 믿어 의심하지 않는다.

유럽에서 법률과 인민의 동의를 얻어 군주가 거의 무제한의 권력을 누리던 때가 있었다. 하지만 군주들은 그 권력을 거의 써보지도 못했다.

여기서 나는 귀족의 특전, 최고 법원들의 권위, 동업조합들의 권리, 지방의 특권 등등, 당시에 군주의 위세를 누그러뜨리고 국민들에게 저항 정신을 북돋던 요인들에 대해 말하려는 것이 아니다. 물론 이러한 정치제도들은 때로 개인의 자유를 저해하기는 했지만 그래도 인간의 영혼 속에 자유에 대한 사랑을 심어줄 수 있었으며, 이러한 점에서 충분히 유용성을 발휘했다.

하지만 이러한 정치제도들과는 별도로, 사회의 여론과 습속이 왕권의 주변에 쉽게 눈에 띄지는 않지만 아주 강력한 울타리를 쳐놓았다. 달리 말하자면, 종교, 백성들에 대한 군주의 사랑, 군주의 올곧음, 명예, 가문의 기풍, 지방의 특색, 관습과 여론 따위가 군주들의 권한을 제한했으며 군주들의 권위를 어떤 보이지 않는 원 안에 가두어놓은 것이다.

당시에 나라의 구성은 전제적이었지만 사회의 습속은 자유로웠다. 군주들에게는 권리가 있었지만 무엇이든 원하는 대로 할 수 있는 능력도 욕구도 없었다.

그렇다면 옛날에 이렇게 폭정을 제약하던 장애물들 중에서 오늘날 무엇이 남아 있는가?

종교가 인간 영혼에 대한 지배력을 잃어버리자, 선과 악을 가르는 가장 뚜렷한 경계선이 허물어져 버렸다. 도덕 세계에서는 모든 것이 의심스럽고 불확실해 보인다. 군주와 인민은 그저 우연에 이끌려 다니고, 전제정치의 자연적 한계가 어딘지, 방종의 한계가 어딘지 아무도 알지 못한다.

오랜 세월에 걸친 혁명들이 국가 지도자들을 감싸고 있던 존경심을 완전히 훼손해버렸다. 군주들은 국민들의 존경심이라는 부담을 던져버리게 되자 아무 거리낌 없이 권력을 탐닉하는 중이다.

군주들은 인민의 마음이 자신들을 향해 있다는 것을 알 때에는 아주 관대해진다. 자신들이 강하다고 느끼기 때문이다. 신민의 충성심이 왕권의 버팀목이라는 것을 아는 까닭에 군주들은 신민의 충성심에 항상 유념한다. 그렇게 되면 군주와 인민 사이에는, 가정에서 부모와 자식 사이에나 느낄 수 있는 그러한 부드러운 감정의 교환 같은 것이 일어나게 된다. 신민들은 군주의 처사에 여전히 불평을 늘어놓기는 하지만 군주의 심기를 거스르는 일은 삼간다. 군주도 마치 부모가 아이들을 가볍게 야단치듯이 가벼운 손길로 신민들을 나무란다.

그러나 일단 왕권의 권위가 거친 혁명들의 와중에서 깨어질 경우, 연이어 권좌에 오른 국왕들이 어김없이 '법적으로는' 취약하면서도 '현실적으로는' 잔인하다는 사실을 인민의 눈앞에 드러낼 경우, 이제 아무도 군주를 국가의 아버지로 존경하지 않으며 누구나 군주를 상전으로 두려워하게 된다. 군주가 약하면 신민의 경멸을 사고, 강하면 증오의 대상이 된다. 군주 자신도 분노와 두려움으로 가득 찬다. 군주는 자기 왕국 안에서 자신이 이방인이라고 느끼며, 신민들을 마치 정복당한 무리들처럼 취급한다.

지방들과 도시들이 공통의 조국 안에서 서로 다른 민족을 구성하고 있을 경우, 이들 개개 민족은 중앙 권력에 복종하는 일반적인 하인 기질과 전혀 다른 고유한 기질을 발전시키게 된다. 그러나 오늘날 같은 지배권 안에 있는 모든 지역이 고유의 자치 특권, 고유의 관습, 고유의 색채뿐만 아니라 심지어 전통과 칭호까지도 상실하게 되었다. 이제 이 지역들은 동일한 법제에 복종하는 데 익숙해져 있는 까닭에 이들 지방을 개별적으로 억압하는 것보다 한꺼번에 싸잡아 억압하는 것이 오히려 더 쉽게 되었다.

귀족들이 권력을 누리던 동안에, 그리고 권력을 상실한 지 오랜 후에도, 귀족의 명예는 국왕에 맞선 그들 개개인의 저항에 놀라운 힘을 부여해주었다.

따라서 그때에는 세력이 약하더라도 그들의 개별적인 품격에 대해서는 높은 평판을 누리는 사람들이 있었다. 그래서 이들은 공권력에 맞서 감히 홀로 저항하기도 했다.

하지만 모든 계급이 서로 뒤섞이고, 개인은 점점 군중 속으로 사라져서 일상적인 익명성 안으로 몸을 감추는 오늘날, 군주의 명예가 덕성으로 대체되지 못한 채 빛을 잃어가고 그 어느 것도 인간의 품위를 고양시켜주지 못하는 바로 오늘날, 권력자의 강요와 약자의 비굴한 순응이 과연 어디쯤에서 멈출 것이라고 누군들 말할 수 있겠는가?

가문의 기풍이 살아 유지되는 동안에는 전제 권력에 맞서 싸우는 자는 결코 혼자가 아니었다. 그는 주변에서 측근들, 오랜 친지들, 인척들을 만날 수 있었다. 그리고 이러한 지원이 부족하다고 해도, 그는 여전히 자기 조상의 비호를 받고 자기 후손들의 지지를 받는다고 느낄 수 있었다. 하지만 세습 가산이 분할되었을 때, 그리고 단 몇 년 만에 혈통이 뒤섞여버렸을 때, 가문의 기풍은 어디서 찾아볼 수 있겠는가?

오늘날 폭정 행위에는 이미 그 선례가 있고 모든 범죄행위는 앞선 사례에 의존할 수 있다. 다구나 오늘날 없애버리기를 주저할 만큼 오래된 어떤 일도 없으며 시도해보지도 못할 만큼 새로운 어떤 일도 없다. 바로 이러한 시기에 자신의 모습을 완전히 바꾸어버렸고 지금도 끊임없이 바꾸고 있는 그러한 나라에서 관습이라는 것이 과연 어떤 힘을 발휘하겠는가?

이미 여러 차례 길들여져 버린 습속이 과연 어떤 저항을 제공할 수 있겠는가?

단 '스무 명'도 공동의 유대로 묶이지 않을 때, 여론을 대변하고 여론을 움직일 수 있는 어떤 인물도 가문도 단체도 계급도 자유로운 결사도 존재하지 않는 때에, 여론이라는 것이 도대체 무슨 힘을 갖겠는가?

개개 시민이 누구나 똑같이 무기력하고 똑같이 가난하며 똑같이 고립되어 정부의 조직적인 힘에 그저 개인 차원에서 미약하게만 저항할 따름일 때에, 여론이라는 것이 도대체 무엇을 할 수 있겠는가?

바로 이러한 상황에서 발생할 수 있을 것과 유사한 사례를 찾으려면, 우리는 오늘날 우리 시대의 연대기가 아니라 옛 고대사회의 기념물들이나 로마의 압제를 받던 끔찍한 시대로 거슬러 올라가야 할 것이다. 당시에 사회의 습속은 타락했으며, 기억들은 지워지고, 습관은 훼손되었으며, 여론은 뒤죽박죽이었고, 법제 밖으로 축출된 자유는 더 이상 안식처를 찾지 못했다. 당시에 아무것도 시민을 보호해주지 않았으며 시민도 스스로를 보호할 수 없었던 까닭에 인간은 인간 자신을 노리개로 삼았으며 군주들은 신민의 분노만큼이나 하늘의 노여움을 샀다.

헨리 4세나 루이 14세의 왕정을 복고하려는 사람들은 내가 보기에 정말 눈이 먼 자들이다. 유럽의 여러 나라들이 이미 도달해 있는 상태를, 그리고 다른 나라들도 조만간 도달하게 될 상태를 생각해보건대, 나로서는 이들 나라에 자유로운 민주정치나 아니면 폭군의 전제정치를 위한 자리 외에 달리 어떤 공간도 남지 않을 것이라고 믿지 않을 수 없다.

이러한 상황은 생각해볼 만한 가치가 있지 않을까? 만일 인간이 모두 자유로워질 것인가 아니면 예속될 것인가, 모두 권리에서 평등해질 것인가 아니면 모두 권리를 잃을 것인가 등등의 문제에 정말로 인간이 봉착하게 된다면, 그리고 사회를 통치하는 자들이 군중을 점차적으로 자기들 수준으로 끌어올리거나 아니면 모든 시민들을 인간성 이하로 내버려 두거나 하는 양자택일의 기로에 선다면, 이것만으로도 많은 의혹을 거두어낼 수 있지 않을까? 그리고 수많은 사람들을 안심시키고 누구나 별 어려움 없이 위대한 희생을 치르도록 해주지 않을까?

인민을 정치에 참여시키는 일은 어렵다. 하지만 인민에게 경험을 제공하고 그들이 잘 통치하도록 그들에게 부족한 감정들을 채워주는 일은 더욱더 어렵다.

민주정치는 변덕이 심하고 그 실행 기구들은 거칠며 그 법제는 불완전하다. 나는 그 점을 인정한다. 하지만 조만간 민주정치의 지배와 일인의 압제 사이에 어떤 중간치도 존재하지 않으리라는 것이 사실이라면, 우리는 후자에 자발적으로 복종하기보다는 전자를 향해 나아가야 하지 않겠는가? 그리고 결국은 완전한 평등을 향해 나아갈 수밖에 없다면, 전제자보다는 자유에 의해서 평등해지는 것이 더 낫지 않겠는가?

이 책을 읽고 나서 내가 이 책을 쓴 의도가 민주주의적인 사회상태를 갖는 모든 국가에 영국계 아메리카인들의 법제와 습속을 따르도록 촉구하는 데 있다고 여기는 독자가 있다면, 그는 큰 오해를 품고 있는 것이다. 이런 독자들은 나의 사상의 형식보다는 실체에 더 주의를 기울였어야 했을 것이다. 나의 의도는 법제와 특히 습속이 민주 국가의 국민을 자유롭게 만들어줄 수 있다는 사실을 아메리카의 사례를 통해서 보여주려는 것이었다. 하지만 나는 아메리카의 민주정치가 보여주는 본보기를 우리가 따라야 한다거나 아메리카의 민주정치가 자신의 목적을 달성하기 위해 이용한 수단들을 모방해야 한다고는 전혀 생각하지 않는다. 한 나라의 자연환경과 누적된 업적들이 그 나라의 정치 구성에 어떤 영향을 미치는지 나는 잘 깨닫고 있기 때문이다. 그리고 만일 자유가 세계 어디에서나 똑같은 특징들을 내보일 수밖에 없게 된다면, 나는 그것이 인류에게는 커다란 불행이라고 간주하지 않을 수 없다.

그러나 만일 프랑스에 점차적으로 민주제도들을 도입하고 마침내 확립하는 데 실패한다면, 만일 우리가 프랑스인들에게 자유를 준비하고 누리게 해줄 사상과 감정을 모든 시민에게 보급하는 것을 게을리한다면, 부르주아든 귀족이든 가난한 자든 부유한 자든 그 어느 누구도 독립을 누릴 수 없을 것이며 만인의 평등한 압제 아래 들어가게 되리라고 나는 생각한다. 그리고 만일 우리가 최대 다수의 평온한 지배를 제때에 확립하는 데 실패한다면, 우리는 조만간 일인의 '무제한' 권력 아래 들어가게 될 것이라고 나는 예상한다.

제10장

합중국 영토에 거주하는
세 인종의 현황과 전망에 대한
몇 가지 고찰

내게 부과된 주요 과업은 이제 완료되었다. 나의 능력을 십분 발휘해서 나는 아메리카 민주정치의 법제와 습속들이 어떠한지를 보여주었다. 나는 여기서 멈출 수도 있을 것이다. 하지만 독자는 내가 그의 기대를 채워주지 못했다고 여길지도 모르겠다.

광범위하고 완벽에 가까운 민주정치가 아메리카에서 우리가 찾아볼 수 있는 전부는 아닐 것이다. 우리는 신세계에 거주하는 족속들을 한 가지 이상의 관점에서 관찰해볼 수 있을 것이다.

이 책을 쓰면서 나는 인디언들과 흑인들에 대해 자주 언급하기는 했다. 하지만 주안점으로 삼은 민주주의 국민들의 한가운데에서 이들 두 인종이 어떤 위치를 차지하는지를 보여주기 위해서 하던 작업을 잠시 멈출 만한 시간적인 여유가 없었다. 나는 어떤 정신으로, 어떤 법제들의 도움을 받아 영국계 아메리카인들의 연합체가 형성되었는가를 밝혔다. 하지만 이 연합체를 위협하는 위험들에 대해서는 아주 불완전하게 살짝 언급하는 것으로 그쳤으며, 연방의 법제나 습속과 별도로 연방의 지속 가능성에 대해서는 자세하게 언급할 수 없었다. 연방 안에 통합된 공화 정부들에 대해 언급할 때, 나는 신세계에서 공화정 형태가 항구적일 것인가에 대해서는 어떤 억측도 내놓지 않았다. 또한 합중국에서 지배적인 상업 활동에 대해 언급할 때, 나는 상업 국민으로서의 아메리카인들의 장래에 대해서는 자세하게 다루지 않았다.

이러한 화제들은 나의 주제와 관련되기는 하지만 거기에서 살짝 비켜나 있다. 그도 그럴 것이 이 화제들은 민주주의에 대한 것이라기보다는 아메리카에 대한 것이며 나는 항상 민주주의 자체를 다루고자 했기 때문이다. 그러므로 나는 이제 책을 마무리하면서 지금껏 뒤로 미루어둘 수밖에 없었던 이 화제들을 다루어보고자 한다.

오늘날 아메리카 합중국이 차지하고 있거나 자기 땅이라고 주장하는 영토는 대서양에서 태평양 연안에까지 펼쳐져 있다. 따라서 동쪽과 서쪽에서 그 경계선은 바로 대륙 자체이다. 남쪽으로는 열대 지방에까지 뻗쳐 있고, 북쪽으로는 얼음으로 덮인 지역에까지 다다른다.

이 공간에 흩어져 사는 인간들은 유럽에서처럼 같은 줄기에서 갈라져 나온 가지들을 이루고 있는 것이 아니다. 태생적으로 구별되고 서로 적대적이라고까지 말할 수 있는 이들 세 인종은 첫눈에 식별이 가능하다. 그들의 겉모습은 말할 것도 없고 그들의 교육, 법제, 기원에 의해서 그들 사이에는 거의 뛰어넘을 수 없는 장벽이 세워졌다. 그들은 우연히도 같은 땅에 몰려들었으나, 서로 피를 나누지 않고 뒤엉켰을 뿐이며 각자 제몫의 운명을 따르고 있다.

이 다양한 인간들 중에서 단연 시선을 끄는 첫 번째는 지능에서도 권세에서도 행복에서도 첫 번째인 남다른 인간, 바로 백인, 즉 유럽인이다. 백인 아래에 흑인과 인디언이 나타난다.

이 불행한 두 인종은 태생, 겉모습, 언어, 습속에서 공통점이 전혀 없다. 그들에게 공통점이라곤 불행뿐이다. 이 두 인종은 그들이 거주하는 고장에서 똑같이 열등한 위치를 차지하고 있다. 두 인종은 폭압에 시달리고 있는데, 그들이 당하는 학대는 서로 내용이 다르기는 하지만 동일한 가해자에게서 나오는 것이다.

지금 이 세상에서 벌어지는 일들을 살펴본다면, 유럽인과 다른 인종들 사이의 관계는 인간 자신과 동물들 사이의 관계와 같다고까지 말할 수 있지 않을까? 유럽인은 다른 인종들이 유럽인의 필요에 봉사하도록 만든다. 그리고 그들을 복속시킬 수 없을 경우, 그들을 완전히 없애버린다.

단 한 차례의 폭압으로 아프리카인들의 후손들은 인간으로서의 모든 특전을 빼앗겼다! 합중국의 흑인은 자기네 나라에 대한 기억마저도 잃어버렸다. 그는 자기네 조상들이 말하던 언어를 더 이상 듣지 못하며 자기네 종교도 자기네 습속도 모두 잃었다. 더 이상 아프리카에 속하지 않지만 그렇다고 유럽의 혜택을 누리지도 못한다. 요컨대 그는 두 공동체 사이의 어디쯤엔가 머물고 있는 셈이다. 한 공동체에 의해 내다팔리고 다른 공동체에 의해 배척당하면서, 그는 두 족속들 사이에 고립되어 있는 것이다. 자기 주인의 저택 말고는 이 세상에서 그에게 옛 고향의 희미한 자취라도 일깨워주는 곳은 단 한 군데도 없다.

흑인에게는 가족이 없다. 여인은 육체적 만족을 채워주는 한순간의 동반자에 지나지 않으며, 자식들은 태어나자마자 그와 마찬가지의 신세이다.

인간이 자신의 극단적인 비참함에 대해 무감각해지고 때로는 자신에게 불행을 가져다준 원인에 대해 비뚤어진 취향을 갖도록 만드는 영혼의 상태를 하느님의 은총이라고 불러야 할까, 아니면 하느님의 노여움에 따른 저주라고 불러야 할까?

불행의 나락에 떨어져 살아가는 흑인은 정작 자신이 얼마나 불행한지를 느끼지 못한다. 폭력으로 그는 노예가 되었고 굴종의 관습은 그에게 노예근성을 불어넣어 주었다. 그는 자신을 학대하는 자들을 증오하기보다는 존경한다. 그리고 자신을 억압하는 자들을 비굴하게 모방하는 데서 기쁨과 자부심을 찾는다.

그의 지력은 그의 영혼의 수준으로까지 떨어진다.

흑인은 태어나자마자 노예가 된다. 아니, 차라리 엄마 뱃속에 있을 때부터 팔려서 태어나기 전부터 노예가 되었다고 말하는 편이 나을지도 모르겠다.

욕구도 즐거움도 빼앗긴 흑인은 자기 자신에게도 쓸모없는 존재이다. 그리고 그는 태어나면서부터 자기 자신이 남의 소유물이라는 사실을 알게 되며, 자기의 생명을 돌보는 일이 자기 자신에게 달려 있지 않다는 사실을 깨닫는다. 생각하는 능력조차 그에게는 하느님이 내려주신 쓸모없는 선물로 보이며, 그는 자신의 굴종에서 오는 모든 특권을 그저 평온하게 즐길 따름이다.

만일 자유를 얻을 경우, 그에게는 독립이 흔히 굴종 상태보다 더 무거운 짐으로 느껴질 것이다. 그도 그럴 것이 살아오는 동안 그는 이성을 제외한 모든 것에 복종하는 방법을 배운 까닭에 이성의 안내를 따라야 할 경우 이성의 목소리를 알아챌 능력을 상실했기 때문이다. 수많은 새로운 욕구가 그를 둘러쌀 테지만, 그에게는 이 욕구들에 저항하는 데 필요한 식견도 정력도 없다. 이 욕구들은 말하자면 맞서 싸워야 할 상전들인 셈인데, 그는 그저 복종하고 따르는 것만 배운 것이다. 따라서 흑인은 절망의 나락에 빠져 있다고 할 수 있다. 굴종이 그를 바보로 만든다면, 자유는 그를 파멸시키는 것이다.

억압은 흑인뿐만 아니라 인디언들에게도 치명적인 영향을 미쳤다. 하지만 그 결과는 다르게 나타났다.

신세계에 백인들이 도착하기 전에, 북아메리카에 거주하는 사람들은 삼림 속에서 평온하게 살고 있었다. 그들은 야생의 삶에서 오는 흥망성쇠를 겪었으며 문명화되지 못한 족속들이 가지는 미덕과 악행을 고루 지니고 있었다. 유럽인들에 의해 저 멀리 황무지로 내쫓겨난 후에, 이들은 말할 수 없는 고통으로 가득 찬 유랑 생활을 겪게 되었다.

미개한 족속들은 집단 전체의 의견과 몸에 밴 관례에 따라서 움직일 따름이다.

그런데 북아메리카 인디언들에게서 향토에 대한 애착심을 없앰으로써, 인디언 가족들을 여기저기로 분산시킴으로써, 그들의 전통을 희미하게 만들고 기억의 연쇄를 끊어놓음으로써, 그들의 모든 습성을 뒤바꾸어놓고 그들의 욕구를 지나치게 부풀림으로써, 유럽인의 폭정은 인디언들을 이전보다 더 무질서하고 더 미개한 존재로 만들었다. 이 인디언 족속들의 정신 상태와 육체 조건은 끊임없이 악화되었으며, 그들의 처지가 불행해짐에 따라 그들은 더욱더 야만적으로 변했다. 그럼에도 불구하고 유럽인들은 인디언들의 품성을 완전히 바꾸어놓을 수 없었다. 유럽인들은 이들을 파멸시킬 힘을 가졌을 뿐, 이들을 교화하거나 복종시킬 힘을 가지고 있지는 않았던 것이다.

흑인이 굴종의 마지막 경계선에 놓여 있다면, 인디언은 자유의 경계선 끝자락에 놓여 있다. 노예제가 흑인에게 치명적인 효과를 미치는 것만큼이나 독립이 인디언에게 치명적인 효과를 미치는 것이다.

흑인은 자신의 인신은커녕 그 어떤 것도 소유하지 못하며, 일종의 좀도둑질 행위를 하지 않고는 자신의 삶에 대해 어떤 결정도 내릴 수 없다.

하지만 야만인은 몸을 움직일 수 있게 되자마자 자기 마음대로 행동할 수 있다. 그는 가족의 권위를 알지 못하고, 동료들 누구에게도 자기의 의지를 굽히지 않는다. 그는 자발적인 복종과 치욕스러운 예속 사이에 어떤 차이가 있는지 배운 적이 없으며, 법이라는 것 자체를 알지 못한다. 그에게 자유인이 된다는 것은 사회의 거의 모든 연결망에서 벗어나는 것을 뜻한다. 그는 이 야만적인 자유 속에서 기쁨을 맛보며 이 자유의 일부라도 희생하기보다는 차라리 죽는 편을 택한다. 문명은 이러한 인간에게는 거의 아무런 영향력도 행사하지 못한다.

흑인은 자신을 배척하는 사람들 사이에 끼어들려고 무척이나 애쓰지만 허사이다. 흑인은 자신을 억압하는 자들의 취향에 순응하고 그들의 견해를 받아들이며 그들의 행동거지를 따라함으로써 그들과 섞이고자 한다. 태어날 때부터 흑인종은 백인종보다 선천적으로 열등하다는 말을 귀가 따갑게 들어온 까닭에 그런 말을 선뜻 받아들이고 심지어 자기 자신을 부끄럽게 생각한다. 그는 자신의 외양 하나하나에서 노예의 자취를 발견하며, 만일 할 수만 있다면 기꺼이 자기 자신을 다 털어내려 할 것이다.

반면에 인디언들은 자신의 태생이 짐짓 고귀하다는 헛된 생각에 사로잡혀 있다. 그는 이러한 자신만만한 꿈속에서 살다가 죽는다. 자신의 습속을 우리 유럽인의 습속에 맞추기는커녕, 마치 자기 인종이 뚜렷한 표식인 양 야만 생활에 집착한다. 그는 아마도 문명을 증오해서라기보다는 유럽인을 닮는 것을 두려워하는 까닭에 문명을 배척한다.[1]

---

1) 북아메리카 원주민은 역사에 그 유례를 찾기 힘들 정도로 완고하게 자신의 견해와 가장 하찮은 자신의 습속들이라도 유지한다. 지난 200년 동안 북아메리카의 유랑 부족들은 거의 매일같이 백인들과 접촉을 유지했지만, 이들로부터 어떤 생각도 관습도 배우지 않았다. 하지만 유럽인들은 이들 야만인에게 아주 큰 영향력을 행사했다. 유럽인들은 인디언의 성격을 더욱 무절제하고 거칠게 만들었을 뿐, 결코 유럽인에 더욱 가까워지도록 만들지 못했다.

1831년 여름에 나는 미시간 호수 너머 그린베이(Green-Bay)라는 곳에 들렀다. 그곳은 합중국과 북서부 인디언들 사이의 경계 구실을 하는 지역이었다. 여기서 인디언은 우리 유럽인의 완벽한 기술에 그저 황무지에서 나오는 자원들로 맞서고, 유럽인의 전술에 오합지졸의 용기로 맞서며, 유럽인의 잘 짜인 작전에 야만 생활에서 나오는 자발적 본능으로 맞선다. 이와 같은 불평등한 싸움에서 승패는 뻔한 일이다.

흑인은 유럽인과 뒤섞이고자 애쓰지만, 그렇게 할 수가 없다. 인디언은 어느 정도까지는 그런 일에 성공할 수 있을지 모르지만 그런 시도를 경멸한다. 전자의 굴종은 그를 노예제로 내몰고 후자의 오만은 그를 죽음으로 내몬다.

지금도 앨라배마주를 뒤덮고 있는 삼림 지역을 지나면서 나는 어느 개척자의 오두막에 이르렀던 적이 있다. 나는 아메리카인의 거처에 굳이 들어가고 싶지 않아서 근처에 그리 멀지 않은 샘물가에 잠시 쉬러 갔다. 잠시 쉬는 동안 인디언 여인 한 사람이 나타났다 (이곳은 크리크(Creeks) 부족이 사는 영토에서 그리 멀리 떨어져 있지 않다).

나는 어떤 아메리카 소령을 알게 되었는데, 그는 어느 날 인디언이 얼마나 고집불통인가를 장황하게 말하고 나서 나에게 다음과 같이 덧붙였다. "나는 전에 한 인디언 청년을 알고 지냈는데, 그는 뉴잉글랜드의 어느 대학에서 공부를 했답니다. 그는 거기서 뛰어난 성적을 보여주었고 적어도 겉보기에는 문명인과 다름이 없었지요. 1812년에 합중국과 영국 사이에 전쟁이 벌어졌을 때, 나는 이 청년을 다시 만났지요. 그는 부족 전사들을 이끌고 우리 부대에서 복무하고 있었습니다. 인디언들은 패한 적군의 머리 껍질을 벗기는 끔찍한 습관을 삼간다는 조건으로 합중국 군대의 일원으로 참전할 수 있었습니다. 전투가 벌어진 어느 날 밤, 이 작자가 우리 막사로 다가와 야영지 불 옆에 앉았습니다. 나는 그에게 오늘 어떤 전과를 올렸는지 물었습니다. 그는 자기의 공적을 말하느라 흥분하더니 급기야 외투를 살짝 열어 보이며, '남에게 말하지 말고 보기만 하세요'라고 말하더군요. 나는 아직도 피가 뚝뚝 떨어지는 영국인의 머리 가죽이 그의 상의 속에 있는 것을 보았습니다."

그녀는 개척자의 딸인 듯 보이는, 대여섯 살 되어 보이는 백인 소녀의 손목을 잡고 있었다. 그리고 한 흑인 여인이 뒤를 따라왔다. 인디언 여인의 옷차림에는 일종의 야만적인 사치가 넘쳐흘렀다. 그녀의 코와 귀에는 금속제 고리가 달려 있었고 유리구슬로 장식한 그녀의 머릿결은 어깨 너머로 자유롭게 흔들렸다. 나는 그녀가 아직 미혼인 것을 알아차렸다. 신부가 첫날밤 침대 위에 올려놓는다는 조개 목걸이를 그녀가 여전히 걸치고 있었기 때문이다. 흑인 여인은 해어질 대로 해어진 유럽인 옷을 입고 있었다.

세 사람은 샘물가에 와서 앉았다. 젊은 인디언 여인은 소녀를 팔에 껴안고 어머니들이 으레 그러듯이 귀여워 못 견디겠다는 듯이 포용했다. 반면에 흑인 여인은 여러 가지 잔재주로 백인 소녀의 관심을 끌려고 애썼다. 소녀는 조그마한 몸짓 하나하나에도 어떤 우월 의식을 내보였는데, 이런 우월 의식은 소녀의 어린 나이나 연약함과 아주 야릇한 대조를 이루었다. 줄곧 주위 사람들의 보살핌을 받다 보니 일종의 거만한 태도가 몸에 밴 듯했다.

흑인 여인은 자기의 꼬마 아씨 앞에 몸을 조아리고 앉아서 그녀의 아주 작은 투정에도 눈을 떼지 못했다. 그녀는 마치 어머니 같은 애정과 노예로서의 두려움 사이를 오락가락하는 듯 보였다. 반면에 인디언 여인은 부드러움 속에서도 자유롭고 자신만만한 태도를 보여주었는데, 어떤 때는 거의 거칠어 보일 정도였다.

나는 가까이 다가가서 잠자코 그들을 바라보았다. 하지만 내가 보인 호기심 때문에 인디언 여인은 불쾌감을 느낀 모양이었다. 그녀는 갑자기 일어서서 소녀를 거칠게 밀쳐내더니 나를 한참 쏘아보다가 숲속으로 사라졌다.

나는 북아메리카에 거주하는 이들 세 인종을 우연히도 한꺼번에 한 장소에서 만나곤 했다. 나는 백인들이 발휘하는 우월감이 수많은 여러 갈래로 드러나는 것을 보아왔다. 하지만 내가 지금 묘사한 장면에는 특히 가슴을 찌르는 그 무엇이 담겨 있다. 여기서는 어떤 사랑의 끈이 억압자와 피억압자를 함께 묶고 있었다. 하지만 자연의 섭리는 그들을 함께 묶으려 함으로써 오히려 편견과 법제에 의해 이미 그들 사이에 가로놓인 엄청난 간극을 더욱더 벌려놓았을 따름이다.

합중국 영토 안에 거주하는
인디언 부족들의 현황과 전망

내러갠섯(Narragansetts), 모히칸(Mohicans), 페쿼트(Pequots) 등 이전에 뉴잉글랜드 영토에 살던 모든 인디언 부족은 이제 인간의 기억 속에만 남아 있다. 150년 전 델라웨어 강안에서 윌리엄 펜(William Penn)을 맞이했던 레나페(Lenapes)족은 오늘날 사라졌다. 나는 이로쿼이(Iroquois)족의 마지막 생존자들을 만났는데, 그들은 구걸을 하고 있었다. 내가 열거한 족속들은 옛날에는 바닷가에까지 널리 퍼져 있었다. 하지만 지금은 인디언을 구경하려면 내륙으로 100리으(lieu, 1 lieu는 약 4km에 해당) 이상을 파고들어 가야 한다. 이들 미개 부족은 뒤로 물러났을 뿐만 아니라 절멸당하고 있다.[2] 원주민들이 뒤로 물러나거나 사라져감에 따라서 엄청난 인구가 그 자리를 메우고 계속 불어난다. 이토록 놀랍게 증대하고 이토록 신속하게 멸망하는 사례를 달리 어디에서도 찾아볼 수 없을 것이다.

인디언들이 절멸당하는 양상을 설명하기란 사실 그리 어려운 일이 아닐 것이다.

인디언들이 이제는 빼앗긴 황무지의 주인이었을 때, 그들은 부족한 것이 별로 없었다. 그들은 자기 손으로 직접 무기를 만들었으며, 개울물이 그들의 유일한 음료수였고, 동물의 가죽으로 옷을 지어 입고 그 고기를 먹고 살았다.

유럽인들은 북아메리카 원주민들에게 총포, 철금속, 독한 술 따위를 소개했다. 유럽인들은 인디언들이 그때까지 만족하며 입고 지내던 가죽 옷감들을 유럽의 섬유제품으로 대체하도록 가르쳤다. 새로운 취향을 얻었으되 그 취향을 만족시키는 기술은 배우지 못한 까닭에, 인디언들은 백인들의 기술에 의존하지 않을 수 없었다. 백인들의 제품에 대해 미개인은 아직도 숲속에서 얻을 수 있는 풍부한 모피 말고는 내어줄 것이 없었다. 이때부터 그는 자신의 생계를 위해서뿐만 아니라 유럽인의 경박한 욕구를 만족시키기 위해 사냥을 해야 했다. 그는 단지 식량을 구하려는 목적뿐만 아니라 백인들과 거래할 수 있는 유일한 물품을 얻기 위해 들짐승을 쫓는 것이다.[3]

---

2) 원래의 13개 주에 남아 있는 인디언들은 6,373명에 지나지 않는다(『입법 자료집 (*Legislative Documents*)』, 제20차 대회, n.117, p. 20을 보라).

원주민의 욕구가 이처럼 증대함에 따라, 그들의 자원은 줄곧 감소할 수밖에 없었다.

인디언들이 점령한 영토 부근에 유럽인의 정착촌이 형성되는 바로 그날부터, 숲속의 사냥감들은 촉각을 곤두세운다.[4] 정해진

---

3) 클라크 씨와 카스 씨는 1829년 2월 4일자 의회 보고서(p. 23)에서 다음과 같이 말했다.

"인디언들이 문명의 이기라고는 전혀 없이 식량과 의복에 필요한 물품들을 스스로 장만하던 시기는 이미 지나갔다. 미시시피강 너머에 엄청난 들소 떼를 볼 수 있는 지역에는 인디언 부족들이 이 유랑하는 야생동물들을 뒤쫓으며 살아간다. 이 인디언들은 조상들의 모든 관습을 따르면서도 여전히 그럭저럭 생계를 유지해 나간다. 하지만 들소들은 계속 줄어든다. 곰, 사슴, 비버, 사향뒤쥐 등 인디언들의 생계유지에 특히 필요한 작은 들짐승들은 이제 총이나 덫 없이는 잡을 수 없다."

"특히 북서부 지방에 사는 인디언들은 가족을 먹여 살리기 위해 엄청난 혹사를 감당한다. 며칠 동안 사냥감을 좇다가 허탕 치는 경우도 흔하다. 그러는 동안 가족들은 나무뿌리로 연명하거나 굶어죽을 수밖에 없다. 겨울이 올 때마다 많은 인디언들이 굶어죽는다."

인디언들은 유럽인들처럼 살기를 원하지 않는다. 하지만 그들은 유럽인들 없이는 살 수 없으며 그렇다고 계속 그들의 조상들처럼 살 수도 없다. 이러한 사실은, 내가 관공서 자료에서 얻은 다음과 같은 한 가지 사례만으로도 충분히 입증된다. 슈피리어 호수 연안에 사는 인디언 부족이 유럽인 한 명을 죽였다. 그러자 아메리카 정부는 범인들이 사법기관에 인도될 때까지 범인들이 속한 인디언 부족과의 모든 통상을 금지시켰다. 이 조치는 즉각 효력을 발휘했다.

4) 볼네(Volney)는 『합중국 연표(*Tableau des Etats-Unis*)』(p. 370)에서 다음과 같이 말한다. "5년 전까지만 해도, 빈센스(Vincennes)에서 오늘날 일리노이주에 속해 있지만 당시(1797년)에는 완전한 황무지였던 카스카스키아스(Kaskaskias)로 가노라면, 어느 초원에서든 400~500여 마리의 들소 떼를 볼 수 있었다. 하지만 오늘날은 거의 남아 있지 않다. 들소들은 사냥꾼들에게 내몰려서, 그리고 특히 아메리카 암소들의 방울 소리를 피해서 미시시피강을 헤엄쳐 건너갔다."

거처도 없이 숲속을 유랑하는 수많은 미개인들은 들짐승들을 놀라게 하지 않는다. 하지만 유럽인들이 부산을 떨며 여기저기서 일하는 소리가 끊이지 않고 들려오는 그 순간부터, 들짐승들은 달아나서 서쪽으로 옮기기 시작한다. 들짐승들은 서부로 가면 아직도 무한하게 펼쳐져 있는 황무지를 찾을 수 있으리라고 본능적으로 알아채는 것이다. 1829년 2월 4일자 의회 보고서에서 카스(Cass) 씨와 클라크(Clark) 씨는 다음과 같이 말했다. "들소 떼가 끊임없이 줄어들고 있다. 몇 년 전만 해도 앨러게니산맥 기슭에서 들소 떼를 볼 수 있었다. 앞으로 몇 년 후면 로키산맥을 따라 길게 뻗은 거대한 대평원에서도 들소 떼를 보기 힘들 것이다." 백인들이 접근해오는 데에 따른 이러한 영향은 때로 그들과 200리으나 떨어져 있는 곳에까지 미쳤다고 나는 확신한다. 이렇게 백인들의 영향은 백인들이 그 이름조차 들어본 적이 없는 부족들에까지 미쳤다. 부족들은 자기들에게 고통을 안겨주는 자가 누구인지도 모르면서 줄곧 침탈당해온 것이다.[5]

얼마 지나지 않아 대담한 모험가들이 인디언 지역으로 파고들어 갔다. 이들은 백인 거주지에서 약 15~20리으 정도 앞으로 나아간 다음 야만의 땅 한가운데에 문명인의 거처를 세운다. 이런

---

5) 내가 여기서 내놓은 주장의 진실성 여부는 합중국 영토 안에 거주하는 인디언 부족들의 생태에 대한 포괄적인 조사 보고서를 참조하면 쉽게 알 수 있을 것이다(『입법 자료집』, 제20차 대회, n.117, p. 90-105). 보고서를 보면, 아메리카 대륙의 한복판에 있는 부족들이 아직은 유럽인들로부터 상당한 거리를 두고 떨어져 사는데도 불구하고 급격하게 줄어들고 있다는 사실을 알 수 있다.

일은 아주 쉽사리 이루어진다. 유목 부족들의 영토는 그 경계가 제대로 설정되어 있지 않기 때문이다. 게다가 이 영토는 부족 전체에 속하며 특정 개인의 소유물이 아닌 까닭에, 영토의 일부분이라도 보호하는 데 개인의 이해관계는 전혀 관계되지 않는다.

유럽인들은 서로 멀리 떨어져 살지만 마침내는 자기들 거주지 사이의 중간 지대에 살고 있는 들짐승들을 완전히 몰아내 버린다. 이전에는 그래도 많은 사냥감을 가졌던 인디언들은 이제 먹고살기도 힘들어지고 당장 필요한 교환용 물품들을 얻기는 더욱 힘들어진다. 인디언들에게서 사냥감을 앗아내는 것은 유럽의 농민들에게서 경작지를 빼앗는 것과 마찬가지이다. 생계 수단을 완전히 빼앗겨버린 인디언들은 마치 굶주린 늑대처럼 먹잇감을 찾아 황량한 숲속을 헤매고 다닌다. 자기가 태어나 사는 땅에 대한 본능적인 애착을 지닌 인디언들은 고향 땅을 버리지 못한다.[6] 하지만 고향 땅에서는 빈곤과 죽음밖에 남아 있지 않다. 인디언들은 마침내 결심을 하고 떠난다. 그들은 고라니, 비버, 들소 따위의 발자국을 따라가다가 새로운 터전을 마련한다. 따라서 정확하게 말하자면, 아메리카에서 인디언들을 내모는 것은 유럽인들이 아니다.

---

6) 클라크 씨와 카스 씨는 의회 보고서(p. 15)에서 인디언들이 자기네 고향에 대해 애착을 가지는 것은 우리가 우리 고향에 대해 애착을 가지는 것과 매한가지라고 썼다. 게다가 위대한 정령이 조상에게 부여해준 땅을 떠난다는 생각은 인디언들에게 어떤 주술적인 심리와 결부되어 있다. 이러한 심리는 아직은 유럽인들에게 땅을 전혀 양도하지 않았거나 극히 일부분만 양도한 부족들에게 상당한 영향력을 발휘했다. "우리는 조상님의 혼령이 잠들어 있는 장소를 팔지 않을 것이다." 땅을 팔라고 부추기는 자들에게 언제나 내뱉는 첫 답변이 바로 이것이다.

그것은 기근이다. 예전의 궤변가들은 잘 알지 못했던 이 미묘한 차이는 현대 학자들이 알아낸 것이다.

이와 같은 강제 이주에 따르는 끔찍한 고통을 상상하기란 거의 불가능할 것이다. 고향 땅을 등지고 떠날 때쯤이면, 인디언들은 이미 탈진하고 수가 줄어든 상태이다. 새로 거처를 마련할 땅은 이미 다른 종족들이 자리를 잡았으며, 기존 거주자들은 새 이주자들을 따가운 눈초리로 맞이한다. 그들 뒤에는 굶주림이, 그들 앞에는 전쟁이 기다리며 어디서든 절망이 그들을 둘러싸고 있다. 이처럼 많은 적들을 피하기 위해서 그들은 서로 흩어진다. 각자 뿔뿔이 흩어진 채 생명을 부지할 수단을 남몰래 찾아 나선다. 광활한 황무지의 한복판에서 마치 문명사회의 한복판에서 사는 추방자처럼 사는 것이다. 오래전부터 조금씩 가늘어진 사회적 유대는 마침내 와해된다. 언젠가 고향 땅이 없어졌듯이, 이제는 종족들마저 없어질 것이다. 기껏 몇몇 가족들이 살아남는다고 해도 이름마저 사라질 것이다. 언어는 잊히고 모든 옛 자취는 사라질 것이다. 부족 공동체는 이미 존재하지 않는다. 그것은 아메리카 고고학자들의 기억 속에 어렴풋이 살아 있을 뿐이며 유럽의 몇몇 학자들만이 알고 있을 따름이다.

행여나 독자들이 내가 지금 인디언들의 참상을 지나치게 과장한다고 생각하지 않기를 바란다. 내가 지금 서술한 몇 가지 비참한 모습들을 나는 눈으로 직접 보았다. 내가 본 인디언들의 참상은 말로 형언하기 어려울 정도였다.

1831년 말에 나는 미시시피강 좌안에, 유럽인들이 멤피스

(Memphis)라고 이름 지은 곳에 간 적이 있다. 거기서 나는 수많은 촉토(Choctaws)족 무리들이 몰려드는 것을 보았다(루이지애나에 사는 프랑스인들은 이들을 착타[Chactas]라고 부른다). 이 미개인들은 고향 땅을 떠나서 아메리카 정부가 그들에게 약속한 안식처를 찾아 미시시피강 우안으로 건너가려 했다. 계절은 한겨울이었고 그해는 유독 추위가 극심했다. 땅은 눈으로 얼어 덮였으며 강에는 거대한 얼음덩어리가 떠다녔다. 인디언들은 가족들을 모두 데리고 왔다. 다친 자, 병든 자, 막 태어난 갓난아기, 죽어가는 노인네가 뒤를 따랐다. 그들은 천막도 마차도 없었으며 식량과 무기를 약간 가지고 있을 뿐이었다. 나는 그들이 이 거대한 강을 건너기 위해 물가로 나오는 것을 보았다. 그 장엄한 광경은 결코 나의 기억에서 사라지지 않을 것이다. 무리 속에서는 외침도 흐느낌도 들리지 않았다. 모두 입을 다물고 있었다. 그들이 겪는 불행은 어제오늘의 일이 아닌 만큼, 그들도 체념하고 감내하는 듯했다. 인디언들은 모두 그들을 건네줄 나룻배에 올랐지만 그들을 따라온 개들은 강둑에 남아 있었다. 개들은 주인을 다시는 볼 수 없게 된다는 것을 마침내 알아채자마자 음산한 울음을 내짖으면서 얼음같이 차가운 강물에 뛰어들어 배를 따라 헤엄쳤다.

오늘날 인디언 추방은 흔히 정규적인 방식으로, 달리 말하자면 합법적인 방법으로 진행된다.

유럽 인구가 어느 야만 종족이 살고 있는 황무지에 가까이 다가가기 시작하면, 합중국 정부는 보통 이 부족에게 엄숙한 사절단을 파견한다. 백인들은 넓은 초원에 인디언들을 모아놓고 그들과 한 바탕 먹고 마신 뒤에 다음과 같이 말한다. "당신네 조상의 땅에서 당신들은 무엇을 하고 있는가? 머지않아 당신들은 살기 위해 조상들의 뼈마저 파내지 않으면 안 될 것이다. 당신들이 사는 땅이 어떤 점에서 다른 땅보다 좋다는 말인가? 당신들이 사는 이곳 말고는 숲도 늪지도 초원도 없다는 말인가? 여기 말고는 딴 데서 살지 못한다는 말인가? 저 지평선 끝 산맥 너머에, 당신네 땅 서쪽 끝 호수 너머에, 아직도 들짐승들이 엄청나게 많은 드넓은 땅이 널려 있다. 그러니 우리에게 당신네 땅을 팔고 저 멀리로 가서 행복하게 살기 바란다." 이런 장광설을 늘어놓은 다음에, 사절단은 인디언들의 눈앞에 화승총, 모피 의류, 술통, 유리 목걸이, 금속 팔찌, 귀고리, 거울 따위를 펼쳐놓는다.[7] 이 모든 값진 물건을 보고도 인디언들이 머뭇거릴 때에는, 인디언들이 이러한 요구를 거절할 수

---

7) 거래 내용과 상황은 『입법 자료집』(n. 117)에서 찾아볼 수 있다. 이 진기한 장면은 앞에서 언급한, 클라크 씨와 카스 씨의 의회 보고서(1829년 2월 4일)에 담겨 있다. 카스 씨는 현재 합중국의 전쟁장관 직을 맡고 있다.

"가난하고 거의 벌거벗은 인디언들이 거래가 이루어지는 장소에 모여든다. 그들은 아메리카 상인들이 가져온 수많은 값비싼 물건들을 이리저리 살펴본다. 물건을 가지고 싶어 안달하는 여인네와 아이들이 끈질기게 남자를 조르고 간청하다 보면 결국 땅 흥정이 벌어진다. 인디언들의 섣부른 행동은 습관적이고 어찌할 수 없어 보인다. 당장 눈앞에 보이는 욕구를 충족시키고 현재의 욕망을 해결하려는 것이 미개인의 지배적인 열정이다. 앞날의 이익에 대한 기대는 이들에게 별로 효력을 발휘하지 못한다. 이들은 과거를 쉽사리 잊어버리며 미래에는 관심이 없다. 인디언들의 욕구를 당장 만족시켜줄 물건을 내놓지 못하면서 이들과 땅 거래를 하는 것은 헛된 일이 될 것이다. 이 불쌍한 족속들이 처한 상황을 편견 없이 바라본다면, 이들이 자기에게 닥친 불행을 위로해줄 만한 물건을 무언가 마련하려고 왜 그리 안달하는지 쉽사리 이해할 수 있을 것이다."

없으리라는 점과 합중국 정부도 인디언의 권리를 마냥 지켜줄 수는 없으리라는 점을 은근히 내비친다. 달리 어떻게 하겠는가? 반쯤은 수긍하고 반쯤은 강요에 못 이겨 인디언들은 떠난다. 그들은 새로운 황무지에 자리를 잡지만, 백인들은 그곳에서도 인디언들이 단 10년 동안만이라도 평화롭게 살도록 내버려 두지 않는다. 바로 이런 식으로 아메리카인들은 유럽의 가장 부유한 군주들도 구입할 수 없을 그 드넓은 땅을 헐값에 사들였다.[8]

---

[8] 1830년 5월 19일 에드워드 에버렛(Ed. Everett) 씨는 하원에서 아메리카인들이 이미 '조약'에 의해 미시시피강의 동쪽과 서쪽에서 2억 3,000만 에이커의 땅을 매입했다고 확인했다. 1808년 오사지(Osages)족은 1,000달러를 받고 4,800만 에이커의 땅을 내주었다. 1818년 쿠퍼(Qapaws)족은 2,000만 에이커의 땅을 4,000달러에 팔아넘기고, 사냥터로 100만 에이커만 남겨놓았다. 쿠퍼족은 사냥터만은 꼭 지켜내겠다고 엄숙하게 선언했지만 얼마 지나지 않아 이마저도 팔려 나갔다.

1830년 2월 24일 벨(Bell) 씨는 하원 인디언문제 조사위원회에 보내는 보고서에서 다음과 같이 말했다. "인디언들이 소유권을 주장하는 황무지를 차지하기 위해서 우리는 다음과 같은 관례를 채택했다. 즉 우리는 인디언 부족들에게 사냥감들이 다 멸종되거나 사라진 후의 사냥터 값어치에 해당하는 액수를 지불했다. 미개인들에게서 무력으로 영토를 빼앗기보다는 이렇게 하는 것이 더 우리에게 유리하고 더 정의로우며 더 인간적일 것이다."

"따라서 인디언들에게서 토지소유권을 사들이는 관례는 인도성과 실익이 폭력을 대체한 새로운 취득 양식에 다름 아니다. 이 새로운 취득 양식은 신대륙의 발견자 자격으로 우리가 줄곧 주장해온 토지 점유권을 굳건히 하는 데 이바지하게 될 것이며 미개 부족들이 차지한 영토에 문명인들이 살 권리를 확립해주게 될 것이다."

"오늘날까지 몇 가지 요인들로 인해 인디언들이 차지하고 있는 땅의 시세가 줄곧 감소해왔다. 그리고 바로 그 요인들로 인해 인디언들은 우리에게 별 어려움 없이 땅을 팔아왔다. 따라서 미개인들에게서 그들의 '점유자(occupant)'로서의 권리를 사들이는 관례는 합중국의 번영을 결코 눈에 드러날 정도로 늦추지 이런 일들은 엄청난 악폐이다. 그런데 이런 일들이 전혀 시정될 것 같지 않다고 덧붙여 말하지 않을 수 없다. 북아메리카 인디언 종족들은 사라질 운명이라고, 그리고 유럽인들이 태평양 연안에까지 다다를 그날에 인디언 종족들은 더 이상 존재하지 않으리라고 나는 생각한다.[9]

북아메리카의 인디언들에게는 구원을 받을 수 있는 길이 전쟁을 하느냐 아니면 문명을 받아들이느냐의 두 가지밖에 없다. 달리 말하자면 유럽인들을 무찌르거나 아니면 유럽인들과 대등해져야만 한다.

식민지들이 처음 세워졌을 당시에 인디언들은 단합해서 대륙 연안에 상륙한 몇 안 되는 이방인 무리를 내몰 수 있었을 것이다.[10] 인디언들은 여러 차례 이런 일을 도모했으며 또 거의 성공하기도 했다. 오늘날에는 인디언과 백인의 처지가 서로 너무도 다르기 때문에 그와 같은 시도는 엄두조차 내기 힘들다. 하지만 인디언 종족

는 않았다."(『입법 자료집』, n. 227, p. 6)

9) 이러한 의견은 사실상 거의 모든 아메리카 정치인들의 견해로 보인다. 카스 씨는 다음과 같이 말했다. "지난 일로 미루어 앞날을 예상해본다며, 인디언의 숫자는 점차적으로 줄어들 것이며 인디언 인종은 마침내 절멸될 것이다. 이러한 사태를 막으려면, 우리의 국경선이 더 이상 확장되지 않아야 하고, 미개인들이 그 너머에 머물러야 할 것이다. 아니면 우리와 그들 사이의 관계가 완전히 달라져야 할 것인데, 이는 사실상 예상하기조차 힘든 일이다."

10) 예컨대 왐파노아(Wampanoags)족이 메타콤(Metacom)의 지도 아래 여러 부족들과 연맹하여 1675년에 뉴잉글랜드의 식민 정착자들에 맞선 전쟁, 1622년 버지니아에 정착한 영국인들에 대한 공격 따위를 보라.

들 가운데 지혜를 갖춘 인물들은 자기네 종족을 기다리고 있는 최후의 운명을 예감하고 유럽인들에 대한 공동의 증오 속에 모든 부족을 규합하려 애쓴다. 그러나 헛된 일이다. 백인들과 이웃한 부족들은 이미 너무나 무기력해져서 효과적인 저항을 제공할 수 없는 반면에, 다른 부족들은 미개한 천성에 흔히 나타나곤 하는, 미래에 대한 턱없는 무관심에 물든 나머지 위험이 다가올 때까지 앉아서 기다린다. 일부 부족들은 행동할 역량이 부족하고, 다른 부족들은 행동할 의지가 부족하다.

인디언들은 결코 개화되기를 원치 않는다는 사실, 그리고 설혹 개화되길 원하더라도 이미 너무 늦어버린다는 사실은 쉽사리 예상할 수 있다.

문명이란 같은 장소에서 발생하고 앞선 세대들에서 다음 세대들로 전승되는 오랜 사회적 과정의 산물이다. 문명이 싹트고 자리 잡기 가장 힘든 족속이 바로 수렵 족속들이다. 유목 부족들은 자주 거처를 바꾸기는 하지만 항상 일정한 질서에 따라 이주를 하며 줄곧 옛날에 머물던 장소로 되돌아오곤 하는 반면에, 수렵 부족들의 거처는 그들이 뒤쫓는 들짐승들의 거처만큼이나 자주 바뀐다.

인디언들의 유랑하는 습속을 그대로 내버려 둔 채 그들을 교화시키려는 시도가 여러 차례 있었다. 예수회 신부들은 캐나다에서, 퓨리턴들은 뉴잉글랜드에서 이러한 시도를 보여주었지만 그 어느 것이든 지속적인 성공을 거두지 못했다.[11] 문명은 오두막집에서

---

11) 뉴잉글랜드를 다룬 여러 역사가들의 글을 보라. 그리고 샤를부아(Charlevoix)

싹텄다가 숲속에서 사라져버리는 것이다. 인디언들을 교화하려는 입법자들이 범한 가장 큰 실수는 어떤 족속이든 교화하려면 우선 정착시켜야만 한다는 사실을 깨닫지 못한 데 있었다. 그런데 토지를 경작하지 않고는 한곳에 정착할 수 없다. 따라서 인디언들은 무엇보다도 우선 농사짓는 일을 배워야만 했다.

그런데 인디언들은 문명에 필수적인 이러한 사전 단계를 전혀 갖추지 못했을 뿐만 아니라 뒤늦게 그것을 배우기도 어려웠다.

일단 한가하고 모험적인 수렵 생활에 길들여진 사람들은 경작 생활이 요구하는 끊임없고 규칙적인 노동에 대해 거의 참을 수 없는 혐오감을 느낀다. 이러한 사실은 오늘날 우리 사회에서도 엿볼 수 있을 것이다. 하지만 수렵 습성이 거의 부족의 관습으로 굳어진 종족들의 경우에는 이러한 현상이 더욱 뚜렷하게 나타난다.

이러한 일반적인 원인 외에도 인디언들에게서만 찾아볼 수 있는 또 다른 중요한 원인이 있다. 이 점은 앞에서도 언급했지만 여기서 다시 거론하도록 하자.

북아메리카 인디언들은 노동을 악덕으로뿐만 아니라 일종의 불명예로 여긴다. 인디언들이 문명을 거부하는 것은 단지 그들의 게으름 때문만이 아니라 그들의 자존심 때문이기도 한 것이다.[12]

가 쓴 『누벨프랑스의 역사(*Histoire de la Nouvelle-France*)』와 『지침 서한(*Lettres édifiantes*)』을 보라.

12) 볼네는 『합중국 연표』(p. 423)에서 다음과 같이 말한다. "어느 부족에나 쟁기를 사용하는 것을 보고는 고래의 습속이 타락하는 것이라고 외치는 늙은 전사 세대, 미개인들이 타락하는 것은 바로 이러한 혁신들 때문이라고 주장하는 늙은

나무껍데기로 얽어 만든 허름한 산막에 사는 아무리 가련한 인디언이라도 자기 자신의 값어치에 대해서는 상당한 자부심을 지니고 있다. 그는 생업의 노고를 타락한 일거리로 여긴다. 그는 농사꾼을 밭을 가는 소로 비유하고 우리 각자가 지닌 손기술에서 노예의 노동을 볼 따름이다. 인디언이 백인들의 힘과 엄청난 지식에 대해 존중심을 지니고 있지 않다고 말하려는 것은 아니다. 하지만 인디언은 백인이 거둔 노력의 결과에 놀라기는 해도 우리가 그 결과를 얻는 데 사용한 수단을 경멸한다. 게다가 백인의 위세에 몸을 굽힐 때조차 자기가 백인보다 우월하다고 믿는다. 그에게는 사냥과 전쟁만이 남자다운 유일한 일로 보인다.[13] 황량한 숲속 한복판에 사는 인디언은 성채 속에 사는 중세 귀족과 같은 이상, 같은 생각을 품고 있다. 정복자가 아니라는 점 외에 그는 완벽하게 중세 귀족을 닮아 있다. 따라서 신기하게 들릴지 모르지만(!), 유럽의 옛 관례를 오늘날 다시 찾아볼 수 있는 곳은 유럽인들이 사는 신대륙

전사 세대가 존재한다. 이들은 옛 영광과 권세를 되찾기 위해서는 고래의 습속으로 되돌아가기만 하면 된다고 주장한다."

13) 공식 문서에서 다음과 같은 기술을 찾아볼 수 있다. "젊은이가 적과 싸워 무언가 용맹을 발휘할 때까지 그는 거의 존중받지 못하고 아낙네처럼 취급당한다. 거대한 군무(群舞)가 벌어질 때면 전사들은 차례로 앞으로 나와 '말뚝(post)'을 가격하면서 전공을 늘어놓는다. 친척, 친구, 전우들이 둘러앉아 무용담을 듣는다. 그의 말이 이들에게 일으키는 깊은 감명은 좌중을 지배하는 침묵으로, 그리고 이야기가 끝날 때 뒤따르는 시끄러운 환호로 잘 나타난다. 이런 자리에서 아무 자랑거리도 없는 젊은이는 정말 불쌍한 신세가 된다. 그리고 이렇게 감정이 북받친 젊은 전사들은 갑자기 군무의 대오에서 벗어나서 홀로 전리품이나 내보일 만한 무용담을 찾아 나서는 경우도 드물지 않다."

연안이 아니라 신대륙의 숲속인 셈이다.

이 책의 곳곳에서 나는 사회 상태가 인간의 법제와 습속에 미치는 엄청난 영향력에 대해 여러 차례 설명했다. 이 문제에 대해 몇마디 더 덧붙이도록 하자.

우리 조상인 게르만족의 정치제도와 북아메리카 유랑 부족의 정치제도 사이에, 달리 말하자면 타키투스(Tacitus, 로마의 역사가 A.D. 56~117—옮긴이)가 밝혀낸 관습과 내가 이따금 직접 목도한 관습 사이에 일정한 유사성이 존재한다는 사실을 깨달았을 때, 나는 같은 원인이 양쪽 대륙에서 같은 결과를 낳았다고, 겉보기에 아주 다양한 인간사의 한가운데서 다른 모든 사실의 기원이 되는 몇 안 되는 근본 사실들을 찾아내는 일이 불가능하지는 않다고 생각하지 않을 수 없었다. 우리가 게르만 제도라고 부르는 것 속에서 나는 야만족들의 습성만을 볼 따름이며, 봉건적 이념이라고 부르는 것 속에서 미개인들의 견해를 볼 따름이다.

북아메리카 인디언들의 악습과 편견이 아무리 그들이 경작자로 문명인으로 되는 것을 가로막는다고 할지라도, 이따금 이들은 이러한 길로 접어들지 않을 수 없었다.

남부의 주목할 만한 부족들, 특히 체로키(Cherokees)족과 크리크 (Creeks)족은 유럽인들에게 둘러싸여 있다.[14] 유럽인들은 대서양

---

14) 이 부족들은 오늘날 조지아, 테네시, 앨라배마, 미시시피주에 둘러싸여 있다.
　　예전에 남부 지방에는 촉토, 치카사, 크리크, 체로키 등 네 개의 거대 부족이
　　있었다(지금도 잔존자들을 찾아볼 수 있다).
　　1830년 이 네 개 부족의 잔존자 수는 약 7만 5,000명에 달했다. 현재 합중국

연안에 상륙해서 한편으로는 오하이오강을 따라 내려오고 다른 한편으로 미시시피강을 따라 올라가서 한꺼번에 인디언들과의 경계 지역에 도달했다. 이들 부족은 북부의 부족들처럼 이리저리로 내쫓기지는 않았지만 조금씩 아주 좁은 구역 안에 갇혀버렸다. 그것은 마치 사냥꾼들이 안으로 덮치기 전에 큰 포위망을 만들어놓는 형국이었다. 이처럼 문명이냐 죽음이냐의 기로에 선 인디언들은 치욕스럽게도 백인들처럼 노동을 하며 살 수밖에 없는 처지였다. 이들은 농사일을 받아들였다. 요컨대 자기들의 옛 관습과 습속을 완전히 버리지는 않은 채 자기들의 생존에 절대적으로 필요한 만큼만 희생한 것이다.

체로키족은 훨씬 멀리 나아갔다. 이들은 문자를 만들었으며, 견고한 통치 형태를 수립했다. 그리고 신세계에서는 모든 일이 신속하게 진행되듯이, 이들은 모두가 몸을 가릴 옷을 장만하기도 전에 신문을 만들었다.[15]

혼혈인의 존재로 인해 유럽인들의 관습은 인디언들 사이에 급속도로 퍼져 나갔다.[16] 모친의 미개한 관습을 완전히 버리지는 않은

이 차지하고 있거나 요구하는 영토 위에 약 30만 명의 인디언들이 살고 있는 것으로 추산된다(『뉴욕 시 인디언사무국 회의록』 참조). 의회에 제출된 공식 문서에는 31만 3,130명으로 적혀 있다. 합중국 영토에 거주하는 모든 인디언 부족의 호칭과 규모를 알고자 하는 독자는 내가 지금 제시한 문서들을 참조해야 할 것이다(『입법 자료집』, 제20차 대회, n. 117, p. 90-105).

15) 나는 이 특이한 간행물 한두 부를 프랑스로 가져왔다.

16) 인디언문제 위원회 보고서(제21차 대회, n. 227, p. 23)를 보라. 체로키족에게서 혼혈인이 늘어난 이유를 설명하고 있다. 주요 원인은 독립 전쟁으로 거슬러

채 부친에게서 지식을 전수받으면서, 혼혈아는 문명과 야만 사이의 자연스러운 연결 고리를 형성했다. 혼혈인들이 늘어나는 곳에서는 어디서나 미개인들이 점차적으로 자기들의 사회 상태를 개선해 나갔으며 자기들의 습속을 바꾸어 나갔다.[17]

따라서 체로키족의 성공은 인디언들이 개화할 역량이 있다는

올라간다. 영국 편을 들었던 수많은 조지아주의 영국계 아메리카인들은 인디언 마을로 피신해야 했는데 여기서 이들은 결혼했던 것이다.

17) 불행하게도 북아메리카에서는 그 어느 곳에서보다 혼혈인들의 수가 적었으며 그 영향력도 크지 않았다.

아메리카 대륙의 이 부분에는 유럽의 두 거대 민족인 프랑스인과 영국인이 거주했다.

프랑스인들은 주저 없이 원주민 여인들과 결합했다. 하지만 불행하게도 인디언과 프랑스인 사이에는 내면적으로 닮은 점이 많았던 모양이다. 대개의 경우 프랑스인들은 야만인들에게 문명 생활의 취향과 습성을 전해주기보다는 기꺼이 야만 생활에 빠져들었다. 프랑스인들은 황무지의 가장 위험한 거주민이 되었으며 인디언의 미덕이든 악덕이든 마구 늘어놓으면서 호감을 얻어냈다. 캐나다 총독 세농빌(Sénonville) 씨는 1685년에 루이 14세에게 다음과 같이 보고했다. "미개인들을 프랑스화하려면 그들을 우리 가까이로 끌어와야 한다고 오랫동안 생각했습니다. 하지만 잘못된 생각이라고 믿을 만한 충분한 이유가 있습니다. 우리에게 가까이 온 자들은 프랑스인이 되지 않았으며 그들 속에 들어가 산 프랑스인들은 미개인이 되었으며 그들처럼 행동하고 그들과 함께 살곤 합니다."(Charlevoix, *Histoire de la Nouvelle-France*, vol. 2, p. 345)

이와 반대로 영국인은 자기들 조상의 견해, 관습, 하찮은 습성에도 끈질기게 집착하며, 아메리카의 황무지 한복판에서 마치 유럽의 도시들 한복판에서처럼 살고 있다. 영국인들은 자신들이 경멸하는 미개인들과 전혀 접촉을 가지려 하지 않았으며 야만인들과 피를 섞는 것을 조심스럽게 피했다.

따라서 프랑스인들이 인디언들에게 어떤 유익한 영향력도 행사하지 못한 반면에 영국인들은 언제나 인디언들에게 낯선 존재였다.

것을 보여준다. 하지만 그것이 결코 그들이 개화에 성공할 수 있다는 것을 입증해주는 것은 아니다.

인디언들이 문명을 받아들이는 데에 따르는 어려움은 일반적인 원인에서 유래한다. 인디언들은 이 일반적인 원인의 영향에서 거의 벗어날 수 없을 것이다.

역사를 주의 깊게 살펴보면, 일반적으로 야만족은 한 걸음 한 걸음씩 자기들의 노력으로 문명 단계에까지 도달했음을 알 수 있다.

그리고 야만족이 이방 족속으로부터 지식을 얻는 일이 발생할 경우, 야만족은 언제나 이방 족속에 대해 피정복자가 아니라 정복자의 위치에 섰다.

북방 족속들에 의한 로마제국의 침공이나 몽골족에 의한 중국의 침략처럼, 피정복민이 문명인이고 정복민이 반미개인일 경우, 야만족이 전쟁 승리를 통해 얻은 권력은 미개인이 문명인의 경쟁 상대가 될 수 있을 때까지 그들을 문명인과 대등한 수준에서 문명인의 동류처럼 행세할 수 있게 해주기에 충분하다. 한쪽이 무력을 가지고 있다면, 다른 한쪽은 지식을 가지고 있다. 한쪽은 피정복자의 지식과 기술을 부러워하고, 다른 한쪽은 정복자의 권력을 탐낸다. 야만족은 마침내 문명인을 자기네 궁전에 받아들이고, 문명인은 그 대신 야만족을 자기네 학교에 받아들인다. 하지만 물질적인 힘을 가진 쪽이 또한 지적인 우월성마저 갖추고 있을 경우에는, 정복당한 쪽은 거의 문명화되지 않는다. 이들은 뒤로 후퇴하거나 파멸당한다.

따라서 일반적으로 미개인들이 손에 무기를 들고 지식을 찾아

나서는 것이지, 지식을 마치 선물처럼 받는 것은 아니라고 말할 수 있을 것이다.

오늘날 아메리카 대륙의 한복판에서 살아가는 인디언 부족들이 문명화되기 위해 그들의 역량을 총동원할 수 있다면, 이들은 아마도 이 일에 성공할 수 있을지도 모른다. 주변의 다른 부족들보다 훨씬 우월하고 유능한 이들 부족은 조금씩 힘과 경험을 모을 수 있을 것이다. 그래서 유럽인들이 마침내 경계 지역에 나타났을 때, 이들 부족은 비록 독립은 유지하지 못하더라도 적어도 자기네 토지 점유권을 인정받고 더 나아가 정복자 측에 편입될 수 있을지도 모른다. 하지만 이들 인디언의 불행은 자신들이 여전히 반쯤은 야만으로 남은 상태에서 가장 문명화된 족속을, 그것도 이 세상에서 가장 탐욕스러운 족속을 만나야 했다는 데에 있다. 요컨대 인디언들은 자기들에게 문명을 전해주는 자들을 주인으로 섬겨야 할 운명이었으며, 문명과 동시에 압제를 받아들여야 할 운명이었다.

숲속에서 자유롭게 살았던 까닭에 북아메리카 인디언은 궁색하기 짝이 없었지만 그 어느 누구에게도 열등감을 느끼지 않았다. 하지만 백인들의 사회 질서에 편입되고자 한다면, 인디언은 사회의 최하층에 속할 수밖에 없다. 그도 그럴 것이 그는 무지하고 가난한 채 지식과 재산이 넘쳐흐르는 사회에 들어가야 하기 때문이다. 악덕과 위험으로 가득 차긴 했지만 그래도 격정과 장엄함이 넘치는 분방한 생활을 겪은 후에,[18] 그는 결국 따분하고 미미하며

---

18) 수렵인의 모험 생활에는 사나이의 마음을 사로잡고 이성과 경험에도 불구하고

타락한 생활에 빠져들 것이다. 고달픈 노동과 치욕 속에서 겨우

그를 잡아끄는 어떤 거역할 수 없는 매력이 있다. 『태너 회상록(*Mémoires de Tanner*)』을 읽어보면 이러한 사실을 알 수 있다.

유럽인 태너는 6살 때 인디언들에게 납치되어 30년 동안 숲속에서 그들과 함께 살았다. 그가 묘사하는 비참한 광경보다 더 끔찍한 일은 상상하기 힘들 것이다. 추장을 잃은 부족, 부족에서 낙오된 무리들, 외떨어진 인간들, 캐나다의 얼음 덮인 고원과 버려진 황무지를 정처 없이 떠도는, 한때는 막강했던 부족들의 버려진 생존자들을 그는 우리에게 보여준다. 기근과 추위가 이들을 엄습한다. 매일 죽음이 찾아온다. 이들에게서는 습속이나 전통을 찾아볼 수 없다. 이들은 점점 더 미개해진다. 태너는 이 모든 역경을 함께했다. 그는 자기가 유럽인이라는 것을 알고 있었고 백인들로부터 힘으로 배척당하지도 않았다. 오히려 그는 해마다 백인들과 교역하러 왔으며 백인들의 거처를 들락거리고 안락한 생활을 구경했다. 그는 문명 생활로 복귀하려고 마음만 먹으면 언제든 그렇게 할 수 있다는 것을 알고 있었다. 하지만 그는 황무지에 30년 동안 남아 있었다. 마침내 문명사회로 되돌아왔을 때, 그는 자신이 기술한 비참한 생활에는 무언가 형언할 수 없는 은밀한 매력이 있다고 말했다. 그는 줄곧 그 생활로 되돌아갔다가 마침내 정말 유감스러워하면서 그 고생길에서 등을 돌렸다. 그리고 그가 백인들 사이에 정착했을 때, 그의 자녀 몇 명은 평안하고 안락한 생활을 함께하기를 거절했다.

나는 슈피리어(Superior) 호수 근처에서 태너를 만난 적이 있다. 그는 문명인이라기보다는 미개인처럼 보였다.

태너의 책은 두서도 재미도 없어 보인다. 하지만 저자는 자신이 함께 살았던 원주민들의 편견, 열정, 악덕 그리고 비참 따위에 대해 자신도 깨닫지 못하는 가운데 아주 생생하게 그려내고 있다.

영국의 유형 식민지에 대해 훌륭한 책을 쓴 블로스빌(E. de Blosseville) 자작은 『태너 회상록』을 번역했다. 블로스빌은 번역서에 아주 흥미로운 주석을 달았는데, 독자들은 이를 통해 태너가 말한 사실들과 고금의 많은 관찰자들이 전해준 사실들을 비교해볼 수 있다.

아메리카 인디언 종족들의 현황을 살펴보고 미래의 운명을 예측하려는 사람들은 블로스빌의 저작을 참조해야만 할 것이다.

먹고살 빵을 얻는 것이 그가 보기에 문명이 가져다주는 유일한 혜택이다.

그런데 이러한 혜택마저도 반드시 얻으리라는 보장이 없다.

인디언들이 이웃에 사는 유럽인들을 흉내내서 농사를 지으려 할 경우, 그들은 곧 격심한 경쟁에 부닥친다. 백인들은 농사짓는 비법을 잘 알고 있다. 인디언은 농사일에 서툰 초심자이다. 백인은 별 어려움 없이 풍작을 거두지만, 인디언은 엄청난 노고 끝에 겨우 나락을 건질 뿐이다.

유럽인은 서로 잘 알고 지내며 서로 비슷한 욕구를 지닌 이웃들과 함께 살고 있다.

미개인은 적대적인 족속의 한가운데에서 고립되어 살고 있는데, 그는 이들의 습속도 언어도 법제도 제대로 잘 모르지만 그래도 이들 없이는 살 수 없다. 미개인은 자기가 만든 물품을 백인들의 물품과 맞교환함으로써만 자기에게 필요한 생활용품을 구할수 있다. 부족 동료들은 그에게 별로 큰 도움을 주지 못하기 때문이다.

따라서 인디언이 자기가 만든 물품을 팔고자 할 경우, 그는 유럽의 농부라면 쉽사리 구할 수 있는 구매자를 반드시 찾을 수 있는 것이 아니다. 그리고 유럽인이 싼값에 내놓을 수 있는 것을 그는 아주 비싼 값으로 만들어낼 뿐이다.

따라서 인디언은 야만족들이 빠져드는 악덕에서 벗어나자마자 문명인들의 더욱 커다란 비참 속에 던져지는 것이다. 그리고 그는 숲속 한가운데에서나 마찬가지로 우리의 풍요한 백인 사회에서도 그저 궁색하게 살 수밖에 없다.

하지만 유랑 생활의 습성이 이들 인디언에게서 완전히 사라져 버린 것은 아니다. 전통이 아직 힘을 잃지 않았으며 수렵 취향도 살아 있다. 예전에 그가 숲속 한가운데에서 누리던 야생의 기쁨은 혼란스러운 그의 상상력 속에 더욱 강렬한 색채로 덧칠되어 남아 있다. 이전에 그가 겪었던 결핍은 오히려 덜 심한 것으로 여겨지고 그가 당했던 위험은 덜 무서운 것으로 생각된다. 그가 자기 동료들 사이에서 누렸던 자유는 문명사회에서 그가 차지하는 위치와 큰 대조를 이룬다.

다른 한편, 그가 그토록 오랫동안 자유롭게 살았던 고요한 삼림은 아직도 손에 닿을 듯 가까이 있다. 몇 시간만 달려가면 다시 돌아갈 수 있을 듯하다. 먹고살기 빠듯한 반쯤 개간된 농토에 대해 인접한 백인들은 그에게 그가 보기에 아주 비싼 가격을 지불한다. 아마도 유럽인들이 제시하는 이만큼의 돈이 있으면 그는 유럽인들로부터 멀리 떨어져 행복하고 조용하게 살 수 있을지도 모른다. 그래서 인디언은 쟁기를 버리고 다시 무기를 들고는 황무지로 영원히 되돌아가 버리는 것이다.[19]

---

19) 고도로 문명화된 족속이 그렇지 못한 족속에게 미치는 이러한 파괴적인 영향력은 유럽인들에게서도 찾아볼 수 있다.

약 한 세기 전에 프랑스인들은 황무지 한복판에 있는 워배시(Wabash)에 빈센스(Vincennes, 뱅센)라는 마을을 세웠다. 이들은 거기서 아메리카인 이주민들이 도착할 때까지 아주 풍족하게 살았다. 새 이주자들은 즉시 경쟁을 통해 먼저 온 주민들을 파산시켰으며 그들의 땅을 헐값에 사들였다. 내게 이런 이야기를 들려준 볼네(Volney) 씨가 빈센스를 지날 무렵에 프랑스인 거주자의 수는 내가 앞에서 말한 크리크족과 체로키족에게서 일어난 일을 보면 이러한 슬픈 장면이 사실임을 알 수 있을 것이다.

유럽인들이 더 큰 일들에서 보여준 것에 못지않은 천재성을 인디언들이 자기들이 해낸 몇 안 되는 일들에서 발휘했다는 것은 물론 사실이다. 하지만 아무리 탁월한 지혜를 지니고 남다른 노력을 들인다고 하더라도 개인이든 민족이든 배우는 데는 시간을 필요로 하는 법이다.

100명 남짓으로 줄어들었고 이들 중 대다수는 캐나다나 루이지애나로 떠날 참이었다. 이들 프랑스인은 건실했지만 무지하고 게으른 사람들이었다. 이들은 미개인 습성의 일부를 이미 몸에 지니고 있었다. 아마도 도덕 수준에서 프랑스인들보다 열등했을 아메리카인들은 지식수준에서는 그들보다 훨씬 우월했다. 아메리카인들은 근면하고 교육을 받았으며 부유하고 공동체를 다스리는 데도 능숙했다.

이들 두 부류 사이에 지적 차이가 그리 두드러지지 않는 캐나다에서도 영국인들이 통상과 산업을 지배하고 있다는 사실, 그리고 이들이 사방으로 뻗어 나가서 프랑스인들을 아주 좁은 울타리 안에 가두어버렸다는 사실을 나는 알아차렸다.

마찬가지로 루이지애나에서도 거의 모든 통상과 산업 활동이 영국계 아메리카인들의 수중에 집중되어 있다.

더 놀라운 일이 텍사스 지방에서 벌어지고 있다. 알다시피 텍사스주는 멕시코의 일부이며 합중국의 국경 구실을 하고 있다. 지난 몇 년 동안 영국계 아메리카인들은 인구가 드문 이 지역으로 하나둘씩 밀려들었다. 이들은 땅을 사들이고 산업을 장악하며 원래 살던 주민들을 신속하게 내쫓는다. 만약 멕시코가 서둘러 이러한 움직임을 저지하지 않는다면 텍사스는 얼마 지나지 않아 멕시코를 잃어버리게 될 것으로 예상할 수 있다.

상대적으로 그리 뚜렷하지 않은, 유럽 문명 안에서의 차이들이 이러한 결과를 낳는 것이라면, 가장 선진적인 유럽 문명이 야만적인 인디언과 만날 경우 어떤 일이 벌어질지는 쉽사리 이해할 수 있을 것이다.

이 미개인들이 개화하려고 무던히 애쓰는 동안에, 유럽인들은 사방에서 이들을 에워싸고 점점 더 좁혀 들어왔다. 오늘날 두 인종은 마침내 서로 만나서 맞대고 있다. 인디언은 이제 미개한 그의 부모보다는 앞서지만 이웃에 사는 백인보다는 여전히 훨씬 뒤진다. 자신들이 지닌 재산과 지식 덕에 유럽인들은 얼마 되지 않아 원주민들이 토지 소유에서 얻을 수 있었던 대부분의 혜택을 다 차지해버렸다. 유럽인들은 인디언들이 사는 곳 한가운데 자리를 잡고 그 땅을 차지하거나 아니면 헐값으로 사들이며, 마침내 인디언들로서는 도저히 감당할 수 없는 경쟁을 통해 이들을 파멸시킨다. 자기 고향 땅에서 고립된 인디언들은 더 수가 많고 압제적인 족속의 한복판에서 그저 궁색한 불청객의 작은 거주지를 이루었을 따름이다.[20]

---

20) 『입법 자료집』, 제21차 대회, 제89호, 90-105쪽에는 인디언 영토에서 백인들이 저지른 온갖 만행들이 적혀 있다. 영국계 아메리카인들이 다른 곳에는 땅이 부족하다는 핑계로 인디언 땅의 일부를 점거하자 이들을 쫓아내기 위해 연방군이 동원되어야 했다. 인디언들의 가축을 강탈하고 가옥을 불태우며 과실수를 잘라내고 폭력을 행사하기도 했다.

이 모든 문서는 원주민들이 매일같이 폭력의 희생물이 되고 있다는 사실을 잘 보여준다. 연방 정부는 일상적으로 정부 대리인을 인디언들 가운데 파견했다. 내가 인용하는 문서 중 하나인 체로키족 대리인이 작성한 보고서는 언제나 원주민들에게 호의적인 내용을 담고 있다. 12쪽을 보자. "백인들이 체로키족 영토를 침범하기 때문에 거기에 살고 있는 헐벗고 유순한 주민들이 절멸될 것이다." 조지아주가 체로키족의 영토를 줄이기 위해 경계선을 그으려 하자 연방 대리인이 그 경계선은 양측의 협의를 거치지 않고 전적으로 백인들에 의해 설정된 까닭에 어떤 효력도 지니지 않는다고 지적하는 대목도 보고서에서 찾아볼 수 있다.

워싱턴은 의회에 보내는 메시지 중 하나에서 다음과 같이 말했다. "우리는 인디언들보다 더 개화되어 있고 더 힘이 셉니다. 이들을 친절하고 관대하게 대하는 것은 우리의 명예이기도 합니다."

하지만 이러한 고상하고 숭고한 정책은 추진되지 않았다. 정착자들의 탐욕은 흔히 정부의 전횡에 의해 뒷받침을 받았다. 체로키족과 크리크족이 유럽인들이 당도하기 전부터 이미 그 땅에 정착하고 있을지라도, 아메리카인들이 이들 인디언을 다른 나라 국민들과 매한가지로 대하는 일이 흔했다고 할지라도, 인디언들이 살고 있는 바로 그 주 정부들은 이들을 독자적인 국민으로 대하려 하지 않았다. 주 정부들은 이들이 숲속에서 나오자마자 아메리카의 습성과 법제에, 그리고 관리들에 복속시키려 했다.[21] 곤궁이 이들 불행한 인디언을 문명으로 내몰았다면, 이제는 탄압이 이들을 야만으로 다시 돌려보낸다. 이들 중 많은 수가 자신들이 막 개간한 전답을 떠나서 야생의 습성으로 되돌아간다.

만일 남부 여러 주들의 입법부가 채택한 압제적인 조치들, 주지사들의 업무, 법원들의 처분 등을 유의해서 살펴본다면, 우리는

---

21) 1829년에 앨라배마주는 크리크족의 영토를 여러 개의 카운티로 나누어서 인디언 주민들을 유럽인 관리들에게 복속시켰다. 1830년 미시시피주는 촉토족과 치카소족을 백인들에게 동화시키면서 이들 중 추장의 직함을 가지는 자는 누구든 1,000달러 벌금과 1년간의 징역에 처한다고 발표했다. 이 법률이 주의 경계 안에 사는 촉토족 인디언들에게 적용되자, 부족들이 한자리에 모였다. 추장이 백인들의 의사를 알리고 따라야 할 법률 중 몇 가지를 읽어주었다. 미개인들은 이구동성으로 다시 황무지로 돌아가는 것이 낫겠다고 외쳤다(*Mississippi Papers*).

인디언들을 완전히 추방하는 것이 이러한 정책들이 동시에 지향하는 최종 목표라는 사실을 쉽사리 확인할 수 있을 것이다. 남부 지역의 아메리카인들은 인디언들이 소유 중인 토지를 탐욕스러운 눈빛으로 쳐다보고 있다.[22] 그들은 이들 인디언이 미개 생활의 전통을 아직 완전히 버리지 않았다는 것을 알아차리고는, 문명이 이들을 토지에 확고하게 붙들어 매기 전에 이들을 절망의 구렁텅이에 빠트려서 멀리 떠나가지 않을 수 없게 만든다.

몇몇 주들의 압박을 받은 크리크족과 체로키족은 중앙정부에 호소했다. 인디언들의 불행에 결코 둔감하지 않은 중앙정부는 남아 있는 원주민들을 구해내고 정부가 보장해준 토지를 이들이 자유롭게 소유할 수 있기를 진정으로 바란다.[23] 하지만 중앙정부가 이러한 계획을 실행하려 할 때, 몇몇 주들은 거세게 저항한다. 따라서 합중국의 안전을 해치지 않기 위해서라는 명분으로 중앙정부는 이미 반쯤 죽어가고 있는 이 미개한 부족들이 사멸하도록 별 거리낌 없이 내버려 둔다.

연방 정부는 인디언들을 보호할 능력이 전혀 없었지만 적어도 이들의 곤경을 덜어주려 했다. 이런 목적에서 연방 정부는 자체

---

22) 인디언들이 가까이 살기 때문에 불편을 겪는다는 조지아주의 주민들은 현재 평방 마일당 7명도 안 되는 영역을 차지하고 있다. 프랑스에서는 같은 면적에 162명이 살고 있다.

23) 1818년에 의회는 연방 위원들이 크리크족, 촉토족, 치카소족의 대표단을 대동하고 아칸소주를 시찰하라는 훈령을 내렸다. 케널리(Kennerly), 매코이(McCoy), 워시 후드(Wash Hood), 존 벨(John Bell) 씨 등이 이 시찰단을 이끌었다. 의회 기록 제87호에 들어 있는 조사위원들의 여러 보고서와 일지를 참조하라.

경비를 들여 이들을 멀리 다른 지역으로 이송했다.

북위 33도와 37도 사이에는 그 지역을 흐르는 강줄기의 이름을 따서 아칸소(Arkansas)라고 부르는 거대한 땅덩어리가 펼쳐져 있다. 이 지역의 한쪽은 멕시코 국경과 맞닿고 다른 한쪽은 미시시피강과 닿는다. 수많은 지류들이 사방으로 뻗쳐 있고 기후는 온화하고 토양은 비옥하다. 여기에는 몇몇 수렵 부족이 살고 있을 뿐이다. 연방 정부는 남부 지방의 얼마 남지 않은 원주민들을 멕시코와 가장 인접해 있고 아메리카인들의 정착촌과는 가장 멀리 떨어진 이 지방으로 이송시키려 했다.

1831년 말에 1만 명에 달하는 인디언 무리가 이미 아칸소강 연안을 따라 내려갔다는 사실을 우리는 알고 있다. 다른 무리들도 매일같이 이들을 뒤따랐다. 그러나 연방의회는 인디언들의 앞날을 결정하고자 하면서도 이들에게서 만장일치의 동의를 얻어낼 수 없었다. 일부 인디언들은 억압받고 있는 고장에서 기꺼이 떠나려 하지만, 가장 개화된 부류는 그들의 갓 자란 수확과 작물과 새로 만든 거처를 버리려 하지 않는다. 그들은 문명화 작업이 한번 중단된다면 결코 다시 이루어질 수 없으리라고 생각한다. 이제막 몸에 밴 정착 습성이 여전히 미개한 고장 한가운데로, 농경민의 생계에 필요한 것이라고는 아무것도 없는 곳으로 되돌아가면 돌이킬 수 없을 정도로 망실될 것이라고 걱정한다. 낯선 황무지에 들어가면 적대적인 부족을 만날 것이라는 점을, 그리고 이들에 맞서기 위한 문명의 힘은 아직 획득하지 못한 채 야만인의 활력만 잃어버렸다는 점을 그들은 알고 있다. 게다가 인디언들은 자기네들에게 가라고 내준 정착지가 잠정적인 것에 지나지 않는다는 것을 쉽사리 알아챘다. 이들이 마침내 새로운 안식처에서 평화로이 살리라는 것을 누가 확약해줄 수 있겠는가? 합중국 정부는 이들이 그곳에서 살게 해주겠다고 약속한다. 하지만 이들이 지금 떠나야만 하는 이 땅도 예전에 가장 엄숙한 서약에 의해 이들에게 주어진 것이 아닌가.[24] 오늘날 아메리카 정부는 이들로부터 토지를 빼앗는 것은 아니지만, 사실상 이들의 토지가 침해당하도록 방치하고 있다. 지금 이들을 둘러싸 압박하고 있는 바로 이 백인들이 앞으로 몇 년 안에 아칸소 황무지로 다시 이들을 뒤따라갈 것은 의심할 나위가 없다. 그렇게 되면 인디언들은 치유책은 갖지 못하면서 줄곧 악폐에 노출될 것이다. 그리고 마침내 더 이상 다다를 땅이 없을 때, 체념하고 죽을 수밖에 없을 것이다.

인디언들을 다루는 데 연방이 주 정부들보다 덜 탐욕스럽고 덜 폭력적이기는 하다. 하지만 연방 정부나 주 정부나 신의가 부족하기는 매한가지이다.

---

24) 1790년에 크리크족과 맺은 조약 속에는 다음과 같은 조항이 있다(제8항). "합중국은 크리크족에게 그들이 합중국 영토 안에서 소유하고 있는 모든 땅을 엄숙하게 보장한다."

1791년 7월에 체로키족과 맺은 조약은 다음과 같은 구절을 포함하고 있다. "합중국은 체로키족에게 그들이 지금까지 할양하지 않은 모든 땅을 엄숙하게 보장한다. 체로키족의 영토에 정주하려고 오는 합중국 시민이나 인디언이 아닌 다른 이주자에 대해서 합중국은 이들에게서 법적 보호권을 철회할 것이며 체로키족이 합당하다고 생각하는 대로 처벌하도록 체로키족에게 이들을 넘겨줄 것이라고 선언한다."

주 정부들은 자기네가 누리는 법률적 혜택을 인디언들에게까지 확대한다고는 하지만 사실상 인디언들이 이 법제에 순응하기보다 떠나리라는 것을 알고 있다. 그리고 중앙 정부는 이 불행한 이들에게 서부에 항구적인 거처를 약속하기는 하지만 사실상 이들에게 그것을 보장할 수 없다는 것을 모르지 않는다.[25]

따라서 주 정부들은 강압을 동원해서 미개인들이 퇴각하지 않을 수 없게 만들며, 연방 정부는 약속을 늘어놓고 재원을 동원해서 이 퇴각에 기름칠을 해주는 셈이다. 요컨대 이러한 조치들은 서로 방식을 달리할 뿐 동일한 목적을 추구하는 것이다.[26]

---

25) 그러면서도 가장 엄숙한 태도로 헛약속을 늘어놓곤 한다. 1829년 3월 23일 크리크족에게 보낸 대통령의 서한을 보자(『뉴욕 시 인디언사무국 회의록』, 5쪽). "거대한 강(미시시피) 너머에 당신들의 조상님이 당신들을 맞이하기 위해 아주 넓은 땅을 마련했습니다. 당신들의 형제 백인들은 거기에서 당신들을 괴롭히지 않을 것입니다. 백인들은 당신들 땅에 대해 어떤 권리도 갖지 않을 것입니다. 거기에서 당신들과 당신들의 모든 자손은 앞으로 풀이 자라는 한, 그리고 물이 마를 때까지 평화롭고 풍족하게 살 수 있습니다. 그 땅은 '영원히 당신들의 소유로' 남을 것입니다."

1829년 4월 18일 체로키족에게 보낸 서한에서 국방장관은 체로키족이 당시 차지하고 있는 영토를 계속 보유하리라는 희망을 버려야 한다고 말한다. 하지만 체로키족이 미시시피강 너머로 이주할 경우에는 영토를 확실하게 보장해줄 것이라고 선언한다(같은 책, 6쪽). 마치 지금은 그에게 없는 권력이 그때 가면 저절로 생겨난다는 듯이 말이다!

26) 인디언에 대해서 몇몇 주들과 연방 정부가 취한 정책을 정확하게 이해하기 위해서는 다음과 같은 문헌들을 살펴보아야 한다. 1. 인디언에 관한 몇몇 주들의 법률(입법문서, 제21차 의회, 제319호), 2. 인디언에 관한 연방 정부의 법률, 특히 1802년 3월 30일 법률(이 법률은 스토리(Story) 씨의 『합중국 법제(Laws of the United States)』에서도 볼 수 있다), 3. 연방 정부가 모든 인디언 부족들

체로키족은 의회에 보내는 청원서에서 다음과 같이 말했다.[27]

"만물을 주관하시는 하늘에 계신 우리 아버지의 뜻에 따라, 아메리카의 적색인(赤色人)은 수가 적어졌고 백인종은 수가 많아지고 두각을 나타냈다."

"당신들의 조상이 우리 해안에 도착했을 때, 적색인은 막강했다. 적색인은 무지하고 미개했지만 당신네 조상들을 기꺼이 받아주었으며 피곤한 발을 마른 땅 위에서 뉘일 수 있게 허용해주었다. 우리의 조상과 당신네 조상은 우정의 표시로 악수를 나누었고 평화로이 살았다."

"백인이 요구하는 것이 무엇이든 인디언은 기꺼이 다 가져다주었다. 당시에 인디언은 주인이었고 백인은 청탁자였다. 오늘날 장면이 바뀌었다. 적색인의 힘은 약해졌다. 이웃한 백인의 수가 늘어남에 따라 적색인의 수는 점점 줄어들었다. 당신들이 합중국이라고 부르는 이 땅을 온통 뒤덮었던 수많은 막강한 부족들 중에서 겨우 몇몇 부족만이 닥쳐온 재앙을 견디고 살아남았다. 막강하기로 유명했던 북부의 부족들은 이미 거의 절멸했다. 아메리카에 사는 적색인의 운명이 바로 이러한 것이었다. 우리 종족 중 마지막으로 살아남은 우리들, 우리도 또한 죽을 것인가?"

과 맺고 있는 관계의 현황을 살펴보려면 국방장관 카스(Cass) 씨의 1823년 11월 29일자 보고서를 참조할 수 있다.
27) 1829년 11월 19일자. 내용은 직역을 한 것이다.

"아득히 먼 옛날, 하늘에 계신 우리 아버지께서는 우리가 지금 차지하고 있는 이 땅을 우리 조상들에게 넘겨주셨으며, 우리 조상들은 우리에게 유산으로 남겨주었다. 우리는 조상의 뼈가 담겨 있는 이 땅을 정성껏 보존해왔다. 우리가 이 유산을 내다팔거나 잃어버린 적이 있었던가? 한 족속이 어느 지역을 차지하는 데에서 천부적인 점유권과 이에 따른 상속권보다 더 나은 권리가 과연 무엇인지 당신들에게 물어보지 않을 수 없다. 오늘날 조지아주와 합중국 대통령은 우리가 이러한 권리를 상실했다고 주장한다는 것을 우리는 알고 있다. 하지만 이것은 근거 없는 주장일 따름이다. 우리가 언제 그 권리를 상실했다는 말인가? 우리가 우리 터전을 빼앗길 만큼 과연 어떤 범죄를 저질렀다는 말인가? 독립 전쟁 당시 우리가 영국 국왕의 깃발 아래 싸웠기 때문인가? 당신들이 말하는 범죄가 바로 이것이라면, 왜 당신들은 독립 전쟁 직후 체결된 조약에서 우리가 우리 땅에 대한 소유권을 상실했다고 선언하지 않았는가? 다음과 같은 조항이 왜 그 조약 안에 삽입되지 않았는가? '합중국은 체로키족과 강화를 맺는다. 하지만 독립 전쟁에 가담한 죄를 물어 체로키족을 이제 단지 땅을 빌린 자로 취급할 것이며 인접한 주들이 요구할 경우 체로키족은 여기서 축출될 것이라고 선언한다.' 이렇게 선언해야 할 때가 있었다. 하지만 아무도 그렇게 하지 않았다. 그리고 우리 조상들은 가장 신성한 권리를 앗아가고 고향을 빼앗아갈 이러한 조약에 결코 동의하지 않았을 것이다."

인디언들의 말은 이와 같다. 이들이 말한 것은 진실이며 이들이 예견한 것은 불가피해 보인다.

어떤 시각에서 북아메리카 원주민들의 운명을 살펴보든 이들의 참담한 운명은 되돌릴 수 없는 듯하다. 이들이 미개인으로 머문다면, 이들은 다른 이들이 앞으로 나아가는 발길에 채여 뒤처질 것이다. 이들이 개화하고자 한다면, 더 개화된 사람들과의 접촉으로 이들은 억압과 궁핍에 내몰릴 것이다. 이들이 황무지에서 황무지로 계속 유랑한다면, 이들은 사멸할 것이다. 정착하려고 해도 결국은 사멸할 것이다. 이들이 개화하려면 유럽인의 도움이 필요하다. 그런데 유럽인과의 접촉은 이들을 헐벗기고 야만으로 내몬다. 이들이 황무지에 내버려져 있는 한, 이들은 자기들이 살아온 방식을 바꾸려 하지 않는다. 뒤늦게 바꾸려 할 때에는 이미 너무 늦어버린다.

에스파냐인들은 야생동물을 잡듯이 사냥개들을 풀어 인디언들을 잡았다. 그들은 도시를 습격하듯이 가리지 않고 마구 신세계를 약탈했다. 그러나 모든 것을 다 파괴할 수는 없는 일이고 광란도 한계가 있다. 학살을 피한 인디언들은 마침내 정복자들과 뒤섞였으며 이들의 종교와 습속을 받아들였다.[28]

반면에 원주민들에 대한 합중국 아메리카인들의 태도는 형식 요건과 법률 절차에 이상하리만치 충실하려는 특징을 드러낸다.

---

28) 그렇다고 이러한 결과가 에스파냐인의 덕이었다고 생각할 필요는 없다. 만일 유럽인들이 도달했을 당시 인디언 부족들이 정착해서 농사를 짓고 있지 않았다면 인디언들은 남아메리카에서든 북아메리카에서든 모두 절멸했을 것이다.

인디언들이 야만 상태에 머무는 한, 아메리카인들은 이들의 일에 간여하려 하지 않으며 마치 독립된 민족인 양 취급한다. 계약에 의해 정당하게 획득되지 않는 한 결코 인디언들의 땅을 차지하려 들지 않는다. 그리고 행여나 인디언들이 자기 영토에서 살아 나가지 못할 경우 친절하게 이들의 손을 잡아끌고 조상 땅이 아닌 다른 어느 곳에서 죽음을 맞도록 안내한다.

에스파냐인들은 자신들에게 지워지지 않는 치욕을 안겨준 유례없는 잔혹성을 발휘하고도 인디언 종족을 절멸시킬 수 없었으며 이들의 권리를 완전히 빼앗아내지도 못했다. 반면에 아메리카인들은 피 한 방울 흘리지 않고, 더구나 세상 사람들이 보기에 어떤 원대한 윤리적 원칙[29]도 어기지 않은 채 평온하게 합법적으로 박애 정신을 발휘하면서 놀랍도록 유연하게 이 이중의 결과를 달성했다. 인류의 준칙을 최대한 준수하면서 인간을 파멸시키는 것이 불가능하지는 않은 것이다.

---

29) 특히 인디언문제 위원회의 명의로 1830년 2월 24일에 작성된 벨(Bell) 씨의 보고서를 참조할 수 있다. 보고서 5쪽에는 "인디언들이 예전부터 소유해왔다는 이유로 토지나 주권에 대한 권리를 지니는 것은 아니라는 근본적인 원칙은 명시적으로든 암묵적으로든 전혀 포기된 적이 없다"라고 아주 논리적으로, 그리고 박학다식하게 입증되어 있다.

　모름지기 능숙한 수완가가 작성했을 이 보고서를 읽어보면 저자가 이성과 자연법에 기초한 논지들, 요컨대 저자가 추상적이고 이론적인 원칙들이라고 부른 논지들을 첫머리에서부터 얼마나 쉽사리 제거해버리는지에 놀라게 된다. 이 문제를 곰곰이 생각해볼수록 나는 정의에 관한 한 문명인과 비문명인 사이의 유일한 차이점은, 전자가 사법 체계를 통해 권리들에 이의를 제기하는 반면, 후자는 권리들을 위반하는 것으로 만족할 따름이라는 사실을 깨닫게 된다.

합중국에서 흑인종의 지위 및
이들이 백인들에게 끼치는 위험[30]

여태껏 고립된 채 살아온 인디언들은 마찬가지로 고립된 채 죽어갈 것이다. 하지만 흑인들의 운명은 유럽인들의 운명과 어느 정도 뒤엉켜 있다. 이 두 인종은 서로 뒤섞이지는 않지만 서로에게 매어 있다. 이들은 서로 결합하기 어려운 만큼 서로 분리되기도 어렵다.

합중국의 미래를 위협하는 모든 폐단 중에서 가장 심각한 것은 합중국 땅에 흑인들이 있다는 사실에서 나온다. 합중국이 감당해야 할 현재의 곤란과 미래의 위험을 초래하는 원인을 탐색해보면, 어디에서부터 출발하든 거의 언제나 바로 이 으뜸가는 사실에 이르게 된다.

일반적으로 항구적인 폐단들은 엄청나고 끈질긴 작용을 거친

---

30) 이 문제를 다루기 전에 나는 이 책의 첫머리에서 언급한 바 있는 곧 출판될 한 권의 책에 대해 독자들의 관심을 환기하고자 한다. 나와 함께 아메리카를 여행한 동료 귀스타브 드 보몽 씨의 주요 목적은 합중국에서 백인들 사이에 끼여 살고 있는 흑인들의 처지를 프랑스에 알리는 것이었다. 보몽 씨는 내가 그저 겉핥기로 다루는 문제들을 깊이 천착했다.

그의 책에 달린 주석들에는 아주 값지고 여태껏 잘 알려지지 않은 수많은 의회 문헌과 역사 문건이 소개되어 있다. 더구나 그의 책은 진실성을 의심할 여지가 전혀 없는 아주 생생한 그림들을 싣고 있다. 인간이 일단 자연과 인륜에 역행하기 시작할 때 과연 어떤 극단에까지 이를 수 있는가를 알고자 하는 사람들은 무엇보다 보몽 씨의 책을 읽어야 할 것이다.

후에야 생겨나기 마련이다. 하지만 어느새 슬그머니 이 세상에 스며든 한 가지 폐단이 있다. 애초에는 일상적인 권력 남용들과 뒤섞여 잘 눈에 띄지 않았다. 그것은 역사에 이름을 남기지 않은 어떤 개인과 함께 시작되었다. 그리고 이 땅의 어딘가에 마치 불길한 씨앗처럼 뿌려졌다. 이윽고 그것은 스스로 자양분을 얻어 아무런 노고도 없이 자라나서 그것을 수용한 사회와 함께 자연스럽게 성장했다. 이 폐단이 바로 노예제도이다.

기독교 세계는 노예제를 폐기했지만 16세기의 기독교인들은 노예제를 다시 도입했다. 사실상 자신들의 사회제도 속의 한 가지 예외로서 노예제를 수용한 것이었다. 기독교인들은 이 노예제를 인류의 한 인종에게만 한정하려고 조심스레 애썼다. 이렇게 이들은 엄청나지는 않지만 치유하기 정말 어려운 상처를 인류에게 남겼다.

두 가지 사실을, 즉 노예제 자체와 그 결과를 조심스레 구별할 필요가 있다.

노예제가 낳은 즉각적인 폐단들은 현대인들에게 나타난 것과 거의 마찬가지로 고대인들에게도 나타났다. 하지만 이 폐단의 결과는 달랐다. 고대인들의 경우, 노예는 주인과 같은 인종에 속했으며 교육과 지식의 측면에서 상전보다 우월한 경우도 있었다.[31]

---

31) 알다시피 고대의 가장 유명한 작가들 가운데 몇몇은 노예이거나 노예 출신이었다. 이솝과 테렌티우스가 대표적이다. 노예들을 항상 야만 족속들 사이에서 데려오는 것은 아니다. 고도로 문명화된 사람들이 전쟁으로 인해 노예로 전락하는 것이다.

둘 사이를 나누는 유일한 척도는 자유였다. 일단 자유가 주어지면, 이들은 쉽사리 뒤섞였다.

따라서 고대인들은 노예제와 그 결과로부터 벗어날 수 있는 아주 단순한 수단을 가진 셈이다. 이 수단이 바로 노예해방이며, 일반적으로 이러한 조치를 취하게 되면 쉽사리 성공을 거두었다.

물론 노예제가 폐지된 이후 얼마 동안 노예제의 흔적까지도 완전히 사라졌다고 말하는 것은 아니다.

아랫사람이 자신과 대등해진 지 오랜 뒤에도 자신의 아랫사람이었던 이를 깔보는 것이 인간의 타고난 편견이기도 하다. 우연이나 법률에 의해 만들어진 실질적인 불평등이 습속에 뿌리를 박고 있는 상상의 불평등으로 대체되는 것이다. 하지만 고대인들의 경우 이러한 부차적 형태의 노예제는 한계가 있었다. 해방 노예가 자유인과 너무도 닮아 있었기 때문에 이들을 구분해내는 것이 얼마 지나지 않아 불가능해진 것이다.

고대인에게서 가장 어려운 난제는 법률을 바꾸는 것이었지만, 현대인에게서 가장 어려운 난제는 습속을 바꾸는 것이다. 요컨대 우리의 경우 실질적인 어려움은 고대인의 어려움이 끝난 바로 그 지점에서 시작한다.

이러한 사정은 현대인의 경우 노예제라는 추상적이고 일시적인 사실이 인종적 차이라는 물질적이고 항구적인 사실과 치명적으로 결부되어 있다는 데에서 연유한다. 노예제의 기억은 특정 인종에게 불명예를 안겨주고 그 인종은 노예제의 기억을 영속화한다.

신세계 연안으로 자발적으로 이주해온 아프리카인은 단 한 명도 없다. 그러므로 오늘날 신세계에서 만나게 되는 모든 흑인은 노예들이거나 아니면 엊그제까지 노예였던 이들일 수밖에 없다. 따라서 흑인들은 그 존재 자체만으로도 오욕의 외부적 표식을 그들의 모든 후손에게 전달하는 셈이다. 노예제는 법률에 의해 폐지될 수 있다. 하지만 노예제가 남긴 흔적은 오직 하느님만이 지울 수 있다.

현대의 노예는 자유의 여부에서뿐만 아니라 태생에서도 주인과 다르다. 그러기에 당신은 흑인을 자유롭게 만들 수는 있을 테지만, 흑인을 유럽인에 대한 이방인 외에는 달리 어떻게 만들어낼 수 없다.

이것으로 그치지 않는다. 미천한 처지에서 태어난 이 인간, 노예제로 인해 우리들 사이에 들어온 이 이방인에게서 우리는 인류의 보편적 특성을 거의 인정하지 않는다. 우리가 보기에 그의 얼굴은 흉측하고 그의 지력은 천박하며 그의 취향은 저속하다. 우리는 그저 그를 인간과 야수 사이의 중간 존재 정도로 취급할 따름이다.[32]

따라서 현대인들은 노예제가 폐지된 이후에도 여전히 노예제 자체보다 더 끈질기고 더 다루기 힘든 세 가지 편견, 요컨대 주인의 편견, 인종의 편견, 백인의 편견을 극복해야만 할 것이다.

---

32) 한때 노예로 부리던 흑인들이 지적으로나 도덕적으로 열등하다는 편견에서 백인들이 벗어나기 위해서는 우선 흑인들이 변해야 한다. 하지만 이러한 편견이 지속되는 한 흑인들은 변할 수가 없다.

우리 프랑스인들, 다행스럽게도 천성적으로 서로 엇비슷하고 법률적으로 서로 대등한 우리들이 아메리카의 흑인과 유럽인을 갈라놓는 넘을 수 없는 장벽을 이해한다는 것은 정말로 어려운 일일 것이다. 하지만 우리는 비유를 통해 추론해봄으로써 어렴풋하게나마 일정한 개념을 얻을 수 있을 듯하다.

예전에 우리 프랑스에는 허다한 불평등이 존재했는데, 이들 불평등은 어김없이 법제적 근거를 지니고 있었다. 순수하게 법률적인 열등성보다 더 인위적인 것이 어디 있겠는가! 명백히 엇비슷한 사람들 사이에 수립된 항구적인 차별들보다 인간의 본성에 더 어긋나는 것이 어디 있겠는가! 하지만 이러한 차별들은 수백 년 동안 존속해왔으며, 여전히 수많은 곳에서 나타난다. 이러한 차별들은 오랜 세월이 지나야만 겨우 지워질 수 있는 흔적들을 사람들의 머릿속에 남겼다. 법제적 근거만을 지닌 불평등을 없애는 것이 이토록 어렵다면, 하물며 자연성 자체에 불변의 근거를 둔 듯 보이는 불평등은 어떻게 없앨 수 있는가?

어떤 성품을 지니든 귀족 집단이 인민대중과 뒤섞이는 것이 얼마나 어려운지를, 그리고 수백 년 동안 자신들을 인민대중과 구분해준 이상적인 장벽을 보존하기 위해서 얼마나 세심한 주의를 기울이는지를 생각해볼 때면, 나로서는 이 지워지지 않는 가시적인 표식에 토대를 두고 있는 귀족제도가 사라지리라는 기대를 어쩔 수 없이 포기하게 된다.

따라서 언젠가 유럽인들이 흑인들과 뒤섞이리라고 기대하는 사람들은 내가 볼 때 헛된 망상에 사로잡혀 있는 듯하다. 추론에 의해서든 관찰에 의해서든 나로서는 도저히 그러한 결론에 이를 수 없다.

지금까지 백인들이 우세를 차지한 곳에서는 어디에서든 그들은 흑인들을 미천한 처지나 노예 상태에 빠트렸다. 마찬가지로 흑인들이 우세했던 곳에서는 어디에서든 그들은 백인들을 처단했다. 이것이 이 두 인종 사이에 있을 수 있는 유일한 결산이다.

오늘날의 합중국을 살펴보면, 몇몇 지역에서 두 인종을 갈라놓던 법률적 장벽이 점차 낮아지는 중이지만 국민들의 생활 습속에 존재하는 장벽은 여전히 굳건함을 알 수 있다. 노예제는 물러서고 있지만 노예제가 낳은 편견은 꿈쩍도 않는 것이다.

합중국에서 흑인들이 해방되어 자유인 지위를 얻은 지역에서 그렇다고 흑인들이 백인의 지위에 접근했는가? 합중국에 살아본 사람이면 누구든 정반대의 결과가 생겼다는 것을 알아볼 수 있을 것이다.

내가 보기에 인종적 편견은 노예제가 여전히 존속하는 주들보다 노예제를 폐지한 주들에서 더 강력한 듯하다. 노예제를 전혀 알지 못한 주들만큼 흑인들에게 더 가혹한 곳도 없을 것이다.

북부 지방에서는 백인과 흑인의 결혼이 합법적으로 이루어질 수 있다는 것이 사실이다. 하지만 여론은 흑인 여성과 혼인하는 백인 남성에게 불명예의 낙인을 찍는다. 따라서 이러한 사례는 거론하기조차 힘들다.

노예제를 폐지한 거의 모든 주에서 흑인들은 선거권을 얻었다. 하지만 흑인들이 투표장에 나갈 경우 그들의 목숨이 위태롭다. 억압을 당할 경우 흑인들은 법정에 호소할 수 있지만 재판관은 모두 백인들이다. 법률은 흑인도 배심원이 되는 길을 열어놓았지만 사회의 편견은 길을 가로막는다. 흑인 자녀들은 유럽계 자녀들이 배우는 학교에 다닐 수 없다. 극장에서 흑인은 큰돈을 줘도 옛 상전과 옆자리에 앉을 수 없다. 병원에서 백인과 흑인은 서로 다른 병상에 눕는다. 흑인도 백인과 같은 하느님을 섬길 수 있지만 백인과 함께 같은 제단에서 기도 드릴 수 없다. 흑인들만의 목사님과 흑인들만의 교회당이 따로 있다. 천국에 이르는 문이 흑인에게 닫혀 있지는 않지만, 불평등은 내세의 문턱에서도 멈추지를 않는다. 흑인이 죽으면 유골은 따로 버려진다. 조건의 차이는 누구에게나 평등한 죽음까지도 지배하는 것이다.

이렇게 흑인은 비록 자유인이 되어도 법적으로는 그와 동등하다고 선언된 자들과 어떤 권리도 기쁨도 노고도 슬픔도, 심지어 못자리도 함께 나누지 못한다. 흑인은 삶에서도 죽음에서도 그 어느 곳에서도 백인과 만날 수 없는 것이다.

노예제가 여전히 존속하는 남부 지방에서는 흑인에 대한 차별이 덜 심한 편이다. 흑인들은 이따금 백인들과 함께 일을 하며 함께 여가를 즐기기도 한다. 백인은 어느 정도 흑인과 거리낌 없이 뒤섞인다. 법률은 흑인들에게 가혹하지만, 습성은 관대하고 유연한 것이다.

남부 지방에서 주인은 노예를 자신의 수준으로까지 끌어올리는 것을 두려워하지 않는다. 언제든 원할 때면 노예를 내동댕이쳐버릴 수 있다는 것을 주인이 잘 알기 때문이다. 북부 지방에서 백인은 미천한 인종으로부터 자신을 구별시켜주어야 하는 장벽을 더이상 뚜렷이 식별할 수 없게 된다. 따라서 백인은 언젠가 흑인과 뒤섞이게 되리라는 우려 때문에 더욱더 간절하게 흑인을 멀리하게 된다.

남부 지방의 아메리카인들 사이에서는 이따금 자연이 제 권한을 되찾아서 일시적으로 백인과 흑인 사이에 평등이 회복되기도 한다. 북부 지방에서는 자존심으로 인해 인간의 가장 준엄한 열정마저도 억눌리게 된다. 북부 지방의 아메리카인은, 만일 흑인이 백인과 잠자리를 함께할 수 있다고 법률로 선언되지 않았다면, 아마도 흑인 여성을 자신의 쾌락을 위한 일시적인 노리개로 삼으려 했을 것이다. 하지만 흑인 여성도 법적으로 자신의 배우자가 될 수 있다는 바로 그 이유 때문에, 백인 남성은 지레 겁을 먹고 흑인 여성을 멀리하는 것이다.

이렇게 합중국에서는 흑인들을 배척하는 편견이 흑인들이 해방되는 데 비례해서 증대하는 듯하고, 불평등이 법률에서 지워지는 데 비례해서 습속에서 자라는 듯하다.

그러나 합중국에 사는 두 인종의 상대적 지위가 내가 지금껏 서술한 그대로라면, 북부 지방의 아메리카인들은 과연 왜 노예제를 폐지했으며 남부 지방에서는 왜 노예제를 유지했으며, 심지어 노예들을 더 혹독하게 다루었는가?

답변은 간단하다. 요컨대 합중국에서 노예제를 폐지한 것은 흑인들의 이익을 위해서가 아니라 백인들의 이익을 위해서였기 때문이다.

흑인 노예들을 처음 수입한 곳은 1621년 무렵 버지니아였다.[33] 그러므로 세계의 여느 지역에서와 마찬가지로 아메리카에서도 인간의 인간에 대한 예속이 생겨난 곳은 남부 지방이었다. 여기에서부터 노예제는 인근으로 조금씩 퍼져 나갔다. 하지만 노예제가 북부 지방으로 퍼져갈수록 노예의 수는 줄어들었다.[34] 뉴잉글랜드 지방에 흑인은 아주 드물었다.

식민지들이 세워지고 한 세기 정도 지나자 한 가지 놀라운 사실이 사람들의 관심을 끌기 시작했다. 요컨대 노예들을 거의 소유하지 않은 지방들이 노예들을 소유한 지방들보다 인구도 재산도 복리도 훨씬 빨리 성장했던 것이다.

하지만 전자의 경우 정착자들은 자신의 손으로 직접 땅을 일구거나 아니면 일손을 고용해야 했다. 후자의 경우 정착자들은 임금

---

33) 버벌리(Beverley), 『버지니아 역사(*History of Virginia*)』 참조. 그리고 버지니아주에의 흑인 유입과 1778년에 흑인 수입을 금지한 최초의 법령에 대한 자세한 내용에 대해서는 제퍼슨의 회고록을 참조하라.

34) 북부 지방에서 노예의 수는 그리 많지 않았지만, 노예제가 가져다주는 혜택 여부에 대해서는 남부 지방 못지않게 논란을 불러일으켰다. 1740년에 뉴욕주 의회는 가능한 한 노예의 직접적인 수입을 장려해야 하며 정직한 무역업자에게 손해를 끼치지 않기 위해서 밀무역을 가혹하게 처벌해야 한다는 법령을 통과시켰다(Kent, *Commentaries*, vol. II, p. 206).

매사추세츠 역사 총서 제4권 193쪽에서 뉴잉글랜드의 노예제에 대한 벨냅(Belknap)의 흥미로운 연구를 찾아볼 수 있다. 이 책에 따르면 1630년부터 노예들이 도입되었지만 이미 이때부터 이 지역의 법제와 습속은 노예제에 반대했던 듯하다.

마찬가지로 이 책에는 여론과 법률이 어떻게 노예제의 폐지를 이끌어냈는가 하는 내용도 들어 있다.

을 지불하지 않아도 되는 노동력을 마음대로 사용할 수 있었다. 따라서 전자의 경우 노동과 경비가 들었으며, 후자의 경우 여가와 경비 절감을 얻었다. 하지만 전자가 훨씬 우월한 제도였다.

이주민들이 너나없이 모두 같은 유럽 인종에 속하며 이들의 습성도 문명도 법제도 눈에 잘 띄지 않는 약간의 차이가 있을 뿐 거의 동일했다는 사실을 염두에 둘 때, 이러한 결과는 정말 설명하기 어려워 보인다.

하지만 세월이 계속 흘렀다. 영국계 아메리카인들은 대서양 연안을 떠나 매일같이 서부 지방의 황무지로 파고들어 갔다. 그들은 그곳에서 새로운 토양과 낯선 풍토를 만났으며 온갖 종류의 장애를 극복해야 했다. 남부의 사람들은 북부로 올라가고 북부의 사람들은 남부로 내려왔으며, 그들은 서로 뒤섞였다. 여러 요인들이 중첩되는 가운데 어디서나 똑같은 결과가 나타났다. 요컨대 일반적으로 노예들을 거의 갖지 않은 식민지가 노예제를 시행하는 식민지보다 더 인구가 늘고 더 번창했던 것이다.

사태가 진전됨에 따라서 이제 사람들은 노예제가 노예에게 그토록 가혹하지만 주인에게는 아주 치명적이라는 사실을 깨닫기 시작했다.

하지만 이러한 사실은 최근에 오하이오 강변에서 가장 극명하게 드러났다.

인디언들이 오하이오, 즉 '아름다운 물줄기'라고 이름붙인 이 강은 인간이 여태껏 보금자리로 삼았던 곳 중에서 가장 멋진 골짜기를 적시며 흐르고 있다. 오하이오강의 양안에 굽이치듯 뻗어 있는 토양들은 농사꾼들에게 언제나 마르지 않는 양식을 제공한다. 강의 양안은 공기가 맑고 기후가 온화하다. 강의 양안은 각각 커다란 주의 경계를 이룬다. 수없이 굽이쳐 내려온 오하이오강의 왼쪽에 있는 주가 켄터키주이며, 오른쪽에 있는 주는 강에서 이름을 땄다. 이 두 주는 단 한 가지 점에서만 서로 다르다. 켄터키주는 노예제를 인정하고 오하이오주는 경계 안에서 노예제를 금지하고 있다.[35]

따라서 오하이오강 물줄기를 따라서 미시시피강의 어귀까지 내려가는 여행객은 자유와 노예제 사이를 항해하는 셈이라고 할 수 있다. 두 제도 중에서 어떤 것이 인류에게 유리한지를 단 한순간에 판단하기 위해서는 강줄기를 따라 내려가면서 주위로 시선을 돌려보는 것만으로 충분할 것이다.

강의 왼쪽에는 인구가 희박하다. 이따금씩 노예 무리가 반쯤은 황폐한 들판에서 어정거리는 것을 볼 수 있다. 굽이를 돌 때마다 원시림들이 나타난다. 사회는 잠들어 있는 듯하다. 인간은 게을러 보이고 자연만이 활력과 생명의 이미지를 보여준다.

이와는 반대로 강의 오른쪽에서는 웅성거리는 소리가 들려오는데 이 소리는 사람들이 쉴 새 없이 움직이는 모습을 멀리까지 알려준다. 들판은 풍성한 곡식들로 덮여 있고 우아한 가옥들은 농사

---

35) 오하이오주는 노예제를 금지했을 뿐만 아니라 해방된 흑인들이 주의 영역에 들어오거나 주 안에서 재산을 취득하는 것도 금지했다. 오하이오 법령을 참조하라.

꾼들의 취향과 관심을 드러내준다. 어디에서나 평온함을 느낄 수 있고 사람들은 유복하고 만족해 보인다. 사람들은 일을 하고 있는 것이다.[36]

켄터키주는 1775년에 세워졌으며 오하이오주는 이보다 12년 후에 세워졌다. 아메리카에서 12년은 유럽에서 반세기보다 더 큰 차이를 갖는다. 오늘날 오하이오는 켄터키보다 25만 명이나 더 많은 인구를 가지고 있다.[37]

노예제와 자유의 이러한 서로 다른 결과는 이제 쉽사리 이해할 수 있을 것이다. 이러한 결과는 고대 문명과 현대 문명 사이의 차이점들을 설명해주기에도 충분하다.

오하이오강의 왼쪽에서 노동은 노예제라는 관념과 혼동되는 반면에, 강의 오른쪽에서 노동은 복리와 진보의 관념과 혼동된다. 한쪽에서는 노동이 천시되는 반면에 다른 한쪽에서는 존중된다. 강의 왼쪽에서는 백인 노동자들을 찾아볼 수 없다. 그도 그럴 것이 백인은 행여나 자신이 흑인과 엇비슷해지지나 않을까 우려하기 때문이다. 노동은 흑인들의 몫이다. 반면에 강의 오른쪽에서는 게으름뱅이를 찾아볼 수 없다. 백인은 어떤 일에서든 자신의 능력

---

36) 오하이오에서는 개개인만이 분주하게 움직이고 있는 것이 아니라 주 정부 자체도 거대한 사업을 벌이고 있다. 오하이오주는 이리호와 오하이오강 사이에 운하를 개통했는데, 이 운하를 통해 미시시피 계곡은 북부의 강과 연결된다. 이 운하 덕에 뉴욕에 도착하는 유럽 상품들은 수로로 대륙의 500리으 이상의 거리를 거쳐 뉴올리언스에까지 도달할 수 있다.

37) 1830년의 인구조사에 따르면 정확한 수치는 켄터키 주가 68만 8,844명, 오하이오주가 93만 7,669명이다.

과 지식을 여지없이 발휘한다.

따라서 켄터키에서 기름진 땅을 경작할 일을 떠맡은 이들은 무지하고 마지못해 일을 하는 반면에, 지식과 열의를 갖춘 이들은 아무 일도 하지 않거나 아니면 부끄럼을 느끼지 않고도 열심히 일할 수 있는 오하이오로 건너간다.

켄터키에서 상전들은 노예들에게 품삯도 지불하지 않고 일을 시키면서도 이들의 노동에서 별로 이득을 보지도 못하는 것이 사실이다. 반면에 자유노동자들에게 지불되는 품삯은 이들 노동의 값어치 이상으로 되돌아온다.

자유노동자는 임금을 받지만 노예보다 훨씬 빨리 일을 해치운다. 작업의 신속성은 경비를 절감할 수 있는 가장 큰 요인들 중 하나이다. 백인 노동자의 일손을 사려면 돈을 지불해야 하지만 그 일손은 매우 유용하게 쓰인다. 흑인 노동자는 자신의 노동의 대가를 전혀 요구하지는 않지만 그 대신 언제나 먹여 살려야 한다. 한창 젊을 때든 늙을 때든 어려서 힘이 없을 때든 젊어서 힘이 넘칠 때든 병든 때든 건강한 때든 노예는 먹여 살려야만 한다. 따라서 어느 쪽의 노동을 얻기 위해서든 비용이 들어가기 마련이다. 자유노동자가 급료를 받는다면 노예는 교육, 음식, 주거, 의복 따위를 받는다. 주인이 노예를 먹여 살리는 데 들어가는 비용은 조금씩 자질구레하게 들어가는 까닭에 잘 눈에 띄지 않는다. 반면에 노동자에게 주는 급료는 한꺼번에 지불되는 까닭에 노동자가 단번에 부유해지는 듯 보인다. 그러나 결과적으로 노예는 자유노동자보다 비용이 더 들며 노예노동은 자유노동보다 덜 생산적이다.[38]

노예제도는 훨씬 멀리 영향을 미친다. 노예제는 주인의 영혼에까지 영향을 미치며 그의 사고와 취향에 독특한 성향을 제공한다.

오하이오강 양안에서 자연은 인간에게 진취적이고 매우 활동적인 성격을 부여했다. 하지만 이러한 성격이 강의 양편에서 아주 대조적으로 나타난다.

강의 우안에 사는 백인은 자기 자신의 노력으로 살아가야 했던 까닭에 물질적인 복리를 삶의 주요 목표로 삼았다. 그리고 그가 살고 있는 고장이 그가 열심히 일하기만 하면 무진장의 자원을 제공해주고, 그가 사업을 벌이기만 하면 마르지 않는 이윤을 보장해주는 까닭에 재부를 얻고자 하는 그의 열망은 인간 탐욕의 정상적인 한계를 훌쩍 넘어섰다. 그는 재부를 얻을 수 있는 길이라면 어디든 대담하게 들어선다. 그는 선원, 개척자, 제조업자 또는 농사꾼이 되기도 하며, 이러한 여러 직업들에 딸린 노고와 위험을 의연

---

38) 자유노동자들이 풍부한 곳에서는 어디서든지 그들의 노동을 노예의 노동보다 더 생산적이고 더 경제적으로 만들어주는 이러한 요인들과는 별도로, 합중국에만 특유한 또 다른 요인이 있다. 여태까지 합중국의 모든 영토 중에서 단지 멕시코만과 인접한 미시시피강 연안에서만 사탕수수를 성공적으로 재배할 수 있었다. 루이지애나에서 사탕수수 재배는 대단히 수지맞는 사업이다. 여기서 노동자들은 자신의 노동의 대가를 톡톡히 얻고 있다. 그런데 생산비와 생산물의 가치 사이에는 일정한 관계가 설정되기 때문에 루이지애나에서는 노예의 값이 아주 비싸다. 그래도 루이지애나는 연방 가입 주들 중 하나이기 때문에 합중국의 모든 지역으로부터 노예들을 들여올 수 있다. 따라서 뉴올리언스에서 매겨지는 노예 값은 모든 다른 노예시장에서의 노예 값을 올린다. 그 결과 토지 생산성이 낮은 지역에서는 노예에 의한 경작에 엄청난 비용이 들 수밖에 없는데, 이로 인해 자유노동자들은 경쟁에서 우위를 확보한다.

하게 받아들인다. 그의 넘치는 재능은 정말 경이로울 정도이고 재물을 얻으려는 그의 탐욕은 가히 영웅적이라고 할 만하다.

강의 좌안에 사는 아메리카인은 노동을 경멸할 뿐만 아니라 노동을 통해 성공할 수 있는 모든 사업을 경멸한다. 한가하고 유복하게 살기 때문에 그는 유복한 부류의 취향을 지닌다. 그에게 돈은 그만큼의 가치를 갖지 못한다. 그는 재산보다 유희와 자극을 추구하며 이웃한 오하이오 사람들이라면 다른 곳에 쏟을 정력을 바로 여기에 쏟는다. 그는 수렵과 전쟁놀이를 좋아하며 격렬한 신체 운동을 즐긴다. 무기류를 익숙하게 다루고, 어릴 때부터 단 한 번의 싸움에 목숨을 거는 법을 배운다. 따라서 노예제는 백인들이 부자가 되는 것을 막을 뿐만 아니라 그러고자 하는 의욕까지도 꺾어버린다.

지난 200년 동안 북아메리카의 영국 식민지들에서 똑같은 원인들이 서로 정반대의 방향으로 줄기차게 작용한 결과로 마침내 남부인의 사업 역량과 북부인의 사업 역량 사이에 엄청난 차이가 생기게 되었다. 오늘날 북부만이 해운업, 제조업, 철도, 운하 따위를 보유하고 있다.

이러한 차이는 북부와 남부를 비교해볼 때뿐만 아니라 남부의 주민들을 서로 비교해볼 때도 나타난다. 합중국의 최남단에 위치한 주들에서 상업 활동에 종사하고 노예제를 활용하고자 하는 거의 모든 사람은 북부에서 이주해온 사람들이다. 매일같이 북부 출신들은 경쟁이 덜 심한 남부 지방으로 넘어오고 있다. 그들은 정작 남부 주민들이 전혀 알아채지 못한 재원들을 거기서 발견한다.

그리고 그들은 자신들로서는 인정하지 않는 제도에 순응함으로써 그 제도를 먼저 세워서 여전히 유지하는 사람들보다 거기에서 더 많은 몫을 빼내고 있다.

이러한 비교 분석을 더 밀고 나간다면, 남부 아메리카인과 북부 아메리카인 사이의 성격상의 거의 모든 차이점이 노예제에서 연유한다는 것을 입증하기는 그리 어렵지 않을 것이다. 하지만 이것은 이 글의 논제에서 벗어나는 문제이다. 여기서 나로서는 노예제가 가져오는 모든 결과를 밝혀내기보다 노예제를 허용한 고장의 물질적 번영에 노예제가 어떤 영향을 미쳤는가를 밝혀내는 것으로 그치고자 한다.

노예제가 재부의 생산에 미친 영향력은 고대 시대에 별로 잘 알려지지 않았을 것이다. 당시에 노예제는 모든 문명 세계에 존재했으며 노예제를 모르는 족속들은 야만인들이었다.

따라서 기독교 세계는 오로지 노예의 권익을 옹호한다는 명분으로만 노예제를 폐지할 수 있었다. 하지만 오늘날은 주인의 이름으로 노예제를 공격할 수 있다. 요컨대 이 경우에는 이익과 도덕이 합치되는 것이다.

이러한 진실이 합중국에서 점점 자명해짐에 따라서 노예제는 그 경험이 쌓여가면서 조금씩 시들어가고 있다.

노예제는 남부에서 시작되어 마침내 북부로 퍼져 나갔지만, 오늘날 후퇴하고 있다. 북부에서 출발한 자유의 물결이 잠시도 멈추지 않고 남부로 내려오고 있다. 커다란 주들 중에서 펜실베이니아는 오늘날 북부와 맞닿아 있는 노예제의 경계를 이룬다. 하지만 이들 경계선 지역에서도 노예제는 흔들리고 있다. 펜실베이니아의 바로 밑에 있는 메릴랜드는 하루가 달리 노예제 폐지를 준비하고 있으며 메릴랜드의 바로 아래 잇닿은 버지니아는 노예제의 유용성과 위험성을 두고 갑론을박하고 있다.[39]

인간이 만든 제도들이 커다란 변화를 겪는 경우를 보면, 그러한 변화를 가져온 원인 중에는 상속법이 있기 마련이다. 후손들에게 불균등하게 재산을 분할하는 장자상속법이 남부 지방에서 확립되었을 때, 각 가문은 일을 할 필요도 취향도 느끼지 못하는 부유한 한 개인에 의해 대표되었다. 법적으로 유산 분배에서 제외된 가족 구성원들은 그의 주변에서 그와 마찬가지로 무위도식하며 살았다. 오늘날 아직도 유럽 몇몇 나라의 귀족 가문들에서 볼 수 있는 일들을 남부 지방의 모든 가문에서 찾아볼 수 있었다. 작은 아들들은 맏아들만큼 부유하지도 않으면서 맏아들과 마찬가지로 놀고먹는 생활을 했던 것이다. 이 유사한 결과는 아메리카에서든 유럽에서든 거의 유사한 원인들에 의해 초래된 듯 보인다. 합중국의 남부에서는 백인종 전체가 귀족 집단을 형성했으며, 그 상층부에

---

39) 지금 언급한 메릴랜드주와 버지니아주가 마침내 노예제의 대의에서 멀어지는 경향을 보이는 데에는 특별한 요인이 작용한다.

지금까지 이 지방에서 이룩한 재부는 주로 담배 재배에서 나온 것이었다. 노예노동은 특히 담배 재배에 적합했다. 그런데 지난 몇 년 전부터 담배의 시장 가치는 폭락한 반면 노예의 가치는 그대로였다. 이렇게 생산비와 생산물의 가치 사이의 관계가 달라졌다. 따라서 메릴랜드와 버지니아의 주민들은 30년 전보다 훨씬 더 다급하게 노예 없이 담배를 재배하거나 아니면 담배 재배와 노예제 둘 다 포기해야 할 처지에 놓인 것이다.

는 항구적으로 재부를 소유하고 세습적으로 여가를 즐기는 일정한 수의 특권층이 자리를 잡고 있었다. 이 아메리카 귀족층의 지도급 인사들은 그들이 대표하는 집단 속에 백인종의 전통적인 편견을 심어주었으며 부러움을 살 만한 화려하고 여유 있는 생활을 영위했다. 이 귀족들 가운데는 가난한 자도 있었지만 일하려는 자는 전혀 없었다. 근면보다는 차라리 궁핍을 택한 것이다. 따라서 흑인 노동자나 노예들에게는 경쟁 상대가 없었다. 이들의 노동이 쓸모가 있든 없든 이들 외에는 달리 노동력이 없었기 때문에 이들을 사용하지 않을 수 없었던 것이다.

상속법이 폐지되자마자 모든 재산이 줄어들기 시작했으며 어떤 가문이든 마찬가지의 세월의 흐름을 겪으면서 살기 위해 일하지 않을 수 없는 상태로 전락했다. 많은 가문들이 완전히 사라졌으며 모든 가문이 이제 누구나 스스로 생계를 꾸려야 하는 시대가 왔다는 것을 깨달았다. 물론 오늘날도 부자들을 찾아볼 수 있지만 그들은 더 이상 응집력 있고 세습적인 집단을 형성하지 못한다. 그들은 이제 통일된 행동 규범을 받아들일 수도 집단 내부에서 유지할 수도 없었다. 따라서 마치 약속이나 한 듯 노동을 천시하는 편견이 사라지기 시작했으며 가난한 사람들의 수가 늘어나고 가난한 이들은 조금도 부끄럼 없이 생계를 이어갈 수단을 마련할 수 있었다. 따라서 균등한 재산 분배의 즉각적인 효과 중 하나는 자유노동자 계급을 만들어낸 것이었다. 자유노동자가 노예와 경쟁 관계에 들어가자마자 노예의 열등성이 백일하에 드러났으며, 노예제는 그것이 주인에게 이익이 된다는 그 근본적인 원칙에서부터 공격을 받았다.

노예제가 후퇴함에 따라 흑인종은 노예제를 거꾸로 뒤따라갔으며, 마침내 노예제가 원래 출발했던 남부 열대 지방으로 노예제와 함께 되돌아왔다.

이러한 사실은 얼핏 이상하게 보일 수도 있지만 그 까닭은 쉽게 알아챌 수 있다.

아메리카인들이 노예제의 원칙을 폐기한다고 해도 그들이 노예들에게 자유를 부여하는 것은 아니다.

이러한 사실은 예를 들어 설명한다면 쉽사리 이해할 수 있을 것이다. 뉴욕주의 사례를 들어보자. 1788년에 뉴욕주는 주의 경계 안에서 노예 매매를 금지했는데, 이것은 노예의 수입을 금지하는 우회적인 방법이었다. 그 이후로 흑인들의 수는 흑인 인구의 자연적 증가에 따라 증가할 따름이었다. 8년 후에는 더욱 단호한 조치가 취해졌다. 1799년 7월 4일부터는 노예 부모에게서 태어나는 모든 어린이들은 자유인이 된다는 법률이 통과된 것이다. 이렇게 되자 흑인 인구가 증가할 수 있는 길이 막혔다. 여전히 노예들은 아직 존재했지만 노예제는 더 이상 존속하지 않는다고 말할 수 있을 것이다.

북부의 한 주가 노예 수입을 금지한 때부터 이제 더 이상 흑인들을 남부에서 끄집어내서 북부의 해당 주에서 매매할 수 없게 되었다.

북부의 한 주가 노예 매매를 금지한 순간부터 노예는 원래 소유주의 수중에서 빠져나올 수 없게 되었으며, 남부로 이송해서 내다

팔지 않는 한 처치하기 곤란한 거북한 재산이 되어버렸다.

따라서 바로 이러한 법률이 남부의 노예들이 북부로 올라오는 것을 막고 북부의 노예들을 남부로 내몰았다.

하지만 내가 지금 말한 요인들보다 훨씬 강력한 또 다른 요인이 하나 있다.

어느 한 주에서 노예의 수가 줄어듦에 따라서 자유노동자들이 더욱 필요해진다. 자유노동자들이 열심히 일에 전념함에 따라서 노예 노동의 생산성은 더욱 낮게 나타난다. 그러면 보잘것없고 쓸모도 없어진 노예 노동은 경쟁을 두려워할 필요가 없는 남부 지방으로 서둘러 이송되는 것이다.

따라서 노예제가 폐지된다고 해서 노예가 자유를 되찾는 것이 아니다. 노예는 북부에서 남부로, 요컨대 또 다른 주인에게로 넘어갈 따름이다.

해방된 흑인들과 노예제가 폐지된 이후에 태어난 흑인들의 경우, 이들은 북부를 떠나 남부로 이송되지는 않았다. 하지만 유럽인들에 대한 이들의 처지는 인디언들의 처지와 다를 바 없다. 이들은 재산과 지식수준에서 자신들보다 월등한 주민들의 한가운데에서 반쯤 개화된 채 권리를 박탈당하고 살아간다. 이들은 법률의 폭거[40]와 습속의 불관용에 노출되어 있다. 이들은 어떻게 보면 인

---

40) 일반적으로 노예제가 폐지된 주들은 해방된 흑인들이 자기네 주에 와서 거주하기 힘들도록 여러 조치를 꾀하곤 한다. 여러 주들이 서로 경쟁적으로 이러한 조치를 취하는 까닭에 불쌍한 흑인들은 가장 덜 나쁜 폐단을 선택할 수밖에 없다.

디언들보다 더 불행하다고 할 수 있는데, 그도 그럴 것이 이들은 노예제의 기억을 지니고 있는 데다가 한 뙈기의 땅도 소유할 수 없기 때문이다. 수많은 흑인들이 비참하게 죽어가며[41] 나머지는 도시로 몰려와 아주 거친 노역을 하면서 불안하고 비참한 생활을 꾸려간다.

더구나 흑인들의 숫자가 노예제가 지배하던 당시와 거의 같은 비율로 증가하는 반면, 백인의 숫자는 노예제 폐지 이후에 거의 두 배의 속도로 증가한다. 이렇게 되면 흑인은 얼마 지나지 않아 낯선 주민들의 물결 속에 파묻혀버릴 것이다.

노예들이 경작하는 지역은 일반적으로 자유인들이 경작하는 지역보다 인구밀도가 낮다. 더구나 아메리카는 아직도 새로운 나라이다. 따라서 어느 한 주가 노예제를 폐지하면 거주자들이 턱없이 부족하게 된다. 노예제가 폐지되고 자유노동자들이 부족해지자마자 전국 방방곡곡에서 대담한 모험가들이 무리를 지어 그 주로 몰려온다. 이들은 땀 흘려 일하면 누구나 얻을 수 있는 새로운 자원으로 재산을 불릴 것이다. 땅이 분배되고, 백인 가족들이 저마다 할당된 땅에 자리 잡고 농사를 짓는다. 유럽에서 온 이주민들도 마찬가지로 노예제가 없는 주들로 몰린다. 안락과 행복을 찾아 신세계에 온 유럽의 가난한 사람들이 노동을 천시하고 부끄럽게 여기

---

41) 노예제가 폐지된 주들에서 백인과 흑인의 사망률에는 큰 차이가 있다. 1820년에서 1831년 사이에 필라델피아에서 백인은 42명 중 1명이 사망했지만, 흑인은 21명 중 1명이 사망했다. 흑인 노예들의 경우 사망률이 그리 높지 않다(Emmerson, *Medical Statistics*, p. 28).

는 고장으로 온다면 그들이 거기서 과연 무엇을 할 수 있겠는가?

따라서 백인 인구는 자연적 증가와 동시에 이주민의 엄청난 유입으로 줄곧 증가하는 반면, 흑인 인구는 이주민이 전혀 없어서 위축될 수밖에 없다. 얼마 지나지 않아 이들 두 종족 사이의 인구 비율은 뒤집힐 것이다. 흑인은 불쌍한 부유물, 헐벗고 떠도는 작은 부족으로 전락해서 땅을 모두 차지한 엄청난 인구 집단의 한복판에 파묻혀버릴 것이다. 그래서 흑인의 존재는 그들이 당하는 불평등과 고통에 의해서만 이따금 사람들의 눈에 드러날 것이다.

서부의 대다수 주에서 흑인종은 거의 눈에 띄지 않는다. 북부의 거의 모든 주에서도 사라졌다. 따라서 앞으로 생길 커다란 문제는 좁은 지역에 한정된다. 여기서 문제는 해결하기 불가능하다고까지는 말할 수 없지만 그렇다고 해결하기 더 쉬운 것도 아니다.

남부 지방으로 내려가면 갈수록 노예제를 경제성을 고려해서 폐지하기가 더 어려워진다. 이것은 여기서 지적해두어야 할 몇 가지 물리적인 원인들에서 연유한다.

첫 번째는 기후이다. 유럽인들이 열대 지방에 다가가면 갈수록 그들이 노동하기는 더욱 어려워진다는 것은 물론이다. 일정한 위도 아래서 노동하는 것은 백인들에게 치명적이지만 흑인들은 별 위험 없이 견디어낼 수 있다고까지 많은 아메리카인들이 말하곤 한다.[42] 하지만 남부 지방 사람들의 게으름과 잘 맞아떨어지는 듯

---

42) 이것은 쌀을 생산하는 지역에서는 사실이다. 벼농사는 어느 지역에서든 건강을 해칠 정도로 힘들지만 열대의 뜨거운 햇볕이 작렬하는 지방에서는 더욱 그러

보이는 이러한 견해가 사실상 경험으로 입증되지는 않는다고 나는 생각한다. 합중국의 남부 지방이 에스파냐나 이탈리아의 남부 지방보다 더 더운 것은 아니다.[43] 그렇다면 유럽인이 똑같은 일을 합중국의 남부 지방에서 못할 이유가 있겠는가? 그리고 이탈리아와 에스파냐에서 주인들의 파산을 초래하지 않으면서도 노예제가 폐지되었다면, 합중국에서는 왜 같은 일이 일어나지 않는가? 따라서 나는 조지아와 플로리다에 사는 유럽인들이 죽을 각오를 하고 농사일을 해야 할 만큼 자연조건이 나쁘다고는 생각하지 않는다. 하지만 여기에서 농사일은 힘이 더 들고 생산성은 더 낮을 것임에 틀림없다.[44] 이처럼 남부 지방에서 자유노동자들은 노예에 대한 자신의 우월성의 일부를 잃는 까닭에 노예제를 폐지한다는 것이 그리 경제적으로 이로운 일이 아닌 것이다.

유럽의 모든 식물은 합중국의 북부 지방에서도 자란다. 남부 지방은 특산물을 재배한다.

노예제가 곡물 경작에는 아주 비싼 방법이라는 것은 이미 살펴

하다. 유럽인들이 만일 쌀 생산을 고집했다면 신세계의 이 지역에서는 농사를 짓기 힘들었을 것이다. 하지만 쌀 없이 지낼 수 있지 않은가.

43) 남부의 주들은 이탈리아나 에스파냐보다 적도에서 더 가까이 있다. 하지만 아메리카 대륙의 기온은 유럽 대륙의 기온보다 훨씬 낮다.

44) 예전에 에스파냐는 아조레스 제도 출신 농부들을 아타카파스(Attakapas)라고 불리는 루이지애나 지역으로 이주시켰다. 이들은 노예제 없이 경작했는데, 이것은 일종의 실험이었다. 이들은 오늘날도 노예 없이 농사를 짓는다. 하지만 이들은 너무나 게으르고 굼뜬 나머지 그저 자기들이 먹고살 정도의 식량을 생산할 뿐이다.

보았다. 노예제가 없는 고장에서 밀을 재배하는 농부는 통상적으로 아주 적은 수의 일손을 고용한다. 물론 파종기나 수확기에는 더 많은 일손을 고용하지만 이들도 단기간만 머물 뿐이다.

노예제가 시행되는 고장의 농장주는 씨를 뿌리거나 곡간을 채우려면 며칠 만에 끝날 일인데도 많은 수의 노예를 일 년 내내 부양할 수밖에 없다. 그도 그럴 것이 자유노동자들과 달리 노예들은 스스로 벌이를 하면서 누군가 그들을 고용하러 올 때까지 기다릴 수는 없으니 말이다. 노예들을 고용하려면 노예들을 완전히 사야만 하는 것이다.

따라서 노예제는 널리 알려진 불편함 외에도, 여느 작물들을 생산하는 고장보다 특히 곡물을 재배하는 고장에 훨씬 더 시행되기 어렵다는 단점이 있다.

반면에 담배, 면화, 사탕수수 따위의 재배에는 끊임없는 손길이 필요하다. 밀 재배에는 별로 쓸모가 없는 부녀자와 어린애들이 이러한 특화 작물의 재배에 이용될 수 있다. 따라서 당연하게도 노예제는 내가 지금 언급한 작물들을 생산하는 고장에 더욱 알맞다.

담배, 면화 그리고 사탕수수 등은 남부 지방에서만 자란다. 이 작물들은 이 고장의 주요 재원이 된다. 노예제가 폐지될 경우 남부 사람들은 다음 두 가지 대안 중 하나를 선택할 수밖에 없다. 첫째, 경작 제도를 바꿔서 그들보다 더 활동적이고 더 경험이 풍부한 북부 사람들과 경쟁을 해야 한다. 둘째, 노예 없이 계속 같은 작물을 재배하면서 여전히 노예를 부리는 남부의 다른 주들과 경쟁을 해야 한다.

따라서 남부로서는 북부에서 전혀 시행되지 않는 노예제를 유지해야 할 나름대로의 이유가 있는 셈이다.

하지만 여느 이유들보다 더 타당한 한 가지 또 다른 이유가 있다. 남부는 물론 꼭 필요하다면 노예제를 폐지할 수 있을 것이다. 하지만 남부에서 흑인들을 어떻게 없앨 수 있겠는가? 북부에서는 노예제와 노예를 동시에 몰아내는 것이 가능했다. 하지만 남부에서는 한꺼번에 이 이중의 결과를 기대할 수는 없지 않은가.

노예제가 북부보다는 남부에서 더 자연스럽고 더 이득이 된다는 사실을 입증함으로써, 나는 노예의 수가 남부에서 훨씬 더 많다는 점을 충분히 입증했다. 아프리카 흑인들이 처음 도입된 곳도 그들이 언제나 더 많은 숫자로 도입된 곳도 남부였다. 남부 지방으로 내려갈수록 한가로움을 영예로 여기는 편견이 힘을 얻는다. 열대 지방에 가장 가까운 주들에는 일하는 백인이 한 명도 없다. 따라서 흑인은 북부보다 남부에서 당연히 더 많다. 내가 앞에서 언급한 대로 합중국의 어느 한쪽에서 노예제가 폐지되자마자 흑인들이 다른 한쪽으로 몰려들기 때문에, 날이 갈수록 남부에서 더 많아진다. 따라서 남부 지방에서 흑인의 수가 늘어나는 것은 인구의 자연적 증가에 의해서뿐만 아니라 북부 흑인들의 강제적 이주에 의해서이기도 하다. 합중국의 남부에서 아프리카 인종의 수가 증가하는 이유는 북부에서 유럽 인종의 수가 아주 빨리 증가하는 이유와 유사하다.

메인주에서는 주민 300명에 흑인 1명꼴이다. 매사추세츠에서는 100명에 1명, 뉴욕주에서는 100명에 2명, 펜실베이니아에서는 3명,

메릴랜드에서는 34명, 버지니아에서는 42명, 그리고 사우스캐롤라이나에서는 55명이 흑인이다.[45] 1830년 무렵 백인에 대한 흑인의 비율이 이와 같았다. 하지만 이 비율은 줄곧 달라진다. 매일같이 북부에서는 비율이 작아지고 남부에서는 커지는 것이다.

합중국의 최남단 주들이 북부의 주들처럼 노예제를 폐지한다면 북부의 주들로서는 전혀 개의치 않은 커다란 위험에 봉착할 수밖에 없으리라는 것은 명백하다.

앞에서 우리는 북부의 주들이 어떤 방식으로 노예제에서 자유로의 이행을 준비했는가를 살펴보았다. 그것은 당대의 흑인들은 쇠사슬에 묶어놓은 채 그 자손들을 해방시키는 방식이었다. 이런 방식을 통해 흑인들은 아주 서서히 사회에 편입된다. 자신의 자립을 잘못 사용할 수도 있을 흑인은 예속 상태에 묶어두는 반면에, 자립하기 전에 먼저 자유인이 되는 길을 배울 수 있는 흑인은 해방시키는 것이다.

이러한 방식을 남부 지방에 적용하기는 어렵다. 일정한 기간이

---

45) 캐리(Carey)가 쓴 『식민협회에 대한 서한(*Letters on the Colonization Society and on its probable results*)』에는 다음과 같은 구절이 나온다. "지난 40년 동안 사우스캐롤라이나에서 흑인종은 백인종보다 훨씬 빨리 증가했다. 그리고 메릴랜드, 버지니아, 노스캐롤라이나, 사우스캐롤라이나, 조지아 등 노예를 먼저 도입한 5개 주의 인구를 합산해보면, 1790년에서 1830년에 이르기까지 백인은 이들 주에서 80% 증가한 반면 흑인은 112% 증가했음을 알 수 있다."

1830년 현재 합중국에서 두 인종의 인구는 다음과 같다. 노예제가 폐지된 주들의 경우 백인 656만 5,434명, 흑인 12만 520명, 노예제가 존속하는 주들의 경우 백인 396만 814명, 흑인 220만 8,102명.

지난 후부터 흑인의 후손들이 자유를 얻는다고 선언하는 것은 노예제의 한복판에 자유의 원칙과 관념을 도입하는 것이다. 자신은 법적으로 노예 상태로 묶여 있으면서 자신의 자손들은 노예제에서 풀려나는 것을 보게 되는 흑인들은 그처럼 불공평한 운명에 놀랄 것이다. 짜증나고 화나는 일이다. 이때부터 노예제는 이들이 보기에 오랜 시간과 관습을 통해 다져진 도덕적 힘을 잃게 된다. 이제 노예제는 명명백백한 힘의 남용에 지나지 않을 뿐이다. 흑인은 수가 적고 백인은 아주 많았던 까닭에 북부에서는 이러한 사태를 두려워할 필요가 없었다. 하지만 이러한 자유의 어슴푸레한 여명이 200만 명의 인간을 동시에 비춘다면, 압제자들은 두려움에 떨지 않을 수 없을 것이다.

일단 노예의 자손들을 해방시킨다면, 남부의 유럽인들은 그 즉시로 똑같은 혜택을 흑인종 모두에게 베풀지 않을 수 없게 될 것이다.

앞에서 언급한 대로 북부 지방에서는 노예제가 폐지된 때부터, 아니 노예제가 폐지될 조짐이 보이자마자 이중의 움직임이 나타났다. 노예들은 살던 고장을 떠나서 점점 더 남부로 이송된 반면 북부에 사는 백인들과 유럽에서 온 이주민들이 들어와 흑인의 자리를 메웠다.

이 두 가지 요인은 남부의 끝자락에 있는 주들에서는 동일한 방식으로 작용할 수가 없다. 한편으로 노예들은 숫자가 너무 많기 때문에 그 고장을 떠나리라는 기대를 가질 수 없다. 다른 한편으로 유럽인들과 영국계 아메리카인들은 노동이 아직도 제대로 대접을 받지 못하는 고장으로 살러 오기를 꺼린다. 더구나 그들은 당연하게도 흑인의 비율이 백인의 비율을 능가하거나 그것에 필적하는 주들을 앞으로 심각한 불행에 직면할 주로 간주해서, 그곳에 굳이 땀방울을 쏟으려 하지 않는다.

따라서 남부 주민들은 노예제를 폐지한다고 해서 북부의 동료 주민들이 했던 것처럼 흑인들을 서서히 자유 신분으로 편입시킬 수 없을 것이다. 그들은 흑인 인구를 현저하게 줄여 나갈 뾰족한 방법도 없으며 자기들의 힘만으로 흑인들을 억눌러야 할 것이다. 따라서 몇 년 지나지 않아 자유를 얻은 많은 수의 흑인들이 거의 대등한 수의 백인들과 나란히 사는 것을 보게 될 것이다.

이렇게 되면 지금은 노예제를 유지시켜주는 바로 그 지배 구조가 남부에서 백인들이 맞닥뜨리게 될 가장 큰 위험의 원천이 될 것이다. 오늘날 유럽인의 후손들만이 땅을 소유하고 있다. 그들만이 산업을 지배하고 그들만이 재부와 지식과 무기를 차지한다. 흑인은 이러한 이점들 중 단 한 가지도 지니고 있지 않지만 노예인 까닭에 그런 것들 없이도 지낼 수 있다. 만일 자유를 얻어 스스로 생계를 꾸려 나가야 한다면 그가 이 모든 것 없이도 살아갈 수 있을까? 노예제가 존속했을 때 백인들이 지배하도록 해주었던 모든 것이 노예제가 폐지된 이후에는 백인들을 엄청난 위험에 처하게 만드는 것이다.

흑인을 노예 상태에 내버려 둔다면, 흑인을 짐승과 다를 바 없는 처지에 묶어둘 수 있을 것이다. 하지만 일단 자유를 얻게 된다면 그가 어느 정도 배움을 얻어서 자신의 불행을 깨닫고 그 해결책을 찾아내려 하는 일을 막을 수 없다. 게다가 인간의 마음속에는 정의의 상대성이라는 기묘한 원리가 깊이 뿌리박혀 있다. 요컨대 인간은 서로 다른 계급들 사이에서 드러나는 불평등보다 같은 계급 안에서 존재하는 불평등을 훨씬 더 예민하게 받아들이는 것이다. 사람들은 노예제는 용납한다. 하지만 끝없이 치욕스럽게 머리를 조아리고 대대로 물려받은 비참한 멍에를 짊어진 수백만 시민들의 모습을 어떻게 그냥 두고 보겠는가? 북부 지방에서 해방된 흑인들은 이러한 곤경을 겪고 그 부당함을 느끼지만, 그들의 숫자와 힘은 보잘것없다. 하지만 남부 지방에서 이들은 숫자도 많고 힘도 세다.

백인과 해방된 흑인이 같은 땅 위에서 서로가 서로에게 이방인처럼 살고 있다는 사실을 인정한다면, 앞으로 두 가지 기회밖에 없으리라는 것을 쉽사리 이해할 수 있을 것이다. 요컨대 흑인과 백인은 서로 완전히 뒤섞이거나 완전히 갈라서야 한다.

나는 앞에서 이미 첫 번째 방안에 대한 나의 확신을 피력했다.[46] 나로서는 백인종과 흑인종이 어디에서든 서로 대등한 입장에서 살아갈 수는 없을 것이라고 생각한다.

---

46) 그런데 이러한 견해는 나보다 훨씬 권위 있는 인물들에게서 지지를 받고 있다. 예컨대 제퍼슨은 회고록에서 다음과 같이 쓰고 있다. "흑인의 해방만큼 확실하게 예언할 수 있는 일도 없다. 그리고 서로 대등하게 자유로운 두 인종이 같은 정부 아래서 살 수 없으리라는 것도 마찬가지로 확실하다. 자연과 습성과 견해는 이들 두 인종 사이에 넘을 수 없는 장벽을 쳐놓았다."(Conseil, *Excerpts from Jefferson's Memoirs* 참조)

그러나 나는 다른 어느 곳보다 합중국에서 어려움이 훨씬 클 것으로 생각한다. 물론 한두 명쯤은 고향, 종교, 인종 따위에서 나오는 편견을 벗어날 수 있을 것이다. 그리고 그가 군주라면 사회에 놀라운 변혁을 가져올 수도 있을 것이다. 하지만 사람들 모두가 말하자면 한 단계 높은 수준에 올라서리라고 기대할 수는 없는 일이다.

아메리카인들과 해방된 노예들을 같은 멍에 속에 얽매어놓을 수 있는 폭군이라면 아마도 이들 두 부류를 통혼시킬 수 있을지 모르겠다. 하지만 아메리카에서 민주주의가 득세하는 한 그 누구도 이러한 과업을 도모하려 들지 않을 것이다. 그리고 합중국의 백인들이 자치권을 더 많이 가지면 가질수록 백인들은 백인들끼리만 살려고 할 것이다.[47]

나는 앞에서 혼혈족이 유럽인과 인디언 사이의 진정한 연결 고리가 된다고 말했다. 마찬가지로 백인과 흑인 사이의 진정한 다리는 물라토(mulâtre)이다. 물라토들이 많은 곳에서는 어디서든 이들 두 인종 사이의 혼혈이 불가능하지 않다.

아메리카 대륙의 어떤 지역에서는 유럽인과 흑인이 너무도 뒤섞여 있는 나머지 완전한 백인이나 완전한 흑인을 만나기가 쉽지 않다. 이러한 지경에까지 이르면 사실상 두 인종이 혼혈되었다고, 아니 차라리 양쪽의 혈통을 모두 지니면서 이쪽도 저쪽도 아닌 제

---

47) 만일 앤틸리스 제도에 사는 영국인들이 자치권을 가졌다면, 그들은 모국이 최근에 부과한 노예해방령을 결코 받아들이지 않았을 것이다.

3의 인종이 탄생했다고 말할 수 있을 것이다.

유럽인들 중에서 영국인은 흑인과 가장 피를 섞지 않는 민족이다. 물라토들은 합중국의 북부 지방보다 남부 지방에서 더 많이 눈에 띄기는 하지만 여느 유럽인 식민지에서보다도 찾아보기 힘들다. 합중국에서 물라토들은 아주 소수이다. 이들은 어떤 힘도 없으며 인종 분쟁이 생길 경우 일반적으로 백인 편을 든다. 유럽에서 대영주의 하인들이 대개는 평민에 맞서 귀족 편에 서는 것과 매한가지이다.

영국인들이 타고난 이러한 인종적 우월 의식은 아메리카인에게서 민주정치와 자유가 낳은 개인적 우월 의식에 의해 기묘하게 강화된다. 달리 말하자면 합중국의 백인은 자신의 인종뿐만 아니라 자기 자신에 대해서도 자부심을 지니고 있는 것이다.

백인과 흑인이 합중국의 북부에서 서로 뒤섞이지 않는 마당에 하물며 어떻게 이들을 남부에서 뒤섞는다는 말인가? 앞으로도 줄곧 물질적으로나 정신적으로나 우월한 백인과 그렇지 않은 흑인 사이에 위치해 있을 남부의 아메리카인이 흑인과 뒤섞이려 한다고 도무지 상상인들 할 수 있겠는가? 남부의 아메리카인은 언제나 자신을 남과 구별시켜주는 두 가지 뜨거운 열정을 가지고 있다. 하나는 자신의 옛 노예인 흑인과 비슷해질지도 모른다는 두려움이고, 다른 하나는 자신의 이웃인 백인보다 낮아질지도 모른다는 두려움이다.

앞날을 내다봐야 한다면, 나는 사태의 추이로 봐서 남부에서의 노예제 폐지가 흑인들에 대한 백인들의 거부감을 증대시킬 것이라고 말할 수 있다. 나의 견해는 내가 이미 북부 지방에서 살펴본 이와 유사한 상황에 토대를 두고 있다. 두 인종 사이에 존재하는 법률적 장벽들이 제거되면 될수록 북부의 백인들은 더욱더 세심하게 흑인들을 멀리했다고 나는 앞에서 말했다. 남부에선들 왜 같은 일이 벌어지지 않겠는가? 북부에서 백인들이 흑인들과 뒤섞이기를 두려워할 때, 그들은 상상 속의 위험을 두려워한 것이다. 하지만 위험이 실재하는 남부에서는 두려움이 더 클 수밖에 없으리라고 나는 생각한다.

한편으로 최남단 지방에서 흑인들이 끊임없이 모여들어서 백인들보다 훨씬 빨리 늘어나는 것을 인정한다면(물론 의심할 여지가 없는 사실이다), 그리고 다른 한편으로 흑인들과 백인들이 서로 뒤섞여서 사회에서 똑같은 혜택을 받는 날이 오리라고 예상하기란 애당초 불가능하다는 것을 인정한다면, 남부의 주들에서 흑인들과 백인들이 언젠가 사투를 벌이게 되리라고 결론지어야 하지 않을까?

이러한 사투의 최종 결과는 어떨까?

이 점에 대해서 지금으로서는 막연히 추측할 수밖에 없다는 점은 쉽사리 이해될 것이다. 인간 정신은 앞날의 일을 말하자면 어떤 커다란 테두리 안에 어렵사리 집어넣을 수는 있다. 하지만 이 테두리 안에서 인간의 예측을 피해가는 어떤 우연들이 작용한다. 우연은 통찰의 눈이 꿰뚫고 들어갈 수 없는 어떤 흐릿한 지점들을 미래의 전경 위에 만들어낸다. 그렇기는 하지만 앤틸리스 제도에서는 백인종이 질 것이고 아메리카 대륙에서는 흑인종이 질 것이라고 예측할 수는 있다.

앤틸리스 제도에서 백인들은 거대한 흑인 인구의 한복판에 고립되어 있다. 대륙에서 흑인들은 대양과 수없이 많은 백인들 사이에 끼어 있다. 캐나다의 빙하 지대에서부터 버지니아주의 변경에 이르기까지, 미주리 강줄기에서부터 대서양 연안에 이르기까지, 백인들은 이미 그들의 발이 닿는 모든 곳을 채우고 있다. 북아메리카의 백인들이 계속 단합을 유지한다면, 흑인들이 자신들을 위협하는 파멸을 피할 수 있을 것으로 생각하기는 어렵다. 흑인들은 총검이나 궁핍에 의해 쓰러질 것이다. 하지만 멕시코만 연안에 몰려 있는 흑인들은 만일 두 인종 사이의 싸움이 벌어지고 연이어 아메리카 연방이 해체된다면 해방을 얻을 가능성이 있다. 일단 연방의 결속이 파괴된다면, 남부인들은 북부의 동포들에게서 지속적인 지원을 기대할 수 없을 것이다. 북부인들은 그러한 위험이 자신들에게는 미치지 않으리라는 것을 잘 안다. 북부인들이 남부인들을 원조하러 나설 만큼 어떤 적극적인 의무감에 이끌리지 않는다면, 짐작건대 그것은 그만큼 이들 사이에 인종적 유대가 불충분하기 때문일 것이다.

게다가 언제 투쟁이 벌어지든 간에, 남부의 백인들은 설혹 북부의 원조를 받지 못하게 되더라도 지식과 전력의 엄청난 우세 속에서 싸움을 벌일 것이다. 하지만 흑인들은 수적 우세와 단말마의 힘을 지니고 있다. 이러한 요소들은 무기를 손에 든 사람에게는 강력한 자산이 된다. 아마도 에스파냐 무어인들이 겪은 일을 남부 백인들이 겪게 될지도 모른다. 수백 년 동안 이 땅을 차지한 후에 백인들은 옛날에 자기 조상들이 떠나왔던 나라로 점차 되돌아가고, 결국은 하느님이 자기들에게 약속해주었던 영토의 소유권을 흑인들에게 넘겨줘야 할지도 모른다. 흑인들이 백인들보다 더 쉽게 일하고 별 어려움 없이 살 수 있을 터이니 말이다.

합중국의 남부 지방에 사는 흑인과 백인 사이의 투쟁이라는, 늦어질지언정 피할 수는 없는 이 위험은 아메리카인들의 상상력 속에서 괴로운 꿈처럼 끊임없이 맴돈다. 북부에 사는 주민들은 그들로서는 이러한 위험에 대해 직접 우려할 것이 전혀 없지만 매일같이 이야기를 나눈다. 그들은 예상되는 위험을 벗어날 길을 찾고자 하지만 허사이다.

남부의 주들에서는 침묵이 감돈다. 앞날에 대해서 낯선 이들에게 말하지 않는다. 친구들에게도 속내를 털어놓지 않고, 굳이 말하자면 자기 마음속에만 간직한다. 남부의 침묵에는 북부의 요란스런 염려보다 더 처절한 그 무엇이 있다.

사람들의 뇌리를 감도는 이러한 강박관념은 잘 알려지지는 않았지만, 아마도 인류의 일부분의 운명을 바꾸어놓을 수도 있을 한 가지 사업을 낳았다.

내가 앞에서 말한 위험들을 걱정한 일부 아메리카 시민들이 협회를 결성했는데, 이 협회의 목적은 기금을 조성해서 폭압에서 벗어나고자 하는 해방된 흑인들을 기니(Guinée) 해안으로 돌려보내는 것이었다.[48]

---

48) 이 협회는 '흑인식민협회(Society for the Colonization of Blacks)'라 불렸다.

1820년 내가 말한 협회는 아프리카에서 북위 7도 언저리에 정착지를 세우고 라이베리아(Liberia)라고 이름을 붙였다. 최근의 소식에 따르면 이미 2,500명가량의 흑인이 그곳에 몰려들었다고 한다. 조상들이 떠나온 땅으로 다시 이송되어와서 이들은 여기에 아메리카의 제도를 도입했다. 라이베리아에는 대의제도, 흑인 배심원, 흑인 관리, 흑인 사제가 생겼다. 교회가 들어서고 신문이 발행되었으며, 이 세상의 유위전변을 보여주기나 하듯이 백인들은 여기에 거주하지 못한다는 규정이 만들어졌다.[49]

　정말 기묘한 운명의 장난이 아닌가! 유럽인들이 흑인들을 가족과 고향의 품에서 빼앗아 북아메리카의 해안으로 이송한 지 어느덧 200년이 흘렀다. 이제 유럽인들은 이 흑인들의 후손들을 그들의 조상들이 붙잡혀왔던 바로 그 땅으로 대서양을 횡단해서 다시 되돌려 보내고 있는 것이다. 야만인들은 노예제의 한가운데에서 문명의 빛을 건져냈으며 자치하는 기술을 노예제를 통해 배웠다.

　오늘날까지 아프리카는 백인들의 기예와 과학에 대해 열려 있지 않았다. 하지만 유럽의 지식이 아프라카인에 의해 도입된다면 이제 대륙 전체에 퍼질 것이다. 따라서 라이베리아를 설립한 데에

　협회의 연례 보고서, 특히 제15차 보고서를 참조하라. 그리고 Carey, *Letters on the Colonization Society and on its probable results*(Philadelphia, 1833) 참조.

49) 이 마지막 규정은 정착지 건립자들이 직접 만든 것이다. 합중국의 변경에서 일어나고 있는 것과 비슷한 사태가 아프리카에서도 일어날 수 있다는 점, 그리고 인디언들과 마찬가지로 흑인들도 자신들보다 더 문명화된 인종과 접촉할 경우 문명화되기도 전에 파멸할 수 있다는 점을 우려했기 때문이다.

서는 하나의 고상하고 원대한 이념을 찾아볼 수 있다. 하지만 이 이념은 구세계에서는 비옥한 결실을 약속할지도 모르지만 신세계에서는 불모의 씨앗에 가깝다.

지난 12년 동안 흑인식민협회는 2,500명의 흑인을 아프리카로 되돌려 보냈다. 같은 기간 동안 합중국에서 약 70만 명의 흑인이 태어났다.

라이베리아 식민지가 해마다 수천 명씩의 새 주민을 받아들인다고 해도, 흑인들이 아주 유리한 조건으로 그곳으로 옮겨간다고 해도, 그리고 합중국 정부가 협회를 대신해서 해마다 국고를 출연하고[50] 선박을 동원해서 흑인들을 아프리카로 실어 나른다고 해도, 합중국으로서는 흑인 인구의 자연적 증가조차 상쇄할 수 없을 것이다. 매년 태어나는 흑인 인구만큼을 매년 내보낼 수는 없는 합중국으로서는 본국 안에서 날로 커져만 가는 온갖 악폐를 늦추기도 힘들 것이다.[51]

---

50) 이런 일들에는 여러 난관이 따르기 마련이다. 만일 연방 정부가 아메리카의 흑인들을 아프리카로 이송할 목적으로 이들을 노예 소유주로부터 사들이려 한다면, 흑인들의 가격은 그 희소성에 비례해서 곧 엄청나게 비싸질 것이다. 그리고 북부의 주들은 그들에게 별로 이득이 되지 않는 이러한 일에 돈을 쓰는 데 결코 동의하지 않을 것이다. 만일 연방 정부가 남부의 노예들을 강제로 빼앗거나 강제로 책정한 싼 가격으로 사들일 경우, 남부의 주들에서 엄청난 저항이 일어날 것이다. 두 가지 방법 다 불가능한 것이다.

51) 1830년 현재 합중국에는 흑인 노예 201만 327명과 해방된 흑인 31만 9,439명, 모두 합해서 232만 9,766명의 흑인이 있었다. 당시 합중국 전체 인구의 약 5분의 1에 해당한다.

흑인종은 유럽인의 열정과 악덕의 희생양이 되어 끌려온 아메리카 대륙의 연안을 거의 떠나지 않을 것이다. 흑인종은 생명을 유지하는 한 신세계에서 사라지지 않을 것이다. 합중국 주민들은 그들이 우려하는 불행을 늦출 수는 있다. 하지만 이제 그 불행의 원인을 없앨 수는 없다.

나는 노예제 폐지를 남부의 주들에서 두 인종 간의 투쟁을 늦출 수 있는 수단으로 보지 않는다는 것을 고백하지 않을 수 없다.

흑인들은 불평 없이 오랫동안 노예로 남아 있을 수도 있다. 하지만 일단 자유를 얻게 된다면, 흑인들은 곧 자신들이 시민으로서 누려야 할 거의 모든 권리에서 배제되어 있다는 사실에 분노할 것이다. 그리고 백인들과 대등해질 수 없다는 것을 알고 나면, 흑인들은 주저하지 않고 백인의 적으로 등장할 것이다.

북부에서는 노예들을 해방시키는 것이 누구에게나 이득이 되었다. 노예제는 자유를 얻은 흑인들에 대한 어떤 우려도 없이 폐지될 수 있었다. 해방된 흑인들은 자신들의 권리를 요구하기에는 너무나 수가 적었다. 하지만 남부에서는 사정이 달랐다.

북부에서 노예 소유주에게 노예제의 문제는 상업과 제조업의 문제이다. 하지만 남부에서는 생사가 걸린 문제이다. 그러므로 북부의 노예제와 남부의 노예제를 같은 것으로 취급해서는 안 된다.

내가 만일 몇몇 아메리카 작가들을 뒤쫓아서 흑인 노예제의 원칙을 정당화하려 한다면, 나는 하느님의 진노를 살 것이다. 여기서 나는 단지 한때 이 끔찍한 원칙을 받아들였던 사람들 모두가 오늘날 그 원칙을 마찬가지로 자유롭게 벗어던지지는 못한다는 점을 말해두고자 한다.

남부의 상황을 생각해볼 때, 나는 이 지역에 사는 백인들이 택할 수 있는 길은 두 가지뿐이라는 것을 알게 된다. 흑인들을 해방시키고 그들과 함께 뒤섞여 살거나, 아니면 가능한 한 오랫동안 흑인들을 노예제에 묶어놓고 그들과 떨어져 살거나, 둘 중의 하나이다. 이도 저도 아닌 어중간한 조치들은 내가 볼 때 얼마 안 가서 가장 끔찍한 내란에 이르고 아마도 두 인종 중 어느 한 인종의 절멸에 이르게 될 것이다.

남부의 아메리카인들은 문제를 이러한 각도에서 보며 이에 맞추어 행동한다. 그들은 흑인들과 뒤섞이려 하지 않으며 흑인들을 해방시키려 하지도 않는다.

남부의 주민들 모두가 노예제를 노예 소유주의 재부에 긴요하다고 여기는 것은 아니다. 이 점에 대해서 많은 사람들이 북부 사람들과 견해를 같이하며 노예제가 악폐라는 것을 북부 사람들과 마찬가지로 인정한다. 하지만 이들은 살기 위해서는 어쩔 수 없이 이 악폐를 유지해야 한다고 생각한다.

남부 지방에도 널리 여론이 증대함에 따라 이 지역에 사는 주민들은 노예제가 노예 소유주에게 오히려 해롭다는 것을 알지만, 마찬가지로 이들은 노예제를 폐지하는 일은 그 어느 때보다도 어렵다는 것 역시 잘 알고 있다. 여기서 아주 기묘한 대조가 생긴다. 즉 노예제의 실효성에 대한 논란이 커지면 커질수록 노예제는 더욱더 확고하게 법제화되는 것이다. 그리고 노예제의 원칙이 북부에서 점차로 폐기되는 반면에 남부에서는 바로 더욱더 가혹한 결과들을 바로 이 원칙에서 뽑아낸다.

남부의 주들에서 노예제와 관련된 법률은 오늘날 인간의 법제가 얼마나 뒤틀릴 수 있는가를 보여주기에 충분할 정도로 유례없는 잔혹성을 내보이고 있다. 남부에 거주하는 두 인종의 절망적인 처지를 판단하려면 남부 주들의 법률을 읽어보는 것으로 충분할 것이다.

남부에 사는 아메리카인들이 노예제의 가혹성을 더 증대시킨 것은 아니었다. 오히려 그들은 노예들의 실질적인 부담을 완화시켰다. 고대인들은 족쇄와 죽음으로만 노예제를 유지할 수 있었다. 반면에 합중국 남부의 아메리카인들은 자신들의 권력을 유지하는 데 더 지능적인 보장책을 찾아냈다. 그들은 굳이 표현하자면 인간의 영혼을 전제주의와 폭력으로 물들인 것이다. 고대사회에서는 노예가 족쇄를 끊지 못하도록 예방책을 강구했다. 오늘날에는 족쇄를 끊으려는 욕구 자체를 노예에게서 빼앗는다.

고대인들은 노예의 신체를 묶어두었지만 그의 영혼은 자유롭게 내버려 두었으며 그가 교육받는 것도 허용했다. 이 점에서 고대인들은 일관성 있게 행동했다. 따라서 당시에 노예제에는 자연적인 해결책이 있는 셈이어서, 언젠가 노예는 자유를 얻어 자기 주인과 대등해질 수 있었다.

남부의 아메리카인들은 언젠가 흑인도 자기들과 뒤섞일 수 있으리라고는 결코 생각하지 않기 때문에 흑인들이 읽고 쓰기를 배우는 것을 가혹한 형벌로 금지했다. 백인들은 흑인들이 자기들 수준으로 격상되는 것을 결코 원하지 않으며 흑인들을 가능한 한

짐승의 수준에 묶어두려 한다.

노예가 감당하는 고난을 달래기 위해서라도 자유를 얻을 수 있으리라는 희망이 언제 어느 때든 노예들에게 주어졌다.

하지만 남부의 아메리카인들은 자유를 얻은 흑인이 언젠가 자기 옛 주인과 비슷해질 수 없다면 노예해방은 위험천만일 따름이라는 것을 잘 알고 있었다. 인간에게 자유를 주고 나서 그를 비참하고 굴욕적인 생활 속에 방치해둔다면 노예 반란에 미래의 지도자를 부여해주는 것과 무엇이 다르겠는가? 더욱이 해방된 흑인의 존재가 그렇지 못한 흑인의 영혼 속에 막연한 불안감을 심어주고 자신의 권리에 대한 인식을 어렴풋한 미광처럼 북돋운다는 사실이 오래전부터 지적되어왔다. 따라서 남부의 아메리카인들은 대개의 경우 노예 소유주들에게서 노예를 해방시킬 권한을 빼앗았다.[52]

나는 남부에서 자기 소유의 흑인 여성과 불륜의 관계를 맺고 살았던 한 노인을 만났다. 그는 아이들을 몇 명 낳았는데, 이 아이들은 자기 아버지의 노예로 태어난 셈이었다. 그는 정말 자기 자식들에게 적어도 자유를 물려주려고 여러 차례 생각했으나, 여러 해가 지나도 자녀들의 해방을 가로막는 법률적 장애를 극복할 수 없었다. 그러는 동안에 그는 늙어서 죽을 나이가 되었다. 그는 자기 자식들이 부모의 품을 벗어나 낯선 사람의 채찍 아래서 이 시장에서 저 시장으로 끌려다니는 모습을 상상했다. 이 끔찍한 광경을

---

52) 노예해방이 금지된 것은 아니지만 너무나 그 절차가 까다롭기 때문에 사실상 실현되기 어려웠다.

참다못해 그는 정신착란을 일으켰다. 처절한 절망에 빠져버린 그를 보면서 나는 인간의 법제가 만들어낸 상처를 자연이 얼마나 끔찍하게 복수하는가를 깨달았다.

이러한 악폐는 정말 끔찍하다. 하지만 이 악폐는 오늘날 현대인이 만들어낸 노예제의 원칙 자체에서 예상되는 필연적인 결과가 아닌가?

유럽인들이 자신들과 다른 인종으로부터, 달리 말해 유럽인들 대다수가 다른 인종들보다 열등하다고 여기며 자신들과 혈연적으로 뒤섞인다는 생각만으로도 몸서리치는 바로 그 인종으로부터 노예들을 골랐을 때, 유럽인들은 노예제가 영원할 것이라고 생각했다. 그도 그럴 것이 노예제가 낳은 극단적인 불평등과 자유로운 생활로 인해 자연적으로 생긴 완전한 평등 사이에 지속될 수 있는 어떤 중간 지점이란 있을 수 없기 때문이다. 유럽인들도 이러한 진실을 막연하게나마 알고는 있었지만 굳이 인정하려 하지 않았다. 흑인들이 문제가 될 때마다, 유럽인들은 때로는 자신들의 이해관계에 따라, 때로는 자만심에 따라, 때로는 연민에 따라 행동했다. 우선 그들은 흑인들에게서 인간으로서의 모든 권리를 빼앗아놓고는 그 다음에 흑인들에게 이러한 권리의 가치와 불가침성을 가르쳤다. 그들은 흑인들에게 문을 열어주어 놓고는 정작 흑인들이 들어오려고 하자 치욕스럽게 내쫓았다. 그들은 노예제를 원하면서도 자신들도 모르는 사이에 자유 쪽으로 기울었으며, 그렇다고 완전히 부당하거나 완전히 정의로울 배짱도 없었다.

남부의 아메리카인들이 흑인들과 피를 섞게 될 시기를 예상하는 것이 불가능하다면, 그들이 자신들은 치명적인 피해를 입지 않으면서 노예들에게 자유를 허용할 수 있을 것인가? 그리고 아메리카인들이 자기네 인종을 보호하기 위해서 흑인들을 족쇄에 묶어놓지 않을 수 없었다면, 그들이 바로 그 목적을 이루기 위해 가장 효과적인 수단을 사용한다고 해도 용납되지 않을까?

합중국의 남부에서 일어나는 일은 내가 보기에 노예제의 가장 끔찍하고 동시에 가장 자연스러운 결과이다. 자연의 질서가 뒤집혀 있는 것을 보게 될 때, 그리고 인간들이 법제에 맞서 헛되이 아우성치고 싸우는 것을 보게 될 때, 나는 바로 이러한 치욕의 장면을 만들어낸 우리 시대의 인간들에게는 차라리 그리 큰 분노를 느끼지 않는다. 오히려 나는 천 년 이상 자유를 누린 후에 이 세상에 다시 노예제를 도입한 사람들에게 모든 저주를 퍼붓고 싶다.

남부의 아메리카인들이 노예제를 유지하기 위해 어떤 노력을 기울이든지 간에, 그들이 반드시 성공을 거두는 것은 아니다. 오늘날 노예제는 지구상의 단 한군데에 쏠려 있으며 기독교 세계로부터 부당한 것으로, 정치 경제학으로부터 해로운 것으로 공격당하고 있다. 오늘날 민주주의적 자유와 이성의 시대의 한복판에 웅크리고 있는 노예제는 오래 지속될 수 있는 제도가 결코 아니다. 노예에 의해서든 노예 소유주에 의해서든 노예제는 폐지될 것이다. 둘 중 어느 경우든 엄청난 불행이 뒤따를 것이다.

만일 남부의 흑인들에게 자유를 부여하지 않는다면, 그들은 결국 스스로의 힘으로 탈취할 것이다. 만일 흑인들에게 자유를 부여한다면, 그들은 주저하지 않고 남용할 것이다.

아메리카 합중국은 존속할 것인가?
어떤 위험을 극복해야 하는가?

합중국을 구성하는 개개 주들의 여러 제도들이 유지될 수 있는가의 여부는 부분적으로 연방 자체의 존속 여부에 의존한다. 따라서 우선 합중국의 예측 가능한 운명을 가늠해보아야 할 것이다. 하지만 무엇보다도 다음과 같은 한 가지 사실, 즉 만일 연방이 해체될 경우 현재 연방을 구성하는 주들은 원래의 독립적인 위치로 되돌아가지는 않을 것이라는 사실에 주의를 집중하도록 하자. 해체된다면 그 대신에 하나가 아닌 몇 개의 연방이 구성될 것이다. 이새로운 연방들이 어떤 기준 위에 설립될 것인가를 탐색하는 것은여기서 나의 의도가 아니다. 여기서 나는 과연 어떤 요인들이 현재 연방의 해체를 몰고 올 수 있는가를 보여주고자 할 따름이다.

이 문제를 다루려면 내가 앞에서 이미 거쳐온 길들 중 몇몇을되밟아보아야 할 것이다. 이미 잘 알려진 여러 문제들을 다시 끄집어내야 할 것이다. 이렇게 하면 독자들이 나를 타박할 수도 있다는 것을 나는 잘 안다. 하지만 내가 다루어야 할 문제가 아주 중요하다는 말로 핑계를 대신하도록 하자. 나는 독자들에게 납득시키지 못한 채 넘어가느니 자주 되풀이해서 설명하곤 할 것이다. 그럴 경우 주제를 탓하기보다는 글쓴이를 탓해야 하기 때문이다.

1789년 헌법을 만든 사람들은 연방 권력에 별개의 기반과 압도적인 힘을 부여하려고 애썼다.

하지만 그들은 자신들이 해결해야 했던 문제의 성격 자체에 의해 제약을 받았다. 그들이 떠맡은 일은 단일한 한 국민의 정부를 구성하는 것이 아니라 여러 주들의 연합을 규율하는 것이었다. 그리고 그들은 애초의 의도가 무엇이었든지 간에 언제나 주권의 행사를 분할하지 않을 수 없었다.

이러한 주권 분할의 결과를 제대로 이해하기 위해서는 주권 행위의 여러 양태들을 겉잡아 구별해볼 필요가 있다.

성격상 전국적인 사안들이 있다. 달리 말해서 나라 전체에 영향을 미치는 까닭에 나라 전체를 가장 완벽하게 대변할 수 있는 인물이나 의회에만 위임될 수 있는 사안들이 있다. 대표적으로 전쟁과 외교를 들 수 있을 것이다.

성격상 지역적인 다른 사안들이 있다. 달리 말해서 몇몇 지역에만 영향을 미치는 까닭에 해당 지역에서만 온전히 처리될 수 있는 사안들이 있다. 타운의 예산이 여기에 속한다.

마지막으로 혼합적 성격의 사안들이 있다. 이런 사안들은 나라를 구성하는 개개인 모두에게 영향을 미친다는 점에서 전국적이며, 나라 자체가 개개인 모두를 떠맡아야 할 필요는 없다는 점에서 지역적이다. 시민들의 공민적·정치적 조건을 규율하는 법령들이 바로 그런 것들이다. 어떤 사회도 시민적·정치적 권리들 없이는 존립할 수 없다. 이 권리들은 시민들 누구에게나 골고루 관여한다. 하지만 나라의 존속과 번영을 위해서 이 권리들이 반드시 통일적이어야 하는 것은 아니며, 따라서 이 권리들이 반드시 중앙 권력에 의해 관장되어야 하는 것도 아니다.

따라서 주권 행사의 범위와 관련해서 사안들은 두 가지 분명한 범주로 나뉜다. 이러한 사안들은 그 사회의 정치적 기반이 어떤 것이든 간에 건실하게 정비된 모든 사회에서 찾아볼 수 있다.

이 두 극단 사이에 확실히 구분하기 힘든 많은 사안들, 일반적이지만 그렇다고 전국적이지는 않은, 요컨대 혼합적이라고 부를 만한 사안들이 있다. 이러한 사안들은 성격상 완전히 전국적이지도 않고 완전히 지역적이지도 않다. 따라서 관련 당국들 사이의 협약에 의해서, 그리고 그러한 협약의 취지를 해치지 않는 범위 내에서 이러한 사안들은 전국 정부가 맡을 수도 있으며 지방 정부가 맡을 수도 있다.

주권이란 응당 국민을 구성하는 단순한 개개인들의 집합을 의미한다. 개개인에게 주어진 전국적인 차원의 정부 아래에는 개별적인 세력이든 집단적인 권력이든 전체 주권의 극히 일부분만을 대표할 따름인 기구들이 있다. 이럴 경우에 전국적인 차원의 정부가 본질상 전국적인 사안들뿐만 아니라 내가 앞에서 말한 혼합적인 사안들의 대부분 역시 떠맡는 것이 마땅하다. 지방 당국들은 현지의 복리에 필수 불가결한 만큼의 적은 몫의 주권을 관장할 수 있을 따름이다.

하지만 때로는 연합 이전의 상황으로 말미암아 주권이 기존의 정치체들로 구성되는 경우가 있다. 이 경우 지방 정부는 완전히 지역적인 사안들뿐만 아니라 문제가 되는 혼합적인 사안들의 전부 또는 일부를 떠맡을 수 있다. 왜냐하면 연합하기 전에는 별개의 주권체였으며 여전히 주권의 상당 부분을 대표하는 연방 구성단위들은 연방에 꼭 필요한 권리들의 행사만을 전국 차원의 정부에 양도하기로 동의했기 때문이다.

전국 차원의 정부가 그 본원적인 특권들과는 별도로 혼합적인 성격의 주권적 사안들을 관장할 권리를 갖는다면, 그 힘은 막강해진다. 전국 차원의 정부는 많은 권리를 가질 뿐만 아니라 애당초 갖고 있지 않은 권리도 마음껏 행사한다. 지방 정부는 그들이 당연히 누리던 필요한 특권들마저 빼앗기지 않을까 우려해야 할 처지이다.

이와 달리, 지방 정부가 혼합적 성격의 사안들을 관장할 권리를 지닐 때, 정반대의 경향이 사회를 지배하게 된다. 지배적인 힘은 나라 전체가 아니라 지방에 놓이게 된다. 정국 차원의 정부는 마침내 자신의 존속에 필요한 특권들마저 빼앗기지나 않을까 우려해야 할 처지이다.

따라서 단일한 나라들은 중앙 집중화로, 연방을 구성한 나라들은 분권화로 나아가는 경향이 있다.

이제부터 이러한 일반적인 생각들을 아메리카 합중국에 적용해 보자.

순수하게 지역적인 사안들을 규율할 권리는 불가피하게 몇몇 주들의 몫이었다.

게다가 이 주들은 시민들의 시민적·정치적 권한을 결정할 권리, 사회 성원들의 관계를 규율할 권리, 이들을 재판할 권리 등 요컨대 본질상 일반적이기는 하지만 반드시 전국 차원의 정부에 속하지는 않는 권리들을 지녔다.

나라가 단 한 명의 개인처럼 행동해야 할 경우에 나라 전체의 이름으로 지시를 내릴 권력이 연방 정부에 위임되어 있다는 사실을 우리는 이미 살펴보았다. 연방 정부는 외국에 대해 나라 전체를 대표했으며 공동의 적군에 맞서 연합군을 이끌었다. 한마디로 말해서 연방 정부는 내가 전적으로 전국적 차원이라고 부른 사안들을 떠맡았다.

이러한 주권의 분립에서 연방 정부의 몫은 얼핏 보기에 주 정부들의 몫보다 훨씬 큰 것처럼 나타난다. 하지만 좀 더 자세히 살펴보면 오히려 더 작다는 것을 알 수 있다.

연방 정부는 방대한 사업을 집행하지만 그 활동이 잘 드러나지 않는다. 주 정부는 자잘한 사업들을 처리하지만 항상 바쁘게 움직이며 매 순간 그 존재감을 과시한다.

연방 정부는 나라의 전반적인 이해관계를 관장한다. 하지만 국민의 전반적인 이해관계는 개개인의 행복에 그리 대수로운 영향력을 미치지 못한다.

반면에 지역의 업무는 주민들의 복리에 현저하게 영향력을 미친다.

연방 정부는 나라의 독립과 위대성을 보장하지만, 이러한 것들은 개개인의 마음에 직접 와 닿지 않는다. 하지만 주들은 개개 시민의 자유를 유지하고 권리들을 규율하며 재산을 보호하고 생명과 미래 전부를 보장한다.

연방 정부는 피치자들로부터 아주 멀리 떨어져 있지만, 지방 정부는 모두의 손에 닿는 거리에 있다. 지방 정부의 귀에 닿으려면 목청을 높이는 것으로 충분하다. 중앙 정부에는 국가를 이끌고자 애쓰는 열성적이고 유능한 몇몇 인사들이 있다. 지방 정부에는 그저 해당 주에서만 권력을 얻고자 애쓰며 이해관계에 얽매인 이류급 인사들이 있다. 그런데 이들이야말로 주민들과 가까이 있는 까닭에 주민들에게 더 많은 권력을 행사한다.

따라서 아메리카인들은 연방 정부보다 주 정부에 바랄 것이나 두려워해야 할 것이 더 많다. 그리고 인간 심성의 자연스러운 성향에 따라 아메리카인들은 연방 정부보다 주 정부에 더 기꺼이 매달린다.

적어도 이 문제에 관한 한 아메리카인들의 습속과 감정은 그들의 이해관계와 일치한다.

아담한 규모의 한 나라가 그 주권을 분할해서 연합체 형태를 구성할 경우, 나라의 관례와 습속은 오랫동안 법제와 마찰을 빚게 되고 중앙정부에 법제가 금지하는 영향력을 부여한다. 반면에 연합체 형태로 묶여 있는 작은 단위들이 하나의 단일한 주권체로 통합될 경우, 이와 같은 동일한 요인들이 정반대 방향으로 작용한다. 만일 프랑스가 합중국처럼 연방 형태의 공화국이 된다면, 그 정부는 처음에는 합중국 정부보다 더욱 정열적일 것임을 나는 믿어 의심치 않는다. 그리고 만일 합중국이 프랑스처럼 군주국으로 정체를 바꾼다면, 아메리카 정부는 일정 기간 동안 프랑스 정부보다 더욱 약체일 것이라고 나는 생각한다. 영국계 아메리카인들이 식민지를 세우고 생활하던 당시, 지역 단위의 삶은 이미 뿌리를 내리고 있었으며 같은 주들에 있는 타운들과 주민들 사이에는 긴밀한 관계가 이미 형성되어 있었다. 여기서 사람들은 특정한 사안들을 공통의 관점에서 바라보는 데에, 그리고 특별한 이해관계를 대변하는 특정한 사업들에만 관심을 집중하는 데에 익숙해져 있었다.

연방은 애국심이라는 것으로는 도저히 껴안기 힘든 거대하고 막연한 몸체이다. 반면에 주들은 확정된 형태와 제한된 경계를 가지고 있다. 주들은 거기에 사는 주민들에게 익숙하고 소중한 일정한 수의 일들을 대표한다. 주들은 심지어 향토의 이미지를 떠올리게 하고, 재산, 가정, 과거의 추억, 현재의 노고, 미래의 약속 따위와 동일시된다. 따라서 대개의 경우 개인적 이기심의 확장판에 지나지 않는 애국심은 주 안에 머물기 마련이며 사실상 연방으로까지 이어지지 않는다.

이렇게 이해관계, 습속, 감정 따위가 함께 작용해서 사람들의 진정한 정치 생활이 연방이 아니라 주에서 이루어지도록 이끄는 것이다.

연방 정부와 주 정부가 각각 권한을 행사하는 방식을 살펴본다면 이들 두 정부 사이의 세력의 차이를 쉽사리 알아볼 수 있다.

주 정부가 어느 개인이나 개인들의 집단을 상대할 경우, 주 정부의 어조는 명쾌하고 위압적이다. 연방 정부가 개인을 상대할 때에도 마찬가지이다. 하지만 연방 정부가 주 정부를 상대할 때면, 연방 정부의 어조는 장황하고 세심해지기 시작한다. 연방 정부는 동기를 설명하고 행동을 정당화하며 조목조목 주장하고 끈질기게 권고한다. 요컨대 결코 명령 투로 말하지 않는다. 두 정부가 각각 지니는 헌법적 권한에 대한 의문이 제기될 경우, 주 정부는 대담하게 자신의 권리를 주장하고 나서서 신속하고 정력적인 조치를 취한다. 이러는 동안 연방 정부는 이치를 따지고 논리를 보강하기에 바쁘다. 연방 정부는 국민의 상식, 이해관계, 영예에 호소한다. 연방 정부는 타협하고 협상하며, 어쩔 수 없는 마지막 단계에 가서야 행동에 나선다. 첫눈에 본다면 국민 전체의 권위로 무장하고 있는 것은 바로 주 정부이며 의회는 주를 대표하고 있다고 믿을 수밖에 없을 것이다.

따라서 연방 정부는 그 창건자들의 노고에도 불구하고 앞에서 내가 말했듯이 애초부터 원래의 성격상 다른 어느 정부들보다도 존속하기 위해서 피치자의 자유로운 동의를 필요로 하는 허약한 정부에 지나지 않는다.

주들이 연방 안에 남아 있으려는 의지를 북돋아주는 것이 연방 정부의 목표라는 사실은 어렵지 않게 짐작할 수 있을 것이다. 이러한 전제 조건이 충족되는 때, 연방 정부는 현명하고 강하며 활력적이다. 합중국 헌법에 의해 연방 정부는 으레 개인을 상대하고 통제할 수 있도록, 그리고 일반 의지에 맞서려는 개인의 저항을 쉽사리 물리칠 수 있도록 수립되어 있다. 하지만 연방 정부는 한두 개 이상의 주들이 연방에서 이탈할 수도 있다는 것을 염두에 두고 수립된 것이 결코 아니었다.

만일 오늘날 연방 주권과 주들의 주권이 서로 충돌한다면, 연방이 패배하리라는 것은 쉽사리 알 수 있다. 다툼 자체가 싱겁게 끝나고 말 것이다. 연방 정부는 완강한 저항에 부딪힐 때마다 양보를 거듭할 것이다. 어떤 주가 완강하고 끈질기게 무언가를 요구할 때마다 그런 요구가 언제나 충족되었다는 것은 지금까지의 경험을 통해 드러난다. 그리고 주가 확실하게 행동에 나서기를 거부할 경우에는[53] 으레 그 주에 원할 때 언제든지 행동할 여지를 남겨주었다.

그리고 연방 정부가 설혹 어떤 고유한 권한을 지니고 있다고 해도 이 나라의 상황 때문에 연방 정부가 실질적으로 그 권한을 행사하기 어렵다.[54]

합중국의 영토는 방대하고 개별 주들은 서로 멀리 떨어져 있다. 주민들은 미처 개발되지 못한 거대한 땅덩어리 여기저기에 흩어져 살고 있다. 만일 연방이 무력으로 주들에게 무엇인가 강요하려 한다면, 연방은 독립 전쟁 당시 영국의 처지와 비슷한 상황에 놓이게 될 것이다.

게다가, 아무리 강력한 정부라고 해도, 그 정부가 일단 국가를 조직하는 기본 토대로 받아들인 바로 그 원칙 자체에서 나오는 결과들을 무시하기는 어려울 것이다. 연방은 여러 주들의 자발적인 의지에 의해 형성되었다. 이 주들은 함께 연합했지만 원래의 민족성 (nationalité)을 결코 잃지 않았으며 단일한 동질적인 국민 속으로

---

53) 1812년 전쟁 동안의 북부 주들의 행동을 보라. 제퍼슨은 라파예트에게 보내는 1817년 3월 17일자 서신에서 다음과 같이 말했다. "이 전쟁 동안 동부의 4개 주는 그저 연방에 붙어 있을 따름이었는데, 그것은 마치 산 사람에게 송장이 붙어 있는 형국이었다."(*Correspondance de Jefferson*, published by M. Conseil)

54) 평화의 시대에 접어들어 합중국은 상비군을 유지할 어떤 명분도 찾을 수 없었다. 상비군이 없다면 연방 정부는 반대파를 누르고 전격적으로 주권을 장악할 수 있는 유리한 기회를 활용할 채비를 미처 갖출 수 없을 것이다.

녹아들어 가지 않았다. 만일 오늘날 이 주들 중 어느 하나가 연방 협약에서 자신의 이름을 빼려고 한다면, 그렇게 할 권리가 없다 는 것을 그 주에 납득시키기란 쉽지 않을 것이다. 탈퇴 요청을 거 부하기 위해 연방 정부가 무력에 의존할 수도 법적 권리에 의존할 수도 없으리라는 것은 명백하다.

연방 정부가 하위 구성단위들 중 몇몇이 제기할 수도 있을 저항 을 쉽사리 가라앉히기 위해서는 그 구성단위들 중의 하나 또는 여 럿의 특별 이익이 연방체들의 역사에서 흔히 그러하듯이 연방의 존재 자체와 밀접하게 연결되어 있어야만 할 것이다.

연방으로 묶여 있는 주들 가운데 여러 주들이 연방의 주요 혜택 을 거의 독점하며 전적으로 연방을 통해 번영을 누린다고 가정해 보자. 이 경우에 중앙 권력은 다른 주들의 복종을 유지하기 위한 든든한 지지를 바로 이들 주에서 얻어낼 수 있으리라는 것은 의심 할 여지가 없다. 하지만 이렇게 될 경우 연방 정부는 자기 자신에 게서 힘을 구하는 것이 아니라 연방 자체의 본성과 배치되는 원칙 에서 힘을 구하는 셈이 될 것이다. 주들은 연방으로부터 동등한 혜택을 얻기 위해 연방체로 결속한다. 그런데 지금 앞에서 언급한 경우에는, 연방 정부가 연합한 주들 사이에 혜택을 고르지 않게 분배하는 데에서 힘을 얻어내는 것이다.

이번에는, 연방으로 묶여 있는 주들 가운데 하나의 주가 중앙 권력을 완전히 독점할 만큼 상당히 우월한 지위를 누린다고 가정 해보자. 이 경우에 해당 주는 다른 주들을 마치 예하 조직처럼 취 급할 것이며 연방 주권의 이름을 빌려 정작 자기 자신의 주권을 존중하도록 만들 것이다. 이렇게 될 경우, 연방 정부의 이름으로 중요한 일들이 이루어질 수 있겠지만 사실상 연방 정부는 더 이상 존재하지 않는 것과 매한가지일 것이다.[55]

이 두 가지 경우에, 연합체의 이름으로 행사되는 권력은 그것이 연합체들의 자연적인 상태와 공인된 원칙에서 멀어지는 바로 그만큼 커지게 된다.

아메리카에서 현재의 연방은 모든 주에 유용한 것이 사실이지만 그 어느 주에도 필수 불가결한 것은 아니다. 몇몇 주들은 다른 주들의 명운을 훼손하지 않고도 연방의 유대를 끊을 수 있다. 비록 이 남은 주들의 처지가 조금 궁색해지기는 하겠지만 말이다. 그 어떤 주도 자신의 존속과 번영 여부를 현재의 연합체에 완전히 매어놓고 있지 않다. 마찬가지로 그 어떤 주도 연방을 유지하기 위해 자기만의 남다른 희생을 감수하려 하지 않는다.

다른 한편, 현재로서는 그 어떤 주도 자신의 이익을 위해 연방을 지금 현재의 상태 그대로 유지하는 데 큰 관심을 보이지 않는다. 물론 모든 주가 연방 평의회에서 동일한 영향력을 갖는 것은 아니다. 하지만 어떤 주도 연방 평의회를 압도한다거나 연방에 가입된 주들을 예하 또는 종속 주로 취급할 수 있는 지위에 있지 않은 듯하다.

---

55) 네덜란드 공화국에서는 홀란드주가, 게르만 연방에서는 프로이센 황제가 때로는 연방 정부의 자리를 차지하고 있으며 연방의 권력을 자신들의 개별 이익을 위해 사용하고 있다.

따라서 내가 보기에 만일 연방의 일부 주들이 다른 주들과 갈라서고자 진지하게 원할 경우에 그것을 막을 수 없을 뿐만 아니라 막으려 할 수조차 없다는 것은 의심할 나위가 없다. 따라서 현재의 연방은 연방을 구성하는 모든 주가 계속 남아 있고자 원하는 때까지만 존속이 가능할 것이다.

이 점을 전제한다면, 문제는 훨씬 단순해진다. 요컨대 여기서 주안점은 현재 연방에 가입해 있는 주들이 분리할 수 있는가를 탐색하는 것이 아니라 연방에 남기를 원하는가를 탐색하는 것이다.

현재의 연방이 아메리카인들에게 유용하게 쓰이도록 해주는 요인들 중에서 두 가지 요인이 특히 눈에 띈다.

아메리카인들은 말하자면 대륙에서 홀로이기는 하지만, 교역을 하는 까닭에 그들이 거래하는 모든 족속을 이웃으로 삼을 수 있다. 따라서 아메리카인들은 겉보기에 고고함에도 불구하고 강해질 필요가 있으며 함께 연합해야만 강해질 수 있다.

주들은, 만일 서로 갈라설 경우 외국인에 맞설 대항력을 줄일 뿐만 아니라 머지않아 자기들 땅에 외국인들을 들여놓게 된다. 그렇게 되면 주들은 역내 관세 제도를 도입할 것이고 계곡들마다 멋대로 경계선을 그릴 것이다. 강의 물길을 막을 것이며 하느님이 그들에게 마련해준 거대한 대륙을 개발하지 못하도록 온갖 방법을 다 동원해서 막을 것이다.

오늘날 아메리카인들에게는 두려워할 만한 침략도 없으며, 따라서 상비군을 유지해야 할 필요도 세금을 거둘 필요도 없다. 만일 연방이 해체된다면, 얼마 지나지 않아 이 모든 부담을 떠맡아야 할 것이다.

따라서 아메리카인들은 연방을 유지하는 데 엄청난 관심을 기울인다.

반면에 현재로서는 연방의 일부가 탈퇴를 마음먹을 만한 어떤 실질적인 이해관계도 거의 찾아볼 수 없다.

합중국 지도를 살펴보면, 앨러게니산맥이 북동쪽에서 남동쪽으로 거의 400리으(lieue, 약 1,000마일)나 뻗어 있는 것을 알 수 있다. 그래서 우리는 사람들 사이의 계속된 왕래를 막고 여러 족속들 사이의 필요한 경계를 설정하는 천연의 방벽들 중 하나를 미시시피 계곡과 대서양 연안 사이에 세우는 것이 바로 하느님의 섭리가 아니었을까 생각하게 된다.

하지만 앨러게니산맥의 평균 고도는 800미터를 넘지 않는다.[56] 펑퍼짐한 봉우리들과 주변의 광활한 계곡들은 어느 방향에서나 쉽게 접근할 수 있다. 더욱이 허드슨, 서스키하나, 포토맥 등 대서양으로 흘러드는 큰 강들은 앨러게니산맥 너머 미시시피 분지와 접하는 드넓은 고원에서 발원한다. 이들 강은 이 지역을 떠나[57] 물줄기를 서쪽으로 내쳐버릴 것처럼 보이는 장벽을 뚫고 흐르면서 첩첩산중 한가운데에 누구나 쉽게 접근할 수 있는 천연의 길을 만들어준다.

---

56) 볼네(Volney)의 『합중국 연표』에 따르면, 앨러게니산맥의 평균 고도는 700~800미터이며, 다비(Darby)에 따르면 5,000~6,000피트이다. 프랑스 보주(Vosges) 산맥 최고봉의 높이는 해발 1,400미터이다.

57) Darby, *View of the United States*, p. 64, 79.

따라서 오늘날 영국계 아메리카인들이 거주하는 지역들을 갈라 놓는 어떤 자연적인 장벽도 없다. 앨러게니산맥은 족속들을 갈라 놓기는커녕 주들도 갈라놓지 못한다. 뉴욕주, 펜실베이니아주 그리고 버지니아주는 주의 경계선 안에 산맥을 품고 있으며 산맥의 동쪽은 물론 서쪽으로도 뻗쳐 있다.[58]

오늘날 합중국의 24개 주와 이미 주민들이 살고 있지만 아직 주로 승격되지 않은 3개의 거대한 지역들이 차지한 영토는 무려 13만 1,444평방 리으에 달한다.[59] 이미 프랑스 면적의 거의 다섯 배에 달하는 면적이다. 이 경계 안에서 토질과 풍토와 산물은 아주 다양하다.

영국계 아메리카인들이 차지하고 있는 이 광대한 영토는 연방을 유지해야 하는가 하는 회의를 낳기도 한다. 여기서 두 가지를 구별해서 보도록 하자. 하나의 거대한 제국에 속한 여러 지역들에서는 이따금 상충된 이해관계가 발생하곤 하는데 이러한 이해관계의 상충은 결국 충돌을 불러온다. 이 경우에 나라의 크기는 그 나라가 존속하는 데 가장 큰 장애가 된다. 하지만 이 방대한 영토를 차지하고 있는 사람들이 상충된 이해관계를 갖지 않을 경우 넓은 영토는 번영의 요인이 된다. 그도 그럴 것이 통치의 단일화가

---

58) 앨러게니산맥은 보주산맥만큼 높지 않아서 사람들이 오르기에 보주산맥만큼 힘들지 않다. 따라서 프랑슈콩테, 오트부르고뉴, 알자스 지방이 프랑스에 자연스럽게 연결되어 있는 것만큼이나 앨러게니산맥의 동쪽 사면에 위치한 지역들은 미시시피 계곡으로 자연스럽게 연결되어 있다.

59) 100만 2,600평방 마일에 해당한다. Darby, *View of the United States*, p. 435.

여러 다양한 산물들의 교환을 촉진하고 유통을 용이하게 할 뿐만 아니라 그 가치를 증대시키기 때문이다.

합중국의 여러 다른 지역에서 여러 다른 이해관계를 찾아보기란 그리 어렵지 않다. 하지만 나는 서로 적대적인 이해관계는 본 적이 없다.

남부의 주들은 거의 전적으로 농업에 종사한다. 북부의 주들은 특히 제조업과 상업에 종사한다. 서부의 주들은 제조업과 동시에 농업에 주력한다. 남부에서는 담배, 쌀, 면화, 설탕을 수확하며, 북부와 서부에서는 옥수수와 밀을 수확한다. 이렇게 풍요의 원천은 다양하다. 하지만 이러한 재원을 거두려면 모두에게 공통되고 모두에게 유리한 수단이 필요한데, 그것이 바로 연방이다.

북부 지방은 영국계 아메리카인들의 생산물을 세계 곳곳으로 실어 나르고 전 세계의 생산물을 합중국으로 들여온다. 따라서 북부 지방은 감당해야 할 아메리카의 생산자와 소비자의 수를 가능한 한 최대로 늘리기 위해서 연합체를 현 상태로 유지하는 데 상당한 관심을 기울인다. 남부는 한편으로 북부와 서부, 다른 한편으로 전 세계 사이의 가장 자연스러운 중개자이다. 따라서 북부는 남부와 서부가 연방 안에 머물고 번영하기를 바라마지않는데, 이는 남부와 서부가 북부의 제조업에는 원자재를, 해운업에는 화물을 공급해줄 수 있도록 하기 위해서이다.

남부 지방과 서부 지방 역시 연방의 유지와 북부의 번영에 더 직접적인 관심을 기울인다. 남부의 생산물은 대부분 해외로 수출된다. 따라서 남부와 서부는 북부의 유통 자원을 필요로 한다. 남부와 서부로서는 이들 유통 자원을 효과적으로 보호하기 위해서라도 연방이 막강한 해군력을 보유하기를 바랄 수밖에 없다. 남부와 서부는 함선을 단 한 척도 가지고 있지 않지만 해군의 경비를 기꺼이 부담하려 한다. 그도 그럴 것이 유럽의 함대가 남부의 항구들과 미시시피 삼각주를 봉쇄해버린다면, 노스캐롤라이나와 사우스캐롤라이나주의 쌀, 버지니아주의 담배, 미시시피 계곡에서 재배한 설탕과 면화 따위는 어떻게 되겠는가? 사실 연방 예산의 거의 대부분이 연방을 구성하는 모든 주에 공통된 물질적 이익을 보호하는 데 들어간다고 해도 지나친 말이 아니다.

이러한 상업적 유용성 말고도 남부와 서부는 그 둘 사이에, 그리고 북부와 연합하는 데에서 상당한 정치적 혜택을 얻는다.

남부는 막대한 흑인 인구를 안고 있는데, 이 인구는 지금도 위협적이지만 앞으로는 더욱 그러할 것이다.

서부의 주들은 단 하나의 거대한 계곡 저지대를 차지하고 있다. 서부의 주들을 가로지르는 강들은 로키산맥이나 앨러게니산맥에서 발원해서 미시시피의 물줄기들과 합류하며 마침내 멕시코만으로 흘러든다. 서부의 주들은 그 위치로 볼 때 유럽의 전통과 구세계의 문명들로부터 완전히 단절되어 있다.

따라서 남부의 주민들은 흑인들에 맞서서 스스로를 보호하기 위해서, 서부의 주민들은 세계와의 자유로운 소통이 단절된 채 아메리카 대륙 한가운데 고립되지 않기 위해서 연방의 유지를 바랄 수밖에 없는 것이다.

그런가 하면 북부로서는 이 거대한 대륙을 나머지 세계와 연결하는 고리 역할을 하기 위해서 연방이 유지되기를 바랄 수밖에 없을 것이다.

이렇게 합중국을 구성하는 모든 부분의 물질적 이해관계는 긴밀하게 연결되어 있다. 인간의 비물질적 이해관계라고 부를 수 있는 의견이나 감정 따위에 대해서도 마찬가지 주장이 가능하다.

합중국의 주민들은 조국에 대한 자기들의 애착에 대해 이러쿵저러쿵 많이 이야기한다. 하지만 나는 이해관계에 근거하며 이해관계에 따라 달라지는 이러한 타산적인 애국심을 별로 높이 평가하지 않는다고 밝혀둔다.

아메리카인들은 그들의 조상들이 채택한 연방 제도를 유지해야한다고 일상적으로 공언하지만 나는 이러한 말에 그리 큰 중요성을 부여하지 않는다.

시민들 대다수가 같은 정부 아래 머물게 되는 것은 단합하려는 합리적인 의지에 의해서라기보다는 의견과 감정의 엇비슷함에서 기인하는 어느 정도 비자발적이고 본능적인 동의에 의해서이다.

인간이 같은 우두머리를 받아들이고 같은 법제에 순응한다는 사실만으로 인간이 사회를 형성하고 있다고 보는 견해에 나는 결코 동의하지 않는다. 다수의 인간이 다수의 대상에 대해서 같은 시각에서 생각할 때, 다수의 주제에 대해서 같은 의견을 가질 때, 그리고 같은 사실들에 대해서 같은 인상과 같은 생각을 지닐 때, 이럴 때 비로소 사회가 형성되는 것이다.

이러한 관점에서 문제를 살펴보면서 합중국에서 일어나는 일들을 연구해본 관찰자라면 합중국의 주민들이 지금 24개나 되는 별개의 주권체로 분열되어 있지만 하나의 단일한 국민(peuple)을 구성하고 있다는 사실을 별 어려움 없이 알 수 있을 것이다. 그리고 아마도 영국계 아메리카인들의 연방이 하나의 단일한 법제를 지니고 단일한 군주에 복종하는 유럽의 몇몇 나라들보다 실질적으로 훨씬 동질적인 사회라고 생각하게 될 것이다.

영국계 아메리카인들은 여러 종교들을 가지고 있지만 그들은 모두 같은 방식으로 종교를 바라본다.

그들은 최선의 통치를 가져올 수 있는 수단에 대해서 언제나 견해가 일치하는 것은 아니며, 택해야 할 정부의 형태에 대해서도 늘 의견이 분분하다. 하지만 인간 사회를 규율해야 할 일반적인 원칙들에 대해서는 그들의 견해가 일치한다. 메인주에서 플로리다까지, 미주리주에서 대서양까지, 사람들은 누구나 모든 합법적인 권력이 인민에게서 나온다고 생각한다. 사람들은 자유와 평등에 대해 동일한 관념을 가지고 있으며, 언론, 집회의 권리, 배심제도, 공무원 책임제 등에 대해 같은 견해를 가지고 있다.

정치적·종교적 관념들로부터 일상적인 행동을 규율하고 전반적인 방향을 인도하는 철학적·도덕적 견해로 관심을 돌려보면, 우리는 마찬가지로 동일한 합일점들을 발견할 수 있다.

영국계 아메리카인들[60]은 정치권력의 원천이 시민 대중에게 있

---

60) '영국계 아메리카인들(Anglo-Américain)'이라는 표현으로 나는 그들 대다수를 지칭할 따름이라는 사실을 굳이 밝힐 필요가 있겠는가. 물론 이들 대다수와 다른 견해를 가진 몇몇 개인들이 있을 것이다.

듯이 도덕적 권위의 원천이 보편적 이성에 있다고 생각한다. 그들은 모두의 동의야말로 허용되는 것과 금지되는 것, 옳은 것과 잘못된 것을 구분하는 유일한 척도라고 생각한다. 그들 대다수는 바르게 이해된 자기 이익을 좇는 것만으로도 인간을 정의와 정직으로 인도하기에 충분하다고 생각한다. 그들은 누구나 자기 자신을 스스로 다스릴 수 있는 역량을 지니고 태어나며 어느 누구도 자기 이웃이 행복해지도록 강요할 권리를 지니고 있지 않다고 생각한다. 그들은 누구나 인간의 완벽성에 대한 확고한 신념을 가지고 있으며, 지식의 전파가 반드시 유용한 결과를 가져오는 반면 무지는 치명적인 결과를 초래할 것이라고 생각한다. 그들은 누구나 사회란 진보하는 유기체와 같은 것이라고 여기며, 인류란 그 어느 것도 항구적이지 않은 일종의 변화하는 풍경과 같은 것으로 생각한다. 그리고 그들은 오늘날 그들에게 나은 것으로 보이는 것이 내일이면 더 나은 것으로 대체될 수 있다는 점을 인정한다.

물론 내가 이러한 모든 견해가 옳다고 말하려는 것은 아니다. 단지 나는 이러한 것이 바로 아메리카인들의 견해라고 말할 따름이다.

영국계 아메리카인들은 이렇게 공통의 관념들에 의해 서로 결합되어 있는 동시에, 자부심(orgueil)이라는 하나의 감정에 의해 모든 다른 민족들과 구분되어 있다.

지난 50년 동안 합중국 주민들은 자신들이 신앙심 깊고 교육 수준이 높으며 자유를 누리는 유일한 국민이라는 말을 줄곧 들어왔다. 그들은 민주제도가 오늘날까지 합중국에서는 번성하지만 다른 나라들에서는 실패하고 있다고 생각한다. 이런 까닭에 그들은 자기 자신들에 대해서는 아주 고상한 견해를 가지고 있으며 심지어 자기들은 인류 가운데 특별한 족속이라고 여기는 듯하다.

그렇다면 아메리카 연방을 위협하는 위험들은 이해관계의 다양성에서 나오는 만큼이나 견해의 다양성에서 나온다고 할 수 있다. 위험 요인들은 아메리카인들의 변화무쌍한 성격과 열정에서 찾아져야 할 것이다.

합중국의 거대한 영토에 거주하는 사람들은 거의 모두 같은 뿌리에서 나온 사람들이다. 하지만 풍토와 특히 노예제도가 마침내는 합중국 남부의 영국계 정착민과 북부의 영국계 정착민 사이에 뚜렷한 차이를 만들어냈다.

유럽에서는 일반적으로 합중국에서 노예제도가 남부 지방의 이해관계와 북부 지방의 이해관계를 서로 충돌하게 만들어놓았다고 믿는다. 하지만 나는 한 번도 그렇다고 말한 적이 없다. 노예제는 남부와 북부의 이해관계를 상충되게 만든 것이 아니라 남부 주민들의 성격과 습성을 바꾸어놓았다.

나는 앞에서 노예제가 남부 아메리카인들의 상업적 역량에 어떤 영향을 미쳤는가를 설명했다. 그런데 이러한 영향은 마찬가지로 이들의 습속에까지 미친다.

노예란 어떤 불평도 늘어놓지 않고 모든 일에 아무 말 없이 복종하는 머슴이다. 때로는 주인을 살해할지도 모르지만 절대로 주인에게 항거하지 않는다. 남부에는 노예를 갖지 못할 정도로 가난한 집안은 없다. 남부 아메리카인은 태어나면서부터 집안에서 독재자 행세를 한다. 그가 살면서 가장 먼저 얻게 되는 생각은, 자기는 남들에게 명령을 하도록 태어났다는 것이다. 그가 가장 먼저 익히는 습성은 아무런 저항도 받지 않고 다스리는 기술이다. 따라서 자신이 받는 교육 탓에 남부의 아메리카인은 거만하고 조급하며 폭력적이고 욕망에 들떠 있으며, 장애에 부닥치면 참지 못하는 반면 한 번에 성공하지 못하면 이내 좌절해버리곤 한다.

북부 아메리카인은 어린 시절에 주변에서 노예를 본 적이 없다. 대개의 경우 자기의 일은 자기 자신이 해야 하는 까닭에 그는 자유인 머슴의 시중조차 받지 못한다. 성인이 되어 세상에 나서자마자 먹고살아야 한다는 생각이 언제나 그를 엄습한다. 따라서 그는 일찍부터 자신의 능력의 자연적 한계를 정확하게 깨닫게 된다. 그는 자신에게 맞서는 사람들을 결코 힘으로 내리누르려 하지 않는다. 동료들의 지지를 얻기 위해서는 우선 그들의 호의를 사야 한다는 것을 그는 아주 잘 안다. 따라서 그는 참을성 있고 생각이 깊으며 관대하고 신중하며 계획한 일에 끈질기다.

남부 주들에서는 생활의 절실한 욕구들이 언제나 충족된다. 그러므로 남부 아메리카인은 먹고사는 걱정에 사로잡혀 있지 않다. 그런 일들일랑 다른 이가 다 떠맡기 때문이다. 이런 문제에서 벗어나 있는 까닭에 그의 상상력은 더 원대하고 덜 실제적인 어떤 목표들로 향한다. 남부 아메리카인은 장대함, 사치, 영예, 명성, 쾌락을, 그리고 특히 한가로움을 좋아한다. 그 어느 것도 그에게 생계를 꾸려 나가라고 강요하지 않는다. 절박한 일거리가 없기 때문에 그는 유유자적에 빠져서 유익한 일조차 해보려 하지 않는다.

북부에서는 재산이 균등하고 노예제가 존재하지 않는 까닭에 사람들은 남부에서 백인들이 경멸해마지않을 이런 먹고사는 일감들에 매달릴 수밖에 없다. 그들은 어려서부터 가난을 벗어나는 데 전념하며, 정신과 영혼의 양식보다 물질적 안락을 중시하도록 배운다. 자질구레한 일상사에 매달리다 보니 생각하는 것은 메마르고 단조로우며 전반적이지 못하지만, 더 실제적이고 더 분명하며 정확하다. 잘살려고 하는 것이 그가 노력하는 유일한 목표인 까닭에 그는 곧 탁월한 성취를 이룩한다. 부를 일구기 위해서 어떻게 인간과 자연을 이용해야 하는지를 그는 아주 잘 안다. 구성원 개개인의 번영을 이끌어내려면 사회를 어떻게 조직해야 하는지를, 그리고 모두의 행복을 이끌어내려면 개개인의 이기심을 어떻게 조직해야 하는지를 그는 잘 이해한다.

　북부 사람들은 경험뿐만 아니라 지식도 가지고 있다. 하지만 그들은 결코 학문을 즐거운 소일거리로 받아들이지 않으며 일종의 수단으로 여긴다. 실생활에 유용한 지식만이 그의 관심을 끈다.

　남부 아메리카인은 더욱 충동적이고 활달하며 개방적이고 관대하며 지적이고 영민하다. 북부 아메리카인은 더욱 활동적이고 분별력 있으며 교육 수준이 높고 손재주가 좋다.

　전자는 귀족 신분들에게서나 볼 수 있을 취향과 편견, 취약성과 숭고성을 지니고 있다. 후자는 중간계급들에게서 나타나는 장점과 약점을 다 지니고 있다.

　두 사람을 한 사회 안에 함께 살게 해보자. 두 사람이 동일한 이해관계와 동일한 견해를 지니고 있다고 할지라도 성격과 지식수준과 교양수준이 서로 다르다면, 이 둘은 결코 화합하지 못할 것이다. 국가들의 경우에도 같은 말이 적용될 수 있다.

따라서 노예제도는 아메리카 연방을 그 이해관계의 측면에서 직접적으로 공격하는 것이 아니라 그 습속의 측면에서 간접적으로 공격한다고 말할 수 있다.

13개 주들이 1790년에 연방 협약에 가입했다. 오늘날 연합체는 24개 주들로 이루어져 있다. 1790년에 거의 400만에 육박했던 인구가 지난 40년 만에 네 배로 증가했다. 1830년에 인구는 거의 1,300만에 이르렀다.[61]

이런 정도의 변화에는 항상 위험이 따르기 마련이다.

개인들의 공동체든 국가들의 공동체든 공동체의 지속에 필요한 세 가지 주요 요인이 있다. 공동체 구성원들의 지혜, 구성원 개개의 취약성, 구성원의 수적 제한 등이 바로 그것이다.

대서양 연안을 떠나 서부로 뛰어드는 아메리카인들은 어떤 종류든 구속을 참아내지 못하고 돈벌이에 혈안이 된 모험가들이며 때로는 자기가 살던 주에서 쫓겨난 사람들이다. 황무지 한가운데 도착한 사람들은 서로 잘 알지 못한다. 황무지에는 그들을 묶어놓을 만한 어떤 전통도 가족애도 규범도 없다. 그들에게는 법제의 권위도 허약하며 습속의 권위는 더욱더 허약하다. 따라서 매일같이 미시시피 계곡으로 몰려드는 사람들은 연방의 옛 경계 안에 사는 사람들보다 모든 측면에서 뒤떨어진다. 그럼에도 불구하고 이들은

---

61) 1790년 인구조사 392만 9,328명. 1830년 인구조사 1,285만 6,163명.

이미 연방 기구들에 상당한 영향력을 행사하고 있으며, 자치 능력을 익히기도 전에 공공 업무를 떠맡고 있다.[62]

협회 구성원들이 개별적으로 취약하면 할수록 협회의 존속 가능성은 더 커지는 법이다. 구성원들은 협회에 가입해야만 안전을 확보할 수 있기 때문이다. 1790년 아메리카 연합에 가입한 주들 중 가장 인구가 많은 주의 인구가 50만 명을 넘지 못했을 때,[63] 개개 주들은 자기들이 독립적인 국민 단위로는 아주 보잘것없다고 느꼈으며, 따라서 연방의 권위에 순응하는 편을 택했다. 하지만 뉴욕주처럼 연방에 가입한 주들 중 하나가 200만 명의 인구를 헤아리고 프랑스 영토의 4분의 1에 해당하는 면적을 차지하게 될 때,[64] 그 주는 자신이 막강하다고 자부할 것이다. 그 주는 연방이 여전히 자신의 번영에 유용하다고 여길지는 모르지만 더 이상 연방이 자신의 존립에 필수적이라고 여기지 않는다. 그 주는 연방 없이도 잘해 나갈 수 있다. 그리고 연방에 남기로 동의한다면 서슴없이 연방의 주도권을 쥐려 할 것이다.

연방에 가입한 주들의 숫자가 늘어날수록 연방의 유대는 약해질 수밖에 없다. 같은 관점을 지닌 사람들이 모두 같은 방식으로

---

62) 사실상 이것은 일시적인 위험일 따름이다. 일정한 시간이 지나고 나면 아마도 대서양 연안에서 그러했던 것처럼 서부에서도 사회가 안정과 규율을 되찾을 것임을 나는 의심치 않는다.

63) 1790년 당시 펜실베이니아의 인구는 43만 1,373명이었다.

64) 뉴욕주의 면적은 6,213평방 리으(500평방 마일)이다. Darby, *View of the United States*, p. 435.

사물을 보는 것은 아니다. 관점이 다른 경우에는 더욱더 그러하다. 따라서 아메리카 연방에 가입한 주들의 숫자가 늘어날수록 같은 법제에 대해 모두의 동의를 얻기가 더욱 힘들어질 것이다.

오늘날 연방을 구성하는 여러 부분들의 이해관계가 서로 크게 다르지 않다. 하지만 매일 새로운 도시들이 생기고 매년 새로운 주들이 생기는 나라에서 앞으로 얼마나 다양한 변화들이 일어날지 누가 예상할 수 있겠는가?

영국계 식민지들이 세워진 이후, 주민들의 숫자는 거의 22년마다 배로 늘어났다. 앞으로 백 년간 영국계 아메리카인들의 숫자가 이런 식으로 늘어나는 것을 막을 만한 어떤 요인도 나는 찾을 수 없다. 앞으로 백 년 안에 합중국이 차지한 영토는 1억 이상의 주민들로 뒤덮일 것이고 40여 주들로 나뉠 것이라고 나는 생각한다.[65]

이들 1억 인구가 서로 상충되는 이해관계를 가지고 있지는 않다는 사실을, 아니 오히려 연합의 이점을 골고루 누리고 있다는 사실

---

65) 지난 200년 동안 그러했듯이 만일 인구가 앞으로 한 세기 동안 22년마다 계속 2배로 증가한다면, 합중국의 인구는 1852년에 2,400만 명, 1874년에 4,800만 명, 1896년에 9,600만 명으로 늘어날 것이다. 로키산맥의 동쪽 사면이 농경에 부적합한 것으로 밝혀지더라도 이러한 추세에는 변함이 없을 것이다. 이미 차지한 땅만으로도 이 정도 인구를 수용하기에 충분할 것이다. 현재 합중국을 구성하는 24개 주와 3개 속령에 1억 명 인구가 퍼져 살지만 인구밀도는 평방 리으당 762명에 지나지 않는다. 평방 리으당 1,006명이 사는 프랑스나 1,457명이 사는 영국보다 훨씬 적은 수치이다. 심지어 호수와 산악으로 이루어져 평방 리으당 783명밖에 살지 않는 스위스보다 적은 수치이다. Malte-Brun, *Carnets de Voyages*, vol. VI, p. 92.

을 인정해주자. 하지만 설혹 그렇더라도 이들 1억 인구가 서로 대등하지 않은 40여 주에 따로 흩어져 살고 있다는 바로 그 사실로 인해 연방 정부의 존속 여부는 행운에 속하는 일일 따름이라고 나는 말하지 않을 수 없다.

군이 말하자면 나는 인간의 완전 가능성을 믿는 편이다. 하지만 인간의 천성이 바뀌고 사람들이 완전히 달라질 때까지는, 나로서는 유럽 대륙의 절반에 해당하는 영토에 흩어져 살아가는 40여 개에 이르는 인간 집단들을 하나로 묶어내야 하는 통치체가 과연 오래 존속할 수 있을까에 대해서는 회의적이다.[66] 40여 주들 사이의 경쟁, 야욕, 충돌 따위를 막아내야 할 임무, 이들의 독자적인 행동을 공동 목표의 성취를 향해 이끌어야 할 임무를 지닌 통치체 말이다.

하지만 연방이 커지면서 생기는 가장 큰 위험은 연방 구성원들 사이의 세력 관계가 줄곧 변한다는 사실에서 나온다.

슈피리어호에서 멕시코만까지는 겉잡아 400리으(1,200마일)에 달한다. 합중국의 경계선은 이 엄청난 직선을 따라 굴곡을 이룬다. 때로는 이 경계선 안쪽이 있기도 하지만 대개의 경우 이 경계선을 훌쩍 벗어나 멀리 황무지에까지 뻗쳐 있다. 이 거대한 변경 전역에서 백인들이 해마다 평균 7리으씩 전진하는 것으로 추산된다.[67]

---

66) 합중국 면적은 29만 5,000평방 리으이다. 유럽대륙 면적은 50만 리으이다. Malte-Brun, vol. VI, p. 4.

67) *Legislative Documents*, 20th Congress, n. 117, p. 105.

이따금 경작이 불가능한 불모지, 호수, 인디언 거주지역 등과 같은 예상치 못한 장애물을 만난다. 그러면 대오는 잠시 멈춘다. 대오의 양쪽 끝이 서로 휘어지면서 만난 후 다시 앞으로 전진한다. 로키산맥을 향해서 유럽 인종이 이처럼 서서히 줄기차게 나아가는 모습에는 무언가 하느님의 역사하심이 느껴질 정도이다. 매일같이 하느님의 손길에 이끌려 끊임없이 넘치는 인간들의 홍수를 방불케 한다.

이렇게 선두에 나선 개척자들의 뒤편에 도시들이 세워지고 거대한 주들이 건설된다. 1790년에 미시시피 계곡에는 1,000명의 개척자들이 흩어져 있을 따름이었다. 오늘날 이들 계곡에는 1790년에 연방 전체에 거주하는 만큼의 주민이 살고 있다. 인구는 거의 400만 명에 이른다.[68] 워싱턴 시는 1800년에 아메리카 합중국의 한복판에 세워졌다. 하지만 오늘날에는 한쪽 귀퉁이에 위치해 있다. 멀리 떨어진 서부 주들[69]의 의원들은 연방 의회에 참석하기 위해서 빈에서 파리까지 가는 여행객만큼 먼 거리를 여행하지 않으면 안 된다.

연방에 속한 모든 주가 번영을 향해 동시에 줄달음치고 있다. 하지만 모든 주가 같은 속도로 성장하고 번영할 수는 없다.

합중국의 북부에서, 앨러게니산맥에서 갈라져 나온 지맥들이

---

68) 1830년 인구조사 367만 2,371명.
69) 미주리주의 주도인 제퍼슨 시에서 워싱턴까지의 거리는 1,019마일, 즉 420리으이다(*American Almanac*, 1831, p. 48).

대서양 연안까지 뻗으면서 드넓은 정박지와 항구들을 만들어냈는데, 여기에는 큰 선박들도 언제든지 들어올 수 있다. 이와 달리 포토맥에서 대륙 해안을 따라 미시시피 하구에 이르기까지 평평한 모래톱이 마냥 펼쳐져 있다. 이 지역에서는 거의 모든 강의 하구가 항해에 지장을 초래한다. 간석지에서 멀리 떨어져 있는 항구들은 그 깊이가 일정하지 않아서 북부의 항구들만큼 해운업에 기반시설을 제공하지 못하고 있다.

남부가 북부에 뒤떨어지게 된 데에는 이러한 자연적 요인 외에도 법제적 요인 또한 작용했다.

북부에서는 이미 폐지된 노예제도가 남부에서 존속하고 있다는 것을 우리는 앞에서 살펴보았다. 그리고 나는 노예제도가 남부 농장주들 자신의 번영에 얼마나 치명적인 영향을 미치는가를 살펴보았다.

따라서 북부는 남부보다 상업[70]과 제조업에서 훨씬 더 앞서 있다.

---

70) 남부와 북부의 상업 활동의 차이는 다음 수치로 잘 드러난다. 1829년에 버지니아, 사우스캐롤라이나, 노스캐롤라이나, 조지아 등 남부에서 가장 큰 4개 주의 크고 작은 상선 총 톤수는 5,243톤에 지나지 않는다. 같은 해에 매사추세츠 한 주의 상선 총 톤수는 1만 7,322톤이었다(*Legislative Documents*, 21th Congress, n. 140, p. 244). 따라서 매사추세츠 한 주가 위에서 말한 네 개 주보다 3배나 많은 선박을 보유하고 있었다.

그러나 매사추세츠주는 면적 959평방 리으(7,335평방 마일)에 인구 61만 14명에 지나지 않는 반면, 내가 말한 4개 주의 총면적은 2만 7,204평방 리으(21만 평방 마일), 인구는 304만 7,767명에 달한다. 요컨대 매사추세츠주의 면적은 4개 주 면적의 30분의 1에 지나지 않고 인구는 5분의 1에 지나지 않는다(Darby, *View of the United States*). 노예제도는 여러 측면에서 남부의 상업

물자와 인구가 북부에서 훨씬 빠르게 늘어나는 것은 당연한 일이다.

대서양 연안에 위치한 주들은 이미 반쯤은 채워져 있다. 대다수 토지에는 주인이 있어서 노는 땅이 널려 있는 서부의 주들만큼 많은 이주민을 받아들일 수 없다. 미시시피 분지는 대서양 연안보다 훨씬 비옥하다. 이런저런 이유들에다가 바로 이러한 이유까지 겹치는 까닭에, 유럽인들은 줄기차게 서부로 몰려든다. 이러한 사실은 수치로도 입증된다.

지난 40년 동안 합중국 전체의 주민 수는 거의 3배 늘어난 것으로 집계된다. 하지만 미시시피 분지에서만 같은 기간 동안에 주민 수[71]가 무려 31배나 늘었다.[72]

연방 권력의 중심지도 날마다 바뀐다. 40년 전에 합중국 시민의 대다수는 오늘날 워싱턴 시가 세워진 지점의 주변인 대서양 연안에 살았다. 지금은 사람들이 더욱더 내지 쪽으로, 더욱더 북쪽으로 몰려든다. 앞으로 20년 안에 합중국 시민의 대다수가 앨러게니

발전에 해롭다. 노예제는 백인들에게서 기업가정신을 감소시키고 백인들에게 필요한 선원들을 얻지 못하게 만든다. 일반적으로 선원들은 사회의 최하층에서 충원되기 마련이다. 그런데 남부에서 최하층을 형성하는 것은 바로 노예인데, 이들을 선원으로 고용한다는 것은 사실상 어려운 일이다. 노예들은 백인 선원보다 능력이 떨어질 뿐만 아니라 언제든 바다 한가운데에서 폭동을 일으키거나 먼 곳에 정박할 경우 도주할 우려가 있기 때문이다.

71) Darby, *View of the United States*, p. 444.
72) 내가 여기서 말하는 미시시피 분지에는 앨러게니산맥의 서쪽에 위치한 뉴욕, 펜실베이니아, 버지니아주가 포함되지 않는다는 점을 유의하자. 하지만 이들 지역도 미시시피 분지의 일부를 이루고 있다.

산맥의 서쪽 편에 있으리라는 것은 의심할 여지가 없다. 연방이 존속하는 한, 미시시피 분지는 그 비옥도와 넓이로 보아 틀림없이 연방 권력의 항구적인 중심지가 될 것이다. 앞으로 30년 또는 40년 안에 미시시피 분지는 제몫의 지위를 차지하게 될 것이다. 그렇게 될 경우 이 지역의 인구는 대서양 연안의 인구와 비교하면 어림잡아 40 대 11 정도에 이를 것으로 어렵지 않게 추산해볼 수 있다. 그 후 또 몇 년이 지나고 나면, 애초에 연방을 세웠던 주들은 연방의 주도권을 잃게 될 것이며 미시시피 계곡에 사는 주민들이 연방 기구들을 압도하게 될 것이다.

연방의 권력과 무게 중심이 끊임없이 서쪽과 북쪽으로 옮겨가는 현상은 매 10년마다 인구총조사가 실시되고 각 주에 할당되는 연방의원 수가 새로 책정될 때 여실하게 드러난다.[73]

1790년에 버지니아주에 할당된 의원 수는 19명이었다. 이 숫자는 줄곧 늘어나서 1813년에는 23명에 달했다. 이때부터 줄기 시작해서 1833년에는 21명만을 뽑았다.[74] 같은 기간 동안 뉴욕주는 반

---

73) 지난 10년 동안에 예컨대 델라웨어주의 인구는 5% 늘어난 반면, 미시간 지역의 인구는 250% 늘어난 것으로 밝혀졌다. 같은 기간 동안에 버지니아주의 주민 수는 13% 늘어났고 변경 주인 오하이오주의 주민 수는 61% 늘었다. 『내셔널 캘린더』에 실려 있는 통계 수치를 보면 주들마다 발전 정도가 얼마나 다른지 놀랄 것이다.

74) 앞으로 살펴보겠지만, 지난 10년 동안 버지니아의 인구는 13% 늘었다. 주의 인구가 줄기는커녕 늘어나는데 어째서 할당된 의원 수는 줄어들었는지 설명이 필요하다.

내가 앞에서 인용한 버지니아주를 비교 기준으로 택해보자. 1823년 버지니

대 방향을 걸었다. 1790년에 10명의 의원을 연방의회에 보냈으나, 1813년에는 23명, 1823년에는 34명, 1833년에는 40명을 보냈다. 오하이오주는 1803년에 단 한 명의 의원을 보냈으나 1833년에는 19명을 보냈다.

한 나라의 위세와 재부가 다른 한 나라의 약체와 가난의 직접적인 원인이 되지는 않는다는 사실을 누구나 알더라도, 가난하고 약한 나라와 부유하고 강한 나라가 지속적으로 결합을 유지하리라고 생각하기는 어려울 것이다. 하물며 한 나라가 위세를 잃고 다른 한 나라가 위세를 얻는 중이라면, 그와 같은 결합을 유지하기란 더욱더 어려워질 것이다.

몇몇 주들의 이와 같은 급속하고 불균등한 발전은 다른 주들의 독립을 위협한다. 만일 200만 주민과 40명의 연방의원을 거느린 뉴욕주가 연방의회에서 법률안을 밀어붙인다면, 아마도 성공을 거둘 것이다. 하지만 위세가 막강한 주들이 힘이 약한 주들을 억누

아의 의원 수는 연방 의원 총수에 비례해서 정해졌다. 1833년에도 마찬가지로 버지니아의 의원 수는 1833년 연방 의원 총수에 비례해서, 그리고 지난 10년 동안의 버지니아 인구와 합중국 인구의 증대분에 비례해서 정해졌다. 따라서 버지니아의 새 의원 수 대 옛 의원 수의 비율은 한편으로 연방의 새 의원 총수 대 옛 의원 총수의 비율에 비례하고, 다른 한편으로 버지니아 인구의 증가 대 연방 전체 인구의 증가의 비율에 비례한다. 따라서 버지니아 의원 수가 그대로 유지될 수 있으려면, 주의 인구 증대 대 연방 전체의 인구 증대의 비율이 연방의 새 의원 총수 대 옛 의원 총수의 비율과 역비례해야 할 것이다. 하지만 버지니아의 인구 증대 대 연방 인구 증대의 비율이 연방의 새 의원 총수 대 옛 의원 총수의 비율보다 낮을 경우, 버지니아의 의원 수는 줄어들 것이다.

르려 들지 않는다고 해도, 여전히 위험은 남는다. 위험이란 행위 자체만큼이나 행위의 가능성에도 상존하기 때문이다.

약자는 보통 강자가 내세우는 정의와 분별력을 믿지 않는다. 더디게 발전하는 주들은 행운을 얻어 빨리 발전하는 주들을 불신과 질시의 눈으로 바라본다. 이런 이유로 해서, 합중국의 일부에서 찾아볼 수 있는 뿌리 깊은 근심과 막연한 불안은 다른 지역에서 찾아볼 수 있는 번영과 신뢰감과는 좋은 대조를 이룬다. 남부 사람들이 내보이는 적대적인 태도는 바로 이러한 이유에서 나온다고 나는 생각한다.

아메리카인들 중에서 남부 사람은 연방에서 이탈할 경우 자신들이 가장 고통을 받을 것이라는 점에서 연방에 가장 얽매일 수밖에 없을 것이다. 그럼에도 불구하고 그들만이 유일하게 연방의 테두리를 벗어던지겠다고 으름장을 놓곤 한다. 왜 이런 일이 일어나는가? 남부는 합중국 대통령을 네 명이나 배출했지만[75] 오늘날 연방에서 점점 영향력을 잃고 있다는 사실, 그리고 북부와 서부의 연방의회 의원 수는 늘어나는 데 남부의 의원 수는 줄어들고 있다는 사실을 잘 알고 있다. 열정적이고 성마른 사람들로 가득 차 있는 남부로서는 짜증내고 조급해할 만하다. 남부 사람들은 고통스럽게 자기 자신을 되돌아보고 지난날을 더듬어본다. 혹시 억압당하며 살고 있는 것은 아닌지 매일같이 자문해본다. 연방의 법률 가운데 어느 하나라도 자기들에게 불리하다는 것을 발견하기만

---

75) 워싱턴, 제퍼슨, 매디슨, 먼로.

하면, 연방을 향해 권력 남용이라고 항의한다. 자기들의 열렬한 항의가 받아들여지지 않을 경우, 그들은 성을 내며 자기들에게 부담만을 지울 뿐 이익이 되지 않는 연방에서 탈퇴하겠다고 위협하는 것이다.

1832년 캐롤라이나주의 주민들은 다음과 같이 말했다. "관세법은 북부를 살찌게 하고 남부를 좀먹는다. 그렇지 않다면, 한랭한 기후와 척박한 토양을 가진 북부가 끊임없이 세력과 재산을 늘려가는 반면 아메리카의 정원이라고 할 수 있는 남부가 급속하게 몰락하는 것을 어떻게 설명할 수 있겠는가?"[76]

내가 언급한 변화들이, 각 세대가 적어도 자신들의 삶의 무대를 이루었던 시대의 풍조와 더불어 사라질 수 있는 시간적 여유를 가질 수 있을 정도로 아주 서서히 발생한다면, 위험은 덜할 것이다. 하지만 아메리카에서 사회의 변모는 격심하며 거의 혁명적이라고까지 말할 수 있다. 시민들은 자기가 사는 주가 연방에서 주도권을 행사하는 모습을 지켜본 지 얼마 안 되어서 이내 연방 기구들 안에서 무기력해지는 모습도 지켜볼 수 있었다. 영국계 아메리카인의 나라는 인간만큼 빨리 성장해서 단 30년 만에 출생에서 유년을 거쳐 성년에 이르는 것이다.

그러나 주들이 주도권을 잃는다고 해서 인구도 재부도 잃는다고 생각하면 잘못이다. 그런 주들도 줄곧 번영하며 유럽의 어느

---

76) 관세 무효화를 선언한 사우스캐롤라이나의 회의에 위원회가 보낸 보고서를 참조하라.

왕국보다 빨리 성장한다.[77] 하지만 주들은 자기들의 재부가 인접한 주들의 재부보다 빨리 늘지 않기 때문에 가난해진다고 생각한다. 그리고 자기들의 권력보다 더 큰 권력과 갑자기 마주하게 되기 때문에 권력을 잃고 있다고 생각한다.[78] 요컨대 주들은 이해관계의 측면보다 감정이나 열정의 측면에서 상처받는 것이다. 그런데 연방의 유지가 불가능한 지경에 이르기에는 이것만으로도 충분하지 않을까? 만일 태초 이래 인민과 제왕들이 자신들의 실질적인 이해관계만을 염두에 두어왔다면, 인간들 사이에 전쟁이란 거의 일어나지 않았을 것이다.

그러므로 합중국을 위협하는 가장 커다란 위험은 합중국의 번영 자체에서 나오는 것이다. 번영이 일부 주들에서 재부의 신속한 증대에 따른 도취 상태를 조장하고 다른 주들에서는 재부의 상실에 으레 따라다니는 시기, 불신, 회한의 감정을 불러일으키기 때문이다.

아메리카인들은 이러한 엄청난 발전을 눈여겨보고 기꺼워하는

---

77) 한 나라의 인구는 물론 국부의 첫째 요건이다. 1820년에서 1832년 사이에 버지니아는 하원 의석 2개를 잃었는데 인구는 13.7% 증가했다. 캐롤라이나의 인구는 15%, 조지아의 인구는 51.5% 증가했다(*American Almanac*, 1832, p. 162). 유럽에서 인구가 가장 빨리 증가하는 러시아에서도 인구는 10년 동안 9.5% 증가했을 따름이다. 프랑스는 7%, 유럽 대륙 전체는 4.7% 증가했다(Malte-Brun, vol. VI, p. 95).

78) 그렇지만 담뱃값 하락이 지난 50년 동안 남부 경작자들의 부를 현저하게 경감시켰다는 점은 인정되어야 할 것이다. 하지만 이러한 사실은 남부 사람들은 물론 북부 사람들의 의지와도 무관한 일이다.

경향이 있다. 하지만 내가 보기에 그들은 이러한 추세를 유감과 우려를 가지고 받아들여야 할 듯하다. 합중국의 아메리카인들은 어떤 일을 하든 아마도 세상에서 가장 위대한 국민이 될 것이다. 그들은 북아메리카의 거의 전역을 석권할 것이고 그들이 살고 있는 대륙은 그들의 차지가 될 것이다. 아메리카 대륙은 그들의 손을 벗어날 수가 없을 것이다. 그런데 무엇 때문에 그들은 그 대륙을 차지하려고 벌써 오늘부터 성급하게 달려드는가? 재부와 권력과 영광이 모두 언젠가 그들의 몫이 될 것이다. 그런데 그들은 마치 한순간의 여유도 없다는 듯이 이 거대한 행운을 향해 달려들고 있다.

나는 현재의 연합체의 존속 여부가 연합하고자 하는 구성원 모두의 동의에 전적으로 의존한다는 것을 이미 입증했다고 생각한다. 이러한 전제에서 출발해서 나는 일부 주들이 다른 주들과 갈라서는 원인이 과연 무엇인가를 앞에서 살펴보았다. 하지만 연방이 사멸에 이르는 데는 두 가지 방식이 있다. 연방에 가입한 주들 중 하나가 협약을 파기하고자 하며 난폭하게 연방의 유대를 단절할 수 있다. 내가 앞에서 언급한 대부분의 사례는 바로 이 경우에 해당한다. 그렇지 않다면 독자성의 관례를 되찾으려는 가입 주들의 동시적인 움직임에 의해서 연방 정부가 서서히 세력을 상실할 수 있다. 중앙 권력은 모든 특권을 하나씩 내려놓게 되고 암묵적인 합의에 따라 무기력 상태에 빠지며, 마침내는 자신의 목표를 수행할 역량을 잃게 될 것이다. 그렇게 되면, 이 두 번째 연방도 앞서 말한 첫 번째 연방과 마찬가지로 일종의 노쇠성 우둔 상태에 빠져

쇠잔할 것이다.

연방 유대의 점진적 약화는 종국적으로 연방의 폐기로 드러나게 되지만, 그 자체만으로도 이미 눈에 두드러지는 현상이다. 최종적인 파국을 불러오기 전에 그 전조가 될 이러저러한 많은 사소한 문제들을 만들어낸다. 연합체가 존속하기는 하지만, 이미 연방 정부의 취약성으로 인해 국민은 무기력 상태에 빠지고 무정부 상태가 초래되며 나라의 전반적인 번영에 제동이 걸린다.

영국계 아메리카인들이 서로 갈라서려는 이유를 탐색해본 다음에, 이제 여기서 만일 연방이 계속 존속한다면 연방 정부가 그 행동반경을 넓힐 것인가 좁힐 것인가, 요컨대 연방 정부가 더 활력을 띨 것인가 더 허약해질 것인가를 검토해보는 것이 중요하다.

아메리카인들은 틀림없이 한 가지 커다란 걱정거리에 사로잡혀 있다. 그들은 세계의 대다수 나라들에서 주권의 행사가 몇 명의 수중에 집중되는 경향이 있다는 사실을 깨닫고 아메리카에서도 그렇게 되지나 않을까 걱정한다. 정치인들조차 그러한 공포를 느끼거나 적어도 느끼는 시늉을 한다. 그도 그럴 것이 아메리카에서 중앙집권화는 절대로 인기를 얻지 못할 뿐만 아니라 중앙 권력의 침범에 맞서는 것이야말로 다수의 환심을 사는 최선의 방법이기 때문이다. 아메리카인들은 이렇게 걱정스러운 중앙집권화 경향이 나타나는 나라들은 단일 민족으로 이루어진 나라인 반면에 연방은 여러 민족들로 이루어진 연합체라는 사실을 굳이 인정하려 하지 않는다. 이러한 사실은 유추에 따른 모든 예측을 뒤집어놓기에 충분하다.

나로서는 대다수 아메리카인들의 이러한 걱정이 순전히 상상에 의한 것이라고 말하고 싶다. 아메리카인들처럼 연방의 수중에 주권이 집중되는 것을 걱정하기는커녕, 나는 연방 정부가 눈에 띌 정도로 약화되고 있다고 생각한다.

이 사실을 입증하기 위해 옛날에 일어난 일이 아니라 내가 직접 목도한 일, 즉 우리 시대에 일어난 일을 사례로 들어보자.

합중국에서 일어나는 일을 주의 깊게 관찰해보면, 마치 같은 물길을 서로 반대 방향으로 흐르는 두 개의 물줄기처럼 두 가지 상반되는 경향이 있다는 것을 어렵지 않게 발견할 수 있다.

연방은 지난 45년 동안 존속해왔으며 시간이 흐르면서 연방에 맞서던 지역적 편견들은 거의 사라졌다. 아메리카인 개개인을 자기의 출신 주에 얽어매던 애향심도 누그러들었다. 연방을 구성하는 여러 부분들은 서로 잘 알게 됨에 따라 더욱 가까워졌다. 최선의 소통 수단인 우편제도는 오늘날 황무지 한복판에까지 침투했다.[79] 기선들은 매일 대서양 연안 곳곳을 돌아다녔다. 상품들은 유례없는 속도로 강줄기를 따라 오르내렸다.[80] 인간과 자연이 함께 만들어낸 이러한 편의수단들에 인간의 성마른 갈망, 조급한 심리, 부에

---

79) 1832년 주민 수가 3만 1,639명에 불과하고 거의 개간되지 않은 황무지나 다름 없는 미시간 지구에 940마일에 달하는 우편 도로가 가설되었다. 거의 불모지에 가까운 아칸소 지역에도 1,938마일에 이르는 우편 도로가 깔렸다. 합중국 전역에 신문 우송료만으로도 한 해에 25만 4,796달러가 들어갔다. 『우편총국 보고서(The Report of the postmaster general)』(1833년 11월 30일) 참조.

80) 1821년에서 1831년에 이르는 10년 동안 271척의 기선들이 미시시피 계곡을 적시는 강줄기를 따라 운항했다.

대한 애착 따위가 더해져서, 아메리카인은 쉴 새 없이 자기 집 밖으로 나서서 오가는 많은 동료 시민들과 접촉하고 있다. 그는 자기 나라를 사방으로 돌아다니고 주민들을 만난다. 합중국에 사는 1,300만 주민들만큼 서로가 서로를 잘 아는 주민들은 아마도 프랑스의 지방에서는 찾아볼 수 없을 것이다.

아메리카인들은 서로 뒤섞이는 동시에 서로 동화된다. 풍토, 출신, 제도 따위에 의해 생긴 차이들이 줄어든다. 그들은 점점 더 동일한 모습에 가까워진다. 해마다 수많은 사람들이 북부를 떠나 합중국의 거의 모든 곳으로 흩어진다. 그들은 자기들의 신앙, 의견, 습속을 가지고 간다. 그리고 함께 살게 될 먼저 정착한 사람들보다 한 단계 위의 지식수준을 갖춘 까닭에, 그들은 얼마 지나지 않아 현지의 업무를 장악하고 지역사회를 자기들의 이익에 맞도록 이끈다. 이처럼 북부에서 남부로의 끊임없는 이주는 모든 지방적 특색이 하나의 단일한 국민성으로 합체되는 자극제가 된다. 따라서 북부의 문명은 언젠가 합중국 전역이 따라야 할 공통 기준이 될 듯하다.

제조업이 성장함에 따라 연방에 가입한 모든 주를 연결하는 상업적 유대가 더욱 견고해지고, 연방은 사람들의 생각뿐만 아니라 사회의 습속의 일부가 된다. 1789년 당시 사람들의 상상력을 괴롭혔던 끔찍한 걱정들은 세월이 흐르면서 씻겨 없어졌다. 중앙 권력은 결코 억압적으로 되지 않았으며 주들의 독립성을 파괴하지도 않았다. 중앙 권력은 가입한 주들을 전제 왕정으로 이끌지 않았으며, 연방이 설립되었다고 해서 작은 주들이 큰 주들에 복속된 것도 아니었다. 연방은 지칠 줄 모르고 인구와 재부와 권력을 늘려나갔다.

따라서 나는 오늘날 아메리카인들이 연방으로 합체되는 데 자연적으로 따르는 장애 요인을 1789년 당시보다 훨씬 덜 가지고 있다고, 요컨대 연방에는 옛날보다 적이 없다고 확신한다.

그럼에도 불구하고, 지난 40년 동안의 합중국의 역사를 예의 검토해본다면, 연방 권력이 쇠퇴 중이라는 것을 쉽사리 알아챌 수 있을 것이다.

이러한 현상의 원인을 설명하기란 사실 그리 어렵지 않다.

1789년 헌법이 공포되었을 때, 모든 것이 혼돈 상태였다. 이러한 혼란에 뒤이어 나타난 연방 정부는 우려와 거부감을 자아냈지만 절박한 필요의 산물이었던 까닭에 꽤나 열정적인 지지를 얻었다. 연방 권력은 지금보다 당시에 더 공격을 받았다고는 하지만, 그래도 그 당시에 온힘을 다해 싸운 후 이긴 정부의 경우 으레 그렇듯이 권력의 절정에 도달했다. 당시에 헌법의 해석은 연방 주권을 좁히기는커녕 넓히는 듯 보였다. 연방은 여러 측면에서 대내외적으로 단일 정부에 의해 통치되는 단일한 하나의 국민으로서의 양상을 보여주었다.

하지만 이러한 지점에 다다르기 위해서 국민은 어떤 의미에서 원래의 역량을 넘어서는 힘을 발휘했다고 할 수 있다.

헌법은 개개 주들의 개성을 훼손하지 않았으며, 무릇 유기체의 각 구성 부분들은 독립성을 지향하는 내밀한 본능을 지니기 마련이다. 이러한 본능은 개개 마을이 자치행정에 익숙한 일종의 공화국을 형성하는 아메리카와 같은 나라에서 특히 두드러지게 나타난다.

따라서 연방 주권에 복종한다는 것은 단위 주들로서는 상당한 노력을 요구하는 일이다. 그리고 그러한 노력은 성공을 거둔다고 할지라도 애초에 그러한 노력을 낳은 동기가 희미해짐에 따라서 식어가게 된다.

연방 정부가 제 권력을 확립해감에 따라서 아메리카는 국제사회에서 제 위치를 되찾았으며, 국경에 평화가 다시 찾아오고, 공공 신용도 회복되었다. 혼란에 뒤이어 안정된 질서가 찾아왔으며, 따라서 기업 활동이 늘어나고 자유롭게 번성했다.

바로 이러한 번영 덕에 아메리카인들은 그러한 번영을 가져다준 동기를 잊기 시작했다. 위험이 사라지자, 그 위험을 무릅쓰게 해준 활력과 애국심을 잃어버린 것이다. 자신들을 괴롭히던 근심거리에서 벗어나자 아메리카인들은 서슴없이 일상적인 습성으로 복귀했으며 아무런 저항 없이 자신들의 타고난 성향에 몸을 내맡겼다. 강한 정부가 더 이상은 필요하지 않게 여겨지자 그들은 다시금 그러한 정부를 성가신 것으로 생각하기 시작했다. 연방과 더불어 만사가 형통했으며 어떤 주도 연방에서 이탈하려 하지 않았다. 하지만 어느 누구도 연방 권력의 권한이 더 늘어나는 것을 더 이상 원치 않았다. 총론에서는 연방에 남아 있고자 했지만, 각론에서는 독립을 되찾고자 하는 경향이 뚜렷했다. 요컨대 연방의 원칙은 일상적으로 더욱 쉽게 수용되기는 했지만 거의 적용되지 않았다. 이렇게 연방 정부는 질서와 평화를 가져옴으로써 스스로의 쇠퇴를 앞당긴 셈이다.

사람들의 이러한 속내가 바깥으로 드러나기 시작하자 국민의 감정에 편승해 먹고사는 정치인들이 그러한 성향을 자기들에게 유리한 방향으로 이끌고 가기 시작했다.

 이때부터 연방 정부의 입장은 아주 위태로워졌다. 연방 정부의 적들은 대중들의 지지를 얻었으며, 연방의 권한을 줄이겠다는 공약을 내걸음으로써 연방 선거에서 이길 수 있었다.

 이때부터 연방 정부가 주 정부와 충돌할 때마다 연방 정부는 거의 언제나 한 걸음 뒤로 물러나지 않을 수 없었다. 그리고 연방헌법의 조항을 놓고 해석 문제가 불거질 때마다 거의 언제나 연방에 불리하고 주에 유리한 판결이 내려졌다.

 헌법은 국가 전반에 걸친 이해관계를 처리할 책무를 연방 정부에 부여했다. 이를테면 운하 개통과 같은 연방 전체의 번영과 관련된 대규모 '국내 토목 사업(internal improvements)' 따위를 떠맡거나 고무하는 것은 바로 연방 정부의 몫이라고 생각했던 것이다.

 하지만 주들은 자기들이 아닌 어떤 다른 권위체가 자기들 영토의 일부를 처분할 권리를 가진다는 생각을 선뜻 용납할 수가 없었다. 주들은 중앙 권력이 이러한 식으로 자기네 관할 영역 안에서 실질적인 사업 후견권을 행사하고, 더 나아가 자기네 주의 행정관리들에게 돌아가야 할 권한마저 행사하게 되지 않을까 우려했다.

 연방 권력의 증대에 언제나 반대해온 민주당은 연방의회가 권력을 남용하며 주지사가 지나친 야망을 품고 있다고 비난을 퍼부었다. 이러한 아우성에 겁을 먹은 중앙정부는 마침내 자신의 잘못을 인정하고 자기에게 할당된 영역에서만 권한을 행사하겠다고 물러섰다.

헌법은 외부인 문제를 처리할 특권을 연방 정부에 부여했다. 따라서 이러한 측면에서 볼 때 일반적으로 합중국의 경계선에 살고 있는 인디언 부족들은 연방 정부의 소관 사항이었다. 이 미개인들이 밀려오는 문명권 정착민들 앞에서 뒤로 물러나는 데 동의하는 한, 연방의 권한은 전혀 침해받지 않았다. 하지만 인디언 부족이 특정 장소에 자리를 잡으려 하자마자 인접한 주들은 그 땅덩어리에 대한 소유권과 거기에 살고 있는 원주민들에 대한 종주권을 주장하고 나섰다. 중앙정부는 서둘러 이 두 가지 주장을 다 인정할 수밖에 없었다. 중앙정부는 독립된 국민과 조약을 맺듯 인디언들과 조약을 체결한 후에도 이들 인디언을 다시 주들의 전제적인 입법에 내맡겼던 것이다.[81]

대서양 연안에 자리를 잡은 주들 가운데 몇몇 주들은 유럽인들이 여태껏 발을 들여놓지 않은 황무지 속으로 서부를 향해 끝없이 뻗어 나갔다. 경계가 확고하게 정해진 주들은 인접 주들에 열려 있는 광대한 미래를 부러운 눈으로 바라볼 수밖에 없었다. 이 주들은 다른 주들과 화합한다는 취지에서, 그리고 연방 법규를 장려한다는 취지에서 스스로 경계를 확정하고 경계선 너머에 있는 모든 영토를 연방에 넘겼다.[82]

---

81) 체로키족이 합중국 대통령에게 보낸 서한, 이 문제에 관해 대통령이 관련 당국에 보낸 서한 및 의회에 보낸 메시지를 보라. 이들 문건은 내가 앞에서 인디언 문제를 다루면서 언급한 『입법 문서』에 실려 있다.

82) 1780년에 뉴욕주가 처음으로 토지를 연방에 양도했다. 그 후 버지니아, 매사

이때 이후로 연방 정부는 처음에 연방에 합류한 13개 주들의 경계 너머에 있는 모든 황무지를 소유하게 되었다. 연방 정부는 이 황무지를 나누고 파는 일을 도맡았으며 여기에서 생긴 돈은 전적으로 연방의 금고로 들어갔다. 이 기금으로 연방 정부는 인디언들에게서 땅을 사들이고 새 정착지에 도로를 열었으며 전력을 다해 현지의 발전을 도모했다.

그런데 이전에 대서양 연안의 주민들이 양도한 바로 그 황무지들에서 시간이 흐르면서 새 주들이 생겨났다. 의회는 국민 전체의 이익을 위해 이 주들의 영역 안에 있는 황무지들을 계속 팔았다. 하지만 오늘날 이 주들은 이제 주로서의 위상을 갖춘 만큼 황무지 매각에서 나오는 수익금을 온전히 자기들의 용도에 맞게 사용할 권리를 가져야 한다고 주장한다. 이들의 요구가 점점 위험 수위에 이르자 의회는 연방 정부가 그때까지 누리던 특전의 일부를 빼앗아야 한다고 생각했다. 따라서 1832년 말에 통과된 법률에 의해서, 비록 서부에 새로 생긴 주들이 이 황무지의 소유권까지 얻어내지는 못했지만 황무지 매각 수익금의 대부분을 차지할 수 있었다.[83]

이 나라가 은행에서 얻는 이점을 평가하기 위해서는 합중국을 한 바퀴 둘러보는 것으로 충분하다. 여러 가지 이점이 있겠지만 그중 한 가지가 특히 이방인의 눈을 끈다. 합중국 중앙은행이 발행한

추세츠, 코네티컷, 사우스캐롤라이나, 노스캐롤라이나주가 뉴욕주의 뒤를 따랐다. 마지막으로 조지아주는 1802년에야 토지를 양도했다.

83) 물론 대통령이 이 법률안에 대해 거부권을 행사한 것은 사실이다. 하지만 대통령은 이 법률의 원칙을 전폭적으로 받아들였다. 「1833년 12월 8일 회람」을 보라.

은행권이 은행 본점이 있는 필라델피아에서나 황무지의 변경 지역에서나 같은 값어치로 통용되는 것이다.[84]

하지만 합중국 중앙은행은 상당한 반감의 대상이 되고 있다. 은행 간부들은 대통령의 정책을 반대하는 의견을 공공연히 퍼트린다. 이들이 자신의 영향력을 남용해서 대통령의 당선을 막았다는 비난을 듣는 것도 뜬소문만은 아니다. 따라서 대통령은 온통 개인적인 반감을 품고 은행을 공격하기도 한다. 대통령이 이렇게 앙갚음을 할 수 있는 것은 자신이 다수의 내밀한 본능의 지지를 받고 있다고 여기기 때문이다.

의회가 연방과 커다란 법률적 유대를 맺는 것과 마찬가지로 은행은 연방과 커다란 금전적 유대를 맺고 있다. 따라서 각 주들이 중앙 권력으로부터 독립을 유지하도록 만드는 바로 그 열정이 중앙은행의 무력화에 기여하는 것이다.

합중국 중앙은행은 주 은행들이 발행한 허다한 어음들을 언제나 보유하고 있다. 중앙은행은 언제라도 이 어음들을 주 은행들이 결제하도록 강요할 수 있다. 반면에 중앙은행은 이와 비슷한 위험을 당할까 두려워할 필요가 없다. 가용 기금이 방대한 중앙은행은 이 모든 요구에 충분히 응할 수 있기 때문이다. 하지만 주 은행들

---

84) 합중국 중앙은행은 1816년에 자본금 3,500만 달러로 설립되었다. 중앙은행의 특혜 인가는 1836년에 소멸될 것이었다. 작년에 연방의회가 인가를 갱신하는 법률을 발의했지만 대통령은 재가를 거부했다. 오늘날 양측은 격렬하게 대립하고 있다. 얼마 지나지 않아 중앙은행이 문을 닫으리라는 것은 불을 보듯 뻔하다.

은 버티기 힘들고 업무상 제약을 받으며 자기자본금에 비례하는 만큼만 어음을 발행할 수 있다. 주 은행들은 이러한 유익할 수도 있을 통제를 정말 마지못해서 참아낼 따름이다. 따라서 주 은행들이 사들인 지역 신문들, 그리고 주 은행들과 이해관계를 같이하는 대통령은 중앙은행에 신랄한 공격을 퍼붓는다. 이들은 중앙은행에 맞서 지역의 감정과 고장의 맹목적인 민주주의적 본능을 부추긴다. 중앙은행 간부들은 항구적인 특권 집단을 형성하고 있는데, 그 영향력이 결국 정부 안에 침투해서 언젠가 아메리카 사회의 기반인 평등의 원리를 해치게 될 것이라고 이들은 주장한다.

중앙은행과 그 적들 사이의 싸움은 아메리카에서 주들과 중앙 권력 사이에, 독립 및 민주주의 정신과 위계질서 및 복종 정신 사이에 벌어지는 커다란 투쟁에 딸린 부수적인 사건에 다름 아니다. 물론 연방은행에 반대하는 자들이 다른 면에서 중앙정부를 공격하는 바로 그자들과 꼭 일치하지는 않을 것이다. 하지만 합중국 중앙은행에 대한 공격은 연방 정부에 반대하는 바로 그 성향에서 나온 것이라는 사실과, 중앙은행의 적들이 많다는 것 자체가 연방 정부의 약체화를 나타내는 나쁜 징후라는 사실을 나는 말해두고자 한다.

하지만 연방의 무기력성이 가장 뚜렷하게 드러난 것은 바로 그 유명한 관세 문제에서였다.[85]

---

85) 이 문제의 자세한 내용에 대해서는 『입법 자료집』, 제22차 대회, 제2차 회기, 제30호를 참조하라.

프랑스혁명 전쟁과 1812년 전쟁으로 인해 아메리카와 유럽 사이에 자유로운 통상이 단절되자 합중국 북부에는 공장들이 생겨났다. 다시 평화가 도래하고 유럽 생산품들이 신세계로 밀려들어오게 되자, 아메리카인들은 자국의 신흥 공업을 보호하는 동시에 전쟁으로 진 빚을 탕감할 요량으로 관세 제도를 도입해야만 한다고 믿었다.

공업 육성의 필요성을 거의 못 느끼고 농업에만 의존하는 남부의 주들은 이러한 조치에 곧바로 불평을 나타냈다.

이들의 불평이 지나친 것인지 정당한 것인지 굳이 따져볼 필요는 없을 것이다. 여기서는 단지 있는 그대로의 사실들만을 지적하도록 하자.

1820년 이후 사우스캐롤라이나주는 의회에 보내는 청원서에서 관세법이 '위헌'이고 '억압'적이며 '부당'하다고 선언했다. 이때부터 조지아, 버지니아, 노스캐롤라이나, 앨라배마, 미시시피주가 다소간 거칠게 같은 내용의 항의를 계속했다.

하지만 의회는 이러한 불평에 귀를 기울이기는커녕 1824년과 1828년에 관세를 올렸으며 관세 원칙을 새삼 재확인했다.

이러자 남부에서 '무효화(nullification)'라는 명칭을 지닌 유명한 준칙이 선언되었는데, 굳이 말하자면 다시 등장한 셈이었다.

나는 앞에서 연방헌법의 목적이 결코 하나의 연합을 형성하는 것이 아니라 하나의 국민 정부를 수립하는 것이라고 말한 적이 있다. 합중국의 아메리카인들은 헌법이 명시한 모든 경우에서 단일한 국민(peuple)을 형성할 따름이다. 그리고 이 모든 경우에서 국민의 의지는 모든 입헌국가에서와 마찬가지로 다수의 목소리로 표명된다. 일단 다수가 의사를 표명하고 나면, 그것을 따르는 것이 소수의 의무이다.

바로 이것이 법에 따른 준칙이며, 또한 헌법 전문과 헌법을 만든 이들의 명백한 의사와 부합하는 유일한 준칙이기도 하다.

반면에 남부의 '무효화론자들'은 아메리카인들이 연방을 구성함으로써 결코 단일한 같은 국민을 구성하는 것이 아니라 단지 독립된 개별 국민들의 연합을 구성할 따름이라고 주장한다. 따라서 개개 주는 완벽한 주권을 보유하며 실질적으로는 아니더라도 적어도 법리적으로는 의회의 법률을 자기 나름으로 해석할 권리를 지니고, 더 나아가 헌법에 어긋나고 부당해 보이는 법률들의 집행을 유예할 권리를 지닌다는 것이다.

이러한 관세 무효화 준칙은 남부의 관세 무효화 당파의 사령탑으로 인정받는 캘훈(Calhoun) 씨가 1833년에 합중국 상원에서 한 연설에서 아주 잘 드러난다.

"헌법은 각 주들이 주권자로서 참여하는 계약이다. 그런데 공통 중재자를 전혀 인정하지 않는 당사자들 사이에 계약이 체결되는 경우에는 언제나, 당사자들 각자가 그 계약의 준수 범위에 대해 스스로 판단할 권리를 가진다"라고 그는 말했다.

이와 같은 준칙이 연방적 유대의 기초를 파괴하고, 1789년 헌법으로 아메리카인들이 겨우 빠져나온 무정부 상태를 다시 초래하리라는 것은 자명하다.

사우스캐롤라이나주는 의회가 이러한 항의를 무시한다는 것을 알게 되자 연방 법률에 관세 무효화 준칙을 적용하겠다고 위협했다. 의회가 제도를 밀고 나가자 마침내 격랑이 일었다.

1832년에 사우스캐롤라이나 주민들은[86) 앞으로 취할 비상조치들을 합의하기 위해 전국위원회를 소집했다. 그리고 11월 24일에 이 위원회는 연방 관세법을 무효화하는 법률을 시행령의 형태로 공표했으며, 이와 관련된 모든 세금의 징수를 금지하고 나아가 연방 법원들로 이첩될지도 모르는 항소장들의 접수를 금지했다.[87) 이 훈령은 이듬해 2월부터 발효될 예정이었는데, 만일 의회가 그전에 관세를 철회한다면 사우스캐롤라이나주는 더 이상의 후속

---

86) 주민의 다수를 말한다. 연방당(Union Party)이라 불리는 반대 당파는 항상 연방 관세를 옹호하는 아주 강력하고 활동적인 소수를 형성했다. 캐롤라이나에는 약 4만 7,000명의 유권자가 있었는데 3만 명이 관세 무효화에 찬성했으며 1만 7,000명이 반대했다.

87) 이 시행령에 앞서 시행령을 기초한 위원회의 보고서가 나왔는데, 여기에 법안의 내용과 취지가 잘 설명되어 있다. 34쪽을 읽어보자. "헌법에 의거해 개개 주들에 주어진 권리들이 고의적으로 침해당할 경우, 악폐가 더 이상 지속되지 않도록, 권한 남용에 맞서기 위해 또 '독립 주권체'로서 각자에게 속한 권력과 특권을 각자의 영역 안에서 유지하기 위해 개입하는 것은 주들의 권리이자 의무이다. 만일 주들이 이러한 권리를 가지지 못한다면, 주들은 어엿한 주권체로 자부하기 힘들 것이다. 사우스캐롤라이나는 주 경계의 외부에 위치해 있는 어떤 법원도 주 경계 안에서는 인정하지 않겠다고 선언한다. 사우스캐롤라이나가 주권체로서의 다른 주들과 엄숙한 연합 협정을 맺었다는 것은 물론 사실이다. 하지만 사우스캐롤라이나는 이 협정의 의미를 나름대로 해석할 권리를 요구하며 또 행사할 것이다. 그리고 이 협정이 협정에 조인한 주들에 의해서나 주들이 만든 연방 정부에 의해서 침해당할 경우, 사우스캐롤라이나는 그 침해 정도를 판정하고 정의를 실현하기 위해 채택한 조치들을 판정할 명백한 권리를 기꺼이 행사할 것이다."

조치를 취하지 않을 수도 있다는 단서가 따라붙었다. 뒤늦게 연방 측에서는 연방에 속한 모든 주로 구성되는 특별 회의에 문제를 회부하자는 다소 모호하고 미지근한 의사를 전달했다.

그러는 동안 사우스캐롤라이나주는 민병대를 소집하고 전쟁을 준비했다.

의회는 무슨 일을 했는가? 그동안 항의자들을 무시하던 의회는 항의자들이 손에 무기를 들고 나서자 이들의 주장에 귀를 기울이기 시작했다.[88] 결국 의회는 향후 10년 동안 관세를 정부에 꼭 필요한 최소치만큼으로 점진적으로 줄이는 법률을 통과시켰다.[89] 이렇게 의회는 관세의 원칙을 완전히 폐기했다. 산업을 위한 보호관세 제도가 단순한 재정 부과금으로 대체된 것이다.[90] 패배를 감추기 위해서 연방 정부는 약체 정부들에서나 볼 수 있는 조치에 호소했다. 실제적으로는 양보하면서도 원칙에서는 확고하고자 한 것이다. 의회는 관세법을 수정하는 동시에 또 다른 법률을 통과시켰는데, 이 법률에 의해서 대통령은 사실상 그리 두려워할 필요도 없었던 저항을 무력으로 진압할 수 있는 비상권을 부여받았다.

그러나 사우스캐롤라이나주는 이처럼 하찮은 승리나마 잠시

---

88) 의회가 마침내 이러한 조치를 취하게 된 것은 강력한 버지니아주의 개입 덕이었다. 버지니아주의 입법부는 연방 정부와 사우스캐롤라이나주 사이의 중재자를 자처했다. 그때까지 사우스캐롤라이나는 함께 항의에 나섰던 주들로부터도 완전히 따돌림을 당한 상태였다.

89) 1833년 3월 2일 법.

90) 이 법안은 클레이 씨가 발의했는데, 단 4일 만에 상하 양원에서 압도적인 다수로 통과되었다.

누릴 기회조차 연방 정부에 주려 하지 않았다. 관세법을 무효화시켰던 바로 그 전국위원회가 다시 만나서 연방 정부가 제의한 양보를 받아들였다. 하지만 그와 동시에 전국위원회는 앞으로도 관세무효화 준칙을 더 세게 밀고 나가겠다고 선언했다. 이 말을 입증이라도 하는 듯이, 전국위원회는 대통령에게 비상권을 부여하는 법률을, 그 법률이 절대 발효될 수 없다는 것을 잘 알면서도, 폐기시켰다.

지금까지 말한 거의 모든 조처는 잭슨 장군이 대통령직을 맡은 때에 일어났다. 관세 문제에서 잭슨 대통령이 수완과 열의를 다해서 연방의 권리들을 지지한 것은 물론 부인할 수 없을 것이다. 그럼에도 불구하고 나는 연방 정부를 대표하는 자의 처신이야말로 오늘날 연방 정부가 당면한 허다한 위험들 중 하나라고 믿는다.

유럽에 있는 몇몇 사람들은 잭슨 장군이 합중국의 여러 사안에 대해 행사할 수 있는 영향력에 대해 이런저런 평가를 내놓는다. 하지만 그러한 견해들은 합중국의 문제들을 가까이서 지켜본 사람들에게는 정말 엉뚱해 보인다.

잭슨 장군은 여러 전투들을 승리로 이끌었으며 천성으로든 습성으로든 무력 사용에 쉽게 이끌리고 권력을 탐하며, 심지어 전제자의 성향마저 지니고 있는 연부역강한 인물이라고들 말하곤 한다. 이 모든 것이 아마도 진실일지는 모르지만 이런 진실들로부터 이끌어낸 결론은 아주 잘못된 것들이다.

잭슨 장군이 합중국에 군대 정신을 불어넣고 독재정권을 세우려 하며 지방의 자유를 위협할 수밖에 없을 큰 힘을 중앙정부에 부여하려 한다고 사람들은 생각해왔다. 하지만 아메리카에는 그러한 기도를 꾸밀 시기도 그러한 인물이 등장할 시대도 아직 오지 않았다. 만일 잭슨 장군이 정말로 이런 방식으로 통치하고자 원했다면, 그는 자신의 정치적 지위를 잃고 자신의 목숨마저 위태롭게 만들었을 것이다. 다행히도 그는 그런 일을 기도할 만큼 어설픈 인물은 아니었다.

현 대통령은 연방 권력을 확장하려 하기는커녕, 연방헌법의 가장 명료하고 엄격한 테두리 안에 연방 권력을 가두어놓기를 원하며 연방 정부에 유리할 수 있는 어떤 법리적 해석도 허용하려 하지 않는 당파에 속해 있다. 잭슨 장군은 중앙 집중화의 기수로 자처하기는커녕 개별 주들의 시기심의 대변인 노릇을 하고 있다. 그는 굳이 말하자면 '지방분권화(décentralisante)' 열정에서 나오는 지지를 한 몸에 얻어 대통령에 당선되었다. 그는 매일같이 이러한 열정의 비위를 맞추면서 자신의 지위를 유지하고 승승장구한다. 잭슨 장군은 다수의 노예이다. 요컨대 그는 다수의 의지, 다수의 욕망, 반쯤 드러난 다수의 본능을 따른다. 달리 말하자면 그는 다수의 등장을 알아채고 다수가 가는 길을 앞장선다.

주 정부가 연방 정부와 충동할 때마다, 대통령은 어김없이 앞장서서 대통령의 권한에 의혹의 눈초리를 던진다. 입법부보다 대통령이 더 자신의 권한을 의심하는 것이다. 연방 권력의 범위에 대한 법리 해석 문제가 생길 때마다 어떤 의미에서 대통령 스스로 대통령의 권한에 맞서는 측에 서곤 한다. 스스로 몸집을 줄이고 감추며 물러서려 한다. 물론 그가 원래부터 취약하다거나 연방의

적이라는 것은 아니다. 다수가 남부의 관세 무효화 주장에 반대표를 던졌을 때, 대통령은 이들 다수의 선봉에 섰고 다수가 표명한 준칙을 명료하고 강력하게 내세웠으며 남보다 앞서서 무력에 호소했다. 아메리카 정당들의 표찰을 빌려 표현하자면, 내가 보기에 잭슨 장군은 취향에서는 '연방당'이지만 속셈에서는 '공화당'이다.

이렇게 다수의 환심을 얻기 위해 몸을 낮춘 후에 잭슨 장군은 다시 몸을 일으킨다. 그는 자신의 앞에 놓인 모든 장애물을 치워 없애면서 다수 자체가 추구하는 목표들이나 다수가 시기하는 눈빛으로 바라보지 않을 목표들을 향해 나아간다. 전임 대통령들은 전혀 누려보지 못한 지원을 담뿍 받으면서 그는 어디에서든 아주 쉽게 자신의 개인적인 적수들을 짓밟는다. 그는 자기보다 앞서 그 누구도 감히 도모해보지 못한 조치들을 자기의 책임 아래 떠맡으며, 심지어 국민의 대표들을 모욕에 가까운 경멸적인 태도로 대접한다. 그는 연방의회에서 통과된 법률들에 거부권을 행사하고, 이 거대 기구에 답변해야 할 책무마저 게을리하기도 한다. 그는 말하자면 자신의 주인을 거칠게 다루는 우승마인 것이다. 따라서 잭슨 장군의 권력은 끊임없이 증대하지만 대통령의 권력은 감소한다. 연방 정부는 잭슨의 수중에서는 강한 힘을 행사하지만, 후임자의 수중에서는 힘을 잃을 것이다.

정말 내가 오해하고 있는지 모르겠지만 합중국의 연방 정부가 날로 기력을 잃고 있다. 연방 정부는 조금씩 공공 업무들에서 발을 빼고 점점 더 행동반경을 좁힌다. 원래 약체이기는 했지만 이제는 아예 힘센 체하지도 못한다. 반면에 나는 합중국에서 독립

정신이 개개 주마다 점점 강해지며 지역 정부에 대한 애착이 점점 뚜렷해진다고 믿는다.

주들은 연방을 원했지만 사실상 허울만 남았다. 어떤 경우에는 연방이 강하기를 원하면서도 다른 경우에는 약하기를 원한다. 전쟁이 일어나면 주들은 연방이 나라의 모든 자원과 국민의 모든 힘을 한 몸에 장악하기를 바라지만, 평화가 찾아오면 연방이 더 이상 존속하지 않기를 바란다. 마치 이렇게 무기력과 활력이 교대하는 것이 순리라는 듯이 말이다.

현재로서는, 나는 이러한 여론의 전반적인 흐름이 꺾이리라고는 전혀 생각하지 않는다. 이러한 추세를 낳은 원인들은 줄곧 같은 방향으로 작용하고 있다. 따라서 이러한 추세는 계속될 것이며, 어떤 예외적인 상황이 벌어지지 않는 한, 연방 정부는 날로 허약해질 것이라고 예상할 수 있다.

그러나 연방 권력이 자신의 존재를 지킬 힘도 나라에 평온을 유지할 힘도 없어서 스스로 소멸하게 될 시기는 아직도 요원하다고 나는 생각한다. 연방은 사람들의 습속 안에 깃들어 있으며 사람들은 연방을 원한다. 연방이 가져다주는 결과는 뚜렷하고 그 혜택은 명확하다. 연방 정부의 약화가 연방의 존속을 훼손한다는 사실을 깨닫게 되면 연방의 힘을 증강하는 쪽으로 반작용이 일어나리라는 것을 나는 믿어 의심하지 않는다.

합중국 정부는 오늘날까지 세상에 나타난 모든 연방 정부 중에서 가장 자연스럽게 행동할 수 있는 정부이다. 연방 법률의 해석을 트집 잡아 간접적인 방법으로 연방 정부를 공격하지 않는 한,

연방 정부의 내실을 완전히 뒤바꾸어놓지 않는 한, 여론 변화, 국내 위기, 대외 전쟁 따위로 인해 연방은 돌연 필요한 활력을 되찾을 수 있을 것이다.

내가 밝혀두고자 하는 것은 단지 다음과 같은 사실이다. 우리 프랑스인들 중 많은 사람들은 합중국에서 대통령과 연방 의회로 권력이 집중되기를 원하는 여론 동향이 널리 나타난다고 생각한다. 하지만 나는 이와 정반대되는 흐름이 나타난다고 주장한다. 연방 정부가 연륜을 더해가면서 세력을 갖추어 주들의 주권을 위협하기는커녕 날로 쇠약해지며 오히려 연방의 주권이 위험에 처해 있다고 나는 생각한다. 오늘날 나타나는 일들이 비로 이것이다. 이러한 추세의 최종 결과는 무엇인가? 어떤 사건들이 지금 내가 묘사한 이러한 추세를 제어하고 늦추거나 저지할 수 있겠는가? 앞날은 가리어져 있다. 나로서는 장막을 걷을 수 있는 능력이 없다.

합중국의 공화 제도들과 그 존속 가능성

연방의 해체는 오늘날 연합체를 구성하는 개개 주들 안에 전쟁을 불러오고 상비군, 독재, 중과세 따위를 가져옴으로써 결국은 공화 제도들의 운명을 훼손하게 될 것이다.

하지만 공화정의 미래와 연방의 미래를 혼동해서는 안 된다. 연방은 상황이 허용하는 동안만 존속하게 될 우연적인 사건인 반면에, 공화정은 내가 보기에 아메리카인들의 자연적인 상태이다. 그리고 행여나 공화정이 군주정으로 바뀌려면 상충되는 요인들이 언제나 같은 방향으로, 그것도 아주 오랫동안 작용해야만 할 것이다.

연방은 주로 연방을 만든 법제 안에 존재한다. 그러므로 단 한 번의 혁명으로, 단 한 번의 여론 변화로 연방은 영원히 파괴될 수 있다. 하지만 공화정은 더 깊은 뿌리를 갖고 있다.

합중국에서 공화정이 의미하는 것은 사회가 자기 자신에 대해 행하는 성급하지도 요란하지도 않은 행위이다. 그것은 인민의 계명된 의지에 실제적으로 의존하는 정규적인 상태를 뜻한다. 그것은 결정들이 오랫동안 숙고되고 서두르지 않고 논의되며 무르익은 후에 집행되는 타협적인 통치를 뜻한다.

합중국에서 공화주의자들은 습속을 높이 평가하고 신앙심을 존중하며 권리들을 인정한다. 그들은 무릇 인민은 자유를 누리는 바로 그만큼 도의적이어야 하고 종교적이어야 하며 절제할 줄 알아야 한다는 식의 견해를 피력한다. 합중국에서 공화정이라고 부르는 것은 다수의 조용한 지배이다. 인정받고 존재감을 입증하는 시간을 거친 후에 다수는 권력의 공통 원천이 된다. 하지만 다수 자체가 전능한 것은 아니다. 다수의 위편에, 도의의 세계에는 인간성, 정의, 이성 따위가 있으며, 정치의 세계에는 기득권이 있다. 다수는 이 두 가지 장벽을 인정한다. 그리고 만일 다수가 이 장벽을 침범한다면 그것은 다수도 개개인과 마찬가지로 열정을 가지고 있기 때문이며 개개인과 마찬가지로 옳은 일을 분별하면서도 나쁜 일을 저지를 수 있기 때문이다.

하지만 유럽에서 사람들은 이상야릇한 것들을 만들어냈다. 몇몇 사람들에 따르면 공화정은 지금까지 우리가 믿는 것처럼 다수의 지배가 아니라 다수를 위해 보증을 서는 사람들의 지배라는 것이다. 이러한 종류의 정부들에서 지도하는 자는 인민이 아니라 인민의 가장 큰 이익이 무엇인지를 아는 사람들이다. 이러한 정말로 기묘한 구분에 의해서, 국민의 뜻을 묻지도 않으면서 국민의 이름으로 행동하고 국민을 짓밟으면서도 국민의 인정을 요구하는 사태가 발생한다. 그렇다면 공화제 정부는 응당 무엇이든 할 권리를 지니는 유일한 정부요, 가장 고귀한 도덕률에서 진부하기 짝이 없는 상식적인 규정들에 이르기까지 여태껏 인간이 존중해온 것들을 경멸할 수 있는 유일한 정부인 셈이다.

우리가 살고 있는 시대까지 사람들은 전제정치란 어떤 형태를 취하든 나쁜 것이라고 생각해왔다. 하지만 오늘날 우리는 이 세상에 인민의 이름으로 행사되기만 한다면 합법적인 압제나 신성한 부정의가 존재할 수 있다는 것을 알게 되었다.

공화정에 대해 아메리카인들이 갖고 있는 생각은 이들이 이 제도를 아주 쉽사리 활용하도록 해주며 이 제도의 존속을 보장해준다. 아메리카에서 공화 정부의 실제는 자주 잘못 나가기는 해도 적어도 그 이론은 옳으며, 결국 인민은 언제나 공화 정부에 맞추어 살기 마련이라고 생각하는 것이다.

애초에 아메리카에서 중앙 집중화된 행정을 수립한다는 것은 불가능했으며 지금도 아주 어려울 것이다. 사람들이 너무도 넓은 공간에 흩어져 살고 너무도 많은 자연적 장애물로 분리되어 있어서 어떤 단일한 기구가 사람들의 일상생활을 속속들이 지도한다는 것은 애당초 불가능하다. 따라서 아메리카는 주 정부나 자치 정부에 적합한 나라이다.

신세계의 유럽인들이라면 누구나 알고 있는 이러한 요인에 영국계 아메리카인들은 자신들에게 고유한 몇 가지 다른 요인들을 덧붙였다.

북아메리카 식민지들이 설립되던 당시에 자치행정은 이미 영국인들의 법제와 습속에 스며들어 있었고 영국계 이주민들은 그러한 자치를 필요한 것일 뿐만 아니라 값비싼 자산으로 받아들였다.

게다가 앞에서 우리는 식민지들이 어떻게 건설되었는지를 살펴보았다. 어느 지역에서나, 말하자면 어느 구역에서나 서로 잘 모르는 사람들이 서로 다른 목적으로 느슨하게 연결된 채 끼리끼리 모여들어 살았다.

따라서 합중국의 영국계 이주자들은 처음부터 어떤 공통의 중심지에도 연결되지 않은 수많은 별개의 작은 사회들로 나뉘어 살았다. 이들 개개 작은 사회는 마땅히, 그리고 쉽사리 도움을 청할 수 있을 중앙의 권위체를 어디서도 찾을 수 없었던 까닭에 자기의 일은 자기 스스로 처리해야만 했다.

이렇게 나라의 자연환경, 영국계 식민지들이 세워진 방식, 초기 이주민들의 습성 등 이 모든 것이 어우러져서 놀라울 정도로 주와 지방의 자치를 발전시켰다.

따라서 합중국에서 나라의 제도들 전반이 기본적으로 공화적이라고 할 수 있다. 합중국에서 공화정의 토대를 형성하는 법제들을 항구적으로 파괴하려면, 모든 법제를 한꺼번에 폐기해야만 할 것이다.

만일 오늘날 어느 당파가 합중국에 군주정을 수립하려 한다면, 그 당파는 프랑스에서 지금 즉시 공화정을 선포하려는 당파보다 더 어려운 처지에 놓일 것이다. 왕권은 미리 준비된 알맞은 입법 체계를 결코 찾을 수 없을 것이며, 그러면 공화 제도들에 둘러싸인 군주정을 보게 될 것이다.

군주정 원리가 아메리카인들의 습속 안에 파고들기는 무척 어려울 것이다. 합중국에서 주권재민의 원리는 습성이나 지배적인 사상들과 무관한 별개의 원칙이 결코 아니다. 오히려 그것은 영국계 아메리카인들의 세계 전체를 둘러싸는 일련의 여론들의 최종 연결 고리라고 할 수 있다. 하느님은 누구든 개인에게 자기 자신에게만 관련된 일들에서 스스로 이끌어 나갈 수 있도록 필요한 만큼의 이성을 부여하셨다. 합중국에서 시민사회나 정치사회가 기초하고 있는 대전제가 바로 이것이다. 가장은 아이들에게, 주인은 노예들에게, 타운은 그 행정관들에게, 카운티는 타운들에, 주는 카운티들에, 연방은 주들에 이 전제를 적용한다. 이렇게 국가 전체에 확대될 경우, 이것은 주권재민의 원칙이 된다.

따라서 합중국에서 공화정의 기본 원리는 인간 행동의 대부분을 규율하는 원리와 똑같다. 공화정은 법제로 확립되어 있는 동시에, 굳이 말하자면 아메리카인들의 사상, 견해 그리고 온갖 습성들에 스며들어 있다. 따라서 법제를 바꾸는 데 성공하려면, 아메리카인들 스스로 완전하게 바뀔 수 있어야 할 것이다. 합중국에서 최대 다수 사람들의 종교는 바로 공화정인 셈이다. 그도 그럴 것이 정치가 현세의 이해관계를 돌보는 일을 모두의 상식에 내맡기

듯이, 종교는 내세의 진실을 각자의 이성에 내맡겨두니 말이다. 따라서 법률이 개개 시민에게 자신의 정부를 선택할 권리를 인정하는 것과 마찬가지로, 종교는 개개인이 천당에 이르는 길을 자유롭게 선택할 수 있다는 데 동의한다.

자명한 일이지만, 단지 모두 같은 방향성을 갖는 일련의 사실들이 오래 누적되어야만 이러한 법제, 의견, 습속 전체를 그와 상반되는 법제, 의견, 습속으로 바꾸어놓을 수 있을 것이다.

만일 아메리카에서 공화정의 원칙들이 사멸하게 된다면, 그것은 자주 중단되었다가 다시 되풀이되는 오랜 사회적인 과정을 거친 이후의 일일 것이다. 이 원칙들은 여러 차례 되살아날 것이며, 완전히 새로운 사람들이 나타나서 지금 살고 있는 사람들을 대체할 때까지는 절대 사라지지 않을 것이다. 그런데 이와 같은 변혁이 일어날지는 누구도 알 수 없는 일이며, 어떤 징후도 보이지 않는다.

합중국에 첫발을 디딘 사람들을 가장 놀라게 하는 장면은 정계 주변의 요란스러운 움직임이다. 법제는 끊임없이 바뀌고 있으며, 그리도 변덕스러운 욕구를 지닌 사람들이 현재의 정부 형태를 완전히 새로운 정부 형태로 대체하지 않고 참아낸다는 것은 얼핏 보아도 불가능할 지경이다. 하지만 이러한 우려는 설익은 것이다. 정치제도들에는 두 종류의 불안정성이 있는데, 이 두 가지를 혼동해서는 안 된다. 첫 번째는 부차적인 법제들과 관련되는 것으로, 이러한 불안정성은 견실한 사회 안에서도 오랫동안 남을 수 있다. 두 번째는 헌정의 토대 자체를 끊임없이 뒤흔들고 법제의 기초 원칙들을 공격한다. 이러한 불안정성에는 항상 혼란과 격변이 뒤따르며, 불안정을 겪는 나라 전체가 격심한 과도기 상태에 놓이게 된다. 이 두 종류의 불안정성은 시간과 장소에 따라 때로는 한꺼번에 때로는 별개로 존속했다는 점에서 서로 어떤 필연적인 연관성을 가지고 있지는 않다는 것을 우리는 경험을 통해 알 수 있다. 첫 번째는 합중국에서 찾아볼 수 있지만 두 번째는 찾아보기 힘들다. 아메리카인들은 법제를 자주 바꾸지만 헌정의 토대는 늘 존중되는 것이다.

루이 14세 시대의 프랑스에서 군주제 원칙이 군림했듯이, 오늘날 아메리카에서는 공화제 원칙이 지배한다. 당시 프랑스인들은 군주정을 지지했을 뿐만 아니라 다른 어떤 것으로 군주정을 대체할 수 있으리라고는 생각조차 못했다. 그들은 마치 태양의 운행이나 계절의 변화를 받아들이듯이 너무도 당연하게 군주제를 받아들였다. 왕권에는 적대자도 옹호자도 없었다.

마찬가지로 아메리카에서는 공화정이 어떤 논란도, 어떤 반대도, 어떤 근거도 없이 존재한다. 묵시적인 합의로, 말하자면 일종의 '보편적 동의'로 존재하는 것이다.

그럼에도 불구하고, 합중국의 주민들이 지금처럼 자주 행정절차들을 바꿈으로써 공화 정부의 미래를 불안정하게 만들고 있다고 나는 생각한다.

쉽사리 변하곤 하는 법률 때문에 늘 하려는 계획을 망치곤 한 사람들이라면 공화제를 불편한 사회 구성 형태로 여길 우려가 없잖아 있다. 그렇게 되면 부차적인 법률들의 불안정성에서 생기는 폐단이 국가의 기본법의 존재 자체에 대해 의문을 제기하고 간접적으로 변혁을 가져올지도 모른다. 하지만 이런 시기는 아직도 까마득하다.

현재로서 예측 가능한 일은 만일 아메리카인들이 공화정에서 빠져나온다면 아주 오랫동안 군주정에 머물지 않고도 신속하게 전제정치에 이르게 될 것이라는 점이다. 공화정을 승계하는 군주의 권위만큼 절대적인 것은 없다고 몽테스키외는 말했다. 선거로 뽑힌 행정관에게 거리낌 없이 내준 무제한의 권력이 세습 군주의 손에 들어갈 것이기 때문이다. 이것은 일반적으로 진실이지만, 특히 민주공화정에 더 잘 들어맞는다. 합중국에서 행정관들은 시민들 중의 특정 부류에 의해서가 아니라 다수 국민에 의해서 선출된다. 이들은 즉시 다수의 열정을 대변하게 되며 다수가 원하는 바를 완전히 따르는 까닭에 어떤 증오도 공포도 불러일으키지 않는다. 그래서 이들 행정관의 거취에 어느 정도 한계를 정함으로써 이들의 권력을 제한하려는 어떤 조치도 취해지지 않았으며 이들이 엄청난 자의적인 권한을 지니게 되었다는 것은 내가 이미 앞에서 지적한 바 있다. 이러한 실정은 그 실정이 사라진 뒤에도 오래 남는 습성을 만들어냈다. 아메리카의 행정관은 아무 책임을 지지 않으면서도 무한한 권한을 보유하게 될 것이다. 그럴 경우 압제가 과연 어디까지 이르게 될지 알 수 없는 노릇이다.

유럽에는 아메리카에서 귀족정이 탄생할 것을 기대하면서 귀족정이 지배하게 될 시기를 벌써 정확하게 예견하는 사람들이 있다. 앞에서 이미 말했지만 지금 한 번 더 말해두자. 아메리카 사회의 현재의 추세는 더욱더 민주주의로 향해 가는 듯 보인다고 말이다.

그렇기는 하지만 언젠가 아메리카인들이 자신들의 정치적 권리의 영역을 제한하지는 않을 것이라거나 아니면 이 권리들을 빼앗아 어떤 한 사람에게 몰아주지는 않을 것이라고 나는 결코 단언하지 않는다. 그러나 아메리카인들이 특정 계급에게만 그 권리를 누리게 하리라고는, 달리 말해서 아메리카인들이 귀족정을 세우리라고는 나는 생각할 수 없다.

귀족 집단은 대중으로부터 아주 멀리 떨어져 있지 않으면서도 대중 위에 항구적으로 올라서 있는 일정한 수의 시민들로 이루어져 있다. 접촉할 수는 있으나 타격하기는 힘들고 매일 뒤섞이면서도 함께 합치기는 힘든 것이 바로 이 집단이다.

이러한 종류의 철옹성보다 더 인간의 본성과 내밀한 본능에 상치되는 것을 상상하기란 쉽지 않을 것이다. 그래서 인간은 자기 뜻대로 할 수 있도록 내버려 둔다면, 귀족들의 규정적인 통치보다는 국왕의 자의적인 권력을 더 좋아하게 되는 것이다.

귀족정은 인간의 불평등을 원칙으로 삼고 미리 법제화하며 더 나아가 불평등을 사회에 퍼트리는 동시에 가정에까지 들여놓지 않고서는 존속할 수 없다. 하지만 이러한 일들은 너무나도 자연의 형평성에 어긋나기 때문에 강제적으로만 그렇게 할 수 있을 따름이다.

인간 사회가 존재한 이래로 스스로의 의지와 스스로의 노력에 의해서 내부에 귀족정을 만들어낸 민족을 단 하나의 사례라도 들 수 있다고 나는 생각하지 않는다. 중세의 귀족정들은 정복의 결과로 생겨났다. 승리한 자는 귀족이 되고 패배한 자는 노예가 되었다. 무력이 이렇게 불평등을 낳은 것이며, 이렇게 생긴 불평등은 일단 사회의 습속에 녹아들어 그럭저럭 유지된 다음 마침내 자연스럽게 법제화되었다.

애초에 주어진 상황으로 말미암아 말하자면 귀족정으로 탄생한 공동체들이 세월이 흐르면서 점차로 민주정으로 바뀌어가는 것을 역사는 보아왔다. 로마인의 역사가 그러했고 그 뒤를 이은 야만족들의 역사가 그러했다. 그런데 문명과 민주정에 뿌리를 두고 성장한 후 조금씩 조건들의 불평등을 받아들여서 마침내는 내부에 불가침의 특권들과 배타적인 계급들을 만들어내는 민족이 있다면, 그것은 이 세상에서 진정 새로운 장면일 것이다.

아메리카가 이러한 장면을 제일 먼저 제공하리라고는 상상할 수 없는 일이다.

합중국이 상업적 번영을 누리는
원인들에 대한 몇 가지 고찰

펀디만에서 멕시코만의 사빈강에 이르기까지 합중국의 해안선은 거의 900리으 넘게 펼쳐져 있다. 이 해안들은 마치 하나로 이어진 선처럼 뻗어 있으며 같은 지세 아래 놓여 있다. 전 세계의 어느 나라도 아메리카만큼 심원하고 광활하며 안전한 항구들을 가지고 있지 않을 것이다.

합중국 주민들은 문명의 중심지로부터 1,200리으 떨어진 황량한 황무지 한가운데에 행운의 여신의 보살핌 덕에 자리를 잡은 위대한 문명화된 국민이다. 따라서 아메리카는 일상적으로 유럽을 필요로 한다. 물론 아메리카인들은 시간이 지남에 따라 자신들이 필요로 하는 대다수 물품들을 국내에서 생산하거나 만들어내게 될 것이다. 하지만 두 대륙은 결코 서로 완전히 떨어져서 살 수는 없을 것이다. 두 대륙은 욕구, 사상, 습성, 습속 따위에서 너무도 많은 생래적인 유대로 서로 연결되어 있기 때문이다.

합중국에서는 오늘날 유럽인에게 필요한 물품들을 많이 생산한다. 이 생산품들은 유럽 토양에서는 거의 재배하기 힘들거나 아니면 아주 많은 경비를 들여야만 재배 가능한 것들이다. 아메리카인들은 이 생산품들의 아주 일부만을 소비하며 나머지는 유럽에 내다판다.

따라서 아메리카가 유럽의 시장이듯이, 유럽은 아메리카의 시장이라고 할 수 있다. 해상무역은 합중국 주민들이 그들의 원료를 유럽 항구들에 수송하는 데에 필요한 것처럼 유럽인들이 제조품을 아메리카로 실어 나르는 데에 필요하다.

따라서 멕시코의 에스파냐계 주민들이 지금까지 그러했듯이 합중국 주민들이 설혹 해상무역을 포기한다고 할지라도, 합중국은 다른 나라의 해운업 발전에 커다란 자극제가 되거나 아니면 세계에서 첫째가는 해상무역국 중 하나가 될 것임에 틀림없다.

영국계 아메리카인들은 언제나 바다에 대한 떨칠 수 없는 애착을 지녀왔다. 아메리카의 독립은 영국과 맺고 있던 교역의 끈을 끊어놓음으로써 바다를 향한 그들의 재능에 새롭고 강력한 추동력을 불어넣었다. 이 당시부터 합중국의 선박 수는 합중국의 주민 수만큼이나 빠르게 증가했다. 오늘날 아메리카인들은 유럽 생산품의 10분의 9를 자국 선박으로 운반한다.[91] 아메리카인들은 또한 신세계 수출품의 4분의 3을 자국 선박으로 유럽의 소비자들에게 실어 나른다.[92]

합중국의 선박들은 르아브르 항구와 리버풀 항구를 가득 채우고 있다. 반면에 뉴욕 항구에 닿는 프랑스 선박과 영국 선박의 수는 얼마 되지 않는다.[93]

이렇게 아메리카의 상인은 아메리카 땅에서의 경쟁에 잘 대처할 뿐 아니라 외국 땅에서 외국인들과의 경쟁도 너끈히 이겨낸다.

이러한 사실은 세계를 누비는 많은 선박들 중에서 가장 싼값으로 바다를 운행하는 것이 바로 합중국의 선박들이라는 점에서도

---

91) 9월 30일 마감일까지 1832년 한 해 동안의 수입품 총액은 1억 112만 9,266달러였다. 외국 선박에 의한 수입은 1,073만 1,039달러로 전체 수입액의 약 10분의 1에 그쳤다.

92) 1832년 한 해 동안의 수출품 총액은 8,717만 6,943달러였다. 외국 선박에 의한 수출은 2,103만 6,183달러로 전체 수출액의 약 4분의 1 정도이다(『회계장부』, 1833, 398쪽).

93) 1829년, 1830년, 1831년에 합중국 항구에 입항한 선박의 톤수는 모두 330만 7,719톤이었다. 이 가운데 외국 선박의 톤수는 54만 4,571톤에 지나지 않는다. 외국 선박이 차지하는 비율은 약 100분의 16 정도이다(『내셔널 캘린더』, 1833, 304쪽). 1820년, 1826년, 1831년에 런던, 리버풀, 헐 항구에 입항한 영국 선박의 톤수는 44만 3,800톤이었다. 같은 시기 동안 같은 항구들에 입항한 외국 선박의 톤수는 15만 9,431톤이었다. 영국 선박과 외국 선박 사이의 비율은 따라서 100 대 36 정도였다(*Companion to the Almanac*, 1834, p. 169). 1832년에 영국 항구에 입항하는 외국 선박과 영국 선박의 비율은 29 대 100 정도였다.

잘 설명된다. 합중국의 해상무역이 다른 나라들에 비해 이러한 이점을 가지는 한, 합중국은 여태껏 얻은 성과를 잘 보존할 뿐만 아니라 날마다 더 많은 성과를 얻어낼 수 있을 것이다.

아메리카인들이 어떻게 다른 나라 사람들보다 더 저렴한 가격으로 선박을 운항할 수 있는지를 설명하기란 쉬운 일이 아니다. 우선 이러한 우월성을 아메리카인들에게만 주어진 천혜의 물질적 이점 탓으로 돌리기 쉽다. 하지만 반드시 그렇지만도 않다.

아메리카에서 선박을 건조하는 비용은 유럽에서만큼이나 비싸다.[94] 아메리카 선박이 유럽 선박보다 더 튼튼하게 만들어지는 것도 아니며 일반적으로 수명은 유럽 선박보다 더 짧다. 아메리카 선원의 봉급은 유럽 선원의 봉급보다 높다. 합중국의 상선에서 근무하는 유럽인 선원이 아주 많다는 사실이 이 점을 잘 입증한다.

그렇다면 아메리카인들이 우리 유럽인들보다 싼 비용으로 운항할 수 있는 비결은 어디에 있는가?

아메리카인들의 진정한 우월성의 이유는 이들의 자연적이고 물질적인 이점에서가 아니라 이들의 전적으로 지적이고 윤리적인 특성에서 찾아야 한다고 나는 생각한다. 아래와 같은 비교를 보면 내가 말하려는 의미가 확실해질 것이다.

프랑스혁명 전쟁 동안 프랑스인들은 전쟁 방식에 새로운 전술을 도입했는데, 그것은 가장 노련한 장군들도 당황하게 만들었으며

---

94) 일반적으로 원자재 값은 유럽보다 아메리카가 싸다. 하지만 노임은 아메리카가 훨씬 비싸다.

유럽의 가장 유서 깊은 왕국들을 거의 파멸시킬 정도였다. 프랑스인들은 당시로선 처음으로 그때까지 전쟁에 필수 불가결한 것으로 판단해온 많은 비품들을 갖추지 않은 채로 밀고 나가려 했다. 그들은 계명된 국민들로서는 감히 상상도 못할 생소한 노고를 병사들에게 요구했다. 병사들은 신속하게 기동하면서 모든 일을 해치웠으며 눈앞의 목표를 달성하기 위해서 서슴없이 목숨을 걸었다.

프랑스인들은 병력에서도 장비에서도 적국보다 열세였다. 그들이 지닌 자원은 정말 보잘것없었다. 그럼에도 불구하고 프랑스인들이 줄곧 승리를 거두자 결국 적군도 그들을 모방하려고 마음을 굳히지 않을 수 없었다.

아메리카인들은 이와 비슷한 것을 상거래에 도입했다. 프랑스인들이 전쟁 승리를 위해 한 일을 아메리카인들은 비용 절감을 위해 한 것이다.

유럽 선원은 바다에서 아주 신중하게 항해한다. 날씨가 좋을 때에 맞추어 바다로 떠나며, 돌발 사태가 발생할 경우 항구로 되돌아오고, 밤에는 돛의 일부를 접어놓는다. 육지 근처에서 출렁이는 흰 파도를 보면 항해를 늦추고 해의 위치를 관측한다.

아메리카 선원은 이러한 예방 조치들을 무시하고 위험을 무릅쓴다. 폭풍우가 지나가기도 전에 닻을 올리고, 밤낮을 가리지 않고 바람 부는 쪽으로 돛을 전부 펼친다. 폭풍우로 망가진 배를 고치면서 항해를 계속하고, 항해가 끝날 무렵이면 어느새 항구를 찾아낸 듯이 해안으로 질주한다.

아메리카 선원은 자주 난파하기도 한다. 하지만 아메리카 선원만큼 빨리 바다를 건너는 선원은 어디에도 없을 것이다. 이렇게 같은 거리를 더 짧은 시간에 항해하기 때문에 더 싼값으로 항해할 수 있는 것이다.

유럽 선원은 오랜 항해 동안 여러 항구에 정박하는 것이 당연하다고 생각한다. 그는 중간에 입항할 항구를 찾거나 출항할 기회를 기다리면서 귀중한 시간을 허비해가며 거의 매일 기항료를 지불한다.

아메리카 선원은 보스턴 항구를 떠나서 곧장 중국으로 차를 사러 간다. 그는 광동에 도착해서 며칠간 머무르다 돌아온다. 채 2년도 안 되는 기간 동안 지구를 한 바퀴 돌면서 단 한 차례 육지를 본 셈이다. 8개월에서 10개월 정도 걸리는 항해 동안 그는 소금기 있는 물을 마시고 소금에 절인 고기를 먹고 지냈다. 그는 끊임없이 바다와 질병과 권태에 맞서 싸웠다. 하지만 그는 돌아와서 차 1파운드를 영국 상인보다 1페니 더 싸게 팔 수 있다. 그의 목적은 달성되는 것이다.

내가 말하고자 하는 바를 굳이 잘 정리해서 표현하자면, 아메리카인들은 자신들의 상거래 방식에 일종의 영웅주의를 도입하고 있다고 할 수 있을 것이다.

유럽 상인이 같은 직종에서 아메리카인 경쟁자를 따라잡기란 항상 어려울 것이다. 아메리카인은 내가 지금 설명한 방식대로 행동하는 데에 있어서 타산을 따르기보다는 천성을 따르고 있기 때문이다.

합중국 주민은 선진 문명이 만들어낸 온갖 필요와 욕구를 두루 느끼며 산다. 하지만 이들은 유럽에서처럼 이러한 필요와 욕구를 충족시켜주도록 현명하게 조직된 사회 안에서 살고 있지 않은 까닭에, 교육과 생활의 필요로 인해 생겨난 여러 물품들을 스스로 장만하지 않을 수 없게 되곤 한다. 아메리카에서는 한 사람이 밭을 갈고 집도 지으며 쟁기도 만들고 신발도 만들며 입을 옷을 손수 짜기도 한다. 이러한 행동은 일의 능률과 완성도를 해치기는 하지만 일하는 자의 지성을 발전시키는 데 크게 기여한다. 분업의 증대만큼 인간을 물질화하고 인간의 노동에서 영혼의 조그마한 자취마저 앗아가 버리는 것이 어디 또 있겠는가. 전문 직업인이 아주 드문 아메리카와 같은 나라에서는 어떤 직업을 가지려는 사람에게 그가 누구든 오랜 도제 생활을 요구하기가 어려울 것이다. 따라서 아메리카인들은 그때그때의 처지에 따라 아주 쉽사리 자신들의 직분(état)을 바꾸고 또 활용한다. 따라서 우리는 한 사람에게서 변호사, 농장주, 상인, 순회 목사, 내과 의사를 차례로 만날 수 있다. 아메리카인이 유럽인보다 특정 전문직에서 덜 숙달되어 있다고는 해도, 아메리카인에게 전혀 낯선 직업은 없을 것이다. 아메리카인의 역량은 훨씬 전반적이고 지성의 범위는 훨씬 광범한 것이다. 따라서 합중국의 주민은 직분의 논리에 절대 얽매이지 않는다. 그는 자기의 직업에서 나오는 모든 편견에서 자유롭다. 그는 절대 한 가지 작업 방식만 고집하지 않는다. 그는 낡은 방식만큼이나 새로운 방식에도 집착하지 않는다. 그는 어떤 습성도 몸에 붙이지 않으며, 자기네 나라가 여느 나라들과는 아주 다르며 자기네 나라의 상황도 이 세상에 유례가 없다는 사실을 잘 아는 까닭에 다른 나라들의 습성이 자기 자신에게 미쳤을 영향력을 쉽사리 떨쳐낼 수 있다.

아메리카인은 신기한 일들로 가득 찬 땅에서 산다. 주변의 모든 것이 끊임없이 움직이며, 어떤 움직임도 진보로 보인다. 여기서는 '새롭다'는 생각이 '더 낫다'는 생각과 밀접하게 연결되어 있다. 인간의 노력을 가로막는 자연의 경계는 어디서도 찾아볼 수 없다. 아메리카인이 보기에, 지금 되어 있지 않은 것은 아직 시도해보지 않은 것에 지나지 않을 따름이다.

합중국에서 진행되는 이러한 줄기찬 움직임, 행운의 쉴 새 없는 부침, 개인 재산과 공공 재산의 예측할 수 없는 기복, 이 모든 요인으로 인해 사람들의 영혼은 열병에 가까운 흥분 상태에 빠지게 된다. 이러한 상태는 사람들이 놀라울 만큼 온갖 노고를 무릅쓰게 하며, 말하자면 사람들을 일상적인 인간성 수준 이상으로 끌어올린다. 아메리카인의 일생은 마치 놀이의 일부처럼, 격변의 순간처럼, 전투의 한낮처럼 지나가는 것이다.

이러한 요인들이 개개인 모두에게 동시적으로 작용하는 까닭에 궁극적으로 한 나라의 국민성에 물리칠 수 없는 충동을 심어놓는다. 따라서 아메리카인은 누구를 보더라도 욕구로 들떠 있으며 진취적이고 모험을 즐기며 특히 새것을 좋아한다. 이러한 기질은 사실상 그가 하는 모든 일에 나타난다. 아메리카인의 법제, 종교 교의, 경제 이론, 기업 경영 따위에서도 이러한 기질이 드러난다. 그는 도시 한복판뿐만 아니라 먼 삼림지대에까지 이러한 기질을 가져간다. 바로 이러한 기질이 해상무역에 적용될 경우 아메리카인을 전 세계에서 가장 저렴한 비용으로 가장 빨리 항해하는 상인으로 만드는 것이다.

합중국의 선원들이 이러한 정신적인 이점과 거기서 나오는 실질적인 우월성을 유지하는 한, 그들은 자기 나라의 생산자와 소비자의 욕구를 계속 충족시켜줄 뿐만 아니라 영국인들처럼[95] 점점 더 여러 나라들의 중개상인이 될 것이다. 이러한 조짐은 벌써 나타나고 있다. 아메리카의 선원들이 유럽 여러 나라들 사이의 교역에서 중매자로 등장하고 있는 것이다.[96] 이렇게 아메리카는 유럽의 여러 나라들에 보다 큰 미래를 제공하는 중이다.

에스파냐와 포르투갈은 남아메리카 대륙에 거대한 식민지들을 건설했는데, 그 후에 이들 식민지는 거대한 국가들로 등장했다. 내전과 압제로 오늘날 이 방대한 지역은 황폐화되었다. 인구는 더 이상 증가하지 않으며, 여기저기 흩어진 얼마 안 되는 주민들은 먹고살기에 급급할 뿐 운명을 개선할 엄두도 내지 못한다.

그러나 언제까지 이런 식으로 지속되지는 않을 것이다. 유럽은 스스로의 노력으로 중세의 암흑을 뚫고 나오는 데 성공했다. 남아메리카는 우리 유럽과 마찬가지로 기독교를 간직하고 유럽식 법제

---

95) 영국 선박들이 단지 외국 생산품을 영국으로, 영국 생산품을 외국으로 운송하고 있다고 생각해서는 안 된다. 오늘날 영국 해운업은 전 세계 모든 생산자를 상대하고 또한 모든 나라 사람을 서로 교역하게 하는 거대한 공공 운송 기업을 이루고 있다. 해운업에서 남다른 재능을 발휘하는 아메리카인들은 영국인들과 경쟁을 벌이고 있다.

96) 지중해 교역의 일부는 이미 아메리카 선박들이 맡고 있다.

와 관습을 지니고 있다. 남아메리카는 유럽 국가들과 그 주변에서 발전한 문명의 모든 씨앗을 간직하고 있으며, 유럽 국가들의 경험에서 나오는 사례들을 잘 활용하는 중이다. 남아메리카가 언제까지 미개한 국가로 남아 있겠는가? 분명히 시간이 해결해줄 문제이다. 아직 멀기는 하지만 아무튼 남아메리카가 번영하고 개명된 나라가 될 때가 언젠간 올 것이다.

그러나 남아메리카에 사는 에스파냐계 주민과 포르투갈계 주민이 개명한 국민의 필요를 느끼기 시작할 경우에, 이들은 자력으로는 그러한 필요를 충족하기 힘들 것이다. 문명의 후발 주자로서 이들은 선발 주자가 이미 얻어놓은 우월성을 받아들여야 할 것이다. 이들은 우선 오랫동안 농경 생활을 거친 후에야 제조업자나 상인이 될 수 있을 것이다. 그리고 바다 건너로 물품을 내다팔고 필요한 새로운 제품들을 구입하기 위해서는 외국 상인들의 중계를 필요로 할 것이다.

언젠가 북아메리카인들이 남아메리카인들의 필요를 충족시켜주도록 요청받게 되리라는 것은 의심할 나위가 없는 사실이다. 자연의 섭리는 이 두 부류를 서로 가깝게 놓아두었다. 따라서 북아메리카인들은 남아메리카인들의 필요와 욕구를 알고 또 가늠할 수 있는 좋은 기회를 얻은 셈이며, 이들과 지속적인 관계를 맺고 점차적으로 이들의 시장을 차지할 기회를 잡은 것이다. 만일 합중국의 상인이 유럽의 상인보다 뒤진다면, 이들은 자연이 준 기회를 놓치겠지만, 다행히도 이들은 여러 면에서 유럽 상인들보다 우월하다. 합중국의 아메리카인들은 이미 신세계에 사는 모든 족속에게 커다란 정신적인 영향력을 행사하고 있다. 지식의 원천은 바로 합중국의 아메리카인들이다. 신세계 대륙에 사는 모든 사람은 합중국의 아메리카인들을 이 거대한 아메리카 대륙의 주민들 중에서 가장 개명되고 가장 막강하며 가장 부유한 부류로 간주하는 데 이미 아주 익숙하다. 그러므로 모든 이가 합중국으로 눈을 돌린다. 그리고 가능한 모든 힘을 다해서 합중국에 사는 사람들을 닮으려 한다. 매일같이 합중국에서 정치 교의와 법제를 빌려오곤 한다.

남아메리카에 사는 주민들에 대해서 합중국의 아메리카인들이 갖는 위상은 이탈리아인, 에스파냐인, 포르투갈인 등 여느 유럽인들에 대해서 영국인들이 갖는 위상과 비슷하다. 문명과 산업에서 뒤져 있는 까닭에 영국인들에게서 대다수 소비품을 받아들여야 하는 유럽인들 말이다.

오늘날 영국은 영국과 접촉 가능한 범위에 있는 거의 모든 나라의 자연스러운 교역 중심지가 되고 있다. 아메리카 합중국은 서반구에서 바로 이런 역할을 하게 될 것이다. 따라서 신세계에서 생기고 성장하는 어떤 나라든 어떤 의미에서 영국계 아메리카인들에게 유리하게끔 생기고 성장하게 될 것이다.

만일 연방이 해체된다면 연방을 구성하는 주들의 교역은 물론 한동안 침체될 터이지만 생각하는 만큼 큰 타격을 입지는 않을 것이다. 어떤 일이 일어나든 통상이 발달한 주들은 서로 결속을 유지할 것이 명백하다. 이 주들은 서로 연결되어 있으며 같은 견해와 같은 이해관계와 같은 습속을 지니고 있다. 그리고 이 주들은 자기들끼리 아주 거대한 해양 세력을 형성할 수 있다. 설혹 연방의 남부가 북부로부터 독립한다고 해도, 남부는 북부 없이 살아남기 힘들 것이다. 남부는 상업 지역이 아니라고 나는 앞에서 말한 적이 있다. 남부가 상업 지역이 되리라는 조짐은 전혀 보이지 않는다. 따라서 합중국 남부의 아메리카인들은 앞으로도 오랫동안 그들의 생산품을 수출하고 그들에게 필요한 물품들을 수입하기 위해서 외부인들에게 의존하지 않을 수 없을 것이다. 그런데 이웃한 북부의 상인들이야말로 어떤 나라의 상인들보다도 더 싼 비용으로 중개 상인 노릇을 할 수 있을 것이다. 이렇게 북부는 남부에게 큰 보탬이 될 것이다. 저렴한 비용이야말로 상거래의 기본 원칙이기 때문이다. 어떤 주권적 의지나 어떤 국민적 편견도 이러한 싼 가격의 위력 앞에서는 맥을 추지 못한다. 합중국의 아메리카인들과 영국인들 사이에 가로놓여 있는 적개심만큼 지독한 적개심은 없을 것이다. 하지만 이러한 적대감정에도 불구하고 아메리카인들은 필요로 하는 제조품의 대부분을 영국에서 들여온다. 말할 나위 없이 영국 제품이 어느 나라 제품보다 싸기 때문이다. 이렇게 아메리카의 번영은 아메리카인들이 원하든 원하지 않든 영국의 제조업에 도움을 주게 된다.

상업적 번영은 필요한 경우 군사력과 결합되지 않는 한 지속되기 힘들다는 사실을 우리는 추론과 경험을 통해 알고 있다. 이러한 진실은 어느 다른 곳 못지않게 아메리카에서도 잘 입증된다. 아메리카인들은 이미 자기네 국기가 존중받도록 할 수 있는 위치에 있다. 머지않아 이들은 자기네 국기를 두려움의 대상으로 만들 수도 있을 것이다.

연방의 해체가 아메리카인들의 해군력을 감퇴시키기는커녕 오히려 증대시킬 것이라고 나는 확신한다. 오늘날 연방 안에서 통상을 위주로 하는 주들은 그렇지 않은 주들과 서로 연결되어 있다. 그런데 이 후자의 주들은 자기들에게 간접적으로만 이득이 돌아올 이러한 해운 세력의 증대를 그저 내키지 않는 마음으로 바라보고 있을 따름이다.

이와 달리 만일 연방 안에서 통상을 위주로 하는 주들이 어떤 단일한 나라를 구성하게 된다면, 이들 주에게 통상은 최우선적인 국민적 관심사가 될 것이다. 주들은 자기네 선박들을 보호하기 위해 어떤 희생도 감수할 것이며 아무도 이 주들이 원하는 바를 막지 못할 것이다.

인간들뿐만 아니라 국민들도 거의 언제나 자기들 앞에 놓인 운명의 주요 특징들을 아주 초창기부터 드러낸다고 나는 생각한다. 영국계 아메리카인들이 통상을 해 나가는 열정, 쉽사리 통상을 이룩해내는 재주, 통상에서 얻어내는 비옥한 성과 따위를 생각해볼 때, 나는 아메리카인들이 언젠가 이 세상에서 가장 막강한 해운 세력이 될 것이라고 믿지 않을 수 없다. 로마인들이 세상을 정복하게 된 것처럼, 아메리카인들은 바다를 차지하게 될 것이다.

■ 결론

이제 나의 탐구는 막바지에 이르렀다. 지금까지 합중국의 미래 운명에 대해 이야기하면서 나는 주제를 여러 부분들로 나누어 각 분야를 좀 더 주의 깊게 고찰해보려 애썼다.

이제 나는 지금껏 살펴본 각 부분들을 하나의 전망 안에 묶어내고자 한다. 앞으로 내가 언급하는 내용은 덜 상세하기는 하지만 그 대신 더 확실한 것일 것이다. 나는 개개 문제들은 앞에서만큼 뚜렷하게 살펴보지는 않을 것이지만 일반적인 사실들은 더 확실하게 드러낼 것이다. 나는 막 거대한 도시의 성벽에서 빠져나와 가까운 언덕을 오르는 여행객과 같다. 멀리 갈수록 뒤에 두고 온 사람들은 점점 눈에서 멀어져 간다. 가옥들은 뒤섞여 작게 보이고 광장들은 잘 보이지 않으며 도로들도 가려내기 힘들다. 하지만 도시의 윤곽은 오히려 더 쉽게 눈에 들어온다. 처음으로 여행객은 도시 전체의 모습을 본 것이다. 내가 보기에 바로 이것이 신세계에서 앞으로 펼쳐질 영국계 족속들의 미래 모습이다. 이 거대한 전경의 세부 사항은 어둠 속에 남아 있지만 전반적인 모양새는 눈앞에 그려진다. 따라서 나는 전체를 명확하게 포착해낼 수 있다.

오늘날 아메리카 합중국이 차지하거나 소유 중인 영토는 인간이 거주할 수 있는 땅덩어리의 거의 20분의 1에 달한다. 하지만 아무리 이 영토가 광대하다고 할지라도 영국계 아메리카인들이 언제까지나 그 영역 안에 머물 것이라고 생각할 수는 없다. 사실상 이들은 벌써 그 너머로 나아가고 있다.

우리 프랑스인들도 아메리카의 황무지 안에 거대한 프랑스계 국가를 건설해서 신세계의 운명에 미친 영국인들의 압력을 상쇄할 수도 있었을 때가 있었다. 프랑스는 한때 북아메리카 안에 거의 유럽 대륙만큼이나 거대한 영토를 소유했다. 대륙에서 가장 큰 강줄기 셋이 모두 프랑스령 안에서 흘렀다. 세인트로렌스 어귀에서 미시시피 삼각주 사이에 사는 인디언 부족들은 프랑스어 말고는 다른 말을 할 줄 몰랐다. 이 광대한 공간에 흩어져 있는 모든 프랑스의 옛 정취를 간직하고 있었다. 루이스부르크(Louisbourg, 루이부르), 몽모렌시(Montmorency, 몽모랑시), 듀케인(Duquesne, 뒤켄), 세인트루이스(Saint-Louis, 생루이), 빈센스(Vincennes, 뱅센), 뉴올리언스(Nouvelle-Orléans, 누벨오를레앙) 등등, 모두가 프랑스인의 귀에 익숙한 지명들이다.

그러나 일일이 열거하기 힘든 여러 상황들[1]을 겪으면서 프랑스

---

1) 여러 상황들 중에서 가장 두드러진 것은 타운 제도와 자치에 익숙해져 있는 민족

는 이 장엄한 유산을 모두 잃어버렸다. 프랑스인들은 수적으로 열세이고 제대로 자리 잡지 못한 곳에서는 어디서나 사라져버렸다. 남은 사람들은 좁은 지역에 모여 살거나 다른 나라의 지배 아래 들어갔다. 40만에 이르는 남부 캐나다의 프랑스계 주민들은 오늘날 새로 이주해온 민족의 물결 속에 자취마저 희미해진 옛 족속의 잔해처럼 보인다. 이들 주변에서 낯선 인구가 쉴 새 없이 증가하고 있으며 사방으로 확장되고 있다. 새 이주민들은 그 땅에 살던 옛 주인들의 자리를 차지하고 그들의 도시를 지배하며 그들의 언어를 어지럽힌다. 이 새 주민들은 합중국의 주민들과 같은 족속이다. 따라서 영국계 종족이 합중국의 경계 안에 머물지 않고 북동쪽 너머로 이미 진출하고 있다는 나의 주장은 틀린 말이 아니다.

북서쪽에서 몇 개의 보잘것없는 러시아 정착촌이 흩어져 있을 뿐이다. 하지만 남서쪽에는 멕시코가 영국계 아메리카인들의 발걸음을 가로막는 장벽처럼 버티고 있다. 따라서 사실을 말하자면, 에스파냐계 주민과 영국계 주민, 경쟁하는 두 종족이 오늘날 신세계를 나누어 가졌다고 할 수 있다.

이 두 종족을 나누는 경계선은 조약으로 정해져 있다. 그러나 이 조약이 아무리 영국계 아메리카인들에게 유리하다고 해도, 이들은 곧 이 조약을 어길 것이라는 사실을 나는 의심하지 않는다.

은 다른 민족들보다 더 쉽사리 번성한 식민지들을 세운다는 사실이다. 스스로 생각하고 다스리는 습성은 새로운 나라에서 꼭 필요한 것이다. 여기서는 대개의 경우 성패가 식민 정착자들 개개인의 노력 여부에 달려 있기 때문이다.

합중국의 경계선을 넘어 멕시코 쪽으로 뻗은 광활한 지역에는 아직 정착민들이 거의 없다. 합중국에서 온 사람들이 정당한 점유권을 가진 사람들보다 먼저 이 외딴 황무지들을 채울 것이다. 그들은 땅을 차지하고 공동체를 구성할 것이다. 그래서 언젠가 합법적인 소유자가 나타난다면, 그는 황무지가 이미 개간되고 대대로 물려받은 땅에서 이방인들이 자리를 잡고 사는 모습을 보게 될 것이다.

신세계의 토지는 제일 먼저 차지한 사람에게 속하게 된다. 제일 빨리 달려온 주자에게 자연이 내리는 포상금이다. 하지만 이미 많은 사람들이 살고 있는 지역들도 외부인의 침범을 막는 데 어려움을 겪고 있다.

나는 앞에서 텍사스 지역에서 일어나고 있는 일에 대해서 언급했다. 매일같이 합중국의 주민들이 잰걸음으로 텍사스로 밀려든다. 그들은 거기서 토지를 사들이고, 현지의 법제를 따르기는 하지만 동시에 자기네 언어와 자기네 습속의 아성을 쌓는다. 텍사스 지방은 아직 멕시코의 지배 아래 있다. 하지만 얼마 지나지 않아 멕시코인들을 보기 힘들어질 것이다. 영국계 아메리카인들이 다른 종족에 속하는 주민들과 접촉한 곳에서는 어디든지 이와 같은 일들이 벌어지고 있다.

신세계에서 영국계 종족이 다른 모든 유럽 종족들보다 엄청나게 우월한 지위를 차지하고 있다는 사실은 부정하기 힘들 것이다. 문명과 산업 그리고 세력에서 영국계 종족은 다른 종족들보다 훨씬 우월하다. 척박하고 인적이 드문 땅으로 둘러싸여 있는 한,

그리고 헤치고 나가기 불가능할 정도로 조밀한 인구를 앞길에 만나지 않는 한, 그들은 계속 뻗어 나갈 것이다. 그들은 조약으로 정해진 경계선 앞에서도 멈추지 않을 것이며, 이러한 가상의 방둑 정도는 어디서든 뛰어넘을 것이다.

신세계에서 영국계 종족이 차지하는 지리적 위치는 그들의 수가 신속하게 증가하는 데 특히 유리하게 작용한다. 북쪽 경계선 위로는 얼음 덮인 북극 지역이 펼쳐져 있다. 남쪽 경계선 아래로 몇 단계 내려가면 적도의 뜨거운 열기가 솟구친다. 이렇게 아메리카의 영국인들은 대륙에서 가장 기후가 온화하고 가장 살기에 편한 지역에 자리 잡고 있다.

합중국에서 인구가 눈에 띌 정도로 엄청나게 증가하기 시작한 것은 독립 전쟁 이후부터라고들 말하지만, 그것은 잘못된 생각이다. 식민지 시대에도 인구는 오늘날만큼이나 빨리 증가했다. 그때도 인구가 22년마다 거의 갑절로 늘었다. 하지만 그때는 수천 명 단위로 늘어났지만, 지금은 수백만 명 단위로 늘어난다. 한 세기 전에는 별로 눈에 띄지 않던 일이 오늘날에는 누구에게나 분명해지고 있다.

국왕이 통치하는 캐나다에 사는 영국인들도 공화제 정부 아래 사는 합중국의 영국인들만큼이나 빨리 그 수가 늘어나고 있다. 8년 넘게 계속된 독립 전쟁 동안에도 인구는 앞에서 지적한 비율로 끊임없이 증가했다.

당시에 서부 변경 지역에 영국인들과 일정한 협약을 맺은 막강한 인디언 부족들이 있었음에도 불구하고 서부로 향한 이주의 물결은 멈출 줄을 몰랐다. 전쟁 중에 영국군이 대서양 연안을 황폐화시키는 동안 켄터키, 펜실베이니아 서부 지역 그리고 버몬트주와 메인주에는 주민들로 가득 찼다. 전쟁 이후의 무질서 속에서도 인구는 줄곧 증가했으며 서쪽 황무지로 향하는 발걸음은 멈추지 않았다. 법제의 차이, 전쟁이나 평화, 질서나 무질서 등등의 상황은 영국계 아메리카인들의 계속적인 발전에 눈에 띌 만한 영향력을 전혀 미치지 못한 것이다.

그 이유는 쉽사리 이해할 수 있다. 이토록 광대한 땅덩어리의 모든 지역에 한꺼번에 영향을 미칠 수 있는 일반적인 원인들이란 있을 수 없기 때문이다. 이렇게 나라의 한 부분에 재앙이 닥쳤을 때 그 재앙을 피할 안식처를 제공할 수 있는 더 넓은 다른 부분이 항상 존재하는 것이다. 재난이 아무리 크더라도, 더 큰 구제책이 제공되는 것이다.

따라서 신세계 영국계 종족의 흥기를 저지할 수 있다고 믿어서는 안 된다. 연방의 해체, 그에 따른 전쟁 발생, 공화정의 폐지, 그에 따른 전제정치의 등장 등이 이러한 흥기를 늦출 수 있을지는 모르겠지만 영국인들이 자신에게 마련된 운명의 길을 완주하는 것을 막지는 못할 것이다. 어떤 산업에나 일자리를 제공하고 모든 궁핍에 대한 피난처를 제공하는 저 비옥한 황무지에 이주자들이 들어가지 못하게 막을 수 있는 힘은 이 세상에 없다. 앞으로 어떤 일이 일어나든 아메리카인들에게서 기후, 내륙의 바다, 거대한 강줄기, 비옥한 토양을 빼앗아가지 못할 것이다. 설혹 나쁜 법제의 구속을 받고 혁명들이 일어나며 무정부 상태가 계속된다고 할지라도, 영국계 종족의 특징이라고 할 수 있는 잘 살아보려는 의욕과 진취적인 기질은 없앨 수 없을 것이며 그들의 앞길을 밝혀주는 조명을 완전히 끌 수는 없을 것이다.

따라서 불확실한 앞날 속에서도 적어도 한 가지 사실만은 명백하다.

멀지 않다고 말할 수 있는(개인의 수명이 아니라 종족의 수명에 관해서라는 점에서 볼 때) 시기에, 영국계 아메리카인들은 북극 지방과 열대 지방 사이에 끼어 있는 거대한 공간을 독차지할 것이다. 그들은 대서양 연안의 모래밭에서 태평양 연안에까지 널리 퍼져나갈 것이다.

영국계 아메리카인들이 언젠가 틀림없이 차지하게 될 영토는 그 넓이가 유럽 대륙의 4분의 3에 이를 것이라고 나는 생각한다.[2] 연방의 기후는 어느 모로 보나 유럽의 기후보다 온화하며, 자연이 주는 혜택은 유럽만큼이나 크다. 합중국의 인구는 언젠가 유럽의 인구에 필적할 것이 명백하다.

유럽은 수많은 나라들로 나뉘어 있다. 끝없이 되풀이되는 전쟁과 중세의 야만에 시달린 끝에 유럽은 마침내 평방 리으당 410명의 주민을 가지고 있다.[3] 합중국이 언젠가 그만한 인구를 가지지 못할 이유가 어디 있겠는가?

---

2) 합중국만의 면적도 이미 유럽 면적의 절반에 해당한다. 유럽의 면적은 50만 평방 리으이며 인구는 2억 500만 명이다. Malte-Brun, *Carnets de Voyages*, vol. VI, liv. CXIV, p. 4.

3) Malte-Brun, *Carnets de Voyages*, vol. VI, liv. CXVI, p. 92.

수백 년이 지난 후에 아메리카의 영국계 종족의 여러 후손들은 원래의 동일한 모습을 잃어버릴지도 모른다. 신세계에 언젠가 조건의 항구적인 불평등이 세워질지는 알 수 없는 노릇이다. 전쟁이나 평화, 자유나 압제, 번영이나 궁핍 등등으로 인해 앵글로 아메리카인의 거대한 가문의 여러 후예들의 운명에 어떤 차이들이 생기든지 간에, 후예들은 적어도 서로 엇비슷한 사회 상태를 보존할 것이며 그 사회 상태에서 나오는 관습과 생각들을 공유할 것이다.

중세에는 종교라는 유대만으로도 유럽에 사는 여러 종족들을 하나의 같은 문명 안에 충분히 묶어둘 수 있었다. 신세계의 영국인들은 그들 사이에 수없이 많은 유대로 연결되어 있다. 그리고 그들은 사람들이 살아가는 모습이 점점 균등화되는 시대에 살고 있다.

중세는 모든 것이 분산된 시대였다. 당시에는 민족마다, 지역마다, 도시마다, 가족마다 개별화된 경향이 아주 강했다. 오늘날에는 이와 상반된 추세가 나타나고, 나라들은 통합을 향해 나아가는 듯하다. 지식의 상호 교환을 통해 지구의 가장 외진 부분들도 서로 연결되어 있으며, 사람들은 단 하루도 서로 모르는 채 지나칠 수 없으며 세상의 어느 한구석에서 일어나는 일이라도 모르고 살아갈 수 없다. 그래서 오늘날 대양을 사이에 두고 있는 유럽인들과 신세계에 사는 그 후손들 사이의 차이점이 강줄기 하나를 사이에 두고 갈라서 있던 13세기 도시들 사이의 차이점보다 훨씬 적은 것이다.

이러한 동질화 추세는 서로 낯선 족속들을 가깝게 만들어줄 뿐만 아니라, 하물며 같은 족속의 후손들이 서로 멀어지는 것을 막아줄 것이다.

따라서 북아메리카에 1억 5,000만 명의 인구가 사는 시대가 올 것이다.[4] 이들은 서로 대등하고, 같은 가문에 속하고, 같은 출발점, 같은 문명, 같은 언어, 같은 종교, 같은 습성, 같은 습속을 가지며, 같은 생각과 같은 모양새를 지니게 될 것이다. 그 밖의 다른 것들은 불확실하지만 이러한 사실만은 확실하다. 세상에서 전혀 새로운 한 가지 사실, 상상력을 동원해도 쉽사리 알아채기 힘든 사실이 바로 이것이다.

오늘날 이 세상에는 서로 다른 지점에서 출발했지만 같은 목표를 향해 나아가는 듯 보이는 두 민족이 있다. 바로 러시아인들과 영국계 아메리카인들이다. 이 둘은 남들의 눈에 띄지 않으면서 성장했다. 사람들의 시선이 다른 곳으로 쏠려 있는 동안, 이 두 민족은 갑자기 선두 대열에 끼어들었으며, 세계가 거의 동시에 이들의 출현과 위대성을 알아차렸다.

다른 모든 나라는 이제 자연이 그어놓은 임계점에 거의 도달한 듯 보이며 현상 유지에 급급한 듯하다. 하지만 이 두 나라는 계속 성장하고 있다.[5] 다른 모든 나라는 멈추어 서거나 아주 어렵게 나아가고 있다. 이 두 나라만이 아직도 그 끝이 보이지 않는 길을 따라

---

4) 평방 리으당 평균 410명이 사는 것으로 추산할 때, 이것은 유럽 인구와 맞먹는 수치이다.

5) 러시아의 인구는 구세계의 어느 나라 인구보다도 빨리 증가하고 있다.

쉽게, 그리고 신속하게 앞으로 나아가고 있다.

아메리카인은 자연이 내놓은 장애에 맞서 싸운다. 러시아인은 인간들과 드잡이한다. 아메리카인이 황무지나 야만과 싸운다면, 러시아인은 온갖 무기와 기술을 지닌 문명과 싸운다. 아메리카인은 농사꾼의 쟁기로 정복하지만, 러시아인은 병사의 칼로써 정복한다.

아메리카인은 자신의 목표를 달성하기 위해 개인적 이해관계에 의존하지만 시민들의 활력과 상식은 어떤 규제도 받지 않고 발휘되도록 한다. 러시아인은 말하자면 사회의 모든 권위를 단 한 사람에게 몰아준다. 전자의 주요 행동 수단이 자유라면, 후자의 그것은 예종이다.

이 두 나라의 출발점은 서로 다르며 가는 길도 다르다. 하지만 이 두 나라는 언젠가 세상 반쪽의 운명을 각자의 손에 넣도록 하늘의 계시를 받은 듯하다.

■ 토크빌의 후주

제1부

(A) 41쪽

유럽인들이 아직 침투하지 못한 서쪽 지역들에 대해서는 육군 소령 롱(Long)이 연방의회의 경비 지원을 받아 수행한 두 차례 탐험을 참조할 수 있다.

아메리카 대평원에 대해서 롱은 레드강에서부터 플래트강까지 경도 20°(워싱턴 자오선 기준)와 거의 평행한 선을 그어야 한다고 힘주어 말한다. 이 가상의 선에서부터, 미시시피 계곡의 서쪽 경계에 해당하는 로키산맥에 이르기까지 경작이 불가능한 모래밭과 바위 더미들로 뒤덮인 거대한 평원이 가로놓여 있다. 여기서는 여름에 물을 찾아보기 힘들다. 엄청난 들소 떼와 야생마 무리가 지나갈 따름이다. 여기저기 인디언 부족들이 살지만 그 숫자는 얼마 되지 않는다.

롱은 플래트강을 넘어 같은 방향으로 위쪽으로 나아가면 왼편으로 계속 대평원이 펼쳐진다는 말을 들었다고 전한다. 하지만 정작 그는 이 말이 사실인지 확인할 수 없었다. *Long's expedition*, vol. II, p. 361.

물론 롱의 보고서는 신뢰할 만하기는 하지만, 롱은 자신이 말한 지역을 한 번 가로질렀을 따름이며 그 너머로까지 두루 돌아다니지는 못했다는 사실을 염두에 두어야 한다.

(B) 43쪽

남아메리카의 열대 지방에는 흔히 덩굴식물군으로 분류되는 덩굴식물들이 엄청나게 자란다. 앤틸리스 지역에만 40여 종 이상의 갖가지 식물들이 눈에 띈다. 작은 관목들 중에 시계풀이 가장 멋지다. 이 앙증맞은 식물은 덩굴손으로 나무에 달라붙어서 흔들리는 아치나 주랑 모양새를 하고 있다. 자줏빛 색채와 매혹적인 향기가 넘치는 정말 아름답고 우아한 식물이다. vol. I, p. 265.

긴 깍지 아카시아는 순식간에 자라는 굵은 칡의 일종이다. 때로 나무에서 나무로 엄청난 길이로 뒤덮는다. vol. III, p. 227.

(C) 45쪽

북극에서 케이프 혼에 이르기까지 아메리카 인디언들이 말하는 언어들은 같은 모델을 기반으로 만들어졌으며 같은 문법 규칙을 따른다고들 말한다. 따라서 모든 인디언 족속은 틀림없이 같은 뿌리에서 나왔다고 추정해볼 수 있다.

아메리카 대륙의 작은 부족들은 서로 다른 방언을 사용한다. 하지만 언어다운 언어는 그리 많지 않다. 따라서 신세계에 자리 잡은 민족들은 그리 오랜 기원을 갖지는 않는 것으로 추정된다.

그리고 아메리카의 언어들은 확고한 규칙성을 보여준다. 따라서 이 언어들을 사용하는 족속들이 여태껏 커다란 격변을 겪지 않았으며 이 방 민족들과 강제적으로든 자발적으로든 뒤섞이지 않았다고 추정할 수 있다. 문법의 불규칙성은 일반적으로 여러 언어들이 하나로 합쳐질 경우에 발생하기 때문이다.

문법학자들이 아메리카의 언어들, 특히 북아메리카의 언어들을 진지하게 연구하기 시작한 것은 비교적 최근의 일이다. 이들은 처음으로 이 야만인의 언어가 아주 복잡한 사고 체계의 산물이며 여러 지식들이 결합된 결과라는 것을 발견했다. 이 언어들은 아주 풍부한 뜻을 담고 있어서 조심스레 귀를 기울여야만 겨우 구별해낼 수 있다고 그들은 말했다. 아메리카인들의 문법 체계는 여러 가지 점에서, 특히 이 점에서 모든 다른 언어와 구별된다.

유럽의 몇몇 민족들, 특히 독일인들은 필요한 경우 여러 표현을 합쳐서 한 단어에 복잡한 의미를 담아내는 언어 구사력을 과시한다. 인디언들은 이러한 언어 구사력을 극대화해서 단 하나의 단어에 아주 많은 의미를 담는다. 이 점은 뒤퐁소(Duponceau) 씨가 『아메리카 철학협회 논총』에 소개한 사례를 보면 쉽게 이해할 수 있을 것이다.

델라웨어에 사는 한 여인은 키우는 고양이나 작은 개와 놀면서 kuligatschis라고 말한다. 이 단어는 다음과 같이 구성된다. k는 2인칭으로 '너'를 뜻한다. uli는 '예쁜' 또는 '귀여운'의 뜻을 지닌 wulit에서 파생된 단어이며, gat는 '발'을 뜻하는 wichgat에서 파생된 단어이다. schis는 더 작은 것을 칭할 때 사용하는 지소접미사이다. 따라서 이 인디언 여인은 단 한 단어로 '너의 귀여운 작은 발'이라고 말한 것이다.

아메리카의 미개인들이 얼마나 멋지게 단어들을 조합해내는가를 보여주는 또 다른 사례를 들어보자. 델라웨어에 사는 한 청년은 pilapé라고 불린다. 이 단어는 '순진한'을 뜻하는 pilsit와 '남자'를 뜻하는 lénapé

가 합쳐진 것이다. 곧 '순진한 남자'라는 뜻이다.

단어들을 하나로 조합하는 이러한 기술은 특히 동사들의 경우 놀라울 정도로 잘 나타난다. 한 동사에 수많은 뜻이 겹쳐지며 그 뜻이 조금씩 달라진다.

여기서 내가 지나가듯 잠시 다룬 이 주제에 대해 자세히 연구하고자 하는 사람들은 다음의 자료들을 참조하기 바란다.

① 인디언의 언어들에 대해 뒤퐁소 씨가 목사 헤크웰더(Hecwelder) 씨와 주고받은 서한. 이 서한은 『아메리카 철학협회 논총』(1819)의 제1권에 실려 있다(356-464쪽).

② 델라웨어 인디언, 즉 레나프족의 언어 문법에 대한 자이버거(Geiberger)의 글과 뒤퐁소 씨의 서문. 『아메리카 철학협회 논총』 제3권.

③ 위의 연구들을 정리한 요약본. 『아메리카 백과사전』, 제4권의 말미에 실려 있다.

(D) 48쪽

샤를부아(Charlevoix)의 책 제1권 235쪽에 캐나다의 프랑스인들이 1610년에 처음으로 이로코이족과 싸운 전쟁의 전말이 실려 있다. 이로코이족은 활과 화살로 무장했음에도 불구하고 프랑스인들과 그 동맹 부족들에게 필사적으로 저항했다. 샤를부아는 비록 훌륭한 화가는 아니었지만 이 책에서 유럽인들의 습속과 미개인들의 습속을 멋지게 대조해서 묘사하고 있으며 이 두 인종이 명예라는 것을 이해하는 서로 다른 방식을 잘 설명한다.

"프랑스인들은 땅바닥에 너부러져 있는 이로코이족이 입고 있던 비버 가죽을 전부 벗겨냈다. 프랑스인들과 한패인 휴런족은 이 광경을 보더니 분노를 터트렸다. 휴런족은 여느 때처럼 포로들을 아주 잔인하게 다루기 시작했으며 죽은 포로들 중 하나를 뜯어먹었다. 이 끔찍한 광경에 프랑스인들은 공포에 사로잡혔다. 이 야만인들은 우리에게서는 도무지 찾아볼 수 없을 것이라고 여긴 이 냉정함을 자랑스러워했다. 그들은 시체의 옷을 빼앗는 것보다 짐승처럼 시체의 살을 먹어치우는 것이 더 나쁜 짓이라는 사실을 도무지 이해하지 못했다."

다른 곳에서(제1권, 230쪽) 샤를부아는 샹플랭(Champlain)이 목격한 고문 장면과 휴런족이 마을로 돌아오는 모습을 묘사한다.

"8리으 정도 더 간 다음에 휴런족은 멈추어 섰다. 이들은 포로들 중 한 명을 잡아내서 휴런족 전사들이 당했던 만큼의 정말 끔찍한 고문을 그 포로에게 가했다. 그러고는 포로에게 네가 저지른 것만큼 너도 당해야 한다고 소리치면서 정신이 남아 있으면 노래를 부르라고 말했다. 포로는 곧 전사의 노래를, 그가 알고 있는 모든 노래를 웅얼거렸다. 미개인들의 노래는 모두 장송곡 풍이라는 것을 알고 있을 만큼 신대륙에서 오랜 시간을 보내지 않은 샹플랭은 포로들이 정말 구슬프게 노래했다고 말한다. 고문은 정말 끔찍했으며 이를 지켜본 프랑스인들은 공포에 떨었으나 도저히 만류할 수도 없었다. 다음날 밤, 휴런족 중 한 명이 자신들이 쫓기고 있는 꿈을 꾸었다. 퇴각은 갑자기 도주로 바뀌었으며, 이 미개인들은 위험을 벗어났다고 확신할 때까지 한 번도 쉬지 않고 달렸다."

"자기네 마을 오두막이 보이자 이들은 긴 장대를 잘라내서 그 위에 머리 가죽을 꽂고는 마치 전리품처럼 흔들어댔다. 이 광경을 보고 여자들이 달려와 물속에 뛰어들어 카누에 올라탔다. 여자들은 핏물 흐르는 머리 가죽을 남편 손에서 빼앗아 자신의 목에 걸었다."

"이로코이 전사들은 이 끔찍한 전리품들 중 하나를 샹플랭에게 내밀었다. 그리고 자기들이 갖고 싶어 하는 유일한 전리품인 활과 화살을 그에게 선물로 주면서 그것을 프랑스 국왕에게 보여주라고 간청했다."

샹플랭은 몸도 전혀 다치지 않았고 재산도 전혀 빼앗기지 않은 채 혼자서 겨울 내내 이 야만인들과 함께 지냈다.

(E) 70쪽

아메리카에 영국령 식민지들이 설립될 무렵 맹위를 떨치던 청교도적인 준엄함은 이미 꽤나 수그러들기는 했지만 습속이나 법제에 여전히 뚜렷한 흔적을 남기고 있다. 프랑스에 가톨릭교를 탄압하는 공화정이 잠시 들어섰던 바로 1792년에, 매사추세츠주 입법부는 시민들에게 주일 예배 참석을 의무화하는 다음과 같은 법령을 통과시켰다. 전문과 주요 조항들은 독자의 관심을 끌 만한 내용을 담고 있다.

"주일의 준수는 공공의 복리와 관련된 사안이다. 주일에는 일과 노고를 거두고 삶의 의무와 인간의 죄악에 대해 성찰할 시간을 가져야 한다. 주일에는 공적으로든 사적으로든 만물의 창조자이신 주님을 경배해야 하며 기독교 사회의 버팀목이라 할 이웃 사랑에 동참해야 한다. 믿음이 부족하고 경박한 몇몇 사람들이 주일의 의무와 혜택을 저버리고 세속의 여흥과 사업에 빠져듦으로써 신성을 더럽힌다. 이러한 행동은 기독교 사회의 이익뿐만 아니라 그들 자신의 이익도 해치며, 건실한 신도들의 마음을 어지럽히고, 방탕한 취향과 문란한 습속을 퍼트림으로써 사회 전체에 해를 끼치게 된다."

"따라서 상원과 하원은 다음과 같은 법령을 포고한다.

1. 주일에는 누구도 상점이나 작업장을 열어서는 안 된다. 누구도 일이나 사업을 해서는 안 되며, 음악회, 무도회, 연극장에 가서는 안 되고, 사냥, 노름 또는 소풍을 해서도 안 되며, 위반할 경우 벌금을 물어야 한다. 위반할 때마다 10실링 이상 20실링 이하의 벌금에 처한다.

2. 다급한 경우를 제외하고 어떤 여행객도 안내인도 수레꾼도 주일에 길을 떠나서는 안 되며, 위반할 경우 벌금을 물어야 한다.

3. 타운 안에 거주하는 어떤 주민도 주일에 선술집, 가게, 여인숙 등에 와서 여흥을 즐기거나 사업을 벌여서는 안 된다. 위반할 경우 장소를 제공한 주인들은 벌금을 물어야 하며 문을 닫게 될 수도 있다.

4. 건강상의 문제가 없고 특별한 사유도 없이 3개월 이상 예배에 불참하는 사람은 10실링의 벌금에 처한다.

5. 교회당 안에서 부적절한 처신을 하는 사람은 5실링 이상 40실링 이하의 벌금에 처한다.

6. 이 법령은 타운 감독관(tythingmen)에 의해 집행된다.[1] 타운 감독관은 주일에 숙박 시설들을 둘러볼 권리가 있다. 이를 거부하는 숙박업소 주인은 40실링의 벌금에 처한다. 감독관은 여행객들을 단속할 수 있으며 왜 주일날 길을 떠나는지 조사할 권한을 가진다. 조사에 불응하는 자는 5파운드 스털링의 벌금에 처할 수 있다. 답변이 만족스럽지 않을 때 감독관은 여행객을 카운티의 치안판사에게 회부할 수 있다." 「1792년 3월 8일 법령」, *General Laws of Massachusetts*, vol. I, p. 410.

1797년 3월 11일자 새 법령은 벌금액을 높였는데, 그 절반은 범법자를 기소하는 데 쓰였다(vol. I, p. 525).

1816년 2월 6일자 새 법령은 이 조치를 거듭 확인했다(vol. II, p. 405).

이와 유사한 조항들은 1827년과 1828년에 수정을 거친 뉴욕주의 법

---

1) 타운 감독관은 프랑스의 전담 감독관(garde-champêtr)이나 사법경찰관(police judiciaire)과 비슷한 직책으로 매년 선출된다.

령에도 나타난다(*Revised Statutes*, part I, chap XX, p. 675). 주일에는 사냥, 어로, 노름을 금하고 술집에 가서도 안 되며, 다급한 경우가 아니면 길을 떠나서도 안 된다고 적혀 있다.

초창기 이주자들의 이러한 종교적 준엄성은 여러 법령들에 그 자취를 남겼다. 뉴욕주의 수정 법령을 보자(vol. I, p. 662).

"내기나 노름을 해서 24시간 안에 25달러(약 132프랑)를 땄거나 잃은 사람은 처벌 대상이 되며, 증거에 입각해서 땄거나 잃은 액수의 적어도 5배에 해당하는 벌금을 물어야 한다. 벌금의 추징은 타운의 구빈 감독관이 담당한다. 25달러 이상을 잃은 사람은 법원에 제소할 수 있다. 잃은 자가 법원에 제소하지 않을 경우, 구빈 감독관은 딴 자를 기소할 수 있으며 딴 돈뿐만 아니라 그 3배에 달하는 추징금을 구빈 기관에 내도록 강제할 수 있다."

지금 인용한 법령들은 최근에 포고된 것들이다. 하지만 식민지 시대 초기로 거슬러 올라가지 않고서는 어떻게 이 법령을 이해할 수 있겠는가? 오늘날 이 법령의 처벌 조항은 거의 적용되지 않는다는 것을 나는 잘 알고 있다. 세월의 변화에 따라 습속이 변했는데도 법령은 낡은 조항들을 고수하는 것이다. 아무튼 아메리카에서 주일을 준수하는 것은 이 나라를 방문한 외국인들이 가장 놀라는 일들 중 하나이다.

아메리카의 어느 대도시에서는 이미 토요일 저녁부터 사교나 모임이 거의 정지된다. 장년층은 일에 바쁘고 청년층은 놀기에 바쁘리라고 당신이 생각하는 그 시각에 거리를 한 바퀴 돌아보라. 당신은 텅 빈 거리 한복판에 서 있게 될 것이다. 아무도 일하지 않을 뿐만 아니라 아무도 살고 있지 않은 듯 보인다. 공장이 돌아가는 소리도, 사람들이 즐겁게 노는 소리도, 심지어 대도시 한복판에서 으레 솟아나는 응응거림도 들리지 않는다. 교회들 주변에만 사람들이 늘어서 있다. 집집마다 덧문은 반쯤 닫혀 있으며 그저 마지못해 태양빛을 안으로 들이고 있다. 이따금 당신은 어느 한 사람이 황량한 교차로나 외진 길목을 인기척도 없이 지나가는 것을 볼 따름이다.

다음날 새벽 일찍 자동차 소리, 해머 소리, 사람들이 움직이는 소리가 다시 들려오기 시작한다. 도시가 깨어난다. 사람들이 시장으로 공장으로 잰걸음으로 모여든다. 당신 옆에서 모든 것이 바삐 움직인다. 어제의 무기력은 사라지고 들뜬 움직임이 시작된다. 돈을 벌고 인생을 즐기는 데 하루밖에 안 남은 사람들처럼 정말 바쁘게들 돌아다닌다.

(F) 78쪽

앞의 장에서 내가 아메리카의 역사를 쭉 일별하려 하지 않았다는 사실은 굳이 말할 필요가 없을 것이다. 나의 의도는 초창기 이주민들의 견해와 습속이 여러 식민지들과 합중국 전반의 운명에 끼친 영향력을 독자들이 이해하도록 안내하는 것이었다. 따라서 나는 몇 가지 단편적인 사례들을 언급하는 것으로 그쳤다.

나의 설명은 서툴렀을 수도 있다. 하지만 내가 여기에 제시해놓은 방향을 따라가면 일반인들의 관심을 끌 만한 가치가 충분하고 정치인들에게 생각거리를 던져줄 수 있는 내용들을 초창기 아메리카 정치체들에서 그리 어렵지 않게 찾아낼 수 있을 것이다. 나로서는 이러한 일에 직접 매달리기 힘든 만큼, 원하는 이들에게 다소나마 도움이 되기를 바랄 따름이다. 따라서 나는 여기서 내가 보기에 가장 유익한 저술들의 목록과 짤막한 내용을 소개하고자 한다.

참고할 수 있는 일반적인 문헌들 중에서 특히 에벤저 해자드(Ebenezer Hazard)가 편집한 『주(州) 공문서 역사 문헌집, 아메리카 합중국사 자료 (*Historical collection of state papers and other authentic documents, intended as materials for an history of the United States of America)*』가 가장 유용하다. 1643년 필라델피아에서 출판된 편찬본 제1권에는 영국 여왕이 이주민들에게 수여한 모든 특허장의 사본뿐만 아니라 초창기 식민 정부들의 주요 문서들이 들어 있다. 이 당시 뉴잉글랜드와 버지니아에서 일어난 여러 가지 사안들에 대한 수많은 원본 문서들을 볼 수 있다.

제2권은 1643년에 결성된 뉴잉글랜드연합(Confédération)의 공문서들만으로 엮어져 있다. 인디언 부족들에 대항하기 위해서 뉴잉글랜드 식민지들 사이에 맺은 이 연방 규약은 영국계 아메리카인들이 만든 연합의 첫 사례에 해당한다. 식민지 독립의 발단이 된 1776년의 연합에 이르기까지 같은 성격의 연합들이 여러 차례 결성되었다.

게다가 각 식민지마다 자체의 역사 문헌집을 갖추고 있는데 이 중 몇 가지는 아주 귀중한 자료이다. 이주민들이 일찍부터 자리를 잡은 버지니아주부터 검토해보자.

버지니아를 다룬 역사가들 가운데 으뜸은 바로 버지니아를 세운 인물, 즉 선장 존 스미스(John Smith)이다. 존 스미스는 『버지니아와 뉴잉글랜드의 역사(*The general history of Virginia and New England*)』(1627년)를 남겼다. 스미스의 책에는 지도들과 책이 인쇄될 당시에 제작된 아주 진기한 판화들이 들어 있다. 1584년부터 1626년까지 다루는 이 책은 높이 평가받는데 충분히 그럴 만한 가치가 있다. 저자 스미스는 모험으로 가득 찬 초기 식민지 시대에 살았던 유명한 모험가들 중 하나이다. 책은 당시 사람들의 특징이라 할 발견에 대한 열정과 돈벌이에 대한 열기를 고스란히 담고 있다. 이 책에서 장삿속과 뒤섞인 기사도의 습속, 요컨대 일확천금을 노리고 길을 나서는 기사도의 정열을 엿볼 수 있다.

하지만 존 스미스에게서 특히 놀라운 것은 그가 함께 살았던 동시대인의 자질들과 대다수 동시대인들에게는 낯선 자질들을 한꺼번에 지니고 있다는 점이다. 그의 문체는 단순하면서도 산뜻하고, 그의 이야기에는 상당한 진실이 함축되어 있으며, 그의 묘사는 지나치게 현란하지 않다. 그의 책에는 북아메리카 대륙이 발견될 당시 인디언들의 상태에 대해 아주 자세한 정보가 담겨 있다.

참조할 만한 두 번째 역사가는 버벌리(Beverley)이다. 버벌리의 저서는 프랑스어로 번역되었으며 1707년에 암스테르담에서 출판되었다. 그의 책은 1585~1700년까지를 다룬다. 제1부에는 식민지 설립 초창기에 관한 여러 역사 문헌들이 실려 있으며, 제2부에는 당시 인디언들의 상태에 관한 아주 진기한 그림들을 싣고 있다. 제3부는 저자가 살던 당시 버지니아 주민들의 습속, 사회 상태, 법제, 정치적 습성 따위에 대해 아주 명쾌한 설명을 보여준다.

버지니아 출신인 버벌리는 자신의 책 첫머리를 다음과 같이 시작한다. "내 글을 너무 엄격한 눈으로 바라보지 않기만을 독자들에게 바랄 따름이다. 나는 인디언 태생으로 정확한 글쓰기가 서툴다." 식민지 개척자로서의 이러한 겸손한 태도에도 불구하고 저자는 책 여러 곳에서 자기로서는 모국의 지배권을 감내하기 무척 힘들다는 사실을 드러낸다. 또한 버벌리의 책에서는 당시부터 아메리카의 영국 식민지들에 널리 퍼져 있던 시민적 자유의 정신의 수많은 흔적들뿐만 아니라, 오랫동안 식민지들 내부를 좀먹고 독립을 늦추게 만든 분열의 흔적들을 찾아볼 수 있다. 버벌리는 영국 정부를 비난하는 그 이상으로 이웃한 메릴랜드주의 가톨릭 주민들을 혐오한다. 문체는 산뜻하고, 이야기는 흥미진진하며 신뢰할 만하다. 버벌리 책의 프랑스어 번역판은 왕립 도서관에서 볼 수 있다.

윌리엄 스티스(William Stith)의 『버지니아 역사(*History of Virginia*)』도

참조할 만하다. 이 책은 진기한 내용들을 담고 있기는 하지만 내가 보기에 너무 길고 산만하다.

캐롤라이나주에 관해 참조할 수 있는 가장 오랜 최고급 자료는 1718년에 런던에서 출판된 존 로슨(John Lawson)의 『캐롤라이나 역사(*The History of Carolina*)』이다. 로슨의 책에는 무엇보다 캐롤라이나 서부 지방을 탐험한 여행기가 들어 있다. 이 여행기는 일지 형식으로 씌어졌는데, 내용은 다소 산만하고 관찰은 아주 피상적이다. 천연두와 알코올이 이 당시 원주민들에게 입힌 참상에 대한 끔찍한 묘사와 유럽인들이 몰려온 후 더욱 심해진 인디언들의 습속의 타락에 대한 진기한 묘사 따위만이 눈길을 끈다. 책의 제2부는 캐롤라이나의 지형을 탐색하고 생산물들을 소개하는 데 할애된다. 당시 인디언들의 습속, 관습, 통치 방식 따위에 대해 흥미로운 내용을 소개하는 제3부는 독창성이 풍부하고 기지가 넘친다.

『버지니아 역사』는 찰스 2세가 캐롤라이나주에 하사한 특허장에 대한 이야기로 끝을 맺는다. 저서의 전반적인 기조는 다소 경박하고 외설적이며 같은 시기에 뉴잉글랜드에서 출판한 저서들과는 커다란 대조를 이룬다. 『버지니아 역사』는 아메리카에서도 아주 보기 드문 문헌이며 유럽에서는 찾아볼 수 없다. 왕립 도서관에 사본이 한 권 있을 뿐이다. 합중국의 남쪽 끝단에서 곧장 북쪽 끝단으로 올라가보자. 중간 지대에는 아주 뒤늦게야 사람들이 살기 시작했다.

우선 『매사추세츠 역사학회 총서(*Collection of the Massachusetts historical Society*)』라는 제목을 단 아주 진기한 자료를 소개해야 한다. 이 총서는 1792년에 보스턴에서 출판되었으며 1806년에 재판되었다. 이 책은 왕립 도서관은 물론이고 다른 어느 곳에서도 볼 수 없다.

(계속 간행되고 있는) 이 총서는 뉴잉글랜드의 여러 주들의 역사에 관한

방대한 분량의 아주 귀중한 문서들을 싣고 있다. 지방 문서고에 깊숙이 묻혀 있던 미간행 서한문과 공증 증명서들은 물론이고 구킨(Gookin)의 저서 한 권이 몽땅 이 총서에 포함되어 있다.

나는 본문에서 너새니얼 모턴(Nathaniel Morton)의 책 『뉴잉글랜드 회상록』을 여러 차례 언급했다. 이것만으로도 이 책이 뉴잉글랜드의 역사를 알고자 하는 사람들의 관심을 끌 만한 훌륭한 가치가 있다는 것을 입증하는 데 충분할 것이다. 단행본 한 권으로 된 모턴의 책은 1826년에 보스턴에서 재간행되었지만 왕립 도서관에 소장되어 있지 않다.

뉴잉글랜드의 역사에 관해 가장 중요하고 가장 높이 평가받는 문헌은 코튼 매더(Cotton Mather)의 작품 『아메리카에서의 그리스도의 위업, 뉴잉글랜드 교회사(*Magnalia Christi American, or the ecclesiastical history of New-England 1620-1698*)』일 것이다. 이 책은 1820년에 하퍼드에서 재간행되었지만 아마도 왕립 도서관에서는 찾아볼 수 없을 것이다.

이 책은 모두 7부로 구성되어 있다. 제1부는 뉴잉글랜드 개척사에 해당한다. 제2부는 뉴잉글랜드를 다스린 초기 총독들과 주요 행정관들의 생애를 다룬다. 제3부는 같은 시기에 신도들의 영혼을 인도한 교회 목사들의 생애와 업적을 다룬다. 저자는 제4부에서 케임브리지 대학(매사추세츠)의 건립과 발전을 설명하며, 제5부에서 뉴잉글랜드 교회의 원칙과 기율을 소개한다. 제6부에서는 뉴잉글랜드 주민들이 받은 하느님의 은총을 나타내주는 몇 가지 사례를 다루며, 제7부에서는 뉴잉글랜드 교회가 당면한 고난과 이단의 문제를 다룬다.

코튼 매더는 보스턴에서 태어나 거기서 생애를 마친 복음주의 목사이다. 뉴잉글랜드의 건립을 이끈 열정과 종교적 열의가 그의 글에 가득하다. 그의 글에는 때로 난처하고 고약한 표현의 흔적이 눈에 띄기도 하지만 독자와 교감하고자 하는 열의로 가득하다는 점에서 충분히 관심을 끌 만하다. 그는 때로 고지식하고 자주 순진하기는 하지만 결코 남을 속이려 하지 않는다. 이따금 그의 글에는 아래와 같은 아름다운 구절, 참되고 깊은 생각들이 들어 있다.

"퓨리턴들이 도착하기 전에도 영국인들은 뉴잉글랜드의 일부 지역에 사람들을 정착시키려 이미 여러 차례 시도했다. 하지만 이들의 의도가 어떤 세속적 이득의 달성 이상을 넘어서지 못한 까닭에 이들은 줄곧 여러 재앙과 난관을 만나 쓰러졌다. 하지만 숭고한 종교적 심성에 이끌려 아메리카에 도착한 사람들은 전혀 달랐다. 이들은 식민지 건설 초창기보다 더 많은 적들을 만났음에도 불구하고 자신의 뜻을 굳게 밀고 나갔으며 이들이 세운 건물과 시설들은 오늘날까지 남아 있다."(1권, 제4장, 61쪽)

코튼 매더는 이따금 준엄한 묘사와 부드럽고 상냥한 표현을 뒤섞는다. 종교적 열정에 이끌려 남편을 따라 아메리카에 왔으나 곧 객지의 피로와 빈곤으로 쓰러져버린 한 영국 여인에 대해 말하면서 매더는 다음과 같이 덧붙인다. "그녀의 고결한 남편, 아이작 존슨에 대해 말하자면, 그는 아내 없이 살아보려 했으나 그러지도 못한 채 죽고 말았다."(1권, 71쪽)

매더의 책은 그가 묘사하고자 하는 시대와 고장에 대해 놀라울 만치 멋지게 그려낸다. 퓨리턴들이 안식처를 찾아 바다를 건너온 그 숭고한 동기를 우리에게 알려주고자 그는 다음과 같이 말한다.

"하늘에 계신 주님이 영국에 사는 주님의 백성들에게 말씀을 내리셨다. 주님은 서로 얼굴도 본 적 없는 수천 명의 영혼을 흔드셨으며 고향에서의 안락한 삶을 떨치고 일어나 끔찍한 대양을 건너 더 끔찍한 대륙으로 오직 주님의 뜻을 따라 나아가려는 용기를 북돋우셨다. 이들의 후손들이 뉴잉글랜드의 진정한 이해관계를 잊거나 무시하지 않도록 하려면 여기서 잠시 이러한 원대한 사업을 떠맡게 된 동기를 후손들에게 정확히 알려주는 것이 긴요해 보인다."

"첫째 동기: 세상의 이 부분(북아메리카)에 복음을 전하는 일, 그리고 예수회가 세상의 다른 지역에 세우려 하는 적그리스도의 왕국에 맞서 복음의 성채를 건설하는 일은 교회에 바치는 위대한 사역이 될 것이다."

"둘째 동기: 유럽의 모든 교회는 비탄에 잠겨 있으며 주님이 우리도 마찬가지로 벌하려 하심이 아닌지 두려울 따름이다. 주님이 완전한 파멸로부터 구해낼 많은 이들을 위해 이 장소(뉴잉글랜드)를 마련하신 것은 아닌지 누가 알겠는가."

"셋째 동기: 우리가 사는 고장은 주민들로 넘쳐난다. 모든 피조물 중에 가장 고귀한 인간이 그가 살고 농사짓는 땅보다 더 미천한 대접을 받는다. 자연의 섭리에 따른다면 가장 축복받은 존재이어야 할 어린이, 이웃, 친지 그리고 가난한 자들이 가장 큰 부담으로 취급받고 있다."

"넷째 동기: 우리는 참지 못할 지경에까지 이르렀다. 주변 이웃과 함께 살아가기에 충분한 만큼의 재산도 없으며 낙오한 사람들은 경멸과 설움 속에 살아야 한다. 그러다 보니 수단과 방법을 가리지 않고 돈을 벌려는 온갖 일이 벌어진다. 정직한 사람들이 자신의 재산을 유지하고 버젓하게 살아가기란 불가능에 가깝다."

"다섯째 동기: 지식과 믿음을 배우는 학교는 부패하고 타락한 나머지 대다수 아동들, 심지어 가장 우수하고 뛰어난 아동들, 장래가 촉망되는 아동들도 이들 교회학교에서 벌어지는 음험한 행동들과 나쁜 사례들로 인해 타락하고 부패하며 결국 몸과 마음이 완전히 망가지게 된다."

"여섯째 동기: 이 세상 전부가 주님의 정원이 아닌가. 주님은 이 땅을 아담의 후손들에게 경작하고 개량하라고 주셨다. 손길이 닿지 않아 경작되지 않고 버려진 땅이 엄청나게 많은데, 우리가 왜 땅이 부족해서 굶어죽어야 한다는 말인가?"

"일곱째 동기: 개혁 교회를 세우고 유지하는 일, 예측하기 힘든 불행에 맞서 신도들과 함께 힘을 보태는 일보다 더 낫고 숭고한 일, 주님의 종으로서 더 값진 일이 어디 있겠는가?"

"여덟째 동기: 이 땅(영국)에서 유복하게 사는 믿음이 깊은 사람들이 모든 것을 버리고 개혁 교회에 합류해서 간난과 역경의 길을 함께 걷는다면, 그것은 식민지 경영을 위해 하느님께 바치는 기도에서 신도들의 믿음을 회복시켜주고 더 나아가 다른 이들을 믿음의 길로 인도할 수 있는 좋은 본보기가 될 것이다."

더 나아가서 도덕 문제에 관한 뉴잉글랜드 교회의 원칙을 설파한 후에 매더는 식탁에서의 매너, 그가 이교도의 혐오스러운 습성이라고 부른 식탁 매너에 대해 격렬하게 성토한다. 마찬가지로 그는 여성들의 머리 치장술이나 목과 팔을 드러내는 옷매무새에 대해서도 혹독하게 비난한다.

책의 다른 곳에서 그는 당시 뉴잉글랜드를 공포에 떨게 했던 마녀사냥 행위에 대해 아주 길게 이야기한다. 이승에서 드러난 악마의 행위가 그에게는 논박할 여지가 없는 자명한 진실로 나타난다.

이 책의 여러 곳에서 우리는 저자와 동시대인들의 삶을 특징지은 시민적 자유와 정치적 독립의 기질을 찾아볼 수 있다. 통치 문제에 관한 이러한 원칙들은 매 순간 나타난다. 따라서 예컨대 매사추세츠 주민들이 플리머스를 건설한 지 10년이 지난 1630년에 케임브리지 대학을 설립하기 위해 400리브르를 모금한 것을 알 수 있다.

뉴잉글랜드의 역사에 관련된 일반 문헌들에서 뉴잉글랜드에 속한 주들에 관련된 문헌들로 넘어가보면, 우선 매사추세츠 지방 부총독인

토머스 허친슨(Thomas Hutchinson)이 쓴 『매사추세츠 식민지의 역사(*The History of the colony Massachusetts*)』가 눈에 띈다. 왕립 도서관이 소장하고 있는 책은 1765년에 런던에서 재판된 판본이다.

내가 본문에서 여러 차례 인용한 허친슨의 책은 1628~1750년까지를 다루고 있다. 진실로 믿을 만한 내용들로 가득 차 있다. 문체는 소박하고 꾸밈이 없으며, 이야기는 아주 상세하다.

코네티컷에 대해 참조할 만한 가장 훌륭한 문헌은 벤저민 트럼불(Benjamin Trumbull)이 쓴 『코네티컷의 역사: 사회와 교회(*A complete History of Connecticut, civil and ecclesiastical, 1630-1764*)』(1814)이다. 이 책은 아마도 왕립 도서관에 소장되어 있지 않을 것이다.

이 책은 제목에 명기된 기간 동안 코네티컷에서 일어난 모든 사건에 대해 명확하고 냉철한 분석을 담고 있다. 저자는 믿을 만한 원전 사료들을 원용하고 있으며 신뢰할 만한 서술을 보여준다. 코네티컷주 초창기에 대한 이야기는 정말 진기한 내용들로 가득 차 있다. 특히 「1639년 헌법」(제1권, 제4장, 100쪽)과 「코네티컷의 형법」(제1권, 제7장, 123쪽)을 보라.

1792년 보스턴에서 출판된 제러미 벨냅(Jeremy Belknap)의 저서 『뉴햄프셔의 역사(*History of New Hampshire*)』도 참조할 만하다. 제1권의 제3장은 특기할 만하다. 여기서 저자는 퓨리턴들의 정치적·종교적 원칙들에 대해서, 퓨리턴들이 이주해온 이유에 대해서, 그들의 법제에 대해서 아주 상세한 정보를 제공한다. 다음과 같은 1663년의 한 서약문을 인용하고 있다. "뉴잉글랜드가 원래는 교역 플랜테이션이 아니라 신앙 플랜테이션으로 설립되었다는 사실을 잊어서는 안 된다. 교리와 훈육에 관한 순수한 신앙고백문은 입구에 새겨져 있다. 상인들 그리고 날마다 돈을 쌓는 사람들은 기억해야 하리라. 뉴잉글랜드를 건설한 원래 목적은 세속의 부가 아니라 종교라는 것을. 그리고 만일 우리들 중 누군가가 종교를 12로, 세상을 13으로 셈한다면, 그 사람은 참된 뉴잉글랜드 사람이 아니리라." 벨냅의 저서에서 독자들은 여태껏 여느 아메리카 역사가들이 준 것보다 더 일반적인 생각과 더 나은 영감을 얻을 수 있을 것이다. 하지만 이 책이 왕립 도서관에 소장되어 있는지 확인해보지 못했다.

오랜 연혁을 지닌 중부 지방의 주들 중에서 우리의 시선을 특히 끌만한 것은 뉴욕주와 펜실베이니아주이다. 뉴욕주에 대한 최고의 역사책은 윌리엄 스미스(William Smith)가 쓴 『뉴욕의 역사(History of New York)』(1757)이다. 1767년에 런던에서 프랑스어 번역판이 출판되었다. 스미스는 아메리카에서 프랑스인들과 영국인들이 벌인 전쟁들에 대해 아주 유용한 정보를 제공한다. 아메리카 역사를 쓴 여러 역사가들 중에서 이로쿼이 부족연맹에 대해 가장 정확한 정보를 제공해주는 이는 단연 스미스이다.

펜실베이니아에 대해서는 로버트 프라우드(Robert Proud)가 쓴 『펜실베이니아의 역사: 설립에서 1742년까지(The history of Pennsylvania, from the original Institution... till after the Year 1742)』를 추천할 만하다. 이 책은 윌리엄 펜(William Penn), 퀘이커 교도, 펜실베이니아 초기 주민들의 성격, 습속, 관습 따위에 대해 아주 진기한 자료들을 담고 있다는 점에서 특히 독자의 관심을 끌 만하다. 내가 알기에 이 책 역시 왕립 도서관에 소장되어 있지 않다.

펜실베이니아에 관련된 중요 문헌들 중에 물론 윌리엄 펜의 작품과 벤저민 프랭클린(Benjamin Franklin)의 작품이 있다는 사실을 굳이 덧붙일 필요는 없을 것이다. 이 책들은 이미 독자들에게 잘 알려져 있다.

여기서 내가 언급한 책들 대다수는 내가 아메리카에 체류하는 동안 이미 참조한 것들이다. 왕립 도서관은 이 책들 중 약간을 기꺼이 내게 대출해주었다. 파리 주재 합중국 참사관으로 아메리카에 대해 멋진 책을 쓴 워든(Warden) 씨도 내게 여러 다른 책들을 빌려주었다. 나는 여기서 워든 씨에게 감사의 뜻을 전하고자 한다.

(G) 89쪽

제퍼슨의 『회고록(Memoirs)』에 다음과 같은 구절이 있다. "버지니아 식민지 초창기에 땅을 거의 헐값으로 또는 거저 얻었을 때, 앞날을 내다본 몇몇 사람들은 거대한 매각 토지를 사들였으며 가문의 영광을 과시할 영지를 장만할 요량으로 땅을 후손들에게 한사상속했다. 가문의 이름을 지닌 후손에게 세대에서 세대로 땅이 이전되면 결국에는 대영지를 소유한 가문이 탄생하게 된다. 합법적으로 부를 대물림하는 이들 가문은 영지의 규모와 화려함에서 뚜렷이 구별되는 귀족 신분을 형성한다. 국왕은 주의 감독관들을 관례적으로 바로 이들 신분에서 임명한다."

합중국에서 상속에 관련된 영국 법령의 조항들은 거의 폐지되었다. 켄트(Kent) 씨는 다음과 같이 말한다. "상속에서의 첫 번째 규칙은 부동산 소유자가 유언을 남기지 않고 죽었을 때 그의 재산은 법률상의 직계 후손들에게 상속되며, 만일 상속자가 한 명일 경우 홀로 모든 재산을 상속받게 되며, 만일 같은 촌수의 상속자가 여럿일 경우 남녀성별에 관계없이 재산을 똑같이 상속받는다는 것이다."

이 규정은 뉴욕주에서 1786년 2월 23일 법령에 처음으로 명기되었다 (『개정 법령안』, 제3권, 「부록」 48쪽을 보라). 그 후 이 규정은 뉴욕주에서 수정 법령으로 채택되었다. 이 규정은 현재 남성 상속자가 두 배를 상속받는다고 명기한 버몬트주를 제외하고 합중국 전역에서 유지되고 있다 (Kent, *Commentaries*, vol. IV, p. 370).

켄트 씨는 같은 책 제4권에서 한사상속에 관련된 아메리카의 법안에 대해 설명하고 있다. 아메리카 혁명 이전까지는 한사상속에 관한 영국의 법령이 식민지에서 관습법으로 통용되었다. 한사상속은 1776년에 버지니아주에서(제퍼슨의 발의에 의해 폐기되었다. 제퍼슨의 『회고록』을 보라), 1786년에 뉴욕주에서 폐지되었다. 노스캐롤라이나, 켄터키, 테네시, 조지아, 미주리주가 뒤를 따랐다. 버몬트와 인디애나, 일리노이, 사우스캐롤라이나, 루이지애나주에서 한사상속은 거의 시행되지 않는다. 한사상속에 관한 영국식 법제를 유지해야만 한다고 믿는 주들은 한사상속에서 그 주요 귀족적인 요소들을 떼어내는 방식으로 제도를 수정했다. "이 나라의 일반 정책은 토지를 양도할 권리에 대한 규제를 고무하지 않는다는 것이다"라고 켄트 씨는 적고 있다.

상속에 관한 아메리카의 법령을 연구하는 프랑스 독자들을 가장 놀라게 하는 점은 이 문제에서 프랑스의 법령이 아메리카의 법령보다 훨씬 민주적이라는 사실이다.

아메리카의 법령에 따르면 부친이 유언을 남기지 않고 죽었을 경우 재산이 자손들에게 균등하게 분배된다. "누구든 마지막 남긴 유언이나 유언장을 통해 누구에게든 자신의 재산을 주고 처분하고 나눌 완전한 자유와 권위를 지닌다"라고 뉴욕주의 법령은 명시하고 있다(『개정 법령안』, 제3권, 「부록」, 51쪽).

프랑스의 법령은 유언자가 남긴 재산이 상속자들 사이에 거의 균등하게 나누어지도록 규정한다.

대다수 아메리카의 주들은 여전히 한사상속을 허용하며 그 효과를 어느 정도 제한하는 것으로 그치고 있다. 하지만 프랑스의 법령은 어떤 경우에도 한사상속을 허용하지 않는다. 따라서 아메리카인들의 사회 상태가 우리 프랑스인들의 사회 상태보다 더 민주적인 반면에, 프랑스인들의 법제는 아메리카인들의 법제보다 더 민주적이라고 할 수 있다.

이러한 사실은 의외로 잘 납득될 수 있다. 요컨대 프랑스에서 민주주의는 여전히 무엇인가를 허무는 데 몰두하는 반면에, 아메리카에서 민주주의는 모든 것이 허물어진 폐허 위에서 고요히 군림하는 것이다.

(H) 100쪽

합중국의 선거 조건 개요

모든 주에서 21세가 되면 선거권을 부여한다. 어떤 주에서든 선거권을 얻으려면 투표하는 지역에 일정 기간 동안 거주해야 하는데, 그 기간은 3개월에서 2년까지 다양하다.

재산 자격에 대해 말하자면, 매사추세츠주에서는 선거권을 얻으려면 3파운드의 수입이나 60파운드의 자본금이 있어야 한다.

로드아일랜드에서는 133달러(704프랑)의 토지 자산을 보유해야 한다. 코네티컷에서는 17달러(약 90프랑) 상당의 수입을 내는 자산이 있어야 한다. 1년 동안 민병대에 복무한 자에게도 마찬가지로 선거권이 주어진다.

뉴저지에서는 선거권자가 되려면 50파운드의 재산이 있어야 한다. 사우스캐롤라이나와 메릴랜드에서 선거권자는 50에이커의 토지를 소유해야 한다. 테네시에서는 일정량의 재산을 소유해야 한다.

미시시피, 오하이오, 조지아, 버지니아, 펜실베이니아, 델라웨어, 뉴욕주에서는 납세자 모두가 선거권자가 될 수 있다. 이들 대다수 주에서 민병대 복무는 납세에 동일한 자격 기준이 된다.

메인과 뉴햄프셔에서는 극빈자 명부에 이름이 오르지 않은 자는 누구든 선거권을 가진다.

미주리, 앨라배마, 일리노이, 루이지애나, 인디애나, 켄터키, 버몬트주에서는 선거권자의 재산 자격에 관한 규정이 없다.

내가 알기에, 오직 노스캐롤라이나주만이 하원과 상원의 선거권자 자격이 다르다. 50에이커 이상의 땅을 소유한 자만이 상원 선거권자가 될 수 있는 반면, 납세자는 누구나 하원 선거권자가 될 수 있다.

(I) 161쪽

합중국에는 보호관세 제도가 존재한다. 세관원 수는 얼마 안 되는 반면 해안선이 너무 길어서 밀수를 근절하기가 쉽지 않을 것이다. 하지만 모든 사람이 밀수를 근절하려 애쓰는 까닭에 다른 곳보다는 오히려 밀무역이 드문 편이다.

합중국에는 예방 경찰이 없는 까닭에, 유럽보다 화재가 훨씬 더 많이 발생한다. 하지만 일반적으로 화재는 조기에 진압되는데, 인접 주민들이 서둘러 화재 장소로 몰려오기 때문이다.

(K) 164쪽*

중앙집권화가 프랑스혁명으로부터 생겼다고 말하는 것은 옳지 않다. 프랑스혁명은 중앙집권화를 완성했을 뿐, 결코 처음부터 만들어내지 않았다. 프랑스에서 중앙집권화의 취향과 행정명령의 조짐은 법률가들이 정부 기구 안에 들어갔던 시기까지, 요컨대 필리프 미남왕 시절까지 거슬러 올라간다. 그때부터 이 두 가지는 줄곧 확대되어왔다. 예컨대 1775년에 말제르브(Malesherbes)는 보조세 재판소의 이름으로 루이 16세에게 다음과 같이 말했다.[2]

---

* 저자의 착오로 인해 후주 순서에서 (J)가 빠지고 (K)로 이어진다—옮긴이.
2) 『프랑스 조세법령 역사논고(*Mémoires pour servir à l'histoire du droit public de la France en matière d'impôts*)』, 1779, 654쪽을 보라.

"자기 고유의 업무를 관장할 권리는 개개 직능 조합들에, 개개 시민 공동체들에 있습니다. 이것은 아주 멀리까지 거슬러 올라간다는 점에서 왕국의 원초적인 구성의 일부를 이루는 권리입니다. 이것은 자연의 권리이자 이성의 권리입니다. 그럼에도 불구하고, 폐하, 이 권리가 우리 백성들에게서 강탈되어버렸습니다. 이 점에서 행정은 정말 유치하다고 말해야 마땅할 무절제에 빠져버렸다고 감히 말씀드릴 수밖에 없습니다."

"힘 센 장관들이 전국 의회를 소집하지 않는 것을 정치적 원칙으로 삼은 이후부터, 도지사의 허가를 받지 않고 개최된 경우 촌락 주민들의 심의회조차 장관들이 무효화시켜버리는 일이 비일비재합니다. 그 결과, 만일 이 공동체가 경비를 지출해야 할 경우에도 지사 대리의 훈령을 따라야만 합니다. 지사 대리가 만든 청사진을 따라야 하고 그가 원하는 일꾼들을 써야 하며 그가 내키는 대로 책정한 임금을 지불해야 하는 것입니다. 그리고 공동체가 소송을 진행할 경우에도 반드시 지사의 허가를 받아야만 합니다. 소송은 종심 법원으로 이송되기 전에 이 초심 재판소에서 우선 심의하도록 되어 있습니다. 그런데 지사의 의견이 주민의 의견과 완전히 어긋나거나, 상대방이 지사의 호감을 얻고 있을 경우에, 공동체는 자신의 권리를 방어할 능력을 잃게 되는 것입니다. 그러므로 전하, 이런 식으로 프랑스에서 모든 지역 자치의 정신이 고갈되어버리고 시민 의식이 뿌리째 뽑혀버리는 것입니다. 국민 전체를 '금지' 아래 묶어두고 대리 교사를 붙여주는 셈입니다."

중앙집권화 문제에서 혁명이 이룩한 '업적'이라는 것이 과연 무엇이었던가를 이해하는 데 이보다 더 나은 어떤 표현이 더 필요하겠는가?

1789년에 제퍼슨은 파리에서 친지들에게 다음과 같이 썼다. "모든 것을 다 통치하려는 열의와 관행이 아주 뿌리 깊게 박히고 많은 폐단을

초래하는 나라는 프랑스 외에 달리 없을 것이다."(「메디슨에게 보내는 서한」, 1789년 8월 28일)

　프랑스에서는 사실상 지난 수백 년 동안 중앙 권력이 항상 행정의 중앙집권화를 확대하기 위해 할 수 있는 모든 일을 했었다. 이 부분에서 중앙 권력은 자신의 힘 외에는 어떤 다른 장애도 만나지 않았다. 프랑스 혁명이 낳은 중앙 권력은 이전의 어떤 중앙 권력보다 훨씬 강력하고 능숙했으며, 따라서 어떤 중앙 권력보다 훨씬 앞서 나갔다. 루이 14세가 지방의 세부 사안들에 대해서는 도지사의 재량에 내맡긴 반면에, 나폴레옹 황제는 장관의 재량에 내맡겼다. 이 두 경우에 비록 그 결과는 서로 동떨어져 있지만 그 원리는 동일하다고 할 수 있다.

(L) 169쪽

　이러한 프랑스 헌법의 부동성(不動性)은 이 나라 법제의 필연적인 결과이다. 우선 모든 법률 중 가장 중요한 법률, 즉 왕위 계승을 규정하는 법률을 살펴보자. 아버지에서 아들로의 자연적인 상속 질서에 토대를 둔 정치 질서보다 그 원리 면에서 더 확고부동한 것이 어디 있겠는가? 1814년에 루이 18세는 통치권 계승 문제에서의 이러한 부동성을 자신의 가문에 유리하도록 재확립했다. 그리고 1830년 혁명의 결과를 입안한 사람들은 이러한 계승 문제의 부동성을 다른 가문에 유리하도록 바꾸어놓았을 뿐 사실상 루이 18세의 사례를 따랐다. 이 점에서 이들은 루이 15세 치하의 재상 모포(Maupeou)가 이미 만들어놓은 사례를 따른 셈이었다. 모포는 옛 고등법원의 폐허 위에 새 고등법원을 도입하면서 신임 법관들이 선임자들과 매한가지로 종신 지위를 누린다고 법령에서 선언하기를 잊지 않았던 것이다.

　1830년 법률은 1814년 법률과 마찬가지로 헌법을 수정할 어떤 수단도 명기하지 않았다. 따라서 헌법 수정은 일반적인 입법 수단으로는 충분하지 않다.

국왕은 무엇으로부터 자신의 권력을 얻는가? 헌법으로부터이다. 귀족원 의원들은? 헌법으로부터이다. 입법원 의원들은? 헌법으로부터이다. 그렇다면 국왕과 귀족원 의원과 입법원 의원들이 함께 모여서 어떻게 자신들이 통치하는 근거가 되는 법률에 무언가 수정을 가할 수 있는가? 헌법을 벗어나면 이들은 아무것도 아니다. 그렇다면 이들은 어떤 경우에 헌법을 바꿀 수 있겠는가? 답은 다음의 둘 중 하나이다. ① 이들의 권한이 당시 통과되어 시행되고 있는 헌장(charte)에 맞서기에 미약할 경우, 이들은 계속 헌장의 이름으로 군림할 것이다. ② 이들이 헌장을 수정할 경우, 이들의 권한의 바탕이 되는 법률이 존재하지 않게 되는 셈이며, 따라서 이들은 더 이상 어떤 권한도 행사하지 못한다. 요컨대 헌장을 폐기하면 이들 자신이 와해되는 셈이다.

이러한 현상은 1814년 법률보다 1830년 법률에서 더 현저하게 나타났다. 1814년에 왕권은 어떤 의미에서 헌법의 외부에, 그리고 헌법의 너머에 있었다. 하지만 1830년에 왕권은 헌법에 의해 창출되었으며, 헌법이 없으면 왕권은 아무것도 아니었다.

따라서 프랑스 헌법의 일부는 그것이 왕가의 운명과 연결되어 있는 까닭에 바꾸기 힘들다. 그리고 프랑스 헌법의 전부는 그것을 바꿀 어떤 합법적인 수단도 없는 까닭에 마찬가지로 바꾸기 힘들다.

이러한 사실은 영국에 적용되지 않는다. 성문헌법이 존재하지 않는 나라, 영국에 대해 누가 헌법을 바꾸자고 말할 수 있겠는가?

(M) 170쪽

영국 헌법에 대해 글을 쓰는 저자들은 서로 경쟁하듯 의회의 이러한 전능성을 부각시킨다. 들롬(Delolme)은 『영국 헌법(*The Constitution of England*)』(제10장, 77쪽)에서 다음과 같이 말한다. "의회가 어떤 일이든 할 수 있다는 것은 영국 법률가들에게는 기본 원칙이다. 남자를 여자로 만든다거나 여자를 남자로 만드는 일을 제외하고는 말이다."

블랙스톤(Blackstone)은 들롬보다 더 단호하게 다음과 같이 말한다 (『영국 법제 논평(*Commentaries on the Laws of England*)』). "의회의 권한과 관할권은 거의 절대적이어서 사건에 대해서든 인신에 대해서든 어떤 제한도 받지 않는다"라고 에드워드 코크(Edward Coke) 경은 말한다. 그리고 그는 이 고위 기관에 대해 다음과 같이 덧붙인다. "연혁에 대해 말하자면, 가장 오랜 연륜을 자랑한다. 위엄에 대해 말하자면, 가장 영예롭다. 관할권에 대해 말하자면, 가장 전능하다." 의회는 교회, 세속, 민간, 군사, 해양, 범죄 등 거의 모든 분야에서 법률들을 제정하고, 재확인하며, 확대해석하거나 축소해석하고, 폐지하거나 복구하는 거의 주권적이고 무제한의 권위를 갖는다. 이 왕국들의 헌법은 정부 부처의 어디엔가 있어야 할 절대적이고 전제적인 권한을 바로 의회에 부여했다. 폐단과 불평, 조치와 처방 등 일반 사법 행정을 벗어나는 모든 사항이 이 예외적인 기구에서 다루어진다. 헨리 8세와 윌리엄 3세의 경우에 그러했듯이, 의회는 왕위 계승을 규제하고 바꿀 수 있다. 헨리 8세와 그의 세 자녀가 통치하던 시절에 여러 차례 그러했듯이, 의회는 한 나라의 종교를 바꿀 수 있다. 잉글랜드와 스코틀랜드의 합병 법령이나 3년제 또는 7년제 선거 법안 등에서처럼, "의회는 심지어 왕국의 헌법을 바꾸고 또 다시 만들 수 있으며", 의회 자체의 구성마저 바꿀 수 있다. 간단히 말해서 의회는 불가능하지 않은 모든 일을 할 수 있다. 그래서 사람들은 의회의 '전능성'이라는 과감한 표현을 서슴없이 사용하는 것이다.

(N) 187쪽

아메리카 각 주의 헌법들은 정치재판 문제에 대해 서로 합의된 견해를 보여준다. 모든 헌법은 정치재판과 관련해서 하원에 배타적인 기소권을 부여한다. 기소권을 배심원단에 일임하는 노스캐롤라이나 주만이 예외이다(헌법, 제23조).

거의 모든 헌법이 상원이나 상원을 대체하는 의회에 배타적인 재판권을 부여한다. 정치재판소들은 향후 공무 담임권 박탈 여부에 대해서만 판결할 수 있다. 버지니아주의 헌법은 모든 종류의 형벌을 판결할 수 있다.

정치재판을 받게 되는 범죄 유형은 다음과 같다. 연방헌법(제4부, 제1조), 인디애나 헌법(제3조, 23, 24쪽), 뉴욕 헌법(제5조), 델라웨어 헌법(제5조)의 경우, 반역, 부패, 여타 중범죄 그리고 경범죄. 매사추세츠 헌법(제1장, 제2부), 노스캐롤라이나 헌법(제23조), 버지니아 헌법(252쪽)의 경우, 풍기문란과 배임. 뉴햄프셔 헌법(105쪽)의 경우, 부패, 범죄행위, 배임. 버몬트 헌법(제2장, 제24조)의 경우, 배임. 사우스캐롤라이나 헌법(제5조), 켄터키 헌법(제5조), 테네시 헌법(제4조), 오하이오 헌법(제1조, 23-24항), 루이지애나 헌법(제5조), 미시시피 헌법(제5조), 앨라배마 헌법(제6조), 펜실베이니아 헌법(제4조)의 경우, 업무상 과실.

일리노이, 조지아, 메인, 코네티컷주의 경우, 특정 범죄가 명기되어 있지 않다.

(O) 283쪽

물론 유럽 열강은 아메리카 합중국에 맞서 대규모 해상 전쟁을 치를 수 있을 것이다. 하지만 내륙 전쟁보다는 해상 전쟁이 언제나 더 쉽고 덜 위험할 것이다. 해상 전쟁은 한 가지 종류의 노고만을 요구한다.

정부에 필요한 자금을 제공하기로 동의한 무역업자들은 선박들을 가질 수 있으리라 확신한다. 그런데 인명 손실이나 개인적 노고보다는 금전적 손실을 더 쉽게 국민들에게 감출 수 있다. 게다가 바다에서 패배했다고 해서 그 패배를 겪는 국민의 존재나 독립 자체가 위협받게 되는 것은 아니다.

내륙 전쟁에 대해 말하자면, 유럽 국가들은 이 내륙 전쟁으로 아메리카 합중국에 어떤 위협도 가하기 힘들 것이다. 아메리카 대륙에 2만 5,000 병력을 이송해서 유지한다는 것은 아주 어려운 일이다. 2만 5,000 병력은 거의 200만 인구를 가진 나라에 가능한 규모이다. 유럽에서 가장 큰 나라가 합중국에 맞서 싸운다는 것은 200만 인구의 나라가 1,200만 인구를 가진 나라에 맞서 싸우는 것과 매한가지이다. 그리고 아메리카인들은 모든 자원을 곧장 동원할 수 있지만 유럽인들이 동원할 수 있는 자원은 1,500리으나 멀리 떨어져 있다는 사실과 합중국 영토가 너무 넓어서 정복하기조차 힘들다는 사실을 덧붙여두자.

제2부

(A) 312쪽

1704년 4월 아메리카에서 처음으로 신문이 발행되었다. 보스턴에서 간행되었다. 이에 대해서는 『매사추세츠 역사학회 총서(*Collection of the Historical Society of Massachusetts*)』(제6권, 66쪽)를 참조할 수 있다.

아메리카에서 정간물이 자유롭게 발행되었다고 생각하는 것은 잘못이다. 아메리카에도 사전 검열이나 경고 조치 같은 것들을 발효하곤 했다. 1722년 1월 14일자 매사추세츠 입법 문서를 보자.

총회(지역의 입법 기구)에서 임명된 위원회는 『뉴잉글랜드 통신(*New*

England Courier)』이라는 신문과 관련된 사건을 심의한 결과 다음과 같은 조치를 취한다. "상기 신문의 논조가 종교를 조롱하고 경멸의 대상으로 삼고 있는 점, 신성한 저자들을 세속적이고 오만불손하게 취급하고 있는 점, 복음서에 나오는 고위 사제들의 언행을 악의로 해석하는 점, 존엄하신 하느님의 통치를 모욕하는 점, 이 신문으로 인해 이 지방의 평화와 고요가 산산이 무너졌다는 점 따위를 고려해서, 위원회는 신문 발행인이자 편집인인 제임스 프랭클린이 앞으로 이 신문이나 이와 유사한 간행물을 이 지방 책임자의 검열을 받기 전에는 인쇄하거나 발행하는 것을 금지한다고 선언한다. 서포크 지구의 치안판사들은 프랭클린 씨가 앞으로 이러한 주의 조치를 잘 이행하는지 감독하는 일을 맡는다."

위원회의 제안은 채택되었으며 법률로 발효되었으나 아무런 효과도 거두지 못했다. 해당 신문은 사설 하단부에 제임스 프랭클린 대신 벤저민 프랭클린이라는 이름을 집어넣는 식으로 금지 조치를 교묘하게 피해갔으며, 결국 조치의 성공 여부는 여론에 맡겨졌다.

(B) 463쪽

1832년에 수정 법안이 나오기 이전에는 직접 경영을 통해서든 종신 임대를 통해서든 40실링에 달하는 소득을 가져오는 토지 재산을 소유한 자만이 카운티(county)에서 유권자가 될 수 있었다. 이 법은 1450년경에 헨리 6세에 의해 만들어진 것이다. 헨리 6세 당시 40실링은 오늘날 30파운드에 해당한다. 그럼에도 불구하고 이렇게 15세기에 책정된 기준 액수가 1832년까지 그대로 존속했는데, 이 사실은 영국 헌법이 겉으로는 요지부동으로 보이지만 세월이 지나면서 얼마나 민주적으로 변모했는가를 잘 보여준다(들롬, 『영국 헌법』; 블랙스톤, 『영국 법제 논평』,

제1권, 제4장).

영국에서 배심원단은 카운티 장관에 의해 선발된다(들롬, 『영국 헌법』, 제1권, 제12장). 장관은 일반적으로 카운티의 유력자이다. 장관은 사법과 행정 기능을 동시에 수행하며, 국왕을 대신하고 매년 국왕에 의해 임명된다(블랙스톤, 『영국 법제 논평』, 제1권, 제9장). 장관의 지위는 경쟁 당파 측에서의 부패 혐의 제기로부터 보호된다. 게다가 장관의 편파적 행정이 문제시될 경우, 장관이 임명한 배심원단 전원을 기피 신청할 수 있다. 이 경우 다른 관리가 새 배심원단을 선발한다(블랙스톤, 『영국 법제 논평』, 제3권, 제23장).

적어도 10실링 소득에 해당하는 토지 자산의 소유자만이 배심원단으로 선출될 수 있다. 이 조건은 윌리엄과 메리의 공동 통치 시절에, 그러니까 오늘날보다 은의 가치가 엄청나게 더 높았던 1700년 무렵에 부과된 것이다. 여기서 영국인들은 다른 모든 정치제도와 마찬가지로 배심원 제도도 개인의 능력이 아니라 토지 재산을 기준으로 삼았다는 것을 알 수 있다.

나중에 가서 차지농들도 배심원이 될 수 있었다. 하지만 토지 임대기간이 아주 길어야 했으며 토지 수입 외에도 20실링에 해당하는 순소득이 있어야 했다.

(C) 463쪽

연방헌법은 합중국의 주들이 각각 주 법원에 배심원 제도를 도입한 바로 그 방식대로 연방의 법원에 배심원 제도를 도입했다. 게다가 연방헌법은 배심원을 선택하는 연방 고유의 방식을 규정하지 않았다. 연방 법원은 개개 주들이 자기 주에 맞게 만들어놓은 배심원 명부에서 배심원을 선발했다. 따라서 아메리카에서 배심원이 구성되는 방식을 알아보기 위해서는 주들의 법제를 연구해야 한다(Story, *Commentaries on the constitution*, book 3, chap 38, pp. 654-659; Sergeant, *constitutional law*, p. 165). 이 문제에 대해서는 1789년, 1800년, 1802년의 연방 법률들을 참조할 수 있다.

아메리카인들이 배심원을 구성하는 원칙을 잘 보여주기 위해서 나는 서로 멀리 떨어져 있는 여러 주들의 법제를 연구했다. 일반적으로 다음과 같은 사항을 지적할 수 있다.

아메리카에서 선거권자인 모든 시민은 배심원이 될 권리를 지닌다. 그럼에도 불구하고 뉴욕과 같은 큰 주의 경우 선거권자 자격과 배심원 자격 사이에 약간의 차이가 있으며, 이는 우리 프랑스의 법제와 정반대이다. 요컨대 뉴욕주에서는 선거권자의 수보다 배심원의 수가 더 적다. 일반적으로 합중국에서는 배심원단이 될 권리는 대표단을 뽑을 권리와 마찬가지로 누구에게나 주어진다. 하지만 누구나 무차별적으로 이 권리를 행사할 수 있는 것은 아니다.

매년 해당 지구나 카운티의 행정관들(뉴잉글랜드주의 선임관[selectmen], 뉴욕주의 감독관[supervisors], 오하이오주의 위임관[trustees], 루이지애나주의 교구 담당관[sheriffs] 등)은 카운티 단위로 배심원이 권리를 지닌 일정 수의 시민들을 선발한다. 이들 행정관은 그들 역시 선출되었기 때문에 불신의 대상이 되지는 않는다. 이들의 권한은 주 정부 행정관의 권한만큼 막강하고 심지어 독단적이다. 이들은 특히 뉴잉글랜드에서 불성실하고 무능한 배심원들을 축출하기 위해서 이 권한을 자주 사용한다.

이렇게 선발된 배심원 명단이 카운티 법정으로 이첩되면, 해당 사건을 심의할 배심원이 전체 명단 중에서 추첨으로 뽑힌다.

게다가 아메리카인들은 가능한 한 인민 누구나 배심원을 맡을 수 있도록 배려하며 가능한 한 배심원에게 많은 부담을 지우지 않으려 애쓴다.

따라서 배심원 수는 아주 많고, 3년이 지난 후에야 다시 배심원을 맡을 수 있다. 배심원 재판은 각 카운티의 중심지에서 열리는데, 카운티(county)는 대충 프랑스의 구(arrondissement)에 해당하는 규모이다. 이렇게 프랑스에서처럼 배심원이 재판소 근처로 오는 것이 아니라, 재판소가 배심원 근처에 위치를 잡는 것이다. 그리고 배심원들은 국가에 의해서든 관계 당국에 의해서든 수고비를 받는다. 일반적으로 교통비와는 별도로 하루당 1달러(5.42프랑)를 받는다. 물론 아메리카에서 배심원은 여전히 일종의 책무로 여겨진다. 하지만 그것은 큰 곤란 없이 쉽게 떠맡을 수 있는 책무이다.

이에 대해서는 다음 문헌을 참조할 수 있다. *Brevard's Digest of the public statute law of South Carolina*; *The general laws of Massachusetts revised and published by authority of the legislature*; *The revised statutes of the State of New York*; *The statute law of the State of Tennessee*; *Acts of the State of Ohio*; *General Digest of the Acts of the Legislature of Louisiana*.

(D) 468쪽

영국에서 민사 문제 배심원 구성을 자세히 살펴보면, 배심원들이 결코 판사의 통제를 벗어날 수 없다는 사실을 쉽사리 알아챌 수 있다. 일반적으로 민사재판에서든 형사재판에서든 배심원의 판결이 간단한 언명 속에 사실 문제와 법리 문제를 모두 담는다는 것은 사실이다. 예를 들어보자. 피터 씨는 그 집을 자기가 샀기 때문에 자기의 소유라고 주장한다. 이것은 결정해야 할 사실(fait)의 문제이다. 상대방은 집을 판매한 자의 무자격을 내세운다. 이것은 해결해야 할 법리(droit)의 문제이다. 배심원은 집을 피터에게 돌려주어야 한다고 언급하는 것으로 그친다.

이렇게 배심원은 사실과 법리를 결정하는 것이다. 하지만 배심원들은 영국 법원의 관례에 따라 형사재판에서 누렸던 '무과실 판단'의 혜택을 민사재판에서는 누리지 못한다.

판사가 배심원의 심판이 법률을 잘못 적용한 것이라고 생각할 경우, 판사는 그 판단을 수용하지 않고 배심원에게 재고를 요청할 수 있다.

판사가 배심원의 판단에 아무런 단서를 달지 않더라도, 소송이 완전히 종결되는 것은 아니다. 판결에 맞서 재심을 요구할 수 있는 여러 길들이 열려 있다. 흔한 방식은 판결을 취소하고 새 배심원단을 선임하라고 법원에 요구하는 것이다. 이러한 요구는 거의 받아들여지기 힘들고 두 번 이상 제기되기도 힘들다는 것은 사실이다. 그럼에도 불구하고 나는 이런 사례를 직접 보았다(블랙스톤, 『영국 법제 논평』, 제3권, 제24-25장).

■ 토크빌 연보

1805	노르망디 지방 대귀족 가문 출신, 파리에서 출생
1820~1823	부친이 지사로 근무하던 Metz에 있는 왕립중등학교에서 수학
1826	이탈리아와 시칠리아 여행
1827	Seine-et-Oise의 도지사로 근무하던 부친의 요청으로 베르사유에서 사법관으로 재직
1828~1830	소르본 대학에서 F. Guizot의 '프랑스 문명사' 강의를 수강
1830	7월혁명으로 성립한 7월 왕정에 충성 선서를 함
1831. 4.~1832. 2.	친구 Gustave de Beaumont과 함께 아메리카 탐방 여행
1833	아메리카 시찰 공식 보고서 『합중국의 형무소 제도와 그것의 프랑스에의 적용』 출판 첫 번째 영국 여행
1835	『아메리카의 민주주의』 첫째 권 출판 두 번째 영국 여행 영국 여인 Mary Mottley와 결혼 셸부르 학술원의 요청으로 소논문 「빈곤에 대한 고찰」 발표, 출판
1836	스위스 여행 John S. Mill의 요청을 받고 『런던 앤드 웨스트민스터 리뷰』에 「1789년을 전후한 프랑스의 사회적·정치적 상황」이라는 논문을 게재
1837	Normandi 지방, Manche 도, Valognes 구에서 출마, 낙선

1838	정신과학-정치학 아카데미의 회원으로 선출
1839	Normandie 지방, Manche 도, Valognes 구에서 입법 의원으로 선출 의회 보고서 제출: 「식민지에서의 노예제 폐지」
1840	『아메리카의 민주주의』 둘째 권 출판
1841	아카데미 프랑세즈의 회원으로 선출 첫 번째 알제리 여행
1846	두 번째 알제리 여행
1847	의회 보고서 제출: 「알제리 문제에 대한 두 가지 보고서」
1848. 4.	2월혁명 직후 제헌의회에서 입법 위원으로 선임, 신헌법 작성에 참여
1849	첫 번째 독일 여행 입법의회 의원으로 선출 Louis Napoléon 대통령 치하에서 Barrot 내각의 외무상으로 취임
1851	『회상록』 출판 루이 나폴레옹의 쿠데타에 반대해 공직에서 사퇴
1852	프랑스혁명의 역사에 대한 연구에 착수 두 번째 독일 여행
1856	『앙시앵 레짐과 프랑스혁명』 출판
1857	마지막 영국 여행
1859	폐결핵으로 요양 중 Cannes에서 사망

■ 토크빌과 보몽의 아메리카 여행 일정

1831	May 05	Newport 항구, 아메리카 도착
	June 9~29	New York City
	July 1~07	Albany, Mohawk Valley
	July 19~31	Buffalo, Lake Erie, Detroit, Saginaw
	Aug 1~17	Lake Huron(Sault Sainte Marie, Green Bay), Detroit, Lake Erie, Buffalo
	Aug 18~31	Niagara Falls, Montreal, Quebec City
	Sept 4~06	Albany
	Sept 9~Oct 2	Boston
	Oct 3~08	Hartford
	Oct 9~11	New York City
	Oct 12~28	Philadelphia
	Oct 29~Nov 6	Baltimore, Carrollton
	Nov 7~20	Philadelphia
	Nov 21~30	Pittsburgh, Ohio
	Dec 1~4	Cincinnati
	Dec 9~24	Louisville, Nashville, Memphis
	Dec 25~31	Mississippi강, 여객선 주유
1832	Jan 1	New Orleans
	Jan 18~Feb 2	Washington

	Feb 4~19	New York City
	Feb 20	New York City, 프랑스로 출발

■ 토크빌과 보몽의 아메리카 여행 경로

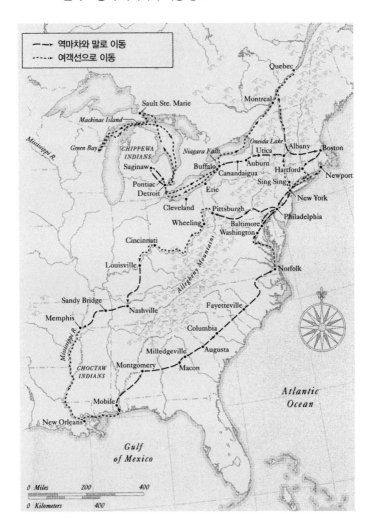

이용재(李鎔在)

서울대학교 서양사학과에서 학사·석사 과정 후 프랑스 파리1 대학에서 박사학위를 받았다. 현재 전북대학교 인문대학 사학과에 재직하고 있으며, 한국프랑스사학회 회장직을 맡고 있다. 전공 영역은 프랑스 사회사, 노동사 등이지만 유럽의 정치사회와 문화예술 전반에 대해 관심을 두고 공부하고 있다. 최근에는 18세기 계몽주의 이후 20세기 세계화 시대까지 프랑스 특유의 정치문화에 대해 연구하고 있다. 그리고 프랑스 정치사상의 고전을 번역하고 소개하는 데 힘을 쏟고 있다. 주요 저서로는 『함께 쓰는 역사』(2008), 『프랑스의 열정: 공화국과 공화주의』(공저, 2011), 『교육과 정치로 본 프랑스사』(공저, 2014), 『전쟁과 프랑스 사회의 변동』(공저, 2017) 등이 있다. 역서로는 『소유란 무엇인가』(피에르조제프 프루동, 2003), 『폭력에 대한 성찰』(조르주 소렐, 2007), 『기억의 장소』(피에르 노라, 2010), 『앙시앵 레짐과 프랑스혁명』(알렉시 토크빌, 2013) 등이 있다.

아메리카의 민주주의
제1권 (1835)

대우고전총서 043

1판 1쇄 펴냄 | 2018년 4월 12일
1판 3쇄 펴냄 | 2024년 4월 30일

지은이 | 알렉시 드 토크빌
옮긴이 | 이용재
펴낸이 | 김정호
펴낸곳 | 아카넷

출판등록 2000년 1월 24일(제406-2-000-000012호)
10881 경기도 파주시 회동길 445-3
전화 031-955-9510(편집) · 031-955-9514(주문) | 팩스 031-955-9519
책임편집 | 이하심
www.acanet.co.kr

ISBN 978-89-5733-589-5 94940
ISBN 978-89-89103-56-1 (세트)

이 도서의 국립중앙도서관 출판시도서목록(CIP)은
서지정보유통지원시스템 홈페이지(http://seoji.nl.go.kr)와
국가자료공동목록시스템(http://www.nl.go.kr/kolisnet)에서 이용하실 수 있습니다.
(CIP제어번호: CIP2018008665)